D1749342

Julia Gruevska / Kevin Liggieri (Hg.)

Vom Wissen um den Menschen

VERLAG KARL ALBER

Band 4

Herausgegeben von

Hans-Ulrich Lessing, Volker Steenblock

Beirat

Gerald Hartung, Ernst Wolfgang Orth,
Frithjof Rodi, Jörn Rüsen, Gunter Scholtz

Julia Gruevska
Kevin Liggieri (Hg.)

Vom Wissen um den Menschen

Philosophie, Geschichte, Materialität

Verlag Karl Alber Freiburg/München

Julia Gruevska / Kevin Liggieri (Eds.)
On the Knowledge of the Human Being
Philosophy, History, Materiality

The present volume serves as an account of »the knowledge of the human being.« The preposition »of« is here used in two distinct grammatical ways and thus indicates two distinct approaches of the humanities: On the one hand, it indicates the knowledge of the »human« as an object of investigation which entails an understanding of man and his culture. On the other hand, it points to an anthropological reflexion: what exactly distinguishes the human being as »human?« The contributions of this volume conjoin and supplement one another in their reference to the problem areas of philosophical anthropology, history, and materiality which together structure the knowledge *of* the human being.

The Editors:

Julia Gruevska, M.A., is a research assistant at the Institute of Philosophy I – Philosophical Anthropology and History of Life Sciences at the Ruhr University of Bochum.

Dr Kevin Liggieri is a research fellow funded by the DFG at the chair of scientific research at the ETH Zurich.

Julia Gruevska / Kevin Liggieri (Hg.)

Vom Wissen um den Menschen

Philosophie, Geschichte, Materialität

In dem vorliegenden Band soll dem »Wissen um den Menschen« Rechnung getragen werden. Die Präposition »um« zeigt zweierlei Zugriffe der Geisteswissenschaften an: zum einen das Wissen vom ›Menschen‹ als Objekt der Beschäftigung, mit der ein Verstehen des Menschen und seiner Kultur einhergeht. Zum anderen verweist sie auf eine anthropologische Reflexion: Was genau zeichnet den Menschen als ›Menschen‹ aus? Die Beiträge des Bandes verbinden und ergänzen sich in ihrem Verweis auf Problemkreise der philosophischen Anthropologie, Geschichte und Materialität, die das Wissen um den Menschen strukturieren.

Die Herausgeber:

Julia Gruevska, M.A., ist wissenschaftliche Mitarbeiterin am Institut für Philosophie I – Philosophische Anthropologie und Geschichte der Lebenswissenschaften an der Ruhr-Universität Bochum.

Dr. phil. Kevin Liggieri ist DFG-geförderter Forschungsstipendiat an der Professur für Wissenschaftsforschung der ETH Zürich.

MIX
Papier aus verantwor-
tungsvollen Quellen
FSC® C083411

Originalausgabe

© VERLAG KARL ALBER
in der Verlag Herder GmbH, Freiburg / München 2018
Alle Rechte vorbehalten
www.verlag-alber.de

Satz: SatzWeise, Bad Wünnenberg
Herstellung: CPI books GmbH, Leck

Printed in Germany

ISBN 978-3-495-49043-3

Für Hans-Ulrich Lessing

»It's only Rock 'n' Roll, but I like it«
The Rolling Stones

Inhalt

Geleitwort 13
Frithjof Rodi

Einleitung: Vom Wissen um den Menschen. Philosophie,
Geschichte, Materialität 15
Julia Gruevska und Kevin Liggieri

Philosophische Anthropologie

Person und Welt. Zum Verhältnis philosophischer und
theologischer Anthropologie 27
Gerald Hartung

Leben führen – Dasein entwerfen. Zur systematischen und
gesellschaftspolitischen Bedeutung von Plessners anthropologischem und Heideggers fundamentalontologischem Konzept
des Menschen 46
Annette Sell

Die Selbsterkenntnis des integral geschichtlichen Menschen.
Bernhard Groethuysen und die Dialektik der Philosophischen
Anthropologie 62
Thomas Ebke

Moralen und Hypermoralen. Zur Philosophischen Anthropologie
pluralistischer Ethik 80
Joachim Fischer

Inhalt

Der Mensch als »Sollwert«. Rückkopplungen bei Hermann
Schmidt und Richard Wagner 103
Kevin Liggieri

Approximative Distanz. Cassirers mehrdeutiger Medienbegriff
für eine Kulturphilosophie 131
Jörn Bohr

Die unheimlich konkrete Wirklichkeit der Erfahrung bei
William James und Alexander Bain – oder: Wer denkt konkret?
(Eine philosophische Räuberpistole für Hans-Ulrich Lessing) . . 150
Michael Anacker

Geschichte

Identität durch Geschichte? 169
Ulrich Dierse

Was die analytische Philosophie von Dilthey lernen könnte . . . 198
Christian Damböck

Wissenschaften und *Philosophie* bei Wilhelm Dilthey und
Moritz Schlick 212
Gudrun Kühne-Bertram

Das Ringen um Verständnis. Rudolf Hermann Lotze als
Hermeneutiker der Welt 240
Ernst Wolfgang Orth

Montaigne historisch-genetisch verstehen.
Die Aufkündigung der Logik, vom Absoluten Gottes zu denken . 250
Günter Dux

Heraklit im Strom der modernen Geschichte 279
Gunter Scholtz

Materialität

Sieben Bücherstützen 299
Michael Hagner

Helmuth Plessners *Philosophischer Anzeiger* 309
Julia Gruevska

Das Dilthey-Jahrbuch als Ort der Hermeneutik-Forschung . . . 330
Helmut Johach

Arbeit am *Sinn*. Kulturphilosophische Überlegungen im Ausgang
von Pieter Bruegels Bild: Der Turmbau zu Babel 352
Volker Steenblock

»Sein ist exakt und nicht exakt«. Von Metaphysik, Maschinen und
Seinsgeschichten bei Martin Heidegger und Gotthard Günther . 374
Felix Hüttemann

Hans-Ulrich Lessing Schriftenverzeichnis 1978–2017 391

Über die Autorinnen und Autoren 407

Geleitwort

Frithjof Rodi

Es war ein ganzer Strauß von Ideen und Plänen, die in einem Gespräch vor bald vierzig Jahren von Hans-Ulrich Lessing angeregt wurden. Bis zum »Dilthey-Jahr 1983« (150. Geburtstag) war es zwar noch ein paar Jahre hin, aber wir wollten aus diesem Anlass unsere Bochumer Arbeit zum ersten Mal einer größeren Öffentlichkeit vorstellen. Ganz oben auf Lessings Liste stand die Institutionalisierung der Edition von Diltheys Gesammelten Schriften durch Gründung einer Dilthey-Forschungsstelle im Institut für Philosophie der Ruhr Universität Bochum. Ein Dilthey-Jahrbuch sollte nicht nur über Einzelheiten unserer Forschung berichten, sondern im weitesten Sinn der Philosophie und Geschichte der Geisteswissenschaften gewidmet sein. Ein Band *Materialien zur Philosophie Wilhelm Diltheys* in der bekannten Reihe des Suhrkamp Verlags sollte die Wirkungsgeschichte Diltheys anhand der markantesten Texte seiner Zeitgenossen, Schüler und Gegner dokumentieren. Schließlich, da 1983 auch der 80. Geburtstag unseres Mentors Bollnow zu begehen war, gab es bereits einen Entwurf zu einem Buch *Otto Friedrich Bollnow im Gespräch*.

All diese Projekte sind damals pünktlich realisiert worden und haben zusammen mit der Edition, unseren Symposien und Übersetzungen zu jenem erneuerten Interesse beigetragen, das ein japanischer Kollege die »Dilthey-Renaissance« genannt hat. Lessings Anteil daran war entscheidend: als Schriftleiter, Autor und Mitherausgeber des Jahrbuchs; als Mitherausgeber der Bände 20 bis 23 der Gesammelten Schriften; als Co-Autor des Materialienbandes; als Mitherausgeber – bis zum heutigen Tag – von Diltheys Briefwechsel; und als Verfasser vieler Aufsätze, wie wir sie jetzt in seinem Schriftenverzeichnis aufgezählt finden. Er war auch der erste Autor, der unsere damals vorgelegte Rekonstruktion des Zweiten Bandes von Diltheys *Einleitung in die Geisteswissenschaften* rekapituliert und bilanziert hat. Dies war Gegenstand seiner Dissertation.

Dass Lessing nicht in einer wissenschaftlichen Monokultur stecken geblieben ist, gehört zu den besonders erfreulichen Zügen seines beruflichen Lebens. War es Zufall oder ein Wink des Schicksals, dass er nach seiner Promotion im Stadium des Suchens nach einem Thema für die Habilitationsschrift auf den damals noch unveröffentlichten Briefwechsel der Philosophenfreunde Helmuth Plessner und Josef König aufmerksam gemacht wurde? Ein dabei auffallender, hundert Seiten langer Brief Königs über Plessners Buch *Die Einheit der Sinne* führte den als Herausgeber Gewonnenen zu Plessners Buch selbst und damit zu seiner eigenen Arbeit *Hermeneutik der Sinne. Eine Untersuchung zu Helmuth Plessners Projekt einer ›Ästhesiologie des Geistes‹*. Wie im Falle der »Dilthey-Renaissance« war Lessing auch mit diesem Buch maßgeblich beteiligt an der damals einsetzenden Neubesinnung auf Plessner, und er gehört zu den Gründungsmitgliedern der Helmuth-Plessner-Gesellschaft. Es folgten wichtige Publikationen zu diesem Thema und – in zunehmendem Maße auch in seinen Lehrveranstaltungen – zur Philosophischen Anthropologie im weiteren Sinn.

Dass diese Festschrift unmittelbar aus dem Kreis seiner Schüler kommt, darf als das schönste Geschenk zum Abschied aus dem aktiven Lehrbetrieb gelten. Sie deutet in ihrem letzten Teil hin auf Problemfelder, die dem Jubilar seit langem am Herzen liegen und ihn auch im »Ruhestand« nicht in Ruhe lassen werden.

Einleitung: Vom Wissen um den Menschen. Philosophie, Geschichte, Materialität

Julia Gruevska und Kevin Liggieri

Der Mensch avancierte gerade seit dem 19. Jahrhundert zum zentralen Erkenntnisobjekt des Wissens und der Wissenschaften. Gleichursprünglich überwog dabei stets die Dominanz der, oder zumindest die Tendenz zu, naturalistischen Deutungsmethoden, ausgehend von einem wissenschaftlichen Geist, der in besonderem Maße von René Descartes und Francis Bacon geprägt war. Während spätestens bis zum Darwinismus der Mensch problemlos und auch notwendig aus dem Kontext theologischer Rahmenbedingungen gedacht wurde, gerieten die Geisteswissenschaften nach der biologisch-evolutionären Deszendenztheorie in eine Krise und damit in Erklärungsnot. Konnten die analytischen Wissenschaften empiristisch lediglich vom Menschen als Lebewesen wissen, kritisierten die (interpretativen) Wissenschaften, dass diese nicht auch *um* den Menschen als Menschen wussten. Diese (oft hermeneutischen) Wissenschaften, um sie mit Wilhelm Dilthey mit diesem Terminus zu belegen, stellen nämlich immer noch ein ganz bestimmtes *Wissen um den Menschen* in ihren Mittelpunkt. Die zentrale Präposition *um* zeigt dabei zweierlei Zugriffe der Geisteswissenschaften an: Zum einen das Wissen vom ›Menschen‹ als Objekt der Beschäftigung, mit der ein hermeneutisches Verstehen des Menschen und seiner Kultur einhergeht. Zum anderen verweist die Präposition auf eine anthropologische Reflexion: Was genau zeichnet den Menschen als ›Menschen‹ aus und inwiefern grenzt er sich von anderen Lebewesen oder Maschinen ab? *Um den Menschen wissen* impliziert dabei unweigerlich die Grenze und die Relativität des Wissens um den Menschen, insofern eine Selbstreflexion immer auch in ihren selbsthaften Eigentümlichkeiten verhaftet bleiben muss. So stellt sich in doppelter Wendung auch die Frage, wieviel der Mensch um den Menschen wissen kann, wenn die Charakteristiken und Kategorien, in denen um den Menschen gedacht wird, selbst vom Menschen konstruiert sind, und weiter: was dieses Schöpferische über den Menschen, sein Wesen und sein Verhältnis zur Welt aussagt. Damit sich dieses *Wissen um den Menschen*, seine Stellung in und mit der Umwelt in den Geisteswissenschaften, trotz sämtlicher ›Kränkungen‹ durch den Darwinismus, die Psychoanalyse oder der Kybernetik ausbilden, fokussieren und einflussreich bleiben konnte, braucht es bestimmte Bedingungen von Möglichkeiten, die gerade im Zeitalter der Informatisierung und Digitalisierung als transzendentale Basis neu hinterfragt und ausgelotet werden müssen. Was ist ihr Material? Ihre Methode? Ihre philosophisch-anthropologische Idee? Die Genealogie und Ausrichtung der Geisteswissenschaften muss auf diese verschiedenen Bereiche hin untersucht werden, da sich auf ihnen ein ganz bestimmtes *Wissen um den Menschen* herausbilden konnte. »Gewiß ist solches Wissen«, wie Gadamer 1972 anführt, »›subjektiv‹, d. h. weitgehend unkontrollierbar und unstabil. Gleichwohl ist es ein Wissen, dem die Wissenschaft ihre Aufmerksamkeit nicht versagen kann, und so ist von jeher, von den Tagen der ›praktischen Philosophie‹ des Aristoteles bis zu dem romantischen und nachromantischen Zeitalter der sog. Geisteswissenschaften, ein reiches Wissen um den Menschen tradiert worden.«[1] Und um es mit Michael Landmann auf eine zweite Ebene zu heben: »Unter all seinem Wissen nimmt aber das Wissen um sich selbst einen hervorragenden Platz ein.«[2] Will man die angesprochenen materiellen, methodischen und anthropologischen Gebiete benennen, die zur Relevanz geisteswissenschaftlicher Deutungsarbeit beitrugen bzw. immer noch tragen, dann sind es: Materialität (Edition), Geschichte (Hermeneutik) und philosophisch-anthropologische Theorie.

Die editorische Aufarbeitung nicht zugänglicher, nicht schon in Form gebrachter Quellen aus Archiven und Nachlässen liefert dabei einen differenzierten Zugang zum Denken eines Autors bzw. eines Diskurses, der durch Korrespondenzen und unveröffentlichten Materialien sonst im Verborgenen bleiben muss. Unbekannte Probleme zeigen sich in Archiven von Autoren wie Wilhelm Dilthey, Otto Friedrich Bollnow oder Helmuth Plessner, die wissenschafts- und philosophiehistorisch aufgearbeitet werden müssen, um den Kanon des Wissens nicht nur zu erweitern, sondern zum Teil auch neu und tiefer zu bestimmen. Das Wissen, welches wir über Denker*innen besitzen, hängt damit immer auch am Material, welches uns zugäng-

---

[1] H.-G. Gadamer: Theorie, Technik, Praxis (1972). In: Ders.: Gesammelte Werke, Bd. 4 (Neuere Philosophie). Tübingen 1987, S. 243–266, hier: S. 243.
[2] M. Landmann: Philosophische Anthropologie. Berlin 1955, S. 12.

lich ist oder eben verwehrt bleiben muss. Leser*innen sind auf eine kritische Edition und auf die sorgfältige und redliche Arbeit des Editors angewiesen.

Die Hermeneutik als wichtiges methodisches Reflexionsinstrument schafft für die Geisteswissenschaften eine Basis, die korrekt angewendet, Texte historisch einordnen und verstehbar machen kann. Kein Hineinversetzen in Autoren ist hier gemeint, sondern ein historisch akkurates Aufarbeiten von Problemkontexten aus unterschiedlichen Quellen.

Die Anthropologie als philosophische Richtung kann drittens auf der einen Seite den Menschen als ›Menschen‹ zu positionieren versuchen, zum anderen aber auch ein kritisches Moment innerhalb der Geisteswissenschaften selbst sein.

Ergebnisoffene Forschung, die sich diesen zentralen Bereichen der Geisteswissenschaften widmet, ohne ideologisch abwertend gegenüber anderen, neueren kulturwissenschaftlichen Fragestellungen zu sein oder zu undifferenziert die eigenen Bereiche idealisiert, ist immer noch viel zu selten. Dennoch gibt es Forscher, die sich einer solchen Aufgabe annehmen. Sie verbinden die klassischen geisteswissenschaftlichen Säulen mit einer Offenheit, mit einem Interesse und einer Freude am Gegenstand. Sie verlieren sich ebenso wenig im Jargon wie in zirkulären Betrachtungen der eigenen Disziplin. Ihr Anliegen ist das Aufarbeiten des Vorhandenen, das Herausstellen des Unbekannten und das Verstehen des Problematischen. Der Einfluss solcher Forschung hängt sicherlich nicht nur an einzelnen Personen, allerdings sind es meist diese, die Bücher und damit handfestes Material schaffen, die wiederum für nächste Generationen Grundlagen darstellen. Dieser Typus von Wissenschaftler*innen zeigt, wie wichtig eine behutsame Quellenaufarbeitung, eine sinnvolle Einbettung von Theorien und Zurücknahme der eigenen Position sind. Sie lassen das Material sprechen. Viel zu selten werden in der Wissenschaft diese wichtigen und wertvollen Arbeiten, seien es textnahe Auslegungen oder kritische Editionen, obgleich sie das Fundament unserer wissenschaftlichen Arbeit darstellen, honoriert. Ziel des vorliegenden Sammelbandes ist es, nicht nur an diesen Teil der wissenschaftlichen Arbeit und Reflexion zu erinnern, sondern ihn in den Mittelpunkt zu stellen. Dieser Band ist demzufolge Hans-Ulrich Lessing gewidmet, repräsentativ für die wichtige Arbeit der kritischen Edition, ohne die ein Forschen kaum möglich scheint, sowie als Dank für Anregungen, Dialoge und Bücher. Lessing hat in seiner Wissenschaft nicht nur einschlägige Interpretationen zu Wilhelm Dilthey, Otto Friedrich Bollnow und der philosophischen Anthropologie (bes. Helmuth Plessners) geliefert, sondern hat diese Forschung stets mit einer Aufarbeitung des Nachlasses der Autoren verknüpft und somit materialreiche Editionen geschaffen, die nicht nur als Impulse vorliegen. Wie stark Denker und ihre Theorien von ihrer Zeit, ihrem Wissen und ihren personellen Verbindungen bestimmt wurden, wird damit sicht- und verstehbar. Durch das Werk von Lessing wird auf diese Weise deutlich, dass die Philosophen nicht überzeitliche und alleinstehende Subjekte darstellten, sondern selbst in ihrem Wissen und ihrer Anthropologie historisch verortet waren.

Im vorliegenden Band soll dieser Forschung mit einem Weiterdenken Rechnung getragen werden. Die Artikel verbinden, durchkreuzen und ergänzen sich in ihrem Verweis auf gemeinsame Personen und Problemkreise der philosophischen Anthropologie, Geschichte und Materialität. Eben jene drei Bereiche, die, wie Lessings Werk zeigt, das *Wissen um den Menschen* zielführend strukturieren können. Die Gliederung des Bandes nimmt diese Gebiete auf und richtet sich folglich schematisch nach »philosophischer Anthropologie«, »Geschichte« und »Materialität«.

Im ersten Text der Kategorie *philosophische Anthropologie* von *Gerald Hartung*, »Person und Welt. Zum Verhältnis philosophischer und theologischer Anthropologie«, sollen die Denkansätze von Max Scheler und Nicolai Hartmann zur Theorie der ›Person‹ und der Bestimmung menschlichen Person-Seins in der theologischen Anthropologie und systematischen Theologie Wolfhart Pannenbergs rekonstruiert werden. Wenn wir, Hartung zufolge, von ›Person‹ sprechen, dann meinen wir ein Konzept von Individualität, von Selbstbestimmung, von Rationalität und ihrer Artikulation, wie auch von der Würde des Menschen. Hartung geht es in seinem Aufsatz darum, den Begriff der ›Person‹ in Relation zu geschichtlichen, sozialen und kulturellen Faktoren zu betrachten und dadurch besser zu verstehen. Erst in diesem Zusammenhang kann man sehen, was es heißt, das Person-Sein an eine bestimmte Weise der Lebensführung anzuknüpfen.

Annette Sell widmet sich im Artikel »Leben führen – Dasein entwerfen. Zur systematischen und gesellschaftspolitischen Bedeutung von Plessners anthropologischem und Heideggers fundamentalontologischem Konzept des Menschen« der Ähnlichkeit und Unterscheidung von Plessners und Heideggers Philosophie. Sell stellt sich die Frage, welche systematischen Antworten die philosophische Anthropologie und die Daseinsanalytik geben können, wenn es um die Frage geht, auf welche Weise der Mensch sein Leben führen kann. Ziel der kontrastierenden Gegenüberstellung von Heidegger und Plessner ist dabei sowohl ein systematischer Vergleich zweier philosophischer Konzepte als auch eine Antwort auf die Frage, unter welchen philosophischen Voraussetzungen der Mensch sein eigenes Leben führt.

Thomas Ebkes Beitrag »Die Selbsterkenntnis des integral geschichtlichen Menschen. Bernhard Groethuysen und die Dialektik der Philosophischen Anthropologie« behandelt den Philosophen und Kulturhistoriker Bernhard Groethuysen als einen »vanishing mediator«, also eines bereits verschwundenen Vermittlers. Groethuysen wird von Ebke als ein Autor an der Begegnungsschwelle zwischen Wilhelm Diltheys Hermeneutik des geschichtlichen Lebens und Edmund Husserls Phänomenologie der Intentionalität des reinen Bewusstseins dargestellt. Damit wird Groethuysen zum Mediator zwischen dem Projekt einer ›philosophischen Anthropologie‹ und dem Großvorhaben einer Sozial- und Mentalitätsgeschichte der Moderne. Die Herausarbeitung von Groethuysen als Grenzgänger zwischen orthodoxem Kommunismus und Existenzphilosophie sowie als einen die deutsche und die französische Philosophie des frühen 20. Jahrhunderts miteinander vernetzenden kulturellen Vermittler steht hierbei im Mittelpunkt.

In der Untersuchung »Moralen und Hypermoralen. Zur Philosophischen Anthropologie pluralistischer Ethik« geht *Joachim Fischer* den Konzepten der modernen Philosophischen Anthropologie zur ›Normativität‹ und zur Moral bei Max Scheler, Helmuth Plessner und Arnold Gehlen nach. Hierbei arbeitet Fischer heraus, was das Charakteristische und das zugleich Interessante einer Philosophischen Anthropologie der pluralistischen Moralen im Vergleich mit anderen Konzeptionen der Ethik sein könnte.

Kevin Liggieris Beitrag »Der Mensch als ›Sollwert‹. Rückkopplungen bei Hermann Schmidt und Richard Wagner« rückt das Verhältnis von Biologie und Regelungstechnik in den Mittelpunkt. Anhand zweier zentraler Akteure der 1950er und 1960er Jahre konzentriert sich Liggieri auf das Wechselverhältnis zwischen Natur- und Geisteswissenschaften. Wie wurde der ›Mensch‹ und sein Organismus gedeutet und welche Anthropologie stand hier im Hintergrund?

Jörn Bohr untersucht in seinem Text »Approximative Distanz«

Cassirers mehrdeutigen Medienbegriff für eine Kulturphilosophie. Bohr arbeitet hierfür mit dem Begriffspaar Distanz und Vermittlung. Distanz gehört wie ihr Gegenstück Vermittlung zu den Bedingungen der Möglichkeit von Kultur. Der Ursprung der Kultur ist folglich auch der Ursprung von Medien aller Art. In diesem Sinne bezeichnet der Begriff der Kultur, Bohr zufolge, ein System: einen medialen Verweisungszusammenhang. Treffend zeigt Bohr wie eine Kulturphilosophie deshalb eines kulturphilosophischen Medienbegriffs bedarf. Ernst Cassirer hat dafür ein viel beachtetes Angebot unterbreitet, das jedoch erst dann voll wirksam werden kann, wenn die Polysemie des Ausdrucks Medium terminologisch ernst genommen wird.

Im Artikel »Die unheimlich konkrete Wirklichkeit der Erfahrung bei William James und Alexander Bain – oder: Wer denkt konkret?« untersucht *Michael Anacker* das Denken der Pragmatiker Alexander Bain und William James. Dabei ist Philosophie, wie Anacker herausstellt, für James kein begriffliches Geschäft, in dem es um exakte Definitionen, logische Deduktionen und abgeschlossene Theorien geht. Sie ist vielmehr eine Praxis, die uns die Reichhaltigkeit dessen, was wir bereits haben, zeigt, um uns bei den Entscheidungen, was wir damit anfangen wollen, zu helfen. Sie sagt uns dabei weder, was wir zu tun haben, noch zaubert sie erkenntnistheoretische Gegenstände aus dem Hut.

Der Artikel von *Ulrich Dierse* »Identität durch Geschichte?« leitet das Kapitel zur *Geschichte* ein und untersucht das produktive wie spanungsreiche Verhältnis von Identität und Geschichte. Die Geschichte von Begriff und Konzept der Identität verläuft dabei nicht nach geraden Entwicklungslinien, sondern in Missverständnissen und Mehrdeutigkeiten; und sie endet manchmal in Sackgassen und Aporien. Dierse betrachtet die gegenwärtig relevanten Fragen, wie sich Identität(en) und Geschichte gegenseitig bedingen und Geschichte erst mit einer Nicht-Identität und einer Distanz verstanden und untersucht werden kann.

In *Christian Dambocks* Text »Was die analytische Philosophie von Dilthey lernen könnte« geht es darum, wie die analytische Philosophie von Dilthey ein historisch-induktives Verständnis von Philosophie als Geisteswissenschaft lernen kann, um auf dieser Grundlage einen empirisch kontrollierten Methodenpluralismus zu etablieren. Um diesen Punkt herauszuarbeiten, bezieht Damböck sich auf Diltheys 1907 veröffentlichte programmatische Abhandlung

»Das Wesen der Philosophie«. In diesem Aufsatz entwickelt Dilthey eine historisch und systematisch konzipierte Programmatik für Philosophie, die trotz ihrer Universalität offen ist für die Anpassung an historische Situationen.

Gudrun Kühne-Bertram vergleicht in ihrem Beitrag »Wissenschaften und Philosophie bei Wilhelm Dilthey und Moritz Schlick« die beiden im Titel genannten Denker. Hieran macht sie zwei Positionen fest, die bis heute vertreten werden: Die eine Seite ist darum bemüht, die Geistes- oder Kulturwissenschaften als eine von den Naturwissenschaften gänzlich verschiedene Klasse zu konstituieren. Für sie gilt Wilhelm Dilthey noch immer als ›Begründer‹ der Geisteswissenschaften. Eine andere Gruppe von Erkenntnis- und Wissenschaftstheoretikern (u.a. Moritz Schlick) dagegen erkennt einen solchen Wissenschaftsdualismus nicht an. Für sie gibt es unabhängig von der Unterschiedlichkeit der Gegenstandsbereiche, der Wege der Erkenntnisgewinnung etc. nur eine Wissenschaft, die sich durch einen bestimmten, an den Naturwissenschaften orientierten Erkenntnis- und Wissensbegriff auszeichnet. Kühne-Bertram untersucht an den Philosophien Diltheys und Schlicks, die auf den ersten Blick als wissenschaftstheoretische Kontrahenten angesehen werden könnten, ob beide Positionen wirklich so eindeutig zu unterscheiden sind oder nicht doch Gemeinsamkeiten beider erkennbar sind.

Ernst Wolfgang Orth widmet seinen Text »Das Ringen um Verständnis« dem Philosophen Rudolf Hermann Lotze als Hermeneutiker der Welt. Mit Blick auf die Vorstellung vom Subjekt untersucht Orth Lotzes Vorstellungen von Wissenschaften, die auf der Grenze zwischen Natur- und Geisteswissenschaften stehen. Lotze widmet sich solch einer Wissenschaft: der Psychologie. Hier kann Lotze feststellen, dass Erklärungsmechanismen der Wissenschaft(en) als solche so universal wie bedeutungslos sind. Sie verlangen vielmehr nach dem Verständnis oder den Verständnissen, von denen sie abhängen. Die Differenzierung von Natur- und Geisteswissenschaften deutet sich dabei an, ohne dass sie schon fixiert oder gar dogmatisiert ist.

Mit dem Versuch, Michel de Montaigne historisch-genetisch zu verstehen, beschäftigt sich *Günter Dux*, der in diesem Denker eine Umbruchphase einer Logik herausarbeitet, womit die Aufkündigung der Logik, vom Absoluten Gott her zu denken, einhergeht. Wenn man den Umbruch des Weltbildes in Neuzeit und Moderne in der Weise verstehen will, dass man ihn als Umbruch der Logik im Verständnis der Welt versteht, den Menschen eingeschlossen, und wenn man durch diesen Umbruch verstehen will, wie Montaigne zu seinen Reflexionen gekommen ist, kommt man nicht umhin, zunächst zu klären, wie es zu dem Umbruch der Logik kommen konnte.

In *Gunter Scholtz'* »Heraklit im Strom der modernen Geschichte« wird der oft als ›düster‹ beschriebene Denker mit seiner Philosophie der Geschichtlichkeit, Identität und Dynamik in der Aufnahme im 19. Jahrhundert als Jahrhundert der Verwissenschaftlichung untersucht. Scholtz betrachtet hierfür die Heraklit-Lesarten von Schleiermacher, Hegel und York von Wartenburg und zeigt hierin die Spiegelung der Zeit und deren Probleme (Naturalismus, Sozialismus, Dialektik, Rationalismus und Anti-Rationalismus). Der Rückgang zum Denken der Vergangenheit dient dabei dem Denken in der Gegenwart. Die Philosophie hat den Vorteil, dass alte Überlegungen eine neue Faszination gewinnen und wieder zum Verständnis der Welt beitragen können. Die Aktualisierungen von Heraklits Denken machen das besonders deutlich.

Am Beginn des dritten Kapitels zur *Materialität* steht der Aufsatz von *Michael Hagner*. Hagner beschreibt wissenschaftshistorisch und literarisch eindrucksvoll »Sieben Bücherstützen«, die das Verhältnis von Leser*innen und Büchern auf interessante Weise zusammenbringen. Hagner liefert dabei anhand von sieben Fallbeispielen (u. a. Bücher in Utopia, Bücher in der Bibliothek, Bücher in Bochum) eine detektivische, literarische und philosophische Kulturgeschichte von Bibliotheken, die das menschliche Verhältnis zu seinem Lesematerial reflektiert und einordnet.

In der Untersuchung von *Julia Gruevska* handelt es sich um eine historische Aufarbeitung der von Helmuth Plessner selbst herausgegebenen wissenschaftlichen Fachzeitschrift *Philosophischer Anzeiger. Zeitschrift für die Zusammenarbeit von Philosophie und Einzelwissenschaften* (1925–1930), die im Ausgang einer ›transdisziplinären‹ Idee von Wissenschaft steht. Neben der Abgrenzung von anderen philosophischen Zeitschriften der Zeit durch das von Plessner verfolgte Programm, einen überfachlichen Dialog zu generieren, Rezensionen zu meiden und die kritische Forschung voranzutreiben, sollte der Anzeiger auch als kritisches Statement gegen die fachliche Eingrenzung der Disziplinen an den Universitäten überhaupt fungieren. Um den Philosophischen Anzeiger im Kontext der Zeitschriftenforschung zu verorten, die als Kontrastfolie zum Vergleich des Anzeigers mit den paradigmatischen Wesensmerkmalen der wissenschaftlichen Fachzeitschrift dienen soll, wird auch ein einleitender Überblick über die Systematik wie Historie von wissenschaftlichen Fachzeitschriften vorangestellt.

Helmut Johach zeichnet im Artikel »Das Dilthey-Jahrbuch als Ort der Hermeneutik-Forschung« den Einfluss des Dilthey-Jahrbuches historisch und systematisch nach, indem er auf die zentralen Nachlass-Funde (u. a. Heideggers) wie auch auf damit angestoßene Debatten eingeht. Im Zeitraum zwischen den Jahren 1983 und 2000 erschien das »Dilthey-Jahrbuch für Philosophie und Geschichte der Geisteswissenschaften« im Verlag Vandenhoeck & Ruprecht in Göttingen in insgesamt 12 Bänden, das von Frithjof Rodi herausgegeben und von Hans-Ulrich Lessing als verantwortlichem Redakteur betreut wurde. Nachdem dieses Jahrbuch nicht weiter fortgeführt wurde und die zwölf Bände abgeschlossen vorliegen, widmet sich Johach dem Jahrbuch selbst als Objekt geschichtlicher Betrachtung.

Der Text »Arbeit am Sinn. Kulturphilosophische Überlegungen im Ausgang von Pieter Bruegels Bild: Der Turmbau zu Babel« von *Volker Steenblock* nimmt das Bild »Der Turmbau zu Babel« zum Ausgangspunkt einer kulturphilosophischen Reflexion und Kritik an naturalistischen Erklärungsweisen. Steenblock beschäftigt die Frage, ob, wenn unser Weltzugang vollständig naturwissenschaftlich oder sonst wie erklär- und objektivierbar wäre, dies auch der Philosophie am Ende jede Grundlage entzöge. Damit wäre die Philosophie nur noch die Pressesprecherin der Naturwissenschaften bzw. des Naturalismus und es wäre ihr nicht möglich, den Menschen als Handlungsinstanz zu verstehen. Diese Vorstellung nähert sich Steenblocks Beitrag kritisch und reflektierend aus kulturphilosophischer Sicht.

Felix Hüttemann betrachtet in seinem Beitrag »›Sein ist exakt und nicht exakt‹. Von Metaphysik, Maschinen und Seinsgeschichten bei Martin Heidegger und Gotthard Günther« die Trias aus Technik, Metaphysik und Nihilismus. Folgt der Maschine die Metaphysik oder ist ohne die vorlaufende Metaphysik keine Maschine denkbar? Hüttemann untersucht in seinem Artikel den *Wirbel* aus Maschine und Metaphysik genauer und beschreibt, wie sich aus diesem Verwindungsprozess geradezu automatisch, im doppelten Wortsinne, der Nihilismus bildet. Der ontologische Status der Maschine als ein Ereignis von nicht nur geschichtlich-sozialer, sondern metaphysischer Konsequenz, ist dabei eine Perspektive, die an Thesen Gotthard Günthers in Auseinandersetzung mit Martin Heidegger skizziert wird.

Philosophische Anthropologie

Person und Welt

Zum Verhältnis philosophischer und theologischer Anthropologie[1]

Gerald Hartung

Der Begriff ›Person‹ ist zu einem Schlüsselbegriff aktueller Debatten in der Ethik, der Theologie, der Jurisprudenz, in verschiedenen Bereichen der Philosophie und den weiten Feldern der Kulturwissenschaften geworden. Der Begriff stellt sich dabei als erstaunlich leistungsfähig heraus, weil er einerseits Schnittstellen der einzelnen Disziplinen markiert, andererseits aber auch keine Definition enthält, die angrenzende Bestimmungen der menschlichen Subjektivität, der Rechtsfähigkeit, der Vernunftfähigkeit, der Leiblichkeit usw. a priori aus- oder einschließt.

Der Begriff der ›Person‹ scheint so das zu sein, was die bezeichnete Sache an ihrem Ursprung auch war: eine Hülle, eine Art Maske, hinter der sich andere, zutiefst rätselhafte Konzepte verbergen, die bis heute Merkmale unserer kulturellen Tradition sind und noch gegenwärtig wirksam sind. Wenn wir von ›Person‹ sprechen, dann meinen wir ein Konzept von Individualität, von Selbstbestimmung, von Rationalität und ihrer Artikulation, wie auch von der Würde des Menschen.[2] ›Person‹ ist hier gleichsam ein Schutzraum für den unerklärlichen Bereich des menschlichen Selbst, das sich – wie schon Kant gesehen hat – nur im Vollzug seines Selbstseins erweist: »Daß der Mensch in seiner Vorstellung das Ich haben kann, erhebt ihn unend-

---

[1] Dieser Text geht auf einen Vortrag zurück, den ich u.a. in Heidelberg im Philosophischen und Theologischen Seminar gehalten habe. Frühere Überlegungen sind in andere Publikationen zur »Biologie der Person« und zur »Anthropologie der Religiosität« eingegangen. Der Jubilar ist ein herausragender Vertreter der Forschung zur philosophischen Anthropologie, vor allem zum Werk Helmuth Plessners. Die hier stehenden Überlegungen zur Struktur der »personalen Welt« in philosophisch-theologischer Perspektive stehen in direkter Auseinandersetzung mit Plessners Werk.

[2] Vgl. M. Welker: Ist die autonome Person eine Erfindung der europäischen Moderne? In: K.-P. Köpping u.a. (Hgg.): Die autonome Person – eine europäische Erfindung? München 2002, S. 9–13. Ausführlicher: Ders.: Person, Menschenwürde und Gottebenbildlichkeit. In: Jahrbuch für Biblische Theologie. Bd. 15: Menschenwürde (2000), S. 247–262.

lich über alle andere auf Erden lebende Wesen. Dadurch ist er eine Person und, vermöge der Einheit des Bewußtseins, bei allen Veränderungen, die ihm zustoßen mögen, eine und dieselbe Person [...].«[3]

I. Kant und die Analytik der ›Person‹

Im Schatten von Kant erfolgte die Festlegung der Debatte über Funktion und Sinn des Personkonzepts auf das Moment des Ich-Bewusstseins und die Vorstellung der Einheit des Bewusstseins, die gegen alle Veränderung zu behaupten ist. Noch in der aktuellen, von der analytischen Philosophie geprägten Forschung, der wir mit den Studien von Peter Strawson[4] und Daniel Dennett[5] viel verdanken, bleibt es bei der kantischen Engführung. Hier gelten als notwendige Bedingungen von Person-Sein: Personen verhalten sich rational, sie sind Subjekte propositionaler Einstellungen und Objekte spezifischer Einstellungen, sind also zur Intentionalität zweiter Stufe befähigt; hinreichende Bedingungen hierfür sind die Fähigkeit zur Erwiderung der spezifischen Einstellungen, die Fähigkeit zur Kommunikation und der Ausweis eines Selbstbewusstseins sowie eines aktivischen und evaluativen Selbstverhältnisses. Michael Quante hat diese Merkmale einer analytischen Bestimmung der ›Person‹ zusammengefasst.[6]

Die Analytik der ›Person‹ ist lehrreich, verdeutlicht sie doch auf der einen Seite, was wir in der Regel voraussetzen, wenn wir uns wechselseitig den Status des Person-Seins zusprechen, während auf der anderen Seite in systematischer und historischer Hinsicht ungeklärt bleibt, welchen Geltungsanspruch wir hiermit erheben. Viele Fragen schließen sich an: Wie verstehen wir die Differenz von Mensch und Person? Warum gibt es nicht in allen Kulturen und nicht einmal in unserer Kultur in grauer Vorzeit einen Begriff von ›Person‹?[7] Trotz offenkundiger Differenzen erheben wir für den Men-

---

[3] I. Kant: Anthropologie in pragmatischer Hinsicht. In: Ders., Werkausgabe. Bd. 12., hg. v. W. Weischedel, Frankfurt a. M. 1977, Buch 1. §1., BA 3.
[4] P. Strawson: Individuals. London 1959.
[5] D. Dennett: Conditions of Personhood. In: Ders., Brainstorms: Philosophical Essays in Mind and Psychology. Cambridge/MA 1978, S. 267–285.
[6] Vgl. M. Quante: Person (Reihe: Grundthemen Philosophie). Berlin 2007.
[7] Vgl. F. A. Trendelenburg: Zur Geschichte des Wortes Person. In: Kant-Studien. Bd. 13 (1908), S. 1–17. Vgl. darüber hinaus aber auch die soziologischen und ethnologischen Studien zum Konzept Person von Durkheim, Mauss, Levy-Bruhl und an-

schen in universaler Absicht – ganz im kantischen Sinne – den Anspruch, dass mit seinem Ichbewusstsein und der Behauptung seiner Einheit das ›Person-Sein‹ eine anthropologische Gegebenheit ist.

An diesem Punkt sind Kulturhistoriker, Ethnologen und Anthropologen aufgerufen zu überprüfen, wie die Reichweite des Person-Konzepts mitsamt den genannten Bedingungen zu taxieren ist. Diese Überlegungen sind keineswegs trivial, auch wenn dies aktuell zur Aufhellung des Bedeutungssinns von ›Person‹ in unserem alltäglichen Sprachgebrauch nichts beiträgt. Gegenüber einem Vorbehalt seitens der analytischen Philosophie ist hier zu betonen, dass es nicht darum geht, den normativen Gehalt des Begriffs zu relativieren, sondern ihn in Relation zu geschichtlichen, sozialen und kulturellen Faktoren zu betrachten und dadurch besser zu verstehen. Erst in diesem Zusammenhang werden wir sehen, was es heißt, das Person-Sein an eine bestimmte Weise der Lebensführung anzuknüpfen. Damit sind wir gar nicht zu weit von einer analytischen Betrachtung des Problems entfernt, wie eine Überlegung Quantes zeigt: »Subjekte, die ein solches praktisches, d.h. auf Werte und Normen bezogenes Selbstverhältnis ausbilden, nennen wir Personen. Sie haben nicht nur ein Leben, sondern führen es im Lichte ihrer Wünsche und Vorstellungen. Zumindest bemühen sie sich darum und stellen sich selbst unter das Ideal, in ihrem Leben ihren eigenen Weg zu finden, eine eigene Persönlichkeit auszubilden und sich selbst treu zu bleiben.«[8]

Hier wird ein Licht auf die Genese des Selbst-Verhältnisses als ›Person‹ geworfen, insofern die Bindung an Werte und Ideale der Lebensführung genannt wird. Der soziale und geschichtliche Kontext scheint demnach, auch in der Perspektive analytischer Philosophie, eine konstitutive Rolle für die Bestimmung der ›Person‹ zu spielen. Aber in der Reduktion der ›Person‹ auf ein Selbst-Verhältnis liegt eine systematische Engführung vor. Gar nicht reflektiert wird die Möglichkeit, dass eine interne Relation von Bewusstsein und Selbstbewusstsein, die sich als Einheit des Bewusstseins fassen lässt und der wir den Namen ›Person‹ geben, in Korrelation zu einer äußeren In-

---

deren. Herausragend: M. Mauss: Die Gabe. Form und Funktion des Austauschs in archaischen Gesellschaften. Frankfurt a.M. 1968, S. 121–135. Für den Zusammenhang: G. Hartung: Die Naturrechtsdebatte. Geschichte der Obligatio vom 17. bis 20. Jahrhundert. Freiburg 1998, S. 259–291.
[8] Quante: Person, S. 29.

stanz steht; dass gewissermaßen die Ausbildung eines ›Ich‹ nicht unabhängig von einer Relation zu einem ›Du‹ geschehen kann.

Im Nachdenken über die, sich möglicherweise wechselseitig bedingende, Relation von Selbst- und Weltverhältnis (zum Anderen, zu Dingen, in bestimmten Situationen usw.) dringen wir zu der entscheidenden Frage einer philosophisch-anthropologischen und -theologischen Theorie der ›Person‹ durch. Denn als »das eigentlich Strittige in den Streitigkeiten über den Bezug der Person zu Individuum, Substanz und Selbst hat sich in der Tat die Frage erwiesen, ob menschliche Personalität den Charakter der Absolutheit oder der Endlichkeit, d. h. der radikalen Angewiesenheit habe.«[9]

Die analytische Philosophie hat diese Fragestellung in ihrer Radikalität bislang nicht in den Blick genommen geschweige denn für das Grundproblem der Bestimmung des Person-Seins eine Erklärung gefunden. Sie übersieht die Fragestellung, ob die ›Person‹ im Hinblick auf ihre Ausbildung in der je individuellen Lebensführung in einem Selbstverhältnis fundiert oder ob dieses Selbstverhältnis in seiner Fundierung auf die Begegnung mit anderen angewiesen ist – und wenn letzteres, wie sich dieses Angewiesensein auf Anderes/den Anderen mit der Selbständigkeit verträgt. Diese Zweideutigkeit des Lebens, von Anderen getragen zu sein und doch verantwortlich sein Leben führen zu müssen, ist lebensweltlich evident. Eine philosophische Theorie des Menschen und der menschlichen Personalität, die diesen Zusammenhang außer Acht lässt, verpasst den Anschluss an die Phänomene des Lebens und bleibt in ihrer Durchführung unklar.

So viel Unklarheit müsste aber gar nicht sein. Vergessen wird in der aktuellen Debatte doch weitgehend, dass es eine umfassende Diskussion über die ›Person‹ als eine komplexe Denkfigur schon in Anthropologie, philosophischer Ethik und Theologie des frühen 20. Jahrhunderts gibt. Es ist gleichsam grob fahrlässig, die Ergebnisse dieser Diskussion nicht zur Kenntnis zu nehmen und sie als Ballast einer überkommenen philosophischen Tradition abzustempeln. Dieses Urteil soll im Folgenden revidiert werden. Meine Überlegungen dienen einer Rekonstruktion der Denkansätze von Max Scheler und Nicolai Hartmann zur Theorie der ›Person‹ und der Bestimmung mensch-

---

[9] Vgl. M. Theunissen: Skeptische Betrachtungen über den anthropologischen Personbegriff. In: H. Rombach (Hg.): Die Frage nach dem Menschen. Aufriss einer philosophischen Anthropologie (Festschrift für Max Müller zum 60. Geburtstag). Freiburg/München 1966, S. 461–490; hier: S. 471.

lichen Person-Seins in der theologischen Anthropologie und systematischen Theologie Wolfhart Pannenbergs.

II. Max Scheler und das ›Sein der Person‹

Max Scheler hat in seiner großen Abhandlung *Der Formalismus in der Ethik und die materiale Wertethik* (1913) eine Kritik der Ethik Kants geliefert. Im Zentrum steht dabei eine Auseinandersetzung mit der kantischen Engführung des Person-Begriffs.[10] Scheler kritisiert an der formalen Ethik, dass sie die menschliche ›Person‹ lediglich als ›Vernunftperson‹ erfasst und damit alle Schichten des emotionalen Lebens ausblendet. Richtig wird von Kant gesehen, dass die ›Person‹ nicht als ein ›Ding‹ oder eine ›Substanz‹ missverstanden werden darf; übersehen wird jedoch die Fundierung der ›Person‹ im Mensch-Sein, der zufolge sie »die unmittelbar miterlebte Einheit des Er-lebens – nicht ein nur gedachtes Ding hinter und außer dem unmittelbar Erlebten« ist.[11]

An die Stelle der »Einheit des Bewusstseins« tritt bei Scheler die Rede von der »Einheit des Erlebens«. In dieser Perspektive soll gewährleistet sein, dass im Konzept der ›Person‹ nicht nur die allgemeine Struktur (Vernunfttätigkeit), sondern auch die individuellen Momente (Emotionen, Stimmungen, Einstellungen usw.) zur Geltung kommen. Der Bruch mit Kant liegt an der Stelle, wo Scheler die ›Person‹ unter dem Gesichtspunkt der Endlichkeit menschlicher Existenz betrachtet; so gesehen ist jede ›Person‹ ein Individuum »und dies als Person selbst.«[12] Sie ist nach Schelers Auffassung die individuelle, konkrete und wesenhafte Einheit differenter Akte des Sich-und-die-Welt-Erlebens – von der äußeren über die innere Wahrnehmung, vom äußeren und inneren Wollen, Fühlen, Lieben usw. – und im Sinne des Apriorischen nicht *vor* diesen Akten, sondern *im* Aktvollzug diese ›fundierend‹.[13] So kommt Scheler zu dem scheinbar paradoxen Zwischenergebnis seiner Analyse, dass in jedem Akt des Wahrnehmens, Wollens und Fühlens die ganze Person steckt, diese zugleich

---

[10] M. Scheler: Der Formalismus in der Ethik und die materiale Wertethik. Neuer Versuch der Grundlegung eines ethischen Personalismus. 4. Auflage: Bern 1954; dort. Zweiter Teil. Abschnitt VI. Formalismus und Person, S. 68–101.
[11] Ebd., S. 382.
[12] Ebd.
[13] Ebd., S. 394: »Das Sein der Person ›fundiert‹ alle wesenhaft verschiedenen Akte.«

aber in und durch jeden Akt variiert. Es handelt sich nur um eine scheinbare Paradoxie, denn die Ganzheit und Einheit der Person ist keine Gegebenheit, keine Substanz und kein Ding, auch keine bloße Funktionseinheit der Sinne, sondern vielmehr eine Vollzugseinheit des Erlebens. »Zum Wesen der Person gehört, daß sie nur existiert und lebt im Vollzug intentionaler Akte.«[14]

Die Scheler'sche Bestimmung der ›Person‹ manifestiert sich vor allem in ihrer Relation zur ›Welt‹. Die ›Welt‹ kann entsprechend nicht etwas Dinghaftes sein, dem das zunächst einmal isolierte personhafte Selbst sich nachträglich annähert, um sie sich anzueignen. Die cartesische Dualität von ›Selbst‹ und ›Welt‹, die auch noch die kantische Ethik prägt, gilt Scheler als Abstraktion. Schon Wilhelm Dilthey hat gefordert, dass wir »wir Ernst mit dem Satze [machen], daß auch das Selbst nie ohne dies Andere oder die Welt ist, in deren Widerstand es sich findet, [denn] die Welt ist stets nur Korrelat des Selbst.«[15] Scheler nimmt diese Forderung von Dilthey und seinem Lehrer Edmund Husserl[16] auf und baut sie zu einer phänomenologisch-anthropologischen Theorie der Welthaftigkeit der Person aus. Die zentralen Überlegungen Schelers sind: In jedem emotionalen und kognitiven Erlebniszusammenhang sind ›Person‹ und ›Welt‹ als Sachkorrelate zu betrachten. Das heißt, jede ›Welt‹ *ist* im konkreten Sinn *nur als* ›Welt einer Person‹. Im Aktvollzug konstituieren sich ›Welt‹ und ›Person‹ in ihrer Einheit, Ganzheit und radikalen Individualität. Es ist ihrer Korrelation wesentlich, dass ›meine Welt‹ und ihre ›Wahrheit‹ für mich in einem absoluten Sinn gelten, der alle vermeintliche Subjektivität und Relativität übersteigt.

Scheler kommt es darauf an, die Korrelation von ›Person‹ und ›Welt‹ nicht als einen Funktionszusammenhang, sondern als Wesenszusammenhang zu begreifen. Festzuhalten ist, dass für Scheler das Person-Sein in fundamentaler Weise auf den erlebenden Bezug zu einer ›Umwelt‹ angewiesen ist, die sie jedoch transzendiert. Innerhalb

---

[14] Ebd., S. 401.
[15] W. Dilthey: Das geschichtliche Bewußtsein und die Weltanschauungen. In: Weltanschauungslehre. Abhandlungen zur Philosophie der Philosophie, Gesammelte Schriften, Bd. 8, Vierte unveränderte Auflage: Stuttgart und Göttingen 1968, S. 18.
[16] E. Husserl: Ideen zu einer reinen Phänomenologie und phänomenologischen Philosophie. Allgemeine Einführung in die reine Phänomenologie [1. Auflage: 1913]. Sechste Auflage: Tübingen 2002, S. 7; S. 49 und passim. Vgl. dazu C. Bermes: ›Welt‹ als Thema der Philosophie. Vom metaphysischen zum natürlichen Weltbegriff. Hamburg 2004, insbes. S. 145 ff.

der »Grenzen des apriorischen Weltgefüges«[17] kommt der geschichtlich und sozio-kulturell variablen Umwelt keine fundierende Funktion zu; sie ist nur der Horizont, in dem sich die ›Person‹ als »Einheit des Erlebens« behauptet und sich die Einheit einer konkreten Welt entwirft. Dieses Korrelationsverhältnis ist, so betont es Scheler, die Grundlage für alles Begegnen von Anderem – Personen oder Sachen – in einer geschichtlich, sozial und kulturell geprägten Umwelt.

III. Nicolai Hartmann und die ›Wirklichkeit der Person‹

Nicolai Hartmann setzt sich in seiner *Ethik* (1926) kritisch mit der materialen Wertethik Schelers auseinander. Dabei geht es ihm zwar um eine gemeinsame Ausgangsbasis – die Stellung gegen den cartesischen Dualismus von ›Geist‹ und ›Körper‹, psychischer und physischer ›Welt‹ – jedoch um divergierende Lösungsvorschläge. Gegenüber Scheler betont Hartmann, dass Personen sehr wohl auch einem Gegenstandsbereich zugeordnet werden können, ohne sie auf den Status bloßer Sachen zu reduzieren; zudem ist eine Beschreibung des Wesens der Person nicht in gänzlicher Unabhängigkeit vom Standpunkt der Subjektivität möglich. Das heißt, positiv gewendet, dass wir die ›Person‹ nicht aus der Korrelation von ›Ich und Du‹ herausnehmen können. ›Person‹ ist kein absoluter Begriff, sondern umfasst die Relation zwischen Subjekten, die sich in personaler Zuordnung als ›Ich‹, ›Du‹, ›Wir‹ ansprechen.[18]

Das zentrale Argument Hartmanns richtet sich, in vergleichbarer Stoßrichtung, gegen Schelers Behauptung einer Korrelation von ›Person‹ und ›Welt‹. Er erkennt bei Scheler zwar einen berechtigten kritischen Impuls gegen die idealistische Annahme eines ›Bewusstseins überhaupt‹. Gleichwohl führt Schelers These zu unbegründbaren ontologischen Aussagen über die Welt, die in vermeintlicher Abhängigkeit zur ›Person‹ stehen soll. Der treffende ontologische Befund ist nach Hartmanns Auffassung, dass eine Abhängigkeit der realen Welt von irgendeiner Korrelation nicht begründbar ist. Nahe liegender ist ihre Unabhängigkeit, wie sie das Hartmannsche ontologische Modell der physischen, organischen, psychischen, see-

---

[17] Scheler: Der Formalismus in der Ethik und die materiale Wertethik, S. 405.
[18] N. Hartmann: Ethik (1926). Dritte Auflage: Berlin 1949, S. 24. Kapitel: Zur Metaphysik der Person, S. 227–239.

lischen und geistigen Seinsschichten (von unten gesehen) vorgibt, das eine Unabhängigkeit der jeweils unteren Schichten in Bezug auf ihren Überbau impliziert. So gesehen ist der Bestand der Welt nicht abhängig davon, dass diese Gegenstand der Erkenntnis und der ethischen Bewältigung wird.

»Die reale Welt besteht, auch sofern sie gar nicht angeschaut, niemandem gegeben ist.«[19] In ontologischer Hinsicht ist die ›Welt‹ nicht Korrelat von etwas und in keinem Fall relativ auf etwas. Immer ist mit ›Welt‹ »das Ganze gemeint, das alle Korrelationen schlechthin umspannt. […] ›Die Welt‹, dieser ewige Singular, ist weit entfernt bloß die Welt der Sachen zu sein […], dieselbe Welt ist vielmehr ebenso ursprünglich die Welt der Personen; sie umschließt den realen Lebenszusammenhang der Personen, einschließlich ihrer spezifisch ethischen Beziehungen, genau ebenso primär wie den allgemeinen Seinszusammenhang des Realen überhaupt.«[20] Daraus folgt zweierlei: Zum einen wird die Korrelation – sprich: wechselseitige Abhängigkeit von ›Person‹ und ›Welt‹ – aufgelöst und zum anderen wird auf diese Weise die relative Freiheit der ›Person‹ von allen physisch, physiologisch, psychologisch und soziologisch zu beschreibenden Bedingungen behauptet.

In seiner Abhandlung *Das Problem des geistigen Seins. Untersuchungen zur Grundlegung der Geschichtsphilosophie und der Geisteswissenschaften* (1933) hat Hartmann auf der dargestellten Basis seiner Ontologie eine Theorie der ›Person‹ weiterentwickelt.[21] Er verweist darauf, dass wir schon im alltäglichen Sprachgebrauch die Einheit des geistigen Einzelwesens als ›Person‹ bezeichnen. Wir meinen damit menschliche Individuen, die als handelnde, sprechende, strebende usw. mit ebensolchen anderen Individuen in einer ›Mitwelt‹ verbunden sind, diesen begegnen und zu ihnen Stellung nehmen. »Der Mensch steht dem Menschen nicht als Subjekt, sondern als Person gegenüber, und mit Personen als Gegenspielern rechnet er im Getriebe des Lebens.«[22] Das ist durchaus eine »Vorbedingung der Sphäre menschlicher Existenz.«[23]

---

[19] Ebd., S. 237.
[20] Ebd., S. 238.
[21] Hartmann: Das Problem des geistigen Seins. Untersuchungen zur Grundlegung der Geschichtsphilosophie und der Geisteswissenschaften. Berlin – Leipzig 1933, Teil 1, IV. Abschnitt, Kap. 11 ff., S. 107 ff.
[22] Hartmann: Das Problem des geistigen Seins, S. 108.
[23] H. Plessner: Die Stufen des Organischen und der Mensch. Einleitung in die phi-

Auf der Ebene des Tätigseins, Gestaltens und Begegnens eröffnen die Menschen sich eine geistige Welt. Erst auf dieser Ebene kann von einer Korrelation von ›Person‹ und ›Welt‹ als einem gegenseitigen dynamischen Verhältnis des Formens und Geformtwerdens die Rede sein. Wenn menschliches Tätigsein auch »in der Weite der Welt verschwindet«, wie Hartmann angesichts des prekären Getragenseins der geistigen Realität von ihren physischen, organischen und psychischen Fundamenten festhält, so ist der Mensch doch befähigt, Gebilde von »anderer Seinshöhe« zu schaffen. Er ist der Schöpfer »eine[r] Welt des Geistes in der geistlosen Welt«. In diesem Sinne ist »das personale Wesen [...] Mitschöpfer der Welt.«[24] Nun ist es so, dass dieser Zusammenhang in der menschlichen Rede, vor allem im Gebrauch der Personalwörter, ganz selbstverständlich zum Ausdruck kommt. Das bestätigt, so Hartmann, die erkenntniskritische Regel, dass das Bekannteste das am wenigsten Erkannte und Erkennbare ist. *Praktisch* irren wir uns nie über den Personcharakter, wo wir es mit Personen zu tun haben. Insofern ist ›Personalität‹ – verstanden hier als die strukturelle Vorbedingung menschlicher Existenz – unverkennbar. Aber wir scheitern *theoretisch*, denn wir wissen nicht um die ontologische Fundierung eines selbstverständlichen und regelhaften Umgangs miteinander. Anders gesagt, wir wissen »auf eine erlebende Art um Personen«, denn die Gegebenheit der fremden Person ist eine unmittelbare, nicht erkenntnismäßige, die mit der Lebensbeziehung zu ihr da ist. »Die Personalität [...] ist unmittelbar gegeben, vor aller weiteren Erfahrung mit dem Einzelmenschen.«[25]

Hat Hartmann einmal die Unabhängigkeit der realen Welt von geistigen Formen und umgekehrt die relative Autonomie der geistigen Formen von niederen Seinsschichten freigelegt, ist es ihm in einem zweiten Schritt darum zu tun, die kategoriale Verfasstheit der geistigen Welt herauszuarbeiten. Wichtig ist hierbei, auf jeder Ebene des Seins kategoriale Verhältnisse zu fixieren, die den jeweiligen Realitätscharakter verbürgen. In der geistigen Welt sieht Hartmann die

---

losophische Anthropologie (1928). Dritte Auflage: Berlin/New York 1975, S. 301: »Jeder Realsetzung eines Ichs, einer Person in einem einzelnen Körper ist die Sphäre des Du, Er, Wir vorgegeben. Daß der einzelne Mensch sozusagen auf die Idee verfällt, ja daß er von allem Anfang an davon durchdrungen ist, nicht allein zu sein und nicht nur Dinge, sondern fühlende Wesen wie er als Genossen zu haben [...], gehört zu den Vorbedingungen der Sphäre menschlicher Existenz.«
[24] Hartmann: Das Problem des geistigen Seins, S. 109.
[25] Ebd., S. 111.

unmittelbare Gegebenheit der ›Personalität‹ als Indiz dafür an, dass wir es hier mit einer Anschauungs- und Realkategorie des Geistes zu tun haben. Ihre unmittelbare Evidenz ergibt sich aus einem unmittelbaren Wissen um den Anspruch einer fremden Person, als Person genommen und behandelt zu werden. In dieser unmittelbaren Gegebenheit von ›Personalität‹ im Erlebniszusammenhang ist auch der Aspekt der Ganzheit transportiert. Ganzheit ist unmittelbar in der Anschauung gegeben, tatsächlich aber ist sie in das Leben, die Dauer, den Wandel auseinander gezogen. Der empirische Mensch in seiner Halbheit ist nicht Person, nur »Person ist Ganzheit. Sie ist das geistige Wesen, das sich zu dem immer erst machen muß, was es in Wahrheit ist.«[26]

Was also in der unmittelbaren Anschauung als Gegebenheit erscheint, muss sich erst im Vollzug des Lebens als Realkategorie des Geistes erweisen. Anthropologisch ist in diesem Zusammenhang bedeutsam, dass der Mensch als Person – im Gegensatz zum Tier – nicht in einer Umweltsituation steht, sondern ein Bild der Situation hat, dieser gegenüber geöffnet ist, nicht an die Wirklichkeit des Umwelthaften gebannt ist, sondern Möglichkeiten sehen, das bloß Wirkliche transzendieren kann. Der Erlebniszusammenhang von ›Person‹ und ›Welt‹ erweist sich als ein Beziehungsreichtum zur Welt, dem die ›Person‹ erst Identität abringen muss. Der »Lebenskreis der Person, ihr Bannkreis – oder wenn man so will, ihr magischer Kreis – ist ein fundamentaler Grundzug der ›Personalität‹ als Realkategorie, realitätsgestaltend, weltformend weit über die eigentlich bewußte Aktivität der Person hinaus, das greifbare, erlebbare, offen zutage liegende Wunder ihres Wesens.«[27]

Hartmann hebt hervor, wie dieses Wunder zumindest indirekt zu verstehen ist. Es zeigt sich immer dort, wo in jeder einzelnen Lebenssituation das Selbstbewusstsein sich als sekundär erweist. In praktischer Hinsicht gibt es ein elementares »Mitwissen um sich selbst«, da die ›Person‹ ihren eigenen Wert in ihrem Verhalten zu anderen Personen erfährt. Der Anfang der Selbsterkenntnis liegt nicht in der Reflexion, sondern in der Tat. Das gilt für das moralische Sein der ›Person‹ insgesamt: Erst Tat und Situation offenbaren mir selbst und anderen, wer ich bin. Nach und nach erfährt die ›Person‹ im Leben, was sie ist – dafür bedarf es einer Kette der Lebenssituatio-

---

[26] Ebd., S. 114.
[27] Ebd., S. 121.

Person und Welt

nen. Die personhafte Spannung, von der auch Scheler und Plessner sprechen, kehrt bei Hartmann wieder in der Rede von einer Spannung zwischen »Hinausleben aus sich selbst« und dem »Zurückgeworfensein auf sich selbst«, durch die das ganze Leben der ›Person‹ charakterisiert ist.[28]

Hinter dem existentiellen Befund steht der kategoriale Gegensatz von Möglichkeit und Wirklichkeit, der Weite des Vorblicks und der Begrenzung im Handeln. Die Vorsehung als eine Weise des Hinauslebens scheint Hartmann von entscheidender Bedeutung für die Stellung des Menschen als ›Person in der Welt‹ zu sein. An ihr hängt alle Aktivität, alles Gestalten. Ohne Vorsehung kein Handeln, kein Ethos, keine Verantwortlichkeit. Erst die Vorsehung erhebt den Menschen über das »gegenwartsgefangene geistlose Bewußtsein« und lässt ihn zur Ganzheit und Einheit der ›Person‹ streben.[29]

In diesem Spannungsverhältnis steht der Mensch als Bürger zweier Welten, die er vereinen muss, und zwar in der Spannung zwischen Verantwortung und Versagen. Diese Zwischenstellung des Menschen ist in der anthropologischen Debatte immer schon betont worden.[30] Die Prädikate menschlicher Personalität, in denen die überlegene Stellung des Menschen in der Natur zum Ausdruck kommt, erinnern an die göttlichen Prädikate, wie Hartmann anführt. Sie erscheinen nun verkleinert, »verendlicht am endlichen Geiste«, dadurch aber keineswegs entkräftet. »Das Ethos des Menschen [...] ist wesensgleich mit dem, was der Glaube in der Gottheit verehrt. Nur die Unendlichkeit fehlt ihm dazu.«[31] Die Freiheit der Entscheidung, das Gefühl für die Werthaftigkeit der Welt und die Macht geistigen Gestaltens sind das »am meisten Metaphysische und Gottgleiche in ihm«. Hier aber liegt auch die innere Gefahr, denn die Entscheidung kann ins Leere gehen, das Wertfühlen kann unbeantwortet bleiben und die Sinnproduktion kann sich als illusorisch herausstellen.[32]

Die Selbstbehauptung des Menschen als Person hängt an der Zuversicht, dass sich in der Teilhabe an den Prozessen des Lebens jenseits des Erkennbaren etwas an Wert und Sinn zeigt.[33] Im Diesseits

---

[28] Ebd., S. 127.
[29] Ebd., S. 137.
[30] Vgl. G. Hartung: Philosophische Anthropologie. Stuttgart 2008, S. 14–43.
[31] Hartmann: Das Problem des geistigen Seins, S. 141.
[32] Ebd., S. 143–144.
[33] Vgl. A. Gehlen: Der Mensch. Seine Natur und seine Stellung in der Welt [1940]. 13. Auflage: Wiesbaden 1997, S. 72: »wir können nur die Umstände, unter denen der

gibt es nur eine Quelle der Zuversicht, die am realen Lebenszusammenhang der Personen hängt und im Miteinanderleben der Menschen wurzelt. Jeder Mensch, so streicht es Hartmann heraus, braucht den Mitmenschen, um für ihn er selbst sein zu können. Umgekehrt würde der Mensch, wenn er bloß auf sich selbst zurückgeworfen wäre, verkümmern. In der Weltbezogenheit und in der Bezogenheit der Menschen aufeinander realisiert sich der personale Geist, in der »Leere und Lieblosigkeit hingegen würde er vernichtet.«[34]

Es stimmt also, im Hinblick auf Hartmanns Theorie von einem ›relationistischen Personbegriff‹ zu sprechen, wie Michael Theunissen es getan hat. Dennoch greift diese Umschreibung zu kurz. Bei Hartmann zeigt sich in der Relationalität der ›Person‹ etwas Fundamentales, das über den konstruktiven Aspekt der Relationalität – wie ihn Scheler im Aktvollzug denkt – hinausweist: Wir Menschen nehmen an Lebensprozessen teil, die wir einerseits im Erkennen und Handeln gestalten, deren Strukturen uns andererseits aber auch in unserer Existenz tragen. ›Person‹ *ist*, wenn die Widersprüchlichkeit solchen Erlebens in einer Ganzheit und Einheit gebannt wird. Die Einsicht, dass dies überhaupt gelingen kann, dass wir Menschen ein Selbst-Verhältnis sind, hängt daran, dass wir »auf erlebende Art« um Personen wissen. Dieses Wissen *vor* aller Erkenntnis ist die Vorbedingung personaler Existenz.

IV. Wolfhart Pannenberg und die konstitutive ›Zweideutigkeit der Person‹

Die folgenden Überlegungen haben das Ziel, zu zeigen, dass in der theologischen Anthropologie Wolfhart Pannenbergs der Personbegriff Hartmanns Aufnahme und Kritik zugleich erfährt. Tatsächlich steht und fällt auch bei Pannenberg das Konzept der ›Person‹

Mensch existiert, angeben, sowie die in ihm selbst und außer ihm erreichbaren Mittel, diese Umstände zu bewältigen, aber nicht das ›Wie‹ des Existierens und Bewältigens, das wir eben *sind* und *vollziehen* – so ist weder die Aussage möglich, das Leben sei ›sinnlos‹, noch die: es hat etwas im erfahrenden und denkenden Bewußtsein Gegebenes zu ›realisieren‹, um selbst Sinn zu bekommen. Es könnte aber sehr wohl sein, daß sich im Lösen der Aufgabe, vor welche der Mensch mit seinem bloßen Dasein gestellt ist, etwas sehr entscheidendes *mit vollzieht.*«

[34] Hartmann: Das Problem des geistigen Seins, S. 148–149. Vgl. dazu: Theunissen: Skeptische Betrachtungen über den anthropologischen Personbegriff, S. 474.

mit der Realität menschlicher Beziehungen, in denen sich eine Abhängigkeit des Individuums von anderen zeigt. »Die Beziehungen zwischen Menschen sind nur insoweit menschliche Beziehungen, wie man einander als Personen gelten läßt. Als Person wird der andere dann respektiert, wenn ich in ihm dieselbe unendliche Bestimmung, die in keiner schon vorhandenen Lebensgestalt aufgeht, am Werke weiß wie in mir selbst.«[35] Von Pannenberg wird in die Realität menschlicher Beziehungen ein qualitatives Moment eingeführt. Es geht nicht nur um die Offenheit der Person für den jeweils anderen, sondern auch um die Erkenntnis einer »unendlichen Bestimmung« im Menschen, die seine Offenheit der personalen Struktur zu einem konstitutiven Moment macht.

In theologischer Hinsicht ist dies der Ort, an dem das Problem der Gottebenbildlichkeit des Menschen diskutiert wird.[36] Pannenberg weist auf eine Spannung hin, die zwischen einer theologischen und einer philosophisch-theologischen Position besteht. Erstere sieht in der Gottebenbildlichkeit eine Bestimmung des Menschen in Gottes Absicht, wobei diese Verheißung von jeglicher, dem Menschen eigenen Qualität abgetrennt ist (Karl Barth). Zweitere bemüht sich in der Nachfolge Johann Gottlieb Herders darum, »die Anlage zur Gottebenbildlichkeit in den Einzelheiten der natürlichen Ausgangslage des Menschen aufzuweisen«.[37] Dieser Position rechnet sich Pannenberg explizit zu, obwohl sein Verhältnis zur philosophischen Anthropologie, und insbesondere zu einer anthropologischen Theorie der Personalität, kritisch bleibt. Sein Hauptargument lautet: Die in einer Theorie der Personalität angesprochene Ganzheit der Person transzendiert die weltimmanente Perspektive Hartmanns. Nehmen wir Ganzheit als Ziel individueller Entwicklung, so ist diese auf der Basis der differenzierten Herausbildung eines eigenen Selbst unerreichbar und nicht vollendbar.

In anthropologischer Hinsicht impliziert die Rede von der Ganzheit des eigenen Daseins – das zeigt sich in der Zuspitzung von Hei-

---

[35] W. Pannenberg: Was ist der Mensch? Die Anthropologie im Licht der Theologie. 8. Auflage: Göttingen 1995, S. 60.
[36] Vgl. zur Gottebenbildlichkeit des Menschen, mit der ihm »die Tiefe seiner Person« gegeben ist: M. Welker: Person, Menschenwürde und Gottebenbildlichkeit. In: Jahrbuch für Biblische Theologie. Bd. 15: Menschenwürde (2000), S. 247–262, insbes. S. 258–262.
[37] W. Pannenberg: Anthropologie in theologischer Perspektive. Göttingen 1983, S. 56.

deggers fundamentalontologischer Analytik des Daseins –, dass der Mensch sich anmaßt, Gott sein zu wollen. Theologisch gesehen heißt das, der Mensch kann seine Ganzheit nur als das von Gott ihm verheißene und zuteil werdende ›Heil‹ erlangen. Das Problem der Ganzheit ist also nicht ein Reservat der Theologie, aber auch nicht von Psychologie und Anthropologie. Zwar wird die Frage nach der Ganzheit als Thema der selbständigen Identitätsbildung in der Adoleszenzphase des Menschen aufgeworfen – insofern hat die Entwicklungspsychologie ihr Recht –, aber sie ist nicht auf diesen Entstehungskontext zu reduzieren. Die Frage nach der Ganzheit ist, wie Pannenberg im Rückgriff auf die religiösen Implikationen der Herderschen – bei Gehlen prominent wiederkehrenden – Rede vom menschlichen Mängelwesen betont »vielmehr inmitten der Unabgeschlossenheit seines durch ›Mangel‹ an Sein gekennzeichneten Lebensvollzugs schon gegenwärtig. […] Die die Beschränktheit des jeweiligen Lebensmomentes unendlich übersteigende Ganzheit des Selbst kommt zur gegenwärtigen Erscheinung als Personalität. Person ist der Mensch in seiner Ganzheit, die das Fragmentarische seiner vorhandenen Wirklichkeit überschreitet.«[38] Die meint nicht nur ein Entwicklungsmoment individuellen Lebens, sondern im Sinne Plessners und Hartmanns eine Vorbedingung der Sphäre menschlicher Existenz.

Die Überschreitung eines fragmentarischen Lebensvollzugs – und die mit ihr zusammenhängende Unverfügbarkeit der Person, im Unterschied zur Sache – weisen ins Zentrum der Konzeption Pannenbergs.[39] Die theologische Anthropologie stellt das qualitative Moment des ›Mangels an Sein‹ ins Zentrum, um jede Verwechslung mit natürlichen Bestimmungen des Menschen zu vermeiden. Pannenberg legt den Schwerpunkt auf die systematische Erkundung der Einsicht, dass »der Mensch […] erst dadurch Person [ist], daß er Gott als Person sich gegenüber findet.«[40]

---

[38] Ebd., S. 228.
[39] Pannenberg: Person. In: Religion in Geschichte und Gegenwart, Bd. 5. 3. Auflage: Tübingen 1961, Sp. 230–235, insbes. Sp. 231 f. Vgl. dazu die anderen großen Lexikonartikel zum Thema: J. Heinrichs: Person. Philosophisch. In: Theologische Realenzyklopädie. Bd. XXVI. Berlin/New York 1996, S. 220–225; K. Stock: Person. Theologisch. In: Theologische Realenzyklopädie. Bd. XXVI. Berlin/New York 1996, S. 225–231; E. Herms: Person. IV. Dogmatisch. In: Religion in Geschichte und Gegenwart. Bd. 6. 4. Auflage: Tübingen 2003, Sp. 1120–1128.
[40] Pannenberg: Person, Sp. 232. Ders.: Anthropologie in theologischer Perspektive,

Hervorzuheben ist hier die interne Verknüpfung zweier Relationen – auf Gott, auf den Anderen – in ihrer Unabtrennbarkeit. Personalität basiert auf der Gegenwart eines Selbst im sprechenden, handelnden ›Ich‹, die es in Bezug auf Gott wie auch das relationale ›Du‹ in der dialogisch strukturierten Sozialsphäre überschreitet. Pannenberg zitiert in diesem Zusammenhang ausführlich Hartmanns *Das Problem des geistigen Seins*, in dem die Zweideutigkeit der Person in ihrem Streben nach Ganzheit und ihrem Auseinandergezogensein über die Zeit hinweg erkannt wird. Bei Hartmann fehlt allerdings, so Pannenberg in kritischer Distanz, eine Erklärung dafür, auf welchem Grund die Person sich zur Ganzheit zusammenschließt. Wie kann die Person, die über ihren eigenen zeitlichen Wandel hinausgreift, als Grund und Resultat ihrer selbst gedacht werden? Bei den Vertretern der philosophischen Anthropologie vermisst Pannenberg einen Hinweis auf die Bestimmung des Menschen. Wie kann es sein, dass wir auf dem Weg zur Ganzheit unseres Daseins im gegenwärtigen Augenblick, immer schon wir selbst, das heißt Personen, sein können? Wie kommt es im unabgeschlossenen Lebenshorizont zu einer Gegenwart unseres »wahrhaften Selbst« und nicht zu bloß illusionären Figurationen?

Pannenbergs Antwort lautet: Weil Personalität durch die Beziehung von ›Ich und Du‹ in einer sozialen Lebenswelt bestimmt ist; im Regelfall ist die ›Person‹ nicht auf ihr eigenes Selbst, sondern auf andere Personen und auf die Gruppe bezogen. »Dem Du und der Gruppe gegenüber ist sie sie selbst.«[41] Aber die ›Person‹ zeichnet sich

---

S. 227–228: »Ohne das Wirken des göttlichen Geistes im Menschen wäre ihm keine Personalität im tieferen Sinne des Wortes zuzuerkennen. Denn Personalität hat es zu tun mit dem Inerscheinungtreten der Wahrheit und Ganzheit des individuellen Lebens im Augenblick des Daseins. Der Mensch ist nicht dadurch schon Person, daß er Selbstbewußtsein besitzt und das eigene Ich von allem anderen zu unterscheiden und festzuhalten vermag [FN: Gegen I. Kant: Anthropologie in pragmatischer Hinsicht, 1798, §1.]. Er hört auch nicht auf, Person zu sein, wo solche Identität im Selbstbewußtsein nicht mehr besteht, noch ist er ohne Personalität, wo sie noch nicht vorhanden ist. Personalität ist begründet in der Bestimmung des Menschen, die seine empirische Realität immer übersteigt. Sie wird primär am anderen, am Du, erfahren als das Geheimnis eines Insichseins, das nicht aufgeht in alledem, was äußerlich vom anderen wahrnehmbar ist, so daß mir dieser andere als ein Wesen begegnet, das nicht nur von sich aus, sondern auch von einem allem äußeren Eindruck letztlich entzogenen Grund seines Daseins her tätig ist.«
[41] Pannenberg: Person, Sp. 234. Ders.: Anthropologie in theologischer Perspektive, S. 227: Nur im Erleben menschlicher Gemeinschaft, nur im anderen Menschen be-

zugleich durch eine Transzendenz des Selbstseins über die soziale Situation aus. Die Vergegenwärtigung und Artikulation des Selbstseins in der sozialen Situation geht nicht in deren Grenzen auf, sondern gründet »letztlich« im Gottesbezug des Menschen. In diesem Letztbezug ist auch die Selbständigkeit und Freiheit des Menschen gegenüber der geschichtlich-konkreten Gestalt der sozialen Verhältnisse erfasst.

In einem Kapitel seiner *Systematischen Theologie*, das von »Würde und Elend des Menschen« handelt, hat Pannenberg erläutert, wie die philosophische Anthropologie seiner Ansicht nach ergänzt werden muss.[42] Am Beispiel der ›Person‹ erörtert er, dass der Begriff zwar im paganen Kontext des Kulturkreises der Antike entstanden ist, dass aber die fundamentale, von allem Zweifel der Kontingenz unberührte Auszeichnung des individuellen Lebens sich erst im christlichen Denken herausgebildet hat. Nach dieser nicht bloß geschichtlichen, sondern fundamentalen Bestimmung ist »jeder Mensch ›Person‹ durch die sein Dasein im Ganzen begründende Beziehung zu Gott«.[43] Es ist das Verdienst der Paulinischen Anthropologie, dass sie den Blick auf die in Christus eingelöste Ebenbildlichkeit mit Gott gelenkt hat. Es ist damit ein Gegensatz zwischen der Vollendung der Gottebenbildlichkeit des Menschen in und durch Jesus Christus und der Rede von einer Restitution der Gottebenbildlichkeit Adams benannt. Im christlichen Denken kommt es auf die Aspekte der Zukünftigkeit und Unvollendetheit an – hier liegt die notwendige Ergänzung philosophischer Anthropologie. Bei Paulus tritt der Kern einer christlichen Anthropologie hervor, die in Christus die Möglichkeit einer Vervollkommnung der Gottebenbildlichkeit, im gegenwärtigen Menschen aber nur die Bestimmung zur Vervollkommnung sieht.[44]

Die von Herder kommende philosophische Anthropologie hat den Gedanken der Nicht-Festgestelltheit des Menschen formuliert, dabei nur verkürzt gedacht. Demgegenüber ist zu betonen, dass die Wahrheit menschlicher Existenz allein in der wechselseitigen Bezug-

---

gegnet ein Leben, das in seinem Lebensgefühl ebenfalls vom Wissen um den unendlichen Grund der Welt durchdrungen ist. Nur hier zeigt sich »personale Tiefe«.

[42] Pannenberg: Systematische Theologie. Bd. 2. Göttingen 1991, Kap. 8: Würde und Elend des Menschen, S. 203–314.

[43] Ebd., 229. Ebd: »Grundlegend für die Personalität jedes einzelnen Menschen ist seine Bestimmung zur Gemeinschaft mit Gott.«

[44] Ebd., S. 249.

nahme von Anthropologie und Christologie hervortritt.[45] Methodisch ist es daher richtig, von einer »zirkulären Wechselbedingtheit« von Anthropologie und Theologie zu sprechen.[46] Die Auffassungen des sich, in der Geschichte der Menschheit in Christus geoffenbarten Gottes, und unsere Vorstellungen von der Natur und Bestimmung des Menschen ergänzen sich wechselseitig. Im Person-Sein des Menschen zeigt sich seine besondere Auszeichnung erst durch seine Bezogenheit auf Gott. Diese Bezogenheit ist in geschichtlich-anthropologischer Perspektive ein entscheidendes Datum, weil es die Selbstdistanznahme des Menschen zum Ausdruck bringt: in der Unterscheidung Gottes vom eigenen Dasein und von allem Endlichen. »Was Menschsein heißt, wird ohne Religion den Menschen selber nicht voll durchsichtig.«[47]

V. Zur Komplexität der ›Person‹. Philosophische und theologische Aspekte

Wir haben gesehen, dass die analytische Theorie der ›Person‹ ihre anthropologischen Voraussetzungen nicht reflektiert und mit der Fundierung der ›Personalität‹ als Selbst-Verhältnis einen engen Weg beschreitet, der den Phänomenen der Lebenswelt nicht gerecht wird. Die ungenaue Rede vom »Ideal, im Leben einen eigenen Weg zu finden, eine eigene Persönlichkeit auszubilden und sich selbst treu zu bleiben«[48], ist der Zweideutigkeit des Lebens, in der Angewiesenheit auf andere und in der Selbständigkeit verantwortlicher Lebensführung, nicht angemessen.

Wir haben des Weiteren gesehen, wo der andere Weg verläuft, die Strukturen der ›Personalität‹ aus einem Wechselverhältnis von ›Ich‹ und ›Du‹ – dem Anderen oder anderen Dingen – zu verstehen. Die Antworten sind mehrdeutig und führen zu einem komplexen Bild unserer Problemstellung. Schelers Idealismus mündet in der Rechtfertigung der ›Person‹ als Einheit des Erlebens, der er die Kraft

---

[45] Ebd., Kap. 9: Anthropologie und Christologie, S. 315–364.
[46] Ebd., S. 232–333: Zustimmende Bezugnahme auf Karl Rahner, nach dessen Auffassung »Anthropologie […] defiziente Christologie [ist], insofern Anthropologie als solche eben noch nicht die Einheit des Menschen mit Gott in Unterschiedenheit von ihm zum Thema hat.«
[47] Ebd., S. 230.
[48] Quante: Person, S. 29.

eines schöpferischen Weltentwurfs zuspricht. Eine solchermaßen radikale Individualität, die nur ihre Welt mitsamt ihrer Wahrheit kennt, steht in einer merkwürdigen Korrelation: die ›Person‹ ist unabhängig von allen gegebenen Weltbezügen, jedoch die ›Welt‹ ist abhängig von der ›Person‹, weil sie ihr nur als Entwurf begegnet. Das meint Scheler mit Korrelation. So ist es konsequent, dass Scheler von Gott als ›Person‹ im eigentlichen Sinn spricht. Nur in einem reinen, göttlichen Schöpfungsakt findet eine wahrhafte Korrelation von ›Person‹ und ›Welt‹ statt. Schelers Anthropologie mündet in eine Theo-Anthropologie. Der Prozess der Menschwerdung wird als Befreiung des empirischen Menschen von seiner Umwelt hin zur Schaffung einer Welt verstanden, die seiner personalen Würde korreliert. Es geht um nicht weniger als um die Gottwerdung des Menschen.[49]

Hartmann stellt der Konzeption Schelers eine realistische Position entgegen. Nicht um die äußersten Möglichkeiten des Menschseins geht es ihm, sondern um die Wirklichkeit des Menschen. Nach Hartmanns Auffassung bedeutet die Selbstmanifestation des Menschen als ›Person‹ nicht eine Überwältigung der ›Welt‹, sie impliziert vielmehr die Zuversicht, dass sich in der Teilhabe an den Prozessen des Lebens etwas an Wert und Sinn zeigt. Statt von einer Transzendenz der Umwelt in einem schöpferischen Akt zu sprechen, mahnt er an, die Quellen der Lebensführung im realen Lebenszusammenhang des Menschen und seinem Leben mit anderen freizulegen. Die Tatsache, »daß es eine personale Welt überhaupt gibt« (Plessner) und dass wir »auf eine erlebende Art um Personen« (Hartmann) wissen, verweist auf einen fundamentalen Zusammenhang: Wir Menschen nehmen an Lebensprozessen teil, die wir einerseits im Erkennen und Handeln gestalten, deren Strukturen uns andererseits aber auch in unserer Existenz tragen. ›Person‹ *ist* nach Hartmanns Auffassung die Möglichkeit des Sich-Erlebens in einer Ganzheit und Einheit trotz aller Widersprüchlichkeit und Mehrdeutigkeit des Lebens. Auch wenn der empirische Mensch in seiner Halbheit diese Möglichkeit nicht realisiert, so ist sie doch in der menschlichen Lebenswirklichkeit angelegt. Sie ist eine Vorbedingung der Sphäre menschlicher Existenz.

---

[49] Scheler: Die Sonderstellung des Menschen im Kosmos. In: Graf H. Keyserling (Hg.): Der Leuchter. Weltanschauung und Lebensgestaltung. Achtes Buch: Mensch und Erde. Darmstadt 1927, S. 161–254. Vgl. dazu G. Hartung: Das Maß des Menschen. Aporien der philosophischen Anthropologie und ihre Auflösung in der Kulturphilosophie Ernst Cassirers. Weilerswist 2003, S. 112–115.

Pannenbergs theologische Anthropologie stimmt im operativen Feld mit den philosophischen Theorien überein. Auch sie spricht von einer fundamentalen Differenz, aus der sich die menschlichen Existenzkonflikte ableiten lassen; auch sie ist weit davon entfernt, sich in die seichte Rede von Lebensidealen und der Treue des Menschen zu sich selbst zu verflüchtigen. Aber Pannenberg erkennt in Schelers Denkfigur der Selbsttranszendenz des Menschen und Hartmanns stoischer Forderung der Selbstüberwindung unter den Bedingungen von Weltimmanenz Formen von Anmaßung und Überforderung. Um diesen Zumutungen zu begegnen, lenkt die theologische Anthropologie den Blick darauf, dass »der Mensch erst dadurch Person ist, dass er Gott als Person sich gegenüber findet.« Weil der Mensch sich aus eigener Kraft nicht selbst überwinden kann, wie Scheler meint, und weil er sich nicht durchsichtig ist noch jemals sein wird, ist der Mensch unfestgestellt und zugleich offen dafür, durch den Anderen, »letztlich« Gott angesprochen zu werden. Das Faktum des Angesprochenseins durch Gott ist die eigentliche Vorbedingung der Sphäre menschlicher Existenz.

Für Pannenberg ist offensichtlich, dass durch alle lebensweltlichen Verhältnisse hindurch die Elementarität der menschlichen Bezugnahme auf Gott zu erleben ist. In jedem Umgang mit Anderen – Personen, Dingen, in Situation – ist ein Angewiesensein auf *den* Anderen, gemeint ist ein Angesprochensein durch Gott zu erleben. Ohne diese existentielle Vorbedingung ist eine Distanzierung des Menschen von sich Selbst und von Welt nicht zu begreifen, denn damit das Angesprochensein als Person durch andere nicht bloße Illusion und somit grundlos ist, bedarf es einer letzten Rücksichtnahme. Das ist der Sinn des Satzes, dass Menschsein ohne Religion für uns Menschen nicht voll durchsichtig wird.

Ob nun die personhafte Spannung, in der die Zweideutigkeit des Lebens zum Ausdruck kommt, nur sinnvoll zu deuten ist, wenn wir in den Abgrund einer uns zwar tragenden aber für uns gleichgültigen ›Welt‹ schauen *oder* wenn wir ein Angesprochensein durch Gott als letzten Grund unseres erlebenden Umgangs mit ›Welt‹ voraussetzen – die Debatte zwischen philosophischer und theologischer Anthropologie ist noch lang nicht an einem Ende angekommen.

Leben führen – Dasein entwerfen

Zur systematischen und gesellschaftspolitischen Bedeutung von Plessners anthropologischem und Heideggers fundamentalontologischem Konzept des Menschen

Annette Sell

Welche systematischen Antworten können die philosophische Anthropologie oder die Daseinsanalytik geben, wenn es um die Frage geht, auf welche Weise der Mensch sein Leben führen kann? Dieser Frage gilt es im Folgenden nachzugehen, indem zwei philosophische Konzepte untersucht werden, in denen die systematisch-strukturellen und sozio-biologischen Voraussetzungen des Menschen erschlossen werden, die ihn dafür prädestinieren, sein Leben zu führen oder sein Dasein zu entwerfen. Nahezu zeitgleich sind zwei bedeutende Schriften der ersten Hälfte des 20. Jahrhunderts zu dieser Thematik erschienen. 1927 publizierte Martin Heidegger sein frühes Hauptwerk *Sein und Zeit*, und 1928 erschienen Helmuth Plessners *Stufen des Organischen und der Mensch*. Heidegger lehnte es zwar stets – zum Teil sehr polemisch – ab, im Sinne der Anthropologie zu argumentieren, doch geht es auch in seinem Denken um den Menschen, den er in seinen fundamentalontologischen Strukturen zu bestimmen sucht und als Dasein fasst bzw. analysiert.[1] Bekanntlich hat Heidegger nie eine Ethik oder ein im eigentlichen Sinne politisches Werk geschrieben, doch finden sich Aspekte eines gesellschaftspolitischen Denkens in seinen Schriften und systematischen Konzepten wieder. Wenn sich das Dasein auf Möglichkeiten hin entwerfen soll und eine bedeutende Kategorie hierbei die Sorge spielt, in der es um die Angst um sich selbst, aber auch um die Fürsorge für sich und andere geht, so können diese Bestimmungen auch als Weisen gesellschaftlichen Daseins gedeutet werden. »Die ›Fürsorge‹ als faktische soziale Einrich-

---

[1] Zu Heideggers Begriff des Daseins und seiner Haltung zur Anthropologie vgl. H.-U. Lessing: Mensch, Dasein. In: Schlüsselbegriffe der Philosophie des 20. Jahrhunderts. Hrsg. von C. Bermes und U. Dierse. Hamburg 2010, S. 249–265. Lessing bezieht sich dabei auf Heideggers Kritik der Anthropologie in Sein und Zeit sowie in Kant und das Problem der Metaphysik, S. 254f.

tung zum Beispiel gründet in der Seinsverfassung des Daseins als Mitsein.«[2] Helmuth Plessner entwirft in den *Stufen des Organischen und der Mensch* ein Konzept des Menschen und strebt eine »Neuschöpfung der Philosophie unter dem Aspekt einer Begründung der Lebenserfahrung in Kulturwissenschaft und Weltgeschichte« an.[3] Die organisch-leibliche Konstitution des Menschen und seine exzentrische Positionalität im Lebendigen bilden die Voraussetzung für das Wesen eines in der Wirklichkeit befindlichen Menschen. Der Mensch weiß um seine Existenz und kann über sie und seine ihn umgebende Um- und Mitwelt reflektieren. Ziel der vorliegenden kontrastierenden Gegenüberstellung von Heidegger und Plessner ist sowohl ein systemantischer Vergleich zweier philosophischer Konzepte als auch eine Antwort auf die Frage, unter welchen philosophischen Voraussetzungen der Mensch sein eigenes Leben führt. In einem ersten Teil wird Plessners Ausdruck »ein Leben führen« untersucht, und im zweiten Teil wird Heideggers Entwurf des Daseins interpretiert; ein dritter Teil nimmt eine vergleichende Betrachtung der beiden Konzepte vor.

I.

Helmuth Plessner entwirft in den *Stufen des Organischen und der Mensch* ein Konzept des Menschen, das seiner organisch-leiblichen Konstitution Rechnung trägt. Mit seinem Begriff der »exzentrischen Positionalität« kann Plessner zeigen, dass und wie sich der Mensch als natürlich Lebendiger in der Wirklichkeit positioniert. Der Mensch weiß dabei um seine Existenz und kann über sie und seine ihn umgebende Um- und Mitwelt reflektieren. Durch die Kategorie der Doppelaspektivität gelingt es Plessner, den Menschen als natürliches und als geistiges Wesen gleichermaßen zu fassen. Ausgehend vom cartesianischen Dualismus, der die Trennung von Ausdehnung und Innerlichkeit bzw. von außen und innen manifestiert, entwickelt Plessner diesen Doppelaspekt, mit dem er den Menschen sowohl als ein reflektiertes Selbst als auch ein körperliches Ding bestimmen kann. Plessner baut in einer komplexen phänomenologischen und philosophie-

---
[2] M. Heidegger: Sein und Zeit. Tübingen [15]1984, S. 121.
[3] H. Plessner: Die Stufen des organischen und der Mensch. Einleitung in die philosophische Anthropologie. Gesammelte Schriften Band IV. Frankfurt a. M. 1981, S. 68.

historischen Argumentation ein eigenes Kategoriensystem auf, das zu einer Theorie der organischen Wesensmerkmale bzw. zu Modalen des Lebens führt. Zu seinen methodischen Ansätzen nimmt Plessner auch im »Vorwort« zur ersten Auflage der *Stufen* Stellung. So reflektiert er hier, dass sein Hauptwerk in einer Zeit des methodischen Umbruchs entstanden sei. Dabei sieht er die Philosophie seiner Zeit insbesondere von der Psychoanalyse, der Lebensphilosophie, der Kultursoziologie, der Phänomenologie, der Geistesgeschichte und den Krisen der Medizin beeinflusst. In dieser Methodenvielfalt erarbeitet Plessner eine eigene Theorie, die sich unter anderem dem Denken Max Schelers und somit der Phänomenologie[4] und der Biologie verdankt. Zu Heidegger geht Plessner bereits in diesem »Vorwort« mit dem Argument auf Distanz, dass er Heidegger in *Sein und Zeit* insofern nicht zustimme, als dass »der Untersuchung außermenschlichen Seins eine Existentialanalytik des Menschen notwendig vorhergehen müsse.«[5] Hierbei sei der philosophisch Fragende sich selbst existentiell der Nächste. Demgegenüber gehe es in der Plessner'schen Theorie des Menschen um die ausgezeichnete Position des Menschen, weder in der Nähe noch in der Ferne. Der Mensch ist durch die Exzentrizität seiner Lebensform ein Teil des Seins. Er gehört somit mit anderen Lebensformen in die Welt. Dieses Argument ist bedeutend für die folgende Argumentation und für die Kontrastierung zu Heidegger, der den Menschen als Dasein fasst und ihm eine ausgezeichnete Rolle gegenüber anderen Seinsweisen zuschreibt. Plessner spricht von »Stufen des Organischen«, wobei die Sphäre des Menschen die letzte und höchste Stufe darstellt. Der Übergang von der Sphäre des Tieres zur Sphäre des Menschen ist dahingehend bedeutend, dass die animalische Verfasstheit die Voraussetzung für das Leben des Menschen bildet.[6] Der Mensch ist nicht vornehmlich dadurch bestimmt, dass er sich (wie bei Heidegger) verstehend in der Welt auf

---

[4] Obwohl Schelers Denken erheblich unter dem Einfluss der Metaphysik steht, bezeichnet Plessner ihn als Phänomenologen. Siehe: Plessner: Die Stufen des Organischen, S. 11.
[5] Plessner: Die Stufen des Organischen, S. 12.
[6] Annette Sell stellt diesem Ansatz Plessners, dass der Mensch immer an seine leibliche Lebendigkeit gebunden sei, das Hegelschen Konzept des natürlichen Lebens gegenüber und arbeitet Gemeinsamkeiten und Unterschiede von Hegel und Plessner heraus. A. Sell: Vom natürlichen Leben zum geistigen Sein – vom lebendigen Dasein zur Sphäre des Menschen. Hegel und Plessner im Vergleich. In: Der Naturbegriff in der Klassischen Deutschen Philosophie. Hrsg. Von P. Heuer, W. Neuser, P. Stekeler-Weithofer. Würzburg 2013, S. 209–224.

Möglichkeiten hin entwerfen kann, sondern dadurch, dass er als leibliches Wesen auf seine Position in der Welt reflektieren und diese zugleich selbst bestimmen kann. Die Idee dabei ist, dass Plessner Lebewesen in einer Umwelt positioniert erkennt. Durch diese Positionierung sind sie zugleich begrenzt d. h. sie grenzen sich von ihrer Umwelt ab. Tiere sind dabei auf eine Mitte hin positioniert. Sie leben aus dieser Mitte heraus. Sie können sich aber nicht reflektierend auf diese Mitte beziehen. Wohingegen das Tier aufgrund seiner geschlossenen Organisationsform »zum Handeln, zum Vollzug der entsprechenden Reaktion auf Reize der Umwelt gezwungen«[7] ist, ist der Mensch durch seine Reflexion fähig, den Vollzug seines Lebens aus der Mitte zu reflektieren. Wie das Tier, so bleibt auch der Mensch stets an seine zentralistische Organisationsform gebunden. In der *Selbstdarstellung* nennt Plessner den Menschen ein »Zwischenwesen«[8]. Dabei vermag er es, sich qua Reflexion auf diese Mitte zu beziehen, ohne sie zu verlassen. Plessners Epoche machender Begriff für diese Überlegungen, die er auch vor dem Hintergrund von Hans Driesch und Jakob Johann von Uexküll entwickelt hat, ist die »Exzentrische Positionalität«, die das Charakteristikum des Menschen ist. Der Mensch befindet sich dabei in einer Welt, die er als Außenwelt, Innenwelt und Mitwelt erfährt.[9] Mit diesen Weltbegriffen hat sich der Mensch dreifach positioniert. Er ist in ein äußeres Raum-Zeit-Kontinuum gestellt und innerlich zugleich mit sich in Form von Erlebnissen und in der Wahrnehmung begegnenden Gegenständen konfrontiert. In der Mitwelt wird der Geist wirksam, und so ist verständlich, dass Mitwelt nur durch die exzentrische Positionalität

---

[7] Plessner: Die Stufen des Organischen, S. 359.
[8] H. Plessner: Schriften zur Soziologie und Sozialphilosophie. Gesammelte Werke Band X. Frankfurt a. M. 1985, S. 327.
[9] Plessner: Die Stufen des Organischen, S. 365 ff. In der Vorlesung *Elemente der Metaphysik* aus dem Wintersemester 1931/32, die von Hans-Ulrich Lessing herausgegeben und eingeleitet wurde, findet sich eine verständliche Darstellung der drei Weltformen, in denen der Mensch lebt (S. 184–194). Diese Vorlesung ist eine bedeutende und erklärende Ergänzung der *Stufen des Organischen*. »Sie bringt darüber hinaus Ergänzungen zur Biophilosophie der *Stufen* und bietet neue Aspekte von Plessners Philosophie, da hier nicht nur ein ganz anderer, aufschlußreicher Weg zur Anthropologie beschritten wird, sondern auch einige Themen anders akzentuiert bzw. in größerer Ausführlichkeit dargestellt werden, als dies in den *Stufen* der Fall ist.« So lautet die Beurteilung des Herausgebers. H. Plessner: Elemente der Metaphysik. Eine Vorlesung aus dem Wintersemester 1931/32. Hrsg. von H.-U. Lessing. Berlin 2002, S. 15.

möglich ist.¹⁰ Es ist aber dem Missverständnis vorzubeugen, dass der Mensch in der Mitwelt konkret mit anderen Menschen lebt. »Mitwelt ist die vom Menschen als Sphäre anderer Menschen erfaßte Form der eigenen Position.«¹¹ In der Mitwelt erfährt sich der Mensch in der Sphäre des Geistes, durch die erst ein Wir entstehen kann, getragen. In der Mitwelt zeigt sich die Existenz des jeweiligen Menschen, dabei geht es aber nicht um den realen, empirischen Verbund einer Gemeinschaft. Mitwelt ist ein existenzielles Phänomen, das die geistige und strukturelle Sphäre des Menschen bildet.¹²

An diese Überlegungen anknüpfend stellt Plessner die drei¹³ anthropologischen Grundgesetze dar, die den Menschen in seinen verschiedenen Wesenseigenschaften bestimmen. Im »Gesetz der natürlichen Künstlichkeit« heißt es, dass der Mensch sich zu dem machen müsse, was er schon sei. Diese zunächst paradox anmutende Eigenschaft, die Plessner dem Menschen zuschreibt, zeigt ihn als ein künstliches Wesen. Der Mensch ist nur dann Mensch, wenn er sein Leben auch vollzieht. Der Mensch ist zwar auch ein natürliches Wesen, doch muss er aufgrund seiner exzentrischen Positionalität sein Leben durch Kultur und sittliches Handeln ergänzen. Die Ergänzungsbedürftigkeit liegt also in seiner exzentrischen Lebensstruktur selbst begründet. Plessner fragt, wie der Mensch die exzentrische Position durchführt.¹⁴ Position bedeutet Stellung oder Gestelltheit, wenn der Begriff aus dem Lateinischen ins Deutsche übertragen wird. Die Stellung ist dabei sowohl räumlich als auch sozial zu verstehen. Der Mensch weiß um seine Gestelltheit, und zugleich muss er diese auch vollziehen. Der Vollzug ist die Realisierung der menschlichen Daseinsform, als leibliche Bewegung im Raum und als Durchführung sozialer Akte. Das bedeutende Zitat, das auch für den Titel der vorliegenden Überlegungen maßgebend ist, lautet folgendermaßen:

---

[10] Die besonderen Strukturen und Grenzen der Mitwelt stellt Gesa Lindemann pointiert und verständlich dar. G. Lindemann: Die Sphäre des Menschen (Kap. 7.1–7.3, 288–321). In: Klassiker Auslegen. Band 65. Helmuth Plessner: Die Stufen des Organischen und der Mensch. Hrsg. von H.-P. Krüger. Berlin/Boston 2017, S. 163–177.
[11] Plessner: Die Stufen des Organischen, S. 375.
[12] Sicherlich wäre ein systematischer Vergleich des Plessner'schen Begriffs der Mitwelt, der hier nur kurz angesprochen werden konnte, und Heideggers Konzeption des Mitseins und Mitdaseins sinnvoll und würde Gemeinsamkeiten, aber auch die Unterschiede besonders im Hinblick auf eine gesellschaftspolitische Dimension erhellen.
[13] Unten wird die Schrift *Macht und menschliche Natur* mit einbezogen, in der das sogenannte vierte anthropologische Gesetz die Sphäre des Politischen beschreibt.
[14] Plessner: Die Stufen des Organischen, S. 383.

»Der Mensch lebt nur, indem er ein Leben führt.«[15] Die Notwendigkeit zu handeln, ergibt sich aus der Ergänzungsbedürftigkeit des Menschen. Immer wieder wird der Mensch mit der Situation konfrontiert, dass er *zugleich* an sein natürliches Lebendigsein und an seine künstliche Lebensform gebunden ist. Er befindet sich also in einer »Querlage«.[16] Diese Antinomie lässt sich nicht auflösen. Der Mensch macht sich zu dem, was er bereits ist, und der Mensch führt das Leben, das er bereits lebt. Er ist sich seiner Gebundenheit an das natürlich Lebendige stets bewusst, aber er weiß auch, dass er darüber hinausgehen und »künstlich« werden muss. Durch diese Lage des Menschen bzw. Notwendigkeit wird der Mensch tätig und erschafft eine Kultur. Dadurch ist es ihm möglich, seine Nacktheit und Bedürftigkeit zu kompensieren. Er kann also nur Leben, wenn er das Leben auch führt. »Er muss tun, um zu sein.«[17] Das Tun ist rastlos und in ständiger Bewegung. Es ist eine Macht im »Modus des Sollens«, die den Menschen zum Handeln bewegt. »Sie ist der spezifische Appell an die *Freiheit* als das Stehen im Zentrum der Positionalität und das Movens für den geistigen Menschen, für das Glied der Mitwelt.«[18] Der Mensch führt ein Leben, indem er sich in seiner Positionalität an eine Sittlichkeit gebunden weiß. Ein ethisches Konzept ist in den *Stufen* allerdings nicht weiter ausgeführt. Es geht um eine anthropologische Verortung des Menschen und um kategoriale Wesensbestimmungen. Die politische Dimension der Anthropologie wird erst in *Macht und menschliche Natur* ausgearbeitet. Hier sagt Plessner, dass der Mensch »verantwortlich für die Welt« sei, »in der er lebt«.[19] Doch nach welchen Gesetzen und Normen er diese Verantwortung zu übernehmen hat, ist auch hier nicht ausgeführt. Plessner stellt den Menschen in seiner Unergründlichkeit dar. »Das Prinzip der Verbindlichkeit des Unergründlichen ist die zugleich theoretische und praktische Fassung des Menschen als eines historischen und darum politischen Wesens.«[20] Nicht durch normative Vorgaben und

---

[15] Ebd., S. 384.
[16] Ebd.
[17] Plessner: Die Stufen des Organischen, S. 392.
[18] Ebd.
[19] H. Plessner: Macht und menschliche Natur. Ein Versuch zur Anthropologie der geschichtlichen Weltansicht (1931). In: Ders.: Macht und menschliche Natur. Gesammelte Schriften Band V. Frankfurt a. M. 2003. S. 135–234, hier: S. 148.
[20] Ebd., S. 184. Otto Pöggeler würdigt Plessners Beitrag zu einer hermeneutischen Philosophie, die es in Pöggelers eigenem Ansatz immer mit offenen Fragen zu tun

festgelegte Sittengesetze bestimmt sich der Mensch im Vollzug bzw. Führen seines Lebens, sondern durch die Unbestimmtheit und Offenheit zeichnet er sich aus.[21] Dieses Konzept gründet auf der Geschichtlichkeit des Menschen und einer offenen Immanenz, die ihm einen Spielraum von Möglichkeiten eröffnet, ohne in einem festgelegten Wertesystem gefangen zu sein. Plessner argumentiert demnach eindeutig gegen ein übergeordnetes, ewiges Absolutes, das als Geist oder als Kategoriensystem die Bedingungen des Menschseins schafft. Im geschichtlichen Prozess ist der Mensch verwurzelt und bildet so seine eigenen Bedingungen. Systematisch lässt sich dieser Gedanke folgendermaßen zusammenfassen: »Die Lösung ist durch die Konzeption des Menschen als Macht nach dem Prinzip der offenen Immanenz oder der Unergründlichkeit selbst gegeben. Sie liegt in ihrem Sinn eines den Blick auf die Geschichte freimachenden Prinzips. In der Fassung seiner selber als Macht faßt der Mensch sich als geschichtsbedingend und nicht nur als durch die Geschichte bedingt.«[22] Politisch wirkt sich diese Auffassung in der Ablehnung einer Verabsolutierung des europäischen Wertesystems bzw. in der Kritik an einem Eurozentrismus aus. Dass dieser Gedanke im gegenwärtigen Diskurs um eine interkulturelle Verständigung eine gewichtige Rolle spielen kann und sollte, liegt auf der Hand. Jeder Mensch hat Macht und

---

hat. »Von der angezeigten Basis aus hat Plessner maßgebliche Einzelbeiträge zu einer hermeneutischen Philosophie geliefert – etwa zur Aufdeckung der gesellschaftlichen Bedingtheit des Philosophierens und zur Grundlegung einer politischen Philosophie (gerade die Unerschöpflichkeit und Unergründlichkeit des Lebens nötigt den Menschen, sich als ›Macht‹ zu erfassen und so sein Leben konkret als ›offene Frage‹ zu entdecken).« (O. Pöggeler: Heidegger und die hermeneutische Philosophie. Freiburg. München 1983, S. 339)

[21] Gerhard Gamm entwickelt demgegenüber im Ausgang von Plessners »Verbindlichkeit des Unergründlichen« ein Normativitätskonzept. »Meine Annahme lautet: Um den mit der moralischen Norm verbundenen Geltungsaspekt sowie die motivational bindende Kraft der Verpflichtung verständlich explizieren zu können, muss man auf ein Moment des Unbestimmbaren oder Unergründlichen Bezug nehmen; es bedarf eines überschüssigen, in keiner Klugheitskalkulation aufgehenden Rests, um den Sinn des Moralischen, den der Normativität des Normativen durchsichtig zu machen.« (G. Gamm: Die Verbindlichkeit des Unergründlichen. Zu den normativen Grundlagen der Technologiekritik. In: Ders./M. Gutmann/A. Manzei (Hgg.): Zwischen Anthropologie und Gesellschaftstheorie. Zur Renaissance Helmuth Plessners im Kontext der modernen Lebenswissenschaften. Bielefeld 2005, S. 197–216, hier: S. 199)

[22] Ebd., S. 190. Die Geschichtlichkeit des Menschen und die Unvorhersehbarkeit sind Gedanken, die Plessner vor allem der Philosophie Wilhelm Diltheys verdankt.

führt sein Leben auch aus dieser Position des Mächtigen heraus, doch nur insofern er als lebendiger die Offenheit und die Unergründlichkeit des eigenen Lebens akzeptiert.

II.

Dem anthropologischen Ansatz von Helmuth Plessner soll an dieser Stelle das fundamentalontologische Denken Martin Heideggers gegenübergestellt werden. Dass ein Vergleich beider Denker systematisch aufschlussreich sein kann, zeigt auch der Briefwechsel von Plessner und Josef König, in dem König zu Plessners gerade erschienene *Stufen des Organischen* Stellung nimmt.[23] Nicht nur das Heidegger'sche »Man selbst« parallelisiert König mit Plessners Bestimmung des »Geistes«, sondern er geht in seinem Vergleich noch weiter: »Und dann: finden Sie nicht, daß das, was Sie Exzentrizität nennen, auch bei ihm [d. h. Heidegger; Anmerkung A. S.] da ist? Ist sein ›geworfener Entwurf‹ etwas anderes? Der formal-kategorialen Lage nach besteht m. E. nach größte Ähnlichkeit – ja Koinzidenz. *Daher* finde ich, daß »Exzentrizität« nicht *eo ipso* – wie Sie es im Vorwort sagen – Legitimation eines naturphilosophischen Ansatzes ist.«[24] Dass Heidegger die Natur in seinem Ansatz vernachlässige, ja sogar unterschlage, räumt König dabei ein.[25] Plessner reagiert einige Tage später auf Königs Brief, indem er zugesteht, dass im Gegensatz

---

[23] Auf diesen Briefwechsel macht auch Thomas Ebke in einem Essay aufmerksam und entwickelt selbst eine »Heidegger-Lektüre zwischen den Zeilen« (S. 305), indem er Heideggers »indirekte und zeitverzögerte Aneignung« (ebd.) der Plessner'schen Philosophie aufzuspüren sucht. Dabei steht die 1939 publizierte Abhandlung Heideggers *Vom Wesen und Begriff der physis. Zu Aristoteles, Physik B,1* im Fokus von Ebkes Argumentation. Indem er in ihr Heideggers »Wendung zur Natur« (S. 305) erkennt, stellt er Parallelen zwischen Heideggers Zwiefachheit der physis und Plessners Doppelaspektivität des Lebendigen fest (T. Ebke: Die Doppelaspektivität des Lebendigen und die Zwiefachheit der physis. In: R. Becker/J. Fischer/M. Schloßberger (Hgg.): Philosophische Anthropologie im Aufbruch. Max Scheler und Helmuth Plessner im Vergleich. Internationales Jahrbuch für Philosophische Anthropologie. Band 2. 2009/2010. Berlin 2010, S. 301–317).
[24] Brief von König an Plessner vom 20.02.1928 (J. König/H. Plessner: Briefwechsel 1923–1933. Mit einem Briefessay von Josef König über Helmuth Plessners »Die Einheit der Sinne«. Hrsg. von H.-U. Lessing und A. Mutzenbecher. Freiburg/München 1994, S. 170).
[25] Mit welchen systematischen Argumenten König Kritik an der Plessner'schen Deduktion übt, kann hier nicht weiter verfolgt werden. Vgl. ebd., S. 166 f.

zu Heidegger, der vom Primat des Ontologischen vor dem Ontischen ausgehe, sein Ausgang vom Ontischen erfolgt; »darum quasi unbekümmerte Direktheit in der Wendung zur äußeren ›Natur‹anschauung, bewußtes Überspringen des angeblich (und ja trotzdem auch wirklich) sich vorgelagerten Existenzsubjekts! Und doch ist das nicht die ganze Weite dessen was hier Natur bedeutet und naturphilosophischer Ansatz.«[26] Plessner reagiert hier auf Königs Vorwurf, dass mit der Exzentrizität noch kein naturphilosophischer Ansatz legitimiert sei. Mit der Exzentrizität ist sowohl die Natur als auch die Welt immer schon gegeben, und zwar vor allen Spaltungen in Subjekt und Objekt sowie (gegen Heidegger gerichtet) in Existenz und Sein, Vorhandenheit und Zuhandenheit. So fasst Plessner seinen Ansatz als »natura sive mundus«.[27] Dieser setzt vor allem Dualismus an und fasst den Menschen ganzheitlich als natürlichen und weltlichen. Heideggers Defizit ist für Plessner, dass Heidegger zwar von Welt spricht, das Dasein aber sogleich wieder isoliert und dass das natürliche Leben bei Heidegger nur unzureichend gedacht wird.[28] Das Sein des Menschen kann nach Plessner nur als natürlich Lebendiges gefasst werden. »Dies eben, in der Exzentrizität nur strukturell gefaßt, muß Prinzip der Philosophie selbst werden und ergibt eine Naturphilosophie als Rahmen und Basis der ganzen Philosophie.«[29]

Diese Gedanken führen in das Zentrum einer Gegenüberstellung von Heidegger und Plessner. Heidegger selbst hat sich mit seiner existenzialen Analytik stets rigoros gegen die philosophische Anthropologie abzugrenzen versucht, vornehmlich mit dem Argument, dass die Anthropologie die *Frage* nach dem *Sein* des Menschen nicht stelle und somit auch gar nicht zu diesem vorgedrungen werden könne. Auch wenn die Anthropologie versucht, das Leben zu erfassen, so gelingt ihr das nicht. »Leben ist eine eigene Seinsart, aber wesenhaft

---

[26] Brief von Plessner an König vom 22.02.1928 (ebd., S. 176 f.).
[27] Ebd., S. 177 f.
[28] Michael Großheim setzt sich mit Heideggers Abwehr gegen die Anthropologie auseinander und spricht von einem »Streit unter Brüdern«, da sowohl Heidegger als auch Plessner unter dem starken Einfluss Wilhelm Diltheys stehen. Plessners Kritik an Heidegger fasst er vor allem unter zwei Aspekte zusammen: »zunächst den fehlenden Kulturrelativismus und später die fehlende Berücksichtigung des Körpers.« (M. Großheim: Von der anthropologischen Subsumtion zur Kulturkritik des Anthropozentrismus: Scheler, Plessner, Gehlen. In: D. Thomä (Hg.): Heidegger-Handbuch. Leben – Werk – Wirkung. 2. überarbeitete und erweiterte Auflage. Stuttgart/Weimar 2013, S. 341–345, hier: S. 343)
[29] Brief von Plessner an König vom 22.02.1928, S. 177.

nur zugänglich im Dasein.«[30] Nicht die Naturphilosophie ist die Basis für die Bestimmung des Lebens. Ein Ansatz beim natürlich Lebendigen bzw. bei Wesensmerkmalen des natürlich Lebendigen – wie bei Plessner – ist also ausgeschlossen. Heidegger setzt anders an; ihm geht es darum, die Frage nach dem Sinn von Sein zu stellen. Dasjenige, was die Seinsmöglichkeit eines solchen Fragens hat, ist das Dasein. Es ist ein ausgezeichnetes Seiendes, das immer schon in einem Seinsverständnis lebt und dem es in seinem Sein um dieses selbst geht. Heideggers Ansatz ist ein ontologischer, und es geht in *Sein und Zeit* um eine ontologische Analytik des Daseins, durch die die Frage nach dem Sein erst freigelegt wird. Das Dasein zeichnet sich dadurch aus, dass es In-der-Welt-sein ist. Das Da des Seins konstituiert sich als Verstehen. Das Verstehen ist gleichursprünglich mit der Befindlichkeit eine existenziale Struktur. Das Dasein ist in der Welt als verstehendes. In diesem Verstehen entwirft sich das Dasein auf Möglichkeiten. Diese Bestimmungen sind ontologische und als solche lediglich strukturell zu verstehen. Es geht dabei nicht um einen realen oder thematisch festgelegten Entwurf des Daseins. »Das Entwerfen hat nichts zu tun mit einem Sichverhalten zu einem ausgedachten Plan, gemäß dem das Dasein sein Sein einrichtet, sondern als Dasein hat es sich je schon entworfen und ist, solange es ist, entwerfend.«[31] Hier äußert sich Heidegger eindeutig zum Inhalt des Entwurfs, der eben nicht vorhanden ist. Der Entwurf ist als offene Möglichkeit zu verstehen und nicht als konkrete Handlungsorientierung misszuverstehen. Des Weiteren zeugt das Zitat von der Faktizität des Daseins. Dieses hat sich in seinem Entwerfen immer schon entworfen. Dieser Gedanke spiegelt sich in dem folgenden Satz wieder. »Und nur weil das Sein des Da durch das Verstehen und dessen Entwurfscharakter seine Konstitution erhält, weil es ist, was es wird bzw. nicht wird, kann es verstehend ihm selbst sagen: ›werde, was du bist!‹.«[32] An dieser Stelle zeigt sich sowohl ein grundlegender Unterschied zu Plessners Kategorie der exzentrischen Positionalität als auch eine logische Gemeinsamkeit. Es geht hier nicht um das Gestalten und Führen eines menschlichen Lebens. Heideggers Ansatz legt fundamentalontologische Strukturen des Daseins frei, die sich formal anzeigend verstehen. Plessner und Heidegger sind in ihren philosophi-

---

[30] Heidegger: Sein und Zeit, S. 50.
[31] Ebd., S. 145.
[32] Ebd.

schen Ansätzen also grundlegend zu unterscheiden. Das Entwerfen des Daseins gebietet eben nicht, ein Leben zu führen und sich in einer kulturellen, gesellschaftlichen Welt konkret zu positionieren. Der Heidegger'sche Ansatz ist bestimmt durch die Freilegung der Struktur der Frage nach dem Sein. Faktisch ist der Mensch bzw. das Dasein, das diese Frage als Frage nach seinem eigenen Sein stellen kann, in der Welt. Es ist in die Welt geworfen. Geworfenheit (Faktizität) und Möglichkeit (Entwurf) bestimmen die Struktur des Daseins also gleichermaßen. »Als Sinn des Seins desjenigen Seienden, das wir Dasein nennen, wird die *Zeitlichkeit* aufgewiesen.«[33] Nur in der Zeitlichkeit ist der Entwurfscharakter des Daseins gegeben. Mit der Zeitlichkeit ist das Dasein an die Struktur der Sorge gebunden. Dabei handelt es sich vor allem um die Sorge des Daseins, dem es in seinem Sein um sein eigenes Seinkönnen geht. Dasein ist in seiner Alltäglichkeit auch immer schon Mitsein mit anderen, doch wird die Kategorie, die das Mitdasein mit Anderen bestimmt, von Heidegger stets mit negativen Assoziationen verknüpft. Das Dasein entwirft *sich* auf Möglichkeiten. Das Mitsein mit Anderen ist zwar ontologisch, faktisch gegeben, aber es ist besonders im Hinblick auf den Begriff des »Man« eher belastend und störend für die Entfaltung des Daseins.

Die oben angesprochene Gemeinsamkeit mit Plessners Ansatz besteht in dem Motiv des Zirkels. Der geworfene Entwurf, das »Werde, was du bist« ist bei Plessner – wie oben dargestellt – ebenfalls systematisch gegeben. Doch bei Plessner handelt es sich um eine ontische Voraussetzung, die das Werden bzw. Leben des Menschen ermöglicht. Der Mensch ist durch seine natürliche Lebendigkeit (wie Pflanze und Tier) bereits konditioniert. Zugleich kann er sich von dieser »abheben«. Diese Möglichkeit haben die Pflanze und das Tier nicht. Der Mensch ist durch die Möglichkeit, die ihm in der exzentrischen Positionalität gegeben ist, in eine »Querlage« geraten. »Wer in ihr ist, steht in dem Aspekt einer absoluten Antinomie: Sich zu dem erst machen zu müssen, was er schon ist, das Leben zu führen, welches er lebt.«[34] Diese Antinomie kann nicht aufgelöst werden. Der Mensch lebt in der natürlichen Künstlichkeit. Er weiß sich als Teil der Natur und geht zugleich über diese als künstlicher (d. h. als reflektierender und Kultur schaffender) hinaus, ohne die Natürlichkeit jemals verlassen zu können. Die Kategorie der Doppelaspektivität steht im

---

[33] Ebd., S. 17.
[34] Plessner: Die Stufen des Organischen, S. 384.

Kontext dieses Gedankens, dass der Mensch sowohl natürlicher Körper als auch reflektierender Geist ist, und zwar nicht als dualistisch gespaltenes Wesen, sondern »aus *einer* Grundposition«[35] begreifbar. Heideggers geworfener Entwurf folgt einer strukturell ähnlichen Denkfigur.[36] Doch ist die Geworfenheit ontologisch und nicht ontisch zu verstehen. Der Mensch bzw. das Dasein ist in eine Welt geworfen. Zum Dasein gehört es, dass es faktisch in die Welt geworfen ist. Mit dieser durch die Befindlichkeit gegebenen Bestimmung der Geworfenheit ist gleichursprünglich das Verstehen ein Existenzial des Daseins. Das Verstehen ist ein Seinkönnen im Hinblick auf das Möglichsein. Das heißt, dass das Dasein durch das Verstehen die Möglichkeit hat, sich zu entwerfen. Zur faktischen Geworfenheit tritt nun also die Möglichkeit für das Dasein, sich selbst zu entwerfen. »Das Verstehen ist, als Entwerfen, die Seinsart des Daseins in der es seine Möglichkeiten *ist*.«[37] Mit diesem Gedanken ist das Kernstück der Heidegger'schen Hermeneutik des Daseins angesprochen. Das Dasein entwirft sich als Verstehen auf Möglichkeiten. Dabei gründet die Auslegung von Etwas immer schon in einer sogenannten »Vor-Struktur«; diese setzt sich aus Vorhabe, Vorsicht und Vorgriff zusammen. Etwas, was ausgelegt werden soll, ist also immer schon vorher da. Diese Überlegungen führen zur Zirkelproblematik. Heidegger fordert nun, diesen Zirkel nicht zu umgehen, sondern in ihn hineinzuspringen. »Das Entscheidende ist nicht, aus dem Zirkel heraus-, sondern in ihn nach der rechten Weise hineinzukommen. Dieser Zirkel des Verstehens ist nicht ein Kreis, in dem sich eine beliebige Erkenntnisart bewegt, sondern er ist der Ausdruck der existenzialen *Vor-Struktur* des Daseins selbst.«[38] Das Dasein ist also immer schon als verstehendes in die Welt geworfen und hat zugleich die Möglichkeit sich zu entwerfen. Durch die Sorge ist sich das Dasein immer schon vorweg. Es kann durch die Sorge frei für seine Möglichkeiten sein und sich entwerfen. Zugleich ist es aber »an die besorgte Welt ausgeliefert«, so dass es die »Struktur des geworfenen Entwurfs« hat.[39]

Die soeben entwickelten Gedanken zum Entwerfen des Daseins sind an Heideggers Ansatz von *Sein und Zeit* orientiert. An dieser

---

[35] Ebd., S. 71.
[36] So vermutet ja auch Josef König, ohne die Differenzen und Übereinstimmungen in seinem Brief an Plessner weiter auszuführen. Vgl. Fußnote 24.
[37] Heidegger: Sein und Zeit, S. 145.
[38] Ebd., S. 153. Vgl. auch S. 315.
[39] Ebd., S. 199

Stelle galt es, die Strukturen dieser Idee des Daseinsentwurfs zu erhellen, um ihn mit Plessners Idee der Lebensführung zu konfrontieren. Ein Blick auf Heideggers zweites großes Hauptwerk – den *Beiträgen zur Philosophie* – zeigt pointiert seine Stellung zu dem geworfenen Entwurf, den er dort unter den Titel »Der Sprung« stellt. Dieser »ist der Vollzug des Entwurfs der Wahrheit des Seyns im Sinne der Einrückung in das Offene, dergestalt, daß der Werfer des Entwurfs als geworfener sich erfährt, d. h. er-eignet durch das Seyn. Die Eröffnung durch den Entwurf ist nur solche, wenn sie als Erfahrung der Geworfenheit und damit der Zugehörigkeit zum Seyn geschieht.«[40] Wenn sich das Dasein entwirft, so ist damit zugleich ein Seinsgeschehen gemeint. Das Dasein bzw. der Werfer des Entwurfs macht dabei eine Erfahrung, die sich ebenfalls im Sein befindet. Hier zeigt sich die Verschiebung des Ansatzes von *Sein und Zeit*, der den geworfenen Entwurf im Rahmen der Daseinsanalyse als sich verstehendes Entwerfen auf Möglichkeiten entwickelte, hin zu einem neuen Denken nach der sogenannten »Kehre«. Aus der Wahrheit des Seyns erfährt sich das Dasein als geworfenes und ist somit Teil eines Seingeschehens. Wohingegen die Daseinsanalyse dem Dasein Möglichkeiten und Spielräume des eigenen Seinkönnens und somit auch Handelns eröffnete, wird das Dasein im späteren Denken Heideggers immer mehr als Teil der Seinsgeschichte verstanden. Das Dasein gehört dem Sein an und hat diesem zu entsprechen. Die Selbstauslegung und im weitesten Sinne Selbstbestimmung des Daseins, die im hermeneutischen Ansatz von *Sein und Zeit* noch gegeben war, weicht einem Denken der Bestimmung durch das Sein als Wahrheit. Dasein entwerfen wird zunehmend zum Erfahren als Geworfenes.

III.

Ziel dieser kontrastierenden, pointierten Gegenüberstellung von Heidegger und Plessner ist sowohl ein systemantischer Vergleich zweier philosophischer Konzepte als auch eine exemplarische Antwort auf die Frage, unter welchen philosophischen Voraussetzungen der Mensch lebt oder ist.[41] Unter dem Titel *Leben führen* und *Dasein*

---

[40] M. Heidegger: Beiträge zur Philosophie (Vom Ereignis). Gesamtausgabe Band 65. Hrsg. von F.-W. von Herrmann. Frankfurt a. M. 1989, S. 239.
[41] Auch Kai Haucke widmet in seiner Einführung zu Plessner dem Vergleich der

entwerfen stehen diese Überlegungen. Was Plessner unter dem lebendigen Menschen und Heidegger unter Dasein versteht, ist oben skizziert worden. Der biologisch verfasste Mensch steht dem Dasein gegenüber. Das Leben kann aufgrund seiner Reflexionsfähigkeit geführt werden. Es ist aber auch immer an das Natürliche bzw. an das leibliche Sein des Menschen gebunden. Plessners Ansatz zeichnet sich gerade durch diese Erkenntnis aus, die er in der Deduktion der lebendigen Formen gewinnt. Das Dasein kann sich demgegenüber aufgrund seiner Zeitlichkeit und seines In-der-Welt-seins entwerfen. Die fundamentalontologische Struktur des Daseins und der Sorge in der Philosophie Heideggers ermöglichen den Entwurf des jeweilig einzelnen Daseins. Das Begriffsgeflecht oder – um in Heideggers Sprache zu reden – die Existenzialien zeigen das Dasein als In-der-Welt-sein. Dieses Dasein ist in die Welt geworfen, und in dieser Geworfenheit entwirft es sich auf Möglichkeiten. Es handelt sich hier also um einen geworfenen Entwurf. Einerseits ist das Dasein durch seine Geworfenheit gewissenerweise determiniert. Die Geworfenheit ist ein Faktum, dem das Dasein nicht zu entkommen vermag. Zugleich wird dem Dasein in der Geworfenheit auch die Möglichkeit eröffnet, sich selbst zu entwerfen. Dass die Leiblichkeit bei Heidegger nur eine untergeordnete Rolle spielt, zeigt sich in allen Schriften. Die anthropologische Theorie Plessners ermöglicht dem Menschen in seiner exzentrischen Positionalität eine aktive Gestaltung des eigenen Lebens in einem gesellschaftspolitischen Kontext.[42] Der Mensch führt somit sein Leben, indem er es aktiv vollzieht. Neben den erheblichen Divergenzen der ex-zentrischen Konstitution des Menschen und der ek-statischen Form des Daseins lassen sich auch systematische Parallelen beider Denkmodelle ziehen, die im Rahmen einer philosophischen Theorie die Voraussetzungen für eine Lebensgestaltung

---

Stufen mit *Sein und Zeit* ein Kapitel und stellt fest, »dass Heidegger und Plessner wesentliche Intuitionen teilen, gleichwohl auf denkbar verschiedenste Weise mit ihnen umgehen.« Als wesentlichen Unterschied zwischen beiden Philosophen sieht Hauke die Leiblosigkeit des Heideggerschen Daseins (K. Hauke: Plessner zur Einführung. Hamburg 2000, S. 104).

[42] Eine politische Schrift der frühen Schaffensphase Plessners sind die 1924 erschienenen *Grenzen der Gemeinschaft. Eine Kritik des sozialen Radikalismus*. In: Helmuth Plessner: Macht und Menschliche Natur. Gesammelte Schriften Band V. Frankfurt a. M. 1981, S. 7–133. Hier geht es um konkrete Formen des Zusammenlebens und somit auch der Lebensführung. Der Grenzbegriff, der in den *Stufen* systematisch zur Bestimmung des Lebendigen weiterentwickelt wird, spielt hier in soziologischer und politischer Hinsicht eine tragende Rolle.

schaffen. Sowohl Plessner als auch Heidegger suchen nach einem Neuanfang in der Philosophie. Beide stehen unter dem Einfluss der Phänomenologie Edmund Husserls und der Hermeneutik Wilhelm Diltheys. Heideggers Entwurf des Daseins ist durch fundamentalontologische Kategorien bestimmt. Dabei ist das Dasein als vorrangiges Sein aus der Zeit zu denken. Die Zeit bildet den Bezugspunkt bzw. den Modus, aus dem das Dasein gedacht werden muss. Die natürlichlebendige Verfasstheit des Menschen ist nicht konstitutiv für die Bestimmung des Daseins. Das Dasein als verstehendes ist grundlegend in Heideggers Ansatz. Als verstehendes vermag das Dasein Fragen zu stellen, wobei es vor allem durch die Frage nach dem Sinn von Sein bestimmt wird. Für Plessner ist die Leiblichkeit des Menschen die Conditio, unter der der Mensch überhaupt existieren kann: Kein Mensch ohne Leiblichkeit. Dabei befindet sich der Mensch in einer »eigentümlichen Mittelstellung zwischen den Sphären der Natur und des Geistes.«[43] Aus dieser heraus kann politisches Leben entfaltet werden, was für Plessner auch »Zwang und die Pflicht zur Macht«[44] impliziert. Plessner geht auch mit seiner Schrift *Macht und menschliche Natur* insofern über Heidegger hinaus, als dass er die Politik systematisch in seinen anthropologischen Ansatz zu integrieren und somit einen »Weg zur politischen Anthropologie«[45] zu beschreiten sucht. Dass dabei die Offenheit sowie die Unergründlichkeit tragende Prinzipien sind, ist oben dargestellt worden. »So ist die Politik nicht eine letzte, peripherste Anwendung philosophischer und anthropologischer Erkenntnisse; denn die Erkenntnisse aus zweckfreier Objektivität sind nie zu Ende, nie definitiv, nie unüberholbar und nie einholbar vom Leben. Das Erkennen als dieser Prozeß ist nie so weit wie das Leben und immer weiter als das Leben. Politik aber ist die Kunst des rechten Augenblicks, der günstigen Gelegenheit.«[46] In eine konkrete Situation ist die Lebensführung eingefasst. Diese ist nicht von

---

[43] Plessner: Macht und menschliche Natur, S. 142. Ein Phänomen, das sich zwischen Natur und Geist bzw. Körper haben/Leib sein und geistiger Ausdrucksform bewegt, stellt in der Plessner'schen Philosophie das Lachen dar. Hans-Ulrich Lessing widmet diesem Thema einen Aufsatz, der profund die systematische Stellung und die anthropologisch-hermeneutische Analyse des Lachens bei Plessner erarbeitet. Vgl. H.-U. Lessing: Lachen und Lächeln in der philosophischen Anthropologie Helmuth Plessners. In: K. Liggieri (Hg.): »Fröhliche Wissenschaft«. Zur Genealogie des Lachens. Freiburg/München 2015, S. 182–194.
[44] Plessner: Macht und menschlich Natur, S. 142.
[45] Ebd., S. 147.
[46] Ebd., S. 219.

vornherein normierbar, sondern verwirklicht sich im lebendigen Vollzug.

Vor dem Hintergrund dieser systematischen Überlegungen lässt sich die Bedeutung der beiden Konzepte, die keine konkreten Handlungsanweisungen einer Lebensführung bzw. eines Daseinsentwurfs vorgeben, erschließen. Dass Plessner mit seinem vierten anthropologischen Gesetz vor allem die Vormachtstellung des europäischen Wert- und Kategoriensystems zu kritisieren sucht und Heideggers politische Ansätze in eine vollkommen verfehlte und katastrophale Richtung liefen, kann hier nur angedeutet werden. Anknüpfend an die oben gestellte Frage, auf welche Weise der Mensch sein Leben führen kann, ist nun zu antworten, dass weder die exzentrische Positionalität noch die Daseinsanalyse normative Vorgaben für eine konkrete Lebensführung machen. Es werden fundamentalontologische Strukturen bzw. positionale Bedingungen des menschlichen Daseins aufgezeigt, die den Menschen zu einer Form des Tätigseins und schließlich zu gesellschaftspolitischem Handeln prädestinieren. Welche Formen und Inhalte dieses Handeln bestimmen sollen, werden mit diesen beiden Theorien nicht beantwortet. Dass sich Plessners Ausführungen eher für die Erfassung des Menschen als gesellschaftliches Wesen eignen, liegt auf der Hand. Der Mensch empfindet sich nach Plessner als Natur *und* Geist, und durch seine existentielle Bedürftigkeit, »Halbheit« und »Nacktheit« strebt er schließlich nach Sitte und Kultur. Die politische Sphäre gehört demnach ebenso und immer schon zum Wesen des Menschen.

Die Selbsterkenntnis des integral geschichtlichen Menschen

Bernhard Groethuysen und die Dialektik der Philosophischen Anthropologie

Thomas Ebke

Man könnte den Philosophen und Kulturhistoriker Bernhard Groethuysen (1880–1946) in Abwandlung eines auf Max Weber gemünzten Bonmots von Fredric Jameson als einen *vanishing mediator* apostrophieren, einen verschwindenden – oder eher: eines bereits *verschwundenen* – Vermittlers, und zwar in mehreren Hinsichten: Als einen Autor an der Begegnungsschwelle zwischen Wilhelm Diltheys Hermeneutik des geschichtlichen Lebens und Edmund Husserls Phänomenologie der Intentionalität des reinen Bewusstseins; als umtriebigen, geradezu protheischen Mediator zwischen dem Projekt einer »philosophischen Anthropologie« und dem Großvorhaben einer Sozial- und Mentalitätsgeschichte der Moderne; als einen Grenzgänger zwischen orthodoxem Kommunismus und Existenzphilosophie[1]; und nicht zuletzt auch als einen die deutsche und die französische Philosophie des frühen 20. Jahrhunderts miteinander vernetzenden kulturellen Vermittler, für den sowohl Berlin als auch Paris zu langjährigen Denk- und Lebensmittelpunkten werden sollten. Groethuysens intellektuelle Vita schließt, wie die seiner Lebensgefährtin Alix Guillain (1876–1951), eine unerhört reiche Historie zumindest lancierter, obschon nicht immer *à la longue* folgenreicher Rezeptionen der deutschen Philosophie der Moderne in Frankreich wie des französischen Denkens in Deutschland in sich.

Sein akademischer Parcours von der Dissertation über das Phänomen des Mitgefühls unter dem (tief von Brentano geprägten und Husserl nahe stehenden) phänomenologischen Psychologen Carl Stumpf zu seiner von Wilhelm Dilthey angeleiteten Habilitation über die philosophischen Wurzeln der Französischen Revolution in den Naturrechtslehren der Neuzeit und der Aufklärung bringt Groet-

---

[1] Vgl. K. Große Kracht: Zwischen Berlin und Paris: Bernhard Groethuysen (1880–1964). Eine intellektuelle Biographie. Tübingen 2002, S. 5.

huysen als einen *zwischen* den Schulen der Phänomenologie und der Hermeneutik changierenden Theoretiker zur Ansicht. Mit Dilthey aber verband Groethuysen später ein geradezu symbiotischer Forschungsaustausch: Überliefert sind zahlreiche Anekdoten, die Groethuysen als beflissenen Assistenten, ja als Privatsekretär des Begründers der modernen Hermeneutik porträtieren, seinen *spiritus rector* selbst noch in die Tiroler Sommerfrische begleitend[2], um dessen ausuferndes Schrifttum zu vereinheitlichen und in publizierbare Formate zu bringen. Neben Dilthey war Georg Simmel der zweite Leitstern in Groethuysens Berliner Zeit, vor allem zwischen 1900 und etwa 1910: Und über Simmel wiederum, dessen Kolloquien in diesen Jahren von direkten Schülern Henri Bergsons (wie z. B. Charles Du Bos) frequentiert wurden, die Simmelsche Ideen in Paris und Bergsonsche Einflüsse in Berlin in Umlauf setzten, intensivierte sich Groethuysens *réseau* französischer Kontakte – bis hin zu seiner Begegnung mit seiner späteren Ehefrau Alix Guillain, einer Studentin Bergsons, die 1912, auf den Impuls ihres philosophischen Lehrers hin, eine französische Übersetzung ausgewählter Texte Simmels unter dem Titel »Mélanges de Philosophie relativiste« anfertigen und veröffentlichen sollte.[3]

Ab 1920 wurden Groethuysen und Alix Guillain in Paris sesshaft, und noch weit hinaus über seine komplex verzweigte Vernetzung mit diversen, untereinander sehr heterogenen Intellektuellenkreisen in der französischen Hauptstadt (von André Gide, Jacques Rivière und Jean Paulhan bis hin zu André Malraux, Jean Wahl und Alexandre Kojève) sollten ihn seine Schriften in den Folgejahren als veritable Scharnierfigur zwischen der französischen und der deutschen Philosophie der Moderne ausweisen: Während seine »Introduction à la pensée philosophique allemande depuis Nietzsche« (1926) der französischen Leserschaft das Panorama der dezidiert nachmetaphysischen Denkkonstellation in Deutschland erschloss, wäre Groethuysens »Philosophische Anthropologie« (1931) als eine Art erster Quelltext zu nennen, der in Frankreich bis heute die Rezeption jener ebenfalls unter dieser Denomination bekannten Theorietradition um Max Scheler, Helmuth Plessner und Arnold Gehlen

---

[2] Vgl. Misch 1946/47, S. 122.
[3] Dazu Große Kracht: Zwischen Berlin und Paris: Bernhard Groethuysen (1880–1964), insb. S. 67 ff.

mitfiltert[4] – obschon Groethuysens ideengeschichtliche Disponierung von »Philosophischer Anthropologie« nur sporadische Nähen zu den Ansätzen der genannten Autoren erkennen lässt. Schließlich können auch Groethuysens posthume »Philosophie de la Révolution française« (1956), ebenso wie sein Hauptwerk, »Die Entstehung der bürgerlichen Welt- und Lebensanschauung in Frankreich« (1927), als Emblem der ideen- und kulturgeschichtlichen Hermeneutik angesehen werden, die für den »Denkstil« des ausgewiesenen Dilthey-Schülers so kennzeichnend ist.

Der folgenden Darstellung kann es in keiner Weise um die Rekonstruktion einer Einflussgeschichte gehen, deren genauere Erforschung eine zweifellos faszinierende deutsch-französische Kartierung zu bieten hätte: Denn in der Tat zeigen die Theoreme, Methoden usw., die Groethuysen in die französischen Diskussionszusammenhänge der 1920er Jahre eingestreut hat, eine Prägung durch intellektuellen Traditionen, die für die philosophische Situation in Deutschland um 1900 spezifisch gewesen sind und die weder Groethuysens Zeitgenossen in Frankreich noch der philosophiegeschichtlichen Forschung in vollem Umfang einsehbar waren. Eine Untersuchung der »Groethuysen-Effekte« auf die moderne französische Hermeneutik und Phänomenologie sowie der indirekten Niederschläge »deutscher« Diskurse in diesen theoretischen Formationen ist ein Desiderat der Forschung.[5] Wie lohnend es sein könnte, die von Groethuysen im französischen Denken des 20. Jahrhunderts erzeugte Resonanz in ihre Verästelungen hinein zu verfolgen, lässt sich schlaglichtartig an einer kurzen Notiz von Gilles Deleuze festmachen. Im zweiten Buch seiner Philosophie des Kinos würdigt Deleuze nämlich *en passant* jenen »schönen Text«[6] unter dem Titel »De quelques aspects du temps«, den Groethuysen 1935 in den maßgeblich von Alexandre Koyré, Henri-Charles Puech und Albert Spaier edierten »Recherches philosophiques« veröffentlicht hatte; ein Aufsatz, der, Husserlsche und Bergsonsche Motive miteinander verwebend, eine eidetische Phänomenologie der Narration entwirft, dessen Grundeinsichten

---

[4] Siehe die Beobachtung von E. Balibar/G. Gebauer: L'anthropologie philosophique et l'anthropologie historique en débat. In: Rue Descartes, 75 (2012/13), S. 81–101, hier: S. 92.
[5] Siehe einen Ansatz dazu bei C. Dupont: Phenomenology in French philosophy: Early encounters. Heidelberg u. a. 2014, S. 118–138.
[6] G. Deleuze: Das Zeit-Bild. Kino 2. Frankfurt a. M. 1991, S. 383.

eine unverkennbare Inspiration für die von Deleuze selbst formulierte Zeitphilosophie dargestellt haben (.[7]

Die Zielsetzung dieses Beitrags ist viel enger umgrenzt und besteht in der Fokussierung sowie in der Kritik einer zentralen anthropologischen Diagnose Groethuysens, die wir auf den letzten Seiten seines Buches »Philosophische Anthropologie« (1928) antreffen. Auf der Suche nach einer formelhaften Kennzeichnung dieser Diagnose ließe sich davon sprechen, dass Groethuysen die These von einer in der Moderne heraufziehenden problematischen *Denaturalisierung* der anthropologischen Erfahrung reklamiert: die These von einer tendenziellen Substitution der anthropologischen Subjektivität durch eine cartesianische Egologie, durch die sich die anthropologische Wende der Moderne in den neuen Dualismus zwischen idealistischer Bewusstseinsphilosophie einerseits und einem human- und naturwissenschaftlichen Positivismus andererseits zu spalten droht.

In einem ersten Schritt legen es die folgenden Überlegungen darauf an, diese kritische Diagnose Groethuysens überhaupt erst einmal, und zwar im Kontext seines eigenen Verständnisses von Philosophischer Anthropologie, freizulegen. Der zweite Schritt versucht sich dann an einer kritischen Einschätzung von Groethuysens Vorschlag, die dualistische Denaturalisierung der Anthropologie durch die historische Hermeneutik des »sich selbst erlebenden Mensch[en]«[8] – oder in den Worten von Bernard Dandois: einer »anthropologie historique du sujet«[9] – abzufedern. Groethuysen, so der Grundeinwand, setzt auf eine *falsche Vermittlung* des Dualismus: Zwar nimmt er auf der Ebene der von ihm umrissenen Philosophischen Anthropologie Einsicht in die radikale »Transsubjektivität« (P. Michon) menschlichen Lebens, die ihm eine komplexe Kritik an der anthropologischen Denaturalisierung erlaubt. Doch unter den Bedingungen seiner historischen Hermeneutik der Geschichte des Subjekts geschieht es, dass sich diese Beobachtung zugunsten der Idee eines »integral geschichtlichen Menschen« verwischt. So könnte man die methodische Schwierigkeit, die sich in Groethuysens Entwurf anzeigt, auch dadurch erläutern, dass bei Groethuysen die Philosophische Anthropologie und die Hermeneutik der Geschichte einander im Wege stehen.

---

[7] Dazu R. Bogue: Deleuze on cinema. New York/London 2003, S. 137–139.
[8] B. Groethuysen: Philosophische Anthropologie. München/Berlin 1928, S. 207.
[9] B. Dandois: Bernard Groethuysen et le jeune Sartre. In: Les Temps Modernes 2 (2010), S. 159–172, hier: S. 169)

I. »Ich bin Ich. Der Mensch ist Mensch.«
Die Denaturalisierung der anthropologischen Erfahrung und die Unmöglichkeit der Phänomenologie des konkreten Menschen

»Erkenne dich selbst: ist das Thema der philosophischen Anthropologie. Philosophische Anthropologie ist Selbstbesinnung, ein immer erneuter Versuch des Menschen, sich selbst zu fassen. Nun aber kann Selbstbesinnung zweierlei bedeuten, je nachdem der Mensch sich an das Erlebte hält und sich selbst zur Darstellung bringen will, oder ihm das Leben und er sich selbst zum Erkenntnisproblem wird, je nachdem er die Frage vom Leben oder von der Erkenntnis aus stellt«.[10] Bereits in diesen initialen Formulierungen, mit denen Groethuysen seine »Philosophische Anthropologie« – d.h. die Schrift dieses Titels und sein gleichnamiges Programm – beginnt, spielt die basale Problematik, der sich sein gesamtes Buch in seinem weiteren Verlauf widmen wird: Die Selbstreflexion des Menschen, sein Ringen um das *gnothi seauton*, hat sich geschichtlich in die einander ausschließenden Optionen des individuellen Selbsterlebens (»vom Leben aus«) und der objektivierenden Erkenntnis, durch die sich der Mensch für sich selbst zur Darstellung bringt, polarisiert.[11] Mit und in der von Sokrates angestoßenen Reflexion des Individuums auf sein Selbst hat, Groethuysens Rekonstruktion zufolge, eine Geschichte des Auseinandertretens dieser zwei Perspektiven eingesetzt, die an ihrem *einen* Ende »[d]ie mythische Einheit beider Aspekte, wie sie in der griechischen Dichtung vorgeführt wird«,[12] zur Auflösung gebracht und an ihrem *anderen* Ende seit der definitiven Ersetzung des metaphysischen durch das wissenschaftlich-technische Paradigma der Moderne einen epistemologisch wie existentiell unüberbrückbaren Dualismus hervorgetrieben hat. Für Groethuysen ist die Figur des »sich selbst erlebenden« Menschen[13] zwar aus dem mythologischen Monismus herausgetreten, in dem *noch* nicht nach der existentiellen

---

[10] Groethuysen: Philosophische Anthropologie, S. 3.
[11] Siehe H. Böhringer: Bernhard Groethuysen. Vom Zusammenhang seiner Schriften. Berlin 1978, S. 76–103.
[12] G. Hartung: Die Entdeckung des Menschen im Zeitalter der Renaissance. Dilthey, Groethuysen und Cassirer. In: T. Leinkauf (Hg.): Dilthey und Cassirer. Die Deutung der Neuzeit als Muster von Geistes- und Kulturgeschichte. Hamburg 2003, S. 149–170, hier: S. 154.
[13] Groethuysen: Philosophische Anthropologie, S. 207.

Konkretheit des Menschen gefragt wurde; aber zugleich hat diese Gestalt in der Reflexion auf sich selbst auch die Ontologie eines wissenschaftlichen Realismus hervorgebracht, die nicht *mehr* in dieser Perspektive konkreten Erlebens verankert ist.

Groethuysen konstatiert in dieser Wendung der anthropologischen Selbsterkenntnis gegen sich selbst einen »merkwürdige[n] Widerspruch«[14]: »Ich will mich, mich selbst erkennen. Indem ich mich aber selbst zu erkennen versuche, gehe ich über mich selbst hinaus. Was ich erkannt habe, ist meine psychophysische Konstitution, meine Seele, mein Ich u. dgl. m. Aber ist dies eine Antwort auf die ursprüngliche Frage? Ich wollte mich selbst erkennen. Bin ich es aber noch selbst, den ich erkannt habe?«[15] Aus diesem Gleiten der Perspektiven, das die im Selbsterleben fundierte Bewegung der Selbstvergewisserung unter der Hand in eine reduktive Objektivierung umkippen lässt, erwächst nach Auffassung Groethuysens ein veritabler Arbeitsauftrag an eine Philosophische Anthropologie[16]: Diese müsse nämlich permanent »Selbsterkenntnis und Selbsterlebnis gleichermaßen behandeln«[17] und so die kritische Übersetzung zwischen wissenschaftlichen Codes und existentiellen Evidenzen leisten.

Es ist treffend beobachtet, dass Groethuysen die Genese dieser grundsätzlichen Spaltung und die geschichtlichen Formen ihrer Überbrückung durch Einsichten in die »Geschichtlichkeit der Lebensformen«[18] zu rekonstruieren versucht. So überrascht es nicht, dass Groethuysens Schrift methodisch als eine philosophiegeschichtliche Hermeneutik angelegt ist, die von den sokratischen Wurzeln des abendländischen Denkens bis hin zur Frühen Neuzeit die Geschichte der Selbstproblematisierung des Menschen zwischen den Polen des »Selbsterlebens« und der »Selbsterkenntnis« abdeckt. Eine gewisse Klimax erreicht dieses Narrativ im Skeptizismus Michel de Montaignes, der, Groethuysen zufolge, erstmals in der Historie der anthropologischen Reflexion den immanent-diesseitigen Menschen selbst in der Doppelrolle des erlebenden Subjekts und der von diesem Subjekt erlebten Objektivität in den Blick gebracht habe. »Nur an sich selbst kann der Mensch die Frage richten, wer er sei. Er erlebt das

---

[14] Ebd., S. 5.
[15] Ebd.
[16] Hartung: Die Entdeckung des Menschen im Zeitalter der Renaissance, S. 154.
[17] Ebd. mit Blick auf Groethuysen: Philosophische Anthropologie, S. 7.
[18] Hartung: Die Entdeckung des Menschen im Zeitalter der Renaissance, S. 154.

Leben von sich aus; er sucht es nicht zu deuten von der Welt oder von Gott aus; sondern es ist so, wie es ist. Hier ist das Positive; hier ist das, was unser ist. In diesem selbständigen Erleben des Lebens liegt das Machtvolle des Denkens Montaignes«.[19] Die problemgeschichtliche Konstellation schreibt sich also durch die Position Montaignes nach zwei Seiten hin um: Auf einer ersten Ebene löst sich die Geste des anthropologischen Selbsterlebens von einer Metaphysik des Lebens und einer ontotheologischen Fundierung ab, um vollkommen mundan und sogar mehr als das, nämlich in gewisser Weise *jemeinig* (Heidegger) zu werden.

Und auf einer zweiten Ebene amplifiziert sich damit der wechselseitige Ausschluss von Selbsterkenntnis und Selbsterleben, denn das, was in dieser (gleichsam »gottverlassenen«) Immanenz nun als »Leben« thematisch wird, ist gar nichts anderes als ein immer weiter quellender »Verlauf der Erlebnisse selbst«[20], der »sich nicht zu einem als solchen zu umgrenzenden Gebilde [verselbständigt]«.[21] Das Loshaken des Begriffs des Lebens und der Phänomenologie des Erlebens von der Ontotheologie führt den sich selbst befragenden Menschen vor eine prononciert »unergründliche«, ohne Unterlass und ohne erkennbares Ziel fortströmende Multiplizität von seelischen Erlebnissen: »So bleibt sich der Mensch gleich erstaunlich, gleich rätselhaft, welches auch die Erfahrungen sein mögen, die er im Leben sammelt. Denn niemals dringt er bis zu sich selbst vor, kennt nie die letzten Gründe dessen, was sich in ihm abspielt. Er sieht die Erlebnisse auftauchen und wieder verschwinden, erfreut sich an ihrem Wechsel, und sucht sie in ihren Übergängen zu fassen. Es ist sein und ist wieder nicht sein. Es ist sein Leben und wiederum das Leben schlechthin«.[22] Der Preis für die radikale Immanentisierung und Mundanisierung derjenigen Instanz, die erlebt, was »Leben« heißt, indem sie *sich selbst* erlebt, ist also ein doppelter: So fällt die radikale Verflüssigung

---

[19] Groethuysen: Philosophische Anthropologie, S. 196.
[20] Ebd., S. 197.
[21] Ebd.
[22] Ebd., S. 196. Man registriert an diesem Punkt die Kontinuität zwischen Groethuysens anthropologischen Überlegungen und seiner Phänomenologie der Zeit (siehe B. Groethuysen: De quelques aspects du temps. Notes pour une phénoménologie du récit. In: Recherches philosophiques (1935/36), S. 139–195), innerhalb der er die phänomenologisch erlebte Negativität der »temps vide« als verbindenden Hintergrund für personale Erzählungen (»récits«), die menschliche Subjekte von sich selbst entwerfen, aufzuhellen versucht.

des personalen Selbsterlebens nicht nur mit dem Verlust der Fähigkeit zusammen, das »Wesen der Dinge«[23] zu erkennen, sondern auch mit dem Unvermögen, sich *selbst* zu bestimmen und zu verobjektivieren. Genauer: Was – so die Diagnose Groethuysens – schon in der emblematischen Situation Montaignes nicht gelingen kann, was sich dann aber zugleich in das treibende epistemologische Problem auch noch der modernen Anthropologie entwickeln wird, ist die Selbsterfassung des endlichen »Subjektes Mensch«[24] als transzendentaler Quellinstanz und objektiver Figur, die nur *von* dieser spezifischen Quelle her, also vom *Menschen* als Subjekt, thematisch werden kann. Die Konsequenz des neuzeitlichen, von Montaigne erstmals formulierten Paradoxes lautet für Groethuysen, dass sich dort, wo sich die spezifisch anthropologische (Selbst-) Erfahrung eines menschlichen »Denksubjekt[es]«[25] anzukündigen beginnt, stets die wiederaufgerufene Instanz eines *cogito* dazwischenschaltet; eine Institution, die von Anbeginn um die empirischen und konkreten Bestimmtheiten, welche die *menschliche* Subjektivität charakterisieren (seiner Lebendigkeit, der Endlichkeit seiner Sprache, der Geschichtlichkeit seines Handelns usw.), bereinigt ist.

Groethuysens Befund ist an diesem Punkt äußerst interessant: Er sieht in Montaignes Entdeckung des endlichen, aus allen vormaligen Transzendenzen gelösten Ich, das in dem Versuch der Objektivierung seiner selbst immer aufs Neue zerstiebt und sich im Strom der Zeit prozessualisiert, die unausweichliche Überformung einer positiven philosophischen Anthropologie durch eine erneuerte Bewusstseinsphilosophie vorgezeichnet, »für [die] das empirische Menschsein selbst wieder eine Vorstellung ist«.[26] Es ist, als ob der hermeneutische Ausgriff des konkret-endlichen Menschen auf sich selbst unweigerlich einen Knick erfahren muss, der die Frage nach dem Menschen als *eine* der Selbstthematisierungen (unter unendlich vielen) einer idealen Subjektivität umkippen lässt, die sich selbst als »Mensch« explizieren *kann*, aber nicht muss. Auf diesen Umschlag bezieht sich eine der Schlüsselformulierungen aus Groethuysens Buch: »So löst sich einmal die Vorstellung des Menschen, des Typisch-Menschlichen in dem Ich-Bewusstsein auf und verliert hier

---

[23] Ebd.
[24] Ebd., S. 206.
[25] Ebd.
[26] Ebd.

ihren von einer als solcher zu fassenden Wesensart aus konkret bestimmbaren Charakter. Dieses Ich ist an sich nichts Menschhaftes; es gehört nicht zur Wesenhaftigkeit dieses Ichs, Mensch zu sein. Das Ichsein erhält den Primat gegenüber dem Menschsein. Zum anderen wird die als solche generell zu bestimmende Wesensart des Menschen selbst wieder in einen allgemeinen wissenschaftlichen Zusammenhang eingereiht, in dem der Mensch als Einzelgattung erscheint. Das selbst Menschsein muss dabei zurücktreten«.[27]

Diese Argumentation erinnert typologisch an die Logik dessen, was Slavoj Žižek als »Parallaxe«, als *parallax view* apostrophiert hat: Eine »parallaktische Lücke«[28] trete nicht als die »Differenz zwischen zwei positiv existierenden Objekten«[29] auf, sondern als »minimale Differenz, die ein und dasselbe Objekt von sich selber trennt.«[30] Auf diese Weise springen in Groethuysens Darstellung der Durchbruch zu einer verendlichten Anthropologie, die das genuine Selbsterleben des Individuums ermöglicht, und die objektive Repräsentation der Totalität von »Welt«, in die ontisch auch der Mensch als eine von vielen Formationen des Seienden »eingereiht« erscheint, ineinander um. Der Sache nach beschreibt Groethuysen einen Vorgang, der sich letztlich als die *Denaturalisierung* der anthropologischen Erfahrung lesen lässt. Wenn nämlich »[d]er Mensch als solcher […] die Rolle ausgespielt zu haben [scheint], die ihm in einer an der Problematik des Menschlichen selbst orientierten Welt- und Lebensanschauung zugefallen war«[31], so konkretisiert Groethuysen diese Veränderung als eine doppelte Dezentrierung: Nicht genug damit, dass »Anthropologie« mit der Suspendierung der Phänomenologie des Konkreten auf den Status einer Objektivität prätendierenden Wissenschaft reduziert wird.[32] Vielmehr erweist sich diese reduzierte Gestalt der Anthropologie überdies auch noch als eine gleichsam kontaminierte, eine »abgeleitete Wissenschaft«[33] – »abhängig von Erkenntnissen, die nicht aus der Auffassung des Menschen selbst stammen können«[34], sondern, so ließen sich Groethuysens Ausführungen ergän-

---

[27] Ebd., S. 207.
[28] S. Žižek: Parallaxe, Frankfurt a. M. 2006, S. 9.
[29] Ebd., S. 22.
[30] Ebd.
[31] Groethuysen: Philosophische Anthropologie, S. 206.
[32] Ebd.
[33] Ebd., S. 207.
[34] Ebd.

zen, aus den biologischen, ökonomischen, linguistischen, naturwissenschaftlichen Disziplinen, von denen sie flankiert ist, in sie eingehen.[35]

Das schon von Montaigne durchreflektierte Scheitern der Anthropologie der lebendigen Selbstanschauung des Menschen hebt damit an, dass sich das in der Renaissance erstmals gewonnene, aber nicht stabilisierbare »Ich-Bewusstsein« nicht in der konkreten Endlichkeit des natürlichen Menschen verankern lässt, wohl aber in der Einheit des *ego cogito*. Diese Verschiebung in der philosophischen Semantik des Ich (an deren *einem* Pol Montaigne steht, am *anderen* dann Descartes, Kant, Fichte und Hegel) bedeutet die Denaturalisierung der anthropologischen Erfahrung: ihre ursprüngliche Überschreibung durch ein Ich, das nicht von dieser Welt und nicht mit der Figur des Menschen koinzident ist. Von hier aus gabelt sich die philosophische Entwicklung der Moderne, Groethuysen zufolge, in einen neuen, schlechten Dualismus: in die Entgegensetzung zwischen »[d]em überpersönlich gefassten Ich«[36] der Bewusstseinsphilosophie und jenem »unpersönlich gefassten Gattungswesen«[37], das – und zwar von Seiten eben dieser Bewusstseinsphilosophie – auf die Bezeichnung »der Mensch« gebracht wird.

Man muss die volle Komplexität dieser zugespitzten Formulierung Groethuysens bedenken: »Beide Betrachtungsweisen treten notwendig auseinander. Ich bin Ich. Der Mensch ist Mensch«[38] Auf einer *ersten* Ebene drückt sich darin klarerweise die eben geschilderte Frontstellung aus: In Folge der Denaturalisierung der anthropologischen Wende der Renaissance kann sich in der Moderne gar nichts anderes ergeben als die doppelte Misskonstruktion sowohl der Stellung des »Ich« als auch der Rede vom »Menschen«. Während die Institution des Ich »überpersönlich« überdreht, nämlich in eine neue Egologie aufgelöst wird, die der Endlichkeit des konkreten Menschen entzogen ist, reduziert sich die Figur des Menschen »unpersönlich« auf die Anonymität der Gattung, wodurch sie dem human- und naturwissenschaftlichen Positivismus der Wissenschaftsmoderne anheimfällt. Auf einer *zweiten* Ebene jedoch bringt Groethuysen eine noch tiefer gehende Spaltung in den Blick. Versteht man nämlich den

---

[35] Dazu G. Lejeune: Hegel anthropologue. Paris 2016, S. 8.
[36] Groethuysen: Philosophische Anthropologie, S. 207.
[37] Ebd.
[38] Ebd.

Verweis auf den Menschen in der Formel »Der Mensch ist Mensch« nicht im Sinne der positivistischen Reduktion, sondern als Anklang der von Montaigne ja gleichwohl vollzogenen »Entdeckung des Menschen« – als ein Echo jener Erfahrung also, wonach der Mensch sich genau dort, wo er sich in seiner Endlichkeit erlebt, immer schon *in* diese seine Endlichkeit hinein zerstreut und verzeitlicht – so kann das nur heißen: Eine positive Phänomenologie der »Welt- und Lebensanschauung«[39] des Menschen als lebendiges Subjekt und gelebtes Objekt der anthropologischen Erfahrung kann nie zur Artikulation gelangen. Es ist nicht nur der Riss zwischen dem »überpersönlichen« Idealismus des Ich und dem »unpersönlichen« Naturalismus des Menschen, der die nie gelingende anthropologische Reflexion der Moderne durchzieht (und verhindert), sondern – schwerwiegender noch – die *für den Menschen* bestehende Unmöglichkeit, eine genuine Artikulation seiner selbst zu finden: Die von Montaigne ausgesprochene »Selbstverrätselung« des Menschen, der introspektiv »seines Lebens mächtig«[40] werden kann, ohne dass ihm dieses Leben »ganz zu eigen werden« könnte, bleibt irreversibel.[41]

II. Die Dialektik der philosophischen Anthropologie und ihre Grenzen

Wendet man sich nun den programmatischen Lösungen zu, die Groethuysen zur Abfederung der dualistischen Spaltung der modernen Anthropologie entworfen hat, so führt diese Auseinandersetzung unweigerlich in den Kernbereich dessen, was Groethuysen unter einer »Philosophischen Anthropologie« eigentlich versteht. Die Rekonstruktion von deren systematischer Rolle lässt sich vielleicht durch eine kurze philosophiegeschichtliche Notiz eröffnen, die nur auf den ersten Blick einen ephemeren Umstand betrifft: Aus dem immensen Netzwerk, das Groethuysen mit einer unabsehbaren Vielzahl französischer KollegInnen quer durch die unterschiedlichsten, untereinander oft stark zerstrittenen Fraktionen verband, ragt der Name von Alexandre Kojève in gewisser Hinsicht heraus. Man übersieht heute gelegentlich die enorme Bedeutung und Strahlkraft von Groethuy-

---

[39] Ebd., S. 206.
[40] Ebd., S. 201.
[41] Ebd.

sens Aktivität als leitender Redakteur des *Gallimard*-Verlags und der durch Groethuysen und Jean Paulhan gemeinsam begründeten Buchreihe *Bibliothèque des Idées*,[42] in der Groethuysen nicht nur die französische Übersetzung seiner Hauptschrift »Die Entstehung der bürgerlichen Welt- und Lebensanschauung« platzierte, sondern später auch Texte von Merleau-Ponty, Sartre, Aron, Brice Parain und anderen späterhin prominenten Autoren. Bei Gallimard sollte jedoch insbesondere auch im Jahr 1947 – ein Jahr nach Groethuysens Tod – jene notorisch berühmte »Introduction à la lecture de Hegel« von Alexandre Kojève erscheinen, der bereits noch zu Lebzeiten Groethuysens ebenfalls bei Gallimard einige seiner frühen Studien zu Hegel publiziert hatte. Groethuysen und Kojève standen miteinander über ihre Projekte bei Gallimard in freundschaftlicher Beziehung, so dass es nicht verwundert, wenn der an der *Bibliothèque nationale de France* in Paris deponierte »Fonds Alexandre Kojève« eine eigene Box mit Korrespondenzmaterial zwischen diesen beiden Autoren enthält.[43]

Es lohnt, wenigstens kurz bei diesem Anhaltspunkt aus dem Archiv zu verweilen: Denn es erscheint mitnichten abwegig, sondern im Gegenteil auf überraschende Weise erhellend, sich Groethuysens Grundverständnis von Philosophischer Anthropologie auf dem Umweg über Kojèves Hegelianismus, über die anthropologische Transformation der Hegel'schen Dialektik also, anzunähern. Kojève hatte die seines Erachtens durchschlagende anthropologische Dynamik bekanntlich in der Hegel'schen Kategorie der »Begierde« ausgemacht: »Die (bewusste) Begierde nach einem Seienden konstituiert dieses Seiende als als Ich und offenbart es als solches, indem sie es dazu bringt, ›ich‹ zu sagen. […] In und durch oder richtiger noch als ›seine‹ Begierde konstituiert sich der Mensch und offenbart er sich – sich selbst und anderen – als ein Ich, als das vom Nicht-Ich wesentlich verschiedene, ihm radikal entgegengesetzte Ich. Das (menschliche) Ich ist das Ich einer – oder der Begierde«.[44] Bezeichnend für die Situation der »Begierde« sind damit letztlich zwei einander ergänzende Gesichtspunkte: zum einen die Erfahrung eines strukturellen Man-

---

[42] Dazu Große Kracht: Zwischen Berlin und Paris: Bernhard Groethuysen (1880–1964), S. 129 ff.
[43] Dazu Näheres bei S. Geroulanos: An atheism that is not humanist emerges in French thought. Stanford 2010, S. 333.
[44] A. Kojève: Hegel. Eine Vergegenwärtigung seines Denkens. Kommentar zur »Phänomenologie des Geistes«. Frankfurt a.M. 1975, S. 20 f.

gels, eines »Noch-Nicht« oder eines »Nicht-Mehr«, welche das begehrende Lebewesen in »Unruhe«[45] und zugleich in eine Aktivität, in ein eminent praktisches Verhalten versetzt, das auf die Stillung der Mangelerfahrung ausgeht; zum anderen aber die formale Unbestimmtheit dieser Dynamik der Begierde, die in der Vorstellung eines noch nicht erreichten Zustands besteht, dessen *Abwesenheit* es gerade ist, die zur treibenden Kraft der verändernden – und zwar sich selbst wie die Natur verändernden – Tätigkeit des Menschen avanciert. Man hat oft festgehalten, dass Kojève mit dieser Argumentation eine *Anthropologisierung* der Hegel'schen Konzeption von Negativität implementiert[46]: Nicht der absolute Geist ist im »Hegelianismus« Kojèves das unausgesetzt in der dialektischen Vermittlung seiner selbst prozessierende Subjekt des Werdens der Geschichte. Es ist der sich transzendierende, seine eigene Negativität »abarbeitende« und in dieser *Arbeit* integral geschichtlich verfasste Mensch[47], der schließlich in der Durchschreitung der »natürlichen« hin zur »technischen« Welt dereinst »zu sich selbst« – nämlich ans »Ende der Geschichte« – kommt.[48]

Die Parallele zwischen den Gedankenkreisen Groethuysens und Kojèves – vor deren Überdehnung man sich wiederum hüten sollte – liegt in dieser radikalisierten Idee eines *integral* geschichtlichen Menschen. Denn so wie Kojève die Hegel'sche Dialektik der Negativität in die unausgesetzte geschichtliche Arbeit des Menschen an sich und an der Natur auflöst, die allererst den »Menschen« als initiatives Subjekt der Geschichte konstituiert, so führt auch Groethuysen das Thema einer schon an ihrem Ausgangspunkt geschichtlichen Negativität der *conditio humana* ein. In Groethuysens Perspektive ist es nämlich der irreduzibel geschichtlich stattfindende Austrag des »Widerstreits«[49] zwischen einer Selbstbeziehung des Menschen vom »Leben« *oder* von der »Erkenntnis« her, in der sich seine *conditio* immer wieder (und immer wieder anders) zeigt. Was genau nämlich kommt in der These zum Ausdruck, dass Groethuysen im kritischen Gegen-

---

[45] A. Pillen: Hegel in Frankreich. Vom unglücklichen Bewusstsein zur Unvernunft. Freiburg i. Br. 2003, S. 100.
[46] Ebd., S. 98.
[47] U. Balzaretti: Leben und Macht. Eine radikale Kritik am Naturalismus durch Michel Foucault und Georges Canguilhem. Weilerswist 2018, S. 74 f.
[48] Kojève: Hegel. Eine Vergegenwärtigung seines Denkens, S. 41.
[49] Große Kracht: Zwischen Berlin und Paris: Bernhard Groethuysen (1880–1964), S. 212.

zug beispielsweise zu Scheler oder Plessner den Rückbezug auf Diltheys immanent *historische* Hermeneutik, die sich durch keine naturphilosophische Ontologie des Lebens mehr grundieren lässt, verschärft?[50] Nichts anderes als das Diltheysche Credo, wonach »Anthropologie [...] nur als historische Hermeneutik, als die Geschichte der Selbstauslegung des Menschen möglich [ist], nicht aber als zeitlose Ontologie«.[51] In dieser programmatischen Formel tritt Groethuysens (Montaigne abgelesene) Einsicht in die Nichtartikulierbarkeit einer positiven Ich-Identität des Menschen noch einmal neu auf spannende Weise hervor: Denn in der »Divergenz«[52] der beiden Zugänge des Menschen zu sich selbst – vom »Leben« oder von der »Erkenntnis« her – »liegt nun selbst das Moment, das zu immer neuen Versuchen menschlicher Selbstbesinnung führt, die Dialektik der philosophischen Anthropologie, die wiederum nur ein Ausdruck von etwas im tiefsten Sinne Menschlichen ist: des Widerspruchs zwischen Leben und Erkenntnis«.[53]

Man spürt in dieser Formulierung die Resonanz von Groethuysens Hinweis auf die Parallaxe zwischen »Ich« und »Mensch«: So wie es für den geschichtlichen Menschen in der Zeit, in der er *lebt*, nicht möglich ist, zu einer Artikulation seiner selbst diesseits der einander ausschließenden Vokabulare von »Ich« und »Mensch« zu finden, so verbindet sich mit dieser »Selbstverrätselung« ein epistemologischer Auftrag an die Philosophische Anthropologie. Dieser Auftrag lautet, die historisch varianten und eben deshalb in immer anderen Konstel-

---

[50] Wenn Klaus Große Kracht darlegt, dass Groethuysen Diltheys methodischer Verpflichtung auf eine Hermeneutik des irreduzibel Geschichtlichen angemessen die Treue hält, während etwa Scheler und Plessner durch ihre Naturphilosophien hingegen eine »Abkehr von der Geschichte« (Große Kracht: Zwischen Berlin und Paris: Bernhard Groethuysen (1880–1964), S. 210) begehen, wodurch sie die Bestimmung des Menschen re-ontologisieren, so weht durch diese Beschreibung noch der ein Hauch von Horkheimers alter, forschungspolitisch motivierter Strategie einer Marginalisierung der Philosophischen Anthropologie zu Gunsten einer post-anthropologischen »kritischen Theorie der Gesellschaft«. Dass die Philosophie des Lebendigen insbesondere Plessners die Frage nach dem Menschen nicht naturphilosophisch vereinseitigt, sondern die prekäre Verwiesenheit von Natur und Geschichte aufeinander problematisiert (siehe z. B. O. Mitscherlich: Natur und Geschichte. Helmuth Plessners in sich gebrochene Lebensphilosophie. Berlin 2007), was Dilthey und Groethuysen durch ihre methodische Durchstreichung der Naturphilosophie gar nicht zum Thema machen können, entzieht sich der Lesart von Große Kracht.
[51] Ebd., S. 211.
[52] Groethuysen: Philosophische Anthropologie, S. 6.
[53] Ebd.

lierungen auftretenden Selbstauslegungen menschlichen Seins zu rekonstruieren und die paradigmatischen Anteile des Selbstverstehens »vom Leben her« bzw., demgegenüber, »von der Erkenntnis her« auseinanderzuhalten. Es handelt sich folglich darum, inmitten der von diesen beiden Paradigmen angebotenen, geschichtlich je verschiedenen Möglichkeiten zur Realisierung des »immer erneuten Versuch[s] des Menschen, sich selbst zu fassen«[54], an die Unabschließbarkeit dieser Selbsterkenntnis zu erinnern. Die »Dialektik der Philosophischen Anthropologie« heißt daher nach Groethuysen, Philosophische Anthropologie als historische Metahermeneutik, als Interpretation der Interpretationen zu betreiben, »die der Mensch im Laufe seiner Geschichte von sich selbst zum Ausdruck gebracht hat«.[55]

Nicht genug damit, dass man mit dem hier entscheidenden Stichwort einer »Dialektik der Philosophischen Anthropologie« das Nahverhältnis zwischen den Positionen Groethuysens und Kojèves unterstreichen kann; vielmehr wird an diesem Konzept die ganze Problematik der spezifischen Dialektik, der beide entgegenarbeiten, sinnfällig. Groethuysens Nähe zu Kojève liegt in der Tat in seinem Bild des Menschen als eines integral geschichtlichen Subjekts, das nur *in* seinen geschichtlichen Artikulationen zu einer Bestimmung seiner selbst gelangt. Dabei setzt Groethuysen noch expliziter als Kojève – bei dem es ja immerhin das nicht unbescheidene, wenngleich pessimistisch gewendete Szenario eines »Endes der Geschichte« gibt – auf die nicht stillstellbare Negativität menschlicher Selbsttranszendenz. Mit besonderem Nachdruck anzusetzen wäre allerdings an Groethuysens programmatischer Verortung der Philosophischen Anthropologie als jener historischen (Meta-) Hermeneutik, die ihrerseits die verschiedenen Selbstauslegungen des geschichtlichen Menschen, sein Changieren zwischen den Epistemologien des »Lebens« und der »Erkenntnis«, zu differenzieren und zu verstehen versucht.

Es soll und kann in diesen Rahmen zum Abschluss nur angerissen werden, worin die systematische Problematik wurzelt, die auf Groethuysens Modell einer »Dialektik der Philosophischen Anthropologie« lastet: Sie liegt darin, dass diese Dialektik eine letztlich *falsche* Vermittlung zwischen den dualistisch gespaltenen Sphären von »Ich« und »Mensch«, Leben und Erkenntnis, Metaphysik und Erfah-

---

[54] Ebd., S. 3.
[55] Große Kracht: Zwischen Berlin und Paris: Bernhard Groethuysen (1880–1964), S. 211.

rungswissenschaften unternimmt. Pascal Michon hat in Groethuysens Vorgehensweise die maßgeblichen »Elemente einer Geschichte des Subjekts« identifiziert.[56] Groethuysen sei nicht nur der zu Unrecht vergessene »passeur«[57] zwischen den modernen philosophischen Konstellationen in Deutschland und in Frankreich. Seine Studien begründeten vielmehr »une des seules bases dont nous disposons aujourd'hui pour construire une anthropologie historique du sujet«.[58] Zu dieser Einschätzung gelangt Michon deshalb, weil er bei Groethuysen Spuren zu einer Theorie konstitutiv fragmentierter Subjektivität vorfindet: Mit Groethuysen eine anthropologische Geschichte des Subjekts zu schreiben bedeutet, immer wieder auf die zersplitterten Verhältnisse zwischen den verschiedenen Artikulationen zu stoßen, in denen der Mensch innerhalb einer bestimmten geschichtlichen Zeit sich auszusprechen, sich über sich zu verständigen sucht. Weil bei Groethuysen über die geschichtlich je und je anders formierte Entgegensetzung »Ich bin Ich. Der Mensch ist Mensch« hinaus kein drittes, dann *eigentlich* anthropologisches Register zur Verfügung stehe, sei Groethuysen in letzter Instanz ein Denker der »transsubjectivité«[59], einer sich nie vollendenden, sondern sich immer an ihren verschiedenen Artikulationen (Wissenschaft, Ästhetik, Religion, Philosophie, Politik) brechenden Subjektivität des Menschen. Auf dieser Linie einer *trans*subjektiven Anthropologie findet Michon bei Groethuysen die Ressourcen für eine Kritik sowohl an dem Mangel an Reflexion auf die Subjektstruktur menschlichen Lebens, der die gegenwärtigen Human- und Biowissenschaften auszeichne, als auch für eine Kritik an falschen philosophischen Reintegrationen der Transsubjektivität, etwa, so Michons Beispiel, in Heideggers spätem seinsgeschichtlichen Denken.

Wer sich jedoch dieser Rekonstruktion anschließt, die Michon von Groethuysens Programm gibt, wird sich gerade an dem letzten Satz von Groethuysens »Philosophischer Anthropologie« reiben: »Aufgabe einer Anthropologie wird es sein, den Menschen in diesen verschiedenen Gestalten wiederzufinden und ihn in seiner Einheitlichkeit zu erfassen«.[60] Dieses Ende ist nur das Emblem der eigentli-

---

[56] P. Michon: Éléments d'un histoire du sujet. Paris 1999.
[57] Ebd., S. 141.
[58] P. Michon: Poétique d'une anti-anthropologie. L'herméneutique de Gadamer. Paris 2000, S. 236.
[59] Ebd.
[60] Groethuysen: Philosophische Anthropologie, S. 207.

chen Argumentationstendenz bei Groethuysen: Die Hoffnung, die er an das Projekt namens »Philosophische Anthropologie« knüpft, besteht zuletzt *doch* darin, die irreduzible Widersprüchlichkeit des integralen geschichtlichen Menschen (seine Transsubjektivität) nicht nur zu exponieren, sondern in dieser Exposition zu kitten. Es ist kein Zufall, sondern verräterisch, wenn sich im letzten Satz der ganzen Schrift die Rede von der »Einheitlichkeit« des Menschen wiedereinfindet. Denn anders etwa als Scheler oder Plessner – »*eine einheitliche Idee vom Menschen aber besitzen wir nicht*«[61]– nimmt Groethuysen die Fragmentarität des »anthropologischen Subjekts«, das Montaignesche Enigma, in eine buchstäblich wohl *verstandene* historische Hermeneutik zurück, die ihrerseits an die Homogenität eines geschichtlichen Verstehens ad hominem, von Mensch zu Mensch, appelliert: »Überall sucht er [der Mensch, TE] dabei das Menschliche im Menschen wiederzufinden. Er sucht es in der Geschichte; er entdeckt es in den Meinungen der Philosophen; Menschen sprechen zu Menschen, und was sie auch sagen, kann immer nur etwas Menschliches sein«.[62]

Im Blick des Hermeneutikers, des dialektischen philosophischen Anthropologen also, konvergieren alle differenten Selbstauslegungen der sich in ihrer Zeit niemals erreichenden Ich-Instanzen zur Einheitlichkeit eines Diskurses von Mensch zu Mensch. In diesem Zusammenhang müsste man wohl tatsächlich präziser auf Groethuysens komplexe Phänomenologie der Temporalität (1935/1936) eingehen, was hier aber nicht mehr geleistet werden kann: Zumindest aber ließe sich die Frage in den Raum stellen, wie sich die integrative Position des Hermeneutikers zuletzt zu der Warte jenes *erzählenden* Subjekts verhält, das im »récit« das aus der »passé« kontinuierende Fließen der Zeit in eine aktive Gestaltung der Zukunft umzuschreiben vermag. Während der Fließbewegung der Zeit, die in der literarischen Erzählung zur Entfaltung kommt, nur zugesehen werden kann, wissen »diejenigen, die handeln«, von der Möglichkeit, den Zeitstrom in eine aktivische Anverwandlung der zukünftigen Zeit qua Praxis des Menschen in der Geschichte umzulenken.[63] Genau dies ist die Grenze von

---

[61] M. Scheler: Die Stellung des Menschen im Kosmos. Bonn 2007, S. 9.
[62] Groethuysen: Philosophische Anthropologie, S. 197.
[63] »Ceux, par contre, qui agissent savent qu'il y a encore autre chose: le temps d'action. Et sans ce temps, il n'y aurait pas d'histoire, ni de vie humaine« (Groethuysen: De quelques aspects du temps. Notes pour une phénoménologie du récit, S. 164)

Groethuysens historischer Anthropologie des Subjekts, deren eigentümliche Verschränkung von Diltheyscher Hermeneutik und linkshegelianischer Anthropologie sich hier sichtbar macht: Der Blick des Hermeneutikers geht am Ende über und ein in die Praxis des integral geschichtlichen Menschen, der seine unendliche Negativität, den Widerspruch zwischen »Leben« und »Erkenntnis«, wenn nicht über alle Zeiten hinweg, so doch in der Gegenwart der eigenen Hermeneutik stillzustellen vermag. Und auch wenn diese Perspektive aus Groethuysen noch keinen Apologeten eines »Endes der Geschichte« macht, so zeigt sie ihn doch als einen Hermeneutiker, der die radikale »Rätselhaftigkeit« des Menschen zuletzt in die Transparenz der historischen Anthropologie des Subjekts zu überführen gesucht hat.

Moralen und Hypermoralen

Zur Philosophischen Anthropologie pluralistischer Ethik

Joachim Fischer

Der Streit um die Sonderstellung der Menschen in Evolution und Geschichte dreht sich immer auch um die Frage der Normativität, also der Genese und Geltung von Moral und Recht: Ist menschliche Normativität letztlich ein bloßes Resultat vitaler Determination (Naturalismus) im Tier-Mensch-Kontinuum oder ein jeweils vollkommen offenes Ergebnis der Kontingenz der Geschichte (Kulturalismus)? Gibt es einen begründbaren Universalismus der Moral oder findet sich moralsoziologisch bloß eine unübersehbare Vielfalt von Moralen vor, ein Relativismus?

Der Beitrag will die Konzepte der modernen Philosophischen Anthropologie zur Normativität, zur Moral (und damit indirekt auch zum Recht) bei den Klassikern dieses Paradigmas vorstellen und diskutieren: Max Schelers in seiner »materialen Wertethik« anthropologisch-phänomenologische Theorie pluraler Werte, die untereinander ein Kraftfeld der Konkurrenz, Ergänzung und Überbietung bilden[1]; Plessners »Kritik des sozialen Radikalismus« mit seiner sozialanthropologischen Theorie pluraler Ethosformen, die in einem Spannungsverhältnis stehen (Gemeinschaft emotionaler Vertrautheit; Gemeinschaft rationaler Überzeugung; Gesellschaft als Ethos des distanzierten Umgangs); Gehlens philosophisch-anthropologisches Konzept einer »pluralistischen Ethik« in seinem Buch »Moral und Hypermoral«, das vier nicht aufeinander rückführbare Ethosformen in der Sozialität als latentes und mitunter manifestes brisantes Feld moralischer Orientierung unterscheidet.

Das moderne Paradigma der Philosophischen Anthropologie bildet sich als Ansatz zwischen Naturalismus bzw. Evolutionsbiologie einerseits, dem Kulturalismus bzw. Sozialkonstruktivismus andererseits aus. Als eine solche Denkrichtung hat sie Proben ihrer Erschlie-

---

[1] M. Scheler: Der Formalismus in der Ethik und die materiale Wertethik [1913/1916]. 2. unveränd. Aufl. Halle 1921.

ßungskraft in verschiedenen Disziplinen vorgelegt, in der Erkenntnislehre, der Kulturphilosophie, der Sozialphilosophie und Soziologie, der Naturphilosophie. Hier geht es um die Bewährung bezogen auf das Problem der Ethik oder der Frage der Normativität: Kann die Philosophische Anthropologie eigentlich einen relevanten konzeptionellen Vorschlag zur Ethik, zur Sozialethik machen, eine anthroposoziologische Aufklärung im Streit um die Moral leisten? Eine Aufklärung, die auch zur soziologischen Aufklärung von offensichtlichen Gegenwartsspannungen innerhalb der ethischen Realitäten und Diskussionen beiträgt?

Alle drei genannten Konzepte von Scheler, Plessner und Gehlen vermeiden einerseits einen naturalistischen Determinismus der Moral, andererseits den kulturalistischen Relativismus der Verschiedenheit von Normensystemen oder Moralen überhaupt. Sie versuchen vielmehr systematisch aufzuklären, wie aus der anthropologischen Disposition menschlicher Lebewesen eine angebbare, eine bestimmte und begrenzte und immer wiederkehrende *Pluralität von Ethosformen* in Kollektiven und mitten im Herzen der Subjekte die menschliche Lebensform bestimmt. Damit wird aus Sicht der Philosophischen Anthropologie der Normativität auch eine *kritische Theorie der Moral* möglich, insofern sie »Hypermoralen« identifizieren kann, also Überdehnungen oder »Elargierungen« jeweils einer Ethosform für die gesamte Sozialität – in je historischen Konstellationen, aber vor allem auch in der Moderne.

Natürlich nimmt ein solches philosophisch-anthropologisches Theorieprogramm einer »pluralistischen Ethik« die Ende des 19., Anfang des 20. Jahrhunderts vorgetragenen verschiedenen konstruktiven Zurückweisungen der universalistischen, monistischen Ethik des 18. Jahrhunderts auf. Bereits Dilthey hatte konstatiert, dass ein »einfaches, überall gleiches Sollen, aus dem [...] ein von derselben einfachen und überall gleichen Verpflichtung begleitetes System hervorgeht, nicht existiert.«[2] »Wichtige Etappe[n] in der Geschichte der Ethik«[3] in Richtung einer modernen »ethischen Pluralismus« lagen bei Nietzsche, Max Weber, Bergson vor – obwohl diese mit ihren Entdeckungen *dualistischer* ethischer Programme noch nicht zur Pointe

---

[2] W. Dilthey: System der Ethik. Gesammelte Schriften, Bd. 10. Göttingen 1958, S. 108.
[3] A. Gehlen: Moral und Hypermoral. Eine pluralistische Ethik. Frankfurt a. M./Bonn 1969.

des ethischen *Pluralismus* vorstoßen. Nietzsche erkannte, dass der (moderne) Mensch »durch verschiedenen Moralen bestimmt« sei und unterschied das Ethos der »Herrenmoral«, das im Begehren nach Selbststeigerung und Selbstverwirklichung im und als Kollektiv fundiert ist, vom Ethos der »Sklavenmoral«, das auf die Gleichheit unter den Menschen, die Nächstenliebe und das Mitleiden fixiert ist.[4] Max Weber wiederum wies das Konzept einer universalistischen Ethik zurück, indem er systematisch zwischen den Grundformen der »Gesinnungsethik«, die das Handeln allein durch die gute Absicht rechtfertigt, und der »Verantwortungsethik« unterschied, die die Handlung nach den voraussehbaren Folgen bewertet und schätzt.[5] Die Zurückweisung monistischer ethischer Konzeptionen formulierte schließlich auch Henri Bergson, als er als alternative Moralen innerhalb *einer* Sozialität die »geschlossene Moral« von der »offenen Moral« unterschied – in seinem schon im Titel programmatischen Werk über die »Zwei Quellen der Moral und der Religion« von 1932.[6] Arnold Gehlen fand dieses Werk eine wichtige Etappe in der Geschichte der Ethik – weil Bergson erkannt habe, dass es nicht nur eine Quelle der Moral gibt. Aber Bergson habe den »Pluralismus *mehrerer* ethischer Instanzen« in einer Sozialität verkannt, einerseits durch seinen bloßen Dualismus der geschlossenen und der offenen Moral, andererseits durch die Behauptung einer Abfolge geschichtlich aufeinanderfolgender Stadien der Moralen. In der jeweiligen sozialen Wirklichkeit menschlicher Lebenswelt gäbe es aber – so Gehlen – ein Kraftfeld vieler sich ergänzender, sich störender und miteinander streitender Verpflichtungsgefühle in einer jeweiligen Sozialität.

Die Pointe der philosophisch-anthropologischen Denker ist also, in ihren Konzepten zur Ethik nicht nur den *Monismus* in der Ethik, sondern auch den *Dualismus* bloß zweier ethischer Programme – und auch den *Relativismus* beliebig vieler Ethosformen zu vermeiden. Die These ist, dass das Paradigma der Philosophischen Anthropologie systematisch und originär das Theorem einer »*pluralistischen Ethik*« bzw. Sozialethik in der Ethik-Diskussion des 20. Jahrhunderts entfaltet hat. Der Gedankengang zur Philosophischen Anthropologie der

---

[4] F. Nietzsche: Jenseits von Gut und Böse. Vorspiel einer Philosophie der Zukunft. München 1987.
[5] M. Weber: Politik als Beruf. In: Ders.: Gesammelte politische Schriften. Hg. v. J. Winkelmann. Stuttgart 1980.
[6] H. Bergson: Die beiden Quellen der Moral [1932]. Frankfurt a. M. 1992.

pluralistischen Moral und der immanenten Möglichkeit von »Hypermoralen« wird in drei Schritten entfaltet: 1. wird das Paradigma der Philosophischen Anthropologie skizziert; 2. werden die drei einschlägigen Denker der Philosophischen Anthropologie Max Scheler, Helmuth Plessner und Arnold Gehlen mit ihren zur Normativität einschlägigen Texten präsentiert; 3. wird herausgearbeitet, was das Charakteristische und das zugleich Interessante einer Philosophischen Anthropologie der pluralistischen Moralen im Vergleich mit anderen Konzeptionen der Ethik sein könnte.

I. Philosophische Anthropologie als Paradigma

Bevor mit der philosophisch-anthropologischen Theorie der Moral oder der Normativität begonnen wird, ist eine Unterscheidung im Begriff ›philosophische Anthropologie‹ wichtig, um überhaupt eine prägnante philosophisch-anthropologische Theorie der Moral rekonstruieren zu können. Es hat sich als heuristisch hilfreich erwiesen, zwischen der »philosophischen Anthropologie« (klein geschrieben) als einer Disziplin, einer eigenen wissenschaftlichen Disziplin der Philosophie, und der »Philosophischen Anthropologie« (groß geschrieben) als einer Theorie, einem Theorieprogramm, einem Denkansatz zu unterscheiden. Die *philosophische Anthropologie* als Subdisziplin der Philosophie entwickelt sich entlang der Frage: Wer oder was ist der Mensch? Sie rekonstruiert dementsprechend (zum Beispiel beim Dilthey-Schüler Bernhard Groethuysen) eine europäische und später außereuropäische Reflexionsgeschichte über den Menschen und rekonstruiert dabei die verschiedensten Denkpositionen und Begriffe des Menschen im Verlauf der Geschichte. Die *Philosophische Anthropologie* als Paradigma ist hingegen ein ganz charakteristisches Theorieprogramm der 20er Jahre des 20. Jahrhunderts, das einen bestimmten Zugriff auf die Frage nach dem Menschen vorschlägt; dieses Theorieprogramm ist mit den Namen Scheler, Plessner, Gehlen und anderen verbunden.[7]

---

[7] Vgl. J. Fischer: Philosophische Anthropologie. Eine Denkrichtung des 20. Jahrhunderts. Freiburg/München 2008; R. Becker/J. Fischer/M. Schloßberger (Hgg.): Philosophische Anthropologie im Aufbruch. Max Scheler und Helmuth Plessner im Vergleich (Internationales Jahrbuch für Philosophische Anthropologie, Bd. 2). Berlin 2010.

Die *philosophische Anthropologie als Disziplin* von der *Philosophischen Anthropologie als Paradigma* zu unterscheiden gewährt eine doppelten Anschlussvorteil: Es lässt sich nämlich nun die philosophische Anthropologie mit ihrer Frage nach dem Menschen als Subdisziplin der Philosophie in ein Verhältnis zu anderen Teildisziplinen der Philosophie ins Verhältnis setzen – also zur Metaphysik als Frage nach dem Sein überhaupt, zur Erkenntniswissenschaft als Frage nach den Bedingungen der Erkenntnis, zur Logik, zur Ästhetik und zur Ethik. Ganz anders die Philosophische Anthropologie als Paradigma: Sie lässt sich nämlich ins Verhältnis zu anderen Paradigmen oder Theorierichtungen setzen, also zum Idealismus, zum Neukantianismus, zur Phänomenologie, zum Naturalismus oder Evolutionstheorie, zur Philosophischen Hermeneutik, zur Existenzphilosophie, zur sprachanalytischen Philosophie, zur Kritischen Theorie der Gesellschaft und natürlich zu allen Ansätzen des Sozialkonstruktivismus, die in den Sozial- und Kulturwissenschaften eine wichtige Rolle spielen.

Hier interessiert – gerade im Hinblick auf die Aufklärung über Moral und Normativität – die Philosophische Anthropologie als Paradigma (nicht die Disziplin). Philosophische Anthropologie in diesem Sinn ist – bei allen ihren einschlägigen Autoren – eine philosophische Entscheidung für eine Grundoperation im evolutionsbiologischen Zeitalter, also für die Zeit nach Darwin, um zugleich mit dieser Entscheidung dem Anspruch klassisch idealistischer Begriffe des Menschen gerecht werden zu können. Die Maxime dieser modernen Begriffsbildung ist, den Erkenntnissen seit Darwin, aber auch unter dem Eindruck von Nietzsche, Marx und Freud gerecht zu werden, indem man die Materialität und Vitalität der conditio humana bereits im Ansatz einer Theorie des Menschen einbaut. Die Grundoperation ist insofern in allen einschlägigen Texten und bei allen entsprechenden Denkern: Um einen adäquaten Begriff des Menschen zu erreichen, muss man in der Theorie mit einem Begriff des Lebens beginnen. Man muss einen biologisch informierten Begriff des Lebens, des Lebendigen, des Organischen so konstruieren, dass von ihm aus ein angemessener, dem klassischen Selbstverständnis gerecht werdender Begriff des Menschen erreichbar ist. Insofern ist Philosophische Anthropologie eine tiefe Konzession an den Naturalismus, an die Evolutionsbiologie als einer modernen Theorie, und zugleich macht sie theoretisch etwas ganz anderes als der Darwinismus. Statt des vertikalen Reduktionismus des evolutionsbiologischen Naturalismus, also die begrifflich methodische Reduktion aller theologischen und philosophischen Begriffe für den Menschen in naturwissenschaftlich-biologische Begriffe, schlägt sie umgekehrt ein vertikales Emergenzverfahren vor: mit einem Begriff des Lebens anzufangen und dann über Stufen oder Typen von Lebensformen in der Naturgeschichte einen Begriff des Menschen als in der Natur eigentümlich gestelltes Lebewesen zu gewinnen. Man hört diese Vorgehensweise, die auf einen Sonderstellungsbegriff des Menschen in der Naturgeschichte hinaus will, an den Titeln: »Kosmologie der lebendigen Form« (Arbeitstitel Plessners ›Stufen des Organischen und der Mensch‹)[8]; »Stellung des Menschen im Kosmos« (Scheler); »Der Mensch. Seine Natur und seine Stellung in der Welt« (Gehlen).[9] In die Philosophische Anthropologie als Paradigma ist also immer eine theoretisch selbstverantwortete philosophische Biologie eingeschlossen. Evolutionsbiologisch gesprochen – und damit sich von deren darwinscher, naturalistischer Begrifflichkeit lösend – steuert die Philosophische Anthropologie auf eine *menschenbildende* Konstellation zu: Wenn das menschliche Lebewesen erscheint, dann ist es durch die Art seines naturgeschichtlichen Auftretens selbst bereits ein Evolutionsfaktor des eigenen Lebens; anders ausgedrückt: es erscheint als ein Bruch in der Naturgeschichte, zu der es gehört. Dieser Begriffsbildung folgen alle Gebrochenheitsbegriffe des Lebens in der Naturgeschichte, alle Schlüsselbegriffe, mit denen die Philosophische Anthropologie hinsichtlich des Menschen operiert – z. B. dem der »natürlichen Künstlichkeit« (Plessner), oder dem des »Neinsagenkönners« (Scheler) oder dem Kompensationslebewesens, das seine konstitutionelle »Mängelhaftigkeit« ausgleichen muss (Gehlen). Besonders deutlich ist dieser Umbruch im Vitalen in Plessners Kategorie für den Menschen: die »exzentrische Positionalität«.

Was ist mit diesen philosophisch-anthropologischen Kategorien gewonnen? Die Philosophische Anthropologie ist somit kein idealistischer Ansatz, der die Monopole des Menschen – wie Vernunft, Sprache, Moral – unabhängig von seiner Körperlichkeit und Naturhaftigkeit behandelt; sie ist aber auch kein evolutionsbiologisch-naturalistischer Ansatz, der die vitalen Prinzipien der Selbst- und Gen-

---

[8] H. Plessner: Die Stufen des Organischen und der Mensch. Einleitung in die philosophische Anthropologie [1928], 2. Aufl. Berlin 1965.
[9] A. Gehlen: Der Mensch. Seine Natur und seine Stellung in der Welt [1940], 4. veränd. Aufl. Bonn 1950.

erhaltung von Lebewesen im menschlichen Lebewesen einfach weiterverfolgt und weiterbehauptet. Anthropologische Kategorien sind solche zwischen den Kategorien des Vitalen (der Biologie) und den hermeneutisch-historischen Begriffen der Kultur- und Sozialwissenschaften – es sind Umbruchbegriffe des Vitalen; auf der Ebene der Evolution menschlicher Lebewesen erscheinen neue Aktklassen, neue Phänomengruppen als Umbruch des Vitalen. Alle prägnanten anthropologischen Kategorien sind aufgebrochene und neuvermittelte Lebenskreislaufbegriffe. Sinne, Motoriken, Gestimmtheiten, Antriebe, Erscheinungs- und Ausdruckszonen lassen sich in ihrer je spezifischen Gebrochenheit rekonstruieren, so dass kontrastiv zu den Dimensionsbegriffen subhumaner Organismen – zu den Tieren – für die menschliche Sphäre Umbruchbegriffe des Lebens so gefunden werden können, dass in ihnen das Vitalitätsmoment als Hintergrund erkennbar und für alle philosophische Forschung, für die Kultur- und Sozialwissenschaften ansprechbar bleibt. So lässt sich – immer vorläufig – eine Reihe von Begriffspaaren bilden, in denen der erste Begriff immer einen (ästhesiologischen, kognitiven, ethologischen etc.) Aspekt tierischer Lebenskreisläufe, der zweite (jeweils nach dem Schrägstrich) supplementär denselben Aspekt im gebrochenen und neuvermittelten menschlichen Lebenskreislauf thematisiert: also Geburt als Vitalkategorie transformiert in ›extrauterines Frühjahr‹, Sehen transformiert in Bilderzeugung (homo pictor) bzw. symbolische Form; Verlauten und Hören/Musizieren, horizontale Körperachse/Aufrichtung bzw. vertikale Körperachse, Haut/Kleidung; Nahrung/Askese, Diätetik, Konsum; Visage/Maske, Bedürfnis/Begehren, Gestimmtheiten/wertnehmende Fühlakte; Intelligenz/Vernunft; Verhalten transformiert in Handlung; Griff/Werkzeug, Instrumentalität, Aggression/Gewalt, Erregung/Orgiasmus bzw. Ekstase, Stutzen/Staunen, Nachahmung/Mimesis (Darstellung, Ritual, Schauspiel); Bekanntheit/Vertrautheit, Gegnerschaft/Feindschaft, Instinkt/Institution, Lautgeste/Sprache, Irritation/Scham, Totstellreflex/Lachen und Weinen, Bewegung/Tanz, Biologie/Biographie, Typus/Individuation oder Eigenname, Verenden/Sterblichkeit und Grab. Anthropologische Kategorien kennzeichnen insofern die spezifischen Phänomene der menschlichen Sphäre weder als Graduierung bzw. Fortsetzung der Mechanismen des Organischen mit anderen Mitteln (wie das evolutionsbiologische Paradigma) noch durch vollkommene Abtrennung von der Vitalsphäre (wie das idealistische oder sprach- und kulturkonstruktivistische Paradigma), sondern als Sprung- und Umbruchphänomene im Feld des Lebens selbst. Insofern sind diese anthropologischen Begriffe einerseits immer auch Abgrenzungsbegriffe zum Tier (die zur Dämpfung einer Anthropomorphisierung des Tieres führt), also Begriffe der »Sonderstellung« des menschlichen Lebewesens, oder um diesen Begriff zu variieren: seiner Sondersinnlichkeit, der Sonderexpression, der Sonderinteraktion, der Sonderbewegung, der Sondersterblichkeit: Tiere können sehen, aber sie kennen nicht das erzeugte Bild; sie können sich verlauten und hören, aber nicht musizieren; sie kennen Gegnerschaft, aber nicht Feindschaft; sie sind aggressiv, aber nicht gewalttätig, sie bewegen sich virtuos, aber sie tanzen nicht; sie kommunizieren, aber sie haben keine Sprache, sie verenden, aber sie sterben nicht und begraben einander nicht als leblose Körper.

Jetzt sind die Voraussetzungen bestimmt, um auf informative Weise das Verhältnis von Philosophischer Anthropologie und Normativität bzw. Moral zu bestimmen. Philosophische Anthropologie als Paradigma oder Theoriestrategie ist nicht direkt mit der Ethik gekoppelt. Sie ist – wie gesagt – ein Ansatz mit Erschließungspotential für verschiedenste Sachgebiete bzw. verschiedenste Disziplinen – für die Erkenntnis- und Wissenschaftswissenschaft, für die Technikphilosophie, für die Kulturphilosophie, für die Philosophische Psychologie, für die Sprachphilosophie, die Ästhetik, die Metaphysik, die Religionsphilosophie.

Aber die Philosophische Anthropologie ist eben auch relevant für die Ethik und ihre Fragen. Allerdings nicht im Sinne einer Hilfsdisziplin für eine Ethik – im Sinne, dass die Anthropologie die Durchführungsbedingungen für eine unabhängig von ihr ermittelte und begründete Moral aufweisen könnte. Und Philosophische Anthropologie ist auch keine Begründung einer *bestimmten* Ethik, einer universalen Ethik. Zurückhaltend könnte man sagen: Philosophische Anthropologie hat Expositionskraft für das Moralphänomen überhaupt, genauer gesagt für die Pluralität von Moralen. Philosophisch-anthropologische »Strukturformeln dürfen keinen abschließend-theoretischen, sondern nur einen aufschließend-exponierenden Wert beanspruchen.«[10] Die Aufschließungskraft der Philosophische Anthropologie im Aufweis der systematischen pluralen Bestimmtheit

---

[10] H. Plessner: Die Aufgabe der philosophischen Anthropologie [1936]. In: Ders.: Gesammelte Schriften, Bd. VIII. Hg. v. G. Dux, O. Marquard, E. Ströker. Frankfurt a. M. 1983, S. 33–51.

der menschlichen Lebenswelt wird übrigens auch daran erkennbar, dass sie parallel zur These einer »pluralistischen Ethik« auch eine Theorie des Pluralismus der »Wissensformen« vorgelegt hat, eine pluralistische Epistemologie – wie andernorts gezeigt wurde.[11] Prominent sind dafür Schelers Lehre von den drei irreduziblen Wissensformen des »Herrschaftswissens«, »Bildungswissens« und »Heilswissens« in seinem Buch »Die Wissensformen und die Gesellschaft« *und* Plessners Lehre der drei »Sinngebungsformen« (»Schematismus«, »Syntagmatismus«, »Thematismus«) in der Geometrie, Sprache und Musik – im Werk »Einheit der Sinne. Grundlinien einer Ästhesiologie des Geistes«.[12] Die Philosophische Anthropologie liefert also einen originären pluralistischen Ansatz in der Erkenntnislehre einerseits (der Theoretischen Philosophie), in der Morallehre andererseits (der Praktischen Philosophie). Der Beitrag konzentriert sich allein auf die Ethik mit der Pointe einer »pluralistischen Ethik«.

II. Philosophische Anthropologie des »ethischen Pluralismus«

Nun also zu drei Schlüsseldenkern der Philosophischen Anthropologie und ihren drei Texten zur Moral: Das ist bei Scheler das Werk zur »Materialen Wertethik«, auch das Buch über das Wesen der »Sympathiegefühle«; bei Plessner das Buch über die »Grenzen der Gemeinschaft« mit dem Untertitel »Kritik des sozialen Radikalismus«[13]; und bei Gehlen das Spätwerk »Moral und Hypermoral« mit dem programmatischen Untertitel »Eine pluralistische Ethik«. Diese Texte sind nicht aufeinander abgestimmt, es gibt keine direkten Bezugnahmen, obwohl natürlich bei Plessner und Gehlen Schelers originelle

---

[11] J. Fischer: Neue Theorie des Geistes (Scheler, Cassirer, Plessner). In: R. Becker/C. Bermes/H. Leonardy (Hgg.): Die Bildung der Gesellschaft. Schelers Sozialphilosophie im Kontext. Würzburg 2006, S. 166–181.

[12] Zu diesem ersten Hauptwerk Plessners die einschlägige Studie von Hans Ulrich Lessing Lessing: Hermeneutik der Sinne. Eine Untersuchung zu Helmuth Plessners Projekt einer ›Ästhesiologie des Geistes‹ nebst einem Plessner-Ineditum. Freiburg/München 1998, vgl. die Besprechung J. Fischer: Zur Sinneslehre von Helmuth Plessner (Besprechungsessay zu Hans Ulrich Lessing, Hermeneutik der Sinne (1998)). In: Ders.: Exzentrische Positionalität. Studien zu Helmuth Plessner. Weilerswist 2016, S. 149–162.

[13] H. Plessner: Grenzen der Gemeinschaft. Eine Kritik des sozialen Radikalismus [1924]. Mit einem Nachwort v. J. Fischer. Frankfurt a. M. 2002.

Ethik der Heterogenität der Werte vorausgesetzt ist.[14] Es sind also unabhängige Entwürfe. Zudem sind diese Texte zur Ethik zum Teil vor der expliziten, eigentlichen Philosophischen Anthropologie formuliert worden – so bei Scheler und bei Plessner.

Da es hier aber um die systematische Möglichkeit einer Philosophischen Anthropologie der Moral geht, werden a) so stark wie möglich die Parallelen der unabhängigen Werke herausarbeiten, die charakteristischen Grundzüge einer Philosophischen Anthropologie der Moral; und b) werden die Moraltheorien von Scheler, Plessner und Gehlen immer so rekonstruiert, dass zunächst kurz die Grundannahmen zum Menschen exponiert und dann daraus die Thesen zur Regulation, zur Sozialregulation der Verhältnisse zwischen den Menschen hergeleitet werden. Der Leitgedanke ist dabei, dass alle drei Philosophischen Anthropologen systematisch einen »ethischen Pluralismus« bzw. eine »pluralistische Ethik« aufklären, und dass sie, anders als universalistische Ethiken, davon ausgehen, dass das menschliche Handeln in jeweiligen Menschengruppen oder Kollektiven von unterschiedlichen, nicht aufeinander rückführbaren, voneinander unabhängigen Moralsystemen oder Prinzipien bestimmt ist.

1. Scheler: Philosophische Anthropologie pluraler Werte und Sozialformen

Zunächst soll also Schelers Ethik (1913) von der Philosophischen Anthropologie von 1928 her reformuliert werden, die sogenannte ›materiale Ethik‹ pluraler Werte von der Sonderstellungstheorie des Menschen aus.

Um einen komplexen Begriff des Menschen zu erreichen, fängt Scheler mit einem Begriff des Lebens an. Er unterscheidet das lebendige Phänomen vom anorganischen Phänomen. Das anorganische Ding ist ein Kraftzentrum, aber das organische Ding drängt über es selbst hinaus, ihm wohnt eine immanente Transzendenz inne, die deutlich bei der Pflanze erkennbar ist. Scheler bezeichnet diese ontische Qualität des lebendigen Dinges als »Gefühlsdrang«, in dem das Ding in seiner Dinglichkeit über die Dinglichkeit hinausgeht (wie im

---

[14] Natürlich war für Plessner und dann Gehlen auch die »Ethik« von Nicolai Hartmann (1926) bedeutend, der den pluralistischen Zug der schelerschen Werte-Ethik systematisierte (vgl. N. Hartmann: Ethik [1925]. Berlin/Leipzig 1949).

Stoffwechsel, in der Reiz-Reaktions-Beziehung etc.). In diesem Fühldrang nimmt das Lebendige notwendig Kontakt mit Anderem seiner selbst auf – es entwickelt sich ein Organismus-Umwelt-Verhältnis, ein Verhältnis des lebendigen Dinges zu seinem Milieu. Zur Stellung lebendiger Dinge im Kosmos gehört insofern immer auch schon die Stellungnahme zur Umwelt: ein Vorziehen von einem als positiv bewerteten Zustand, ein Nachsetzen eines als negativ bewerteten Zustand. Und zum lebendigen Ding gehört immer auch schon das »Urphänomen des Ausdrucks«, wie Scheler es nennt, lebendige Dinge sind nicht nur Phänomene im Kosmos, sondern sie sind auf Phänomenalität hin angelegt, disponiert, im Verhältnis zu anderen Dingen vor ihnen zu erscheinen. Der theorietechnisch nächst wichtige Schritt ist, dass Scheler Stufen von Lebenstypen unterscheidet, kurz gesagt instinktgesteuerte Lebewesen, dann Lebewesen, die Dissoziationen und Assoziationen vornehmen, also lernen können, dann schließlich Lebewesen mit praktischer Intelligenz, die mit Aha-Erlebnissen Entdeckungen in elementaren Zusammenhängen machen, z. B. Schimpansen im Werkzeuggebrauch. Man könnte zusammenfassen: Durch immanente Suspensionen, durch Unterbrechungen im biopsychischen Prozess bilden sich Spielräume des Lebendigen auf verschiedenen Ebenen aus. Im menschlichen Lebewesen kommt es nach Scheler zu einem Bruch im Leben, zu einem Abstand in der Natur von der Natur: Dieses Unterbrechungsprinzip ist für Scheler das ›Prinzip des Geistes‹ im ›Prinzip Leben‹. Entscheidend für die Theorie ist, dass der ›Geist‹ von sich aus keine Kraft oder Energie hat, sondern das Prinzip des Geistes auf die Kraft des Prinzips ›Leben‹ verwiesen ist. Das ist Schelers Konzession an den Naturalismus. Die Sonderstellung des Menschen im Reich des Lebendigen ist, dass er ein »Neinsagenkönner« in der Natur ist, und in dieser Gebrochenheit ist er im Unterschied zu den umweltgebundenen Tieren ein zur Welt geöffnetes Lebewesen, ein weltoffenes Lebewesen. Die weltoffene Teilhabe im Kosmos am Kosmos ermöglicht ihm besondere Teilhaben am Kosmos: Zunächst ist die Weltoffenheit eine Sachverhaltsoffenheit, d. h. das menschliche Lebewesen erschließt sich durch die sinnlich-motorisch erfahrenden Widerstände hindurch kognitiv die Sachkerne der Phänomene, es ist ein Durchbruch zur Sachlichkeit.

Und zugleich ereignet sich in diesem Lebewesen ein emotionaler Durchbruch zu den Wertverhalten im Kosmos, zu den »Liebenswürdigkeiten« der Phänomene im Kosmos. Die konstitutionelle »*Weltoffenheit*« ist auch eine *Wertoffenheit*. Der »Gefühlsdrang«, der allen

Lebewesen innewohnt, weitet sich durch den lebendigen Kontakt des Dranges, des Instinktes, der Triebe zu intentionalen Fühlakten, und durch diese Fühlakte – die Lustgefühle, die Freude, die Klarheitsgefühle, die Seligkeit, die Verzweiflung, die Reue, die Ehrfurcht – erschließt sich in den intentionalen Fühlakten die an sich bestehende Fülle der Wertqualitäten im Kosmos (im Lieben und Hassen). Scheler nennt das Gefüge von Werteinstellungen und Vorzugsregeln von jeweiligen menschlichen Lebewesen und Kollektiven den jeweiligen »ordo amoris« – also das, was ethisch für ein menschliches Lebewesen relevant ist. Die Weltoffenheit deckt entsprechend des biopsychischen Aufbaues *verschiedene* Wertqualitäten im Kosmos auf: das geistig-sinnliche Wertspektrum zwischen angenehm und unangenehm, das zwischen nützlich und schädlich, dann das geistig-seelische zwischen dem Edlen, Vorzüglichen und dem Gemeinen, dann das geistig-sachliche Wertspektrum zwischen wahr und falsch, zwischen schön und hässlich, gerecht und ungerecht, dann das geistig-religiöse zwischen heilig und unheilig. Die Weltoffenheit des menschlichen Lebewesens erfährt in den emotionalen Akten der Ehrfurcht und der Seligkeit also die Wertqualität des Sich-geborgen-fühlens in Gott, in einem absoluten Weltgrund. Entscheidend für eine Philosophische Anthropologie der Moral ist also zunächst die Aufklärung über die *Pluralität* der nicht aufeinander rückführbaren Wertqualitäten.

So wie emotionale Akte eines weltoffenen Lebewesens die Wertqualitäten überhaupt erschließen, so stiften die emotionalen Akte auch das Verhältnis der weltoffenen Lebewesen untereinander und damit verschiedene Ebenen der Moral. Scheler klärt die Sozialethik im engeren Sinn im Rückgang auf die primär emotionalen Akte der Sympathie zwischen den Personen auf. Weltoffene Lebewesen stehen im Verhältnis der Inter-Personalität, indem sie in den differenten Akten der Gefühlsansteckung, des Nachfühlens, des Mitfühlens an der Realität des Anderen/der Anderen teilhaben. Scheler unterscheidet gleichursprüngliche Wesensformen des Sozialen: 1. die Masse bildet sich im emotionalen Akt der Gefühlsansteckung; 2. Die Gemeinschaft, besser die Lebensgemeinschaft bildet sich im emotionalen Akt des konkreten Miterlebens und Mitfühlens des Anderen, als unselbständiges Glied eines Ganzen; 3. Gesellschaft ist die Sozialität, die sich im emotionalen Akt des Nachfühlens bildet; hier reguliert das Nachfühlen, das Verstehen der Intentionen des Anderen, nicht das Mitfühlen und Anteilnehmen; dadurch kommen Tausch- und Vertragskooperationen zwischen verselbständigten Personen zustande, die hinsichtlich dieser Interaktionen prinzipiell austauschbar und vertretbar sind; 4. taucht Sozialität in Gestalt der geistigen Gesamtperson auf, in der im emotionalen Akt der unendliche Wert der individuellen (nicht vertretbaren) Person zugleich mit der Mitverantwortung der Liebe für das Ganze gegeben ist.

Charakteristisch ist an Schelers philosophisch-anthropologischer Sozialethik die Zurückweisung des dualistischen Modells von Gemeinschaft einerseits, Gesellschaft andererseits und die darin anschließenden Versuche, jeweils die eine Sozialform dieser alternativen Unterscheidung für das Ganze des Sozialen in Anspruch zu nehmen (im Dualismus von Liberalismus und Kommunitarismus, als liberalistische Sozialethik ausgehend von der Gesellschaft und kommunitaristische Sozialethik ausgehend von der Gemeinschaft). Stattdessen wird von seinem Ansatz her systematisch eine Pluralität von Sozialformen ausgewiesen, zwischen denen die weltoffene Lebensform der Menschen im Verhältnis zueinander offensichtlich balancieren muss. Auch wenn Scheler selbst in seiner Ethik eine Rangordnung der Werte, eine Vorzugsregel höherer Werte gegenüber niederen postuliert, so ist seine originäre »materiale Wertethik« doch zunächst und im Kern eine Theorie der aufweisbaren *Pluralität nicht aufeinander rückführbarer Werte*, einem Kraftfeld vieler sich ergänzender und konkurrierender Werte, die in Sozialitäten und in den Herzen der Subjekt konfligieren und nach einem »Ausgleich« verlangen (hier schließt konsequent Schelers sozialethische Lehre vom »Weltalter des Ausgleichs« an: zwischen Protestantismus und Katholizismus, zwischen christlicher und asiatischer Religionen, zwischen Kapitalismus und Sozialismus, zwischen den Geschlechtern usw.).[15]

2. Plessner: Philosophische Anthropologie der Moralen und des »sozialen Radikalismus«

Jetzt wird in der Reihe philosophisch-anthropologischer Konzepte der Ethik Plessners sozialethischer Text »Grenzen der Gemeinschaft« (1924) von seiner Philosophischen Anthropologie in dem Buch »Stufen des Organischen und der Mensch« (1928) her rekonstruiert. Das geht natürlich nun viel leichter, weil es sich bei Plessners Philosophi-

---

[15] M. Scheler: Der Mensch im Weltalter des Ausgleichs [1926]. In: Ders.: Späte Schriften. GW 9. Hg. v. M. S. Frings. Bonn 1976, S. 145–170.

scher Anthropologie um eine Parallelaktion zu Schelers Projekt handelt. Um einen komplexen Begriff des Menschen zu gewinnen, fängt Plessner ebenfalls mit einem Begriff des Lebens an. Er unterscheidet von anorganischen Dingen die lebendigen Dinge, die er »grenzrealisierende Dinge« nennt: Das heißt, wo Steine und Sterne bloß einen Rand haben, an dem sie aufhören bzw. an dem sie anfangen, haben lebendige Dinge eine »Grenze«, entlang derer sie eine Eigenkomplexität im Austausch mit einer Umwelt durchhalten. Plessner nennt diese grenzrealisierenden Dinge im Verhältnis auch »Positionalitäten« in einem Positionsfeld. Er unterscheidet dann Stufen oder Typen von Lebensformen oder Positionalitäten, offene Positionalitäten wie die Pflanzen, geschlossene Positionalitäten wie die Tiere, dann noch einmal dezentral organisierte und zentrisch, d. h. neuronal organisierte geschlossene Positionalitäten, zu denen auch die Schimpansen gehören. Zentrische Positionalitäten sind aus der Mitte ihrer Lebensexistenz geführte Lebewesen, die alles in allem in verschiedenen typischen Situationen im Verhältnis zueinander instinktiv einander zu nehmen wissen. In menschlichen Lebewesen tritt ein Abstand in der Natur zur Natur ein, es ist eine Art Unterbrochenheit der evolutionären natürlichen Lebenskreisläufe, der »künstlich« kompensiert werden muss, damit dieses Lebewesen überleben kann. Plessner nennt diese menschlichen Lebewesen exzentrische Positionalitäten, sie sind in ihrem Körper aus der natürlichen Mitte herausgesetzt, stehen im Körper im Abstand zum Körper und müssen ihr Leben von woanders her führen, die Direktiven von woanders her gewinnen.[16]

Woher gewinnen die exzentrischen Positionalitäten für ihr Verhältnis zueinander die Direktiven? Man kann jetzt gleichsam die sozialethische Konstruktion von Plessners »Grenzen der Gemein-

---

[16] Plessner hat diese Grundlegung seiner Philosophischen Anthropologie von 1928 später bioanthropologisch in der Schrift »Die Frage nach der conditio humana« von 1960 modifiziert, konkretisiert und angereichert, ohne den Ansatz selbst aufzugeben. Vgl. dazu den erhellenden Vergleich von ›Stufen des Organischen‹ (1928/1965) mit dem Text ›Conditio humana‹ durch F. Rodi: Conditio humana. Zu der gleichnamigen Schrift von Helmuth Plessner und zur Neuauflage seines Buches ›Stufen des Organischen und der Mensch‹ [1965]. In: Ders.: Über die Erfahrung von Bedeutsamkeit. Freiburg/München 2015, S. 218–230. Für die Gewichtung des ›späten‹ Plessner der ›Conditio humana‹ im Verhältnis zum ›frühen‹ der ›Stufen‹ ist auch die von Julia Gruevska, Hans Ulrich Lessing und Kevin Liggieri besorgte Herausgabe der Göttinger Vorlesung zur »Philosophischen Anthropologie« von 1961 einschlägig (vgl. H. Plessner: Philosophische Anthropologie. Göttinger Vorlesung vom Sommersemester 1961. Hg. v. J. Gruevska, H.-U. Lessing, K. Liggieri. Frankfurt a. M. Berlin 2018 (im Druck).

schaft« 1924 auf die philosophisch-anthropologische Grundlegung von 1928 aufpropfen. Plessner unterscheidet drei Sozialformen, drei Formen der Sozialregulation – zwei Sozialformen der Gemeinschaft, dazwischen die der Gesellschaft.[17] Er nennt die »Vertrautheitsgemeinschaft«, dann die Vernunftgemeinschaft und dazwischen die Zone der Gesellschaft als Ethos der Distanzformen. Selbstverständlich knüpft Plessner Anfang der 1920er Jahre an die von Tönnies eingeführte Unterscheidung zwischen »Gemeinschaft« und »Gesellschaft« als zwei alternativen und zugleich komplementären Formen der Sozialregulation an. Aber wie Scheler weist Plessner – und das ist wichtig für die philosophisch-anthropologische Gesamtargumentation – diesen tönnieschen alternativen Dualismus der Sozialregulationen zurück zugunsten einer Pluralität von Moralen in einem Kollektiv. Der Ausgangspunkt ist: Exzentrische Positionalitäten sind für einander unergründlich – sie wissen nicht von vornherein, wie sie sich zu nehmen bzw. zu benehmen haben. Es lauert zwischen ihnen die latente Möglichkeit der Gewalt. Eine Möglichkeit der Sozialregulation ist, dass die exzentrischen Positionalitäten die natürliche oder symbolische Verbundenheit in der »Gemeinschaft des Blutes« finden, in der Gemeinschaft der Verwandtschaft, der Vertrautheit über ein gemeinsames (religiöses) Symbol. Entscheidend ist dann eine gestalthafte Mitte zwischen ihnen wie z.B ein Totem oder ein gemeinsames Opfer oder ein Sündenbock, über die sie alle miteinander vertraut sind und sich dementsprechend einander verhalten. Eine Sozialregulation des verwandtschaftlichen oder symbolisch-affektiv vermittelten Vertrauens ist immer exklusiv – es gibt Zugehörige und Nichtzugehörige. Die diametral davon verschiedene Sozialregulation nennt Plessner die »Gemeinschaft der Sache«, der Sachlichkeit – kurz die Verbundenheit im Zeichen der Vernunft. In diesem Fall entdecken die exzentrischen Positionalitäten ihre Verbundenheit nicht über den Pol der Positionalität, sondern über die Exzentrizität, die Fähigkeit der Distanz: Sie lassen sich in allen Streitfällen von der genuin sachlichen Entscheidung her bestimmen, die gewaltlose Einigung ereignet sich im Medium der Vernunft, konkret im rationalen Recht und diskursiven Gericht oder in der Wissenschaft und dem

---

[17] Zur Theoriesystematik dieses plessnerschen Werkes J. Fischer: Panzer oder Maske. ›Verhaltenslehre der Kälte‹ oder Sozialtheorie der ›Grenze‹. In: W. Eßbach/J. Fischer/ H. Lethen (Hgg.): Plessners ›Grenzen der Gemeinschaft‹. Eine Debatte, Frankfurt a. M. 2002, S. 80–102.

gemeinsamen sachlichen Plan. Plessner will nun darauf hinaus, dass Sozialitäten für zwei weitere Situationen eine weitere charakteristische Sozialregulation erfinden bzw. vorsehen müssen, für die die beiden Ethos-Formen der Gemeinschaft nicht greifen. Es gibt erstens konkrete Situationen zwischen füreinander Unbekannten, für die die Regeln der Vertrautheitsgemeinschaft nicht greifen; und es gibt eine Zweideutigkeit konkreter Situationen zwischen exzentrischen Positionalitäten, die sich – prinzipiell und aus Zeitgründen – nicht durch diskursive Verfahren auflösen lässt (z.B. das Treffen der Händler aus verschiedenen Sozialgruppen, der Fremden etc.). Plessner nennt diese dritte Sozialregulation das Ethos der Gesellschaft, das Geselligkeitsethos: In ihm treffen exzentrische Positionalitäten in den Formen des Zeremoniells und der Prestigeunterstellung, in den Umgangsformen von Takt und Diplomatie aufeinander und gehen indirekt miteinander um, also ein Umgehen mit einander in den vielen Situationen, die sich nicht vom Pol der positionalen Vertrautheit, aber auch nicht im vernünftigen Konsens der exzentrisch Distanzierten auflösen lassen. Plessner spricht für die Sozialität insgesamt von einem »Oszillieren zwischen diesen drei Sphären« – er entwickelt also aus den Voraussetzungen der Philosophischen Anthropologie ebenfalls eine pluralistische Sozialethik.

Im Normalfall existieren die Ethosformen der Vernunftgemeinschaft, der Vdertrautheitsgemeinschaft und der Distanzgesellschaft (»Takt und Diplomatie«) in einem Kollektiv und in den Herzen der Subjekte nebeneinander. Aber vor allem in den Krisen der Moderne tritt das latente Spannungsverhältnis zwischen diesen heterogenen Ethosformen hervor – die jeweiligen Moralen *radikalisieren* sich. Insofern ist Plessners pluralistische Sozialethik vom ihm auch kritisch gemeint – denn im Untertitel spricht er ja von der »Kritik des sozialen Radikalismus«. *Sozialer Radikalismus* liegt nämlich nach Plessner immer dann vor, wenn von einer Sozialregulation aus der Geltungsanspruch für die gesamte Sozialität erhoben wird – also z.B. von der Vertrautheitsgemeinschaft im Namen eines bestimmten Ethnos (z.B. in den faschistischen Bewegungen der Moderne) oder von der Vernunftgemeinschaft aus im Zeichen des rationalen universalen Konsenses bzw. Planes, dem aus Vernunft alle Mitglieder von Sozialitäten überhaupt zustimmen müssen (z.B. in den kommunistischen Bewegungen der Moderne). Der Aufweis der genuin systematischen Pluralität der drei Sozialregulationen in einer Sozialität ist also kritisch gegen die Anmaßung, die Überdehnung jeder Moral-

3. Gehlen: Philosophische Anthropologie der »Moral und Hypermoral«

Drittens wird Gehlens Theorie der Moral, wie sie im Buch »Moral und Hypermoral« vorliegt, von seiner Philosophischen Anthropologie im Buch »Der Mensch« aus rekonstruiert. Gehlen selbst hat sein Spätwerk von 1970 als konsequente Fortsetzung seines Grundlegungsbuches von 1940/1950 verstanden. Das ist jetzt vor dem Hintergrund von Scheler und Plessner noch schneller plausibel zu machen: Gehlen arbeitet nämlich ebenfalls mit dem typisch philosophisch-anthropologischen Kontrastvergleich von Tier und Mensch innerhalb der evolutionären Naturgeschichte: Tierische Lebewesen bewegen und orientieren sich in jeweils geschlossenen Funktionskreisen von Organismus-Umwelt-Korrelationen und wissen sich im Erscheinen voreinander instinkthaft zu fassen und zu nehmen. Demgegenüber sind menschliche Lebewesen relative »Mängelwesen« der Naturgeschichte, mit einem Mangel an Bestimmtheit der Orientierung und der Regulation im Verhältnis zueinander. »Die Wahrheit ist, dass der Mensch von Natur aus ein Kulturwesen ist« – er muss diesen Mangel künstlich kompensieren: mit der Erfindung von Werkzeugen im Verhältnis zur Natur, mit der Erfindung von »Sozialregulationen« im Verhältnis untereinander. Lebewesen mit einem Mangel der Bestimmtheit sind kontingente Lebewesen, die an sich selbst kontingente Erfahrungen mit sich machen – so oder so sein zu können, so oder so entscheiden zu können. Dann ist das Verhältnis solcher Lebewesen zueinander das der »doppelten Kontingenz«, wie Luhmann das durchaus mit Rückbezug auf Gehlens Anthropologie später genannt hat.

Gehlen konstatiert nun bei diesen Lebewesen statt der Instinkte sogenannte »Verpflichtungsgefühle«, also Erscheinung eines Sollens, die nicht instinktiv sind, aber an Stelle der Instinkte zu charakteristischen »Sozialregulationen« führen. Dabei ermittelt er einen »ethischen Pluralismus«: Es gibt »mehrere voneinander funktionell und genetisch unabhängige und letzte sozialregulative Instanzen im Menschen.«[18] Er unterscheidet dabei vier verschiedene, nicht aufeinander

---

[18] Gehlen: Moral und Hypermoral, S. 10. Zur Systematik von Gehlens Werk L. Sam-

rückführbare Formen des Sozialethos: das Sippen-Ethos, das Ethos der Gegenseitigkeit, das Ethos der sogenannten physiologischen Tugenden (Mitleid und Glückseligkeit) und das Ethos der Institutionen (wie Staat oder Kirche). *Ein* Verpflichtungsgefühl mit ethischem Verhalten entspringt aus der Familienerfahrung – die mit den Gefühlen der Loyalität, der Treue, der Solidaritätspflicht, der Opferpflicht verbunden ist (1). Sie prägt sich als Sippen-Ethos in den artifiziellen Bluts- und Heiratsverwandtschaften aus, in künstlichen Blutsbrüderschaften, in fiktiven Abstammungsgemeinschaften z. B. von einem Totem, einem mythischen Ahnherrn. Dieses Familien-Ethos der binnenmoralischen Solidarität und Treue kann erweitert werden bis hin zu Nationen, bis hin zum Humanitarismus der Menschheitsliebe. Ein vollkommen davon verschiedenen Verpflichtungsgefühl (2) artikuliert und kultiviert sich im »Ethos der Gegenseitigkeit«; es stammt aus der Erfahrung, aus dem Erlebnis der Gegenseitigkeit des Tausches, der Gabe, also des utilitären Waren- oder des nicht-utilitären Gabentausches auch zwischen Fremden oder unvertraut bleibenden Akteuren. Das kann sich dehnen zum Ethos der Gegenseitigkeit in Rede und Gegenrede, im Dialog, im fairen Austausch der Perspektiven. Noch einmal verschieden davon konstatiert Gehlen das Ethos der von ihm so genannten »physiologischen Tugenden« (3), also besser gesagt von leibnahen Tugenden, die sich aus leibnaher Ausdrucks- und Eindruckserfahrung dicht am Pol des Körperlichen um die Physiologie, um die sinnliche Erfüllung kümmern: Das Ethos des Mitleidens und das Ethos des Wohlbefindens. Wichtig sind hier sinnliche Auslöser-Mechanismen wie das nackte Antlitz des Anderen, wie es z. B. Lévinas genannt hat, das unmittelbar Mitleid und Fürsorge auslöst, vollkommen unabhängig von Reziprozität und um wen es sich handelt; zu diesem Ethos der physiologischen Tugenden gehört auch die Ermöglichung des sinnlichen Daseinsglückes, des eigenen, aber auch des Anderen – so wie es in der ethischen Position des Eudämonismus reflektiert worden ist. Und von allen aufgewiesenen Ethosformen oder Sozialregulation noch einmal verschieden das Ethos der Institutionen (4), wie Gehlen das nennt, das in der gefühlten Sollgeltung von Riten wurzelt, dem Obligationscharakter der Ehe (im Himmel beschlossen), der Unantastbarkeit des Eigentums, des Rechts, des Staates. Die Verpflichtungsgefühle gehen hier aus von

---

son: Triebstruktur und Ethik. Eine Auseinandersetzung mit Gehlens Anthropologie der Ethik. In: Philosophische Rundschau 19 (1972), S. 211–225.

einer Art Sachzwang, einem Geist der Gesetze, einer objektiven Rationalität, die gerade nicht in den subjektiven Kalkülen des Gegenseitigkeitsethos aufgehen. Gehlen betont den »Entlastungscharakters« dieses Institutionenethos für die menschlichen Lebewesen.

Die *verschiedenen* Moralen liegen in einem latenten Spannungsverhältnis zu einander. In Krisenzeit polarisieren sich die heterogenen Moralen und steigern die existentiellen Konflikte in Kollektiven und Individuen. Alles in allem geht es Gehlens philosophisch-anthropologischer Herleitung der Moralen um einen »Pluralismus letztgültiger sozialer Regulationen« und damit gegen die »große Schlüsselattitüde, nämlich der Ableitung zumutbarer Verhaltensweisen aus nur einem Prinzip.«[19] Wie schon in Schelers und in Plessners Konzeptionen kann auch Gehlen aus dem Ansatz heraus die Möglichkeit der »Hypermoralen« aufzeigen, der »Elargierung« der einen Ethosform, des Vorzuges des einen Wertes gegenüber allen anderen emotional auch gegebenen Werten, des »sozialen Radikalismus« der Ethosformen der Gemeinschaft. Diese systematische Kritikmöglichkeit einer philosophisch-anthropologisch fundierten »pluralistischen Ethik« in der Moderne setzt Gehlen Anfang der 1970er Jahre gegen eine sprachpragmatisch erneuerte universalistische und kosmopolitische Ethik offensiv ein[20] – so wie Plessner seinerseits bereits die »Kritik des sozialen Radikalismus« von Ethosformen in ihren totalitären Gestalten Anfang der 1920er Jahre.

III. Fazit: Philosophische Anthropologie der Moralen und Hypermoralen

Was sind charakteristische Züge der hier exponierten Philosophischen Anthropologien der Moral? Es ist noch einmal darauf aufmerksam zu machen: Philosophische Anthropologie wird bei allen drei Denkern als ein bestimmtes Paradigma verstanden, als eine bestimmte Theoriestrategie zwischen Naturalismus und Kulturalismus. Und

---

[19] Gehlen: Moral und Hypermoral, S. 47.
[20] Vgl. die wütende, akademisch aus dem Tritt geratene Polemik von Habermas gegen das Ethik-Buch von Gehlen (J. Habermas: Nachgeahmte Substanzialität. Eine Auseinandersetzung mit Arnold Gehlens Ethik. In: Merkur 24. Jg., H. 264 (1970), S. 313–327. Differenzierter und moderater in der Würdigung dreißig Jahre später A. Honneth: Problems of Ethical Pluralism: Arnold Gehlen's Anthropological Ethics. In: IRIS 2009, S. 187–194.

es ist offensichtlich, dass es sich – da sie je unabhängig voneinander entstanden sind – um inhaltlich verschiedene, nicht leicht zur Deckung zu bringende ethische Explikationen bei Scheler, Plessner und Gehlen handelt.

Aber es lassen sich drei charakteristische, gemeinsame Züge bei allen drei Autoren entdecken. Ist auf diese Weise die gewisse Einheit einer philosophisch-anthropologischen Theorie der Normativität aufgedeckt, soll zum Schluss auf zwei Potentiale einer solchen Theorie aufmerksam gemacht werden: ihre analytische Kraft hinsichtlich der Moralen der menschlichen Lebenswelt, und ihre kritische Kraft hinsichtlich konkreter, komplexer moralischer Verhältnisse in diesen Lebenswelten.

Zunächst zu den gemeinsamen Zügen einer Philosophischen Anthropologie der Moral:

(1) Erstens konstatieren alle drei Autoren so etwas wie eine *Sondermoralität menschlicher Lebewesen*. Auch Tierpopulationen unterliegen notwendig Sozialregulationen – instinktiv gesteuert. Menschliche normative Sozialregulationen sind spezifische, nur dem menschlichen Lebewesen mögliche Regulationen. Wer eine Sonderstellung des Menschen im Kosmos, der Menschen im Kosmos im kontrastiven Tier-/Mensch-Vergleich aufweisen will, muss folgerichtig neben einer Sondersinnlichkeit, einer Sonderkognition, eine Sonderemotionalität auch eine Sondernormativität aufklären. Diese Sondernormativität ist nicht reduzierbar auf Sozialregulationen tierischer Lebensformen – gleichwohl spielt sie sich in der Materialität und Vitalität menschlicher *Lebens*welten ab und konkretisieren sich in »Verpflichtungs*gefühlen*«.

(2) Zweitens decken alle drei Autoren einen *Pluralismus von Moralformen*, eine systematische Differenziertheit von Sozialregulationen auf. Philosophische Anthropologie tendiert zum Aufweis einer »pluralistischen Ethik« als Realität menschlicher Sozialregulationen, zur Aufklärung über einen »Prinzipienpluralismus«.[21] Es gibt so gesehen kein monistisches ethisches Prinzip – wie zum Beispiel im monistischen Ansatz der Diskursethik mit dem Prinzip des zwanglosen Zwanges des besseren Arguments. Aber es wird auch nicht ein Dualismus aufgedeckt, zwei miteinander ringende ethische Prinzipien wie etwa in der ›Antigone‹ des Sophokles das Alternativprinzip von Familienethos und Staatsethos. Sondern es werden drei – oder auch vier –

---

[21] D. Birnbacher: Analytische Einführung in die Ethik. Berlin 2013, S. 159.

nicht aufeinander rückführbare ethische Prinzipien voneinander unterschieden, die Zugriff auf die menschliche Lebenswelt beanspruchen, an Hand derer in einem Kollektiv und in einem Subjekt Handlungen und Handlungsmotive bewertet und legitimiert werden. Aus der Sonderstellung des Menschen im Leben sind mehrere Quellen der Moral aufweisbar, mehrere »ethische Programme« – ein »Pluralismus mehrerer ethischer Instanzen« (Gehlen). Damit ist wiederum keine relativistische Position hinsichtlich der Ethik eingenommen, die Beobachtung beliebig vieler, historisch immer neuer Ethosformen, sondern konstatiert wird eine bestimmte, wiederkehrende Pluralität von Ethosformen oder Moraltypen.

(3) Drittens ist für alle drei Autoren, und damit für die Philosophische Anthropologie der Moral insgesamt kennzeichnend, dass nicht eine Diachronie der ethischen Programme, sondern ihre Synchronie, ihr *gleichzeitiges Nebeneinander* im Mittelpunkt der Analyse steht. Wohl gibt es Entwicklungen der einzelnen Ethosformen und ihres Verhältnisses zueinander, aber philosophisch-anthropologisch gesehen liegen keine geschichtsphilosophisch zu rekonstruierenden und zu postulierenden geschichtlich aufeinander folgenden Stadien von Moralformen vor, in der schließlich eine postkonventionelle Stufe alle vorhergehenden Stufen konventioneller Moral überbietet und überwindet. Die Philosophische Anthropologie der »pluralistischen Ethik« unterscheidet sich somit von allen Konzepten einer moralischen Entwicklungslogik, die mit einer Überwindung primärer ethischer Programme durch universale Ethosformen arbeiten, eine Eintwicklungslogik, eine Stufenlogik von niederen zu höheren Moralebenen veranschlagen.[22]

Was sind nun die analytischen und kritischen Möglichkeiten einer solchen Philosophischen Anthropologie der Moral, die sich trotz aller Unterschiede bei Scheler, Plessner und Gehlen findet?

Analytische Kraft: Die analytische Kraft des Ansatzes liegt offensichtlich in der ethischen und moralsoziologischen Aufklärung von Spannungen, von Konflikten innerhalb der Ethik, also innerhalb von bestimmten Soziokulturen, aber auch innerhalb von Biographien, also Spannungen zwischen verschiedenen Werten innerhalb

---

[22] J. Rawls: Theorie der Gerechtigkeit. Frankfurt a. M. 1975; L. Kohlberg: Die Psychologie der Moralentwicklung. Frankfurt a. M. 1996; Apel, K.-O. Apel: Diskurs und Verantwortung. Das Problem des Übergangs zur postkonventionellen Moral. Frankfurt a. M. 1988.

eines kollektiven ordo amoris bzw. eines individuellen ordo amoris. Sie bietet für die Soziologie der Werte und Normen ein analytisch scharfes Instrument. Sieht man sich zum Beispiel den monolithisch erscheinenden Block der immer erneut postulierten Menschenrechte aus der Perspektive philosophisch-anthropologischer Theorie der pluralen Werte bzw. pluralen Moralen an, wird sichtbar, dass es sich bei den sogenannten universalen Menschenrechten durchaus um vollkommen heterogene Gruppen von Menschenrechten handelt, die in erheblichen Spannungen zueinander stehen, weil sie eben aus verschiedenen Quellen der Moral stammen und sich von diesen Quellen jeweils her legitimieren: Es gibt z.B. Antinomien, diametrale Widersprüche zwischen der Gruppe der sogenannten individuellen Freiheitsrechte und der Gruppe der öffentlichen Partizipationsrechte, aber auch – ganz anders gelagert – zwischen den kollektiven Minderheitsrechten, die man auch Gemeinschaftsrechte (z.B. auf die Kultivierung der je eigenen Sprache und die Kultivierung der je eigenen Glaubensgemeinschaft) nennen könnte, und der ganzen Gruppe der sogenannten sozialen Menschenrechte. Die sozialen Menschenrechte (auf Gewährleistung einer sicheren Wohnung, Arbeit etc.) wiederum stammen aus einer ganz anderen Quelle als die Abwehrrechte gegenüber dem Staat, die sogenannten liberalen Menschenrechte, weil sie – die sozialen Rechte – vollkommen anders ansetzend Anforderungsrechte auf Interventionen des Staates hinsichtlich des sozio-ökonomischen Status von menschlichen Lebewesen sind. Indem die philosophisch-anthropologische Theorie der Moral eine bestimmte Zahl heterogener moralischer Prinzipien aus der conditio humana aufweist, ist sie konzeptuell innerhalb der Ethik und der Moralsoziologie geeignet, Konflikte zwischen heterogenen »Werten« (wie Freiheit und Gleichheit, Gerechtigkeit und Loyalität etc.) als Konflikte zwischen verschiedenen ethischen Prinzipien aufzuklären.

Kritische Kraft: Philosophische Anthropologie der Moral ist auch eine spezifisch kritische Theorie der Moral, und zwar aus ihrem Konzept der Pluralität der Moralen heraus. Durch den Aufweis der systematischen Differenz von Moralformen, der verschiedenen Quellen der Moral, fungiert sie nämlich als ein Korrektiv gegenüber Elargierungen je einer Moral, gegen die Überdehnung einer Ethosform mit Anspruch auf die *gesamte* Sozialregulation der menschlichen Lebenswelt. Das ist deutlich bei Scheler mit der Einhegung der Ansprüche der utilitaristischen Ethik ebenso wie der formalistischen Ethik des Rationalismus; bei Plessner mit dem Aufweis der

»*Grenzen* der Gemeinschaft«, also den systematischen Grenzen der Vertrautheitsgemeinschaft einerseits, der Vernunftgemeinschaft andererseits hinsichtlich der moralischen Koordination von menschlichen Lebewesen; und diese plessnersche »Kritik des sozialen Radikalismus«, also des moralischen *Radikalismus einer Ethosform* kehrt deutlich wieder in Gehlens kritischer Kategorie der »*Hypermoral*«: die Elargierung z. B. des Familienethos im Sinne des Brüderlichkeitsethos auf die ganze Menschheit, aber auch die Elargierung des Sozialeudämonismus. Die kritische Leitidee ist offensichtlich die Einhegung der Maßlosigkeit je einer Ethosform im Verhältnis zu den anderen, oder anders gesagt: Sie läuft auf die einer je in einer Soziokultur erreichbaren Balancierung hinaus, eines *Ausgleichs* der nicht aufeinander rückführbaren Ethosformen bzw. Sozialregulationen. Das Ethos der Philosophischen Anthropologie ist offensichtlich, dass erst dieser jeweilige ethische Ausgleich, diese Proportion zwischen pluralen Moralprinzipien je situativ so etwas wie die Würde des Menschen in seiner Welt- und Wertoffenheit gewährleisten kann.

Der Mensch als »Sollwert«

Rückkopplungen bei Hermann Schmidt und Richard Wagner

Kevin Liggieri

> »Fragt man also nach dem Soll-Wert, auf den die technische Gestaltung ausgeht, so ist kein Zweifel, dieser Sollwert ist das Leben.«[1]
>
> Hermann Schmidt

> »Der Aufbau der Naturwissenschaften ist durch die Art bestimmt, wie ihr Gegenstand, die Natur, gegeben ist«[2]
>
> Wilhelm Dilthey

I. »Gesundheit ›gesteuert‹«

Die Zeitschrift *Die Welt* titelt am 18. April 1953 »Gesundheit ›gesteuert‹«.[3] Der Bericht des Journalisten Christoph Wolff setzt die in der Überschrift pointiert angesprochenen Felder von Biologie (Gesundheit) und Technik (Steuerung) dann genauer in Verbindung.[4] Wolff beschäftigt sich mit dem Internistenkongress in Wiesbaden, bei dem eine »neuartige Auffassung von Krankheitsgeschehen« im Mittelpunkt stand, welche klare Parallelen zu »gewissen technischen Problemen unserer Zeit« erkennen ließ.[5] »Problemen unserer Zeit«? Das waren in den 1950er Jahren das Unbehagen an der Technik, das

---

[1] H. Schmidt: Allgemeine Regelungslehre (Typoskript), ARL 4. Die Bezeichnungen beziehen sich auf die Mappen im Nachlass an der TU Berlin. Mein Dank für die Bereitstellung gilt Michael Schmidt.
[2] W. Dilthey: Der Aufbau der geschichtlichen Welt in den Geisteswissenschaften (Gesammelte Schriften, Band 7). 8. Aufl. Göttingen 1992, S. 89.
[3] C. Wolff: Gesundheit ›gesteuert‹. In: Die Welt, 18.04.1953, S. 1.
[4] Ironischweise müsste der Artikel mit Blick auf die Forschung der 1950er Jahre eigentlich »Gesundheit regeln« heißen, da es den Forschern um die neue Art einer Rückkopplungs*regelung* im Organismus ging.
[5] Ebd. Vgl. hierzu F. Kauffmann (Hg.): Verhandlungen der Deutschen Gesellschaft für innere Medizin. Neunundfünfzigster Kongress gehalten zu Wiesbaden vom 13.–16. April 1953. Berlin/Heidelberg 1953. Mit Verweis auf Richard Wagners Leistungen

Entfremdungsgefühl in einer automatisierten Welt und natürlich die Visionen einer kybernetischen Menschmaschine[6], in die Forscher zur Steuerung und Regelung eingreifen konnten. Im Sinne dieser kybernetischen Vorstellungen, in der Mensch und Maschine analog durch Rückkopplung und Selbstregulation *(Feedback)* funktionieren, bringt auch der Zeitungsartikel die prominente Analogie des Thermostats. Im Artikel wird dabei auf den Physiker Prof. Pascual Jordan (Hamburg) verwiesen, der die Regelungsvorgänge »nicht nur im Technischen, sondern auch im Organgeschehen des Körpers« wiederzufinden glaubte.[7] Wie schon im Thermostat, so ging es auch im Organismus um »Gleichgewicht«, »Warn- und Spannungszustände« oder »Gegenregulation«.[8] Technisch ausgedrückt: Der Mensch hat einen bestimmten ›Sollwert‹, der in verschiedenen Funktionen konstant gehalten werden soll (Blutdruck, Atmung, etc.). Weicht der vorhandene ›Istwert‹ von dem gesetzten ›Sollwert‹ zu weit ab, muss durch Rückkopplung gegenreguliert werden. Reaktionen in einem Organismus konnten mit dieser Analogie zu einem »Funktionskreis« »rückgekoppelt« werden. Damit wurde eine medizinische »Regelungspathologie« entworfen[9], die, so der Artikel, schon praktische Ergebnisse zeigte (u. a. bei Prof. Fritz Mohr (Düsseldorf) und Prof. Hellmuth Kleinsorge (Jena)).[10] Mensch und Heizofen steuerten sich funktional ähnlich durch Rückkopplung. Dem Physiologen Karl Eduard Rothschuh zufolge ist dieses Modell »technomorph«, weil es »regulierte Prozesse als Ergebnis einer besonderen Organisation mate-

---

W. Schmidt-Kessen: Mageninnendruckmessungen. In: Kauffmann (Hg.): Verhandlungen der Deutschen Gesellschaft für innere Medizin, S. 381–384, hier: S. 381.

[6] Vgl. einführend zur Kybernetik M. Hagner: Kybernetik. In: Ludwig Jäger u.a. (Hgg.): Sprache, Kultur, Kommunikation. Berlin 2016, S. 253–261.

[7] Wolff: Gesundheit ›gesteuert‹, S. 1. Vgl. P. Jordan: Kybernetik. In: Kauffmann (Hg.): Verhandlungen der Deutschen Gesellschaft für innere Medizin, S. 91–98. Jordan widmete sein Buch »Wie sieht die Welt von morgen aus« (1958), in dem es u.a. um Kybernetik geht, seinem Freund John von Neumann. Vgl. zu Jordans problematischer nationalsozialistischer Verstrickung Max-Plank-Institut für Wissenschaftsgeschichte (Hg.): Pascual Jordan (1902–1980). Mainzer Symposium zum 100. Geburtstag. Berlin 2007, bes. der Artikel von Dieter Hoffmann.

[8] Wolff: Gesundheit ›gesteuert‹, S. 1. Vgl. Jordan: Kybernetik, S. 93.

[9] Ebd. Vgl. G. Katsch: Eröffnungsrede des Vorsitzenden. In: Kauffmann (Hg.): Verhandlungen der Deutschen Gesellschaft für innere Medizin, S. 1–4, hier: S. 3.

[10] Vgl. F. Mohr: Über die therapeutische Verwendung bedingter Reflexe. In: Kauffmann (Hg.): Verhandlungen der Deutschen Gesellschaft für innere Medizin, S. 65–74; H. Kleinsorge: Bedingte Reaktionen und vegetatives Nervensystem. In: Kauffmann (Hg.): Verhandlungen der Deutschen Gesellschaft für innere Medizin, S. 74–79.

rieller Körper« begreift.¹¹ Diese Regelprozesse gibt es dabei nur in den organischen oder technischen Systemen, nicht aber in anorganischen Körpern.

Gegen diese Auffassung, Mensch und Maschine gleichzusetzen, wendet sich der Artikel allerdings explizit: »Ein Organismus ist nun jedoch keine Maschine, und so kommt es immer wieder vor, daß solche Gegenregulationen über das ›vernünftige‹ Ziel hinausschießen.« Wenn das Prinzip der Gegenregulation dementsprechend auf alle Teile des Körpers angewendet wird (auf gesunde Gefäße etc.), »so verkehrt sich der biologische Sinn in Unsinn.«¹²

Der Artikel verweist kritisch auf bestimmte wirkmächtige Diskurse der Zeit, die die erkenntnisreiche Verbindung von Regelungstechnik und Biologie herausstellten. Wolfs Zeitungsartikel ist damit nicht nur exemplarisch für die Diskurse der 1950 und 1960er Jahre, in denen Wechselverhältnisse von Organismus und Technik angeregt durch die kybernetischen Theorien ausgelotet und teilweise neu bestimmt wurden, er zeigt gleichzeitig auch eine bestimmte Aufnahme dieser Theorien im deutschsprachigen Diskurs.¹³ Mensch und Maschine sollten trotz theoretischer und praktischer Befunde nicht einfach gleichgestellt werden. Der Mensch sollte seine Sonderstellung behalten und nicht rein mechanistisch erklärt werden – wie man es der US-amerikanischen Kybernetik vorwarf. Das Problem lag neben allen politischen, ideologischen und ökonomischen Spannungen zwischen englischer und deutscher Kybernetik auch an der Wechselbeziehung von Biologie und Technik, bzw. von Organismus und Maschine.

Anhand zweier einflussreicher Forscher der 1950er und 1960er Jahre soll diese Wechselbeziehung zwischen Biologie und Technik ge-

---

[11] G. Toepfer: Historisches Wörterbuch der Biologie. Geschichte und Theorie der biologischen Grundbegriffe, Bd. 3. Stuttgart/Weimar 2011, S. 152; K. E. Rothschuh: Historische Wurzeln der Vorstellung einer selbsttätigen informationsgesteuerten biologischen Regelung. In: Nova Avta Leopold 37 (1972), S. 91–106, hier: S. 93.
[12] Wolff: Gesundheit ›gesteuert‹, S. 1.
[13] Auch wenn hier der westdeutsche Diskurs untersucht wird, gibt es diese Verbindung unter anderen ideologischen Vorzeichen auch in der DDR (siehe F. Dittmann, Rudolf Seising (Hgg.): Kybernetik steckt den Osten an. Aufstieg und. Schwierigkeiten einer interdisziplinären Wissenschaft in der DDR. Berlin 2007; J. Segal: Kybernetik in der DDR. Beggnung mit der marxistischen Ideologie. In: Dresdener Beiträge zur Geschichte der Technikwissenschaften Nr. 27 (2001), S. 47–75; V. Witte: Wandel mit System? Eine Denkstilanalyse der Kybernetik in der DDR, ca. 1956 bis 1971. Dissertation (Universität Bielefeld) 2011).

nauer mit Blick auf eine Anthropologie im deutschen Diskurs untersucht werden.

Zum einen soll der Physiologe Richard Wagner (1893–1970) im Fokus stehen, der schon in den 1920er Jahren Rückkopplungseffekte im Organismus nachwies. Zum anderen soll der Regelungstechniker Hermann Schmidt (1894–1968), der zur Zeit des eingangs angeführten Artikels dezidiert zum Problem einer Rückkopplung epistemologisch und anthropologisch arbeitete und mit Richard Wagner im Austausch stand, betrachtet werden. Schmidt ist zwar wie der Journalist Wolff kein Freund der kybernetischen Analogisierung von Mensch und Maschine, sah aber von seiner regelungstechnischen Anthropologie ausgehend im Organismus und in dem technischen Regelkreis, den er als Grundmodell alles Denkens und Handelns entwarf, isomorphe Abläufe.

Anhand der Theorien und Debatten dieser beiden Akteure soll eine bestimmte Technikanthropologie untersucht werden, die sich an der Analogie zwischen Biologie und Technik in Abgrenzung zur englischsprachigen Kybernetik abarbeitete und gleichzeitig in einer anthropologischen Tradition positionierte und damit ein bestimmtes Menschenbild entwarf.

1. Richard Wagner – »Das Urprinzip des Lebendigen«

Der prominente und einflussreiche Münchner Physiologe Richard Wagner, u. a. Präsident der Bayerischen Akademie der Wissenschaften (1952–1956)[14], hat zwar, wie Frank Dittmann treffend herausstellt, nicht als einer der ersten, die Analogie zwischen biologischem und technischem System hervorgehoben[15], doch war er ein wirk-

---

[14] R. Wagner studierte Chemie und Medizin in Innsbruck und wurde 1920 zum Dr. med. promoviert. Nach seinen Assistentenjahren (1920–1926) in München, Tübingen und Wien habilitierte er 1925 bei Wilhelm Trendelenburg in Tübingen für das Fach Physiologie. Vgl. als Anerkennung seiner Forschung seine Wahl in die Leopoldina zu Halle (1940), in die Wiener Akademie (1954) sowie die abgelehnten Berufungen nach Köln (1937), Graz (1939), Berlin (1942) und Wien (1949). Die Bayerische Akademie der Wissenschaften, in der Wagner Präsident war, stellte 1961 zum 200. Jubiläum der Akademie die Preisaufgabe zum Thema: »Die Rückkopplung als Urprinzip der Lebensvorgänge« (mitgeteilt in Zeitschrift für Biologie, 112. Band, Heft 3, 1960).

[15] F. Dittmann: Die Rolle der Medizin und Physiologie bei der Herausbildung des frühen kybernetischen Denkens in Deutschland. In: S. Fischer/E. Maehle/R. Reischuk (Hgg.): INFORMATIK 2009. Im Focus das Leben. Beiträge der 39. Jahrestagung

mächtiger Stichwortgeber für Rückkopplungsideen im Organismus, die später mit dem kybernetischen Terminus »feedback« bezeichnet wurden. Im deutschsprachigen Diskurs wurde Wagner daher nicht selten als der »eigentliche Begründer der Biokybernetik« oder als »Vater der modernen Kybernetik« stilisiert.[16]

Anhand seines Mottos »Jede tragfähige wissenschaftliche Idee ist eine durch Kritik gezähmte Schwester der Phantasie«[17] untersuchte Wagner ab den 1920 Jahren biophysikalische Probleme u.a. das Hörproblem betreffende Membranschwingungen unter besonderen Spannungszuständen (1928–1937); Elektrolyt-Manometer-Sonden für Herzsondierungen (zwischen 1931 und 1951), welche über Beziehungen zwischen der Atmung und dem Druck in der rechten Herzkammer Aufschluss geben sollten (1931–1937); die Entwicklung einer Methode und Apparatur zur unblutig laufenden Registrierung des Blutdrucks sowie die hierzu gehörigen Kreislaufprobleme und ihre klinische Verwendung oder die Analyse des Pupillenspiels der Augen. Die zentrale Schrift zur Regelung im Organischen ist aber die von Forschern als ›Pionierleistung‹ verstandene Habilitationsschrift (Tübingen 1925 bei Ernst Wilhelm Trendelenburg) zum »Urprinzip der Organisation des Lebens«.[18] Aus Wagners experimentellen Ergebnissen über die motorischen Vorderhirnganglienzellen des Rückenmarks, bei der »das Zusammenspiel der Skelettmuskeln unter physikalisch wohl definierten dynamischen Bedingungen untersucht

---

der Gesellschaft für Informatik e. V. (GI), 28.09.–2.10.2009 in Lübeck. Bonn 2009, S. 777–787. (https://subs.emis.de/LNI/Proceedings/Proceedings154/gi-proc-154-32.pdf, eingesehen: 25.09.18). Bereits 1879 hatte der Maschinenbauer Felix Lincke technische und biologische Systeme analogisiert.

[16] H. Bornschein: Richard Wagner. In: Almanach der Österreichischen Akademie der Wissenschaften 121 (1971), S. 316–327, hier: S. 317; E. Scheibmayr: Letzte Heimat. Persönlichkeiten in Münchner Friedhöfen 1784–1984. München 1985, S. 340, zit. nach Dittmann: Die Rolle der Medizin und Physiologie bei der Herausbildung des frühen kybernetischen Denkens in Deutschland.

[17] R. Wagner: Probleme und Beispiele biologischer Regelung. Stuttgart 1954, Vorwort. Denselben Ausspruch verwendete Wagner schon 1937 bei seiner Rektoratsrede, hier allerdings noch klar in Verbindung mit dem »deutschen Soldaten« (R. Wagner, Über den consensus partium im Zellstaat. Rede zum Antritt des Schlesischen Friedrichs-Wilhelms-Universität zu Breslau gehalten am 6. November 1937. Breslau 1938, S. 5).

[18] Vgl. W. Gerlach: Nachruf Richard Wagner. In: Bayerische Akademie der Wissenschaften Jahrbuch 1972, S. 275–280. Einige Arbeiten hierzu veröffentlichte Wagner zwischen 1925 und 1927 in einer Artikelserie in der Zeitschrift für Biologie (vgl. Dittmann: Die Rolle der Medizin und Physiologie bei der Herausbildung des frühen kybernetischen Denkens in Deutschland).

wurde, konnte der logisch zwingende Schluß gezogen werden, daß eine Rückwirkung der Motoneurone des Rückenmarks auf sich selbst vorhanden sein muß.«[19] Damit wurde die traditionelle Reflexvorstellung als Annahme eines Steuerungsmechanismus vom Prinzip der biologischen Rückkoppelung und Regelung im geschlossenen System in Frage gestellt.

Wagner postulierte hiermit, ein Grundproblem des Lebens entdeckt zu haben. Denn als »besonderes Charakteristikum aller Lebensvorgänge« sollte nun die »Rückwirkung auf sich selbst« gelten.[20] Das betraf allgemein die »Selbstversorgungseigenschaft« des lebendigen Organismus und damit ›Leben‹ an sich. Pointiert formuliert Wagner: »[W]o der erste Regelvorgang eingesetzt hat, war das erste Leben.«[21]

Der prominente Kybernetiker Karl Steinbuch nannte diese Entdeckung 1963 rückblickend einen »Markstein« in der Forschung.[22] Dieser »Markstein« war allerdings, auch das gehört zum Narrativ von Wagners ›Pionierleistung‹, lange vergessen, und erst durch Norbert Wieners populäre Kybernetik samt »Feedback« kam eine Wiederentdeckung.[23]

In dem Vortrag »Rückkoppelung und Regelung als Urprinzip des Lebendigen«, den Wagner auf der Versammlung der Gesellschaft

---

[19] Ebd. Wagner selbst hat solche Rückwirkungen 1925 an den motorischen Vorderhornganglienzellen des Rückenmarks beobachtet und beschrieben. Zu den Voraussetzungen dieses Experimentes, unter denen dieser »logisch zwingende Schluß« gezogen werden konnte, siehe Wagner: Rückkoppelung und Regelung: ein Urprinzip des Lebenden, S. 236.
[20] Wagner: Probleme und Beispiele biologischer Regelung, S. 4.
[21] Ebd., S. 217.
[22] K. Steinbuch: Über Kybernetik. Köln/Opladen 1963, S. 7–30, hier: S. 7. Siehe zu der kybernetischen Erklärung der Physiologie mit Verweis auf Richards Wagners ›Pionierleistung‹ W.-D. Keidel: Kybernetische Systeme des menschlichen Organismus. Köln/Opladen 1963, S. 31.
[23] Oft wird hervorgehoben, wie ›enttäuscht‹ Wagner aufgrund der Nichtbeachtung war. In späteren Arbeiten verweist er daher oft auf seine frühe Entdeckung der Rückkoppelung. Die Literatur über Wagner erzählt gerne die Anekdote, dass erst 1960 Wiener, der als Gast auf der unter Wagners Leitung stehenden Naturforscher-Versammlung, auf der Wagner den Hauptvortrag »Rückkoppelung und Regelung: ein Urprinzip des Lebenden« hielt, mit Wagner zusammentraf. Wiener hätte dann unwissend über Wagners Pionierleistung versprochen, diesen in der nächsten Auflage seines Buchs »Cybernetics« zu erwähnen. Doch starb Wiener bevor es dazu kam (vgl. Gerlach: Nachruf Richard Wagner, S. 279). Diese Anekdote sagt wohl mehr über das Selbstverständnis der ›deutschen‹ Kybernetik aus, als über die Aufnahme des Wagnerschen Denkens in Wieners Schriften.

Deutscher Naturforscher und Ärzte am 27.09.1960 in Hannover hielt, zeigen sich die Grundprinzipien, die der Physiologe der Regelung im Organismus zuspricht. Dabei galt ihm die Physiologie als eine »vom Geheimnisvollen auch heute noch umwitterten Wissenschaft der Funktionen des Lebenden«. Konnte man diese Geheimnisse (wie das Rückkopplungsprinzip) aufdecken, so konnten sie der »ganzen Menschheit zum Nutzen« sein.[24]

Die zentrale Frage, mit der Wagner beginnt, lautet: Wie kann es sein, dass »trotz aller Störungen des Organismus (aus seiner Umwelt) der Lebensvorgang weitergehen kann«?[25] Wie kann sich dieses ›Wunder‹ des Lebens vollziehen? Die Antwort liefert die Regelung als »Entstörungsprinzip«, welches für »lebende Kollektive I. Ordnung« (Organismus) ebenso gilt wie für Kollektive II. Ordnung (»Tier- und Menschenstaaten«). »Den tieferen Sinn aller Staatenbildung – seien es nun Zellstaaten oder Gesellschaftsstaaten von Menschen und Tieren – kann man also darin sehen, daß durch solche Kollektive dem Individuum konstantere Umweltbedingungen gewährleistet werden, als wenn es einsam und allein wie Robinson durch die Welt gehen würde.«[26] Dieses ist vom Standpunkt der Physiologie um 1960 eine bemerkenswerte wie problematische Ausweitung auf die politische wie soziale Ebene. Wie Dittmann herausstellt, hatte Wagner diese Übertragung von biologischen Ideen und Metaphern auf die soziale bzw. ökonomische Ebene bereits 1932 in einem anonym erschienenen Buch, »Arbeitslosigkeit und Deflation im Wirtschaftskörper«, vollzogen.[27]

---

[24] R. Wagner: Physiologie. In: Geist und Gestalt. Biographische Beiträge zur Geschichte der Bayerischen Akademie der Wissenschaften vornehmlich im zweiten Jahrhundert ihres Bestehens. Zweiter Band: Naturwissenschaften. München 1959, S. 219–226, hier: S. 226. Ganz ähnliche Argumente finden sich auch in Wagners Rektoratsrede 1937. Hierbei wird auf den ersten sieben Seiten klar eine deutsch-nationale Wissenschaft, die im Dienste des »Volkskörpers« steht, entworfen sowie eine Kultur, die auf Macht beruht (Wagner: Über den consensus partium im Zellstaat, bes. S. 3–8).
[25] Wagner: Rückkoppelung und Regelung: ein Urprinzip des Lebenden. In: Die Naturwissenschaften 48 (1961), S. 235–246, hier: S. 235.
[26] Ebd. Dazu Wagner: Probleme und Beispiele biologischer Regelung, S. 2–3.
[27] Dittmann: Die Rolle der Medizin und Physiologie bei der Herausbildung des frühen kybernetischen Denkens in Deutschland. Vgl. dazu G. Klaus: Kybernetik in philosophischer Sicht. Berlin 1961, S. 491: »Es ist nicht uninteressant, daß R. Wagner in seiner Rede zum Thema ›Wandel der Betrachtungsweise des Lebenden‹ auf der Tagung der ›Gesellschaft deutscher Naturforscher und Ärzte‹ in Hannover vom 25. bis 28.9.1960 es nicht unterlassen konnte und wollte, von biologischen Analogien her

Neben diesen ökonomischen Arbeiten verweist Wagner in seinen Schriften der 1950er und 1960er Jahre mit Blick auf Organismen ganz direkt darauf, dass das Prinzip der Konstanthaltung bis in die »letzte[n] Einzelheiten« den Prinzipien der Techniker »ähnelt«, nämlich die technische Regelung durch Rückkopplung.[28] »Die Herstellung der Ruhe« erscheint bei dieser Konstanthaltung als die »oberste Aufgabe.«[29]

Für diese geregelte ›Ruhe‹ benötigt man, so Wagner, (in Technik oder Biologie) einen »geschlossenen Funktionskreis«, eine »Kausalkette«. Wo der »Reflexapparat« eine »offene Informationskette« darstellte, sollte der von Wagner postulierte Organismus nun ein geschlossener Regelkreis sein.[30] Die Erkenntnis der Rückkopplung brachte demzufolge zusammen mit dem technischen Vokabular einen »grundsätzlichen Unterschied und Fortschritt gegenüber der alten Reflexlehre.«[31] Der Reflexablauf sei zwar richtig, wie Wagner anführt, er beträfe aber nur einen Teil des Regelvorganges. »Das We-

---

den sozialistischen Ländern das Modell a) zu unterschieben und das Modell b) für die kapitalistischen Länder in Anspruch zu nehmen.«

[28] Wagner: Rückkoppelung und Regelung: ein Urprinzip des Lebenden, S. 235. Die zugrundeliegende Textbasis bilden Wagners Monographie von 1954 sowie seine Artikel in der VDI-Zeitung und in der Zeitung Die Naturwissenschaften: Wagner: Biologische Regelmechanismen. In: VDI-Z 96 (1954), S. 123–130 (gehalten auf der VDI-Sondertagung in Tübingen am 30. und 31. März 1953, die Schmidt mitorganisiert hatte). Siehe dazu den Artikel »Mensch und Technik« in der ZEIT vom 9. April 1953 von Berthold Lammert. Hier sprachen neben Wagner und Schmidt noch Oswald Kroh (Berlin), Alwin Walther (T. H. Darmstadt), Theodor Litt (Bonn) und Arnold Gehlen (Speyer). Weitere Texte von Wagner zum biologischen Regelungskreis: Wagner: Über die Zusammenarbeit der Antagonisten bei der Willkürbewegung/Gelenkfixierung und versteifte Bewegung. In: Zeitschrift für Biologie 83 (1925), S. 59–93, 120–144; Ders.: Arbeitsdiagramm bei der Willkürbewegung. In: Zeitschrift für Biologie 86 (1927), S. 367–396, auch 397–426; Anonym: Arbeitslosigkeit und Deflation im Wirtschaftskörper unter dem Gesichtspunkt biologischer Gesetzmäßigkeit. Wien 1932, bes. S. 18 und 19; Ders.: Zur geschichtlichen Entwicklung der Erkenntnis biologischer Regelung. In: Naturwissenschaftliche Rundschau XIV (1961), S. 65–68; Ders.: Die Regulierung des Blutdrucks als Beispiel seiner Regler-Einrichtung im Organismus. In: Die Naturwissenschaften 6 (1950) S. 128–136.

[29] Wagner: Probleme und Beispiele biologischer Regelung, S. 99. Vgl. auch Wagners Rektoratsrede, wo diese Konstant noch unter dem Begriff der »Ordnung« fällt: »Diese Ordnung heißen wir – ›Leben‹« (Wagner: Über den consensus partium im Zellstaat, S. 22).

[30] Wagner: Rückkoppelung und Regelung: ein Urprinzip des Lebenden, S. 236.

[31] Ebd. Vgl. dazu G. Toepfer: Historisches Wörterbuch der Biologie. Geschichte und Theorie der biologischen Grundbegriffe, Bd. 3. Stuttgart/Weimar 2011, S. 172.

sentliche, nämlich die Rückkopplung der Erregungszustände über mechanische, thermische und chemische Zustände und Zustandsänderungen wird von der Reflexlehre nicht erfaßt.«[32] Das neue Prinzip ging über die schlichte Reiz- und Reflexaktion, z.B. eines Muskels, hinaus. So blieb Wagner zufolge lange unbeachtet, dass der mechanische Effekt im Muskel selbst wieder als Reiz wirkt und einen neuen Reflex anstößt. In Folge der Rückkopplung laufen also Erregungen im »Kreise« herum.[33] (vgl. Abb. 1)

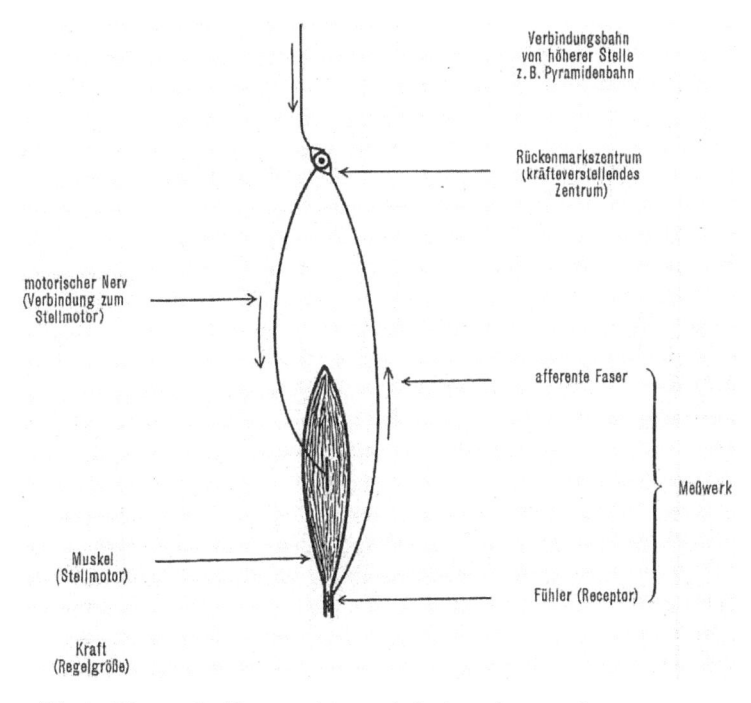

Abb. 1.: Wagner: Probleme und Beispiele biologischer Regelung, S. 36: Der Muskel als einfachstes Beispiel eines biologischen Regelkreises.

Es geht Wagner in seiner physiologischen Theorie aber nicht nur um den Menschen oder allgemein Säugetiere, sondern um die universelle Betrachtung »scheinbar ganz verschiedener biologischer Mechanis-

---

[32] Wagner: Probleme und Beispiele biologischer Regelung, S. 209.
[33] Ebd. Zu den Vorderhornganglienzellen Wagner: Probleme und Beispiele biologischer Regelung, S. 34–36.

men, die bisher kaum miteinander vergleichbar schienen, als rückgekoppelte Systeme«.³⁴ Die Regelung macht damit alle Organismen (von der Amöbe bis zum Menschen) gleich. Trotz der sporadischen Verweise auf menschliche und tierische Gesellschaften, auf intersubjektive Interaktion oder philosophisch aufgeladene Sätze wie »Nur solche Konstanz [durch die Rückkopplung, K. L.] garantiert das Dasein, ja sogar mehr, sie bedeutet das Dasein«³⁵ darf nicht übersehen werden, dass es Wagner nicht um ein allgemeines Mensch-Sein oder um Anthropina geht (wie Hermann Schmidt), sondern um Funktionen der »Lebenserhaltung«.³⁶ Diese Abstraktionsebene, die auch vielen kybernetischen Modellen inhärent ist, ermöglichte es, »ein gemeinsames Urprinzip« der lebendigen »Organisation« zu proklamieren.³⁷ Die Rückkopplung funktioniert dabei u. a. durch eine Gegenregelung (z. B. Blutdruckregelung).³⁸ Es kann im technischen Regelkreis wie im lebendigen Organismus eine Konstanterhaltung der Regelgröße dadurch bewirkt werden, dass durch eine Gegenwirkung auf die Regelgröße jede »Verminderung ihres Istwertes zu einer Erhöhung desselben und jede Erhöhung des Istwertes zu einer Verminderung desselben führt.«³⁹ Wagner erkennt zwar selbst, dass der Organismus eigentlich kein einfacher, direkter Regler war, sondern komplexer mit Vermittlung und Verstärkung arbeitete, und gerade einen Restreiz benötigte, der nicht aufgelöst werden durfte, da dieser eine neue Rückkopplung anstieß. Allerdings bedurfte Wagner dieser allgemeinen funktionalen Ebene, um Organismus und Technik gleichzusetzen.⁴⁰ Hierfür verwendete er die für ihn fruchtbare »Nomenklatur der Techniker«⁴¹, weil diese in »exakter physikalischer Begriffsfassung für [die] Regelkreise« schon die Gesetzte »aufgedeckt« hätten.⁴² Hiermit könne man nun spezielle Funktionskreise untersuchen. Mit dieser Komplexitätsreduktion kann die Physiologie sich

---

34 Wagner: Rückkoppelung und Regelung: ein Urprinzip des Lebenden, S. 241.
35 Wagner, Probleme und Beispiele biologischer Regelung, S. 13.
36 Ebd., S. 1.
37 Ebd. Vgl. J. Müggenburg: Lebhafte Artefakte. Heinz von Foerster und die Maschinen des Biological Computer Laboratory. Göttingen 2018.
38 Ebd., S. 142.
39 Wagner: Rückkoppelung und Regelung: ein Urprinzip des Lebenden, S. 237.
40 Zu ganz verschiedenen Mechanismen, die alle unter dem Konzept der Rückkoppelung laufen ebd., S. 238–239.
41 Wagner: Probleme und Beispiele biologischer Regelung, S. 143.
42 Ebd., Vorwort.

die technische »Begriffswelt, die neu entstanden ist«[43], zur Nutze machen, um universelle Organisationsprinzipien zu bestimmen (»Grundprinzip« des Lebens).[44] Mit technischen Begriffen (wie »Regelung« und »Steuerung«) könne man »manche Klarheit gewinnen, wo es sich um so komplizierte Vorgänge handelt, wie es die Lebensvorgänge sind, und man hat damit auch eine Möglichkeit, in der verwirrenden Fülle von Erscheinungen allgemein gültige Gesetzmäßigkeiten leichter aufzufinden.«[45] Die Technik hat damit eine Erkenntnismöglichkeit für den biologischen Wissensraum vorgezeichnet. Die Terminologie war schlicht gesagt praktikabel: »Mag auch für den Wert von Analogieschlüssen und Modellen vom erkenntnistheoretischen Standpunk her so manche Einschränkung bestehen, der heuristische Wert des Analogieschlusses ist ungeheuer.«[46] Wagner ging es also um »automatisch funktionierend[e] Regelmechanismen«, die man vom Techniker lernen und dessen Terminologie man übernehmen konnte.[47] Der kleinste gemeinsame Nenner beider Wissenschaften war dabei die Vermeidung von Instabilität.[48]

Um die Thesen Wagners mit Blick auf die Verbindung von Organismus und Technik zusammenzufassen, muss sich die Frage gestellt werden, was das Regelprinzip genau für die Physiologie leisten sollte.

Erstens bringt es, wie erwähnt, verschiedene geschlossene Regelungsvorgänge (wie Atmung, Osmoregulation, Thermoregulation, Blutdruckregelung (Abb. 2), Erythropoese, nutrive Kreislaufregulierung, Okulomotorik, Pupillenspiel, etc.), »die bisher überhaupt nicht miteinander vergleichbar waren, auf ein einheitliches, universelles Organisationsprinzip des Lebenden«.[49] Egal, wie einfach oder kompliziert das biologische System konstruiert ist, es funktioniert nach ähnlichen Regelungsparametern. Wagner kommt daher zur oft zitierten Auffassung, »daß Rückkopplung und Regelung ein Urprinzip des Lebens darstellen.«[50]

---

[43] Ebd., 16.
[44] Ebd., S. 14.
[45] Ebd., S. 22.
[46] Ebd., S. 16. Fast wortgleich, wenn auch ohne Bezug zur Regelungstechnik, schon 1937 (Wagner: Über den consensus partium im Zellstaat, S. 9).
[47] Ebd.
[48] Wagner: Rückkoppelung und Regelung: ein Urprinzip des Lebenden, S. 239.
[49] Ebd., S. 242.
[50] Ebd. Das gilt selbst, auch wenn Wagner es nicht weiter ausführt, für eine erkennt-

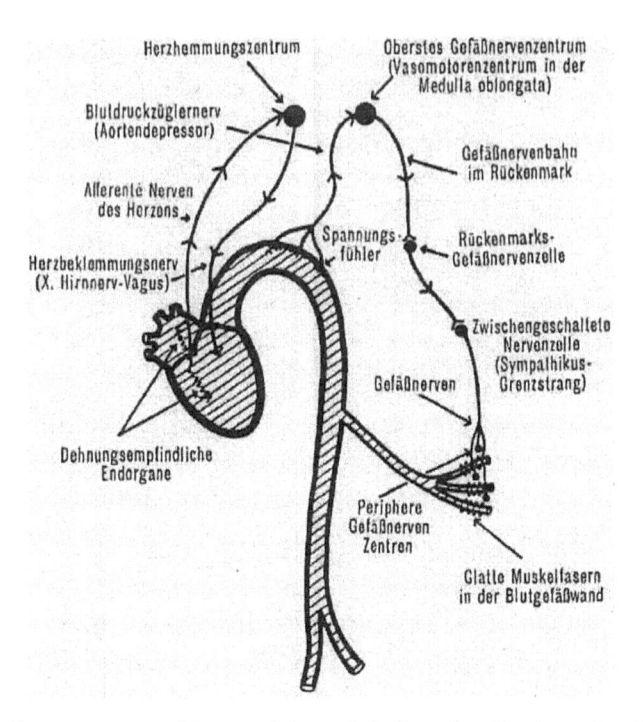

Abb. 2: Wagner: Probleme und Beispiele biologischer Regelung, S. 142: Schematische Darstellung zweier für Blutdruck und Herztätigkeit typischer Regelkreise.

Zweitens entspricht der biologische Regler dem technischen P-Regler (Regler mit Stellungszuordnung, bei der die Störung nicht ganz herauskompensiert werden kann. Es gibt einen notwendigen »Restreiz«).[51] Dieser letzte Störrest muss aber für eine neue Gleichgewichtslage und Aufrechterhaltung der Regelung bestehen bleiben.[52]

---

nistheoretische Mensch-Umwelt-Relation. »Man kann Splitter menschlicher Erkenntnis, die auseinanderzufallen drohen, sammeln und unter dem übergeordneten Gesichtspunkt biologischer Regelung wieder zusammenfügen.« (ebd., S. 241) Wagner sieht damit selbst die Regelung zwischen dem »Ich und der Umwelt« als Sollwert-Regelung sowie als Konstanthaltung (ebd.). Die Rückkopplung und Regulation wird damit sogar wichtig für eine »Naturphilosophie« (ebd.).

[51] Ebd., S. 242.
[52] Wagner: Probleme und Beispiele biologischer Regelung, S. 9. Analog dazu auch bei Hermann Schmidt der Hinweis, dass es ebenfalls im technischen Regelkreis nicht zur absoluten Auflösung der Differenz kommen darf, um den Prozess in Gang zu halten.

Die Störung wird damit zur Vorrausetzung der biologischen Funktion. Wäre alles total störungsfrei, würden die Systeme »instabil« und das »Leben könnte nicht weitergehen.«[53]

Drittens – und hierbei geht Wagner am weitesten über die Physiologie hinaus – denkt er, die »Zukunftsträchtigkeit«, das Entwerfen, alles Lebenden aus physikalischen Gegebenheiten erklären zu können. »Daß sich die Zukunftsträchtigkeit des Lebenden – also die Fähigkeit, in der Gegenwart so vorzusorgen, daß auch für die Zukunft die Erhaltung des Lebens garantiert ist – aus den physikalischen Gegebenheiten solcher Systeme verstehen läßt, ist gleichfalls eine neue Erkenntnis, die aus dem Interessengebiet der Biologie weit in die Probleme der Philosophie hineingreift.«[54]

Wie lässt sich nun diese sehr funktionale Deutung des Organismus verstehen, wo doch der Zeitungsartikel zur selben Zeit gegen eine Quantifizierung des Mensch-Seins und des menschlichen Lebens argumentierte? Wie verhalten sich quantitative und qualitative Betrachtung zueinander?

Obwohl Wagner (meist) rein naturwissenschaftlich argumentiert und dabei technische Begriffe immer wieder auf biologische Tatsachen anwendet[55], bleibt er auf der funktionalen Ebene der mechanischen, chemischen und thermodynamischen Regelung. Auf dieser abstrakten Ebene der Aufrechterhaltung von Konstanten verbinden sich Organismus und Technik vermeintlich problemlos. Dabei scheint es für eine wissenschaftliche Erkenntnis gleichgültig, ob nun in Technik oder Biologie mechanische (Drehzahl, Druck, Durchflussmengen, Geschwindigkeiten, Spannungen, Fahrrichtungen), elektrische (Frequenzen, Leistungen) oder thermische Größen (Industrieöfen, Kühlschränke) geregelt werden. Wo Wagners Analogien darüber hinausgehen, sind es meist kurze Einschübe, die vage bleiben.[56]

Interessanterweise zielt Wagner trotz seiner quantifizierenden

---

Siehe Schmidt: Kybernetik als anthropologisches Problem. In: Schulmodelle, programmierte Instruktion und technische Medien. München 1967, auch Pädagogische Arbeitsblätter 19 (1967), S. 121–136. Für diesen Hinweis danke ich Boris Goesl.
[53] Wagner: Rückkoppelung und Regelung: ein Urprinzip des Lebenden, S. 242.
[54] Ebd. Hier sieht Wagner einen Unterschied zur Technik (Wagner: Probleme und Beispiele biologischer Regelung, S. 30–31), denn der technische Regelkreis lerne nicht und könne keine Erfahrung speichern. Hierin wäre der biologische Regelkreis dem rein physikalischen überlegen (ebd., S. 212).
[55] Wagner: Rückkoppelung und Regelung: ein Urprinzip des Lebenden, S. 237.
[56] Vgl. Wagner: Probleme und Beispiele biologischer Regelung, S. 15, S. 89.

Analyse auf eine »Resynthese« der Einzelglieder im ›Ganzen‹. Er will somit durch »Zerlegen und Zergliedern die Wirkung jener Teilapparate kennen[lernen]«, um hierdurch auf das »Ganze« zu schließen.⁵⁷ Ein Begriff, der in diesem Kontext scheinbar unvermittelt und unpassend daherkommt, jedoch auf ein bestimmtes systemisches Denken verweist, welches in West- wie Ostdeutschland ausgehend von kybernetischen Impulsen Anklang fand.⁵⁸ In der physiologischen Betrachtung Wagners sollte somit nicht bei einer »Analyse« stehen geblieben, sondern von hieraus zu »größeren Einheiten« gelangt werden. Wagner geht es um eine »Resynthese« als »Ganzheitsbetrachtung«.⁵⁹ Dieser »Weg zum Verständnis des Ganzen« kann aber »nur über die Kenntnis der Funktion seiner Teile« geschehen.⁶⁰ Erst auf diese Weise komme man, so zitiert Wagner den Physiologen Walter Rudolf Hess, zur ›Vollendung‹ physiologischer Forschung.⁶¹ Dabei ist Wagner bewusst, dass lebendige ›Ganzheiten‹ nicht statische, sondern immer dynamische Gebilde sind, und damit eine strikte Analogisierung durch »Vermaschung« subvertiert wird.⁶² Es war, so Wagner, demnach, »bisher nicht möglich [...] die Gesetze dieser biologischen Funktionskreise allgemein in der kurzen und klaren Sprache der Mathematik zu formulieren.«⁶³ Die technische Terminologie kommt hier an ihre Grenze.

Die in der deutschen Geistesgeschichte so stark aufgeladenen Begrifflichkeiten wie ›Ganzheit‹ oder ›Leben‹ werden bei Wagner nicht gänzlich quantifiziert, sondern immer nur (chemische, mechanische, thermodynamische) Teilfunktionen (u. a. des Körpers) analysiert. So schließt Wagner seinen Artikel »Rückkopplung und Regelung: ein Urprinzip des Lebenden« nicht grundlos mit den Worten:

»Trotz all dieser Einsichten und nüchternen, scheinbar desillu-

---

57 Wagner: Probleme und Beispiele biologischer Regelung, S. 1.
58 Vgl. Witte: Wandel mit System?, S. 250–300.
59 Wagner: Probleme und Beispiele biologischer Regelung, S. 2.
60 Ebd., S. 1.
61 Ebd. Für diese Methode will Wagner nicht das Trennende, sondern das Verbindende zwischen verschiedenen Funktionen betrachten. Es geht im daher, wie er selbst sagt, nicht um Scharfsinn, sondern um den »Witz«.
62 Ebd., S. 16, S. 208.
63 Ebd., S. 17. Diesen kritischen Punkt sieht mit Bezug auf Wagner auch der Mediziner W.-D. Keidel: Grenzen der Übertragbarkeit der Regelungslehre auf biologische Problem. In: Die Naturwissenschaften 8 (1961), S. 264–276. Denn »die Summe aller energetischen und informativen Funktionen des Organismus ist noch nicht der Mensch« (ebd., S. 276).

sionierenden Erkenntnisse bleibt aber das Leben dennoch ein dem Menschengeist kaum faßbares Wunder, dem man nur in Bescheidenheit und Demut gegenüberstehen kann. Nirgends kommt in der unbelebten Natur ein Regelmechanismus vor, wo nicht vom Menschengeist dieses Organisationsprinzip in die unbelebte Materie hineingetragen wurde. Nur im lebenden Organismus ist Rückkopplung mit Regelung erstmals in Erscheinung getreten. So darf man sagen, *wo die erste Rückkopplung und der erste Regelvorgang war, war das erste Leben.*«[64]

Diese technomorphe Verortung des Lebens als »kaum faßbares Wunder« geht über eine reine rhetorische Zubilligung an ein (Noch-)Nicht-Quantifizierbares hinaus und zeigt eine (wenn auch weniger stark als bei Hermann Schmidt) humanistisch-organizistische qualitative Grundierung, die natürlich nicht minder problematisch ist.

2. Hermann Schmidt – eine »oberflächliche Analogie«

Der Regelungstechniker und ebenso wie Wagner gern als »Vater der Berliner Kybernetik« betitelte Hermann Schmidt geht zwar wie Wagner von einer biologischen Rückkopplung aus, richtet seine Theorien zum Regelkreis aber dezidiert auf eine bestimmte philosophische Anthropologie. Der Kern von Schmidts Denken liegt dabei pointiert formuliert darin, dass sich in der Analogie der Rückkopplung die technische und organische Seite verbinden und ein cartesianischer Dualismus überwunden werde könne. Hier läge die »tiefe anthropologische Bedeutung«[65] des Regelkreises. Doch wie lassen sich Anthropologie und Technik bei Schmidt zusammen denken?

Auf einem Notizzettel vermerkt Schmidt unter dem Titel »Bedeutung des Regelkreises für die Technik« vier zentrale Funktionen des technischen Regelkreises: »1) Ausschaltung des Menschen aus dem Wirkungszusammenhang der Maschine«, »2) Steigerung der Qualität und Quantität der Erzeugnisse«, »3) Steigerung des Wir-

---

[64] Wagner: Rückkoppelung und Regelung: ein Urprinzip des Lebenden, S. 242.
[65] Schmidt an Hans Paeschke, am 08.01.1956, ARL 34. Siehe zu Schmidts Anthropologie Kevin Liggieri: Der Regelkreis als das »universelle Gebilde der Technik«. Zugriffe auf Mensch und Maschine zwischen »allgemeiner Regelungskunde« und philosophischer Anthropologie bei Hermann Schmidt. In: Jahrbuch Technikphilosophie 2019 (im Druck).

kungsgrades durch Steuerung der durch die Regelstrecke fliessenden Energie« und »4) Ermöglichung von ~~Regelungs~~Prozessen, welche mit Hilfe des Menschen nicht durchführbar sind«.[66] So weit die technischen Funktionen, die abseits einer »Ausschaltung des Menschen« aus dem technischen System zur Effizienzsteigerung wenig anthropologisches Potential aufweisen.

Neben diesen technischen Funktionen, die der Regelungstechnik inhärent sind, wird der Regelkreis in der von Schmidt betitelten »allgemeine[n] Regelungskunde« allerdings schon 1941 zum »Zeichen der Einheit sehr verschiedener Arbeitsrichtungen [...], einer Einheit, die wegen der Analogie des technischen und des organischen Regelkreises, organische Einheit heißen kann.«[67] Diese Isomorphie von Organischem und Technischem, die »außerordentlich nahe« lag, zeigt sich auch auf dem erwähnten Notizzettel.[68] Hier vermerkt Schmidt nämlich unter der Überschrift »Der Regelkreis im Organischen« drei regelungstechnische Ähnlichkeiten im Organismus: »1) Regelung des Gleichgewichts«, »2) Regelung des Blutdrucks« und »3) Regelung des Blutzuckers«.[69] Durch diese drei somatischen Bereiche will Schmidt herausstellen, dass die kreisrelationale Rückkopplung beim Thermostat wie bei der »Eigengesetzlichkeit« des Organismus funk-

---

[66] Schmidt: Bedeutung des Regelkreises für die Technik (Typoskript) o.J., ARL 6.
[67] Schmidt: Regelungstechnik – Die technische Aufgabe und ihre wirtschaftlichen, sozialpolitischen und kulturpolitischen Auswirkungen. In: VDI-Zeitschrift 85 (1941), S. 81–88, hier S. 85. Schon im Oktober 1940, so stellt Dittmann heraus, organisierte Schmidt als Obmann des VDI-Fachausschusses für Regelungstechnik und seit 1944 Inhaber des ersten deutschen Lehrstuhls für Regelungstechnik in Berlin eine Tagung über regelungstechnische Phänomene in Natur, Technik und Gesellschaft. Hierbei waren von fünf Vorträgen zwei zu physiologischen Themen, die sich an die regelungstechnischen Debatten der Zeit anschlossen. Darunter auch der Lehrer von Richard Wagner, der Ordinarius am Physiologischen Institut der Universität Berlin, Wilhelm Trendelenburg (1877–1946), der über die Funktion des Gleichgewichtsorgans im Innenohr sprach, sowie der Berliner Physiologie Kurt Kramer, der über den Mechanismus zur Einstellung eines belastungsadäquaten Blutdruckes referierte. Schmidts VDI-Fachausschuss für Regelungstechnik arbeitete ebenfalls mit der Arbeitsgruppe für physiologische Regelungsaufgaben sowie mit physiologischen Fachgruppen im Verein Deutscher Elektrotechniker (VDE) und in der Deutschen Gesellschaft für chemische Apparatewesen (DECHEMA) zusammen (Schmidt: Denkschrift zur Gründung eines Institutes für Regelungstechnik (1941). Reprint mit einem Vorwort der Schriftleitung. In: Grundlagenstudien aus Kybernetik u. Geisteswissenschaft 2 (1961), Beiheft, S. 14, dazu genauer Dittmann: Die Rolle der Medizin und Physiologie bei der Herausbildung des frühen kybernetischen Denkens in Deutschland).
[68] Schmidt: Vortragsmanuskript ohne Titel (Typoskript), 1965 S. 5, ARL 27.
[69] Schmidt: Bedeutung des Regelkreises für die Technik.

tionierte.[70] Obwohl Schmidt erkennt, dass es sich hierbei um eine
»oberflächlich[e]« Analogie handelt[71], war hiermit schon »[d]er
Schritt über die Grenze der Technik [...] gemacht.«[72] Biologie und
Technik verbanden sich. Allerdings hob Schmidt die Rückkopplung
expliziter als Wagner aus dem nur technischen Verständnis heraus,[73]
da sie als technische Funktion für eine anthropologische Bestimmung
nicht ausreiche. Obwohl also die »Rückkopplung«, so Schmidt,
»heute unser Leben [bemisst]« und damit die Naturwissenschaften
und die Technik zentral für die Moderne geworden sind, erfasst diese
Herangehensweise den Menschen nicht gänzlich.[74] Der menschliche
Organismus funktioniert nicht einfach nur in Rückkopplungsschlei-
fen, vielmehr ist sein ganzer Weltzugang (epistemisch und praktisch)
auf eine kreisrelationale Weise strukturiert. Versteht der Mensch diese Grundrelation, kann er, so die Hoffnung, auch in der ausdifferenzierten Moderne, ein ›ganzer‹ Mensch werden und sich »perfek-
tionieren«.[75] Man sollte nach Schmidts holistisch-organizistischer
Auffassung somit eine Vermittlung zwischen Mensch und Natur an-
streben. Diese Vermittlung wiederum funktioniert über Rückkopp-
lungsschleifen – ähnlich zu Gehlens »Resonanzphänomen«.[76] Auf
der einen Seite geht Schmidt damit über die physiologische Mensch-
Umwelt-Rückkopplung hinaus, die Wagner nur andeutet, auf der anderen Seite wird diese Kreisrelation aber zum Heilmittel für einen
fragmentierten Menschen der Moderne. In der Objektivation der
Kreisrelationen – beispielsweise im Arbeitskreis in der Interaktion
mit der Natur – soll die Dichotomie durch eine »Vermittlung« der
vermeintlichen Gegensätze (Mensch/Natur, Subjekt/Objekt, Geist/
Tat) überwunden werden.[77] Die ›Rückkopplung‹ zum Subjekt gelingt
dem Menschen somit durch das Objekt. Die Technik ist keine Anders-

---

[70] Schmidt: Vortragsmanuskript ohne Titel, S. 5.
[71] Ebd., S. 3.
[72] Ebd., S. 5.
[73] Ob Schmidt dieses wirklich gelingt, ist allerdings fragwürdig, da er dennoch mit technischen Termini operiert und hiermit versucht die nicht Quantifizierbarkeit des Menschen zu beweisen.
[74] Ebd., S. 16.
[75] Ebd., S. 10.
[76] Vgl. H.-U. Lessing: Maschine als »Resonanz« des Menschlichen (Arnold Gehlen). In: K. Liggieri/O. Müller (Hgg.): Mensch-Maschine-Interaktion. Handbuch zur Geschichte – Kultur – Ethik. Stuttgart/Weimar 2018 (im Erscheinen).
[77] Schmidt: Die Objektivation des menschlichen Arbeitskreises (Typoskript), 10.06.1965, SAM 74, S. 7, S. 8

heit mehr, sondern eine Objektivation des Menschen, der wiederum durch die Erkenntnis derselben zu sich selbst kommt. Die Kreisrelation entfremdet den Menschen nicht von sich (als Maschine), sondern es soll nach Schmidt durch Selbsterkenntnis gerade zu einer »Überwindung der Entfremdung« kommen.[78] Zwar besteht hier eine vermeintliche Ähnlichkeit zu der Organprojektionstheorie von Ernst Kapp, allerdings positioniert sich Schmidt mit seinem Modell dezidiert anders. Er widerspricht nämlich mit seiner »Objektivation« Kapps Organprojektion, die sich Schmidt zufolge auf den gesamten Stand der Technik bezieht. Bei Schmidts »Obj.[ektivation] des psychophys.[ischen] Arbeitskreises« als Grundrelation zwischen Mensch und Welt geht es dagegen nicht um den gesamten Stand der Technik. Es ist damit »[k]eine Organprojektion, nicht Organe werden projiziert, sondern die Grundrelation zur Natur wird entfaltet.«[79] Die Rückkopplung gehört damit zur Grundrelation (Kreisrelation), wie Mensch und Welt interagieren. Schmidt erkennt dabei wie Wagner deutlich, dass sich zweifelsohne Technik und Organismus in ihren kreisrelationalen Rückkopplungen ähneln, bspw. in ihrer Konstant-Haltung.[80] Die Rückkopplung zeichnet den Organismus und die Technik (als geschlossene Systeme) aber nicht nur durch Konstanz, sondern auch durch »Eigengesetzlichkeit« aus.[81] Gleichzeitig verweist Schmidt allerdings in einer anthropologischen Tradition stehend darauf, dass der ganze Mensch mehr als die Summe seiner rein technischen Funktionen bildet.

Die technisch-organische Analogie kann Schmidt zufolge zwar formal mit rein mathematischen Mitteln abgehandelt werden (wie er es der US-amerikanischen Kybernetik vorwirft), aber die Möglichkeit, dass wir überhaupt über die Analogie sprechen und sie auch verstehen können, ist begründet in der »Objektivation […] des psychophysischen Arbeitskreises im physischen. Hier greift das Leben in die wissenschaftliche Arbeit ein.«[82] Das Verstehen der Analogie kommt daher – ganz klassisch hermeneutisch – aus dem Leben, und dieses ist für Schmidt eben nicht zur Gänze rational erfassbar. Leben ist in diesem Sinne immer auch irrational. Das Leben selbst besitzt damit

---

[78] Ebd., S. 6.
[79] Schmidt: Notizen, SAM 17, S. 2,
[80] Vgl. Schmidt: Vortragsmanuskript ohne Titel, S. 3.
[81] Ebd., S. 5.
[82] Ebd., S. 16.

einen ›Störreiz‹, der nach Schmidt notwendig ist für Kreativ-Neues. Die »schöpferische Tat als etwas wesentlich Irrationales als lebendiges Element [schaltet sich] in den Gang der Dinge ein. Und gerade dieses Schöpferische rationalisiert sich für uns zunächst unbewusst in dem technischen Gegenstand, wo es nachträglich rational erkannt werden kann.«[83] Es ist für Schmidt das irrationale (schöpferische) »Leben«, das sich als »Zutat« in dem technischen Gegenstand »objektiviert«.[84]

An dem Problem des Analogie-Verständnisses zeigt sich auch die Differenz zwischen Schmidts Regelungstechnik und der Wienerschen Kybernetik. So wirft Schmidt Wiener erstens vor, er habe kein klares Konzept eines Analogiebegriffes und bekomme damit das Problem der Technik im Unterschied zu ihm nicht richtig zu fassen. Bei der Analogie geht es Schmidt, wie seine Theorie der Kreisrelation zu zeigen versucht, nicht um zwei vollkommen getrennte Bereiche, sondern um eine Vermittlung in der Kreisrelation, die eine höhere Entwicklung miteinschließt. Die Kreisrelation als Form der Relationsstruktur der Analoga erweist sich somit für Schmidt als »Invariante« in einem Mensch und Natur umfassenden Entwicklungsprozess.[85] Aus diesem Grund entgehe dem Wienerschen Ansatz zweitens, so Schmidt weiter, die »technisch-anthropologische Analogie« als »Problem der Universalgeschichte«.[86] Nach Schmidt vernachlässigt die »bisherige Kybernetik« in »ihrem anthropologischen Bezug« die »Einordnung ihrer Analogie in die universalgeschichtliche Auseinandersetzung von Mensch und Natur«.[87] Gerade aber an dem Aufkommen der »technisch-anthropologischen Analogie« zeigt sich für Schmidt, dass sich das polare Grundverhältnis zwischen Mensch und Natur, zwischen Subjekt und Objekt, Bewusstsein und Materie radikal verändert habe. Der Mensch versteht sich und seine Natur nun neu. In diesem neuen Verhältnis zur Natur sieht Schmidt das zentrale Problem der Moderne (Entfremdung, Verlust der Selbsterkenntnis, etc.). Hierfür will er anknüpfend an seinen Ansatz von 1941 (Denkschrift zur Gründung eines Institutes für Regelungstechnik) mit seiner Objektivation des Arbeitskreises eine Antwort geben. Die Regelkreis-Analogie bildet dabei mehr für Schmidt als nur die

---

[83] Schmidt: Allgemeine Regelungslehre.
[84] Ebd.
[85] Schmidt: Die Objektivation des menschlichen Arbeitskreises, S. 4.
[86] Ebd.
[87] Ebd.

Verbindung von Technik und Biologie. Vielmehr zeige sich hier ein »Grundgedanke«, der nicht nur formal, sondern existenziell ist. Dieser »Grundgedanke« sollte Schmidt zufolge erkannt und in der »biologischen und philosophischen Anthropologie wirksam« werden.[88]

Die angeführte kreisrelationale Grundidee verweist auf Schmidts Menschenbild, welches sich anticartesianisch aufstellt und sich in diesem Selbstverständnis gegen eine Wienerische Kybernetik richtet. Der Wiener Kybernetik (mit ihren Vertretern wie Karl Steinbuch oder Gotthard Günther) wirft Schmidt vor, dass sie aufgrund ihrer Ausrichtung noch zu stark vom Descartes'schen Dualismus einer res cogitans und res extensa bedingt wäre. Die Kybernetik wäre damit, so Schmidt – auch mit Blick auf ihren für ihn problematischen Analogie-Begriff – diesem Dualismus »immer noch nicht entgangen«, sondern vielmehr »ausgesetzt«.[89] Schmidt will dieses Problem der Kybernetik mit seiner Regelungslehre (Kreisrelation, Rückkopplung) lösen, indem er das Differenzproblem des Menschen (res cogitans) mit der Natur (res extensa) im Kreisprozess aufhebt. In einem Brief an den Fischer-Verlag, in dem Schmidt versucht, sein Buchprojekt »Der Regelkreis. Über die Existenz des Menschen in der technischen Welt« unterzubringen, verweist er dezidiert auf die beiden verschiedenen ›Kybernetiken‹: Holistisch-organizistisch und mechanistisch: »Es ist aber schon […] deutlich, dass sich zwei Richtungen abzeichnen: die eine hält den Menschen für vollständig objektivierbar, also auch darstellbar als ein System von Impulsen, sodass an einem beliebigen Ort telegrafiert werden kann, eine Folgerung, die auch Herr Wiener selbst zieht. […] Die andere Richtung setzt dieser Objektivierung Grenzen. Ich möchte keinen Zweifel daran aufkommen lassen, dass mein Ansatz zu dem des Herrn Wiener zu der klar begrenzten Objektivierung des Menschen führt, besser gesagt einiger seiner wesentlichen Funktionen. Geht man dem amerikanischen Ansatz kritiklos nach, so entsteht die mE. [sic] sehr ernst zu nehmende Gefahr, dass uns die Kontinuität mit dem geistigen Erbe Europas verloren geht.«[90]

---

[88] Schmidt an Bernhard Hassenstein, am 20.06.1966 (Datum schwer lesbar), SAM 132a.
[89] Schmidt: Die Objektivation des menschlichen Arbeitskreises, S. 5.
[90] Schmidt an Ilse Grubrich vom Fischer-Verlag, am 23.07.1964, ARL 35. Auf die Problematik, dass Europa hier gegen die USA entworfen wird, und Schmidt sich deutlich in einer europäischen Geistesgeschichte verortet, kann hier nicht weiter eingegangen werden.

Schmidt geht es demnach mit seiner Theorie der Rückkopplung in Mensch und Maschine nicht um eine (mathematisch-analysierbare) Identität, sondern um eine erkenntnisfördernde Isomorphie (Gestalt-Übereinstimmung), die vom Menschen erkannt und (z. B. in Automaten) wissentlich genutzt werden soll.[91] In dem erwähnten Beispiel des Regelkreises im Organischen (Regelung des Gleichgewichtes, des Blutdrucks, des Blutzuckers), welches häufig u. a. bei Wagner für einen Organismus-Technik-Vergleich herhalten musste, betont Schmidt genau diesen Isomorphiegedanken. Wann sind aber zwei Sachgebiete isomorph?

»In einem ersten Sachgebiet gäbe es eine Reihe von Elementen, zwischen denen bestimmte Beziehungen bestehen. In einem zweiten Sachgebiet, welches keinerlei irgendwie geartete Wesensverwandtschaft mit dem ersten Sachgebiet zu haben braucht […], gäbe es ebenfalls eine Reihe von Elementen. Wenn man die Elemente des ersten Sachgebiets den Elementen des zweiten Sachgebiets so zuordnen kann, dass zwischen ihnen die selben Beziehungen bestehen wie zwischen den korrespondierenden Elementen des ersten Sachgebietes, dann sind beide Sachgebiete isomorph.«[92] Zentral ist hierbei, dass es zwischen den beiden Sachgebieten keinerlei »Wesensverwandtschaft« geben muss. Wo Wagner die Analogie für eine Gemeinsamkeit fokussierte, stellte Schmidt gerade die Differenz heraus. Damit liegt zwar eine Isomorphie als formale Analogie beim Organismus und beim technischen Regelkreis vor, diese bezieht sich für Schmidt aber nur auf die »Identität der Relationsstrukturen«.[93] Im gleichen Sinne erkennt zwar auch der philosophische Anthropologe Arnold Gehlen, »daß der technische Regelkreis dieselbe Form des Wirkungszusammenhangs habe, wie sie der menschliche Handlungskreis und zahlreiche innerkörperliche Regulationen zeigen«, gleichzeitig bemerkt er ebenso wie Schmidt, dass jedoch »die Elemente, die in dieser Form eingehen, sich fundamental unterscheiden.«[94]

Es lässt sich zusammenfassen, dass Schmidt mit seiner Kreisrelation »den Weg vom Menschen zur Technik und von der Technik

---

[91] Die Begriffsverwendung von Schmidt ist nicht immer eindeutig, daher scheint er auch nicht genau zwischen Analogie und Isomorphie zu unterscheiden.
[92] Schmidt: Bedeutung des Regelkreises für die Technik (Typoskript), ARL 6, S. 1–2.
[93] Schmidt: Vortragsmanuskript ohne Titel, S. 5.
[94] A. Gehlen: Seele im technischen Zeitalter. Reinbek 1957, S. 21. Diese »Isomorphie« sollte man nach Gehlen untersuchen, dazu Schmidt: Die Objektivation des menschlichen Arbeitskreises, S. 15.

wieder zurück zum Menschen« beschreiten wollte.[95] In der Grundrelation kann der Mensch in der technischen Welt nur in Form einer »Rückwendung« zu sich, zu anderen, zur Natur wie auch zu Gott kommen, wenn er den ›Umweg‹ über die Technik geht.[96] Die Technik wird zum Mediator, der zwischen den Komponenten vermittelt. Der Mensch darf bei der Vermittlung durch Technik und bei aller regelungstechnischen Terminologie und Analogie allerdings nicht mit veräußerlicht werden. In Schmidts Argumentation wäre das Ziel verfehlt, wenn man das äußere (naturwissenschaftlich-technische) Denken einfach auf das Innere des Menschen bezöge, da dadurch der Mensch zu einer »Sache erniedrigt« werde.[97] Den Menschen als besonderes Wesen mache es gerade aus, dass er »als Selbsterkenntnis des Wirklichen« über alles an ihm empirisch Fassbare hinausgehe.[98] Die Idee dahinter ist keine materialistische Inklusion des Menschen in den technischen Regelkreis, sondern die Überbrückung der Differenzen durch die Kreisrelation. Dieses funktioniert in Schmidts Modell allerdings nur, weil die Kreisrelation als eine Grundrelation des psychophysischen Lebens entworfen wird, die die relational Beziehungen gerade nicht einebnet, sondern die »Relata« bestehen lässt und die Wechselwirkung von Objektivierung und Subjektivierung konstituiert.[99] Der Mensch ist demzufolge technisch nicht vollkommen erklärbar, obwohl er Funktionen einer (technischen) Rückkopplung aufweist. Hier wird deutlich, dass Schmidt und Wagner mit ihren Forschungen trotz Überschneidungen verschiedene Begriffe vom ›Menschen‹ und vom ›Leben‹ fokussieren. Daher muss sich die Frage gestellt werden, welche Probleme besprechen Schmidt und Wagner miteinander? Wie stecken sie gemeinsame Interessen und Differenzen ab? Wie positionieren sie sich zur Kybernetik von Norbert Wiener?

II. Wagner und Schmidt

In einem Brief an den Verhaltensbiologen und Biokybernetiker Bernhard Hassenstein beschreibt der Regelungstechniker Schmidt, dass er

---

[95] Schmidt an Böhm (Typoskript), 15.10.1959, ARL 34.
[96] Ebd.
[97] Schmidt an Ernst Berendt (Typoskript), 09.03.1953, ARL 13.
[98] Schmidt an Waldemar Heitz (Typoskript), 23.05.1966, SAM 74.
[99] Schmidt: Die Objektivation des menschlichen Arbeitskreises, S. 6.

es als »unbezweifelbar« ansieht, dass der Physiologe Wagner, bereits vor 40 Jahren biologische Rückkopplungskreise – allerdings »ohne jede Anlehnung an die Technik« so beschrieben habe, dass diese Beschreibung auch für die entsprechenden technischen Systeme gültig war. »Trotz dieses so bedeutsamen […] Sachverhaltes kam es erst 1940, also viele Jahre nach ihren [Wagners, K. L.] Arbeiten zu einer Begegnung von Technikern und Biologen und dabei zum Ansatz einer technisch-organischen Regelkreisanalogie der heute so genannten Kybernetik.«[100]

Die Verbindung von Technik und Biologie, die in Wagners Forschung für Schmidt zentral war, formuliert auch Wagner in einem Brief an Schmidt, in dem er ausführt, dass er auf der von Schmidt initiierten VDI-Tagung in Tübingen 1953 (»Die Wandlung des Menschen durch die Technik«) versuchen will, »den Technikern zu zeigen, wie nahe verwandt mit unserem biologischen Regulationsmechanismen jene Einrichtungen sind, die bei Techniker als Regelungsmechanismen eine Rolle spielen.«[101] Über diesen Gedanken einer Verbindung von Technik und Biologie kommen Wagner und Schmidt Mitte der 1950er Jahre ins Gespräch. In ihrem Briefwechsel kommt immer wieder das Thema einer Erstentdeckung von Regelkreisanalogien im Organismus auf. Schmidt wie Wagner waren dabei teilweise kritisch gegenüber dem US-amerikanischen Kybernetiker Norbert Wiener. Beide waren sich einig, dass Wiener keineswegs der Erste war, der die Regelungsanalogie von Technischem und Organischem erkannt hatte.[102] Wiener hätte diese Gedanken »nur popularisiert«, und vielmehr käme die »Initialzündung« von Schmidt bzw. auf dem biologischen Feld von Wagner.[103] Die Analogie zum Organischen sei damit schon zwischen 1923 und 1925 durch Wagners Untersuchungen der »Rückkopplung« der Vorderhornganglienzellen am Rückenmark »bewußt« geworden.[104] Das war, so Wagner, genau dasselbe, was Wiener 20 Jahres später mit »feed-back« bezeichnete.[105] Wagner und andere Physiologen wussten allerdings 1925, so seine Eigenaussage, noch nicht, wie man mit diesem Phänomen umgehen sollte. Erst die

---

[100] Schmidt an Hassenstein, am 30.06.1966, SAM 31.
[101] Wagner an Schmidt, am 26.01.1953, ARL 13. In Schmidts Nachlass finden sich auch zahlreiche Artikel zu Wagners Theorie der biologischen Regelung.
[102] Richard Wagner an Schmidt, am 21.12.1955, ARL 33.
[103] Ebd.
[104] Ebd.
[105] Ebd.

Regelungstechnik – und hier sah Schmidt seine Leistung 1940 – machte es möglich, durch die technische Terminologie erkenntnisbringende Analogien zu bilden. »Es wäre wunderschön«, so schließt Wagners Brief an Schmidt, »wenn man in Zukunft als Biologe mit der Technik mehr Hand in Hand gehen könnte und ein eigenes Institut für Erforschung von Regelungsvorgängen hätte.«[106]

Schmidt stimmte Wagner bei seinen biologischen Rückkopplungskreisen vollkommen zu, auch weil die Analogie für Schmidt, wie er in einem Brief an Wagner formuliert, »die Übereinstimmung der Relationsstrukturen der Analoga [darstellt], wobei die Relata Bauelemente aus verschiedenen Seinselementen des Regelkreises oder in seinem Wirkungszusammenhang auftretende meßbare physikalische Größen sind.«[107] Schmidt sah den Mehrwert bzw. Innovationswert seiner eigenen Forschung darin, dass sie schon in der Denkschrift über die einfach organisch-technische Analogie hinausgehe, und ein Verständnis für ein »Ursprungszusammenhang der Analogie« aufweise.[108] Erst durch diesen »Ursprungszusammenhang der Analogie« wurde das, so Schmidt, »Problem der Kybernetik in seinen anthropologischen und universal-geschichtlichen Charakter sichtbar«.[109] In aller Ähnlichkeit der Fragen und Forschungen verweist Schmidt aber auch auf den Unterschied zwischen Wagner und ihm. Ein Unterschied, der für Schmidt keineswegs marginal war, da er sich selbst als Regelungstechniker verstand, der in der Kreisrelation ein zentrales Problem zwischen Technik und Mensch gefunden habe. Im Gegensatz dazu spräche Wagner, so Schmidt, 1931 stärker von »Selbsterregung« (gleiches Prinzip bei Maschinen und Lebensprozessen) und nicht von »Regelung«.[110] Für Schmidt war Wagners Konzept keineswegs früher als sein eigener Ansatz, da Wagner nicht von Regelkreisen ausging. Wagners Analogie ging damit Schmidt zufolge auf die »Selbsterregung« zurück, nicht auf einen technisch-organischen Regelkreis.[111] Hier scheint der Unterschied für Schmidt zu liegen. Zwar gibt es auch bei Wagners Frühschriften Rückkopplungsideen (als Mitkopplung) aber eben keine Idee des Regelkreises, den

---

[106] Ebd.
[107] Schmidt an Wagner, am 9.05.1966, SAM 132a.
[108] Ebd.
[109] Ebd.
[110] Ebd.
[111] Ebd. Zur »Selbsterregung« vgl. Wagner: Probleme und Beispiele biologischer Regelung, S. 37

Schmidt ja gerade als Kern seiner Theorie universell entwirft. Wagner fokussierte damit auf »selbst erregende technische Systeme aber keine Regelkreise.«[112]

Dennoch oder gerade deswegen hofft Schmidt als Techniker, der sich mit biologischen Fragen nicht genug auskennt, auf den Dialog mit Wagner. Zusammen sollen sie Licht in den »noch recht dunklen Gedanken der Kybernetik« bringen.[113]

In einem Antwortbrief von Wagner an Schmidt vom 31.05.1966 stimmt dieser zu, dass er von »Rückkopplung der Lebensprozesse«, aber nicht von »Regelung« gesprochen hatte. Zwar war ihm bewusst, dass Rückkopplung nicht ohne Gegenkopplung (»negatives feedback«) »Regelung« sein konnte, allerdings ging es dem Physiologen mehr um die »Rückkopplung«. »Ich stimme also vollkommen mit ihnen überein, daß ich in diesem anonymen Aufsatz nicht von Regelung gesprochen habe.«[114] In seinen Arbeiten der 1920er Jahre zur Rückkopplung ging Wagner nach eigener Aussage nicht theoretisch von einer Analogie aus (wie Schmidt), sondern kam erst durch das praktische Experiment hierauf. »Ohne an die Technik zu denken [unterstrichen von Schmidt, K. L.]«, so Wagner, »sprach ich damals von einer ›Rückkopplung‹ der Vorderhornzellen. Bis jetzt wurde nur gezeigt, daß ich zuerst das Wort [Unterstrichen im Orig.] und den Begriff ›Rückkopplung‹ dort gebraucht habe, wo vorher in der Literatur nur von ›Reflexen‹ gesprochen wurde.«[115] Wagner sprach von »Gegenkopplung«, wie er betont, aber hatte dafür nicht den regelungstechnischen Terminus gebraucht, weil er »keinerlei Anlehnung an die Technik damals hatte« [unterstrichen von Schmidt, K. L.].[116] So stand Wagner, wie er Mitte der 1960er Jahre schreibt, die »heutige Nomenklatur […] nicht zur Verfügung.«[117]

Wagner verweist im Briefwechsel mit Schmidt klar und deutlich auf die Priorität seiner Ergebnisse vor Wiener (»so daß man mit aller Bescheidenheit sagen kann, ich habe damals einen ›Regelmechanismus‹ beschrieben mit negativen feedback«), gleichzeitig billigt er Schmidt aber zu, diese Entdeckung »ohne Anlehnung an die Technik«

---

[112] Ebd.
[113] Ebd.
[114] Wagner an Schmidt, am 31.05.1966, SAM 132a. Diesen Satz hat Schmidt mit Kugelschreiber unterstrichen, wahrscheinlich weil er seine Argumentation stützt.
[115] Ebd.
[116] Ebd.
[117] Ebd.

gemacht zu haben und »erst wesentlich später (nicht zuletzt durch ihre [Schmidts, K. L.] großartige Initiative) wurden die Analysen zu den Regelmechanismen des Technikers aufgezeigt.«[118]

III. Ein »Ariadnefaden durch das Labyrinth der Erscheinungen«?

In der vorliegenden Untersuchung wurde anhand zweier einflussreicher Akteure der 1950er und 1960er Jahre dargestellt, dass der Regelkreis und die Rückkopplung nicht auf die Technik beschränkt blieben. Vielmehr wurden technische Konzepte wie der Regelkreis zu einer »Leerform«, den man mit mehreren auch nicht technischen isomorphen Inhalten füllen konnte.[119] So sahen der Physiker Hermann Schmidt und der Physiologie Richard Wagner im Regelkreis mit seinem Rückkopplungsprinzip eine Form, den Organismus und die Technik auf erkenntnisbringende Weise zu verbinden. Wagner beschrieb das Prinzip der Rückkopplung für die Biologie sogar als »Ariadnefaden durch das Labyrinth der Erscheinungen«, in der sich ein »Urprinzip« des Lebendigen zeige.[120]

Trotz der funktionalen Analogie vom biologischen und technischen Regelkreis zeigt sich bei beiden Autoren, mal mehr mal weniger explizit, die Annahme einer Differenz von Organismus und Technik. Ohne Zweifel gibt es, wie Wagner herausstellt, in unterschiedlichen Organismen Funktionen, die Rückkopplung aufweisen. Problematisch wird es nur, wenn man diese Erkenntnis zu schnell auf alle anthropologisch-sozialen Lebensbereiche ausdehnt (»Zellstaaten«). Begriffe vom ›Menschen‹ und vom ›Leben‹, die als dynamisch verstanden werden, stellen sich dann fest. Obwohl Wagner mehr als Schmidt von einer Messbarkeit von Lebensprozessen ausgeht, erkennt auch er, dass der lebendige Organismus keine statische Maschine ist. Denn jeder »Eingriff in den lebenden Organismus ändert [...] nicht nur die Größe, die man im Sine eines Experimentes ändern will, sondern er ändert meist noch eine ganze Reihe anderer Faktoren ne-

---

[118] Ebd.
[119] Vgl. Mitteilungen der Kammer der Technik. In: Die Technik 5 (1948). Hier hatte sich Schmidt das Wort »Leerform« unterstrichen.
[120] Wagner: Probleme und Beispiele biologischer Regelung, S. 14.

benbei.«[121] Damit wird es schwierig, Ergebnisse »so exakt quantitativ in Erfahrung zu bringen, wie es der Physiker in der unbelebten Natur kann.«[122] Dieses Problem einer Eindeutigkeit spricht – das muss Wagner zugestehen – gegen eine einfache Analogie: »Solange aber eine eingehende Kenntnis der quantitativen Zusammenhänge nicht erreicht ist, und wir die Konstanten der biologisch wichtigen Regler nicht so genau kennen wie der Techniker die Konstanten und Eigenschaften seiner Apparate, sind wir nicht in der Lage mit jenen geistigen Rüstzeug und jenen Denkmethoden an diese Probleme des Lebens heranzutreten.«[123]

Die Rede vom Menschen als »Sollwert«[124] war damit zwar geprägt durch eine technische Terminologie und verwies auf ein quantifizierbares Verständnis lebendiger Organismen, gleichzeitig wurde der ›Mensch‹ und das ›Leben‹ aber als normatives Schlagwort entworfen. In dem »Soll« zeigt sich besonders bei Schmidt nicht nur eine technische, sondern ebenso eine ethische Größe. Bei diesem Menschenbild wird deutlich, dass sich hinter der wissenschaftlichen Perspektive eine bestimmte anthropologisch-humanistische, bzw. wie angedeutet, organizistisch-holistische Sichtweise verbirgt.

Die Nicht-Quantifizierbarkeit als Anthropinon, die Schmidt deutlich herausstellt und die zumindest bei Wagner anklingt, ist allerdings selbst wieder von bestimmten geistesgeschichtlichen Diskursen geprägt worden. Ausgehend von Wilhelm Dilthey sollten sich die »Geisteswissenschaften« »zu der physischen Seite des Menschen anders verhalten als zur psychischen.«[125] Dilthey markiert die Differenz der Geistes- und Naturwissenschaften mit ihrem unterschiedlichen Zugriff auf ihre Erkenntnisobjekte. Beide Wissenschaften haben zwar die gleichen Objekte (u. a. den ›Menschen‹, das ›Leben‹), aber sie gehen mit anderen Fragestellungen und Methoden an diese heran.[126] Der »Unterschied liegt in der Tendenz, in welcher ihr Gegenstand gebildet wird. Er liegt in dem Verfahren, das jene Gruppen konstitu-

---

[121] Wagner: Biologische Regelmechanismen, S. 130.
[122] Ebd.
[123] Ebd.
[124] Vgl. Schmidt: Notizen, SAM 51, S. 13.
[125] Dilthey: Der Aufbau der geschichtlichen Welt in den Geisteswissenschaften, S. 82.
[126] Schmidt führt (ohne direkten Bezug zu Dilthey) diese Tradition weiter, wenn er schreibt, dass sich die technische Welt »in erster Linie als Äußerung des Geistes [zeigt] und damit als Gegenstand der Geisteswissenschaften« zu sehen ist (Schmidt: Allgemeine Regelungslehre, ARL 4).

iert. Dort entsteht im Verstehen ein geistiges Objekt, hier im Erkennen der physische Gegenstand.«[127] Der Mensch als Objekt der Geisteswissenschaften wird psychophysisch verstanden, insofern menschliche »Zustände« *erlebt* werden, sie in »Lebensäußerungen« zum *Ausdruck* gelangen und sofern diese »Ausdrücke« *verstanden* werden.[128] Geisteswissenschaften haben nach Dilthey damit einen »Zusammenhang von Leben, Ausdruck und Verstehen« vor sich.[129] Diese »psychophysische Lebenseinheit« (Ganzheit) muss verstanden und kann nicht nur naturwissenschaftlich erklärt werden.[130]

Will man Dilthey hier folgen, so wurde bei der physiologischen Herangehensweise Wagners ersichtlich, dass der »Zusammenhang der Natur [...] abstrakt [ist], der seelische und geschichtliche aber ist lebendig, lebengesättigt.«[131] Der Problembegriff des ›Lebens‹, der von Wagner wie von Schmidt (teilweise assoziativ) gebraucht wurde, konnte und sollte auf Basis einer solchen geistesgeschichtlichen Grundierung nicht gänzlich in Formeln und Funktionen aufgehen. Schmidt folgt daher Diltheys Ansicht, dass die Naturwissenschaften »nicht zu den inneren Zuständen der erscheinenden Dinge vor[dringen]« können.[132] Das Problem dieser vermeintlich nachvollziehbaren, wertneutralen Haltung, die sich teilweise in der Argumentation und Differenz von Wagner/Schmidt und Wiener niederschlägt, liegt allerdings darin, dass die humanistische Vorstellung selbst eine Geschichte hat. Holistisch-organizistische Vorstellung vom Leben und vom Menschen waren nämlich verstärkt auch ausgehend von einer Dilthey-Rezeption in den Geistes- sowie Natur- und Technikwissenschaften ab 1920 vertreten und tradierten sich über Akteure wie Schmidt und Wagner bis in die 1950 und 1960er Jahre.

---

[127] Dilthey: Der Aufbau der geschichtlichen Welt in den Geisteswissenschaften, S. 86.
[128] Ebd.
[129] Ebd.
[130] Ebd.
[131] Ebd., S. 119.
[132] Dilthey: Logik und System der philosophischen Wissenschaften: Vorlesungen zur erkenntnistheoretischen Logik und Methodologie (1864–1903) (Gesammelte Schriften 20. Band). Hrsg. von H.-U. Lessing und F. Rodi. Göttingen 1990, S. 21. Vgl. dazu H. Pulte: Gegen die Naturalisierung des Humanen. Wilhelm Dilthey im Kontext und als Theoretiker der Naturwissenschaften seiner Zeit. In: C. Damböck/H.-U. Lessing (Hgg.): Dilthey als Wissenschaftsphilosoph. Freiburg i. Br. 2016, S. 63–85, hier: S. 72.

Approximative Distanz

Cassirers mehrdeutiger Medienbegriff für eine Kulturphilosophie

Jörn Bohr

Am Ursprung der Kultur steht der Mensch bereits zu sich selbst in Distanz. Distanz gehört wie ihr Gegenstück: Vermittlung zu den Bedingungen der Möglichkeit von Kultur. Der Ursprung der Kultur ist folglich auch der Ursprung von Medien aller Art. In diesem Sinne bezeichnet der Begriff der Kultur ein System: einen medialen Verweisungszusammenhang. Eine Kulturphilosophie bedarf deshalb eines kulturphilosophischen Medienbegriffs. Ernst Cassirer hat dafür ein viel beachtetes Angebot unterbreitet, das jedoch erst dann voll wirksam werden kann, wenn die Polysemie des Ausdrucks Medium terminologisch ernst genommen wird.

Der Ausdruck Ursprung beinhaltet ja bereits eine mindestens zweideutige Äquivokation. Abgesehen von der landläufigen Verwechselung der Kategorie des Ursprungs mit der Frage nach dem Warum und Woher sind es zwei Begriffe von Ursprung, die sich in der Nennung des Wortes Ursprung vermengen: Erstens der Begriff von Ursprung als erstem Anfang, als Beginn; sowie zweitens der Begriff von Ursprung als erstem Sprung. Dieser zweite Begriff gibt die eigentlich philosophische Kategorie »Ur-sprung«, die sich bei Kierkegaards Kategorie des Sprungs vorgebildet findet *(Entweder-Oder)*. Als kulturphilosophische Denkform lässt die Kategorie des Ur-Sprungs noch zwei weitere analytische Trennungen zu, denn der Begriff vom ersten Sprung im semantischen Feld von Kultur umfaßt entweder Ur-Sprung a) als basale Ruptur oder Fraktur, als Bruch oder b) als ersten, initialen Freiheitsakt. Dieser Unterscheidung liegen zwei theoretische Vorannahmen zu Grunde. Unter a) geht es um einen exklusiven Ursprung: Kultur steht – dualistisch – außerhalb von Natur. Das ist, nicht allzu paradox, das Einfallstor für allerlei Naturalismen mit hegemonialen Bestrebungen im Namen von »Kultur« (als normativem Bildungsideal) und »Werten«. Unter b) geht es um einen inklusiven Ursprung: Kultur – monistisch bzw. *holistisch* – in Natur. Dieser inklusive Ursprungsbegriff findet sich illustrativ bei

Cassirer, denn das meint Cassirer mit Kultur als der fortschreitenden Selbstbefreiung des Menschen, d.h. von sich selbst, seinen Beschränktheiten, hin zu seiner vollen Möglichkeit: als immerwährende Aufgabe. Daraus ergibt sich die Forderung, dass jeder zeitliche Nebensinn in der philosophischen Rede vom Ursprung zu vermeiden ist, damit eine ›Logik des Ursprungs‹ (Hermann Cohen) entfaltet werden kann. Als im Anfang bzw. im *logischen* Prius Erstes ist Ursprung unzeitlicher Grund fortwährenden Entspringens, d.h. Kultur und Natur sind gleichursprünglich zu begreifen. Nicht zuletzt Cassirer hat in der vierten seiner Studien *Zur Logik der Kulturwissenschaften* über Formbegriffe und Kausalbegriffe darauf hingewiesen, dass man an die Möglichkeit der Spontaneität erinnern muss, wenn Entwicklungsgeschichte nicht funktioniert. Jede Entscheidung ist diskontinuierlich. Klaus Christian Köhnke lag das Beispiel von Albert Camus in dessen Roman *Der Fremde* am Herzen: Es geschieht eine Tat ohne Motiv – der Ich-Erzähler tötet einen Araber – im weiteren Verlauf werden Gründe für eine ursächliche Erklärung fingiert – die scheinbare Gefühllosigkeit beim Begräbnis der Mutter – die schließlich zur Verurteilung führen. Ein Vorausweis auf das Sprunghafte der Tat liefert Camus in der Interpretation Köhnkes (Leipziger Kolloquium vom 20.10.2010), indem er einige Seiten vorher den Protagonisten im spontanen Wettlauf mit einem Kollegen auf einen fahrenden Lastkraftwagen aufspringen lässt. Im Alltag und in kulturellen (»symbolischen«) Formen, wie z.B. der Kunst werden die kleineren Sprünge zu Übergängen gemildert und die großen Sprünge gestaltet. Das hochriskant Ur-Sprüngliche bricht aber im Empfinden immer wieder durch: nicht nur Kinder, die aus ihrem Spiel gerissen werden, sondern auch jeder, der konzentriert in eine Tätigkeit vertieft ist, in einer bestimmten Einstellung mit bestimmtem Erlebnisstil involviert ist (Alfred Schütz), reagiert gereizt bis verzweifelt auf jede Unterbrechung von außen – der Moment ist nicht wiederherstellbar, und diese alltäglichen Katastrophen sind spürbar. Kultur ist ur-sprünglich und als solche äußerst riskant. Im Sprung liegen Angst (Schock) und schöpferische Innovation eng beieinander. Mensch und Kultur sind im Sprung prekär: freigestellt und dadurch gefährdet. Verlangt diese Gefährdung nach einer Vermittlung, gar nach einer Rückversicherung, oder nicht doch nach einer bewussten Offenhaltung dieses Sprungs? Cassirers Mediensemantik bewegt sich folgerichtig *zwischen* Annäherung, Distanzierung und Vermittlung.

Cassirers bekanntes Übersetzungsangebot für seinen Begriff der

›symbolischen Formen‹ lautet nämlich *Medien*. Dieses Übersetzungsangebot ist nur scheinbar selbstverständlich, denn was damit gemeint sein soll, bleibt mehrdeutig und im Prinzip ungeklärt. Ein philosophischer Terminus ist ›Medium‹ nicht. In der Verwendung als Synonym oder Erläuterung für ›symbolische Form‹ haben wir es mit mindestens drei konkurrierenden und auf den ersten Blick widersprüchlichen Medienbegriffen zu tun. Der Ausdruck ›Medium‹ gewinnt in Cassirers Verwendung einen speziellen – dreifachen – Funktionssinn.

Mein Beitrag zielt auf ein kooperationstheoretisches Verständnis von symbolischen Medien aller Art. Artikulation als Annäherung an etwas Gemeintes ist nur in einem Medium und vermittels eines Mediums möglich. Meine These, die ich damit plausibel machen will, lautet: Der Mensch und seine Medien formen sich gegenseitig, Formung und Rückformung stehen in Wechselwirkung. Das heißt, dass Medien nicht rein instrumentalistisch zu verstehen sind: Das Symbolsystem einer Kultur scheint bei näherer Betrachtung v. a. aus Vorläufigkeiten, Andeutungen, Zitaten, Entwürfen, Fragen, aus Verweisen und redundanten Überlieferungen zu bestehen. Ich möchte im vorliegenden Beitrag nach einem Bericht über die Verwendungsweisen des Ausdrucks ›Medium‹ bei Cassirer dieses Ergebnis über eine Erörterung der Stichworte ›Medienleistungen‹ und ›Medienverluste‹ entwickeln.

I. Zur Verwendung des Ausdrucks ›Medium‹ bei Cassirer

Man könnte für Cassirers Verwendung von ›Medium‹ als Ausdruck für ›symbolische Form‹ folgende drei typologische Gruppen bilden, die zugleich andeuten sollen, dass es dabei nicht um eine Chronologie oder gar Genealogie der Medienbegriffe Cassirers geht:

1. Medien, *durch die hindurch* wir Kenntnis von etwas erlangen. Diese Medien sind nicht neutral, sondern teilen etwas von sich selbst mit. Ableitungsmodell: physikalische Optik, brechende Medien (optische Linsen, Glas, Wasser), die ›verfälschen‹, Brechungsindex, den es zu berücksichtigen gelte. Beispiel, zugleich als eine Aufgabenbestimmung einer Philosophie der symbolischen Formen: »Wenn man die Sprache, den Mythos, die Kunst als ›symbolische Formen‹ bezeichnet, so scheint in diesem Ausdruck die Voraussetzung zu liegen, daß sie alle, als bestimmte geistige Gestaltungsweisen, auf eine letzte Urschicht des Wirklichen zurückgehen, die in ihnen nur wie

durch ein fremdes Medium erblickt wird. [...] Dieselben Grundfunktionen, die der Welt des Geistes ihre Bestimmtheit, ihre Prägung, ihren Charakter geben, erscheinen andererseits als ebensoviele Brechungen, die das in sich einheitliche und einzigartige Sein erfährt, sobald es vom ›Subjekt‹ her aufgefaßt und angeeignet wird. Die Philosophie der symbolischen Formen ist, unter diesem Gesichtspunkt gesehen, nichts anderes als der Versuch, für jede von ihnen gewissermaßen den bestimmten Brechungsindex anzugeben, der ihr spezifisch und eigentümlich zukommt. Sie will die besondere Natur der verschiedenen brechenden Medien erkennen; sie will jedes von ihnen nach seiner Beschaffenheit und nach den Gesetzen seiner Struktur durchschauen. [...] [Sie begibt] sich bewußt in dieses Zwischenreich, in dieses Reich der bloßen Mittelbarkeit«.[1]

2. Medien, *in* denen wir leben bzw. uns ausdrücken; ein symbolisches Universum umgebe uns (wie den Fisch das Wasser[2]). Ableitungsmodell: Biologie im weitesten Sinne, vielleicht sogar in Anlehnung an Uexküll und die geschlossenen ›Funktionskreise‹ von Organismen. Beispiel: Der Mensch »kann nicht anders, als sich auf die Bedingungen seines Daseins einzustellen. Er lebt nicht mehr in einem bloß physikalischen, sondern in einem symbolischen Universum.«[3]

3. Artikulationsmedien, Medien als Prinzipien der Artikulation,[4] als Mittelpunkte der Kommunikation; z.B. etwas im Medium der Sprache, Kunst etc. ausdrücken; auch als traditions- und kommunikationsermöglichende Speichermedien (Werke[5]), noch mit einer leisen,

---

[1] E. Cassirer: Philosophie der symbolischen Formen. Dritter Teil: Phänomenologie der Erkenntnis. Hamburg 2002 (Ernst Cassirer Gesammelte Werke (ECW) Bd. 13), S. 1.
[2] In diesem Sinne könnte dann der Leib des Menschen Fundament aller Medialität sein. Siehe z.B. E. W. Orth: Was ist und was heißt »Kultur«? Würzburg 2000, S. 228: »Der Mensch ist ein Medienereignis, eben ein bedeutsamer und be-deutender Organismus.«
[3] Cassirer: Versuch über den Menschen. Einführung in eine Philosophie der Kultur. Aus dem Engl. v. R. Kaiser, Hamburg 1996, S. 50. Siehe auch Ders.: Zur Logik der Kulturwissenschaften. Fünf Studien (1942). In: Ders.: Aufsätze und kleine Schriften (1941–1945). Hamburg 2007 (ECW 24), S. 357: »Die Sitte ist die ständig gleichbleibende Atmosphäre, in der er [der Mensch] lebt und ist; er kann sich ihr sowenig entziehen wie der Luft, die er atmet.«
[4] Vgl. O. Schwemmer: Kulturphilosophie. Eine medientheoretische Grundlegung. München 2005, S. 55.
[5] Siehe Cassirer, ECW 24, S. 468–469: »Denn am Ende dieses Weges steht nicht das Werk, in dessen beharrender Existenz der schöpferische Prozeß erstarrt, sondern das

aber nicht zwingenden Erinnerung an die technischen Medien (Gas, Öl) der Pneumatik und Hydraulik, deren Eigenschaften dazu dienen, eine Maschinenarbeit auszuführen. So erläutert Cassirer in seinem Aufsatz *Der Begriff der symbolischen Form im Aufbau der Geisteswissenschaften* nach einem Humboldt-Zitat darüber, dass sich der Mensch mit einer Welt von Lauten umgebe, um die Welt von Gegenständen in sich aufzunehmen und zu bearbeiten, das Folgende: »Was hier von der Welt der Sprachlaute gesagt ist, das gilt nicht minder von jeder in sich geschlossenen Welt von Bildern und Zeichen, also auch von der mythischen, der religiösen, der künstlerischen Welt. Es ist eine falsche, freilich immer wiederkehrende Tendenz, den Gehalt und die ›Wahrheit‹, die sie in sich bergen, nach dem zu bemessen, was sie an *Dasein* […] in sich schließen, statt nach der Kraft und Geschlossenheit des Ausdrucks selbst. Sie alle treten *zwischen* uns und die Gegenstände; aber sie bezeichnen damit nicht nur negativ die *Entfernung*, in welche der Gegenstand für uns rückt, sondern sie schaffen die einzig mögliche adäquate *Vermittlung* und das Medium, durch welches uns irgendwelches geistige Sein erst faßbar und verständlich wird.«[6]

Eine simple Gleichsetzung von ›symbolischen Formen‹ und ›Medien‹ ist damit problematisch geworden. Es stellt sich die Frage: Wie kann eine systematische Integrität der Verwendung des Medienbegriffs in Bezug auf symbolische Formen aufrechterhalten werden? Denn dass eine solche Integrität behauptet werden soll, scheint mir für Cassirers Vorgehen sicher – man vergleiche seinen Begriff der Funktion, dessen Einheit (nicht Summe!) in der Mannigfaltigkeit der Verwendungsweisen durchaus rekonstruiert werden kann.[7] Der Begriff der *Funktion* ist auch schon der entscheidende Hinweis, denn man verkennt z. B. »die Sprache, wenn man sie in irgendeiner Weise

---

›Du‹, das andere Subjekt, das dieses Werk empfängt, um es in sein eigenes Leben einzubeziehen und es damit wieder in das Medium zurückzuverwandeln, dem es ursprünglich entstammt. […] Denn so bedeutsam, so gehaltvoll, so fest in sich selbst und in seinem eigenen Mittelpunkt ruhend ein Werk der Kultur auch sein mag: es ist und bleibt doch nur ein Durchgangspunkt. Es ist kein ›Absolutes‹, an welches das Ich anstößt, sondern es ist die Brücke, die von einem Ichpol zum andern hinüberführt.«

[6] Cassirer: Der Begriff der symbolischen Form im Aufbau der Geisteswissenschaften (1923). In: Ders.: Aufsätze und kleine Schriften (1922–1926). Hamburg 2003 (ECW 16), S. 80.
[7] G. Kreis: Cassirer und die Formen des Geistes. Frankfurt a. M. 2010, Erster Teil: Die Philosophie der Funktionen (S. 41–112).

als ein selbst Dinghaftes, als ein substantielles Medium nimmt, das sich zwischen den Menschen und die ihn umgebende Wirklichkeit schiebt. [...] Mag man die Sprache als noch so klares und als noch so reines Medium ansehen: Es bleibt doch stets dabei, daß dieses kristallhelle Medium auch kristallhart bleibt, daß es für den Gedanken wie immer durchsichtig, so doch niemals völlig durchdringlich ist. [...] Aber dieses Bedenken schwindet, sobald man sich daran erinnert, daß es sich hier im Grunde um eine selbstgeschaffene Schwierigkeit handelt – daß die Antinomie nicht sowohl der Sprache selber zur Last fällt, als sie vielmehr in einer unzulänglichen metaphorischen Beschreibung ihres Wesens gegründet ist. Faßt man die Sprache, statt sie einem bestehenden Ding zu vergleichen, vielmehr in ihrem reinen Vollzug, nimmt man sie, gemäß der Forderung Humboldts, nicht als Ergon, sondern als Energeia, so gewinnt das Problem alsbald eine andere Gestalt. Sie ist dann keine gegebene starre Form mehr; sondern sie wird zu einem Formzeugenden, das freilich zugleich ein Formzerstörendes, Formzerbrechendes sein muß.«[8] Es geht um die *Funktion* (als Leistung in einem anzugebenden Kontext) anstelle einer Substanz eines Mediums. ›Medium‹ ist in der Tat eine unzulängliche Metapher für ›symbolische Form‹; aber nur, wenn man sie substantiell missversteht. Auf der Ebene dieser selbstgeschaffenen Schwierigkeit liegen die scheinbaren Widersprüche, die sich im Systematischen aufheben; denn ein entsubstantialisierter – funktionaler – Medienbegriff gestattet es, sowohl das Bild der verfremdenden Brechung, wie der umhüllenden Lebenssphäre, wie der dialogischen Kommunikation zusammenzudenken,[9] wie das Cassirer selbst schon durch seinen Hinweis auf den humboldtschen Begriff der Energeia – d. i. *Wirkung* im Gegensatz zum Werk (Ergon) – angezeigt hat.

Hier besteht übrigens eine starke Affinität zu Niklas Luhmanns Medienbegriff bzw. zu dessen Unterscheidung von Medium und Form, wie Luhmann sie von dem Gestaltpsychologen Fritz Heider

---

[8] Cassirer: »Geist« und »Leben« in der Philosophie der Gegenwart (1930). In: Ders.: Aufsätze und kleine Schriften (1927–1931). Hamburg 2004 (ECW 17), S. 204–205.
[9] Vgl. auch den formelhaften Schluss von Cassirers: Die Begriffsform im mythischen Denken (1922). In: ECW 16, S. 60–61: »Die Welt hat für uns die Gestalt, die der Geist ihr gibt. Und weil er bei all seiner Einheit keine bloße Einfachheit ist, sondern eine konkrete Mannigfaltigkeit verschiedenartiger Richtungen und Betätigungen in sich birgt: darum muß auch das Sein und seine Klassen, seine Zusammenhänge und seine Differenzen als ein anderes erscheinen, je nachdem es durch verschiedene geistige Medien erblickt wird.«

(1896–1988) übernommen und modifiziert hat.[10] Das gilt selbst dann, wenn Cassirer zugegebenermaßen die Heider/Luhmannsche Auffassung von Medien als völlig neutralen Vermittlern von etwas anderem, als bloße Durchgangsmedien, die nichts von sich mitteilen, sondern nur etwas anderes übermitteln, nicht teilen würde. Aus kulturphilosophischer Sicht sind Medien nicht formneutral und formdurchlässig, sondern selbst aussageformende und aussagegeformte Organe der Artikulation.[11] Aber deutlich wird die prinzipielle Übereinstimmung daran, dass nur das konkrete *Geschehen* der Formung und Formwandlung uns über das ›Wirken‹ eines Mediums unterrichtet. Funktional verstandene Medien *fungieren*, d.h. sie *sind* keine Medien, sondern sie erfüllen die *Funktion* von Medien. Man könnte hier allgemein und im Sinne Luhmanns von »funktionalisierten Zuständen« sprechen, die »die Grenzen ihrer Variation und damit ihr Bestandsprinzip nicht in sich, in ihrem ›Wesen‹ oder ihrer ›Substanz‹, sondern in der Funktion, der sie zugeordnet sind«, finden.[12] Wenn Heiders Auffassung von Medien parallel zur Typologie der Medienbegriffe Cassirers gesehen werden kann, dann folglich nicht deswegen, weil Heider 1926 Assistent von William Stern in Hamburg war oder weil Cassirer zu den Kuratoren jener *Philosophischen Akademie Erlangen* zählte, in deren Organ *Symposion*, als dessen Mitherausgeber Cassirer ebenfalls auftrat, der Aufsatz des jungen Heider erschien.[13] Nein, diese Koinzidenz liegt vielmehr darin begründet,

---

[10] Vgl. N. Luhmann: Die Kunst der Gesellschaft. Frankfurt a.M. 1995, Kapitel 3: Medium und Form; Ders.: Die Gesellschaft der Gesellschaft. Frankfurt a.M. 1998, Kapitel 2, Abschn. I.: Medium und Form. Einem möglichen Ergänzungsverhältnis der Theorien Cassirers und Luhmanns kann hier nicht weiter nachgegangen werden. Luhmann selbst zitiert gelegentlich Cassirers *Substanzbegriff und Funktionsbegriff*. Fritz Heiders früher Aufsatz *Ding und Medium*. In: Symposion. Philosophische Zeitschrift für Forschung und Aussprache 1 (1927), S. 109–157, ist außerdem 2005 in Berlin mit einem Vorwort von D. Baecker in Buchform erschienen. Ich zitiere nach der Ausgabe von 1927.
[11] Vgl. Schwemmer: Philosophie als Theorie der Kultur und der Kulturwissenschaften. In: Handbuch der Kulturwissenschaften Bd. 2. Stuttgart/Weimar 2004, S. 671–686.
[12] Luhmann: Funktionalisierung. In: Historisches Wörterbuch der Philosophie Bd. 2, Sp. 1143. Siehe auch ECW 13, S. 98: »Von neuem bestätigt sich darin unsere Grundanschauung, daß all das, was wir ›Wirklichkeit‹ zu nennen pflegen, niemals allein vom Material her zu bestimmen ist, sondern daß in jede Art der Wirklichkeitssetzung ein bestimmtes Motiv der symbolischen Formung eingeht, das als solches erkannt und von anderen Motiven unterschieden werden muß.«
[13] In Cassirers sicher nicht vollständig erhaltener Privatbibliothek, jetzt teilweise in

dass es beiden Theoretikern um dieselbe Frage ging: Wie kann eine Theorie der gleichzeitigen Über- wie Unterbestimmtheit der Wahrnehmung, eine Theorie von den Vermittlungsleistungen zwischen Mensch und Welt formuliert werden, die nicht in die Reduktionen naiv abbildtheoretischer oder streng deterministisch-kausaler Auffassungen verfällt? So erklären sich dann auch einige der zunächst widersprüchlich erscheinenden Cassirerschen Variationen über symbolische Formen als Medien: Nämlich als Ausdruck der strikten Opposition gegen jeglichen Versuch, Wahrnehmung oder Erkenntnis als – bei aller äußeren Kompliziertheit – letztlich schlichten Abbildungsvorgang oder Verdopplungseffekt der ›Außenwelt‹ erklären zu wollen. »Die Erkenntnis wie die Sprache, der Mythos und die Kunst: sie alle verhalten sich nicht wie ein bloßer Spiegel, der die Bilder eines Gegebenen des äußeren oder des inneren Seins, so wie sie sich in ihm erzeugen, einfach zurückwirft, sondern sie sind statt solcher indifferenter Medien vielmehr die eigentlichen Lichtquellen, die Bedingungen des Sehens wie die Ursprünge aller Gestaltung.«[14] *Medial* ist symbolische Formung in jedem Fall, so könnte man hier ergänzen, aber eben nicht im indifferent abbildenden Sinne. Der Hinweis Fritz Heiders zuletzt, dass Medienvorgänge für uns unwichtig seien (im beschreibenden, nicht normativen Sinne!), da sie nicht über die Schwelle des Bewusstseins reichen, heißt nicht, das sie eine theoretisch zu vernachlässigende Größe wären.[15] Wir bemerken sie nur nicht, wenn wir wahrnehmen. Heider hatte das Beispiel ›Luft‹ vor Augen, Cassirer das Beispiel der unterschiedlichen Weisen, Welt zu konzipieren, die erst einmal als mehrere Möglichkeiten voneinander unterschieden und erkannt werden müssen. Die geteilte medientheoretische Aufklärungshaltung beider Autoren geht also auf verschiedene Ziele. Weitere Parallelen zu ziehen, hieße deswegen den Bogen – auch zu Luhmann! – zu überspannen.

Nach allem, was wir hieraus erfahren, kann man Cassirers Philosophie somit durchaus als eine medien- oder medialitätstheoretische charakterisieren, wie dies v. a. Oswald Schwemmer und Ernst Wolfgang Orth nachdrücklich in die Diskussion eingebracht haben,

---

der Bibliothek der University of Illinois at Chicago, teilweise in der Yale University Library, findet sich ein Sonderdruck einer anderen Arbeit von Heider: Die Leistung des Wahrnehmungssystems (1930) aus Bd. 114 der Zeitschrift für Psychologie.

[14] Cassirer: Philosophie der symbolischen Formen. Erster Teil: Die Sprache. Hamburg 2001 (ECW 11), S. 24–25.

[15] Heider: Ding und Medium, S. 130–131.

insofern Cassirers Grundproblem die prinzipielle kulturelle Vermitteltheit alles menschlichen Weltausdrucks und aller Weltauffassung ist. Kultur ist in dieser Perspektive der *Inbegriff* von Medialität bzw. Vermitteltheit, verstanden als *Artikulation* in bestimmten symbolischen oder symbolisierenden Medien und als im weitesten Sinne *Kommunikation* vermittels dieser Medien (mit ›der Welt‹, mit ›den Dingen‹ und mittels ›der Dinge‹, v.a. mit anderen Menschen).[16] Das sind unbestritten die Leistungen der vom Menschen geschaffenen Medien. Auf der anderen Seite stehen dem aber auch Verluste durch dieselben Medien gegenüber. Auch dieser Hinweis gehört zu Cassirers Medienbegriff, denn er spricht zwar im Sinne eines Befreiungsprozesses des ›Geistes‹ gegenüber der ›Natur‹ davon, dass »die einzelnen ›symbolischen Formen‹: der Mythos, die Sprache, die Kunst, die Erkenntnis [...] die eigentümlichen Medien [seien], die der Mensch sich erschafft, um sich kraft ihrer von der Welt zu trennen und sich in ebendieser Trennung um so fester mit ihr zu verbinden. Dieser Zug der Vermittlung charakterisiert alles menschliche Erkennen, wie er auch für alles menschliche Wirken bezeichnend und typisch ist«[17] – aber er kennt auch den dieser Einsicht traditionell entgegengesetzten Einwand: »Ist der Weg, der hier eingeschlagen wird, nicht ein verhängnisvoller Irrweg? Darf sich der Mensch in dieser Weise von der Natur losreißen und sich von der Wirklichkeit und Unmittelbarkeit des natürlichen Daseins entfernen? Sind das, was er hierfür eintauscht, noch Güter, oder sind es nicht die schwersten Gefahren für sein Leben?«[18] Denn die Aufklärungsabsicht über die Medialität, die symbolische Formung unseres Weltzugangs und Weltbesitzes widerspricht dem Alltagsverständnis. Wir haben das starke Gefühl des unmittelbaren Kontakts mit den Dingen oder Sachen, das sich keinesfalls einfach als Illusion abweisen lässt – hier aber als irreführende Sehnsucht nach Unmittelbarkeit diskreditiert zu werden scheint.

Ich möchte im weiteren Fortgang die Reichweite von Cassirers ›Medientheorie‹ abtasten, indem ich nach dem Status der Kategorien von Nähe und Distanz in der menschlichen Welt frage, die vor dem

---

[16] Vgl. Orth: Von der Erkenntnistheorie zur Kulturphilosophie. Studien zu Ernst Cassirers Philosophie der symbolischen Formen. Würzburg 1996; Ders.: Die Kulturbedeutung der Medien. In: Medien und Kultur. Mediale Weltauffassung, hg. von R. Becker und E. W. Orth. Würzburg 2005, S. 9–23. Die gemeinten Schriften von Schwemmer sind oben bereits zitiert (Anm. 4 u. 11).
[17] Cassirer: Zur Logik der Kulturwissenschaften, S. 381.
[18] Ebd., S. 383.

Jörn Bohr

Hintergrund der Cassirerschen Symbol-, oder nennen wir sie einmal in einem sehr speziellen Sinne: *Medienphilosophie* (oder Medialitätsphilosophie[19]), prekär zu werden scheinen.

II. Medienleistungen durch Distanzierung

Auf den ersten Blick scheint es nämlich so, als sei es für den Menschen um Nähe überhaupt sehr schlecht bestellt. Folgt man Cassirer, wie oben bereits zitiert, so »tritt dem, was wir die objektive Wirklichkeit der Dinge nennen, eine Welt selbstgeschaffener Zeichen und Bilder gegenüber und behauptet sich gegen sie in selbständiger Fülle und ursprünglicher Kraft«. Diese Zeichen und Bilder treten also »zwischen uns und die Gegenstände« – aber, so Cassirer weiter, »sie bezeichnen damit nicht nur negativ die Entfernung in welche der Gegenstand für uns rückt, sondern sie schaffen die einzig mögliche adäquate Vermittlung und das Medium, durch welches uns irgendwelches geistige Sein erst faßbar und verständlich wird.«[20] Das gilt nach Cassirer von jeder ›in sich geschlossenen Welt von Bildern und Zeichen‹, und er nennt Mythos, Religion, Kunst, Sprache, Wissenschaft, Technik und Recht als die Formen oder Medien, durch die bzw. in deren Rahmen wir uns Welt in jeweils spezifischer Weise vermitteln – die es uns ermöglichen, »Wirkliches unter dem Gesichtspunkt seiner anderen Möglichkeiten aufzufassen«.[21] Anders gesagt: Der Mensch lebt im Medium des ›objektiven Geistes‹,[22] dieser bildet seine Welt, und alles was den Menschen angeht, ist schon darum nicht anders als medial zu haben.

Cassirer verschärft die Konsequenz aus seinen kultur- und symboltheoretischen Arbeiten daher wie folgt: »Statt mit den Dingen hat es der Mensch nun gleichsam ständig mit sich selbst zu tun. So sehr hat er sich mit sprachlichen Formen, künstlerischen Bildern, mythi-

---

[19] Vgl. B. Switalla: Ernst Cassirer – ein Medienphilosoph? In: Handbuch Medienpädagogik. Wiesbaden 2008, S. 224–232.
[20] Cassirer, ECW 16 (wie Anm. 6), S. 80.
[21] D. Rustemeyer: Die Paradoxie des Dritten. In: Medien und Kultur, S. 119–133; hier: S. 131.
[22] Vgl. Cassirers emphatische Verteidigung dieser Auffassung gegenüber Heidegger in: Davoser Disputation zwischen Ernst Cassirer und Martin Heidegger. Anhang IV. In: Heidegger: Kant und das Problem der Metaphysik. Frankfurt a. M. 1991, S. 274–296, bes. S. 286 u. S. 292–293.

schen Symbolen oder religiösen Riten umgeben, dass er nichts sehen oder erkennen kann, ohne dass sich dieses artifizielle Medium zwischen ihn und die Wirklichkeit schöbe«,[23] und zwar in der praktischen wie in der theoretischen Sphäre – was noch ergänzt werden könnte durch Berger/Luckmanns Bestimmung des Konstruktionscharakters der menschlichen Welt, die wesentlich eine Welt durch Sinngebung sei.[24] Sinngebung heißt aber nicht Abbildung eines an sich Wirklichen, sondern bedeutet die Verwirklichung – als symbolische Vermittlung oder Annäherung an – eines in einer *bestimmten Weise* Wirklichen. Cassirer meint nicht, dass dem Menschen etwas fehlt, dass sein vermittelter Zugang zur Welt Ausdruck eines schädigenden, beeinträchtigenden Mangels sei; sondern Cassirer stellt deutlich heraus, dass nur dieser ›Mangel an Unmittelbarkeit‹ – dieses ›Plus an Distanz‹, könnte man auch sagen – uns Menschen die Chance eines Weltbezugs bietet. Menschen schieben die Reaktion auf die sie beschäftigenden Eindrücke durch einen Denkprozess auf, wodurch sie sich die Möglichkeit der freien Entscheidung, der Welt*gestaltung* allererst *schaffen*. Der Mensch entbindet sich durch die kulturelle Vermitteltheit seines Zugriffs auf Welt dem Zwang seiner Lebensbedingungen immerhin doch soweit, dass ihm der *Spielraum* des Menschlichen bleibt. Es handelt sich für den Menschen in anderen Worten stets darum, den »Denkraum der Besonnenheit«, wie Aby Warburg es in Erinnerung an Herder bezeichnet hat,[25] zwischen sich und den Objekten zu schaffen und freizuhalten, um überhaupt konkreten Wirkungsraum zu erhalten. Das heißt: wir müssen uns die Dinge buchstäblich vom Leibe schaffen: Wir meinen zwar, wir näherten uns ihnen an, verwenden jedoch jede Anstrengung darauf, sie von uns zu distanzieren; aber nicht, um die Wirklichkeit von uns »zu entfernen und abzustoßen, sondern um sie in dieser Abrückung erst in das Blickfeld zu bekommen – um sie von der bloßen Tastbarkeit, die die unmittelbare Nähe verlangt, zur Sichtbarkeit zu erheben. Die Sprache und die Kunst, der Mythos und die theoretische Erkenntnis

---

[23] Cassirer: Versuch über den Menschen, S. 50.
[24] Vgl. P. L. Berger/T. Luckmann: Die gesellschaftliche Konstruktion der Wirklichkeit. Eine Theorie der Wissenssoziologie. 17. Aufl. Frankfurt a.M. 2000.
[25] A. Warburg: Heidnisch-antike Weissagung in Wort und Bild zu Luthers Zeiten (1920). In: Ders.: Die Erneuerung der heidnischen Antike. Kulturwissenschaftliche Beiträge zur Geschichte der europäischen Renaissance. Berlin 1998 (Aby Warburg: Gesammelte Schriften. Studienausg., hg. v. H. Bredekamp, M. Diers, K. W. Forster u.a. 1. Abt. Bd. 1, 2), S. 487–558; hier: S. 534.

– sie alle arbeiten, eine jegliche nach eigenem inneren Gesetz, an diesem Prozeß der geistigen Distanzsetzung mit: Sie sind die großen Etappen auf dem Wege, der [...] zum Anschauungs- und Denkraum, zum geistigen ›Horizont‹, hinführt.«[26] Es geht dabei um Differenzsetzung, um Kontraste und Prägnanzbildung; um das ›Stillstellen übermächtiger Eindrücke in Gegenständen‹.[27] In *diesem* Hiatus entsteht ›Kultur‹, nicht aber als bloß auch möglicher, sondern als *lebensnotwendiger* Verweisungszusammenhang von Sinn.[28] Es liegt im Potential des Menschen, die natürlichen Schranken seiner Existenz zu überschreiten, um die Dimension seines Handelns erst zu schaffen.[29] Dabei geht es nicht um das ›Ding an sich‹, sondern um ›Dinge für uns‹.

Distanzierung ist folglich nicht nur ein Akt des Widerstands und der negativen Entfernung, sondern hat vielmehr eine doppelte *positive* Funktion: eine analytisch-unterscheidende, begrenzende und eine synthetisch-verbindende. *Distanz*, nicht zuletzt als Selbstdistanz, schafft erst Überschau und Ordnung. Im menschlichen Umgang mit Welt geht es um ein in diesem Sinne *positives* Distanzieren. Ohne den Zwischenraum des Möglichen gäbe es nämlich nichts, wozu überhaupt ein Bezug hergestellt werden könnte. Die vermittelnden Medien sind dabei die entscheidenden Faktoren. Cassirer hat diese Medien ›symbolische Formen‹ genannt – und »diese Formen eben sind es, die die Ebene des geistigen Tuns des Menschen vorzüglich bezeichnen [...]. Im Medium der Sprache und der Kunst, des Mythos und der theoretischen Erkenntnis vollzieht sich jene Umkehr, jene

---

[26] Cassirer: »Geist« und »Leben« in der Philosophie der Gegenwart, S. 200. Siehe auch Cassirer: Heidegger-Vorles[ung] (Davos) März 1929. In: Davoser Vorträge. Vorträge über Hermann Cohen. Hg. von J. Bohr u. K. Ch. Köhnke. Hamburg 2014 (ECN 17), S. 47: Symbolische Formung »beginnt stets damit, daß sie sich die Welt gleichsam in die Ferne rückt, daß sie eine künstliche *Distanz* zwischen dem Ich und der Welt schafft. Durch diese *Distanz* erst ergiebt sich die Möglichkeit des ›Blickpunkts‹, des geistigen Horizonts. Die Sprache und die bildende Kunst, der Mythos, die Religion, die theoretische Erkenntnis – sie alle arbeiten – eine jegliche in *ihrer* Weise und nach eigenem inneren Gesetz – an diesem Prozess der geistigen Distanz-Setzung mit.«
[27] Vgl. M. Lauschke: Ästhetik im Zeichen des Menschen. Die ästhetische Vorgeschichte der Symbolphilosophie Ernst Cassirers und die symbolische Form der Kunst. Hamburg 2007, S. 133.
[28] Vgl. A. Gehlen: Der Mensch. Seine Natur und seine Stellung in der Welt. 10. Aufl. Frankfurt a. M. 1974, S. 334–335.
[29] Vgl. G. Hartung: Das Maß des Menschen. Aporien der philosophischen Anthropologie und ihre Auflösung in der Kulturphilosophie Ernst Cassirers. Weilerswist 2003, S. 316.

geistige Revolution, deren Ertrag darin besteht, dass der Mensch sich die Welt beseitigt, um die Welt an sich zu ziehen. Kraft ihrer wird ihm eine Nähe zur Welt und eine Ferne von ihr zu Teil, wie sie kein anderes Wesen besitzt.«[30]

III. Medienverluste durch Vermitteltheit

Nähe besteht und entsteht somit nur im Modus der unendlichen Annäherung. Dazu sei eine veranschaulichende Analogie aus einem ganz anderen Gebiet gewagt: Wenn etwa in der Thermodynamik vom ›absoluten Nullpunkt‹ die Rede ist, so wird dieser zwar mit 0 Kelvin angegeben, was −273,15° Celsius entspricht. Aber die Annahme des absoluten Nullpunkts und sein extrapolierter Wert sind Ergebnisse rechnerischer Ableitungen, denn es ist physikalisch ausgeschlossen, ihn zu erreichen. Es kann nichts so kalt wie der absolute Nullpunkt sein, und nach einem Ort zu suchen, an dem er natürlicherweise gemessen werden könnte, hieße, das Prinzip metaphysisch zu überfordern. Der absolute Nullpunkt ist nichts anderes als ein *Grenzbegriff* für Temperaturmessungen. Aber *gerade als* Grenzbegriff *ermöglicht* er doch, mit einigem technischen und energetischen Aufwand Temperaturen mehr oder weniger beliebig *nahe* dem absoluten Nullpunkt zu erzeugen (und dann auch zu messen). Diese Temperaturen etwa komprimierten Edelgases *tendieren* jedoch nur *gegen* Null, sie *sind* aber nie *gleich* Null (Kelvin). – Nähe sei nun für den Moment einmal ein ebensolcher Grenzbegriff. Es gibt also nicht: Nähe, es gibt: Annäherung. Nähe entsteht nur dort, wo noch genügend – oder eben: ein Minimum an Unterscheidung garantiert bzw. möglich ist.[31] In einer Indifferenz oder Ununterscheidbarkeit gibt es keine Nähe.

Nächste Nähe, jetzt einmal im emotionalen Sinne gemeint, lei-

---

[30] In Anspielung auf Goethe (Westöstlicher Divan. Buch Suleika: Einladung), vgl. Cassirer: Das Symbolproblem als Grundproblem der philosophischen Anthropologie. In: Ders.: Zur Metaphysik der symbolischen Formen, hg. von J. M. Krois. Hamburg 1995 (ECN 1), S. 32–109; hier: S. 36. Diese spezifische, positive und insofern ›notwendige‹ Nähe und Distanz geht dann sogar fast parallel zu Heideggers aktiv-transitiver Verwendung des Begriffs des ›Ent-fernens‹ als wesenhafter Näherung des Daseins in dessen Ausmachungen über »Die Räumlichkeit des In-der-Welt-seins«, §23 von Sein und Zeit (1927).
[31] Vgl. auch Heidegger: Sein und Zeit, §23.

det sogar darunter, dass da immer ›noch etwas‹ ist, ein trennendes, distanzierendes Medium – das aber damit zugleich zum wichtigsten Agens jeder Erotik bzw. ›Verzückung‹ wird. Erkennen ist *nicht* die erkannte Sache werden.[32] Absolute Vereinigung bleibt der Grenzbegriff des Nächsten – und eine extreme Annäherung bleibt eine *Grenzerfahrung*, die sich zwar der Mitteilbarkeit entziehen mag, aber niemals jenseitig, d.h. asymbolisch: unvermittelt bzw. unmittelbar ist. Das heißt nicht, dass alle Mystiker und Ekstatiker Lügner wären, wenn sie von ihren leibhaftig vermittelten spirituellen oder erotischen Erfahrungen berichten, das heißt nur, dass ihre Erfahrungen in der Versprachlichung eine andere mediale Formung erhalten (oder aus ihrer Perspektive: einen medialen Verlust erleiden), da Sprache für im Prinzip unsprachlich Erfahrenes – *sprachliche* Symbole zur Verfügung stellt. Diese wirken u.U. nicht nur inadäquat gegenüber dem Erlebten, sondern auch vergesellschaftend – und sei es nur, indem der Angeredete den Bericht des Mystikers als ›Spintisiererei‹ abtut oder den des ekstatisch Liebenden als ›zu nahe tretend‹ abweist. In Mystik und Ekstase liegen durchaus Grenzen des Symbolischen – aber wohlgemerkt: nur (selbst wieder symbolisch vermittelte) *Grenzen*, nicht aber ein *Jenseits* des Symbolischen[33] – auch nicht des ›Sinns‹, wie man wieder mit Luhmann sagen könnte.[34]

Auf die Distanz in der Nähe zu reflektieren, das gehört offenbar nicht zu unserer ›relativ-natürlichen Einstellung‹. »Wir sind in unse-

---

[32] Also im Gegensatz zu den Formeln Campanellas und Patrizis, die diese Schranken für die Erkenntnistheorie gerne einreißen wollten. »Cognoscere enim est fieri rem cognitam« – ›Erkennen ist nämlich die erkannte Sache werden‹, heißt es bei Campanella (Vniversalis philosophiæ, sev metaphysicarvm rervm, 1638, Pars III, Lib. XVII, Cap. II, Art. I, 244); »Atque ita sit, vt cognitio, nihil sit aliud, quam Coitio quædam, cum suo cognobili« – ›Erkennen ist nichts anderes als eine Art Koitus‹, meint Patrizi (Nova de vniversis philosophia, 1591, Panarchias, liber quintvsdecimvs de intellectv, fol. 31r-v; hier: 31v). Cassirer hat diese Stellen in die Geschichte des Erkenntnisproblems eingeordnet, siehe z.B. Cassirer: Symbolproblem – (Vorlesung – Disposition). In: Ders.: Mythos, Sprache und Kunst, hg. von J. Bohr und G. Hartung. Hamburg 2011 (ECN 7), S. 121–140; hier: S. 123, dort in den Anmerkungen der Herausgeber weitere Belege.
[33] Vgl. Richard Margreiter: Erfahrung und Mystik. Grenzen der Symbolisierung. Berlin 1997. Ferner Cassirer: Die »Tragödie der Kultur«. In: Ders.: Zur Logik der Kulturwissenschaften, S. 462–486.
[34] Vgl. Luhmann: Soziale Systeme. Grundriß einer allgemeinen Theorie. 3. Aufl. Frankfurt a.M. 1988, 2. Kapitel: Sinn. Auf das Luhmannsche Verständnis von Sinn als unverbrauchbares Meta-Medium mit Deutungsüberschüssen (Bsp. Religion) kann hier nicht näher eingegangen werden.

rer lebensweltlichen Alltagsumgebung gewöhnlich bei den Dingen, bei den Personen, in den Situationen usw., auf die sich unser Wahrnehmen, Handeln und Äußern richtet. Die innere Gliederung, die Artikulation dieses Wahrnehmens, Handelns und sich Äußerns ist für uns dadurch gewöhnlich auch schon etwas, das wir ›hinter uns‹ haben, dem wir keine eigene Aufmerksamkeit mehr widmen«,[35] so Schwemmer. Wir partizipieren folglich jederzeit an Vermittlungen, ohne dass uns das immer deutlich würde. Schon was sich eigentlich zwischen Hand und Metall abspielt, wenn wir etwa nach einem Löffel greifen, das wissen wir nicht, so das Beispiel Walter Benjamins, »geschweige wie das mit den verschiedenen Verfassungen schwankt, in denen wir uns befinden«.[36] Nur künstlich auseinandergelegt in einer Laborsituation (etwa durch eine Zeitlupenaufnahme) scheint es evident und klar differenziert zutage gefördert, aber zugleich rettungslos ›distanziert‹ – im Alltagssinne – und jedenfalls radikal verschieden vom tatsächlichen Griff zum Löffel, wie wir ihn alltäglich ausüben und ›erleben‹. Der Grund dafür liegt u. a. darin, dass wir es in der Menschenwelt (der Kulturwelt) immer schon weit weniger mit Dingen oder Gegenständen zu tun haben, sondern mit intentional auf uns gerichteten und insofern *sozialen* Objekten (als den von uns oder anderen *Objektivierten*, den ›Dingen für uns‹), darüber aber zugleich immer mit anderen Menschen. Für andere Menschen gilt aber ganz im Besonderen, dass ›wir nicht den Anderen uns objektiv gegenüber erfassen und ihn in einem analogen Gegenüber zur Welt denken‹, »sondern wir ›verstehen‹ uns miteinander in der Welt. Die Welt erfassen wir ursprünglich nicht in ihrem Bestand, sondern in ihrer Aktualität. Wir richten uns in der sinnlichen Kommunikation auf die Welt, und sie richtet sich gegen uns«[37], wie der Psychologe Erwin Straus es formuliert hat. In Cassirers Worten: Kultur ist »eine ›intersubjektive Welt‹; eine Welt, die nicht in ›mir‹ besteht, sondern die

---

[35] Schwemmer: Kulturphilosophie, S. 51.
[36] W. Benjamin: Das Kunstwerk im Zeitalter seiner technischen Reproduzierbarkeit, Frankfurt a. M. 2006, S. 61–62. Ich sehe hier bewusst von einer Auseinandersetzung mit Benjamins höchst interpretationsbedürftigen Begriffen der Aura (als der ›Erscheinung einer Ferne, so nah sie auch sein mag‹) und der Spur (als der Erscheinung einer Nähe, so fern das sein mag, was sie hinterließ) ab. Das im Vorliegenden Gesagte berührt sich auch mit § 23, ›Die Räumlichkeit des In-der-Welt-seins‹ aus Heideggers Sein und Zeit, ohne dass darauf näher eingegangen werden kann.
[37] E. Straus: Vom Sinn der Sinne. Ein Beitrag zur Grundlegung der Psychologie. 2., verm. Aufl. Berlin u. a. 1956, S. 206–207.

allen Subjekten zugänglich sein und an der sie alle teilhaben sollen. Aber die Form dieser Teilhabe ist eine völlig andere als in der physischen Welt. Statt sich auf denselben raumzeitlichen Kosmos von Dingen zu beziehen, finden und vereinigen sich die Subjekte in einem gemeinsamen Tun. Indem sie dieses Tun miteinander vollziehen, erkennen sie einander und wissen sie voneinander im Medium der verschiedenen Formwelten, aus denen sich die Kultur aufbaut.«[38]

IV. Folgerungen

Distanz wird *im* Bemerken nicht bemerkt, sie bleibt unthematisch und unterschwellig. Der Eindruck der Nähe drängt sich vor, aber ist doch ohne vorhergehende Distanzierung nicht zu haben. Bei genauerem Hinsehen wissen wir sogar schon aus unseren alltäglichen Beziehungen: Nähe ist keinesfalls gleichbedeutend mit Distanzlosigkeit. Der Unterschied ist nämlich weniger ein polarer bzw. gradueller wie etwa der zwischen Nähe und Ferne, als vielmehr ein *kategorialer*. Nähe ist keine Gegebenheit, nichts Präsentes, sondern wird aus einer bestimmten, anthropo-kulturellen Distanz heraus erst *erzeugt*, die damit ebenfalls keine Gegebenheit mehr ist. Nähe besteht in unendlicher Annäherung, die ihrerseits nicht in Aufhebung von Distanz aufgeht. Nähe bleibt *Entwurf*. ›Nähe‹ wird doppeldeutig: Einmal verstanden als das, was primär durch eine prinzipielle Distanzierung überhaupt möglich wird, und zum anderen verstanden als das, was sekundär gerade durch die dadurch erreichte Distanziertheit verstellt wird. ›Medien‹ sind daher ebenso doppeldeutig: sie erzeugen unweigerlich Distanz in der Vermittlung von Nähe – und das, *obwohl* sie zugleich die einzigen Mittel sind, Nähe überhaupt erlangen zu können. Distanz ist gleichwohl kein Verlust an Nähe, sondern die Bedingung der Möglichkeit *für* Nähe. – Paradox wären diese Formulierungen nur aus substantialistischer Sicht, denn aus funktionalistischer Sicht verweisen sie wiederum nur darauf, dass symbolische Formen keinen substantiellen Widerpart in ›der‹ Welt haben, sondern allenfalls die ›*Problemformeln*‹ für unser funktionales Verhältnis zu Welt bieten.

Hierin liegt zuletzt noch eine ethische Konsequenz. Wir erfahren eine Prägung und Rückprägung unserer Artikulation nicht nur

---

[38] Cassirer: ECW 24, S. 433.

durch die gewählten Ausdrucksformen, sondern auch durch unsere Nächsten, da wir mit ihnen in einer in symbolischen Formsystemen vermittelten Welt leben. Diese Prägungen und Rückprägungen hinzunehmen und anerkennen heißt aber nicht, sie wiederum als Distanzlosigkeiten akzeptieren zu müssen, sondern als Annäherungen annehmen zu dürfen. ›Die Wachenden haben eine gemeinsame Welt‹ (Heraklit) – aber nur, indem sie im Medium der kulturellen Ausdrucksformen miteinander kommunizieren. Cassirer insistiert nicht von ungefähr auf dem dialogischen Moment des Medialen bzw. der symbolischen Formung.[39]

Nähe muss immer erst gestiftet werden und ist etwas, was prinzipiell der Kommunikation unterliegt. Damit komme ich auf die prinzipielle Fluidität der symbolischen Formen als Medien zurück, die ich zu Anfang annonciert hatte, denn dieser mediale Charakter von Nähe verweist wörtlich *in der Tat* auf ein kooperationstheoretisches Verständnis von symbolischen Medien aller Art. Artikulation als die Annäherung an etwas Gemeintes ist eben nur in einem Medium und vermittels eines Mediums möglich, das zugleich auch die Artikulationsmöglichkeiten strukturiert.[40] Denn »gelänge es, alle Mittelbarkeit des sprachlichen Ausdrucks und alle Bedingungen, die uns durch sie auferlegt werden, wahrhaft zu beseitigen, dann würde uns nicht der Reichtum der reinen Intuition, die unsagbare Fülle des Lebens selbst entgegentreten, sondern es würde uns nur wieder die Enge und Dumpfheit des sinnlichen Bewußtseins umfangen. […] Die echte Substantialität des Geistes […] besteht nicht darin, dass er sich alles sinnlich-symbolischen Inhalts als eines bloßen Akzidens entledigt, daß er ihn wie eine leere Schale fortwirft, sondern dass er sich in diesem widerstehenden Medium behauptet.«[41] Der Mensch und seine Medien formen sich also gegenseitig, Formung und Rückformung stehen in Wechselwirkung. Das heißt eben auch, dass Medien nicht rein instrumentalistisch zu verstehen sind. Medien eröffnen neue Ausdrucksmöglichkeiten und schränken dafür andere ein: sie gestatten Annäherung unter den Bedingungen der Distanzierung. Das Symbolsystem einer Kultur besteht bei näherer Betrachtung in Vor-

---

[39] Siehe z. B. ebd., S. 407–413. Vgl. auch Anm. 5 des vorliegenden Beitrags. Hier könnte man – wozu hier nicht mehr der Ort ist – mit Levinas' oder Ricœurs ethisch-phänomenologisch-hermeneutischen Arbeiten über Nähe und Distanz zum Anderen anschließen.
[40] Schwemmer: Kulturphilosophie, S. 52–53.
[41] Cassirer: ECW 16, S. 104.

läufigkeiten, Andeutungen, Zitaten, Entwürfen, Fragen, aus Verweisen und redundanten Überlieferungen, kurz: aus *unendlichen Annäherungen* an das jeweils Gemeinte oder zu Artikulierende. Sprache z. B. bildet nicht schlechthin einen objektiven Tatbestand ab, sondern sie *symbolisiert;* d. h. sie läßt den Ausdruck und die Darstellung derjenigen kontext- und intentionsabhängigen Gegebenheiten und Tatbestände zu, die für den *Moment* in Rede stehen, und die nie in *jeder* nur möglichen Hinsicht bezeichnet werden müssen, um das Gesagte verständlich zu machen. Im Gegenteil, so, wie Zeichnen *Weglassen* heißt, so gilt »auch gut Sprechen heißt sparsam sein und dem Hörer viel übrig lassen; vor allem aber eine weitgehende Freiheit im eigenen mitkonstruierenden Denken«,[42] die dem ›verstehenswilligen Hörer‹[43] *seinen* Anteil an der Prägnanzbildung überlässt. Damit sei wiederum keinesfalls postuliert, dass es darüber hinaus noch ein ›eigentlich Gemeintes‹ gebe, das uns medial *verstellt* sei. Andeutungen genügen – man hört und sieht dann bereits, was gemeint ist. Im Alltagssinne ist das vielleicht trivial, aber es gibt ja auch sehr elaborierte Andeutungen – bei sprachlichen Gedächtnisappellen von der ›Bibel‹ bis ›Manhattan‹ z. B. (man denke einmal daran) werden enorme Rekontextuierungen geleistet. Hier wird es überdeutlich: Ein medieninvariant allumfassendes Ganzes ist weder ausdrückbar noch überhaupt wahrnehmbar.

Kommunikationsethische Folgerungen ergeben sich somit dort, wo deutlich wird, dass wir offenbar nicht automatisch die gleichen Medien verwenden, dass die Aussagen eines Anderen also in jederzeit anderer symbolischer Vermittlung gemeint sein können. Ein ästhetischer oder religiöser, ein politisch-historischer oder ein technisch-naturwissenschaftlicher ›Blick‹ auf die Welt und die Dinge zeigen daher die Einzelnen schon *innerkulturell* als Partizipanden an verschiedenen kulturellen Formen, derer man sich bewusst werden muss, um die Anderen, wie sich selbst, in diesem Sinne zu verstehen.[44] Dieses Verständnis gälte es indes noch wesentlich zu erweitern, denn Sprache ist zwar das bevorzugte, nicht aber das einzige Medium der gegenseitigen Annäherung. Die Medien der Bilder oder Emotionen,

---

[42] K. Bühler: Sprachtheorie. Die Darstellungsfunktion der Sprache. Stuttgart/New York 1982, S. 397.
[43] Ebd., S. 350.
[44] Vgl. J. Bohr: Raum als Sinnordnung bei Ernst Cassirer. Erlangen 2008, Kap. 4: Konsequenzen für die Selbstinterpretation.

Gesten und deiktischen Anschaulichkeit sind auf ihre Weisen genauso beredt: Wir könnten »zusammen handeln auch dort, wo wir nicht miteinander reden oder uns jedenfalls nicht einigen können«.[45] Eine volle Bewusstheit gegenüber der jederzeitigen Möglichkeit einer anderen Auffassung und einer anderen Ausdrucksform ›desselben‹ noch im scheinbar Selbstverständlichsten zu bewahren und dies nicht als (prinzipiell boshafte oder mindestens verstockte) Abweichung zu missdeuten: das wäre dann ein ganz besonderer Ausdruck von ›Medienkompetenz‹ am Ur-Sprung jeder Vermittlung, Annäherung und Distanzierung.

---

[45] Schwemmer: Kulturphilosophie, S. 87.

Die unheimlich konkrete Wirklichkeit der Erfahrung bei William James und Alexander Bain – oder: Wer denkt konkret?

(Eine philosophische Räuberpistole für Hans-Ulrich Lessing)

Michael Anacker

Einige Leserinnen und Leser werden bei diesem Titel sicherlich spontan an Hegels »Wer denkt abstrakt?« gedacht haben. Und wenn das so ist, dann könnte es gut sein, dass Sie nun einen Essay erwarten, der die heimliche oder unheimliche Nähe von James' Denken zum Deutschen Idealismus oder zur Klassischen Deutschen Philosophie auslotet; einen philosophiehistorischen Vortrag, der vorführen will, wie der Materialismus des britischen Empirismus im späten 19. Jahrhundert über James' Pragmatismus wieder zurück in die Gewässer des absoluten Geistes fließen kann, wobei wir vielleicht ein paar Übersetzungshilfen konstruieren müssten, um von reiner Vernunft und absolutem Geist zu *pure experience* kommen zu können. (Insbesondere wenn wir Quines Lehre der Unbestimmtheit der Übersetzung konsequent auf philosophische Texte anwenden, lässt sich das bestimmt auch leicht bewerkstelligen.) Aber genau das möchte ich nicht tun.

Das »Konkret« im Titel meines Essays soll natürlich *auch* auf die Relevanz der konkreten Einzelerfahrung vor jeder begrifflichen Erfassung verweisen, aber zunächst einmal meine ich damit ganz konkret einen Grundzug an James' Philosophieren: Sein Misstrauen gegenüber einer rein akademischen Philosophie, die ihre Probleme als *philosophische* Probleme aus der *philosophischen* Tradition heraus entwickelt und deren Eigenständigkeit gegenüber alltäglichen Fragen und konkreten Untersuchungen der Einzelwissenschaften betont.

Denken Sie hierbei ruhig an den Anfang von James' »Pragmatismus-Vorlesungen«:[1] Indem er die Bedeutung unserer philosophischen Sentimente hervorhebt, die wir alle haben, bevor wir über-

---

[1] W. James: Pragmatism. A New Name for Some Old Ways of Thinking (1907). In: William James. Writings 1902–1910. Edited by Bruce Kuklick. New York 1987, S. 479–623.

haupt reflektierend zu philosophieren beginnen, will er nicht nur sein Publikum aus Philosophie-interessierten Laien bei der Stange halten, sondern er zeigt, dass Philosophieren genau dieses Spannungsverhältnis zwischen *tender-* und *tough-minded* braucht, um überhaupt zu Fragen zu kommen, über die wir dann philosophierend versuchen können, zu Entscheidungen zu gelangen. Das Tableau aus »zartfühlend« und »grobkörnig« – wie Wilhelm Jerusalem es so nett übersetzt hat – ist weniger als Karikatur von Rationalismus und Empirismus zu verstehen, als vielmehr als der Hinweis darauf, dass Philosophieren eine Haltung voraussetzt; und zwar eine Haltung, die sich im Widerstreit weiß.

Und James' Haltung in Bezug auf den Deutschen Idealismus ist durch alle Veränderungen seiner sonstigen philosophischen Einstellungen hindurch bemerkenswert konstant: Er mag diese Art zu philosophieren nicht.

Schon in den 80er Jahren des 19. Jahrhunderts schreibt er an den Herausgeber der *Mind*, George Croom Robertson: »Why don't you have a special »neo-hegelian department« in Mind, like the »Children's department« or the »Agriculture department« in our newspapers, which educated readers skip?«[2]

Und noch 1909 im *Pluralistic Universe* schimpft er seitenlang auf die Deutsche Philosophie, die jeden originellen Gedanken verdorren lasse, weil er akribisch in die Systeme der zu verehrenden großen Denker zu integrieren sei; und so aus hoffnungsfrohen, jungen Männern blutleere Stubenhocker mache, die anstatt in der freien Natur herumzustromern ihre Tage in staubigen Bibliotheken verbringen.[3]

Alle Hinweise von Peirce und Royce, dass seine Attacken gegen Hegel sicherlich gut gemeint seien, aber leider sehr wenig mit Hegel zu tun hätten – und daher besser nicht in dieser Form veröffentlicht werden sollten, schlägt James dickköpfig in den Wind und veröffentlicht genauso, wie er es ursprünglich geschrieben hat. Er schreckt vor einer Philosophie, die den Begriff ins Zentrum stellt, zurück.

James will keine Philosophie, die vom Begriff des Begriffs ausgehend das Denken unter die Ägide der Vernunft stellt, sondern eine Philosophie, die von konkreten menschlichen Erfahrungen ausgeht,

---

[2] James: The Correspondence of William James. Ed. by Ignas K. Skrupskelis/Elizabeth M. Berkeley, 12 vols. Charlottesville 1992–2004; vol. VI, S. 62.
[3] James: A Pluralistic Universe (1909). In: William James. Writings 1902–1910, S. 625–819.

von konkreten Menschen, deren tatsächliche Nöte und Bedürfnisse ins Zentrum stellt und Vernunft und Wahrheit als Orientierungshilfen sieht, die wir nicht um ihrer selbst willen philosophisch ergründen müssen, sondern deren Wert für uns gute Philosophie allererst zu erweisen hat. Nicht ein »an-sich« einer Wahrheit, ein »bei-sich-Sein« eines Begriffs zeigt uns deren Werte. Wir sind es, die durch unsere Entscheidungen Wertungen ausdrücken, die die rein begrifflichen Unterscheidungen sowohl unterlaufen als auch überhaupt erst ermöglichen.

Diese Entscheidungen aber können für James, und das macht er im *Pluralistic Universe* in wünschenswerter Deutlichkeit klar, nicht aus der Perspektive des Absoluten oder EINER Wahrheit gedacht werden, denn *sub specie aeternitatis* sind alle unsere Überzeugungen und alle unsere Entscheidungen gleich viel oder gleich wenig wert. Jede Entscheidung ist eine Entscheidung *zu etwas;* sie hat ihren Wert nur im Hinblick auf die Zwecke, die wir mit ihr verfolgen. Ein Rekurs auf einen Zweck an sich hilft uns nicht, denn unsere Zwecke hängen von unseren Möglichkeiten ab und unsere Möglichkeiten werden durch die konkreten Umstände, in denen wir uns befinden, bestimmt. Wer auf einen Zweck an sich schielt, auf eine Freiheit als unbedingte Bedingung, der verpasst für James die Möglichkeit, den Wert unserer Überzeugungen und Entscheidungen zu sehen.

Eine solche Philosophie ist für James nicht nur dazu verdammt, sich selbst in den Wissenschaften zu marginalisieren und auf das Desinteresse des öffentlichen Publikums zu stoßen, nein, sie ist aus seiner Sicht vor allem eines: nämlich zynisch. Und daher schmettert er seinem alten Freund Josiah Royce auch trotzig sein: »Damn the Absolute!« entgegen.[4]

Das Denken als konkretes Denken verstehen zu wollen, ist nicht die Marotte eines der Begründer der Psychologie, der glaubt, Metaphysik und Erkenntnistheorie psychologisieren zu müssen, sondern eines Philosophen, der glaubt, dass Wahrheit einen Wert hat und die Philosophie diesen Wert zeigen können muss, anstatt ihn nur zu postulieren und in der Wahrheit selbst wieder zu verorten. Philosophie ist für James kein begriffliches Geschäft, in dem es um exakte Definitionen, logische Deduktionen und abgeschlossene Theorien geht. Sie ist vielmehr eine Praxis, die uns die Reichhaltigkeit dessen, was wir

---

[4] James: The Letters of William James. Ed. by his son Henry James. 2 vols. Boston 1920, vol. 2, S. 135.

bereits haben, zeigt, um uns bei den Entscheidungen, was wir damit anfangen wollen, zu helfen. Sie sagt uns dabei aber weder, was wir zu tun haben – das müssen wir schon selber machen –, noch zaubert sie erkenntnistheoretische Gegenstände aus dem Hut – diese begegnen uns nämlich entweder in der Erfahrung oder sie lassen es bleiben.

Nachdem ich jetzt etwas gemacht habe, von dem ich glaube, dass es das ist, was Philip Kitcher als »James' famous clearing of the throat«[5] bezeichnet, verrate ich Ihnen nun aber doch – und dafür ist es langsam auch hohe Zeit – was ich Ihnen in dem verbleibenden Essay erzählen möchte:

(1) Zunächst wird es um Alexander Bain gehen, einen – wie ich glaube – weitgehend eher stiefmütterlich behandelten schottischen Philosophen, Psychologen und Pädagogen, der gerne als eine Inspirationsquelle des Pragmatismus erwähnt wird, um dann schnell wieder in Nichtbeachtung zurückzufallen. Ich glaube, dass Bain aus seinen Überlegungen zur physiologischen Psychologie eine wichtige Weichenstellung vorgenommen, die die spezifische Art, in der James' und Peirce' Pragmatismen ihre Fragestellungen entwickeln, meiner Meinung nach mitgeprägt hat, und deren Berücksichtigung helfen könnte, James' Individualismus und seine scheinbare Tendenz zu einem Relativismus vor allzu schnellen Missverständnissen zu bewahren.

(2) Und dann wird es natürlich um James gehen, um die Art und Weise, wie er Bains Weichenstellung umsetzt und auf ihr aufbauend versucht, ganz konsequent Philosophie nicht als Blick *auf* die Welt, als Theoria, zu denken, sondern sie als Aktivität in der Welt zu unternehmen. Dieses Unternehmen starte ich mit James' Perspektive auf das Urteilen, die uns dann weiter führt zu seiner Vorstellung, dass Überzeugungen oft genug gar keiner Rechtfertigung im philosophischen Sinne bedürfen, und von da aus geht es dann zu James' scheinbar individualisiertem und relativiertem Wahrheitsverständnis, das direkt in eine Welt aus reiner Erfahrung mündet.

---

[5] Ph. Kitcher: The Road not Taken. Die deutsche Übersetzung des nicht-publizierten englischen Originals ist erschienen als: Kitcher: Der andere Weg. In: Martin Hartmann/Jasper Liptow/Marcus Willascheck (Hgg.): Die Gegenwart des Pragmatismus. Frankfurt a. M. 2013, S. 35–61; hier: S. 35.

Michael Anacker

I. Alexander Bain

Alexander Bain war ein Weggefährte John Stuart Mills und die treibende Kraft, die hinter George Croom Robertson bei der Begründung der Zeitschrift *Mind* stand. Er gehört zu den britischen Philosophen, die den Ausdruck »empiricism« als Kampfbegriff gegen den in Großbritannien immer prominenter werdenden Neo-Hegelianismus – z. B. bei Thomas Hill Green – in Stellung brachten und als Bezeichnung eines philosophischen Ideals verstanden, das die Philosophie nicht in Abgrenzung von den Wissenschaften, etwa als ihre Krönung oder ihr Fundament, sondern in Kontinuität mit der sich entwickelnden wissenschaftlichen Forschung sahen.[6] (Mill z. B. verwendet diesen Ausdruck noch nicht, er wird erst später prominent.) Wie die Wissenschaften sich in einer permanenten Weiterentwicklung befinden, muss sich auch die Philosophie diesen Entwicklungen anschließen und dabei ständig ihre Grenzen neu abstecken und ihre Gegenstände neu bestimmen.

Unter dem Eindruck der Schriften der organischen Physiker, also der Gruppe von Physiologen und Physikern um Helmholtz und DuBois-Reymond, schreibt er: »The mind is destined to be a double study – to conjoin the mental philosopher with the physical philosopher.«[7] *Mental Philosophy* ist der von ihm bevorzugte Ausdruck für Psychologie, und mit Hilfe der Psychologie soll die Diskussion um die Metaphysik, die er ganz im Sinne Humes als *Moral Science* sieht, wieder auf Trab gebracht werden. Das Forum für diese Diskussion soll die *Mind* sein.

Bain wird gemeinhin – und daran ist James mit seinen *Principles of Psychology* nicht ganz unschuldig – als krönender Abschluss der Assoziationspsychologie gesehen. Zwar krönend und glänzend, aber eben einer der letzten einer aussterbenden Art. Bain markiert den Übergang von Assoziationspsychologie zur physiologischen Psychologie, allerdings ohne diesen Übergang selber aktiv vollzogen zu haben.[8] Auch Helmholtz sieht das so. Bain rezipiere zwar die physikalische Physiologie, beließe es aber dabei, das Gehirn als Telegraphennetzwerk zu verstehen, bei dem die Funktionen des Hirns durch die neurale Verdrahtung festgelegt sei, die Lernvorgänge selbst wür-

---

[6] A. Bain: Dissertations on Leading Philosophical Topics. New York 1903, S. 132–161.
[7] Ders.: Mind and Body. The Theories of Their Relations. New York 1874, S. 196.
[8] R. S. Peters: Brett's History of Psychology. Revised Edition. London 1962, S. 457.

den ausschließlich durch Assoziationsgesetze erklärt. Im Grunde bezichtigt Helmholtz Bain bei einer naiven Abbildtheorie stehengeblieben zu sein, die auf einer Theorie der kausalen Verursachung durch neural lokalisierbare Reizungen basiert und dann die eigentliche Repräsentationsleistung im Wahrnehmungserlebnis durch physiologisch durch nichts gedeckte, schlicht formal postulierte Assoziationsgesetze stattfinden zu lassen.

In der Literatur zum Pragmatismus wird Bain in der Regel mit einem Satz (von 1859) zitiert, um das pragmatistische Verständnis von Überzeugungen *(beliefs)* zu charakterisieren: »A belief is that upon which a man is prepared to act.«[9] – Wobei meist unklar bleibt, *was* Bain uns hiermit eigentlich sagen will.

Tatsächlich ist Bain jemand, der auf der Basis einer physiologischen Entdeckung die Philosophie ziemlich buchstäblich auf die Füße stellen will: Für Wahrnehmungen, deren Gehalte wir unmittelbar mit externen Objekten verbinden, müssen neben passiven sensorischen Nervenzellen auch motorische, also für den Bewegungsapparat erforderliche, Nervenzellen aktiviert werden. Für eine Wahrnehmung mit bestimmbaren Objektgehalten braucht es also einen Organismus, der nicht nur passiv wahrnimmt und dann auf der Basis von Vernunftvermögen Objekte konstruiert, sondern es bedarf eines aktiven Organismus, der sich im Zusammenspiel seines sensomotorischen Apparates in einer Umwelt bewegt. Und dies führt zu einer ganz wesentlichen Korrektur des cartesischen Erbes der philosophischen Neuzeit: Wir können nicht mehr von einem passiven Subjekt, das ortlos ist und auf das eine aktive Umwelt (als Objekt) einwirkt, ausgehen, sondern wir müssen das Subjekt selbst als Handelndes, agierendes und reagierendes Wesen, in einer in einem hohen Maße stabilen (und damit passiven) Umwelt verstehen. Das Subjektive als mentales Erleben bleibt zwar selbst unausgedehnt, aber es ist charakterisiert dadurch, dass es stets auf Räumliches bezogen ist.[10]

Mit diesem Gedanken einer geht eine weitere Korrektur: Die alte cartesische Konzeption verleitet uns zu Fragen nach der Lokalisation des Mentalen: Wo sitzen sie, unsere Vorstellungen? In der Zirbeldrüse? In der transzendentalen Einheit der Apperzeption? etc. pp.

Diese Fragen gehen letztlich zurück auf das Bedürfnis, Erklärungen nach dem Muster der klassischen, mechanistischen Physik geben

---

[9] Bain: The Emotions and the Will. London ²1865, S. 506.
[10] Ders.: Mental and the Moral Science. London 1872, S. 371 f.

zu wollen, wobei wir dann allerdings immer unbefriedigt bleiben müssen, weil in der Mechanik der Gegenstand der Physik eben *matter in motion* ist, und wir vorher doch vorausgeschickt haben, dass das Mentale eben unausgedehnt ist, also gerade nicht *matter* sein soll. (Denken Sie hierbei ruhig an Kants Dilemma mit dem Verursachungsbegriff, sobald es um transzendente Ideen geht …)

Mit unserem aktiven Subjekt, das in einer objektiven Umwelt agiert, können wir diese nicht beantwortbaren Fragen über Bord schmeißen. Was uns zu interessieren hat, sind nämlich nun nicht mehr Fragen der Verursachung von Vorstellungen, sondern die Relationen, in denen das mentale Erleben mit der erlebten Umwelt steht, und diese Relationen sind weniger kausal als vielmehr funktional!

Und daher macht es für Bain auch keinen Sinn, bestimmte Vorstellungen mit der Reizung bestimmter Nervenbündel oder -areale fest verknüpft wissen zu wollen. Die verschiedenen Vorstellungen oder Wahrnehmungen von ein und demselben Ball etwa werden nicht zur Vorstellung des einen Balls, weil die Vorstellungen hinreichend ähnlich werden oder dieselben Nerven gereizt würden, sondern der funktionale Zusammenhang in der Handlung ist es, der für die hinreichende Ähnlichkeit sorgt. Ein inaktives Subjekt hat keine Objekte und räumlich bestimmbaren Wahrnehmungsgehalte, so etwas kann nur ein Wesen haben, das in der Welt herumwuselt und auf sein Wuseln und das, was ihm dabei begegnet, reagieren kann.

Wenn wir den grundsätzlich relationalen Charakter von Vorstellungen und anderen kognitiven Leistungen ernst nehmen, so Bain, dann haben wir damit zugleich auch eines der lästigsten Probleme der Philosophiegeschichte vom Bein: Die unselige Verdoppelung der Welt in der Wahrnehmung oder ihre Spiegelung in der Erkenntnis.[11] Bain selbst zielt hier ganz ähnlich wie Mach auf den philosophischen Zwang, Erscheinung als das, was sinnlich erfahrbar ist, vom Sein, als das, was die der sinnlichen Erfahrung entzogene Quelle der Erscheinung sein soll, trennen zu müssen, um die Existenz einer materiellen Außenwelt überhaupt als unabhängig von unseren Repräsentationen denken zu können. Wie bei Mach der »durchgehende Bezug unserer Befunde in der Wahrnehmung zueinander«[12] schon ausreichen soll,

---

[11] Ebd., S. 198.
[12] Vgl. E. Mach: Erkenntnis und Irrtum. Skizzen zur Psychologie der Forschung. Leipzig ⁵1926, S. 11.

um zwischen »objektiven« und »subjektiven« Anteilen der Wahrnehmung hinreichend unterscheiden zu können, so ist auch für Bain die durchgehende *dependence* von Mentalem und Physischem ein absolut ausreichender »Beweis« einer materiellen Außenwelt: Nur ein ausgedehnter Organismus, der sich bewegt, kann Gedanken von Objekten haben, die nicht er selbst sind und die von den Gedanken selber eben wieder unterschieden werden müssen.[13]

Das heißt für Bain aber gerade nicht, dass Vorstellungen (oder Gedanken oder Überzeugungen) auf Bewegungen oder physische Objekte reduziert werden müssten. Sie sind ein irreduzibler Teil ein und derselben Wirklichkeit, von der unsere Erfahrungen von ausgedehnten, materiellen Dingen handeln, und wir verstehen sie nur, insofern wir ihre durchgehenden Bezüge zu dieser Wirklichkeit vor Augen behalten, ganz gleich wie abstrakt sie auch immer daher kommen mögen – sie stehen der Wirklichkeit nicht gegenüber, sondern sie bilden mit ihr eine Einheit von Bezügen. Wir dürfen diese durchgehende Einheit, diese Beziehungen, nur nicht lokalisierend verstehen, d.h. wir sollten nicht nach den Eckpunkten, den Relata, und ihrem kausalen Verhältnis fragen, sondern die Funktionen beachten, die hinzukommen, wenn bei einem Organismus Gedanken, Vorstellungen und Überzeugungen ins Spiel kommen: »The only mode of union that is not contradictory is the union [...] of position in a continued thread of conscious life. We are entitled to say that the same being is, by alternate fits, object and subject, under extended and under unextended consciousness; and that without the extended consciousness the unextended would not arise.«[14]

Nicht der abstrakte Begriff ermöglicht es, die konkrete Erfahrung durch Objektivation in gültige Ordnungen zu verwandeln, sondern die Objektivation hat ihre Voraussetzung in der leiblichen Erfahrung, die nur auf dieser Grundlage begrifflich in beliebige abstrakte Systeme oder Ordnungen gebracht werden kann, deren Gültigkeit sich dann aber wieder in der konkreten leiblichen Erfahrung erweisen muss.

---

[13] Vgl. Bain: Mental and the Moral Science, S. 4.
[14] Ebd., S. 137f.

II. William James

Mir scheint, dass an diesen Überlegungen Bains für James ganz besonders wichtig ist, dass wir Bewusstsein nicht in erster Linie als kontemplatives Selbstbewusstsein in seiner Egologizität denken, sondern es als primär impulsive, auf Handeln ausgerichtete Leistung verstehen müssen, in der sich Subjektivität als Funktion im Umgang mit widerständigen Erfahrungen herausbilden kann. Damit so etwas wie Subjektivität entstehen kann, muss dieses Handeln viel mehr sein als das Setzen eines Du oder eines Ich. Es muss ein Handeln sein, das einen vielfältigen Umgang mit der Welt erlaubt, in dem Entscheidungen möglich (und leider auch oft nötig) sind.

Wenn wir uns Urteile aus der Perspektive des Entscheidens ansehen, fallen uns z. B. selten die kantischen Kategorientafeln als Voraussetzungen für gutes Urteilen ein. Und wir merken, dass Urteile mehr sind als das bloße Verbinden von Aussagen nach einer bestimmten Verstandesform, die uns zeigt, ob wir es mit einem bloß subjektiven oder gar mit einem objektiv notwendigen Urteil zu tun haben. Unsere Urteile für Entscheidungen gelten nämlich nicht nur im empirisch Realen, sondern wir müssen sie auch im empirisch Realen fällen. Kant würde sagen (und er tut es auch in seinem »Kanon der reinen Vernunft«)[15], solche Urteile für konkrete Entscheidungen basieren auf pragmatischem Glauben.

Während dies für Kant aber eine minderwertige Form des Urteilens ist, die sich nur durch die Notwendigkeit der jeweiligen Situation rechtfertigen lässt, ist es für James die wichtigste Form des Urteilens überhaupt. Wir stehen selten vor der Frage, ob wir imstande sind, die apriorische Gültigkeit der Newtonschen Gravitationsgesetze auszuweisen. Meistens müssen wir uns entscheiden, wenn uns Notwendigkeit oder Gewissheit nicht zur Verfügung stehen. Für solche Entscheidungen ist Vertrauen wichtiger als der Rekurs auf notwendige Wahrheiten.

Wenn James in *The Will to Believe* darauf besteht, dass man ein Recht auf unbegründete Überzeugungen haben kann und schon dadurch in diesen Überzeugungen ausreichende Rechtfertigung gegeben sei,[16] dann geht es ihm nicht um eine Begründung von *wishful*

---

[15] I. Kant: Kritik der reinen Vernunft (1787). Hamburg 1998, AA III, S. 533 f.
[16] W. James: The Will to Believe (1896). In: William James. Writings 1878–1899. Edited by Gerald E. Myers. New York: The Library of America 1992, S. 457–479.

thinking, sondern darum, dass die Bedingung der Möglichkeit von Urteilen nicht in ihrer Wahrheit, sei sie notwendig oder kontingent, besteht, sondern in der Leiblichkeit der Urteilenden. Wer als konkretes Lebewesen im Konkreten urteilen muss, kann nichts gewinnen, wenn er sich auf das transzendental Ideale oder das Absolute beziehen muss:

»[...] let me remind you that *the absolute is useless for deductive purposes*. It gives us absolute safety if you will, but it is compatible with every relative danger. You cannot enter the phenomenal world with the notion of it in your grasp, and name beforehand any detail which you are likely to meet there. Whatever the details of experience may prove to be, *after the fact of them* the absolute will adopt them. It is an hypothesis that functions retrospectively only, not prospectively.«[17]

Für James steht die Funktion des Urteils im Zentrum, und auch das war ja eine Idee von Bain: Frage nicht lokalistisch nach dem Verhältnis von Mentalem und Physischem (dann haben wir nämlich nicht die geringste Idee, wie die Antwort aussehen könnte), sondern frage nach den funktionalen Dependenzen! Die Frage nach den funktionalen Beziehungen und Bedingungen ist natürlich keine andere als die Frage: Welchen Unterschied macht es, ob ich so oder so urteile? Und das ist natürlich die Sparversion der pragmatischen Maxime. Wer uns auf diese Frage antwortet: »Nun, in einem Fall ist dein Urteil wahr und im anderen falsch!« begeht ganz offenkundig etwas, was Austin einen sprechakttheoretischen Versager genannt hat. »Wahr« mag vieles sein. Dass so und soviel Stühle hier Raum stehen, dass ich von meinem Wohnzimmerfenster auf die Studierendenwohnanlage Grunewald gucken kann, all das mag wahr oder falsch sein. Aber Wahrheit allein liefert kein hinreichendes Kriterium zur Bewertung von Urteilen, wenn ich urteile, um Entscheidungen zu fällen. Es ist einfach viel zu vieles wahr.

Weder Wahrheit als ideale Akzeptierbarkeit noch Wahrheit als Ziel allen wissenschaftlichen Forschens kann uns helfen, eine Entscheidung zu fällen. In James' eigenem, viel geschmähten Verständnis von Wahrheit können wir allerdings sehen, warum Wahrheiten (im Plural!) – und vor allem welche Arten von Wahrheiten – hilfreich sind, auch wenn sie keine hinreichenden Bedingungen für Entscheidungen sind.

---

[17] James: A Pluralistic Universe (1909), S. 625–819, hier: S. 687.

In den Pragmatismus-Vorlesungen und in *The Meaning of Truth*[18] zeigt James uns zunächst, wie schnell wir mit einem korrespondenztheoretischen Wahrheitsverständnis scheitern, sofern wir Korrespondenz als Repräsentation verstanden wissen wollen. Bei komplexen Überzeugungen, wie wir sie in Urteilen verwenden, geht es nicht um das möglichst genaue Repräsentieren einer von uns unabhängigen Wirklichkeit, sondern um die tentative Festlegung bestimmter Erfüllungsbedingungen, die wir entweder in unseren Handlungen einlösen können – oder aber eben nicht; und im letzten Fall wissen wir, dass wir uns geirrt haben.

Der klassische Vorwurf gegen James, dass er hier bloßes fürwahr-Halten, Handlungserfolg, Richtigkeit usw. mit Wahrheit verwechsele, scheint mir an James' Erklärungsrichtung vorbei zu gehen: James liefert uns keine Wahrheitstheorie oder eine Explikation des Wahrheitsbegriffs im Sinne der analytischen Philosophie. Er macht uns vor, wie wir Wahrheiten einsetzen, um auf neue Wahrheiten zu kommen. Und hierfür reicht es nicht aus, kontemplativ nach Verknüpfungen zwischen notwendigen Wahrheiten und den Phänomenen, die uns in der Erfahrung begegnen, zu suchen. Wir müssen eingreifen, um zu verifizieren. Eine Wahrheit, die wir nicht eingreifend erfahren können, taugt hier nichts! Es sind die vielen kleinen Wahrheiten der Erfahrungen, die wir hierzu mobilisieren müssen. Das Praktische ist, dass hierbei die Erfahrungen selbst in gewisser Weise schon mobil sind. Eine Erfahrung ist ja für James kein Sinnesdatum, das auf ein passives Subjekt einprasselt; Erfahrung ist die leibliche Erfahrung eines bewegten Organismus in einer Umwelt.

Donald Davidson hat immer wieder betont, dass Überzeugungen intrinsisch veridisch seien.[19] Und entsprechend könnten nur Lebewesen, die über einen objektiven Wahrheitsbegriff verfügten, überhaupt Überzeugungen unterhalten und mithin ein Bewusstsein haben. James prescht hier ungleich weiter voraus: Schon Erfahrungen sind intrinsisch veridisch, sofern sie die Erfahrungen eines sich in seiner Umwelt orientierenden Organismus sind!

Diese Idee macht die meisten Philosophinnen und Philosophen

---

[18] Ders.: The Meaning of Truth (1909). In: William James. Writings 1902–1910. Edited by Bruce Kuklick. New York: The Library of America 1987, S. 821–978.
[19] Vgl. D. Davidson: A Coherence Theory of Truth and Knowledge (+ Afterthoughts). In: D. Davidson: Subjective, Intersubjective, Objective. Oxford 2001, S. 137–157, hier: S. 156.

nervös. James radikalisiere damit doch lediglich seine verderbliche Verwechselung von Wahrheit und für-wahr-Halten, er relativiere Wahrheit konsequent auf das Individuum und verliert endgültig jede Möglichkeit, die Unabhängigkeit der Außenwelt von unseren Überzeugungen und Erfahrungen auch nur zu denken. Dies kann nur auf ein »Was gefällt, ist auch erlaubt!« hinauslaufen.

James, so scheint es, empfiehlt uns eine Art kollektiven Solipsismus, der noch durch einen mystischen Schamanismus gekrönt wird[20], demgemäß wir durch unsere Erfahrungen in merkwürdigen mentalen Verbindungen mit Krabben, Bäumen, anorganischen Materialien und natürlich auch Verstorbenen stehen können.

Es ist natürlich richtig, dass James Eintreten für die *Psychical Research* und seine Ausflüge in die Fechnersche Weltseele für uns heute sehr befremdlich wirken, aber man kann seine *Essays on Radical Empiricism* auch sehr gut ohne spiritistische Anflüge lesen: »The ›I think‹ which Kant said must be able to accompany all my objects, is the ›I breathe‹ which actually does accompany them.«[21] James' Rhetorik klingt hier nach dem Odem der Weltseele, aber es geht gerade nicht um ein feinstoffliches Gewebe, das das Weltganze trägt, sondern um Muskelkontraktionen und das neurale Feuern in den Nervenzentren: »That entity [called consciousness] is fictious, while thoughts in the concrete are fully real. But thoughts in the concrete are made of the same stuff that things are.«[22] Worauf James hier hinaus will, ist einfach die ökologische Einheit von Organismen und ihren ökologischen Nischen.

Jeder Gedanke, jede Überzeugung, jede Erfahrung ist real, genau so real wie Tische, Stühle und Bänke. Gedanken und Erfahrungen als konkrete Erfahrungen sind keine Perspektiven auf die Welt vom *god's eye point of view*, sie sind genauso in der Welt, wie die Dinge, mit denen wir mit ihnen umgehen. Wenn Ernst Mach uns sagt, dass es streng genommen Unsinn ist, vom gekrümmten Stab im Wasserglas als optischer »Täuschung« sprechen zu wollen, weil seine Krümmung eben keine Täuschung ist, sondern nach den Gesetzen der Optik stattfindet: Ohne die Phänomene der Lichtbrechung gäbe es keine physi-

---

[20] B. Wilshire: The Breathtaking Intimacy of the Material World: William James' Last Thoughts. In: R. A. Putnam (Ed.): The Cambridge Companion to William James. Cambridge 1997, S. 103–124, hier: S. 122.
[21] James: Does ›Consciousness‹ Exist? (1904). In: William James. Writings 1902–1910, S. 1141–1158, hier: S. 1157.
[22] Ebd., S. 1158.

kalische Optik, der krumme Stab, den wir sehen, ist genauso real wie der gerade Stab den wir tastend fühlen, wenn Mach uns also sagt, dass wir hier nicht von Täuschung sprechen sollten, dann geht James noch einen Schritt weiter: Wenn Erfahrungen (und andere kognitive Zustände) leiblich sind, dann sind sie alle real. Wenn wir über Wahrheit im Sinne von Zutreffen auf einen Ausschnitt der physischen Welt sprechen wollen, dann sind alle Erfahrungen in einem gewissen Sinne wahr.

Der Paranoiker, der sich von allem und jedem bedroht und verfolgt fühlt, irrt sich nicht, weil seine Überzeugungen irreal wären. Seine Ängste sind völlig real; das ist ja gerade das Dumme! Eine Korrespondenz mit physischen Tatsachen lässt sich leicht herstellen: Sehen wir nicht, wie sein Blick flattert, seine Hände zittern? Jetzt werden Sie einwenden wollen: Das meint aber niemand, wenn er oder sie von einem Zutreffen mit der Wirklichkeit spricht. Ängste müssen schon mit Sachen der richtigen Art auf die richtige Weise in Verbindung stehen, um durch wahre Überzeugungen hervorgerufen worden zu sein. Putnam würde sagen, es muss schon die richtige Kausalkette sein, die unsere Überzeugungen über Wasser z.B. verursacht hat, damit wir über die richtige Bedeutung von Wasser verfügen.[23] Ich hoffe, Sie sehen, die Aufgabe für den Korrespondenztheoretiker der Wahrheit wird immer schwieriger: Es gibt nämlich nicht nur die eine wahrheitsbewahrende Korrespondenzbeziehung mit der Wirklichkeit, es gibt einen ganzen Sack voll! Das Kriterium der Auswahl der »richtigen« Beziehung kann nicht wieder in Korrespondenz bestehen, denn »korrespondieren« kann auf unendlich viele Arten und Weisen alles mit allem. (Und natürlich müssten wir ganz nebenbei auch noch imstande sein, angeben zu können, wo eine Überzeugung aufhört und eine andere anfängt, um dem Gedanken einer »richtigen« Korrespondenzbeziehung Gehalt verleihen zu können – eine nicht ganz leichte Aufgabe …)

Für James' konkrete, leibliche Erfahrungen stellen sich die Fragen nach den Beziehungen von Erfahrungen mit der Wirklichkeit zum Glück nicht abstrakt, sondern ganz konkret. Und dann lassen sich diese Fragen auch beantworten.

James illustriert das sehr schön am Beispiel eines bloß vorgestellten (oder geträumten) Zimmers im Unterschied zu einem

---

[23] Vgl. H. Putnam: The Meaning of »Meaning«. In: Language, Mind, and Knowledge. Minnesota Studies in the Philosophy of Science 7 (1975), S. 131–193.

»wirklichen« Zimmer:[24] Die Erfahrungen vom Zimmer – gleichviel ob geträumt oder wach – sind beide real. Was sie unterscheidet, sind die Erfüllungsbedingungen, die erforderlich sind, die beiden Erfahrungen mit anderen Erfahrungen zu verknüpfen. Für ein geträumtes Zimmer z. B. bezahle ich meist am Monatsanfang keine Miete, die Erfahrungen mit geträumten Zimmern haben keine Verknüpfungen mit Erfahrungen meines Kontostands. Wenn ich im Traum in meinem Zimmer eine unglaubliche Sause stattfinden lasse, habe ich am nächsten Morgen den Luxus, nicht aufräumen zu müssen. Die mühselige Aufräumerfahrung gehört schlicht nicht zu den Erfüllungsbedingungen von Traumzimmern. Usw., usf.[25]

Konkrete Erfahrungen haben im Unterschied zu einer abstrakten Konzeption von Gedanken, den Vorzug, dass sie alle in einer Verbindung zueinander stehen. Manchmal sind diese Verbindungen loser, manchmal sind sie enger. Aber niemals müssen wir diese Verbindungen abstrakt durch Vernunftvermögen konstruieren: Wir erleben diese Verbindungen als Erfahrungen wie andere Erfahrungen auch. Wenn Sie demnächst zu Ihrer Vermieterin gehen und erklären, dass Sie Ihr Mietverhältnis lediglich geträumt hätten und ich Ihnen gesagt hätte, dass man für Traumzimmer keine Miete zu bezahlen habe, dann werden Sie aller Voraussicht nach eine unschöne Erfahrung mit Ihrer Vermieterin machen UND Sie werden sehr schnell feststellen, was es für zwei Organismen bedeutet, Erfahrungen über ein erfahrbares Objekt zu teilen!

Auch hier geht James noch einen Schritt weiter und fragt sich, was denn wäre, wenn wir *immer* träumten, also träumen, dass wir manchmal von Zimmern träumen und zwar meist auch just in den Zimmern, für die wir auch Traum-Miete bezahlen müssen. James' Antwort wird Ihnen von einem anderen Philosophen her bekannt vorkommen: Wenn das tatsächlich so ist und die Verbindungen aller unserer Erfahrungen so wären, wie sie uns jetzt erscheinen, dann würde in diesem Dauertraum »träumen« das bedeuten, was wir in-

---

[24] Vgl. James: Does ›Consciousness‹ Exist? (1904), S. 1147.
[25] Sehr anschaulich und sowohl an Ernst Machs Durchgängigkeit der Beziehungen der Elemente in der Erfahrung als auch Hilary Putnams *brains in a vat* gemahnend: »In a picture gallery a painted hook will serve to hang a pinted chain by, a painted cable will hold a painted ship. In a world where both the terms and their distinctions are affairs of experience, the conjunctions which we experience must be at least as real as anything else.« (Vgl. James: A World of Pure Experience (1904). In: William James. Writings 1902–1910, S. 1159–1182, hier: S. 1168.

nerhalb der Traumerfahrung als träumen erfahren, und genau so wäre es beim Wachsein. Kurz, wenn wir andauernd träumen, dass wir träumen und träumen, dass wir wach sind, dann ist unsere Erfahrung des Träumens nicht die des Träumens des Träumens, sondern die des Träumens im Dauertraum. Unsere Erfahrungen vom Träumen hätten dann keine Erfüllungsbedingungen im Träumen im Sinne des Dauertraums. Das ist natürlich die Argumentation von Putnams *brains in a vat*.[26]

Während aber Putnam versuchte, uns deutlich zu machen, dass wir aus dem Standpunkt eines internen Realismus nicht herauskommen können und ihm einen transzendentalen Idealismus an die Seite stellen müssten, um zu verstehen, dass das Repräsentieren von Tatsachen Kenntnis von Werten, die nicht einfach wieder in diesen Tatsachen aufgehen können, voraussetzt,[27] kann James auch sehr gut ohne einen eingebauten transzendental-idealistischen Wertemotor fahren. Ich glaube, James hätte Putnam gesagt, dass er seinen internen Realismus noch viel zu sehr aus der Position des *god's eye point of view*, nämlich aus der des philosophischen Lehrstuhls, sieht. Konkrete, leibliche Erfahrung involviert Bewegung und das Spüren von Bewegung, konkrete Erfahrung heißt Gestank und Wohlgeruch wahrnehmen, eklige Dinge anfassen und schöne Dinge anfassen, Langweiliges hören und Inspirierendes hören, in seinen Bemühungen scheitern oder weiterkommen und noch vieles dieser Art mehr. Die Welt der notwendigen Wahrheiten und die Welt der Wahrheit als idealer Abschluss unserer wissenschaftlichen Bemühungen ist ein müder, farbloser Abklatsch der Welt unserer konkreten Erfahrungen. Wenn wir uns »Wahrheit« nach Maßgabe des letzten Worts der Physik oder der wunderbaren Formel A = A stricken wollen, dann müssen wir in der Tat aus geheimen Quellen irgendwie Werte in diese Welt hineinzaubern.

James' Wahrheitsverständnis und sein von Bain erebtes Verständnis von Erfahrung als konkrete, leibliche Wahrnehmung waren nie dazu gedacht, uns die beste aller möglichen Welten herbeizuphilosophieren, in der ein jeder Recht hat, weil alle über ihre ganz eigenen Wahrheitskriterien verfügten, sondern sie zeigt uns vielmehr die Fragilität des Gewebes aus Erfahrungen, an dem wir uns alle entlang-

---

[26] Vgl. H. Putnam: Reason, Truth and History. Cambridge 1981, S. 1–21.
[27] Vgl. Putnam, Hilary: Renewing Philosophy. Harvard University Press 1992, 19–34.

hangeln müssen. Wenn wir James' *cash-value*-Wahrheit kaufen, dann ernten wir vielleicht den Spott unserer akademischen Kollegen, wir bekommen dafür aber eine Welt voller Risiken, in der es bunter zugeht, als unsere transzendentale Weisheit uns vorausahnen lässt. Eine Welt, in der wir uns auf andere verlassen müssen, um mit ihr umzugehen, in der wir auf andere vertrauen müssen, obwohl sie oft sehr merkwürdige Ansichten haben.

Ich fürchte, wir bekommen von James genau die Sorte Welt, in der wir leben. Und ich glaube, wir haben das große Glück, mit Leuten wie James Philosophen *in* dieser Welt zu haben, deren Philosophie uns nicht nur dabei hilft, mit dieser Welt umzugehen, sondern uns auch noch zeigt, dass diese fragmentarische, unordentliche, schmutzige Welt viel, viel schöner ist, als deutsche Idealisten sie sich austräumen könnten!

Geschichte

Identität durch Geschichte?

Ulrich Dierse

Es braucht nicht allzu viel Aufmerksamkeit auf den Zeitgeist, um im gegenwärtigen Sprachgebrauch eine Hochkonjunktur in der Verwendung des Begriffs »Identität« festzustellen. Diese Konjunktur wird, so scheint es, nicht so schnell abebben; aber es gibt sie auch noch nicht sehr lange, in breiter Form vielleicht erst seit den 1970er Jahren. Wenige Jahre früher, so möchte ich behaupten, wäre im emphatischen Sinn kaum von Identitätsfindung und -stiftung geredet worden; auch von einer historisch-kulturellen Identität hätte man damals nur schwach gesprochen. Statt nach Identität suchte man eher nach »Veränderung«, statt Stabilität und Bewahrung erwartete man Aufbruch und Vision, gelegentlich sogar Ausblicke ins Utopische. Haben sich seither die Zeitläufe so beschleunigt, dass man nichts sehnlicher wünscht als ihre Verlangsamung, mindestens eine Verstetigung? Oder fürchtet man, von Moden und Masken, von äußeren Anforderungen und Ansprüchen so sehr umstellt zu werden, dass Identität als erwünschter Rückhalt erscheint? Das hieße, dass das Thema Identität auf den bisher so nicht bekannten Anstieg der Möglichkeiten, Wissen zu erwerben, sich Güter anzueignen etc. verweist, auf Angebote aus aller Welt zu reagieren, Stellungnahmen abzugeben u. v. a. Mit ›Identität‹ wäre dann gemeint, dass ein Bereich erstrebt und erwünscht wird, der bei aller Disponibilität eben das gewährleistet, das gerade *nicht* zur Disposition steht.[1] Dies alles könnte man bedenken, es übersteigt aber den Umfang eines einzelnen Aufsatzes und konnte deshalb hier nur angetippt werden.

Eine genauere Prüfung allein der einschlägigen Buchtitel zu »Identität«, sogar nur deren simple Aufzählung, würde den hier zur Verfügung stehenden Rahmen sprengen und die Geduld des Lesers übersteigen. (Der Katalog der Universitätsbibliothek Bochum ver-

---

[1] Vgl. S. Reck: Identität, Rationalität und Verantwortung. Frankfurt a. M. 1981, S. 164.

zeichnet von ca. 1968 bis Ende 2017 ungefähr 7400 [siebentausendvierhundert!] Monographien, die »Identität« »identity«, »identité« und die jeweiligen Pluralformen im Titel oder Untertitel tragen. Würde man die einschlägigen Aufsätze in Zeitschriften und Sammelwerken hinzurechnen, würde sich diese Zahl natürlich noch beträchtlich vermehren.[2] Nicht nur in der wissenschaftlichen Literatur ist allenthalben von Identität die Rede, auch im öffentlichen Sprachgebrauch wird der Begriff gern eingesetzt, um eine These griffig zu formulieren. Da heißt es z. B. »Es gibt keine europäische Identität«;[3] oder: »Wir müssen unsere Identität besser definieren«.[4] In Frankreich wurde im Mai 2007 unter dem Staatspräsidenten Nicolas Sarkozy und dem Ministerpräsidenten François Fillon ein *Ministère de l'Immigration, de l'Intégration, de l'Identité nationale et du Développement solidaire* geschaffen. (Es wurde im November 2010 wieder aufgelöst.) In der Literatur ist die Inflation dieses Begriffs schon vor einiger Zeit ausdrücklich bemerkt worden, und die wissenschaftliche Forschung hat ihre Reserven gegenüber dem »Inflationsbegriff Nr. 1« angemeldet.[5] Um den Überblick zu gewährleisten, gibt es inzwischen einschlägige Forschungsberichte und Enzyklopädien, die den Eindruck erwecken, als handle es sich um ein hinreichend gesichertes Feld der Forschung mit eingeführten Themen und Terminologien.[6] Kongresse und Tagungen verstärken diesen Trend.[7] Dabei haben sich, nicht unbegründet, auch Gegenstimmen gemeldet, die Zweifel am Begriff

---

[2] Eine Bibliographie allein zur aktuellen Diskussion um »personale Identität« führt schon ca. 70 Titel auf: A. S. Meincke: Auf dem Kampfplatz der Metaphysik. Kritische Studien zur transtemporalen Identität von Personen. Münster 2015, S. 329–345.
[3] So J. Limbach, In: Frankfurter Allgemeine Zeitung vom 27. 8. 2012, S. 28.
[4] Interview mit dem Politologen Asiem El Difraoui anlässlich der Bedrohung durch den Dschihad, FAZ vom 16. 11. 2015, S. 13.
[5] K. M. Brunner: Zweisprachigkeit und Identität. In: Psychologie und Gesellschaftskritik Bd. 44 (1989), S. 57–75.
[6] Vgl. H. Keupp/R. Höfer (Hgg.): Identitätsarbeit heute. Klassische und aktuelle Perspektiven der Identitätsforschung. Frankfurt a.M. 1997; S. Goldstraß: Zur Rezeptionsgeschichte der Kategorie Identität. Tönning u. a. 2008; B. Jörissen/J. Zirfas (Hgg.): Schlüsselwerke der Identitätsforschung. Wiesbaden 2010; R. L. Jackson (Ed.): Encyclopedia of Identity. Los Angeles 2010; A. Elliot (Ed.): Routledge Handbook of Identity Studies. London 2014. In dem zuletzt genannten Band widmen sich fünf Aufsätze dem Thema »identity-politics«. Diese jüngste Wortprägung suggeriert, dass Identität nicht nur von einer Gesellschaft als gemeinsame begriffen, sondern offenbar auch gelenkt und gesteuert werden kann.
[7] P. Tap (Éd.): Identité individuelle et personnalisation. Colloque international Toulouse, septembre 1979. Paris 1980; Bd. 2: Ders.: Identités collectives et changements

Identität artikulieren,[8] mindestens aber die Redeweise von »kollektiven Identitäten« eher für eine »Feindabgrenzung« halten.[9] Wie ein Blick in die Presse der letzten Jahre zeigt,[10] wird die Diskussion inzwischen so diffus, dass sie zwischen der Behauptung einer Vielzahl von Identitäten[11] und dem Kampf um einen minimalen Konsens schwankt.[12] Identitäten werden angeblich zu einem »Patchwork«

---

sociaux (ebd.); L'identité. Séminaire interdisciplinaire dirigé par Claude Lévi-Strauss. Paris 1977.

[8] Z. B. After Identity. A Reader in Law and Culture, ed. by D. Danielsen and K. Engle. New York, London 1995; E. Grawert-May: Die Sucht, mit sich identisch zu sein. Berlin 1992; L. Wieselthier: Against Identity. Wider das Identitätsgetue. In: Die Zeit Nr. 8 vom 17. 2. 1995, S. 57 f. L. Niederwemmer: Kollektive Identität. Heimliche Quellen einer unheimlichen Konjunktur. Reinbek bei Hamburg 2000, bes. S. 633 ff. Schon Niederwemmer weist auf das enorme Anschwellen im Gebrauch von ›Identität‹ seit etwa 1970 hin, sowohl in der Publizistik wie in der Wissenschaft (S. 20 ff.). Seitdem hat die Wort- und Begriffsflut weiter zugenommen.

[9] R. Walther: Was ist »Nationale Identität«? In: Die Zeit Nr. 33 vom 12. 8. 1994, S. 28.

[10] Deutschland sucht vor der Wiedervereinigung seine Identität, meint Daniel Passent, in: Die Zeit Nr. 34 vom 16. 8. 1985, S. 3; ähnlich Werner Weidenfeld, in: Die Zeit Nr. 1 vom 27. 12. 1985, S. 14; es hat sie nach der Wiedervereinigung gefunden, meint Wolfgang Jäger in der FAZ vom 25. 6. 1991, S. 13; es erkennt sie am ehesten in der deutschen »Verfassungskultur«, so Christof Gramm in der FAZ vom 20. 7. 2017, S. 8. Vgl. J. Selling: Aus dem Schatten der Vergangenheit. Deutschlands nationale Identitätssuche nach 1990. Leipzig 2007. Die Schweiz sollte sich nach dem Ende des Kalten Krieges neu auf ihre Identität besinnen, meint Roger de Weck, in: Die Zeit Nr. 32 vom 2. 8. 1991, S. 3; und osteuropäische Künstler, aber auch Politiker allgemein müssen sie neu finden, so Boris Groys in: FAZ vom 7. 7. 1992, S. 27 und Joseph Croitoru in der FAZ vom 12. 2. 2016, S. 36. Fragliche oder neue »Identitätsvorstellungen« scheinen das tragende Motiv europäischer rechter Politiker, so Christian Joppke in der FAZ vom 6. 6. 2017, S. 6, werden aber auch von der Linken als berechtigte Sorge anerkannt, so Joschka Fischer, in: Die Zeit Nr. 9 vom 18. 2. 2016, S. 7: Die heutigen Probleme treten »im Gewand von Identitätsthemen auf.«

[11] Vgl. etwa K. Theweleit: Neueste Nachrichten von der Ich-Front. Wie viele Identitäten haben wir? In: FAZ vom 18. 5. 2015, S. 13.

[12] Vgl. P. Sloterdijk: Die Sitten verwildern, die Gerechtigkeit ist obdachlos. In: Neue Zürcher Zeitung vom 31. 3. 2018, S. 27: »[…] Doch muss man bedenken, dass Identität immer zwischen zwei Verrücktheiten placiert ist, nennen wir sie Maximalidentität und Nullidentität. Bei der ersten verschmilzt das Individuum mit seiner Person […]. Im Fall der Nullidentität depersonalisiert sich das Individuum und weiss schließlich nicht mehr, wer oder was es ist.« Andere neue Wortprägungen wie »Identitäts-Collage« und »Basis-Identität« zeugen von den verlegenen Kompromissen, die der Begriff schließen muss, um überhaupt noch aussagekräftig zu bleiben; R. Hettlage, in: R. Hettlage/L. Vogt (Hgg.): Identitäten in der modernen Welt. Wiesbaden 2000, S. 25 f.

konstruiert,[13] sind prinzipiell eher »transitorisch« als identisch,[14] meistens im Umbruch bzw. in der Krise, gestört oder nur schwach ausgeprägt, gefährdet oder ganz verloren. »Unter den Mitgliedwörtern der Eigentlichkeitsfamilie ist es zumal das Identische oder die Identität, die einfach nicht zur Ruhe kommen und verschwinden kann. Das liegt an ihrer zählebigen Un-Natur: Es muss immer nach ihr gesucht werden. Die Identität besteht darin, dass man sie nicht hat.«[15] Häufig scheint der Begriff Identität den älteren der Rolle zu ersetzen, und gelegentlich wird er sogar mit dem des ›Images‹ vermischt.[16] Gerade dies aber, das ›Image‹, steht doch wohl im krassen Widerspruch zur Identität; denn es meint nur die äußere, die nach außen gekehrte Seite der Person und also nicht die ganze Person. Fasst man den Begriff Identität aber weit genug und begreift darunter alle den Menschen betreffende Kategorien und Loyalitäten (Geschlecht, Hautfarbe, Staatsangehörigkeit, Religion, Beruf, soziale Stellung u.v.a.) so wird deutlich, dass ein jeder von uns Träger solcher Identitäten ist, dass wir verschiedene miteinander verknüpfen, bei anderen abwägen und wieder andere für irrelevant halten. Im alltäglichen Umgang halten wir mit einigen zurück, um die Kommunikation bei vermuteter Divergenz nicht zu stören. In der Gegenwart erleben wir jedoch mehr und mehr, dass im Namen der Identität ein singuläres Kennzeichen zugesprochen oder beansprucht, oft zur einzig maßgeblichen Identität erklärt wird. Das Beharren auf *einem* »unentrinnbaren Unterscheidungsmerkmal« widerspricht aber »unserer Würde« und kann u.U. den Frieden bedrohen. »Unser gemeinsames Menschsein wird brutal in Frage gestellt, wenn unsere Unterschiede reduziert werden auf ein einziges […] Einteilungsschema.«[17] Eben dies aber, so möchte ich ergänzen, suggeriert der Begriff Identität nur zu leicht. Denn in seinem Namen wird oft, darauf weist auch Vincent Descombes hin, »Identitätspolitik *(identity politics)*« betrieben.[18]

---

[13] H. Keupp u.a.: Identitätskonstruktionen. Das Patchwork der Identitäten in der Spätmoderne. Reinbek bei Hamburg 1999.
[14] J. Straub/J. Renn (Hgg.): Transitorische Identität. Der Prozesscharakter des modernen Selbst. Frankfurt a.M./New York 2002.
[15] C. Koch: Schwierigkeiten mit der Identität. In: Niemandsland. Zeitschrift zwischen den Kulturen, Jg. 1, H. 1 (1987) S. 45–51, hier: S. 45.
[16] Vgl. z.B. Reck: Identität, S. 158; R. Corbey/J.Th. Leerssen (Ed.): Alterity, Identity, Image. Contributions towards a theoretical perspective. Amsterdam/Atlanta 1991.
[17] A. Sen: Die Identitätsfalle [Identity and Violence, 2006]. München 2010, S. 32.
[18] V. Descombes: Das Rätsel der Identität. Berlin 2013, S. 18.

Identität durch Geschichte?

Damit ist jedoch das große und facettenreiche Feld dessen eröffnet, was mit Gründen ein Subjekt, eine Person, ein Ich ausmachen kann. Das aber ist bei einem Begriff, der inzwischen »ins überlebensgroß Charismatische emporgestiegen« ist,[19] nur schwer möglich. Stattdessen möchte ich hier den bisherigen Gegenstimmen einige skeptische Bemerkungen vor allem zum Thema »Identität und Geschichte« hinzufügen.

Interessanter als die enorme Anzahl ist der Zeitraum, in dem die Titelflut so stark anschwillt. Dies ist überwiegend seit den 1990er Jahren der Fall; vor 1970 erscheinen nur wenige Titel zu diesem Thema, Einzelfälle lassen sich bis in die frühen 60er Jahre zurückverfolgen.[20] Ist es zunächst die Frage nach der neuen Identität Europas,[21] die in Konkurrenz zur jeweiligen nationalen Identität tritt,[22] so ist es gegenwärtig, z. B. in Frankreich, die Frage nach der nationalen Identität, die die Öffentlichkeit bewegt. Fernand Braudel bekannte 1986, dass der Titel »Identité de la France« voller Ambiguitäten sei, eine »série d'interrogations« und immer neue Antworten erfordere.[23] Seitdem wird die nationale Identität in Frankreich immer wieder befragt und neu behauptet, in der Regel aber nicht mehr so selbstverständlich vertreten wie früher einmal. Bedrohungen der kulturellen und nationalen Identität werden von den verschiedensten Seiten geäußert. Alain Finkielkraut z. B. sieht sie von den neuen Medien grundlegend in Frage gestellt.[24] Einen besonderen Hinweis verdient die Rezeption des Begriffs im Sozialismus. Hier wurde anerkannt, dass die sozialistische Gesellschaft besondere »Identifikationsprozesse« berücksich-

---

[19] Z. Hidas: Im Bann der Identität. Zur Soziologie unseres Selbstverständnisses. Bielefeld 2014, S. 11.

[20] Z. B. H. M. Enzensberger: Gespenstisch, aber wirklich. Eine Frage der deutschen Identität. Rede bei der Annahme des Georg-Büchner-Preises. In: Die Zeit Nr. 43 vom 25.10.1963, S. 8.

[21] Zahlreiche Belege aus der Presse um 1973 bei G. Schmidt: Identität. Gebrauch und Geschichte. Kontroversen zur deutschen Identität. In: Muttersprache Bd. 86 (1976) S. 333–354, hier: S. 351 Verweis auf ein Bulletin der Bundesregierung vom 18.12.1973: »Die europäische Identität in der Welt«.

[22] 1992 will die EG der Bevölkerung die Angst vor dem Verlust »nationaler Identität« nehmen, so die Schlagzeile in der FAZ vom 6.10.1992, S. 1. Bis heute ist die Debatte nicht abgeschlossen; vgl. J. Nida-Rümelin/W. Weidenfeld (Hgg.): Europäische Identität. Voraussetzungen und Strategien. Baden-Baden 2007, darin u.a.: J. Kocka: Europäische Identität als Befund, Entwurf und Handlungsgrundlage, S. 47–59.

[23] F. Braudel: L'identité de la France, 3 vol. Paris 1986, vol. 1, S. 16 f.

[24] A. Finkielkraut: L'identité malheureuse. Paris 2013, S. 115; vgl. Ders./D. Cohn-Bendit: Quelle identité européenne? In: Le Monde vom 2./3. Februar 2014, S. 14–15.

tigt und erhellt,[25] bzw. unabhängig von der Gesellschaft eine subjektive Identität als authentische Ausdrucksform in Romanen und Erzählungen etwa von Fritz Rudolf Fries, Christa Wolf u.a. zulässt.[26]

Der vieldeutige und windungsreiche Weg des Begriffs Identität kann hier nicht weiter verfolgt werden.[27] Er führt, grob gesagt, von der logisch-ontologischen Identität über die Thematisierung der Identität des Subjekts im Empirismus und in der Transzendentalphilosophie bis zur Formulierung der personalen Identität etwa bei William James: »Thus the identity found by the *I* in its *Me*, is only a loosely construed thing, an identity ›on the whole‹, that like that which any outside observer might find in the same assemblage of facts. We often say of a man ›he is so changed one would not know him‹; and so does a man, less often, speak of himself.«[28] Diese Linie wird vom Sozialbehaviorismus eines George Herbert Mead und später von Erik H. Erikson, Anselm Strauss, David J. de Levita[29] und Erving Goffman fortgeführt. Vor allem an Erikson knüpfen gegenwärtig viele Psychologen und Sozialwissenschaftler an.

In jüngster Zeit wird, in offensichtlicher Anleihe bei der Sozialpsychologie, der Begriff auch auf Kollektive, Gruppen, Gesellschaften und Kulturen übertragen. Dabei dürfte für die Sozialwissenschaften ein Umgang mit diesem Begriff nicht selbstverständlich sein. Als Wissenschaft von einer Gruppe als einer Mehrzahl von Individuen steht diese in natürlicher Konkurrenz zu den einzelnen Personen, ihrer Biographie und ihrem Lebensschicksal, und zwar zu diesen sowohl als Mitgliedern in der Gesellschaft als auch zu eben denselben in ihrer privaten Sphäre.

---

[25] H. Hanke/T. Koch: Zum Problem der kulturellen Identität. Anregungen für eine Diskussion. In: Weimarer Beiträge Jg. 31 (1985) S. 1238–1264, hier: S. 1246.

[26] R. Bernhart: Identitätssuche als Handlungsvorgang in jüngster Prosa der DDR. In: Weimarer Beiträge Jg. 32 (1986), S. 811–829, bes. S. 822: »Seit dem Ende der sechziger Jahre wurde die Erkundung des widersprüchlichen Zusammenhangs zwischen gesellschaftlicher und individueller Entwicklung betrieben.«

[27] Einen Überblick über die speziell philosophische Diskussion des Begriffs ›Identität‹ im 20. Jahrhundert gibt A. Hügli: Identität. In: Schlüsselbegriffe der Philosophie des 20. Jahrhunderts. Hg. von C. Bermes und U. Dierse. Hamburg 2010, S. 131–148; vgl. ferner D. Henrich: ›Identität‹ – Begriffe, Probleme, Grenzen. In: O. Marquard/K. Stierle (Hgg.): Identität. München 1979, S. 133–186.

[28] W. James: Psychology: Briefer Course, chap. 10. Works. Cambridge, Mass./London 1984, S. 183.

[29] D. J. de Levita: Der Begriff der Identität. Frankfurt a.M. ²1976 (engl.: The Concept of Identity, Paris 1965).

I. Identität

Es wäre sicher zu leicht, wollte man die heute gängig gewordene Redeweise von der Identität der Person einzig und allein als Kompensation eines Mangels oder als Indiz für den Verlust eben dieser Identität deuten. Trotzdem drängt sich der Verdacht auf: Von »Identität« redet man mit Emphase vor allem dann, wenn man sich ihrer nicht mehr gewiss ist, wenn man befürchtet, sie zu verlieren oder sie schon verloren zu haben. Identität, so scheint es, ist etwas, zu dem man immer irgendwie unterwegs ist, das man nie ganz hat, das m. a. W. gefährdet ist oder wiedererlangt werden soll. Dabei trägt es meistens, in den letzten Jahren aber fast immer, den Index eines Guten, das ohne weitere Nachfrage erstrebenswert ist. Es gehört offensichtlich zu den wenigen Gütern, über die schnell Konsens erzielt wird, die dabei aber selten näher bestimmt sind, obwohl sie gerade dies voraussetzen: Eins und Unwandelbares, nicht mehr Ungewisses oder Bezweifelbares, eben etwas Identisches. Der Begriff Identität und seine gegenwärtige Aktualität tragen somit das Merkmal des Surrogates für einen Verlust, und zwar, wie es Odo Marquard beschrieben hat, für den Verlust von dem, was einst ›Wesen‹, Bestimmung des Menschen, zu erfüllender Sinn in der Geschichte o. ä. heißen konnte: »Wo die Suche nach der verlorenen Teleologie resigniert und die Suche nach der verlorenen essentia definitiv vergeblich wird: da [...] kommt es zur Hochkonjunktur des Fundamentalthemas ›Identität‹. [...] Anders gesagt: der moderne Verlust des Wesens verlangt als sein Minimalsurrogat die Identität [...].«[30] So wird gegenwärtig der Begriff besonders dadurch virulent, dass jemand immer mehr das ist, was er, nicht zuletzt durch gesellschaftliche Anerkennung, zu werden hofft, mithin ein »Eigentlichkeitsabstand des Selbst zu dem [entsteht], was es vorstellt«.[31]

Bei jeder Zuwendung zu den Dingen, erst recht bei jeder wissenschaftlichen Überprüfung der Phänomene oder Prozesse müssen wir Gleichheit und Identität der Erscheinungen unterstellen, um zu sinnvollen Aussagen zu kommen. Wir vertrauen so z. B. der Identität der Apparate, der Messinstrumente, des Geldes, der amtlichen Urkunden und vielem anderen mehr, nicht zuletzt uns selbst als gleichbleiben-

---

[30] O. Marquard: Identität: Schwundtelos und Mini-Essenz – Bemerkungen zur Genealogie einer aktuellen Diskussion, in: Identität, S. 347–369, hier: S. 362.
[31] Ebd., S. 350.

den Beobachtern in Forschungsprozessen; und wenn schon nicht der gänzlichen Gleichheit aller Teile der Welt und in unserer Umgebung, so doch der Gleichheit in Hinsicht bestimmter Prädikate.[32]

Beim unreflektierten Sprechen von der Identität der Person und besonders beim unbesehenen Übergang zur Identität einer Gesellschaft, Kultur, Nation oder sonstigen Gruppe dürfte vieles problematisch sein, was für ein einzelnes Individuum noch gelten konnte; einmal differieren Identitäten innerhalb einer sozialen Einheit, zum andern sind die Folgen der Veränderungen unterschiedlich gravierend. Der Identitätsverlust einer Person wird als schlimm und heilungsbedürftig angesehen; der einer Gruppe, z. B. der durch die Sprache zusammengehaltenen Sprachgemeinschaft, ist dagegen etwas, dem man mehr oder weniger immer ausgesetzt ist, allerdings in unterschiedlichem Maß. Dies dürfte ebenso wie die technischen Veränderungen, der geschichtliche Wandel und Vertrautheitsverluste aller Art zu den fast schon alltäglichen Erfahrungen heutiger Zeiten gehören. Daraus lässt sich schließen: Identität ist selten etwas, was man hat und bewahrt wie einen Besitz; es ist in der Regel vielmehr eine Kategorie der Erwartung, des Prozesses und der Bewegung, die aber vortäuscht, man könne sie quasi dinglich erwerben und als Eigenschaft mit sich führen.

Der Ruf nach der Bewältigung der Zukunft und das Hinarbeiten auf diese müssen aber oft mit Vertrautheitsschwund und entsprechendem Verlust von Identität kompensiert werden. Ob man nun von der Identität eines Individuums oder einer ganzen Gesellschaft spricht, dieser Identitätsbegriff scheint in sich fragwürdig zu sein. Denn er suggeriert etwas Statisches, Bestimmbares, das sich im Wechsel der Zeiten gleichbleibt und durchgehalten werden kann, eben ein »identisches« Substrat. Demgegenüber darf aber daran erinnert werden, dass dieses Identische (sei es das Bewusstsein oder das Ich und das Wollen) kaum inhaltlich präzise auszufüllen sein dürfte und, selbst wenn es dingfest gemacht wäre, doch gefragt werden kann, ob dies notwendig das erstrebenswerte Ziel des menschlichen Handelns und Vorstellens sein muss. Denn was wäre ein Ich, das solchermaßen festgestellt, keine Veränderungen mehr aushielte, auch keine Liebe mehr erhoffte, keine anderen Möglichkeiten als die jetzi-

---

[32] G. Frey: Identität: Ontologische Voraussetzungen heuristischen Denkens. In: Sprache und Ontologie. Akten des 6. Internationalen Wittgenstein Symposiums, 23. bis 30. 8. 1981. Wien 1982, S. 240–243.

gen mehr ertrüge, das also nichts als mit sich identisch wäre? Ist nicht schon die Konfrontation mit der eigenen Vergangenheit in der Regel etwas, mit dem man nicht mehr identisch ist, ob man diesem Vergangenen nun zustimmen kann oder nicht oder es (zum Glück) hinter sich weiß. Ob man sich gern erinnert oder es verdrängt hat und es am liebsten ungeschehen machen möchte, Einsichten, Bedauern, Reue, ebenso aber Wünsche, Absichten, Pläne und Hoffnungen, sie alle wären für ein mit sich ganz und gar identisches Subjekt schwer denkbar. Ein Ich, das ohne ein Gewissen, jene Instanz, die uns beraten kann, die korrigiert und mahnt, auskommt, stünde wohl ratlos da. Auch Sokrates hörte auf seine innere Stimme, das *Daimonion*. So sehr Identität sich in der Entwicklung von Kindern und Jugendlichen entwickelt und ausprägt, als kontinuierlich zuwachsender und dauerhaft sich fortsetzender Bestand er vielleicht wünschenswert sein mag, er schützt nicht vor Enttäuschungen und vernachlässigt u. U. die Vorkehrungen, die bei negativen Erfahrungen, und sei es nur eine Krankheit oder ein Unglück, helfen, diese zu ertragen. Identität wäre, streng genommen, nur dann erreicht, wenn die Zukunft voll und ganz bekannt und gewollt wäre und das erwartete Ergebnis gebracht hätte. Sonst müssen Umorientierungen ergriffen werden. Und wenn man sie auch nicht anders erwarten darf, sollte sie als diese eine und nichtandere von vornherein »geplant«, prognostiziert und in Aussicht genommen werden?

Und ferner: Bedeutet Identität nicht per se Festlegung auf das eine und damit Ausgrenzung des anderen?[33] Das alte Gebot »Du sollst Dir kein Bildnis machen!« darf doch wohl, neu gelesen z. B. von Th. W. Adorno[34] und Max Frisch *(Andorra)* auch als Warnung

---

[33] K. Gründer warnte schon 1984/85, in Distanz zu Hermann Lübbe, vor dem ausufernden Insistieren auf Identität und Kontingenzbewältigung. Vgl. K. Gründer: Erfahrung und Theorie in den geschichtlichen Wissenschaften. In: Begriffswandel und Erkenntnisfortschritt in den Erfahrungswissenschaften. Kolloquium an der Technischen Universität Berlin, WS 84/85. Berlin 1987, S. 1–17, bes. S. 7: »[…] Vielleicht sind Orientierung und Identität gar nicht so wünschenswert.«
[34] T. W. Adorno: Negative Dialektik. Frankfurt a. M. 1966, z. B. S. 150: »Hybris ist, daß Identität sei, daß die Sache an sich ihrem Begriff entspreche. Aber ihr Ideal wäre nicht einfach wegzuwerfen: im Vorwurf, die Sache sei dem Begriff nicht identisch, lebt auch dessen Sehnsucht, er möge es werden. Dergestalt enthält das Bewußtsein der Nichtidentität Identität.« S. 151: »Utopie wäre über der Identität und über dem Widerspruch, ein Miteinander des Verschiedenen.« S. 275: »Voraussetzung seiner [des Subjekts] Identität ist das Ende des Identitätszwangs.« Ebd.: »Utopie wäre die opferlose Nichtidentität des Subjekts.«

vor allzu viel Identität, jedenfalls vor allzu bestimmter, festlegender und fixierender Identität verstanden werden. Bedeutet sie nicht per se Negation des (vielleicht oder tatsächlich) Zugehörigen?[35] Eine Identität der Person wäre demnach wünschenswert nur dann, wenn sie als in gewisser Weise unbestimmte, die unterschiedlichen Bezüge des Ich berücksichtigende Identität gelten könnte, zusammengehalten allein durch den zu achtenden Willen eines Subjekts oder der Person.

Wenn aber schon so der Identitätsbegriff, bezogen auf eine einzelne Person, höchstens die *eine* Seite eines komplexen Geschehens bezeichnen kann, wie viel mehr dann jener, der auf in sich höchst heterogene Gruppen, Gesellschaften und Epochen angewandt wird. Genau dies aber geschieht heute oft, z.B. wenn von »nationaler«, »regionaler« oder »kultureller Identität« gesprochen wird. Zwar kann man recht allgemein sagen: »Wir sind [...] auf der einen Seite ein Ich und auf der anderen Seite Teile von verschiedenen Wirs, und diese Zugehörigkeiten kreuzen sich in uns und können unter Umständen in Kollision zueinander geraten.«[36] Aber solche kulturellen Identitäten dürften wohl kaum, wie es Jan Assmann tut, in »Analogie zum biologischen Immun- oder Identitätssystem« zu begreifen sein, es sei denn, man spricht von Gesellschaften, Nationen etc., die als relativ abgeschlossene, fertige, mithin historisch fernliegende Gegenstand der historischen Forschung werden.[37] Ansonsten wissen die Sozialwissenschaften, dass sie bei der Erforschung von Gesellschaften einen Gegenstand vor sich haben, der sich wesentlich von dem der Person unterscheidet. So begreifen Peter L. Berger und Thomas Luckmann, die schon relativ früh den Identitätsbegriff in die Soziologie übernehmen, die Ausbildung einer personalen Identität nicht als einfache Übernahme von Rollen und Normen der Gesellschaft durch den Einzelnen, sondern als fortwährendes Ausbalancieren von Subjektivem und Objektivem, wobei »das subjektive Leben [...] nicht völlig gesellschaftlich« geprägt sein wird. Die subjektive Wirklichkeit steht so »in dialektischer Beziehung zur Gesellschaft.«[38] Identität ist hier primär

---

[35] Vgl. W. Beierwaltes: Identität und Differenz. Frankfurt a.M. 1980.
[36] C. Meier, in: T.M. Gauly (Hg.): Die Last der Geschichte. Kontroversen zur deutschen Geschichte. Köln 1988, S. 56.
[37] J. Assmann: Das kulturelle Gedächtnis. Schrift, Erinnerung und politische Identität in frühen Hochkulturen. München 1992, S. 140; vgl. A. Assmann: Zum Problem der Identität aus kulturwissenschaftlicher Sicht. In: Leviathan (1993), S. 238–253.
[38] P.L. Berger/T. Luckmann: Die gesellschaftliche Konstruktion der Wirklichkeit [1966]. Frankfurt a.M. 1970, S. 144, 185.

die des Individuums, das mit der Gesellschaft im Austausch steht und auf sie reagiert. In dieser Dialektik produziert der Mensch – die gesellschaftliche Wirklichkeit und sich selbst gleichermaßen. Von einer kollektiven Identität wollen Berger und Luckmann aber nicht sprechen, »da dieser Begriff zu einer verdinglichenden Hypostasierung führen kann.«[39]

Solche Differenzierungen spielen heute aber nicht mehr die ihnen zukommende Rolle. Während frühe Untersuchungen noch das Verhältnis von Rolle, Rollendistanz, Identität und Identitätsdarstellung berücksichtigt hatten,[40] sehen spätere Theorien in der Regel kaum Probleme in der Übertragung des Begriffs vom einzelnen Ich auf eine Gruppe, die aus vielen Ich-Identitäten besteht.[41]

Daraus möchte ich folgern: »personale Identität« ist eine Kategorie, die in der Psychiatrie und Entwicklungsforschung ihre Berechtigung hat, die aber, wenn sie in die Sozialpsychologie und Soziologie übernommen wird, und erst recht, wenn sie von diesen auf mehr oder weniger abgrenzbare Kollektive angewandt wird, leicht zu schiefen Ergebnissen führen kann. Der wichtigste Unterschied scheint mir zu sein, dass Kollektive, Gruppen und Gesellschaften keine Differenz von Innen und Außen, Sich-auf sich-selbst richten und Sich-nach-außen-wenden, also zwischen Innen- und Außenseite des Selbst kennen. Wenn z.B. ein Verein oder eine Aktiengesellschaft Zweifel haben oder innere Auseinandersetzungen führen, sind das nur im übertragenen Sinn die der entsprechenden Personen; es bleiben immer die der betreffenden Organe. Jedenfalls können diese z.B. keine Selbstreflexionen vornehmen, Bedauern oder Genugtuung als Gefühlsregungen zeigen u.a.m. Ihre Identität wird deshalb auch »Corporate Identity« genannt und drückt sich z.B. in äußeren Zeichen, einem *Logo* o.ä. aus. Von der Ich-Identität ist sie grundlegend unterschieden.

Gewiss sind wir durch unsere Geburt, Herkunft, Staats-, Gesellschafts-, Religions- und sonstige Zugehörigkeiten in diese eingebunden, aber nie vorherbestimmt. Gewiss werden uns durch sie Wertungen vermittelt, ohne die wir nicht auskommen könnten. Aber

---

[39] Ebd., S. 195, 185 Anm.
[40] L. Krappmann: Soziologische Dimensionen der Identität. Stuttgart 1969.
[41] Z.B. W. Glasser: Identität und Gesellschaft. Weinheim/Basel 1974; bes. prominent J. Habermas: Können komplexe Gesellschaften eine vernünftige Identität ausprägen? In: J. Habermas/D. Henrich: Zwei Reden. Frankfurt a.M. 1974.

»definiert« werden wir durch sie, wie Charles Taylor meint,[42] gerade nicht. Denn Definieren heißt ebenso wie Identitätsbilden auch Ab- und Ausgrenzen dessen, was das Zugehörige ist oder sein könnte.[43] Definieren ist in der Mathematik und Physik notwendig, in Bezug auf Personen jedoch nur insofern, als seine im Pass oder Ausweis vermerkten Merkmale gefragt sind.

Auf jeden Fall erweisen sich in jenem komplexen Prozess, als der sich die Identität darstellt, die beiden Seiten von Beharren und Verwandeln, die »Dialektik von Konkordanz und Diskordanz« als zugehörige Seiten, bis zu dem Punkt, auf den Paul Ricœur aufmerksam macht, dass »die Figuration des Selbst durch die Vermittlung des Anderen ein authentisches Mittel sein kann, sich selbst zu entdecken«.[44] Die grundsätzliche Problematik in der Hinwendung zum Bereich des Psychischen markierte Helmuth Plessner schon 1924, ohne direkt von Identität zu sprechen: Die Psychologie verwendet allzu leicht Kategorien der dinglichen Welt, die in Bestimmtheiten vor uns liegt. Das seelische Leben will sich ebenfalls in Gegebenheiten äußern; gleichzeitig will es aber per definitionem nicht in ihnen aufgehen. »Der doppeldeutige Charakter des Psychischen drängt zur Fixierung hin und von der Fixierung fort. Wir wollen uns sehen und gesehen werden, wie wir sind, und wir wollen ebenso uns verhüllen und ungekannt bleiben, denn hinter jeder Bestimmtheit unseres Seins schlummern die unsagbaren Möglichkeiten des Andersseins.«[45] Eben diese Doppeldeutigkeit betrifft, so könnte man Plessners Gedankengang fortführen, besonders den Begriff Identität: Er benennt ein Selbst in seiner Eigenheit, Unverwechselbarkeit, Individualität etc.; aber dazu muss es etwas tun, was es sich eigentlich versagen sollte, sich gegenüber Anderen und Anderem fixieren.

---

[42] C. Taylor: Quellen des Selbst. Frankfurt a. M. 1996, S. 60.
[43] Vgl. K. Gründer: Erfahrung und Theorie in den geschichtlichen Wissenschaften.
[44] P. Ricœur: Narrative Identität. In: Ders.: Vom Text zur Person. Hermeneutische Aufsätze (1970–1999). Hamburg 2005, S. 210–225, hier: S. 223, 224 f.
[45] H. Plessner: Grenzen der Gemeinschaft. Frankfurt a. M. 2002, S. 63.

II. Geschichte

»Dass Geschichte identitätsstiftend ist, ist nicht zu bestreiten.«[46] So lautet das sicher nicht singuläre Statement der um die Relevanz der Geschichte besorgten Historiker, und deshalb bildet das Thema Identität einen festen Bestandteil der Geschichtsdidaktik.[47] Darin drückt sich das nur zu verständliche Bemühen aus, dem drohenden Geschichtsverlust entgegenzutreten. 1995 wurde die Wiedererrichtung des Historischen Instituts an der Universität Jena mit einer entsprechenden Ringvorlesung gefeiert.[48] Das Geschichtsbewusstsein einzuklagen, gehört heute zur leider notwendigen Pflicht fast eines jeden Historikers. Dabei übersieht man aber nur zu leicht die Ambivalenzen eines solchermaßen geförderten Geschichtsbegriffs. Insbesondere übersieht man in der Regel, dass, beobachtet man unseren alltäglichen Sprachgebrauch, der Ruf nach der Geschichte häufig mit der Forderung nach der Zukunft korrespondiert. Niemand wird mit der schlichten Auskunft anerkannt, diese oder jene archäologische Ausgrabung diene eigentlich nur zur besseren Erkenntnis eines uralten Despoten und sonst nur fürs Museum. »Zukunft«, die Sorge um sie und die Vorkehrungen für sie, kann keine Politik ausblenden. Sie spiegelt sich sogar noch in dem viel zitierten Spruch »Die Vergangenheit ist niemals tot. Sie ist nicht einmal vergangen.«[49] Denn auch dieser weist ja darauf hin, dass das Vergangene in die Gegenwart hereinragt und in dieser irgendwie präsent ist. Aber die Frage ist ja wohl angebracht, in welcher Form sie dies ist. Bei William Faulkner, von dem der Satz stammt, ist mit ›Vergangenheit‹ die Erinnerung an eine alte, persönliche Schuld gemeint, die nach und nach freigelegt werden soll, also etwas anderes, als das, was wir in der Regel mit ›Geschichte‹ bezeichnen. Überdeckt wird aber, dass die Geschichte zunächst und vor allem das Geschehene ist, dass sie zunächst aus abgeschlossenen

---

[46] W. Schmale: Eckpunkte einer Geschichte Europäischer Identität. In: Europäische Identität, S. 78.
[47] K. Bergmann: Identität. In: Ders., u. a. (Hgg.): Handbuch der Geschichtsdidaktik. 5. Aufl. Seelze-Velber 1997, S. 23–29. Das Verhältnis zwischen Individuum und Geschichte wird hier wie auch sonst häufig mit »Balance halten« umschrieben. Es komme darauf an, dass Individuen sich in die »historische Umwelt« »einfädeln« und die historische Identität zum Bestandteil der Ich-Identität wird (ebd. S. 25 f.).
[48] M. Werner (Hg.): Identität und Geschichte. Weimar 1997, darin kritisch L. Niederwemmer: Konjunkturen und Konkurrenzen kollektiver Identität.
[49] W. Faulkner: Requiem für eine Nonne, 1. Akt, 3. Szene, dt. von Robert Schnorr. Zürich 1956, S. 106.

Verhältnissen besteht, in denen wir nicht mehr unmittelbar stehen. Es ist also keineswegs eine Überwindung oder Vergegenwärtigung aller Vergangenheit zu betreiben. Im Gegenteil: Gerade dann wäre eine Erschöpfung durch die Last der Geschichte zu befürchten. Also ist wohl nur ein recht vermittelter Zugang zu Geschichte zu suchen und eben danach wäre zu fragen.

Nun empfehlen Historiker gegen die Vernachlässigung der Geschichte die Identifizierung mit ihr. So sieht Jörn Rüsen ein Geschichtsbewusstsein erst da gegeben, wo »ein innerer Zusammenhang von Vergangenheit, Gegenwart und Zukunft« entsteht, eine »*Kontinuitätsvorstellung*« hergestellt wird, die dann eine »Sinnbildung Zeiterfahrung« und »Identität« ermöglicht. Es geht nach Rüsen bei der Erfahrung der geschichtlichen Zeit nicht primär um die Erfahrung der Vergangenheit, sondern darum, den »drohenden Verlust der menschlichen Identität« zu vermeiden: »Das historische Erzählen ist ein Medium der menschlichen Identitätsbildung.«[50] Die Geschichte stellt uns unsere Identität nicht nur vor Augen, sie ist – hier geht Rüsen weit über Hermann Lübbe hinaus[51] – ausdrücklich »Medium der Identitätsbildung.«[52] Die Pflege der Geschichte hat die Aufgabe, dass Menschen eine »Kohärenz« zwischen sich herstellen und sich darin ihrer selbst vergewissern: »Diese Kohärenz brauchen Individuen oder Gruppen, um ihr Leben führen zu können.« »Kollektive Identität ist verwurzelt in einer erinnerungsstarken Vergegenwärtigung von Ereignissen«, die historisch insofern sind, als sie »der praktisch wirksamen Lebensorientierung der Menschen« dienen.[53] Geschichtsstudium und -kultur sind offensichtlich an die Stelle der fehlenden praktischen Philosophie getreten.

Ähnlich umfassend wie Rüsen behandelt Emil Angehrn das Verhältnis von Geschichte und Identität: Er beginnt mit einer grundlegenden Definition: »Menschen sind Wesen, die sich selbst definie-

---

[50] J. Rüsen: Historische Vernunft. Grundzüge einer Historik I. Göttingen 1983, S. 55–57.
[51] H. Lübbe: Zur Identitätspräsentationsfunktion der Historie. In: Identität, S. 277–292; vgl. ebd., S. 655–659 und Ders.: Geschichtsbegriff und Geschichtsinteresse. Basel/Stuttgart 1977, S. 145–154. Lübbe sieht die wichtigsten Identitätsdokumente in Ausweisen, Pässen, Lebensläufen etc., will also der Geschichte nicht die Aufgabe zuteilen, kollektive Identität zu realisieren und über sie Heilsversprechen einzulösen.
[52] J. Rüsen: Zur Kritik des Neohistorismus. In: Zeitschrift für philosophische Forschung Bd. 33 (1979), S. 243–263, hier: S. 259.
[53] J. Rüsen: Zerbrechende Zeit. Über den Sinn der Geschichte. Köln u. a. 2001, S. 158.

Identität durch Geschichte?

ren und die das, was sie sind, zum Teil kraft dieser Selbstdefinition sind: ›was sie sind‹ ihre qualitative Identität, ist wesentlich reflexiv.«[54] Die Frage nach der Identität des Menschen bezieht also die alte Frage nach der Selbsterkenntnis ein. Desweiteren versichern Menschen sich über ihre Geschichte: Wir gewinnen reflexiv Sinn und Einheit der Geschichte; diese ist eine »interpretierte Einheit.« Gegenüber H. Lübbe will Angehrn aber geschichtliche Identität und moralische Selbstbestimmung des Menschen nicht trennen.[55] Mit der Verknüpfung der beiden Bereiche zielt er vielmehr auf die Grundverfassung des Menschen: »Die so umrissene Figur historischer Identität stellt als ganze sowohl eine lebensweltlich bedeutsame Leitidee dar wie sie auch zum Kernbestand einer Philosophie menschlicher Subjektivität gehört.«[56] Denn zur persönlichen Identität zählt auch das historische Bewusstsein, da der Mensch sich auf seine Stellung gegenüber der Vergangenheit besinnen kann. Diese Reflexion bildet zwar in den Sozialwissenschaften keine originäre Dimension, gehört aber trotzdem zum »vollen Begriff personalen Selbstseins.«[57] Der eigentliche Kern der Geschichte besteht darin, dass der Mensch ein Interesse daran haben muss, dass das Vergangene nicht vergessen wird und so verloren zu gehen droht. Damit ist aber nicht nur ein mehr oder weniger sorgfältig-liebevolles Sammeln und Bewahren gemeint. Die besondere »Grundbestimmung [...] des geschichtlichen Denkens« besteht in der »Erfüllung und vollendeten Lebensganzheit«, bildet »die Utopie einer Überwindung der Vergänglichkeit,« ja in der »Idee des erfüllten Lebens« auch die Repräsentanz des menschlichen Glücks.[58]

Aber, so darf man wohl fragen, ist dies tatsächlich die Art und Weise, in der wir mit historischen Gegebenheiten verfahren, etwa fremde Texte in zunächst unverständlicher Diktion erfahren? Müssen wir uns, um den Funden der Geschichte gerecht zu werden, nicht vor eiliger Identifizierung mit ihnen hüten, sie erst verfremden, um sie zu verstehen, und dann über diesen Umweg einen Bezug zu ihnen herstellen, der uns unsere Andersheit eher als unsere Identität vorführt?

In Deutschland ist das Thema der nationalen Identität durch die Frage geprägt, welche (moralischen) Folgerungen sich aus den Erfah-

---

[54] E. Angehrn: Geschichte und Identität. Berlin/New York 1985, S. 282.
[55] Ebd., S. 288, 297.
[56] Ebd., S. 302.
[57] Ebd., S. 265.
[58] Ebd., S. 322, 365. Die neueste Veröffentlichung von E. Angehrn und G. Jüttemann: Identität und Geschichte. Göttingen 2018 konnte nicht mehr berücksichtigt werden.

rungen des Nationalsozialismus zu ziehen seien,[59] und wie diese in die übrige deutsche Geschichte zu integrieren seien, eine Frage, die entscheidend den »Historikerstreit« bestimmte. Auch bei der Gründung des Deutschen Historischen Museums in Berlin wurde befürchtet, in ihm solle eine nationale Identität konstruiert werden, die die Verbrechen der deutschen Vergangenheit leugnen oder wenigstens überlagern könne. Was den Begriff Identität anbetraf, so stellte Richard Löwenthal dazu fest: »Ich glaube, daß es möglich ist, den Begriff der historischen Identität zu definieren. Identität ist jene Bindung, aus der die Angehörigen einer großen Gemeinschaft – ob das nun in Europa eine Nation oder im Nahen Osten eine Religionsgemeinschaft ist – in ihrem Bewußtsein nicht herauskommen, auch wenn sich die politischen oder materiellen Bedingungen ihrer Existenz im Geschichtsverlauf weitgehend ändern.«[60] Inzwischen sind die Kontroversen abgeflaut und das Deutsche Historische Museum darf wohl beanspruchen, mit »historischer Urteilskraft« zu arbeiten, will aber nicht eine deutsche historische Identität repräsentieren.[61]

Einen anderen Gebrauch des Begriffs macht Hermann Lübbe: »Historiographie hat *unter anderem*, die Aufgabe [...], historische Kenntnisse bereitzustellen, die es erlauben, eigene und fremde Identität zu vergegenwärtigen.« Aber er sagt auch: »Wir schreiben unsere Geschichte und die Geschichten anderer ›immer wieder neu‹, weil die Präsentation eigener und fremder Identität eine Funktion unserer Geschichte ist, durch die wir, mit dieser sich ändernd, unsere eigene Identität haben.«[62]

Aber, so darf man wohl wiederum fragen: Ist es auf diese Weise möglich, Geschichte, Geschehenes, in die eigene Zeit einzuholen? Ist Identität der Modus, in dem wir mit der Geschichte umgehen? Zunächst dürfte es jeden Historiker oder jeden auch nur vage an der Geschichte Interessierten überfordern, wollte er sich mit dem Gesamt oder nur einem größeren Teil der Geschichte identifizieren. Wenn

---

[59] Vgl. Gauly (Hg.): Die Last der Geschichte. Kontroversen zur deutschen Geschichte.
[60] R. Löwenthal, in: C. Stölzl (Hg.): Deutsches Historisches Museum. Frankfurt a. M. 1988, S. 408.
[61] Vgl. die Auskunft seines Direktors, R. Gross: Sinn und Nutzen historischer Urteilskraft. In: FAZ vom 21.4.2017, S. 9: »Ich habe ihn [den Begriff Identität] noch nie gemocht. [...] Ich finde, es hat immer etwas mit einer Störung zu tun. [...] Bei Kollektiven empfinde ich Identität immer als einen Problembegriff. Er führt eigentlich jedes Mal in die Irre.«
[62] Lübbe, in: Identität, S. 290, 291.

dies aber nicht zu leisten ist, führt eine Identitätsfindung dann nicht leicht zu einer selektiven Identität, einer Identität der Denkmäler, jedenfalls nur zu scheinbar sicheren Kontinuitäten, die es doch bei näherem Hinsehen nicht gibt und die sich – unter der Hand und im Lauf der Zeit – ändern und verblassen, bis sie bald nicht mehr verstanden werden?

Wie soll eine Identitätsfindung durch das möglich sein, was gerade in seiner Vielfalt, seiner inneren Heterogenität und überhaupt seinem zeitlichen Abstand geradezu ein Muster des Nicht-Identischen ist und nur so begriffen werden kann? Wonach fragt derjenige, der aus der Gegenwart auf die höchst disparaten Bestandteile der zurückliegenden Zeit blickt? Sicher: Die Strukturgeschichte lehrt uns, dass Elemente von dem, was uns heute umgibt und was uns ausmacht, etwa die Zeit der Reformation und der Umbruch der Französischen Revolution, sich ereignete und uns dann, in anderen Kontexten und mit vielen hinzugekommenen Wandlungen, prägend geblieben ist. Aber zugleich lehrt sie uns, dass wir mit ebenso großen und noch viel größeren Beständen nicht mehr identisch sind und sein können. Müsste es nicht zu einem höchst selektiven Verhalten führen, wollte man eine Nation oder eine Gesellschaft zur Identität auch nur mit einem Teil ihrer Geschichte verpflichten? Heißt geschichtliche Besinnung nicht vielmehr »Übersetzung« eines früheren Phänomens in die Gegenwart und damit Anerkennung seiner Differenz statt Suche nach dem Identischen zwischen Einst und Jetzt?

Und schließlich: Das Herstellen von Identität führt geradezu zu einer Stilisierung der geschichtlichen Fülle, die, recht besehen, die Gefahr antigeschichtlicher Folgen heraufbeschwört. Auf das Erstürmen von Denkmälern 1968 ff., z. B. Kriegerdenkmälern, folgte doch bald der Bau neuer Denkmäler, über die die Zeit inzwischen wiederum hinweggegangen ist. Solche Zeiterscheinungen mögen inzwischen abgeflaut und die neuen Benennungen integriert sein, andere Denkmalerrichtungen und -beseitigungen treten aber tagtäglich an die Stelle der vormaligen Identifizierungen mit den ehemaligen Säulenheiligen. Jüngste Beispiele sind z. B. die andauernde Kritik am Denkmal für den britischen Afrikakolonisten Cecil Rhodes in Oxford, die jüngste Verunstaltung der Columbus-Statue im Central Park von New York und die Ablegung des Namens von Ernst-Moritz Arndt durch die Universität Greifswald. In all diesen Fällen mögen den betreffenden Namensgebern historische Freveltaten nachzuweisen sein.

Allein, der jetzige Umgang mit diesen Vorgängen, die man ja offensichtlich lange Zeit übersehen hatte oder nicht wissen wollte, zeugt von wenig historisch angemessener Reflexion. Besser wäre es gewesen, die Geschichte, wie immer man sich jetzt zu ihr stellen mag, auszuhalten, keine neuen Identifikationsmale zu setzen, aber die alten Denkmäler unangetastet zu lassen. Eine nachträgliche Reinigung der Geschichte und eine zu spät kommende moralische Entrüstung zeugen nicht von einem souveränen Umgang mit ihr und können sowieso nicht gelingen.[63] Aufgabe einer Geschichtswissenschaft, die sich kritisch nennen will, wäre es, die Bedingungen der früheren Identifizierungen freizulegen,[64] aber nicht neue an die Stelle der früheren zu setzen. Auf diese Weise kann man den Vorbildcharakter der Geschichte entschärfen und leichtfertige Mythenbildung entzaubern. Denn Mythen, auch und gerade die »neuen«, haben es nötig, geglaubt zu werden. Auf Überzeugung gründen sie selten; und da sie von einem Mangel zeugen, scheuen sie die kritische Nachfrage. Wissenschaft, vor allem historische Reflexion, die nicht Identifizierung betreiben will, kann gerade davor schützen, solche Mythen zu erzeugen, die nur zu bald wieder fallen gelassen werden müssten. Der Kreislauf von Denkmal-Errichtung und Denkmal-Erstürmung kann dann vermieden werden. Identifizierung zwingt immer dazu zu selektieren und zu fixieren; er beruft sich zwar auf die Geschichte, hat aber neben sich das Vergessen der ganz anderen, vielgestaltigen Geschichtsverläufe, vor allem der gerade unliebsamen, und negiert die besonderen und differenten Ursprünge historischer Ereignisse, Fakten und Lagen. So leicht die Herstellung von Identität geschieht, so bald ist das solchermaßen mit uns Identifizierte uns fremd geworden und in die Nicht-Identität herabgesunken.

Hier liegt der Einwand nahe, dass es bei der Anforderung von

---

[63] Der Fall der Universität Greifswald ist deswegen bemerkenswert, weil es in der gesamten DDR-Zeit offensichtlich nicht anstößig war, den Titel »Ernst Moritz Arndt-Universität Greifswald« zu tragen. Das historische Bewusstsein schien damals ausgeprägter gewesen zu sein; vielleicht weil man davon ausgehen konnte, etwaige negative Faktoren des Namensgebers endgültig überwunden zu haben. Deshalb erstaunt es, dass die Universität jetzt sich wie von einem Makel glaubt befreien zu müssen (eine Befreiung, die nicht gelingen wird, weil man die einstige Namensnennung nicht vergessen machen kann).

[64] Z. B.: Aus welchem Kontext ist es zu verstehen, dass in Düsseldorf eine Universität nach Heinrich Heine und in Berlin eine Straße nach Rudi Dutschke benannt wurde? Welche Geschichten wären zu erzählen, um diese Vorgänge plausibel erscheinen zu lassen?

Identität durch die Geschichte auch gar nicht um das Überdecken von Brüchen und Diskontinuitäten gehe. Man hat dies auch anerkannt und zur Rettung des Begriffs »Identität« von einer »pluralen Identität« gesprochen, die die Geschichte uns anbieten könne und solle.[65] Aber was kann Identität dann noch sinnvoll heißen, wenn man eine solche Hilfskonstruktion bilden muss? Sie verdeckt nur wenig den vielgestaltigen Prozess, in dem wir mit der Geschichte umgehen.

Das führt zum wesentlichen Punkt: Wir verhalten uns de facto auch gar nicht so zur Geschichte, dass wir uns mit ihr identifizieren oder nicht mit ihr identifizieren wollen. Was wir suchen, wenn wir uns der Geschichte zuwenden, z. B. historische Bücher lesen statt etwas anderes zu tun, ist gar nicht die Bildung etwaiger Identität, eines Selbst oder einer anderen Einheit, von der wir ein Teil sind; wir suchen zuerst und vor allem das Andere unserer selbst, das höchstens sehr vermittelt mit uns in Berührung kommt, und wenn, dann nur in mehr oder weniger transformierter Form in die Gegenwart hineinragt. Und dies tun wir aus gutem Grund: Denn Geschichte ist das, zu dem wir nicht mehr Stellung zu beziehen brauchen, das wir als solches, wie es ist, stehen und sein lassen können. Nicht umsonst erklären Historiker das Historische so weit wie möglich und suchen aus Gründen einzusehen, d. h. dokumentieren es nicht als Produkt einer freien Wahl der Agierenden, sondern aus Strukturen und Notwendigkeiten. Das Interesse an der Geschichte mag in vielem gründen, weniger um aus ihr zu lernen, mehr schon, um aus ihr zu erkennen, wie es damals war und heute nicht mehr ist und so besser zu verstehen, wer wir waren oder was einst für Geschichten herrschten und wer wir gerade in Unterscheidung dazu heute nicht mehr sind. Jedenfalls heißt dies zu sehen, dass dies Gewesene so und in derselben Weise wie früher heute nicht mehr ist, sondern als das einmal Bestimmte nicht mehr die Last, die Verpflichtung, zur Stellungnahme auferlegt. Anders gesagt: die Hinwendung zur Geschichte entlastet vom Druck der Gegenwart, und diese (zeitweilige) Entpflichtung ist umso mehr nötig und verständlich, je mehr wir täglich zur Anteilnahme und zur Urteilsfindung gedrängt sind.

Die Fülle und Vielfalt der Geschichte repräsentiert uns nicht unsere persönliche und kollektive Identität in dem Sinne, dass wir das Historische als unseres anerkennen oder nicht mehr unseres von uns

---

[65] Hagen Schulze in einer Anhörung zur Gründung eines Deutschen Historischen Museums im Dezember 1986, S. 407.

weisen müssen. Wir müssen uns (in der Regel) nicht mehr zustimmend oder ablehnend zu ihm äußern. Mit dem Interesse an der Geschichte können wir uns unaufgeregt und mäßig engagiert so geben, dass wir ein Selbst bleiben, ohne dass Vergangene fortwährend auf sein Noch-gültig-Sein prüfen zu müssen. »Was dem Bewußtsein [mit dem Mythos] versichert wird, ist, was es ein für alle Mal hinter sich wissen soll. Das könnte der Sinn jeder Geschichte sein; aber nur der Mythos kann es sich leisten, die ohnehin vielleicht verlorenen Fakten dem Verlangen nach ›Bedeutsamkeit‹ zu unterwerfen.«[66] Man könnte ergänzen, vielleicht nicht ganz in Blumenbergs Sinn: ›Bedeutsam‹ kann erst das werden, was historisch geworden ist, und eben deswegen ist es ›bedeutsam‹, weil es nicht mehr moralische Verpflichtungen auferlegt[67] (obwohl natürlich nicht alles Historische bedeutsam sein muss). Vielleicht kann man von der Geschichte sagen, dass man sie im Rücken und nur noch in einem vermittelten Sinn vor sich haben kann. Denn da, wo so vieles, jedenfalls zu viel, auch anders gedacht werden kann, bedeutet es einen nicht zu unterschätzenden Gewinn, sich die Geschichte als das nicht mehr Änderbare vergegenwärtigen zu können, als das nämlich, was zu akzeptieren ist, ohne es nach dem Guten und Bösen in ihr sortieren zu müssen.

Und in der Tat verfahren Historiker meistens so: Durch die Charakterisierung der Antike als Sklavenhaltergesellschaft werden Griechen und Römer nicht vernichtend disqualifiziert. Die Gräueltaten so vieler Herrscher und Potentaten, mögen sie heute auch zweifellos Kriegsverbrechen oder Völkerrechtsverletzungen genannt werden heißt nicht, dass man ihnen keinerlei historische Anerkennung zollen darf. Man weiß, dass man an andere Zeiten andere moralische Maßstäbe legen kann. Dass andere Gesellschaften anderen Gesetzen folgen, weil sie in einer anderen ›Kultur‹ lebten, ist ein geläufiger Entschuldigungsgrund, wie ja überhaupt die Kategorie ›Kultur‹ häufig dazu dient, Verständnis zu wecken und Verzeihung dort zu gewähren, wo eigentlich das moralische Urteil ein Aburteilen erfordert.

Der sich zum Historischen ›historisch‹ Verhaltende ist der Sorge enthoben, die Vergangenheit rechtfertigen zu müssen. Er braucht sie, da sie nicht mehr veränderbar ist, nicht mehr der Prüfung unterziehen, ob alles in ihr gerechtfertigt werden kann. Dies lässt sich auch an alltäglichen Vorgängen aus unserem privaten Leben beobachten: Bei

---

[66] H. Blumenberg: Arbeit an Mythos. Frankfurt a. M. 1979, S. 127 f.
[67] Vgl. F. Rodi: Über die Erfahrung von Bedeutsamkeit. Freiburg 2015.

einem Gang durch einen Trödelladen (oder bei einer anstehenden Hausratsauflösung) kann es einem leicht passieren, dass man gerade dasjenige in den Rang eines begehrten Sammlerstücks versetzt sieht, was die vorige Generation noch als normalen Gebrauchsgegenstand erworben und gebraucht hatte, später aber dem Abfall überantwortet hatte: die Handkaffeemühle der dreißiger, die alten Keksdosen der vierziger oder das Nierentischchen aus der zaghaften Moderne der fünfziger Jahre. Dies alles ist jetzt, funktionslos geworden und von nicht wenigen unter uns als Kitsch verachtet, wieder akzeptabel: Man lebt ja nicht in toto in diesen Dingen. Von einem ähnlichen Vorgang zeugt auch die in den letzten beiden Jahrzehnten wieder einsetzende Konservierung und erneute Wertschätzung historistischer Gebäude des 19. Jahrhunderts, z. B. der Neugotik und des Neubarock (eben der Bauten, die man als Ruine nach dem 2. Weltkrieg noch gern abgerissen hatte): Sie hat nicht nur damit zu tun, dass man angesichts eines Überflusses an Moderne oder Postmoderne die vormaligen Ornamente wieder erholsam findet; es hat vielmehr ebenso zur Voraussetzung auch das Bewusstsein davon, dass die ältere Epoche abgeschlossen ist und der einstige Pomp (und nachmalige Kitsch) jetzt, aus der Distanz, rehabilitiert werden kann. Man weiß ja, dass man nicht mehr im wilhelminisch-viktorianischen Zeitalter lebt und baut; also dürfen wir diese abgelegten Stile und Moden erhalten und neugierig-lächelnd uns dafür interessieren; aber eben nicht, weil man mit ihnen identisch wäre, sondern aus der Distanz, die zwischen damals und heute eine nicht aufzuhebende Trennlinie legt.

Und hier schließen sich nun also eine Vielzahl von Beobachtungen an, von denen einige als Beispiele erwähnt werden sollen: Deutsche Kriegerdenkmale im Elsass blieben stehen, auch als das Land 1918 wieder französisch geworden war.[68] Sie waren nicht mehr so brisant nach der Niederlage des Reiches. Preußen durfte wieder er-

---

[68] Vgl. R. Koselleck: Kriegerdenkmale als Identitätsstiftungen der Überlebenden. In: Identität, S. 255–276, bes. S. 275; Koselleck weist vor auch darauf hin, dass Denkmale ihren Sinn und ihre Aussagekraft ändern können, weil sie sich in einer späteren Generation verflüchtigt haben, m. a. W.: »[...] die einzige Identität [...] die Identität der Toten mit sich selbst ist« (ebd. S. 257). Vgl. P. Gorafczyk (Hg.): Denkmale und kulturelle Identität. Internationales Symposium der VII. Generalversammlung des ICOMOS 1984. Berlin 1987. J. Spielmann: Denkmal: Emanzipation oder Identität? In: Niemandsland. Zeitschrift zwischen den Kulturen, Jg. 1, H. 2 (1987), S. 70–83. (Der Autor schwankt zwischen der Empfehlung, keine neuen Denkmale mehr zu errichten, und der Mahnung, sie nur nach öffentlicher Diskussion und vorangegangener Erforschung der NS-Zeit aufzustellen.)

wähnt und gewürdigt werden zu einem Zeitpunkt, als es die politische Einheit dieses Namens und die Gefahr, die von ihm ausging, nicht mehr vorhanden war.[69] Das Denkmal Friedrichs d. Gr. von Rauch durfte von der DDR wieder *Unter den Linden* aufgerichtet werden, als jedem in Berlin einsichtig war, dass von ihm kein Geist des Militarismus mehr ausging. Und als Pendant im Westen Berlins sei erwähnt: Die Siegessäule trägt u. a. wieder jene Bronzetafel, in die der Sieg von Sedan eingegossen ist. Die Franzosen, die sie noch 1945 als Provokation empfanden, abmontierten und einlagerten, konnten sie vierzig Jahre später zurückgeben und erlauben, dass sie wieder an der Siegessäule angebracht wurden, ohne eine neue Identifizierung befürchten zu müssen. Die Beispiele ließen sich leicht vermehren.

Überall zeigt sich ein ähnlicher Vorgang: Das, was einstmals als Mal gedacht war und bei den einen Zustimmung, bei anderen Ablehnung erfuhr, wird ›mit der Zeit‹ historisch, d. h. verliert seinen provozierenden Charakter und kann folglich mit distanzierter Gelassenheit in den Blick genommen werden; jeder kann ja wissen, dass die Zeit darüber hinweg gegangen ist. Man lebt nicht mehr in Identität mit den alten Göttern, Königen, Feldherren und Vätern, könnte sie schon gar nicht alle als die eigenen integrieren und erkennt, dass ihre ›historische‹ Existenz uns nicht oder nur höchst vermittelt bestimmt, herausfordert oder irgendeine Verpflichtung auferlegt. Der Historiker darf von mancherlei Freiheiten Gebrauch machen, unter anderem von der, die ihn mit Möglichkeiten bekannt machen, die nicht schon in seiner Zeit vorgegeben sind,[70] dann aber auch mit der, die ihm sagt, dass seine aktuelle Stellungnahme zum Untersuchungsgegenstand gar nicht verlangt sei.

Was es heißt, dass etwas ›historisch‹ geworden ist, mögen noch zwei weitere Beispiele illustrieren, die uns täglich begegnen: Jedermann kennt jene eigentümliche Einstellung zum Wegwerfen alter Papiere, Briefe, Exzerpte, Entwürfe, Korrekturvorgänge u. ä. Man kann all dies vernichten, weil es nicht mehr gültig ist. Man kann es aber auch, wenigstens Teile davon, als signifikant für einen bestimmten Stand des eigenen Daseins, des vergangenen Erlebens, als aufschlussreich für einen damaligen Arbeitsgang oder Seelenzustand aufbewahren, oder einfach als Erinnerungsstücke.

---

[69] Vgl. G. Korff (Hg.): Preußen. Versuch einer Bilanz. Katalog der Ausstellung 1981 im Gropiusbau Berlin, 5 Bde. Reinbek bei Hamburg 1981.
[70] Vgl. Gründer: Erfahrung und Theorie in den geschichtlichen Wissenschaften.

Identität durch Geschichte?

Oder: Eine alte Akte wird, so dürfen wir unterstellen, niemals mehr ein Beweisstück o. ä. enthalten, nicht einmal mehr ein Vorbild für vergleichbare spätere Vorgänge abgeben. Trotzdem kann sie Auskunft geben über abgeschlossene Vorgänge, die einmal Aussagekraft beanspruchen konnten, also dogmatisch banden, jetzt aber ›nur noch‹ als Ausdruck ihrer Zeit, d. h. historisch interessant sind. Alte Urkunden, auch wenn sie kein Ablaufdatum tragen, verlieren nach kürzerer oder längerer Zeit ihre normierende Kraft und gewinnen stattdessen an historischer Bedeutung. Alte Papiere, z. B. die Aufrufe und andere Untergrundliteratur aus der Russischen Oktoberrevolution, haben ihre politische Kraft längst verloren, wenn sie ins Archiv wandern oder u. U. begehrte Sammlerstücke mit entsprechendem Preis werden, also historisch bedeutsam geworden sind.[71] Warum dürfen diese einst aktuellen Objekte, früher mit praktischer Wirkkraft gesättigt, gelegentlich auch nur den Geruch des Abgelebten, durchaus Zufälligen und Vereinzelten atmen? Vor der antiquarischen Geschichtsschreibung braucht man sich nicht zu scheuen; sie lässt sich nicht sowieso nicht vermeiden, wenn sie natürlich auch nicht die ganze Aufgabe des Historikers ausmacht.

In einigen Wissenschaften findet man diese Spannung zwischen dogmatischer Verbindlichkeit und historischem Interesse wieder, z. B. in der Theologie und Jurisprudenz. Juristen haben ihre Loseblattsammlungen von Gesetzen, weil sie bei fortwährender Änderung der Gesetzestexte die alten Fassungen aus- und die neuen Texte einsortieren müssen; nur die auf dem neuesten Stand gelten und sind Grundlage der Rechtsprechung. Entsprechendes gilt für andere normierende Texte, DIN-Vorschriften, Verwaltungsanweisungen, ärztliche oder pharmazeutische Vorschriften ebenso wie Grenz- oder Toleranzwerte. Sie alle erfahren, dass die alten Fassungen schlimmstenfalls im Papierkorb, bestenfalls im Archiv landen oder in ein Nebenfach abwandern, etwa die Rechtsgeschichte.

Nicht ganz so rabiat verfährt die Theologie mit ihren alten Dogmatik-Lehrbüchern. Diese können zwar auch historisch relativiert werden, ebenso aber selbst ein Teil der Dogmengeschichte sein. Und es gibt auch hier den Vorgang, dass ein Lehrbuch in der Institutsbibliothek entweder in der Abteilung Dogmatik oder in der Abteilung Kirchengeschichte einsortiert wird. Die Bibel wird kaum je ganz in der Kirchengeschichte abgestellt werden können; Luther hat auch

---

[71] Vgl. H. P. Krauss: Die Saga von den kostbaren Büchern. Zürich 1978, S. 190 f.

nicht nur historisch recht, viele andere Kirchenlehrer und Propheten schon eher. Nicht selten dürften Autoren auch »umgebettet« werden, nämlich von der Abteilung »Systematisches« zur Abteilung »Kirchengeschichte«, und damit bibliothekarisch eine neue Signatur erhalten. Gerade in der Theologie gibt es aber, natürlich konfessionell unterschieden, keine so deutliche Kluft zwischen Dogmatik und Historie, wohl aber eine prinzipielle Differenz.

Es liegt natürlich der Einwand nahe, dass dies nur unter der Bedingung gelte, dass uns manche Epochen der Geschichte nicht doch noch gewaltige Verpflichtungen auferlegen, dass es m. a. W. unverantwortlich wäre, diese abschütteln und die Schatten der Vergangenheit ausblenden zu wollen. Die schrecklichen, verbrecherischen Regime des 20. Jahrhunderts sprechen den Historiker nicht von der Stellungnahme los, wie es etwa Kriege und Verfolgungen des Dreißigjährigen Krieges tuen. Aber hierzu kann gesagt werden: Dass die Verbrechen des Nationalsozialismus uns anders gegeben sind, dass sie primär unter moralischen Gesichtspunkten zu behandeln sind, ist selbstverständlich; es heißt aber nicht, dass uns nach diesem Muster die ganze Geschichte aufgegeben ist. Hier spricht nicht die Regel, sondern die Ausnahme.[72] Es gibt jedoch kein zeitliches Gleichmaß, nach der eine Historisierung einsetzen wird. In dem einen Land bleibt die Erinnerung an vergangene Gräuel länger lebendig, d. h. für das Selbstverständnis prägend, wie in einem anderen. So sind für Iren die Massaker Cromwells noch heute Verbrechen, für den Kontinentaleuropäer aber wohl nur ›Untaten‹.

Es kann auch noch nach einer Zeit relativer Distanzierung zu einer Wiederaufnahme der ›Untersuchungen‹ kommen. Gegenwärtig geschieht dies z. B. mit der Zeit des Kolonialismus bzw. Imperialismus. Im Ergebnis wird sich zeigen, ob danach ein gerechteres Urteil über historische Vorgänge gefällt werden. Auf jeden Fall gibt es aber

---

[72] Und auch unter dieser Prämisse ist zu sagen: Eine gewisse Historisierung des Nationalsozialismus hat schon vor längerer Zeit eingesetzt, und zwar seit S. Haffner: Anmerkungen zu Hitler. Frankfurt a. M. 1978. Wie Martin Broszat deutlich macht, bedeutet diese unvermeidliche Historisierung aber keinen Wandel in der moralischen Verurteilung des Nationalsozialismus; vielmehr erleichtert sie die Akzeptanz auch dieses Kapitels der deutschen Geschichte als eines Teils der eigenen Geschichte; Historisierung des Nationalsozialismus? Ein Briefwechsel zwischen Martin Broszat und Saul Friedländer. In: Die Zeit Nr. 17 vom 22.4.1988, S. 18; vgl. U. Backes u. a. (Hgg.): Die Schatten der Vergangenheit. Impulse zur Historisierung des Nationalsozialismus. Frankfurt a. M./Berlin 1990, bes. S. 25–57. I. Geiss: Die Habermas-Kontroverse. Ein deutscher Streit. Berlin 1988.

unterschiedlich lange Zeiträume des Historisch-Werdens, auch Vor- und Rückschritte. Was in der einen Nation noch brisante Gegenwart scheint, ist für eine andere schon zurückgesunkenes Kulturgut. In den östlichen Teilen Deutschlands zeigt sich dies an vielen Denkmalen: Es war klar, dass das Marx/Engels-Denkmal nicht auf dem damals noch nach ihm benannten Berliner Platz stehen bleiben konnte. Aber warum sollte es nicht eines Tages im Dichter- und Denker-Viertel Platz finden, neben B. Bauer, M. Stirner, H. Heine und den Jungdeutschen. Für die Leningrader ist Lenin nicht mehr der passende Stadtpatron.[73] Es gibt also länder- und gegenstandsspezifisch recht unterschiedliche Verläufe und Geschwindigkeiten, in denen etwas historisch wird. Vieles Dringliche und Bedrängende musste zweifellos umbenannt, abgestoßen, manchmal auch verworfen werden. Einiges kann (vielleicht) mit entschärfter Brisanz und historisch abgekühlt wieder hervorgeholt werden. Es hat dann aber nicht den vormaligen Status, dass es zur Identifikation auffordert, sondern es lässt jene Freiheit, die der geschichtliche Abstand dem eigenen Urteil gewährt, das etwas bewahrenswert findet, ohne dass seine Inhalte auch nur überwiegend akzeptiert werden müssen. Denn eben diesen Vorteil haben die Geschichten und die Geschichte: Sie wecken unser Interesse, auch und gerade weil es das Andere ist, fordern aber deswegen noch lange nicht zur Identifikation auf.

Vieles, wenn nicht das meiste von dem, was gegenwärtig dogmatischen Anspruch erhebt und erheben kann, wird historisch und ist damit nicht mehr verpflichtend oder gar provozierend, trotzdem aber gegenwärtig, insofern man es nachvollziehen und verstehen kann. Es

---

[73] Interessante Beispiele aus Berlin: Im ehem. »Westberlin wandte sich die Bevölkerung klugerweise gegen die Umbenennung des »Kaiserdamms« in »Adenauerdamm«. (»Kaiserdamm« konnte bleiben, weil es keinen Kaiser mehr gab.) Im ehem. Ostberlin sollte amtlicherseits die Clara-Zetkin-Str. wieder in Dorotheen-Str. rückbenannt werden. Besonders eifrige Zeitgenossen entdeckten jedoch, dass Clara Zetkin nicht nur eine Kommunistin und Anti-Parlamentarierin war, sondern auch eine Frauenrechtlerin. Man stand also kurz vor der Beibehaltung eines Denkmals, aber mit neuer Legitimation. Trotzdem musste die ›Clara-Zetkin-Str.‹ der ›Dorotheenstr.‹ weichen; denn sie führt(e), nach Beseitigung eines ehemaligen hinderlichen Mauersperrwerks, geradewegs auf den Bundestag im Reichstagsgebäude zu, ein nicht so passendes Ziel für eine kämpferische Anti-Parlamentarierin! Zum gewissen Ausgleich erhielt 1997 ein Platz im Bezirk Marzahn-Hellersdorf den Namen ›Clara-Zetkin-Platz‹. Weitere aufschlussreiche Geschichten zu Umbenennungen Berliner Straßennamen bei H. Boockmann: Alte Straßen, neue Namen. In: Geschichte in Wissenschaft und Unterricht Bd. 45 (1994) S. 579–591.

wird deshalb aber nicht mehr das einstige Merkmal des Gültigen tragen. »Identisch« bin ich mit ihm höchstens in diesem Modus der Vermittlung über die nicht zu leugnende Distanz hinweg, nicht aber, weil ich dies noch überwiegend bin, in seiner Tradition stehe oder lebe.[74] Eine Stellungnahme, eine Zustimmung oder Ablehnung, also eine Identifikation, wird von mir nicht mehr unbedingt erwartet. Die Rezeption der geschichtlichen Personen, Themen, Inhalte etc. lässt mir jederzeit die Möglichkeit, mich frei auch anderswo zu bewegen. Eine weitergehende Identität bzw. Identifikation im Sinne einer Übereinstimmung mit diesen Inhalten, Wertungen etc. würde uns in der Regel überfordern und könnte leicht zur fragwürdigen Weitergabe »erstarrter Denkmuster« führen.[75] Aber wahrscheinlich darf man hier auf die Fähigkeit der kritischen Historiker vertrauen, sich gegen sie zu stellen, sicher aber auf die Patina, die sich auf Bismarck- und andere Denkmäler legt.

III. Vorläufiges Resümee

Die Geschichte von Begriff und Konzept der Identität verläuft nicht nach geraden Entwicklungslinien, sondern in Missverständnissen und Mehrdeutigkeiten; und sie endet manchmal in Sackgassen und Aporien. Aus kleinen Anfängen entstanden, führt der Begriff lange Zeit ein Schattendasein in der Logik, bis er in der Gegenwart universal eingesetzt wird. Warum er über Jahrhunderte nur so wenig benutzt wurde, dürfte einen einfachen Grund haben: Es gab noch keine Veranlassung, exklusiv nach der Identität einer Person zu fragen. Es gab noch keinen Begriff von ›Subjekt‹, der sich vom ›Subjekt‹ als Be-

---

[74] Traditionen, so könnte man etwas zugespitzt sagen, werden gelebt, d.h. weitergetragen, modifiziert oder ganz abgelegt; Geschichte dagegen wird erinnert, befragt, geprüft und interpretiert. Würden Traditionen bezweifelt und länger bzw. heftiger in Frage gestellt, wären sie keine Traditionen mehr, weil sie nicht mehr wie selbstverständlich weitergegeben (tra-diert) werden. Im Anschluss an R. Wittram (Das Interesse an er Geschichte. Göttingen 1949, S. 227) wird jedoch oft behauptet, Tradition sei eine andere Bezeichnung für die Geschichtlichkeit des Menschen. So K.-E. Jeismann: Tradition. In: Handbuch der Geschichtsdidaktik, S. 19.
[75] U. A. J. Becher: Identität durch Geschichte? In U. A. J. Becher/K. Bergmann (Hgg.): Geschichte – Nutzen und Nachteil für das Leben. Düsseldorf 1986, S. 55–58, hier: S. 57.

zeichnung für Dinge, Gegenstände etc. abhob,[76] noch nicht bei Descartes, wohl aber bei Locke, der ausdrücklich verneinte, dass es eingeborene Ideen wie bei Descartes gebe. Folglich musste Locke nach einem anderen Inhalt für die Verantwortung tragende Person suchen, und er fand sie in der Erinnerung. Dinge und Satzsubjekte sind bei ihm nicht mehr gleichermaßen Identitäten wie Personen.[77] Bei Kant und Fichte ist es dann die Erkenntnisleistung eben dieses Subjekts, die in den Mittelpunkt rückt, die das Objekt sich gegenüber setzt und die Welt konstituiert. Bei Schelling und in anderer Weise bei Hegel ist es ein das Subjekt und Objekt Übergreifendes, eine Identität, die das Ich bzw. das Subjekt mit der Welt verbindet.

Im 19. und 20. Jahrhundert wird der Begriff von der Psychologie okkupiert. Soziologen und Sozialpsychologen nehmen sich auf breiter Front des Themas an. Sie kommen darin überein, dass sich ein identisches Ich in Interaktion mit den Normen, Werten, Mustern der Gesellschaft herausbildet. In dem an die klassische Epoche der Philosophie, die Entwicklung von John Locke bis Hegel anschließenden Denken erscheint die Identität als Zusammenfassung der »Wunschbilder es erfüllten Augenblicks«, in fortwährender Annäherung, als immer anvisierter Fluchtpunkt, der aber als solcher inhaltlich nicht weiter ausgestaltet wird, mithin nur in seinen Einzelerscheinungen begegnet, deshalb aber auch, wie um ihn zu verhüllen, eingeklammert ist.[78]

Im Deutschen Idealismus war die Frage nach der Identität mit dem treffenden Begriff ›Ich‹ beantwortet worden. Damit allein war jedoch, wie Schelling merkte, zunächst wenig gewonnen. Identität musste Zusammenfügen von Verschiedenem sein, damit aber das Identische im Grunde verfehlen. Vergleichbar heißt es bei Ludwig Wittgenstein (der damit den Anfang von Hegels einschlägiger Anmerkung zur Logik [»leere Tautologie«] wiederholt, natürlich ohne die folgenden Ausführungen Hegels): »Von *zwei* Dingen zu sagen, sie seien identisch, ist ein Unsinn, und von *Einem* zu sagen, es sei identisch mit sich selbst, sagt gar nichts.«[79] Zu einem ähnlich resig-

---

[76] B. Kible/J. Stolzenberg: Art. ›Subjekt‹. In: Historisches Wörterbuch der Philosophie, Bd. 10. Basel 1998, Sp. 373–387.
[77] Ebd.
[78] E. Bloch: Das Prinzip Hoffnung. Frankfurt a.M. 1967, Bd. 3, 5. Teil, S. 1086. Ich danke Gunter Scholtz für den freundlichen Hinweis.
[79] L. Wittgenstein: Tractatus logico-philosophicus 5.5303. Schriften [Bd. 1]. Frankfurt a.M. 1960, S. 52.

nativen Ergebnis gelangt jüngst Derek Parfit: »Identity is nothing what matters in survival.«[80]

Soll man nach all diesen und ähnlichen verzweifelten Bemühungen, das Thema aufgeben, dessen man doch nicht habhaft werden kann? Nicht notwendig. Man könnte auch folgern, dass die Identität der Person, je weniger sie befragt und erforscht wird, umso mehr und besser gelebt wird. Sie wäre folglich immer selbstverständlich da, ohne fortwährend abgerufen, gar problematisiert oder proklamiert zu werden. Auch Identitätsausweise, Lebensläufe usw. müssen nicht häufig vorgewiesen werden. Und wenn sie gefordert werden, weiß ich, dass ich damit nicht mein Inneres präsentiere. Der Zöllner an der Grenze will ja gar nicht meine Hobbies etc. wissen, und ich würde mich bei ihm unbeliebt (oder sogar verdächtig) machen, würde ich ihm über die Prüfung meiner Identitätskarte hinaus die Prüfung dieser weiteren identifizierenden Merkmale aufdringen. Meine volle Identität ist hier und auch sonst gar nicht gefragt. So kann deshalb auch nicht das Ziel des Subjekts sein, sich, außer in besonderen Situationen, seiner Identität zu versichern.[81] Auch die Autoren von Autobiographien können sich, genau genommen, ihrer Identität nie ganz versichern. Sie können ja nie wissen, welche Wendung ihrem Leben noch bevorsteht. Und auch wenn sie auf ein langes Leben zurückblicken können, ist es doch immer nur der schriftlich und zeitlich geformte, objektivierte Lebensrückblick. Vielleicht ist es uns auch von Vorteil, wenn wir unser Ich leben können und nicht fortwährend auf seine Identität befragen müssen, mithin vieles davon unbefragt bleibt.

Vielleicht meint dies Thomas Mann, wenn er in *Lotte in Weimar* berichtet, wie sich Charlotte Kästner, geb. Buff, im Weimarer Hotel *Elephant* einquartiert und vom Wirt als Werthers Lotte erkannt wird. Deshalb bedrängt, alle möglichen Besucher zu empfangen, besonders

---

[80] D. Parfit: Reasons and Persons. Oxford 1984, S. 215; vgl. Ders.: Personen, Normativität, Moral. Berlin 2017, S. 69–105; bes. S. 103 f.: »Überlegungen über unsere eigene Identität sind anfällig für Illusionen.« »Die personale Identität ist nicht das, worauf es ankommt.«. Ich bin mir bewusst, dass ich das Zitat aus einem längeren Kontext gelöst habe, kann aber für diesen auf D. Teichert: Personen und Identitäten. Berlin/New York 2000, bes. S. 225 ff. verweisen.

[81] Plakativ wird mit der eigenen oder fremden Identität dagegen am Eingangstor der *Brave New World* umgegangen. Dort steht in Großbuchstaben in einem Wappenschild das Motto des Weltstaates: »Community, Identity, Stability.« Aldous Huxley: Brave New World, ed. by Sybille Bedford. London 1984, S. 15; vgl. Niederwemmer: Kollektive Identität, S. 190.

aber unbedingt einen, wenn sie nur über »die Identität des gemeldeten Herrn im klaren« sei, will Lotte diesen durchaus nicht vorlassen und ruft »erzürnt«: »Was da, Identität! Will Er mich wohl mit seinen Identitäten in Frieden lassen? Ich habe durchaus keine Zeit für Identitäten.«[82] Charlotte wird dann doch von Herrn Dr. Riemer, Goethes Kanzler, empfangen und sich einige Stunden mit ihm unterhalten. Aber über das, worüber sich Charlotte schließlich mit Goethe selbst unterhält, erfährt der Leser nichts. Dass es die Kutsche des Geheimrats ist, die vorbeifährt, erkennt der nach Identitäten ausschauende Wirt nur am Wappen des Wagenschlags, einer reinen Äußerlichkeit.

---

[82] T. Mann: Lotte in Weimar. Gesammelte Werke Bd. 7. Frankfurt 1967, S. 409.

Was die analytische Philosophie von Dilthey lernen könnte

Christian Damböck

Was kann eine philosophische Strömung wie die (hier zunächst rein geografisch, als dominante Spielart der Philosophie in Großbritannien, den USA, Kanada und Australien in den letzten hundert Jahren verstandene) analytische Philosophie von Wilhelm Dilthey lernen?[1] Dieser Frage muss die allgemeinere Frage vorgelagert werden: Was kann die analytische Philosophie überhaupt aus der Vergangenheit lernen? Diesbezüglich gibt es bis heute vor allem zwei Antworten. Die erste lautet schlicht: »Nichts!« Oder, wie ein bekannter, der analytischen Philosophie zugeneigter Philosoph verblüfften Philosophiehistorikern gegenüber immer wieder angemerkt hat: »Studieren Sie nicht die Fehler der Vergangenheit, studieren Sie die Wahrheiten der Gegenwart!« Diese radikale Haltung stand im Zentrum der ersten Jahrzehnte der Entwicklung der analytischen Philosophie. Demnach ist Philosophie bestenfalls historisch als *Zeitgeschichte*, also in der Gestalt des Studiums der heute aktuellen und noch nicht als obsolet erkannten Autoren. Allerdings ist zu dieser bis heute bedeutsamen Herangehensweise an die Philosophie in den letzten Jahrzehnten auch in der analytischen Philosophie eine Perspektive hinzugetreten, die einfordert, die als Kanon analytischen Philosophierens anerkannten Autoren nicht nur isoliert zu studieren, sondern sich auch über die jeweiligen historischen Hintergründe zu informieren, über Vorgänger, Lehrer und Antipoden sowie über Debatten, in denen sich diese Autoren positioniert haben. Derartige Gesichtspunkte bilden heute den Rahmen für einen ganzen Zweig der analytischen Philosophie, für den eine renommierte Zeitschrift *Journal for the History*

---

[1] Mein Verständnis der Philosophie Diltheys im Besonderen und der deutschsprachigen Philosophie des neunzehnten Jahrhunderts im Allgemeinen hat sehr viel von Diskussionen mit Hans-Ulrich Lessing und dessen konstruktiv-kritischen Bemerkungen profitiert, weshalb es mir eine große Freude ist, einen Beitrag zu diesem Lessing gewidmeten Sammelband beisteuern zu dürfen.

of Analytical Philosophy existiert und ein 2013 erschienenes umfangreiches Handbuch.[2] Aber all diese Anstrengungen einer Geschichte der analytischen Philosophie laufen bis heute im Wesentlichen darauf hinaus, andere, nicht-analytische Autoren, nur dann ernst zu nehmen, weil und wenn sie (a) als Vorläufer eine Rolle gespielt haben und/oder (b) als Reibeflächen bzw. in der Gestalt von Entwürfen, die die analytische Philosophie mehr oder weniger zurecht überwunden hat. Anders ausgedrückt, bei all diesen historischen Ansätzen spielt kaum die Idee eine Rolle, die historische Forschung als *Instrument der Kritik* zu benützen, um festzustellen, dass etwas in einer anderen historischen Erscheinungsform der Philosophie zu finden ist, das die analytische Philosophie nicht anzubieten hat, aber anbieten sollte.[3]

Dieser Standpunkt der *Whig History*, der für die analytische Philosophie bis heute verbindlich scheint, ist interessanter Weise in dem verwandten Feld der Wissenschaftstheorie viel weniger verankert. Im Gegenteil war das (etwas ältere) Feld der *History of Philosophy of Science* (HOPOS)[4] von Beginn an in einer Weise aufgebaut, dass man vor allem auch *historische Fehlentwicklungen* zu erkennen trachtete. So führt etwa Michael Friedman die Marburger Schule nicht nur als Hintergrund von Carnaps Philosophie ein, sondern versucht zu zeigen, dass eine neu-kantianische Philosophie auf bestimmte Fragen bessere Antworten zu bieten hat als Carnap selbst.[5] George Reisch hat, um das vielleicht eindrucksvollste einschlägige Beispiel zu nennen, die Wissenschaftstheorie in den USA nach 1945 als radikalen Rückschritt gegenüber dem frühen Logischen Empirismus charakterisiert, der, so Reisch, aus der antikommunistischen Hysterie der McCarthy-Ära resultierte sowie aus dem Phänomen einer Desillusionierung und Planungsfeindlichkeit der Intellektuellen

---

[2] Vgl. M. Beaney (Hg.): The Oxford Handbook of the History of Analytic Philosophy. Oxford 2013.
[3] Eine Ausnahme von dieser Regel stellt die Literatur zur sogenannten Austrian Philosophy dar, die stets mit dem Anspruch aufgetreten ist, die Brentano-Schule als eine Spielart von Philosophie zu charakterisieren, auf die sich die analytische Philosophie mit guten Aussichten auf Profit besinnen sollte. Vgl. etwa B. Smith: Austrian Philosophy. The Legacy of Franz Brentano. Chicago 1994.
[4] Die Kongresse von HOPOS finden seit 1996 statt, die der Society for the Study of the History of Analytical Philosophy seit 2011. Die von den beiden Gesellschaften herausgegebenen Zeitschriften erscheinen allerdings beide erst seit 2011.
[5] Vgl. M. Friedman: Reconsidering Logical Positivism. Cambridge 1999, S. 161 f.

in den USA nach 1945.[6] Es geht hier nicht darum, die Stringenz dieser Ansätze zu bewerten, sondern sie als Modell zu verstehen, einer bestimmten Form der Geschichtsschreibung, die sich durch zwei zentrale Merkmale auszeichnet (und von dem gängigen Modell der Geschichte der analytischen Philosophie unterscheidet). Erstens verwirft diese Geschichtsschreibung den Standpunkt der Whig History, wonach der Status quo stets als nicht-hinterfragbarer historischer Referenzrahmen gilt und setzt an die Stelle dessen die Idee, dass jede historische Entwicklung das Produkt von sozialen Mechanismen ist, mit dem Resultat, dass sich eine intellektuelle Bewegung nicht immer zwangsläufig zum logisch Besseren und Folgerichtigeren voran arbeitet. Zweitens versucht sie gerade dort wo eine Entwicklung sich als in bestimmten Aspekten nachteilig erweist historische Alternativszenarien zu identifizieren, in denen eben diese Nachteile fehlen. George Reisch etwa argumentiert, dass gesellschaftliche Faktoren für die Entwicklungen nach 1945 verantwortlich sind und er identifiziert diese nicht nur als nachteilig, sondern positioniert den frühen Logischen Empirismus von Carnap und Neurath als Alternative.

Was kann also, vor dem Hintergrund des eben gezeichneten philosophiehistorischen Szenarios, eine philosophische Strömung wie die analytische Philosophie von Wilhelm Dilthey lernen? Ich möchte mich in diesem Aufsatz auf einen einzigen Punkt konzentrieren. Demnach kann die analytische Philosophie von Dilthey ein historisch-induktives Verständnis von Philosophie als Geisteswissenschaft lernen, um auf dieser Grundlage einen empirisch kontrollierten Methodenpluralismus zu etablieren. Um diesen Punkt herauszuarbeiten beziehe ich mich auf Diltheys 1907 veröffentlichte programmatische Abhandlung »Das Wesen der Philosophie«.[7] In diesem Aufsatz, in dem alle Fäden seines Lebenswerks zusammenfließen, entwickelt Dilthey eine historisch und systematisch konzipierte Programmatik für Philosophie, die trotz ihrer Universalität offen ist für die Anpassung an historische Situationen. Dilthey bestimmt also das Wesen der Philosophie nicht in einer übergeordneten Frage oder anhand einer als verbindlich identifizierten Methode, sondern geht aus von einer »in-

---

[6] Vgl. G. Reisch: How the Cold War Transformed Philosophy of Science. To the Icy Slopes of Logic. Cambridge 2005.
[7] W. Dilthey: Das Wesen der Philosophie. In: Ders.: Die geistige Welt. Einleitung in die Philosophie des Lebens. Erste Hälfte. Abhandlungen zur Grundlegung der Geisteswissenschaften. Gesammelte Schriften. V. Band. Stuttgart ⁸1990, S. 339–416. Im Folgenden wird im Fließtext aus dieser Abhandlung zitiert.

duktiven« historischen Annäherung an das Problem (S. 340). Für diese Annäherung ist jedoch ein bestimmtes Verständnis von Philosophie zentral, das sich von jeder Vorstellung abhebt, wonach die Philosophie den Einzelwissenschaften *über-* oder nur *neben*geordnet sein könnte. Philosophie *ist* für Dilthey nämlich ein Teil der Wissenschaften und zwar versteht er sie als eine Geisteswissenschaft. Dilthey gibt damit einen Rahmen vor, der von Vornherein eine ganze Reihe von möglichen Herangehensweisen an bzw. Auffassungen von Philosophie ausschließt. Philosophie ist demnach weder ein Zweig der Naturwissenschaften noch der Mathematik. Sie ist auch keine Disziplin, die man im Sinne einer Metaphysik oder *Philosophia Perennis* als den Wissenschaften übergeordnet begreifen könnte. Schließlich ist sie auch kein den Wissenschaften nebengeordnetes Feld, was insbesondere bedeutet, dass Identifikationen der Philosophie mit Religion oder Dichtung unzulässig wären (S. 378–399).

Philosophie als Geisteswissenschaft zu verstehen bedeutet, für Dilthey, zunächst, dass wir uns auf die in den Geisteswissenschaften vorhandenen Perspektiven stützen müssen, um zu bestimmen, was Philosophie eigentlich ist. Philosophie artikuliert sich sprachlich bzw. schriftlich. Eine Annäherung an das »Wesen« der Philosophie muss sich also zunächst darauf stützen, unterschiedliche historische Erscheinungsformen zu studieren und wissenschaftlich-philologisch zu erarbeiten (S. 344 f.). Dann muss sie die Gesamtheit der verfügbaren historischen, psychologischen und soziologischen Befunde integrieren und so ein »historisches Nacherleben« ermöglichen, das eine spezifisch holistische Verpflichtung impliziert. »In der geisteswissenschaftlichen Methode liegt«, so Dilthey, »die beständige Wechselwirkung des Erlebnisses und des Begriffs« (S. 341). Das heißt, die Aufgabe bewegt sich von Vornherein in dem, was man seit August Boeckh als »hermeneutischen Zirkel« bezeichnet. Schließlich setzt die Bestimmung eines Begriffs der Philosophie, sobald wir die Philosophie (a) geisteswissenschaftlich verstehen und (b) für die Bestimmung ihres Begriffs die Geisteswissenschaften heranziehen wollen, voraus, dass wir das was wir ermitteln wollen, von Beginn an schon vorliegen haben. »Dieser Zirkel, der im Verfahren der Begriffsbestimmung der Philosophie gelegen ist, ist unvermeidlich.« (S. 344)

Trotzdem führt der Zirkel, für Dilthey, nicht dazu, dass die Lösung der Aufgabe zum Scheitern verurteilt ist. Vielmehr ergibt sich aus dem Zirkel ein zweigliedriges Verfahren der Begriffsbestimmung. Man muss zunächst die historischen Erscheinungsformen der

Philosophie empirisch ermitteln und induktiv hinsichtlich dessen auswerten, was diese gemeinsam haben, respektive eine Typologie der historisch vorhandenen Philosophien entwickeln. Dann muss man diese Typologie, auf einer systematischen Ebenen, anhand der vorhandenen Methoden der Geisteswissenschaften, überprüfen und anwenden (bzw. auch ergänzen) und so eine jeweils wissenschaftlich gesicherte Antwort auf die Frage nach dem Wesen der Philosophie finden. Diese Antwort wird historisch variabel ausfallen, weil sich die Methoden der Geisteswissenschaften selbst weiterentwickeln und weil sich mit dem Gang der Geschichte die Aufgabenstellungen der Philosophie verändern. Aber im Prinzip schwebt Dilthey vor, dass diese Methode der Wesensbestimmung dennoch etwas Verbindliches hat, zwar immer zu neuen und jeweils unvorhersehbaren Ergebnissen gelangt, aber, gegeben einen bestimmten historischen Kontext, doch einem gewissen »Bildungsgesetz« folgt (S. 339). Es geht darum, »Philosophie als eine lebendige Funktion im Individuum und der Gesellschaft zu erfassen« (S. 345) und so einerseits »die fließende Grenze ihres Umfangs« deutlich zu machen, andererseits aber auch »die systematischen Begriffe von der Philosophie an ihrem Ort [einzustellen]«, indem man diese »lebendige Funktion« in einem konkreten Kontext auswertet (ebd.).

Soweit der Rahmen, in dem Diltheys Argumentation ansetzt. Es wird zu überprüfen sein, ob die restriktive Verpflichtung auf die Auffassung von Philosophie als Geisteswissenschaft, die diesen Rahmen vorgibt, auf die analytische Philosophie übertragbar ist. Bevor wir diese Überprüfung vornehmen, möchte ich aber noch skizzieren, wie Dilthey in dem ersten Teil seiner zweiteiligen Abhandlung die historischen Typen von Philosophie bestimmt. Auf den zweiten Teil der Abhandlung, in dem Dilthey, anhand der von ihm entwickelten geisteswissenschaftlichen Methode der beschreibenden Psychologie, eine systematische Auswertung seiner Fragestellung versucht, kann ich hier hingegen aus Raumgründen nicht näher eingehen.

Ausgangspunkt des historischen ersten Teils von Diltheys Abhandlung ist die historische Entwicklung der Einzelwissenschaften, die, so Dilthey, dazu geführt hat, dass alle metaphysischen Erscheinungsformen von Philosophie, alle Versuche, »im Unterschied von dem Verfahren der Erfahrungswissenschaften eine philosophische Methode zu finden, auf welche eine Metaphysik gegründet werden könnte, [misslungen sind]« (S. 356). Eine Typologie, die innerhalb der Wissenschaft erwägenswerte Spielarten von Philosophie identifizieren will, setzt dennoch, für Dilthey, in den (gescheiterten) Versuchen, seit Descartes, eine wissenschaftliche Metaphysik zu etablieren an (S. 353–356), fokussiert dann jedoch auf die »unmetaphysische Wesensbestimmungen« der Philosophie (S. 356–363). Dilthey identifiziert folgende drei einschlägige Erscheinungsformen. (1) die erkenntnistheoretische Erscheinungsform, wonach Philosophie, ausgehend von den Einzelwissenschaften, eine Letztbegründung der Erkenntnis anstrebt bzw., in unmetaphysischer Bescheidenheit, eine Auslotung der »Grenzen des menschlichen Wissens« versucht (S. 358). (2) die positivistische Philosophie, die sich einerseits, in der Gestalt der Aufgabenstellung einer »Enzyklopädie der Wissenschaften«, der Erforschung des »logischen Zusammenhangs« bzw. der »natürlichen Ordnung der Wissenschaften« widmet (S. 359), andererseits den Standpunkt der naturwissenschaftlichen Erklärung auf philosophische Problemstellungen anwendet und so Spielarten eines Naturalismus etabliert (S. 360 f.). (3) stellt sich eine empirische Wissenschaftlichkeit neuer (weil nicht naturwissenschaftlicher) Art auf den Standpunkt der »inneren Erfahrung« und der Geisteswissenschaft, sodass »die Logik, die Erkenntnistheorie und jede Lehre von der Erzeugung einer einheitlichen Weltansicht« sowie »Psychologie, Ästhetik, Ethik und verwandte Disziplinen« dieser neuen Gestalt einer empirischen Forschung eingeordnet werden können.

Zwar folgen diese vier von Dilthey identifizierten Typen von Philosophie in gewissem Sinn historisch aufeinander und entstehen zum Teil auch als Reaktion auf Schwächen der jeweils älteren. Ein typisches Beispiel dafür bei Dilthey ist die Hervorhebung des »beschreibenden« Standpunktes der Geisteswissenschaften, als Reaktion auf die eingesehene Hoffnungslosigkeit der Aufgabenstellung, lückenlose naturwissenschaftliche »Erklärungen« zu liefern.[8] Dennoch behauptet Dilthey nicht, dass durch die jeweils neue Methode die alte obsolet werden würde. Der neue Typ liefert bloß eine Bereicherung des Repertoires an Ausdrucksmöglichkeiten, wobei die alten als Möglichkeiten verfügbar bleiben. »Dieser zusammengesetzte historische Tatbestand erklärt sich daraus, daß die Philosophie eine Funktion im Zweckzusammenhang der Gesellschaft ist, welche durch die der Philosophie eigne Leistung bestimmt ist. Wie sie in ihren einzelnen Positionen diese Funktion erfüllt, ist bedingt von deren Verhältnis zum

---

[8] Vgl. W. Dilthey: Ideen über eine beschreibende und zergliedernde Philosophie. In: Ders.: Die geistige Welt, S. 139–240.

Ganzen und zugleich von der Kulturlage nach Zeit, Ort, Lebensverhältnissen, Persönlichkeit. Daher duldet sie keine starren Abgrenzungen durch einen bestimmten Gegenstand oder eine bestimmte Methode.« (S. 365 f.)

Dilthey bestimmt also (in einer grundsätzlich als offen zu verstehenden Liste) eine Reihe von möglichen Spielarten philosophischer Problemstellungen und Methoden und verpflichtet sich darauf, dass sich die Art und Weise, wie Philosophie ihre »lebendige Funktion« in einem bestimmten historischen Kontext erfüllt, aus eben diesem ergibt. Das impliziert zunächst eine moderate Form von Naturalismus.[9] Es ist nicht *willkürlich*, wie wir das Wesen der Philosophie in einem bestimmten Kontext festlegen, eben weil wir diesen Kontext dabei berücksichtigen müssen (einschließlich aller historischen Zustände, die zu ihm geführt haben). Dennoch ist Dilthey nicht ein Anhänger des werttheoretischen Platonismus im Stil von Windelband und Rickert, wonach sich eine historische Funktion stets in einer verbindlichen, für einen Kontext absolut vordefinierten Weise bestimmen ließe.[10] Viel eher würde dem was Dilthey hier vorschwebt die dynamische Sicht der Marburger Schule entsprechen, der zufolge es zwar durchaus darum geht, (in der Philosophie) eine »Einheit« zu schaffen, die einem bestimmten Kontext entspricht, aber die Bestimmung dieser »Funktion« ist niemals einfach »gegeben«, sondern bloß »aufgegeben«.[11] Mit anderen Worten, *wir* als Philosophen haben die Aufgabe jeweils eine kreative und dem Kontext entsprechende Lösung zu finden – es gibt hier nichts, das der Kontext selbst in definitiver Weise vorgeben würde.

Neben diesem (auch von einem analytischen Standpunkt durchaus nachvollziehbaren) moderaten Naturalismus liegt aber in Diltheys Rahmenwerk eine Spannung, die zumindest auf den ersten Blick nahe am Widerspruch angesiedelt zu sein scheint. Wie kann Dilthey vier Spielarten von philosophischer Methode als verfügbare

---

[9] Ich habe in diesem Zusammenhang gelegentlich von »nicht-materialistischem Naturalismus« gesprochen. Vgl. C. Damböck: Wilhelm Diltheys empirische Philosophie und der rezente Methodenstreit in der analytischen Philosophie. In: Grazer Philosophische Studien 85 (2012), S. 151–185, hier: S. 163.

[10] Zu der hier skizzierten Stellung Diltheys in der Nähe der Marburger Schule und in Distanz zur Südwestdeutschen Schule vgl. ausführlicher C. Damböck: Epistemische Ideale bei Dilthey und Cohen. In: C. Damböck/H.-U. Lessing (Hgg.): Wilhelm Dilthey als Wissenschaftsphilosoph. Freiburg 2016, S. 86–118.

[11] Vgl. H. Cohen: Kants Theorie der Erfahrung. Hildesheim [5]1987, S. 660–670.

Typen identifizieren, gleichzeitig aber sein gesamtes Rahmenwerk von Vornherein völlig auf eine dieser Spielarten, nämlich eben die geisteswissenschaftliche Methode ausrichten? Dilthey sagt, so scheint es, im ersten Teil seiner Abhandlung, Philosophie könne *optional* metaphysisch, erkenntnistheoretisch, naturwissenschaftlich *oder* geisteswissenschaftlich aufgefasst werden, während er sich in der Einleitung aber selber schon darauf festgelegt hat, Philosophie könne dezidiert *nur* geisteswissenschaftlich aufgefasst werden. Dieser scheinbare Widerspruch lässt sich jedoch, wie mir scheint, sehr leicht auflösen. Wie es bei Dilthey leider recht häufig vorkommt, ist seine Ausdrucksweise in diesem Aufsatz zum Teil ungenau. Er bestimmt Philosophie in der Einleitung des Aufsatzes als Geisteswissenschaft, was er im historischen Teil aber diskutiert, sind im Wesentlichen bloß *unterschiedliche mögliche Auffassungsweisen von Geisteswissenschaft* bzw. philosophische Standpunkte, die sich daraus ergeben. Der metaphysische Standpunkt würde die Geisteswissenschaft als eine über den Naturwissenschaften angesiedelte, nicht- bzw. vorempirische Wissenschaft begreifen, deren Begriffsbildung letztlich a priori erfolgt. Der erkenntnistheoretische Standpunkt bleibt der apriorischen Begriffsbildung verpflichtet, bezieht diese jedoch auf den Rahmen der Naturwissenschaften selber, als apriorische Auswertung ihres begrifflichen Gehalts. Der positivistische Standpunkt dagegen verlagert die gesamte Perspektive auf die empirische Sicht der Naturwissenschaften: Geisteswissenschaft *als* Naturwissenschaft. Der »geisteswissenschaftliche« Standpunkt schließlich versteht Geisteswissenschaft im Sinne einer neuen Form von Empirie, der inneren Erfahrung. So ergeben sich die unterschiedlichen Typen von Philosophie bei Dilthey aus unterschiedlichen Auffassungsweisen der Geisteswissenschaft, weshalb die Darstellung im ersten Teil seines Aufsatzes zu keinem Widerspruch führt. Man müsste bloß den vierten, auf innerer Erfahrung basierten Standpunkt der Philosophie anders nennen, nicht einfach nur »geisteswissenschaftlich«, sondern etwa »geisteswissenschaftlich in dem neuen Sinn von deskriptiv und auf innerer Erfahrung basiert«.

Kommen wir nun, nach dieser kurzen Diskussion von Diltheys Aufsatz, zur eingangs gestellten Frage zurück. Was kann die analytische Philosophie davon lernen? Zunächst ist es zur Beantwortung dieser Frage erforderlich, die von Dilthey in der Einleitung seiner Abhandlung getroffene Festlegung auf die Philosophie als einer Geisteswissenschaft mit dem analytischen Standpunkt zu vergleichen.

Kann die Festlegung Diltheys ohne weiteres von einem analytischen Standpunkt aus akzeptiert werden? Mit gewissen Einschränkungen offensichtlich ja, weil Dilthey eben offenlässt, was genau es bedeutet, den geisteswissenschaftlichen Standpunkt einzunehmen. Akzeptieren wir die Auffassung, dass die Philosophie eine Geisteswissenschaft ist, so impliziert das noch keine Festlegung auf eine Methode. Es impliziert bloß, dass wir Philosophie nicht in einem exponierten Sinn als Religion, Dichtung oder Metaphysik und also als *jenseits* der Wissenschaften angesiedelt auffassen. Die ersten beiden Optionen spielen in der analytischen Philosophie ohnehin keine Rolle, wäre also nurmehr zu überprüfen, wie es mit der Zurückweisung einer exklusiv metaphysischen Philosophieauffassung (zugunsten einer geisteswissenschaftlichen, *innerhalb* derer erneut in dem von Dilthey angedeuteten Sinn eine metaphysische Herangehensweise möglich wäre) aussieht.

In diesem Zusammenhang ist die Bemerkung wichtig, dass Diltheys Auffassung der Philosophie als Geisteswissenschaft auch unter seinen philosophischen Zeitgenossen nicht konsensfähig gewesen ist. Ist die Philosophie eine Geisteswissenschaft, so bedeutet dies, dass sie sich ausschließlich solcher Methoden bedienen kann, die die Geisteswissenschaften zur Verfügung stellen. Eine exklusiv metaphysische Philosophieauffassung würde nicht in diesen Rahmen passen, sobald sie eine eigenständige Methode für die Philosophie reklamiert, auf die die (Geistes-)Wissenschaften keinen Zugriff haben. In diese Richtung geht von Diltheys philosophischen Zeitgenossen Wilhelm Windelband, zumindest indirekt, indem er die philosophische Verwendbarkeit von Psychologie und Geschichte, in offensichtlicher Abgrenzung von Dilthey, in Abrede stellt.[12] Expliziter als Windelband verteidigt eine solche Sichtweise Husserl, der seine eigene Methode der Phänomenologie dezidiert im Sinne einer *Philosophia Perennis* positioniert, als Methode, die in den Wissenschaften nicht vorkommt und auf die die Philosophie einen exklusiven Zugriff hat, um mit ihr den Einzelwissenschaften eine Grundlegung zu vermitteln, die ihnen ohne die Philosophie abgehen würde.[13]

---

[12] Vgl. W. Windelband: Kritische oder genetische Methode. In: Ders.: Präludien. Aufsätze und Reden zur Philosophie und ihrer Geschichte. Zweiter Band. Tübingen ⁸1921, S. 99–135, hier: S. 120 ff.

[13] Vgl. E. Husserl: Ideen zu einer reinen Phänomenologie und phänomenologischen Philosophie. Hamburg 2009, S. 18. Zu den in diesem Absatz formulierten Thesen über Windelband und Husserl vgl. auch C. Damböck: ⟨Deutscher Empirismus⟩. Stu-

Für die analytische Philosophie kann vor diesem Hintergrund gesagt werden, dass sie nur genau dann mit Dilthey kompatibel ist, wenn sie nicht (wie Windelband und Husserl) eine exklusive Methode für sich reklamiert, die in den Wissenschaften nicht vorkommt. Für die Mehrheit der Erscheinungsformen der analytischen Philosophie ist dies ohne Zweifel der Fall. Selbst in der analytischen Metaphysik scheint im Regelfall klar, dass *die Methoden* derer man sich bedient, aus den Wissenschaften stammen, also kein wie auch immer gearteter Anspruch erhoben wird, einen *höheren* Standpunkt als die Wissenschaften einzunehmen.[14] Eine normative Verpflichtung auf Philosophie als Geisteswissenschaft wäre also für die große Mehrheit der Erscheinungsformen von analytischer Philosophie schon heute kein Problem.

Unter diesen Voraussetzungen ist nun in einem zweiten Schritt die Frage zu stellen, wie man die analytische Philosophie einzuschätzen hat, im Zusammenhang mit den von Dilthey vorgeschlagenen historischen Erscheinungsformen von Philosophie? Es scheint klar, dass diese im ursprünglichen (später jedoch, wie wir sehen werden, stark liberalisierten) Sinn als *sprachanalytisch* verstandene Spielart von Philosophie in dem von Dilthey empirisch erstellen Kanon nicht vorkommt, weshalb dieser zunächst um eine neue Spielart zu erweitern wäre, um die Diskussion auf einer sinnvollen Basis aufnehmen zu können.[15] Der *linguistic turn* hat erst einige Zeit nach Diltheys Tod stattgefunden und er hat eine neue methodologische Spielart von Philosophie etabliert.

---

dien zur Philosophie im deutschsprachigen Raum 1830–1930. Dordrecht 2017, S. 16–22 und 44–47.

[14] So etwa exemplarisch die ebenso metaphysische wie wissenschaftliche Herangehensweise bei T. Williamson: The Philosophy of Philosophy. Malden 2007, hier Kapitel 1. Williamson spricht im Zusammenhang der von ihm intendierten Spielart von Metaphysik von einem »conceptual turn«, der dem »linguistic turn« gefolgt sei.

[15] Zur Methode der sprachanalytischen Philosophie vgl. den klassischen Band R. Rorty (Hg.): The Linguistic Turn. Essays in Philosophical Method. With Two Retrospective Essays. Chicago 1992. Vgl. aber auch Beaney: Handbook, S. 23, wo gegen die zentrale Bedeutung der sprachanalytischen Methode eingewendet wird, dass diese zwar wohl bei Wittgenstein zentral ist, nicht aber in den früheren für die Entwicklung der analytischen Philosophie nicht weniger wichtigen Arbeiten von Russell und Moore. Demgegenüber behaupten wir nicht, dass die analytische Philosophie immer sprachanalytisch orientiert gewesen sei, sondern nur, dass es sich dabei um die für lange Zeit zentrale und vor allem einzig neue Methode dieser von uns geografisch definierten philosophischen Strömung gehandelt hat.

So lässt sich die sprachanalytische Methode als Ergänzung von Diltheys Typologie auffassen. Zunächst impliziert das aber nur eine gewisse Form der Kompatibilität zwischen Diltheys Ansatz und der analytischen Philosophie. Warum ich glaube, dass die analytische Philosophie, jenseits der bloßen Kompatibilität, von Diltheys Ansatz profitieren kann, liegt an dem Umstand, dass sich die analytische Philosophie methodologisch längst nicht mehr in dem *sprach*analytischen Paradigma erschöpft. Stattdessen hat sich ein Methodenpluralismus herausgebildet bzw. ein Zustand, der den Eindruck erweckt als liefe die analytische Philosophie Gefahr, eine gewisse methodologische Orientierungslosigkeit zu entwickeln.[16] Vor diesem Hintergrund könnte Diltheys Ansatz dadurch hilfreich sein, dass er eine sehr klare Vorgabe dafür liefert, wie man philosophische Methodologie aufzubauen hat. Auch wenn Diltheys Ansatz offen für Erweiterungen ist, so ist der von ihm vorgegebene Rahmen insofern rigide als er (1) fordert, dass Methoden in ein Gesamtkonzept von Geisteswissenschaften passen müssen sowie (2), dass Methoden aus historischen Präzedenzfällen generiert werden müssen bzw. dass es sich um bereits an konkreten Fallsituationen *bewährte* Methoden handeln muss.

Aber spielen die von Dilthey selbst genannten philosophischen Methoden in der analytischen Philosophie überhaupt eine Rolle? Nur wenn das der Fall wäre, könnte das von uns vorgeschlagene um die sprachanalytische Methode erweiterte Rahmenwerk ja in dem gegenständlichen Zusammenhang hilfreich sein. Zunächst einmal ist klar, dass die zweite und dritte der von Dilthey erwähnten Methoden (also eine an den Wissenschaften angelehnte Epistemologie und eine naturalistische Anlehnung an die Naturwissenschaften) in der analytischen Philosophie beide traditionell große Bedeutung haben. Epistemologie ist ein Kernthema der analytischen Philosophie, und zwar präzise in dem von Dilthey herausgestellten Sinn, nicht mit dem Ziel einer außerhalb der Wissenschaften gelieferten Letztbegründung, sondern im Sinne eines an die Wissenschaften anknüpfenden Nachdenkens über die Grenzen des Wissens.[17] Naturalismus wiederum ist ebenfalls beinahe so alt wie die analytische Philosophie selber, man denke nur an Quines programmatischen Ansatz einer »epistemology

---

[16] Vgl. in diesem Sinn A. Baz: The Crisis of Method in Contemporary Analytic Philosophy. Oxford 2017.
[17] Für eine Überblick vgl. S. Bernecker/D. Pritchard (Hgg.): The Routledge Companion to Epistemology. London 2011.

naturalized« oder auch neuerdings an Penelope Maddys umfassenden Ansatz einer »Second Philosophy«.[18] Aber auch die innerhalb der analytischen Philosophie zu findenden Versuche einer Revitalisierung der Metaphysik können dem Diltheyschen Kanon einverleibt werden, als *innerhalb der Wissenschaften* funktionierende Debatten, die sich an die alten Ansätze (von Descartes aufwärts) nur insofern anlehnen als sie mit ihnen den heute oft als »arm chair philosophy« umschriebenen Anspruch einer systematischen Erfassung eines Themas von einem apriorischen Standpunkt teilen.

Sind also, neben der Sprachanalyse, Erkenntnistheorie, Naturalismus und Metaphysik Methoden, die im analytischen Kanon längst etabliert sind, so bleibt ausgerechnet die Diltheys eigenem Ansatzpunkt am nächsten stehende Methode einer »beschreibenden« Geisteswissenschaft als der Ansatz, der sich in der analytischen Philosophie am schwersten durchsetzen konnte.[19] In moderner wissenschaftlicher Sprache bedeutet diese von Dilthey bevorzugte Methode ja nichts anderes als die philosophische Nutzbarmachung des Standpunktes der Sozialwissenschaften. Tatsächlich ist die analytische Philosophie in ihren historischen Erscheinungsformen weitgehend durch eine skeptische bis ablehnende Haltung gegenüber der These der philosophischen Relevanz sozialwissenschaftlicher Methoden charakterisiert. Neben einem Philosophieren auf den eisigen Firnen von Logik und Sprachanalyse bleibt, so scheint es, kaum ein Spielraum für einen empirischen Zugang zur »inneren Erfahrung«. Allenfalls findet man, wie angedeutet, die Idee einer »epistemology naturalized«, aber auch das kam lange Zeit kaum über programmatische Ansätze hinaus. In neuerer Zeit jedoch beginnt sich augenscheinlich auch dieses Bild zu wandeln. So basiert die Programmatik der »experimental philosophy« auf der Idee einer Analyse philosophischer Intentionen mit sozialwissenschaftlichen Methoden.[20] Wie schon Dilthey in seiner »Kritik der historischen Vernunft« eine radikale Transformation des »transzendentalen« Standpunktes auf eine empirische Ebene einge-

---

[18] Vgl. W. V. O. Quine: Epistemology Naturalized. In: Ders.: Ontological Relativity and Other Essays. New York 1969, S. 69–90 sowie P. Maddy: Second Philosophy. A Naturalistic Method. Oxford 2007.
[19] Zu dem im Folgenden skizzierten Punkt einer Parallele zwischen Diltheys Methode der »inneren Erfahrung« und bestimmten rezenten Entwicklungen in der analytischen Philosophie siehe ausführlicher Damböck: Wilhelm Diltheys empirische Philosophie und der rezente Methodenstreit in der analytischen Philosophie.
[20] Vgl. J. Knobe/S. Nichols (Hgg.): Experimental Philosophy. Oxford 2008.

fordert hatte und die Auffassung des angeblich rein Intuitiven bei Kant als einer (gänzlich kontextabhängigen) »transzendentalen Erfahrung«,[21] stellt auch die experimentelle Philosophie die Auffassung infrage, »philosophische Intuition« müsse zwangsläufig immer zum selben Resultat gelangen; im Gegenteil folgen Philosophen anderen Intuitionen wie Nicht-Philosophen und folgen Angehörige unterschiedlicher Kulturkreise oft sehr unterschiedlichen Intuitionen in philosophischen Fragen, wie die programmatischen Experimente von Joshua Knobe, Stephen Stich und anderen gezeigt haben. Das Beispiel der experimentellen Philosophie zeigt also, dass gerade in neuesten Debatten ein dem geisteswissenschaftlich-deskriptiven Ansatz Diltheys verwandtes methodologisches Denken in der analytischen Philosophie an Bedeutung gewinnt. Weitere Beispiele, die hier angeführt werden könnten, sind die Methode einer »sociology of philosophical knowledge«[22] sowie vor allem die immer bedeutsamer werdende Rückbesinnung der Philosophie in England und den USA auf ihre pragmatistischen Wurzeln;[23] hier scheint es interessante Parallelen und Querbezüge zu Diltheys Methode der »inneren Erfahrung« zu geben, die ich jedoch an anderer Stelle diskutieren möchte.

Dieser kurze zeithistorische Überblick legt nahe, dass im Grunde alle philosophischen Methoden, die der von uns um die sprachanalytische Methode erweiterte Kanon Diltheys beinhaltet, in der heutigen analytischen Philosophie zu finden sind. Ein *empirisch kontrollierter Methodenpluralismus* im Stil Diltheys wäre hier also durchaus anschlussfähig. Die Vorteile, die eine Besinnung auf eine im Stil Diltheys erfolgende »induktive« Annäherung an die philosophische Methodologie (für die analytische Philosophie) haben könnte, sind folgende: Die analytische Philosophie hat dadurch die Möglichkeit, eine positive Annäherung an Methodologie vorzunehmen, die die negativen Auswirkungen von zwei Extrempositionen vermeidet: einer *puristischen*, in der eine bestimmte Methode (die Sprachanalyse oder eine andere) als verbindliche Methode festgemacht wird; und einer *anarchistischen*, in der die Methodologie gänzlich offengelassen wird. In einer an Dilthey angelehnten Methodologie muss

---

[21] Dieser Begriff wird von Dilthey in direkter Abgrenzung von Windelband eingeführt in W. Dilthey: ▮»▮[Über vergleichende Psychologie] Beiträge zum Studium der Individualität (1895/96). In: Ders.: Die geistige Welt, S. 241–316, hier: S. 247.
[22] Vgl. M. Kusch: Psychologism. A Case Study in the Sociology of Philosophical Knowledge. London 1995, S. 23–29.
[23] Vgl. R. J. Bernstein: The Pragmatic Turn. Cambridge 2010.

jeder philosophische Ansatz seine Methodologie an *Präzedenzfällen* rechtfertigen, die entweder aus einer Einzelwissenschaft geholt sind oder aus der Geschichte der Philosophie. Gleichzeitig ist es möglich, philosophische Ansätze zu kritisieren, die sich, wie viele Spielarten der kontinentaleuropäischen Philosophie des zwanzigsten Jahrhunderts, von Heidegger bis Derrida, in einem »unmetaphysischen«, an den Einzelwissenschaften orientierten Philosophieverständnis als nicht anschlussfähig erweisen.[24]

---

[24] Zur Auffassung Diltheys als Antipoden der kontinentaleuropäischen Philosophie des vorigen Jahrhunderts vgl. Damböck: <Deutscher Empirismus>, insbesondere S. 47–50 u. 102.

Wissenschaften und Philosophie bei Wilhelm Dilthey und Moritz Schlick

Gudrun Kühne-Bertram

I. Zur Frage der Einheit der Wissenschaften und einer Standortbestimmung der Philosophie

Im letzten Drittel des 19. und im frühen 20. Jahrhundert war das Problem des Verhältnisses von Natur- und Geisteswissenschaften sowie des Wissenschaftscharakters beider ein virulentes und viel behandeltes Thema. In Frage stand besonders die wissenschaftstheoretische Bestimmung und Verortung der verschiedenen geisteswissenschaftlichen Disziplinen. Zugleich wurde hierbei immer auch das Verhältnis der Wissenschaften zur Philosophie diskutiert.

Grundsätzlich lassen sich zwei Positionen unterscheiden, die bis heute vertreten werden: Die eine Seite ist darum bemüht, die Geistes- oder Kulturwissenschaften als eine von den Naturwissenschaften gänzlich verschiedene Klasse zu konstituieren. Für sie gilt Wilhelm Dilthey (1833–1911) noch immer zu Recht als »Begründer« der Geisteswissenschaften und als ihr herausragender Vertreter; daneben werden z.B. auch Wilhelm Windelband (1848–1915) und Heinrich Rickert (1863–1936) genannt. Ihre Argumente für die Begründung und Anerkennung der Kulturwissenschaften als einer eigenständigen Wissenschaftsgruppe gegenüber den Naturwissenschaften sind u.a. die Andersartigkeit ihrer Erkenntnisgegenstände, ihrer speziellen Voraussetzungen und Forschungsmethoden sowie die besondere Bedeutung geisteswissenschaftlicher Erkenntnisse für das menschliche Leben.

Eine andere Gruppe von Erkenntnis- und Wissenschaftstheoretikern dagegen erkennt einen solchen Wissenschaftsdualismus nicht an. Für sie gibt es unabhängig von der Unterschiedlichkeit der Gegenstandsbereiche, der Wege der Erkenntnisgewinnung etc. nur *eine* Wissenschaft, die sich durch einen bestimmten, an den Naturwissenschaften orientierten Erkenntnis- und Wissensbegriff auszeichnet. Diese Überzeugung von der Einheit der Wissenschaft vertreten z. B. Naturwissenschaftler und Philosophen des sog. »Wiener Kreises«, der 1924 entstand, nachdem der Physiker und Philosoph Moritz Schlick (1882–1936) nach Wien berufen worden war.

Schlick bestimmt, wie auch Rudolf Carnap (1891–1970) und andere Mitglieder dieser auch »Schlick-Zirkel« genannten Gruppe, die dem »logischen Empirismus« oder »Neopositivismus« zugerechnet werden, die Gesamtheit der Wissenschaften als *ein* zusammenhängendes System begrifflicher Erkenntnis, in dem die mathematische Physik als »Vorbildwissenschaft« dient. Sie alle wissen selbstverständlich, dass das »Gesamtgebiet des Lebens« noch »viele Dimensionen« von Erkenntnis außer der streng definierten wissenschaftlichen hat, wie Carnap äußert.[1] Die wissenschaftliche Forschung verstehen sie deshalb als die bloß »methodisch-geregelte Fortsetzung der alltäglichen Erkenntnisbemühung«.[2] Sie treffen damit eine deutliche Unterscheidung zwischen der Wissenschaft auf der einen Seite und anderen Arten von Erfahrung und Wissen auf der anderen. Zudem trennen sie klar zwischen Wissenschaft und Philosophie.

Im Folgenden soll an den Philosophien Diltheys und Schlicks, die auf den ersten Blick als wissenschaftstheoretische Kontrahenten angesehen werden könnten, vorläufig und exemplarisch untersucht werden, ob beide Positionen wirklich so eindeutig zu unterscheiden sind oder nicht doch Gemeinsamkeiten beider erkennbar sind. Hierbei wird der Ausgang von Diltheys Idee einer philosophisch fundierten gemeinsamen Basis der Wissenschaften genommen, die sich im Laufe der Geschichte in Natur- und Geisteswissenschaften ausdifferenziert haben.

II. Die Stellung der Philosophie im Zusammenhang der Wissenschaften bei Dilthey

Dilthey verfolgte das hohe Ziel, eine umfassende Philosophie des Lebens zu entwickeln, in welcher den Wissenschaften eine konstitutive Bedeutung zukommt. Er bemühte sich deshalb insbesondere darum,

---

[1] R. Carnap: Der logische Aufbau der Welt (1928), S. 253 f. (zitiert nach H. Pulte: Wissenschaft. In: Historisches Wörterbuch der Philosophie. Hg. von J. Ritter, K. Gründer und G. Gabriel. Bd. 12. Basel 2004, Sp. 921–948, hier: Sp. 942.

[2] R. Haller: Neopositivismus. Eine historische Einführung in die Philosophie des Wiener Kreises. Darmstadt 1993, S. 111.

die nicht klar umgrenzte Gruppe der Wissenschaften des geschichtlich-gesellschaftlichen Lebens in ihren Voraussetzungen, Methoden und Zielen als Wissenschaften gegenüber den Naturwissenschaften zu begründen und sie diesen gleichwertig zur Seite zu stellen.

Aufgrund dieses philosophischen Anliegens hatte Dilthey immer eine starke Affinität zu den Naturwissenschaften und der Mathematik. Er setzte sich mit Fragen, Untersuchungen und Ergebnissen der Biologie, Physik, Physiologie, Psychiatrie u. a. intensiv auseinander. Er rezipierte viele naturwissenschaftliche Schriften und stand in regem Austausch mit Kollegen dieser Disziplinen, wie dem Berliner Physiologen und Physiker Hermann von Helmholtz (1821–1894), dem Breslauer Physiologen Rudolf Heidenhain (1834–1897), dem Leipziger Physiologen und Psychologen Wilhelm Wundt (1832–1920), den Würzburger Psychiatern Robert Sommer (1864–1937) und Konrad Rieger (1855–1936) sowie den Berliner Zoologen Julius Viktor Carus (1823–1903) und Carl Eduard von Martens (1831–1904).[3]

Während seiner frühen Studienzeit in Heidelberg hospitierte Dilthey nach eigener Aussage bei Wilhelm Wundt,[4] den er sein Leben lang sehr schätzte. Später, während seiner Baseler Professur, hörte er ein Jahr lang Vorlesungen bei seinem Kollegen und Freund, dem Anatomen und Physiologen Wilhelm His (1831–1904), von dem er sogar eine »Anleitung zum Präpariren« erhielt,[5] und Anfang der 1870er Jahre absolvierte er als Professor in Breslau einen »2jährigen mathematischen Kursus«.[6] Nach seinen »ernsten physiologischen und mathematischen Studien« und der nachfolgenden intensiven Beschäftigung mit Schriften Helmholtz' zieht Dilthey 1882 ein Fazit: Er will das über die modernen Naturwissenschaften Gelernte in den »allgemeinen erkenntnistheoretischen Zusammenhang, der auch die Geisteswelt umfaßt«, einbinden.[7]

So vollzieht sich sein Unternehmen einer Grundlegung der Geisteswissenschaften in ständiger Auseinandersetzung mit den

---

[3] Vgl. hierzu die entsprechenden Briefe in: W. Dilthey: Briefwechsel 1852–1911. Bd. II: 1882–1895. Hg. von G. Kühne-Bertram und H.-U. Lessing. Göttingen 2015. [Im Folgenden zitiert als: BW II.]
[4] W. Dilthey: Briefwechsel 1852–1911. Bd. I: 1852–1882. Hg. von G. Kühne-Bertram und H.-U. Lessing. Göttingen 2011, S. 653. [Im Folgenden zitiert als: BW I.]
[5] Ebd., S. 550.
[6] Ebd., S. 639 f.
[7] Vgl. ebd., S. 882.

Standards und Verfahrensweisen der Naturwissenschaften. Der Grund hierfür liegt in dem Wissen, dass der Mensch ein zugleich natürliches und geistiges Wesen ist und seine innere und äußere Natur eine Einheit sind. Beide stehen in ständiger Wechselwirkung miteinander, und die äußere und die innere Wahrnehmung bilden zusammen die Grundlage aller Tatsachen unseres empirischen Bewusstseins. Gemeinsam erzeugen sie die »ganze Welt der Erscheinungen«.[8] Deshalb ergänzen sich für Dilthey auch konsequenterweise die Wissenschaften der äußeren und die der inneren Natur. Als erstrebenswert sieht er es daher an, dass sich beide Wissenschaftsgruppen zu einer Einheit, einem »globus intellectualis«, wie er es des Öfteren nennt, zusammenschließen.

Schon für den jungen Dilthey gehören Innenwelt und Außenwelt zusammen, und deshalb sieht er die Natur- und die Geisteswissenschaften auf dem Weg zu einer »Einheit einer ganz ineinander verschlungenen Erfahrungswissenschaft der inneren und äußeren Natur« (XVI, 445). Weder sollte ihr Verhältnis ein Dualismus sein, noch dürfe die eine Seite die andere zu vereinnahmen suchen, sondern beide sollten ihre Zusammengehörigkeit und Ergänzungsbedürftigkeit erkennen – unter Respektierung ihrer grundlegenden Verschiedenartigkeit. Denn das Ziel *aller* Wissenschaft ist es nach Dilthey, die Wirklichkeit als ein »lebendiges Ganzes« zu erkennen (I, 87), so dass schließlich die Struktur des Wissens der Struktur der vom Menschen erkannten Realität entspricht (vgl. XXIV, 67).

Alle Wissenschaften streben nach Erkenntnis, und diese bestimmt Dilthey als die fortschreitende Bewusstmachung von Wirklichkeit. Da uns die Realität nur in unserem empirischen Bewusstsein gegeben ist, bedeutet *Erkenntnis* für ihn die Analyse und Synthese der inneren und äußeren Erfahrung. *Wissenschaft* ist ihm damit gleichbedeutend mit *Erfahrungswissenschaft* oder *empirischer Wissenschaft*.

Da aber in der zweiten Hälfte des 19. Jahrhunderts die Naturwissenschaften das Wissenschaftsmonopol inne hatten, weil den Geisteswissenschaften eine solide gemeinsame wissenschaftstheoretische Basis fehlte, unternahm Dilthey den Versuch, dieselben erkenntnistheoretisch, logisch und methodologisch zu begründen. Sein Ziel

---

[8] W. Dilthey: Gesammelte Schriften. Bd. XVI, S. 444. [Im Folgenden wird aus den *Gesammelten Schriften* Diltheys im Text unter Angabe des Bandes in römischen und der Seitenzahl in arabischen Ziffer zitiert.]

war es, dass die Wissenschaften vom Menschen, der Geschichte und der Gesellschaft im Bewusstsein »ihrer unerschütterlichen Grundlagen und ihrer ebenbürtigen Stellung sich aufbauen« (XVIII, 80), zumal er sah, dass zur Erkenntnis geistiger Phänomene und Vorgänge noch die Mittel fehlten, und er einen Übergang vom »äußeren Auffassen zum inneren Gewahren« für unmöglich hielt (vgl. XXII, 137).

Ein bedeutsames Motiv für Diltheys Bemühen um eine wissenschaftstheoretische Grundlegung der Wissenschaften vom Menschen war vermutlich seine frühe Auseinandersetzung mit dem Materialismus des mittleren 19. Jahrhunderts, den er als »naturalistisch« bezeichnete. Dessen große Popularität war nach Diltheys Einschätzung zum einen eine Folge des Aufschwungs der Naturwissenschaften, besonders der Physiologie und der organischen Chemie, zum anderen aber war es für ihn auch der Ausdruck eines dem menschlichen Geist eigenen Strebens nach einer einheitlichen Weltanschauung. Als junger Mann befasste er sich daher mit den Schriften Carl Vogts, Jakob Moleschotts und Ludwig Büchners. Er kritisierte deren Lehren als unwissenschaftlich und metaphysisch und charakterisierte sie als »erkenntnistheoretischen Nonsens« (XXII, 360). Denn psychische Vorgänge seien keine Hirnfunktionen und insofern geistige Tatsachen nicht aus der »mechanischen Naturordnung« ableitbar (vgl. I, 11); auch ein »Übergang von der Mechanik des Gehirns zu der entsprechenden Tätigkeit des Bewußtseins« könne wissenschaftlich nicht bewiesen werden (XXII, 139).

»Zur Zeit«, so schreibt Dilthey noch 1899, sei die Entwicklung einer »Mechanik« und »Topographie des Gehirns« in weiter Ferne (XX, 240 f.). Ebenso lehnt er die Annahme eines »Parallelismus« von physiologischen Nervenvorgängen und psychischen, d. h. kognitiven, emotiven und volitiven Phänomenen als materialistisch ab, wie er z. B. von Friedrich Theodor Fechner vertreten wurde (V, 142). Eine Empfindung, ein Gefühl oder eine Willensäußerung *sind* eben keine Hirnbewegungen, wenn sie auch in nicht erkennbarer Weise mit ihnen in Beziehungen stehen. Trotzdem haben für Dilthey Hirnbewegungen und Empfindungen eine Gemeinsamkeit: Sie sind, wenn auch gänzlich verschieden und »geradezu unvergleichbar«, dennoch beide *Erfahrungstatsachen* (vgl. XXII, 142). Deshalb unterscheidet er die Wissenschaften, die es mit der inneren Erfahrung zu tun haben (= Geisteswissenschaften) von den Wissenschaften der äußeren Erfahrung (= Naturwissenschaften), und beide bestimmt er als empirische Wissenschaften.

Obwohl nach Diltheys Urteil der moderne Materialismus das sich seit Kant »allmählich entwickelnde Ganze einer Wissenschaft der inneren und äußeren Welt« blockiert, sieht er die Wissenschaften dennoch auf dem langen Weg zu einer Einheit. Denn beide Wissenschaftsgruppen, repräsentiert durch die Psychologie und die Physiologie, gehören für ihn aufs Engste zueinander, weil sie »dasselbe Ganze des Lebens« behandeln, nur unter verschiedenen Gesichtspunkten (XIV, 539). Diltheys Intention ist daher die Erforschung von Beziehungen zwischen physischem und psychischem Leben. Sollte dieser Brückenschlag gelingen, so könnte die von ihm angestrebte Theorie der psycho-physischen Lebenseinheit zustande kommen (vgl. XXI, 251 f.).

Am Beispiel der Psychologie, die er, wie viele Zeitgenossen, als Grundwissenschaft der Geisteswissenschaften bezeichnet, macht Dilthey klar, dass diese die Naturerkenntnis zu ihrer Grundlage haben (vgl. I, 416). So enthalten z. B. die Gesetze der Physiologie »unentbehrliche Hilfsmittel« für die Psychologie (XXI, 204). Denn alles Geistige ist unleugbar gebunden an den Naturzusammenhang, weil der Mensch mit allen seinen Anlagen selbst Natur ist und damit auch dem »starren Nexus der Kausalität« unterworfen (XX, 326). Deshalb bilden die »Tatsachen der Natur« die »unteren Bedingungen des geistigen Lebens«, wie andersherum die »Tatsachen des Geistes« die »oberste Grenze der Tatsachen der Natur« (I, 17). Naturwissenschaften und Geisteswissenschaften gehören daher für Dilthey im Blick auf die menschliche Natur und Welt zusammen. Sie stehen in Abhängigkeiten voneinander, und ihre Erkenntnisse vermischen und ergänzen sich in vielen Bereichen (I, 17 f.).

Beide Wissenschaftsgruppen greifen ineinander, wie es auch der Physiologe und Physiker Hermann von Helmholtz ausdrückt.[9] Und in beiden geht es darum, Ähnlichkeiten und Gesetzmäßigkeiten aufzufinden und möglichst Gesetze zu formulieren. Doch während die Naturwissenschaften bereits große Fortschritte erzielt hatten, fehlte den Wissenschaften des Geistes im 19. Jahrhundert noch eine solide erkenntnistheoretische Basis. Dilthey konstatiert: Wo wir »vom äußeren Auffassen zum inneren Gewahren übergehen sollen: da ver-

---

[9] H. von Helmholtz: Über das Verhältnis der Naturwissenschaften zur Gesammtheit der Wissenschaft (1862). In: Ders.: populäre wissenschaftliche Vorträge. 1. Heft. Braunschweig 1865, S. 1–29, hier: S. 28.

lassen uns alle Mittel des Erkennens« (XXII, 137). Dieses Desiderat wollte er beheben.

Naturwissenschaften und Geisteswissenschaften sind zwar für Dilthey die zwei Hälften des Wissenschaftskosmos, aber damit unterscheiden sie sich zugleich auch voneinander, da psychische und materielle Phänomene grundverschieden sind. Dennoch schreibt er beiden Wissenschaftsklassen dieselbe Aufgabe zu, nämlich möglichst objektive Erkenntnisse zu gewinnen. So definiert er für den Bereich der Geisteswissenschaften z. B. *Gesetz* als einen Begriff, der die Beziehungen zwischen realen Vorgängen oder Gegebenheiten zueinander bezeichnet. *Gesetz* ist damit der diskursive Ausdruck der Erfahrungen von Beziehungen zwischen Wirklichem, die sich wiederholt bestätigen und verifizieren lassen. Gesetzen kommt objektive Gültigkeit zu. Diesen Anspruch macht Dilthey prinzipiell für *alle* empirischen Wissenschaften geltend, wenn auch, wie er weiß, in den Geisteswissenschaften aufgrund der Eigenart ihrer »Gegenstände« kaum Gesetze im strengen Sinn aufgestellt werden können, sondern vielmehr nur Gleichartigkeiten und Gleichförmigkeiten, z. B. in Handlungsvollzügen, aufweisbar sind. Auch Begriffe sind im Bereich des Geistigen und Psychischen in der Regel nicht so klar und eindeutig definierbar wie in den Naturwissenschaften. Sie nehmen in den Geisteswissenschaften deshalb häufig die Form von Typisierungen oder Charakterisierungen an.

Indem für Dilthey der Ausgangspunkt jeder Wissenschaft das empirische Bewusstsein oder Erfahrungsbewusstsein ist, und ihr Ziel die »Richtung auf objektive Erkenntnis und Wissen« (VII, 313), teilt er ausdrücklich die »Grundansichten des Empirismus« (XVIII, 186). 1872 schreibt er an den Kunst- und Literarhistoriker Herman Grimm, er gedenke mit seinem »Empirismus« die »ehrsamen Fakultäten in Schrecken zu versetzen«.[10] Er vertritt einen »empirischen Standpunkt«, lehnt jedoch einen auf »dogmatischen Voraussetzungen« beruhenden Empirismus ab (vgl. XXI, 110). In der *Einleitung in die Geisteswissenschaften* von 1883 bringt Dilthey – in Anlehnung an die deutliche Unterscheidung von »Empirie« und »Empirismus« seines Freundes Graf Paul Yorck von Wartenburg (1835–1897), die dieser bereits im Jahr 1877 trifft,[11] – seine erkenntnistheoretische Position klar zum Ausdruck, indem er erklärt, in seiner Grundlegung

---

[10] BW I, S. 641.
[11] Ebd., S. 799.

der Geisteswissenschaften »den Standpunkt der Erfahrung, der unbefangenen Empirie auch gegenüber dem Empirismus« durchzuführen (I, 81).

In seinem Bestreben, das menschliche Leben voraussetzungslos aus ihm selber aufklären zu wollen, fühlt er sich nach eigener Aussage auch dem »Positivismus« verwandt (vgl. V, 4). Die Einschätzung Diltheys von einigen zeitgenössischen Philosophen weist in dieselbe Richtung. 1893 ordnet der Kantforscher Hans Vaihinger (1852–1933) Dilthey eindeutig dem »positivistischen Empirismus« zu. Er habe sich in seiner *Einleitung in die Geisteswissenschaften* »zu einem Positivismus bekannt, welcher neben kantischen Zügen auch in mancher Hinsicht an den Brentano'schen und Schuppe'schen Standpunkt erinnert. Zu einer Leugnung der transcendenten Welt wird er sich schwerlich verstehen, aber im übrigen würde er sich wohl selbst als Positivist bezeichnen«.[12] Weiterhin berichtet Hermann Glockner, dass der Hegelforscher Hugo Falkenheim (1866–1935), der in seinen frühen Studienjahren 1886/1887 Vorlesungen Diltheys gehört hatte, diesen als einen »kalten Positivisten« charakterisiert habe.[13]

Als die wesentliche Aufgabe der Philosophie nennt Dilthey die Selbstbesinnung und -erkenntnis des Menschen, in dem das Denken und Erkennen nicht isoliert vorkommen, sondern immer mit Trieben, Bedürfnissen, Gefühlen sowie mit dem Wollen und Handeln zu einem strukturellen Ganzen verbunden sind. Diese komplexe psycho-physische Natur ist die »Grundlage alles Erkennens«.[14] Die gesuchte Basis oder das Apriori der Erkenntnis kann nach seiner Überzeugung nur in den Anlagen und »Bedürfnissen der menschlichen Natur« gefunden werden (XXIV, 17). Das zu Erkennende ist das menschliche Leben, das in seiner Mannigfaltigkeit und Tiefe bewusst gemacht werden soll. Dilthey selbst tituliert daher seine Philosophie als eine Philosophie des Lebens, die sich auf die gesamte Lebenswirk-

---

[12] H. Vaihinger: Übersicht über die philosophischen Universitätsdocenten Deutschlands (mit Einschluß Österreichs u. d. Schweiz) nach ihren Richtungen (nebst einigen Notizen über deren Hauptwerke, Geburtsjahr, Heimat, Konfession u. s. w.). Halle a/S. October 1893. Das von Seite 1–39 paginierte handschriftliche Manuskript ist hinterlegt im *Geheimen Staatsarchiv in Berlin-Dahlem; Signatur: VI HA, NL Friedrich Theodor Althoff, Nr. 71, Blatt 92–111,* hier *Blatt 105–105 Rs.*
[13] H. Glockner: Beiträge zum Verständnis und zur Kritik Hegels sowie zur Umgestaltung seiner Geisteswelt. In: Hegelstudien. Beiheft 2. Bonn 1965, S. 485.
[14] Aus den Notizbüchern Wilhelm Diltheys, in: Archiv der Berlin-Brandenburgischen Akademie der Wissenschaften in Berlin, Dilthey-Nachlass, Faszikel 237, Blatt 66 f.

lichkeit richtet. Er nennt sie die »allgemeinste Wissenschaft des Wirklichen« schlechthin (XIX, 13; vgl. VIII, 172).

Wie die Natur- und Geisteswissenschaften bezeichnet Dilthey auch die Philosophie als eine empirische Wissenschaft, denn sie hat ihre Grundlage in der »ganzen, vollen« Erfahrung (VIII, 171). Sie besitzt im Unterschied zu den empirischen Einzelwissenschaften, die unumgänglicher Weise Abstraktionen und Abgrenzungen zu ihrer Basis haben, weil ihre Aufgabenbereiche immer nur Segmente der komplexen Lebenswirklichkeit behandeln können, weder fest umgrenzte Erkenntnisgegenstände noch spezifische Methoden (vgl. VIII, 208).[15] Als Erkenntnislehre hat die Philosophie den »ganzen Inbegriff des Wissens« (V, 357) zum Gegenstand, hervorgebracht von der Lebenserfahrung, den Einzelwissenschaften sowie von Religion und Dichtung.

Dilthey kennzeichnet seine Philosophie daher als eine »allgemeine Theorie des Wissens« (XXIV, 60) oder als »Wissenschaftslehre«. Denn zum einen schafft sie ein Bewusstsein für die Bedingungen der Möglichkeit unserer Erkenntnis und ist damit Erkenntnistheorie; zum anderen klärt sie die Entstehung und den Aufbau unseres Wissens in seinem logischen Zusammenhang auf. Als Selbstbesinnung bringt sie das Bewusstsein des Geistes über seine denkenden Operationen hervor, so dass sich in ihr die »fortschreitende Besinnung des Wissens über sich selbst« vollzieht (vgl. V, 416). Es soll ein »einheitliches Selbstbewußtsein des Geistes und seines gesamten Inhalts« entstehen (VIII, 209).

Damit ist die Philosophie die »systematische und architektonische Macht«, die alle Arten und Formen des Wissens miteinander verknüpft (XXIV, 172). Dilthey bestimmt sie als Grundwissenschaft, welche »Form, Regel, Zusammenhang aller Denkprozesse zu ihrem Gegenstand hat«, mit dem Ziel, »gültiges Wissen hervorzubringen« (V, 408; vgl. XXIV, 60ff.). Die Philosophie als Erkenntnistheorie und Logik ist eine Meta-Disziplin, die alle empirischen Einzelwissenschaften durchzieht und verbindet. Sie hat die Gültigkeit aller Arten von Wissen und die Methoden seiner Gewinnung zu untersuchen, um eine tragfähige Basis des Wissens in allen Lebensbereichen zu schaffen.

Für Dilthey ist damit die Philosophie im Sinne einer philosophischen Grundlegung (Logik und Erkenntnistheorie) universal. Sie soll

---

[15] Vgl. auch ebd., Dilthey-Nachlass, Faszikel 225, Blatt 542.

unser gesamtes Wissen als Produkte und Leistungen unseres denkenden, fühlenden und wollenden Wesens einsichtig machen. Neben dieser ihrer »wichtigsten Funktion« (V, 408) erfüllt sie zudem die Aufgabe, Ähnlichkeiten und Gesetzmäßigkeiten in der Entstehung, Entwicklung und Ausformung der Weltanschauungen als »Interpretationen« der Gesamtwirklichkeit (V, 379) zu untersuchen und zu typisieren, wie sie in der Metaphysik sowie in den Religionen und der Dichtung vorliegen.

III. Zum Verhältnis von Philosophie und Wissenschaften bei Schlick

Der Physiker und Philosoph Moritz Schlick befasste sich nicht nur mit wissenschaftstheoretischen Problemen, sondern auch intensiv mit kulturphilosophischen und vor allem mit ethischen Fragen. Wiederholt betont er sein »durchgehendes Interesse am Zusammenhang der wissenschaftlichen Erkenntnis mit der alltäglichen Lebenserfahrung«.[16] Friedrich Waismann (1896–1959), einer der Anreger und Mitglied des »Schlick-Zirkels«, charakterisiert ihn als einen »seiner ganzen inneren Anlage nach […] poetisch und metaphysisch gestimmten Geist«.[17]

Schlick vertritt die Auffassung, dass es prinzipiell keinen Gegensatz von Natur und Kultur gibt. Denn letztlich ist alles Natur, und so ist auch alle Kultur natürlich gegründet. Natur ist alles, alles Wirkliche ist natürlich. Geist und Bewusstseinsleben bilden deshalb keinen Gegensatz zur Natur, sondern sind nur ein Ausschnitt aus der Gesamtheit des Natürlichen. Im Laufe der Menschheitsentwicklung aber habe sich der Mensch durch seine immer weiterentwickelte und zunehmend technisch geprägte Kultur so weit von seiner eigenen und der ihn umgebenden Natur entfernt, dass sich die Kluft zwischen beiden immer rasanter vergrößere. Die Folge ist, dass der natürliche Ursprung der Kultur kaum mehr im gesellschaftlichen Bewusstsein präsent ist und sie der Natur immer stärker entfremdet wird. Das Ziel Schlicks ist die Befreiung des Menschen aus diesem selbst verschul-

---

[16] Vgl. K. Lorenz: Schlick, Moritz. In: Enzyklopädie Philosophie und Wissenschaftstheorie. hg. von J. Mittelstraß. Bd. 3 (1995). Stuttgart 2004, S. 707 f., hier: S. 707.
[17] F. Waismann: Vorwort zu Schlicks Gesammelten Aufsätzen 1926–1936. Wien 1938, S. X (zitiert nach R. Haller: Neopositivismus, S. 102).

deten Zustand, der in vielen Bereichen des Zusammenlebens als zunehmend leidvoll erfahren wird, – hin zu einer im Einklang mit der Natur stehenden Kultur, welche den Bedürfnissen der Menschen und der übrigen Natur gerecht wird und den Riss zwischen beiden wenigstens zu verringern sucht.

Da nach der Überzeugung Schlicks auch die Kultur ursprünglich natürlich ist, gibt es für ihn auch keine »prinzipielle Scheidewand« zwischen den Naturwissenschaften und den Kultur- oder Geisteswissenschaften.[18] Die Unterschiede beider sind seiner Meinung nach lediglich praktisch-methodischer Art und haben ihren Grund in verschiedenen Betrachtungsweisen oder Perspektiven, sie liegen aber nicht im Wesen der Dinge. Der entscheidende Unterschied zwischen beiden Wissenschaftsgruppen besteht für ihn darin, dass in den Naturwissenschaften die »exakte« Erkenntnis Selbstzweck ist, während die Erkenntnis in den Geisteswissenschaften »nur Mittel zum Zweck« ist, indem sie, wie auch die Dichtung und andere Künste, die Funktion hat, Erlebnisse zu evozieren und nachzuerleben, um das eigene Leben zu bereichern.[19]

Die Auffassung, dass alles Wirkliche natürlich ist, und damit auch die Denkfähigkeit des Menschen und sein Bewusstsein naturgegeben sind, teilt Dilthey durchaus. Für beide Philosophen bedeutet dies, dass auch der Erkenntnisprozess *zunächst* natürlich und für das menschliche Leben und Überleben notwendig ist. Folgerichtig sehen beide daher geschichtliche Entwicklungen und Veränderungen immer auch als natürlich mit bedingte Prozesse an.

»Ursprünglich« ist uns die Welt nach Schlick als eine »Mannigfaltigkeit reiner Qualitäten, nämlich von Farben, Tönen, Gerüchen, Tast- und Wärmequalitäten usw.« gegeben, d. h. in Wahrnehmungen und Empfindungen. Erst durch die »begriffliche Verarbeitung, durch die beziehende Tätigkeit des Denkens stellen wir quantitative Relationen« zwischen ihnen her.[20] Während es in der naturwissenschaftlichen Begriffsbildung darum geht, alle qualitativen Beziehungen

---

[18] M. Schlick: Die Probleme der Philosophie in ihrem Zusammenhang. Vorlesung aus dem Wintersemester 1933/34. Hg. von H. Mulder, A. J. Kox und R. Hegselmann. Frankfurt a. M. 1986, S. 56.

[19] M. Schlick: Erleben, Erkennen, Metaphysik (1926). In: Ders.: Gesammelte Aufsätze 1926–1936. Wien 1938, S. 6 f.

[20] M. Schlick: Die Grenze der naturwissenschaftlichen und philosophischen Begriffsbildung. In: Vierteljahrsschrift für wissenschaftliche Philosophie und Soziologie. 34. Jahrgang. Neue Folge IX. Leipzig 1910, S. 121–142, hier: S. 130.

auf rein quantitative, möglichst mathematisch formulierbare zurückzuführen, sei es dagegen unmöglich, Psychisch-Geistiges, wie Eindrücke, Empfindungen und Gefühle, d.h. die »unmittelbaren Tatsachen des Bewußtseins«, »jemals der exakt-naturwissenschaftlichen Begriffsbildung zu unterwerfen«.[21]

Die mathematisch-naturwissenschaftliche Begriffsbildung, welche »die ganze Welt in ein Spiel rein quantitativer Beziehungen auflöst«, steht nach Einschätzung Schlicks den nicht quantifizierbaren »reinen Qualitäten« der geistigen Welt »schlechthin machtlos gegenüber«.[22] Auch in diesem Punkt stimmt Dilthey Schlick zu, und daher teilt er die Gesamtheit von Empfindungen und Vorstellungen in zwei Bereiche ein: a) das Quantitative, wie z.B. Größe, Intensität, Zahl etc. und b) das Qualitative, wie Farbeindrücke, Leidenschaften, Gefühle etc. In diesem zweiten Bereich sind auch für Dilthey quantitatives Erfassen und Messen – und damit »strenges Wissen« – gar nicht oder nur eingeschränkt möglich (vgl. XVIII, 195).

Da es in den Geistes- oder Kulturwissenschaften nicht primär um physische Phänomene und Vorgänge, sondern vielmehr um seelische und geistige, d.h. qualitative geht, kommt der Psychologie in ihnen eine grundlegende Bedeutung zu. Schlick bezeichnet sie daher als die »philosophische Wissenschaft par excellence«.[23] Aufgrund dieser Überzeugung kritisiert er die um die Wende zum 20. Jahrhundert herrschenden »modernen« Auffassungen, welche durch die Einführung von Messmethoden und Experimenten die Psychologie »möglichst zum Range einer Naturwissenschaft erhoben wissen möchten«.[24] Für Schlick ist das unsinnig, und er teilt damit Diltheys scharfe Kritik an den Voraussetzungen, Zielen und Methoden der naturwissenschaftlich orientierten, erklärenden Psychologie.

Das Verhältnis von Naturwissenschaften und Geisteswissenschaften lässt sich nach Schlicks Meinung letztlich auf die Psychologie als Grundlagendisziplin der Geisteswissenschaften in ihrem Verhältnis zur Physik als Basiswissenschaft der Naturwissenschaften reduzieren.[25] Ähnlich äußert sich auch Dilthey, der ebenfalls die Psychologie als Grundwissenschaft der Geisteswissenschaften bezeichnet

---

[21] Ebd., S. 137.
[22] Ebd., S. 129.
[23] Ebd., S. 131.
[24] Ebd.
[25] M. Schlick: Die Probleme der Philosophie, S. 57.

(XXI, 200; XXII, 248) und als Grundwissenschaft der Naturwissenschaften die Mathematik nennt (V, 193).

Naturwissenschaften und Geistes- oder Kulturwissenschaften, also beide Gruppen der »Realwissenschaften«, wie Schlick sie nennt – Dilthey spricht von empirischen oder Erfahrungswissenschaften –, streben nach Auffassung beider Denker mit den Methoden der Beschreibung, Vergleichung, Analyse, Erklärung, Induktion und Deduktion sowie dem Ziel der Auffindung von Gesetzen nach der »Erkenntnis alles Wirklichen«.[26]

Erkennen definiert Schlick hierbei als die Zurückführung des einen auf ein anderes, des Besonderen auf ein Allgemeines,[27] wobei er es mit dem *Erklären* und *Begreifen* gleich setzt.[28] Auch die Art der Begriffsbildung ist seiner Meinung nach in der Lebenserfahrung und beiden Wissenschaftsgruppen prinzipiell gleich. Allerdings, so schränkt er ein – wie auch Dilthey –, seien die Geisteswissenschaften aufgrund der Individualität ihrer Gegenstände nur in geringerem Maße fähig, »gesetzmäßige Erkenntnisse« zu erlangen.[29] Prinzipiell jedoch erstreckt sich der Begriff der Wissenschaft für Schlick auf *alle* Wissenschaften, d.h. auf das gesamte Gebiet der Erkenntnis und des Wissens. Im Grunde sei es in den Naturwissenschaften »nichts anderes als in allen übrigen Wissenschaften und auch im alltäglichen Leben«.[30] Denn »Erkenntnisse sind […] schon auf primitivster Stufe nötig, und die wissenschaftlichen Erkenntnisse sind von diesen Erkenntnissen des täglichen Lebens nicht der Art, sondern nur dem Grade nach verschieden. Es liegt da nichts Neues vor, sondern hat sich in natürlicher Weiterführung aus dem täglichen Leben entwickelt.«[31] Das bedeutet, dass alle wissenschaftlichen Fragen »ihren Ursprung im täglichen Leben« haben.[32]

Zwischen der Lebenserfahrung sowie den Natur- und Geisteswissenschaften gibt es damit keinen grundsätzlichen Unterschied,

---

[26] Ebd., S. 54, 56. Zu Dilthey vgl. diesbezüglich z.B.: V, 174; XX, 318.
[27] M. Schlick: Die Probleme der Philosophie, S. 54.
[28] M. Schlick: Allgemeine Erkenntnislehre. Berlin 1918; 2. Aufl. Berlin 1925; ND Frankfurt a.M. 1979, S. 24.
[29] M. Schlick: Die Grenze der naturwissenschaftlichen und philosophischen Begriffsbildung, S. 140.
[30] M. Schlick: Naturphilosophie. In: Max Dessoir (Hg.): Lehrbuch der Philosophie. Die Philosophie in ihren Einzelgebieten. Berlin 1925, S. 393–492, hier: S. 400.
[31] M. Schlick: Die Probleme der Philosophie, S. 22.
[32] Ebd.

denn sie gehören ursprünglich zusammen. Schlick spricht in diesem Zusammenhang von einer aufsteigenden Linie der Erkenntnis und Zunahme des Wissens: Je weiter die Forschung voranschreitet, umso mehr bekommen die Wissenschaften eine vom täglichen Leben abgehobene »objektive Gestalt« und ihre Gegenstände erscheinen »gewissermaßen von einem weniger anthropozentrischen Standpunkte aus gesehen«.[33]

Während nach Schlick die »Gesamtheit der Wissenschaften, mit Einschluß der Aussagen des täglichen Lebens« das »System der Erkenntnisse« bildet, versteht er die Philosophie dagegen als ein »System von Akten«, in welchen der »*Sinn* der Aussagen festgestellt oder aufgedeckt wird«.[34] Während die Aufgabe eines jeden Wissenschaftlers in der Gewinnung und Formulierung wahrer Erkenntnisse in eindeutigen Aussagen liegt, fragt der Philosoph nach deren Sinngehalten und Bedeutungen, und er reflektiert die Ergebnisse der Wissenschaften. Sein Anliegen sind Auslegungen von empirisch niemals zu klärenden und zu beantwortenden Fragen und Problemen. Dabei aber verfolgt auch er in gewisser Weise das Ziel der Wahrheitsfindung, hier jedoch im Sinne der Eröffnung oder Verbesserung von Verständnis.

Für Schlick ist damit die philosophische Haltung »im Gegensatz zur erkenntnismäßig-wissenschaftlichen, eine Einstellung auf den Sinn, auf die Bedeutung dessen, was wir fragen und was wir auf die Fragen antworten«.[35] Deshalb bezeichnet er das philosophische Fragen als eine gänzlich von dem wissenschaftlichen Fragen unterschiedene Methode. Während die Wissenschaft Sätze »verifiziert«, werden sie durch die Philosophie »geklärt«.[36] Dem Philosophen geht es nach Schlick nicht um den eindeutigen Wahrheitsgehalt von Aussagen, sondern darum, was die Aussagen »eigentlich *meinen*«. Während der Wissenschaftler Antworten auf bestimmte Fragen sucht, ist es dem Philosophen darum zu tun, sich den Sinn dieser Fragen klarzumachen. Auch der Philosoph sucht Erkenntnis. Doch während die Wahrheit, d. h. die Erkenntnis, in der Wissenschaft in einem »System wahrer Sätze« besteht, liegt die philosophische Erkenntnis in »Ein-

---

[33] M. Schlick: Die Grenze der naturwissenschaftlichen und philosophischen Begriffsbildung, S. 121.
[34] M. Schlick: Die Wende der Philosophie (1930). In: Ders.: Gesammelte Aufsätze 1926–1936. Wien 1938. ND Hildesheim 1969, S. 31–39, hier: S. 35 f.
[35] M. Schlick: Die Probleme der Philosophie, S. 76.
[36] M. Schlick: Die Wende der Philosophie, S. 36.

sicht« und »Verständnis«, und die »*Methode des Philosophen ist die Besinnung*«.[37]

Hierin äußert sich keine Abwertung der Philosophie, sondern Schlick betont vielmehr immer wieder ihre große Bedeutung für die Wissenschaften. Seine Wertschätzung der Philosophie zeigt sich darin, dass er die philosophische Tätigkeit der Sinngebung und Sinnfindung durch die Klärung und Auslegung von Aussagen als das »Alpha und Omega aller wissenschaftlichen Erkenntnis« bezeichnet.[38] Zudem bedürfe auch die wissenschaftliche Arbeit oft einer »philosophischen Eingebung«, um voranschreiten zu können.[39]

Die Philosophie ist für Schlick nicht, wie für Dilthey, eine Wissenschaft, d. h. kein »*System von wahren Sätzen*«, sondern vielmehr eine »*Kunst, eine Tätigkeit, die zur Klärung führt*«.[40] Sie untersucht die Voraussetzungen und Konsequenzen der Forschung und liefert Interpretationen von Antworten auf grundlegende existentielle Fragen, deren Beantwortung die Möglichkeiten wissenschaftlicher Forschung übersteigt. Die »philosophische Tätigkeit der Sinngebung« bildet damit nach Ansicht Schlicks sowohl die Basis als auch den »Abschluß des Gebäudes der Wissenschaften«.[41] Sie sucht die »Grundlagen aller menschlichen Erkenntnis« auf und erforscht die Grundsätze, »mit deren Hilfe das Gesamtgebäude der Erkenntnis errichtet und zusammengehalten wird«.[42]

»Philosophischer Instinkt oder Takt« sowie »wissenschaftliche Klugheit« und intuitives Verständnis machen nach Schlick den Philosophen aus.[43] Doch die Intuition sei keine wissenschaftliche Methode, sondern ein »reines Erleben«, welches »bloßes Wissen« gibt, das von dem wissenschaftlichen Wissen fundamental unterschieden ist. Deshalb formuliert Schlick: »*intuitive* Erkenntnis [ist] eine contradictio in adiecto«.[44] Entschieden resümiert er: »Intuition und Wissenschaft, Erleben und Erkennen sind Gegensätze.«[45]

---

[37] M. Schlick: Die Probleme der Philosophie, S. 73.
[38] M. Schlick: Die Wende der Philosophie, S. 36.
[39] M. Schlick: Die Probleme der Philosophie, S. 72.
[40] Ebd., S. 73.
[41] M. Schlick: Die Wende der Philosophie, S. 36.
[42] M. Schlick: Naturphilosophie, S. 397.
[43] M. Schlick: Die Probleme der Philosophie, S. 77 f.
[44] M. Schlick: Gibt es intuitive Erkenntnis? In: Vierteljahrsschrift für wissenschaftliche Philosophie und Soziologie. 37. Jahrgang. Neue Folge 12 (1913), S. 472–488, hier: S. 481; Ders.: Allgemeine Erkenntnislehre, S. 104.
[45] M. Schlick: Gibt es intuitive Erkenntnis?, S. 487.

Eine weitere Aufgabe der Philosophie ist es nach Schlick, »die Resultate und Anschauungsweisen« der Wissenschaften beider Wissenschaftsgruppen zu übergreifenden Welt- und Lebensanschauungen zusammenzufassen, »wozu diese selbst nicht aus eigenen Mitteln imstande sind«.[46] Die Philosophie ist somit für Schlick *keine* eigenständige Wissenschaft mit einem umgrenzten Gegenstandsbereich, und damit den Naturwissenschaften und den Kultur- oder Geisteswissenschaften nicht nebengeordnet, sondern sie durchdringt alle Wissenschaften, indem sie die Prinzipien in den Formen der Erkenntnis untersucht. Dies gilt insbesondere auch für die philosophische Disziplin der Logik, die »es ebenfalls mit rein qualitativen Verhältnissen, wie denen des Widerspruchs, des Grundes und der Folge« zu tun hat.[47]

Damit ist die Philosophie für Schlick in erster Linie Erkenntnis- und Wissenschaftstheorie. Alle Wissenschaften sind »wie sie einst dem Schoße der *einen* Universalwissenschaft Philosophie entsprossen, auch heute noch ihrem innersten Wesen nach philosophisch«.[48] Weil Philosophie und Wissenschaften ständig »Hand in Hand« miteinander gehen, da es selbst in den exakten Wissenschaften ohne philosophische Klärungen der Grundbegriffe keinen Fortschritt geben kann, sind sie untrennbar verbunden.[49] Daher sei auch der »große Forscher […] immer auch Philosoph«, wie Schlick mit Blick auf seinen Freund und Kollegen Albert Einstein äußert.[50]

Während also nach Schlick zwischen den Natur- und den Kultur- oder Geisteswissenschaften *als Wissenschaften* kein wesentlicher, sondern nur ein gradueller Unterschied besteht, trennt er – im Unterschied zu Dilthey – klar zwischen der Philosophie als dem »Reich der reinen Qualitäten« und den Wissenschaften als dem Reich der Quantitäten. Er zieht deshalb eine »strenge, endgültige Grenze« zwischen der *mathematisch-naturwissenschaftlichen* und der *philosophischen* Art der Begriffsbildung, wenn er auch einräumt, dass dieser »Dualismus« kein »endgültiger« sei, weil beide Erkenntnisarten »aus einer

---

[46] M. Schlick: Die Grenze der naturwissenschaftlichen und philosophischen Begriffsbildung, S. 139.
[47] Ebd., S. 131.
[48] M. Schlick: Naturphilosophie, S. 397.
[49] M. Schlick: Die Probleme der Philosophie, S. 73 und S. 76; Ders.: Allgemeine Erkenntnislehre, S. 8.
[50] M. Schlick: Die Wende der Philosophie, S. 38.

gemeinsamen Wurzel«, nämlich dem Menschen mit seinen speziellen Anlagen und Fähigkeiten, hervorgegangen sind.[51]

Für Schlick, wie auch für Dilthey, ist die Philosophie keine Einzelwissenschaft. Doch im Unterschied zu Schlick bezeichnet Dilthey sie hinsichtlich ihrer materialen Seite als eine empirische Wissenschaft, da sie sowohl mit den Erkenntnissen der Geistes- und Naturwissenschaften als auch allen anderen Hervorbringungen des menschlichen Geistes und Gemüts, wie z. B. Weltanschauungen, zu tun hat. Für Dilthey ist sie die »allgemeinste Wissenschaft des Wirklichen« (XIX, 13; vgl. VIII, 172).

Die spezifisch philosophischen Fragestellungen und Erkenntniswege sind nach Schlick auch in den Naturwissenschaften von großer Bedeutung. Denn die Philosophie befasst sich im Unterschied zu den Wissenschaften mit Fragen, die nicht nur »zufällig oder empirisch« noch nicht gelöst, letztlich aber lösbar sind, sondern ihr Thema sind die »prinzipiell« empirisch unlösbaren Fragen und Probleme, wie z. B. das Verhältnis von Psychischem und Physischen oder die »Klärung oberster Begriffe«, wie »Materie, Kraft, Raum und Zeit, Gesetz, Leben«.[52] Sie bezieht sich damit nicht nur auf die gegebene Realität, wie es die Wissenschaften tun, sondern ebenso auf den Sinn von Nicht-Realem und Möglichem.[53] Daher machen nicht primär beobachtendes, analysierendes und ordnendes Denken das philosophische Vorgehen aus, sondern vielmehr ist es die »Fähigkeit des Verständnisses«.[54] Denn die Philosophie ist eine Tätigkeit, welche den Sinn von Aussagen, gerade auch von wissenschaftlichen Sätzen, aufdeckt und deren Bedeutungen für übergeordnete Zusammenhänge, die über die Einzelerkenntnisse der Wissenschaften hinausgehen, zu begreifen sucht. Sie klärt, was die wissenschaftlichen Aussagen »eigentlich *meinen*« und bedeuten.

---

[51] M. Schlick: Die Grenze der naturwissenschaftlichen und philosophischen Begriffsbildung, S. 141.
[52] Vgl. M. Schlick: Naturphilosophie, S. 398; Ders.: Die Probleme der Philosophie, S. 66 f., 72.
[53] M. Schlick: Die Probleme der Philosophie, S. 74.
[54] Ebd., S. 77.

IV. Die Positionen Diltheys und Schlicks im Vergleich

1.

Die eingangs gestellte Frage nach der Einheit der Wissenschaften kann in gewisser Weise sowohl für Schlick als auch für Dilthey mit einem Sowohl-Als auch beantwortet werden. Denn nach beider Auffassung verbindet Naturwissenschaften und Kultur- oder Geisteswissenschaften das Streben nach einer Erkenntnis des Wirklichen. In den geisteswissenschaftlichen Disziplinen läuft nach Auffassung Schlicks das Wissenschaftliche jedoch zumeist »auf historische Betrachtung« hinaus. *Erkenntnisse* bestehen in diesem Bereich lediglich in Tatsachenfeststellungen, Beschreibungen, Zuordnungen und Induktionen. Da sie bestenfalls »reich nur an Tatsachenanhäufungen«, aber »zum größeren Teil arm an gesetzmäßigen Erkenntnissen« sind,[55] stehen sie für Schlick »in der Hierarchie der Wissenschaften« ganz unten. Denn *Wissenschaft* im eigentlichen Sinne »besteht nicht im Feststellen und Wissen von Tatsachen, sondern in der Verknüpfung derselben durch Gesetze«.[56]

Weil jedoch, z. B. in der Geschichtswissenschaft als der »am meisten typischen Geisteswissenschaft« oder der Anthropologie, immer auch Gegenstände der Naturwissenschaften eine Rolle spielen, ist eine »vollkommene Scheidung« beider Wissenschaftsgruppen für ihn nicht vertretbar. Eine Einheit beider hält er für nicht ausgeschlossen, weil ihre Gegenstände in keinem »absoluten Gegensatz« zueinander stehen. Denn da die Geisteswissenschaften geistige und psychische Phänomene und Vorgänge untersuchen, die in Beziehungen zu körperlichen stehen, die ihnen zugrunde liegen, handeln die Geisteswissenschaften von Dingen, die sowohl im Bereich der Psychologie als auch der Physik liegen. So könne letztlich das Verhältnis von Geisteswissenschaften und Naturwissenschaften auf das »Verhältnis der Psychologie zur Physik« zurückgeführt werden.[57]

Dilthey schreibt zwar den Geisteswissenschaften besondere Methoden, wie das Verstehen und die Auslegung zu, die in den Naturwissenschaften eine geringere Rolle spielen, doch er sieht darüber

---

[55] M. Schlick: Die Grenze der naturwissenschaftlichen und philosophischen Begriffsbildung, S. 140.
[56] Ebd., S. 121.
[57] M. Schlick: Die Probleme der Philosophie, S. 57.

hinaus auch Gemeinsamkeiten beider Wissenschaftsbereiche. So sind Methoden wie Beobachtung, Experiment, Analyse, Beschreibung, Vergleichung, Induktion und Deduktion zwar ursprünglich naturwissenschaftliche Wege der Erkenntnisgewinnung, finden aber ebenso in den Geisteswissenschaften mehr oder weniger Anwendung. Auch vertritt er die Überzeugung, dass die Wissenschaften des Geistes die Naturwissenschaften »historisch wie auch systematisch« zu ihrer Grundlage und Voraussetzung haben (XX, 326; vgl. I, 416; V, 252; XX, 129). Damit macht auch er klar, wie »relativ die Abgrenzung dieser beiden Klassen von Wissenschaften voneinander ist«, und er sieht, dass sich überall Erkenntnisse der Naturwissenschaften mit denen der Geisteswissenschaften »vermischen« (vgl. I, 18). Nach Schlick liegt zudem eine Gemeinsamkeit beider Wissenschaftsgruppen darin, dass in ihnen »philosophische und naturwissenschaftliche Betrachtungsweisen gemischt« anzutreffen sind.[58]

2.

Sowohl Dilthey als auch Schlick erkennen damit nicht nur die Naturwissenschaften, sondern auch die Geisteswissenschaften *als Wissenschaften* an und lehnen einen strikten Dualismus beider ab, wenn sie auch beide den Naturwissenschaften einen strengeren Erkenntnisbegriff zuschreiben als den Schwesterwissenschaften.[59] Dies hat seinen Grund in der Individualität und der Gegebenheitsweise der geisteswissenschaftlichen Gegenstände, die deshalb nur bedingt vergleichbar und erfassbar sind. Doch bei beiden Gruppen handelt es sich um empirische oder Erfahrungswissenschaften (Dilthey) bzw. »Realwissenschaften« (Schlick). Ganz in diesem Sinne fordert selbst Diltheys Dialogpartner Graf Paul Yorck von Wartenburg, der grundsätzlich stärker als sein Freund die »generische Differenz zwischen Ontischem und Historischen« betont,[60] dass in der Geschichtswissenschaft der »zunächst ontische Stoff [...] rein empirisch zu erfassen« und zu höchst möglicher Sicherheit zu führen ist.[61]

---

[58] M. Schlick: Die Grenze der naturwissenschaftlichen und philosophischen Begriffsbildung, S. 130.
[59] Man könnte von den Naturwissenschaften als *harten*, von den Kultur- oder Geisteswissenschaften als *weichen* Wissenschaften sprechen.
[60] BW II, S. 557.
[61] Briefwechsel zwischen Wilhelm Dilthey und dem Grafen Paul Yorck v. Wartenburg

3.

Obwohl Dilthey beide Wissenschaftsgruppen als sich durchdringend bezeichnet, schon weil der Mensch Natur und Geist in sich vereint, hält er eine Ableitung geistiger Tatsachen aus denen der »mechanischen Naturordnung« für nicht möglich (I, 11). Auch Erklärungen seelischer Erscheinungen durch die Reduktion auf physiologische Vorgänge lehnt er ab (V, 142 f.). Deshalb beschreibt er eine »doppelte Richtung des Erkennens«: In den Naturwissenschaften handelt es sich um ein »Erkennen im engeren Sinne«, in den Geisteswissenschaften bedeutet *Erkennen* »Erleben und Verstehen« (XIX, 56; XX, 326 f.).

Für Schlick dagegen gibt es nur einen klaren Begriff der Erkenntnis, der primär den Naturwissenschaften zugehört: »Grundständig sind diejenigen Wissenschaften, die sich mit konkreten Dingen beschäftigen«.[62] Die Geistes- oder Kulturwissenschaften charakterisiert er als eine »Mischung« von Wissenschaften und Nicht-Wissenschaften, weil sie sowohl in das Gebiet der Physik als auch der Psychologie fallen.[63] Während die Naturwissenschaften eine durch ihre Fortschritte wachsende »objektive Gestalt« bekommen und ihre Gegenstände »gewissermaßen von einem weniger anthropozentrischen Standpunkt aus« erscheinen,[64] sind in den Geisteswissenschaften die Erkenntnisse kein Selbstzweck, sondern nur »das Mittel zum Zweck«; sie dienen dem *Verstehen*. Dieses bestimmt Schlick als eine »Art von Erleben, das sich an gewisse Erkenntnisse anschließt«, denn die Geisteswissenschaften haben in erster Linie die Aufgabe und das Ziel, »Erlebnisse anzuregen und hervorzurufen«.[65]

Das *Erleben* aber steht für ihn im Gegensatz zum wissenschaftlichen Erkennen, weil das Erlebnis nur etwas »Qualitatives und Inhaltliches« ist, das letztlich »ewig privatim bleiben muß«, während die Erkenntnis in der »reinen Form« gipfelt.[66] Das Erlebnis hält er also für nur unzureichend ausdrückbar, während die wissenschaft-

---

1877–1897. Hg. von S. von der Schulenburg. Halle a.d. S. 1923, S. 223. [Im Folgenden zitiert als: BDY.]
[62] M. Schlick: Die Probleme der Philosophie, S. 57.
[63] Ebd., S. 56 f.
[64] M. Schlick: Die Grenze der naturwissenschaftlichen und philosophischen Begriffsbildung, S. 121.
[65] M. Schlick: Erleben, Erkennen, Metaphysik, S. 7.
[66] Ebd., S. 5, 7.

liche Erkenntnis aufs Engste an eine klare, möglichst eindeutige sprachliche Mitteilung gebunden ist. *Erkenntnisse* sind für Schlick rein diskursive Ausdrücke, und zwar möglichst Darstellungen in mathematisierter Form. Für ihn gilt daher der Grundsatz: »jede Erkenntnis ist mitteilbar« und umgekehrt »alles Mitteilbare ist Erkenntnis«.[67]

Dilthey sieht den Lebenszusammenhang als den Ursprung der Erkenntnis und als einen Teil desselben an. Auch für Schlick ist das Erkennen eine »Lebensfunktion«,[68] jedoch eine so herausragende, dass er *Leben* und *Erleben* auf der einen und *Erkennen* auf der anderen Seite als gänzlich verschieden ansieht, so dass er sagen kann: »Wir stellen also das Leben dem Erkennen gegenüber«.[69] Erlebnisse seien zwar für die Erkenntnis »grundlegend«, könnten aber nicht als Fundament der Wissenschaft dienen, wie es z. B. in der Phänomenologie der Fall sei.[70]

4.

Beide Philosophen vertreten die Auffassung, dass alle Wissenschaften in einem Zusammenhang stehen. Nach Dilthey geht ein Zusammenhang »durch alle Wissenschaften« (XXIV, 4), wobei er einschränkend äußert, dass nur die Naturwissenschaften miteinander verknüpft sind durch eine »natürliche innere Dependenz aller Wahrheiten voneinander«, was in den Geisteswissenschaften unmöglich sei (XVIII, 53). Für Schlick hingegen bilden lediglich die erklärenden oder exakten Wissenschaften einen systematischen Zusammenhang, während in den Geisteswissenschaften lediglich »ein Minimum des Zusammenhangs zwischen den einzelnen Aussagen« bestehe,[71] was ebenfalls für die »nur beschreibenden Naturwissenschaften« gelte.[72]

Schlick beschreibt den Fortgang der (Natur)Wissenschaften in seiner quasi wissenschaftsimmanenten Perspektive als eine aufsteigende Linie zunehmenden Erkenntnisfortschritts. Dilthey dagegen will einen »kontinuierlichen Zusammenhang« aufweisen, der sich

---

[67] Ebd., S. 2.
[68] M. Schlick: Allgemeine Erkenntnislehre, S. 101.
[69] M. Schlick: Die Probleme der Philosophie, S. 104.
[70] Ebd., S. 105.
[71] Ebd., S. 108.
[72] Ebd., S. 113.

von der »Wahrnehmung zur Anschauung, von da zum diskursiven Denken [...] und von da zur Wissenschaft« erstreckt (XXIV, 204). Seinen Ausgang nimmt er bei den einzelnen Erlebnissen und Erfahrungen und will fortschreiten bis zur »Feststellung eines Allgemeingültigen« (vgl. XXIV, 16). Denn alles Wissen entsteht für ihn im »Übergang vom Erleben zum Urteil« (XXIV, 36). So untersucht er folgerichtig den aufsteigenden Weg vom vorwissenschaftlichen zum wissenschaftlichen Wissen (vgl. XXIV, 196).

Im Unterschied zu Schlick versucht Dilthey aufgrund seines Ausgangs in der Erkenntnis-, Wissens- und Wissenschaftstheorie bei der dreifach strukturierten psycho-physischen Lebenseinheit, die nicht nur durch das Denken, sondern dessen Zusammenwirken mit den Lebensfunktionen des Wollens und Fühlens konstituiert ist, den Wissensbegriff in diese Richtung zu erweitern. Nicht mehr nur »rein diskursive« Ausdrücke, wie sein Schüler Georg Misch (1878–1965) sie nennt,[73] sondern auch vordiskursive und die Diskursivität übersteigende (»überdiskursive«) Ausdrucksformen sowie Gefühlsausdrücke und Wertungen oder Einschätzungen bestimmt er als Erkenntnis- und Wissensformen.

5.

Eine Gemeinsamkeit beider Philosophen liegt in der Einsicht, dass alle Fragen, die der Mensch stellt, ob wissenschaftliche oder philosophische, »ihren Ursprung im täglichen Leben« haben, und die Wissenschaft »ein Weiterfragen über das tägliche Leben hinaus« ist, wie Schlick es formuliert.[74] Auch für Dilthey ist der Ursprung der Wissenschaft das menschliche Leben, weil das Denken eine Funktion des Lebens ist und dessen Zielen, wie der Selbst- und Arterhaltung, dem Lustgewinn sowie der Erreichung von selbstgesetzten Lebenszielen und erstrebten Lebensgütern, dient. In den Worten Schlicks gesagt: »Der Mensch hat die Erkenntnisfähigkeit, um das zu tun, was zu

---

[73] In Weiterführung des Diltheyschen Ansatzes unterscheidet G. Misch in seiner hermeneutischen oder Lebenslogik verschiedenartige Formen des Ausdrucks und legt das Feld der Diskursivität zwischen den Polen des »rein Diskursiven« und des »Evokativen« auseinander. Vgl.: G. Misch: Der Aufbau der Logik auf dem Boden der Philosophie des Lebens. Göttinger Vorlesungen über Logik und Einleitung in die Theorie des Wissens. Hg. von G. Kühne-Bertram und F. Rodi. Freiburg/München 1994.
[74] M. Schlick: Die Probleme der Philosophie, S. 23.

seiner Erhaltung und seinem Schutze nötig ist.«[75] Das wissenschaftliche Erkennen, so fährt er fort, hat im Vergleich zum vorwissenschaftlichen »keineswegs einen neuen, ganz besonderen Sinn«, sondern das »Wesentliche im Erkennen« ist hier wie dort »ganz dasselbe«,[76] beide sind »nur dem Grade nach verschieden«.[77] »Der Bereich der Erkenntnisse umfaßt also Wissenschaft und tägliches Leben gleicherweise«.[78]

Einig sind sich beide Philosophen auch darin, dass, wie Schlick es formuliert, der Erkenntnisprozess ursprünglich eine »biologische Funktion« ist.[79] Doch während für Dilthey der »Untergrund des Erkenntnisprozesses« immer der psycho-physische Lebenszusammenhang bleibt, in dem das Erkennen eine Funktion neben anderen ist (V, 151), geht nach Schlick »der Erkenntnisproceß vor sich, auch ohne daß er zum Leben notwendig ist«.[80] Das Erkennen ist nach Schlick vom Leben abgelöst und verselbständigt. Es ist für ihn eine von allen anderen gänzlich unterschiedene Lebensfunktion.[81]

6.

Während nach Auffassung beider Philosophen kein Dualismus zwischen Geistes- und Naturwissenschaften besteht, trennt Schlick scharf zwischen der Philosophie und den Wissenschaften, genauer gesagt, zwischen der naturwissenschaftlichen und der philosophischen Art der Begriffsbildung. Allerdings sei auch dieser Dualismus, wie er einräumt, »kein endgültiger«, weil beide Erkenntnisarten »aus einer gemeinsamen Wurzel« hervor gewachsen seien.[82] Wissenschaft und Philosophie bilden keinen sich ausschließenden Gegensatz. Beide Perspektiven, die wissenschaftliche und die philosophische, müssen sich methodisch ergänzen, um Fortschritte in den Wissenschaften zu ermöglichen.

---

[75] Ebd.
[76] M. Schlick: Allgemeine Erkenntnislehre, S. 24.
[77] M. Schlick: Die Probleme der Philosophie, S. 22.
[78] Ebd., S. 53.
[79] Ebd., S. 93.
[80] Ebd.
[81] M. Schlick: Allgemeine Erkenntnislehre, S. 101.
[82] M. Schlick: Die Grenze der naturwissenschaftlichen und philosophischen Begriffsbildung, S. 141.

Dilthey wie auch Schlick bestimmen die Philosophie als Logik und Erkenntnislehre und sehen sie daher in engstem Verbund mit allen empirischen Wissenschaften. Indem die Philosophie nach den »allgemeinen Gründen, durch welche gültige Erkenntnis überhaupt möglich wird« fragt, ist sie »in allen Wissenschaften beheimatet«.[83] Dieser Aussage Schlicks stimmt Dilthey zu, denn auch er bestimmt die Philosophie primär als Erkenntnistheorie und Wissenschaftslehre, welche die Möglichkeiten, Bedingungen und Wege der Erkenntnisgewinnung zu untersuchen hat. Für beide Philosophen steckt damit »das Philosophische in allen Wissenschaften«, wie Schlick es ausdrückt.[84] So ist ein Fortschritt in den Naturwissenschaften nach der Überzeugung Schlicks in neuester Zeit ohne die »Klärung der Grundbegriffe« nicht mehr möglich, und diese Aufgabe schreibt er der Philosophie zu.[85]

Zur Erkenntnis der Wirklichkeit ist es daher nötig, dass die wissenschaftliche Haltung durch die philosophische Einstellung, welche sich durch die Fähigkeit des Verstehens und der Intuition auszeichnet, ergänzt wird.[86] Eben weil die philosophische Begriffsbildung »nicht etwa auf die Geisteswissenschaften beschränkt« ist, sondern auch »reichlich Platz zur Entfaltung innerhalb der Naturwissenschaften« findet,[87] darf auch die Unterscheidung von mathematisch-naturwissenschaftlicher und philosophischer Begriffsbildung nach Schlick nicht auf die Unterscheidung von Naturwissenschaften und Geisteswissenschaften übertragen werden.

7.

Dilthey bestimmt die Philosophie als *universelle Erfahrungswissenschaft*, und auch Schlick spricht ihr in seinem Verständnis »Universalität« zu.[88] Denn als Logik und Erkenntnistheorie ist sie die Grunddisziplin der Natur- und der Geisteswissenschaften, die das System

---

[83] M. Schlick: Allgemeine Erkenntnislehre, S. 17 sowie ebd., S. 7.
[84] Ebd., S. 7.
[85] M. Schlick: Die Probleme der Philosophie, S. 76.
[86] Ebd., S. 76 f.
[87] M. Schlick: Die Grenzen der naturwissenschaftlichen und der philosophischen Begriffsbildung, S. 140.
[88] Vgl. M. Schlick: Die Probleme der Philosophie, S. 19 f.

der wissenschaftlichen Erkenntnis leitet und reflektiert. Sie ist die »wahre Seele«, kraft derer die Wissenschaften überhaupt erst Wissenschaften sind.[89] In gleicher Weise bestimmt auch Dilthey die Funktion der philosophischen Disziplin der Logik oder Methoden- und Wissenschaftslehre als »Bindeglied« zwischen den Natur- und den Geisteswissenschaften (XVIII, 61). »Philosophischer Geist und Philosophie« überschreiten damit die Grenzen der isoliert arbeitenden positiven Wissenschaften und verknüpfen sie (XVIII, 59).

Weil die Philosophie keine Wissenschaft ist, kann es für Schlick zwar kein »System« der Philosophie im üblichen Sinne geben,[90] aber er sieht, dass es sich bei ihr doch um etwas einem »System ähnliches« handelt, das eine geschlossene Einheit bildet – eben nur nicht im Sinne eines »Gebäudes von Erkenntnissen«.[91] Obwohl auch Dilthey in den frühen 1870er Jahren die Auffassung vertritt, dass Philosophen keine von der Lebenswirklichkeit abgehobenen »Systemschmiede« sein sollten, sondern ihre Aufgabe in »exakter Forschung in philosophischer Absicht« zu bestehen habe (XVIII, 42), bemüht er sich in seinem letzten Lebensjahrzehnt darum, die Grundzüge seines Systems der Philosophie weiter auszuarbeiten.

Dilthey teilt seine philosophische Grundlegung wie folgt ein: 1. allgemeine Logik und Erkenntnistheorie, 2. das »System der Wissenschaften unter dem Gesichtspunkt: was gewußt werden kann« und 3. die »Lehre von den Weltanschauungen als Theorie dessen, was nicht gewußt werden kann«.[92] Dieser dritte Bereich zeigt an, dass Dilthey der Philosophie *als Wissenschaft* – im Unterschied zu Schlick – auch die Aufgabe zuweist, sich mit den Antworten auf die großen Fragen nach dem Ursprung, Sinn und Ziel des Lebens zu befassen, wie sie sich besonders in den Weltanschauungen herausgebildet haben. Doch anders als Religion und Dichtung, denen sie in dieser Hinsicht nahe steht, gibt sie keine Antworten auf bestimmte Fragen. Sie ist vielmehr dieses »Fragen und Antworten überhaupt« (VIII, 211f.). Sie untersucht die Welt- und Lebensanschauungen, zeigt Gemein-

---

[89] M. Schlick: Allgemeine Erkenntnislehre, S. 7.
[90] M. Schlick: Die Probleme der Philosophie, S. 53; vgl. ebd. S. 16.
[91] Ebd., S. 21.
[92] W. Dilthey: Vorlesung: System der Philosophie. Sommersemester 1905 (unveröffentlicht). Eine Mitschrift der Vorlesung von der Hand Max Voigts ist hinterlegt in: Archiv der Berlin-Brandenburgischen Akademie der Wissenschaften, Dilthey-Nachlass, Faszikel 355, unpaginiert. Zitiert wird nach der Bochumer Paginierung, Blatt 13.

samkeiten und Unterschiede zwischen ihnen auf und ordnet sie in Typen der Weltanschauung. Die Philosophie entspricht damit einem Bedürfnis, das in der Struktur des Menschen angelegt ist (V, 375), wenn auch eine »Aufklärung des Lebensrätsels«, wie Dilthey weiß, unmöglich ist (VIII, 140).

Dilthey sieht die Aufgabe der Philosophie wie jeder empirischen Wissenschaft darin, vom Einzelnen zum Allgemeinen fortzuschreiten. Der »philosophische Geist« ist deshalb überall dort, wo das Streben da ist, einen »Zusammenhang des Wissens« zu organisieren (vgl. VIII, 218, 273), so dass sie neben den wissenschaftlichen Erkenntnissen auch alle anderen Arten des Wissens, wie das vordiskursive und das weltanschauliche, zum Gegenstand hat.

Für Schlick dagegen ist jede Erkenntnis an einen diskursiven Ausdruck gebunden, mit dem Wirkliches abgebildet und mitgeteilt werden kann.[93] *Erkenntnis* und *Ausdruck* sind dasselbe.[94] Während er als *Ausdruck* zunächst »jede mögliche Art der Abbildung (Bild, Skulptur, Aufzeichnungen auf einer Grammophonplatte, Gesten, Schriftzeichen in einem Buche, Morsezeichen, sprachliche Sätze)« bezeichnet,[95] bestimmt er den *Erkenntnisausdruck* als eindeutigen sprachlichen Ausdruck, d. h. in den Wissenschaften gehören Erkenntnis und Sprache »wirklich« zusammen.[96] Ein *Satz* oder ein *Urteil* zeigt eine Tatsache auf und beschreibt sie. So gilt ihm auch eine Beschreibung als eine Erkenntnis. Doch die *wissenschaftliche Erkenntnis* hat es nach Schlick mit einer besonderen Art von Beschreibungen zu tun, nämlich mit *Erklärungen*.[97]

8.

Der entscheidende Unterschied zwischen den Positionen Diltheys und Schlicks liegt in dem Verständnis und der Definition der Philosophie. Als »Analyse des empirischen Bewußtseins« hat sie, gemäß Dilthey, wie alle Wissenschaften den Anspruch »allgemeingültiges Wissen« zu erlangen.[98] Er versteht sie als die »Besinnung des Geistes

---

[93] M. Schlick: Die Probleme der Philosophie, S. 79, 81.
[94] Ebd., S. 96.
[95] Ebd., S. 80.
[96] Ebd., S. 97.
[97] Ebd., S. 95.
[98] W. Dilthey: Vorlesung: System der Philosophie, Blatt 7.

über alle seine Verhaltensweisen« oder als das »Bewußtsein des philosophischen Geistes über seine denkenden Operationen« (V, 358), und damit als umfassende Theorie des Erkennens und Wissens (vgl. XXIV, 60–158).

So ist das Geflecht von Erlebnissen, Erfahrungen, wissenschaftlichen Schlüssen etc., das uns empirisch gegeben ist, das Fundament und das Arbeitsfeld der Philosophie. Dilthey versucht das menschliche Leben und Schaffen im Ganzen aufzuklären. Seine Philosophie will als *Selbstbesinnung* verstanden werden, die alles geistig Geschaffene und damit auch die Wissenschaften in deren »Connex« mit dem Lebenszusammenhang zurücksetzen soll, aus dem ursprünglich »Naturerkennen, Religion etc. hervorgingen«, so dass dieser »analytisch zum Bewußtsein erhoben wird«.[99] Demgemäß definiert Dilthey 1896 die Philosophie als die »Analysis, welche von dem Zusammenhang der in den Wissenschaften erhobenen Bezüge des Menschen in den Lebenszusammenhang desselben zurückgeht«.[100]

Da aber stringente Beweise und kausale Erklärungen hier kaum möglich sind, ist die Philosophie auf die Beschreibung und Analyse des Zusammenhangs von Leben und Erkennen beschränkt, wie Dilthey immer deutlicher erkennt. Er definiert sie daher in späteren Jahren als die »Interpretation« dessen, »was empirisch gegeben ist« (vgl. VIII, 157; XXIV, 63). Diltheys Ziel ist es letztlich, die Basis unseres Wissens, und zwar nicht nur des Wissens von innerer und äußerer Wirklichkeit, sondern auch das von Werten und Zwecken etc. in der Struktur der menschlichen psycho-physischen Lebenseinheit als *Apriori* unseres rationalen, emotiven und volitiven Denkens aufzufinden (vgl. XXIV, 161).

Daher finden Erkenntnis und Wissen gemäß Dilthey ihren Ausdruck auch nicht ausschließlich in Aussagesätzen, Urteilen und Schlüssen, sondern ebenso in Werturteilen, Imperativen, Regeln und Normen. Wenn auch das *Wissen im engeren Sinne* für Dilthey in diskursiven Urteilen fixiert ist, d.h. von Aussagen, die mit »dem Bewußtsein der Gültigkeit« auftreten (XXIV, 11), so ist dennoch nicht alles Wissen an die reine Diskursivität gebunden.

Im Unterschied zu Diltheys Bestimmung der Philosophie als universaler Erfahrungswissenschaft, die auch die Reflexion über Werte und Normen einschließt, zählt sie nach Meinung Schlicks

---

[99] BDY, S. 220.
[100] Ebd.

nicht zu den Realwissenschaften der Natur und des Geistes. Sie ist keine Wissenschaft, und deshalb gibt es für ihn keine *philosophischen Erkenntnisse*. Doch auch für Schlick hat die Philosophie, ähnlich wie für Dilthey, zwei Aufgaben: 1. Den »Abschluß des Systems [der Wissenschaften] nach oben«, d. h., die »Erzeugung eines Weltbildes« und 2. Die »Festlegung der Fundamente nach unten, was einer Theorie des Erkennens entspricht«.[101] Sie liefert damit »sowohl die Grundlage wie den Abschluß des Gebäudes der Wissenschaften«. Dies bedeute aber nicht, dass ihre Basis »philosophische Sätze« sind und auch nicht, dass ihr Bau von der Metaphysik »gekrönt« werde.[102]

Dies zeigt an, dass Diltheys und Schlicks Bestimmungen der Aufgaben der Philosophie gar nicht so weit auseinander liegen, denn auch nach Dilthey schafft die Philosophie als Logik und Erkenntnistheorie die Grundlage der Wissenschaften und als Weltanschauungslehre bildet sie den Abschluss des menschlichen Wissens über sich selbst. R. Haller äußert im Blick auf Schlick, dass es ihm außer Zweifel zu sein scheint, dass dessen »Verbindung der Sinnfrage mit der Wahrheitsfrage von Sätzen eine Möglichkeit einer Theorie des Verstehens sprachlicher Äußerungen eröffnet«. Sie habe »zwar bis heute keine völlig ausgereifte Gestalt angenommen«, anerkenne »jedoch den Primat der Behauptungssätze für eine Weltbeschreibung« und trachte somit danach, die Bedingungen aufzufinden, »deren Erfüllung für das Begreifen bzw. Verstehen des Sinnes nötig ist«.[103] So könnte ein fruchtbarer Dialog beider Positionen eröffnet bzw. weitergeführt werden.

---

[101] M. Schlick: Die Probleme der Philosophie, S. 60.
[102] M. Schlick: Die Wende der Philosophie, S. 36.
[103] R. Haller: Neopositivismus, S. 118 f.

Das Ringen um Verständnis

Rudolf Hermann Lotze als Hermeneutiker der Welt[1]

Ernst Wolfgang Orth

1817 – im Geburtsjahr Rudolf Hermann Lotzes – lagen vor Goethe noch fünfzehn Lebensjahre. Hegel lehrte noch in Heidelberg und hatte dort seine ›Enzyklopädie der philosophischen Wissenschaften im Grundrisse‹ abgeschlossen, bevor er 1818 den Ruf nach Berlin erhielt, wo er noch über zehn Jahre bis zu seinem Tode 1831 wirkte. In dieser Zeit – und über die Jugendjahre Lotzes hinaus – trat die Dampfmaschine von England aus über den Kontinent und schließlich über die ganze Welt ihren Siegeszug an. 1881 – im Todesjahr Lotzes – sind die industriellen Produktionstechniken – zumal auch die Verkehrs- und Nachrichtentechniken – im Vergleich zu der Zeit vor vierundsechzig Jahren nicht mehr wiederzuerkennen. Das heißt: die Welt – resp. ihr Anblick – hat sich verändert. Eisenbahnen ziehen übers Land. Photographie und Telegraphie sind etabliert und tuen ihren Dienst.

Verkehrstechnik und Nachrichtentechnik bestimmen mehr und mehr das Kommunikationswesen. Drehpunkt und Angelpunkt aber von Kommunikation – und dazu gehörig: Information – ist stets ein Subjektives, eben das Subjekt (oder die Subjekte, Mensch und Gesellschaft, Kultur), was immer das bedeuten mag.

Dieses Subjekt hatte seit dem 18. Jahrhundert bis zu Goethe und Hegel – und darüber hinaus – sozuagen seine Eminenz, seine Tiefe und seine Höhenflüge gezeigt. Es war auch Schöpfer, Träger und Schauplatz aller Wissenschaft(en), die uns die Erscheinungen der Welt erklären und verständlich machen. Gleichzeitig war es aber auch selbst eine Erscheinung. Ganz in dem Sinn wie es Hegel 1807 in der ›Einleitung‹ zu seiner ›Phänomenologie des Geistes‹ festgestellt hatte – nämlich daß die Wissenschaft, darin, daß sie auftritt, selbst (bloß) eine Erscheinung sei. So ist auch das Subjekt eine Erscheinung. Die-

---

[1] Der Text geht zurück auf einen Vortrag zur Eröffnung einer Tagung in Bautzen am 20. Mai 2017 anläßlich des 200. Geburtstags von R. H. Lotze am 21. Mai.

sen Grundsatz hatten zwischenzeitlich die Wissenschaften im Plural, d. h. auch als Einzelwissenschaften vom Subjekt und von Subjektivem in die Tat umgesetzt. Es gab jetzt Wissenschaften – und zwar die unterschiedlichsten – von der Instanz, die angeblich der Souverän und Platzhalter aller Wissenschaftlichkeit war.

Solche Einzelwissenschaften vom Subjektiven stellten sich im 19. Jh. mehr und mehr ein. Es waren Natur- und Geisteswissenschaften, wobei diese Unterscheidung – zwischen Natur- und Geisteswissenschaften – sich terminologisch erst nach der Mitte des 19. Jahrhunderts durchsetzte. Lotze benutzt sie noch nicht explizit. Einzelwissenschaft vom (so oder so ›tatsächlichen‹) Subjektiven kann die naturwissenschaftliche Physiologie des Menschen ebenso sein wie die geisteswissenschaftliche Literaturwissenschaft, die uns etwa die Bedeutung von Romanen erklärt und verständlich macht; überhaupt ›die Geschichte‹ – die Geschichte von allem Möglichen, diesem und jenem, aber immer Subjektbezogenem: vom Recht und der Kunst, der Religion, den Sprachen und der Wirtschaft, von der Kultur im Ganzen. Von besonderem Interesse sind hier solche Wissenschaften, die gleichsam auf der Kippe zwischen Natur- und Geisteswissenschaften stehen. Ein gewichtiges Beispiel dafür ist die Psychologie[2]. Der junge Lotze hatte sich – neben seinen fachphilosophischen Interessen – die Physiologie des Menschen und die Psychologie u. a. zu Forschungsthemen gewählt.

Ich will hier nur auf einen charakteristischen Befund hinweisen, der das neue Verhältnis zum Subjektiven sinnfällig vor Augen führt. Es geht um die einstmals berühmte ›Lokalzeichentheorie‹, die Lotze 1852 in seiner ›Medizinischen Psychologie oder Physiologie der Seele‹ vorstellt.[3] Es handelt sich um den kuriosen, aber für die Zeit typischen Versuch, Kants These von der transzendentalen Idealität des Raumes, d. h. von dem apriorischen Charakter unserer Raumanschauung, mit der tatsächlich organisch-sinnlich funktionierenden räumlichen Orientierung in Einklang zu bringen. Lotze stimmt der

---

[2] Sie impliziert die Themen Soziologie, Ethnologie und Anthropologie.
[3] R. H. Lotze: Medizinischen Psychologie oder Physiologie der Seele. Leipzig 1852, S. 334 ff. Das Lehrstück findet man bis in Lotzes Spätwerk. Zu Lotze im Ganzen vgl. E. W. Orth: Rudolf Hermann Lotze. Das Ganze unseres Welt- und Selbstverständnisses. In: J. Speck (Hg.): Grundprobleme der großen Philosophen, Philosophie der Neuzeit IV. Göttingen 1986, S. 9–51; R. Pester: Hermann Lotze. Wege seines Denkens und Forschens. Ein Kapitel deutscher Philosophie- und Wissenschaftsgeschichte im 19. Jahrhundert. Würzburg 1997.

kantischen These von dem Apriori-Charakter der Räumlichkeit voll und ganz zu. Aber er fragt sich, wie es zu verstehen ist, daß beispielsweise der Abstand dieses grünen Punktes von jenem roten uns in einer bestimmten Größe resp. bei einer anderen Konfiguration in einer anderen erscheint. Das ist ja durch die allgemeine These von der apriorischen Subjektivität der Raumanschauung noch nicht einsichtig. Er bedient sich dabei eines organisch physiologischen Arguments. Wir sehen die auseinanderliegenden, farbigen Punkte, indem wir sie mittels entsprechender Augenbewegungen in den Bereich des deutlichsten Sehens unserer Augen zu rücken suchen. Die Anstrengung, die wir dabei (auch schon) im bloßen Versuch aufbieten, beantwortet das Subjekt mit der Vorstellung eines jeweils bestimmten Abstandes. Lotze spricht von einer Übersetzung der jeweiligen Anstrengung in die ›Sprache des Raumes‹.

An dieser Argumentation, die natürlich noch verfeinerungsbedürftig und verfeinerungsfähig ist, sind zwei Momente für das Verständnis von Lotzes Arbeit im Ganzen wichtig: 1. Die Transformierbarkeit in Sprache und Sprachen. 2. Die unhintergehbare Rolle der Sinnlichkeit (sensibilité).

Zu Punkt 1: Bestimmte Konfigurationen von Auffassungen können – soweit sie mit einem Minimum von Verständnis thematisch werden – als ›Sprache‹ bezeichnet werden, so z. B. die von uns zunächst unbemerkt vollzogene Augenbewegung mit ihrer Anstrengung, die *uns* als räumliche Strukturierung erscheint und die *wir* nun als Raumordnung verstehen. Diese räumlich-sinnliche Ordnung kann des Weiteren in Bedeutungssysteme transformiert werden. Elementare Beispiele solcher Übersetzungen sind u. a. die von Lichtschwingungen in Farben oder von Schallwellen in Töne. Hier beginnt das Ringen um Verständnis: von Farben und Tönen wissen wir unmittelbar; ›Schwingungen‹ und ›Wellen‹ sind indirekt erschlossene Theoreme. Das Ringen um Verständnis vollzieht sich als ein Umgang mit Sprache und Sprachen.

Der 2. Punkt betrifft zunächst eine bemerkenswerte philosphiehistorische Reminiszenz. Lotzes Darstellung seiner Lokalzeichentheorie erinnert mit ihrem Bezug auf die Anstrengung der Augenbewegung an ein Theorem des späten französischen Sensualismus im Übergang vom 18. zum 19. Jahrhundert bei Condillac und Destutt de Tracy.[4] Die Sensualisten suchten die verbindliche Realität der

---

[4] Die beiden Namen Condillac und Destutt de Tracy markieren die Entwicklung vom

Wirklichkeit zunächst durch das Widerstandserlebnis im Tasten (toucher) zu begründen. Die Auffassung wird mehr und mehr verfeinert mit dem Hinweis auf *mouvement* und *motilité*, die beim Touchieren immer im Spiel sind. Und schließlich zeigt sich, daß der maßgebliche Befund der *effort* ist, die Anstrengung. Wirklichkeit bekundet sich somit in der *sensibilité* selbst. Sinnlichkeit ist gleichsam stets implizierte, elementare Gelegenheit von Sinn. Der ursprüngliche Befund von Wirklichkeit ist die sensibilité mit ihren efforts, eine Art bedürftiger Beunruhigung. Diese sensibilité der französischen Sensualisten, die Lotze nicht nennt, ist bei ihm als so genannte ›innere Regsamkeit‹ im Spiel – sie reicht von der gerade einmal ›lebendigen‹ bis zur ›geistigen Regsamkeit‹. Es ist auch diese Regsamkeit, die Sprachen – als wiederholbare Ordnungen – generiert.[5]

Ehe wir das noch etwas näher erläutern – ein Blick auf Herkunft und Entwicklung unseres Philosophen.

Lotze wurde am 21. Mai 1817 in Bautzen als Sohn eines Militärarztes geboren. Die Schul- und Gymnasialzeit verbrachte er in Zittau, um dann ab 1834 in Leipzig ein Doppelstudium in Philosophie und Medizin zu absolvieren. In der Philosophie war der Kant nahestehende, so genannte spekulative Idealist Christian Hermann Weiße sein Lehrer; aber auch zu den damals wirksamen Herbartianern Drobisch und Hartenstein hatte er Kontakt. Bei dem Psychiater J. F. A. Heinroth hörte er bereits Anthropologie. In Medizin und Naturwissenschaften waren u.a. Ernst Heinrich Weber und Gustav Theodor Fechner (die Inauguratoren des Weber-Fechnerschen Gesetztes) seine Lehrer. Mit Fechner verband Lotze eine lebenslange Freundschaft. 1838 promoviert er in Philosophie und im gleichen Jahr in Medizin mit einer lateinischen Dissertation ›Über Prinzipien der zukünftigen Biologie‹, in der er den damals noch in der Medizin üblichen, spekulativen Begriff der ›Lebenskraft‹ auseinandernahm – zu Gunsten einer rein naturwissenschaftlich und physiologisch orientierten Medizin. Nachdem er ein Jahr lang in Zittau als praktischer Arzt tätig gewesen war, habilitierte er sich 1839 in Leipzig in Philosophie und Medizin und las in beiden Fächern, bis er 1844 den philosophischen Lehrstuhl Herbarts in Göttingen übernahm, zu dem allerdings auch psychologische Vorlesungen gehörten.

---

analytischen Sensualismus zur Konzeption einer Ideo-logie, von der das, was man später ›Ideologie‹ und ›Ideologiekritik‹ nennt, meist nur eine Verballhornung ist.
[5] Condillac benutzt bekanntlich den Titel ›La langue des calculs‹.

Der wissenschaftlich höchst produktive, junge Autor, der zwischenzeitlich eine ›Allgemeine Pathologie und Therapie als mechanische Naturwissenschaften‹ (1842), eine ›Allgemeine Physiologie des körperlichen Lebens‹ (1851) sowie eine ›Medizinische Psychologie oder Physiologie der Seele‹ (1852) vorgelegt hatte, fand gleichwohl Zeit und Muße zu philologischen Studien über Lukrez (1853) oder zu einer Übersetzung der sophokleischen Antigone vom Griechischen ins Lateinische (1857), letzteres ›zur Zerstreuung und Unterhaltung‹ – wie er in einer Selbstanzeige schrieb. Dabei ist nicht zu vergessen, daß der Autor 1841 und 1843 zwei grund-philosophische Werke – eine ›Metaphysik‹ und eine ›Logik‹ – publiziert hatte. Beiträge im damals bekannten Wagnerschen ›Handwörterbuch der Physiologie‹ zu ›Leben‹, ›Lebenskraft‹, ›Instinkt‹, ›Seele/Seelenleben‹ aus den vierziger Jahren finden sich neben Zeitschriften-Essays über Fragen der Ästhetik und des Kunstschönen im gleichen Jahrzehnt (noch 1868 wird eine ›Geschichte der Ästhetik in Deutschland‹ erscheinen).

Im Blick auf all diese Themen und Probleme hat ein Freund Lotzes, der Leipziger Verleger Salomon Hirzel eine geniale Idee. Er schlägt vor, diese Vielfalt von Gedanken und Erfahrungen im Sinne eines intellektuellen Panoramas zu einem verständlichen Gesamtbild wenigstens zwischenzeitlich zusammenzufügen. Ob dem Verleger bewußt ist, daß er mit diesem – offensichtlich auch buchhändlerischen – Plan ein Projekt Kants angezapft hat, nämlich die Idee einer Philosophie dem Weltbegriffe nach (gegenüber dem bloßen ›Schulbegriff‹), die bekanntlich in der Frage nach dem Menschen die wichtigsten Grundfragen der Philosophie kulminieren läßt? Jedenfalls Lotze hat das nach und nach bemerkt. Er wird später auch diesen Kantbezug ausdrücklich machen. Man kann alle dem in dem Briefwechsel zwischen Lotze und Hirzel, der sich in der 2003 von Reinhardt Pester edierten Lotze-Korrespondenz findet, nachspüren.[6] Die Stellung des Menschen in und zu der Welt, seine Versuche, diese Stellung zu begreifen und zu verstehen – das soll dargestellt werden; und zwar ohne spezielle Sprechweisen von Disziplinen, aber auf deren Hintergrund und in einer durchaus sorgfältigen Sprache, die zwar auf Spezialterminologien und die allfällige Nennung prominenter Namen weitgehend verzichtet, allerdings doch um eine eigene Verständigungskultur bemüht ist. Herders ›Ideen zu einer Geschichte der Menschheit‹ und Alexander von Humboldts ›Kosmos‹ nennt Lotze

---

[6] H. Lotze: Briefe und Dokumente. Hg. von R. Pester/E. W. Orth. Würzburg 2003.

auch in seinen Briefen als denkbare Orientierungen. Und so findet er den Titel für ein schließlich dreibändiges Werk: ›Mikrokosmus. Ideen zur Naturgeschichte und Geschichte der Menschheit. Versuch einer Anthropologie‹ (1856/58/64); 1923 erschien die 6. deutsche Auflage; Übersetzungen ins Russische, Englische und Italienische beispielsweise lagen längst vor.[7] Für die beiden ersten Bände hat Alexander von Humboldt sich noch brieflich bedanken können. Eigentlich ist dieses magnum opus eine Gelegenheitsschrift – sozusagen bei Gelegenheit des orientierungsbedürftigen Menschen. Es erweist sich als eine Projektierung dessen, was man erst im 20. Jahrhundert – im Sinne Schelers, Cassirers und Plessners – ›philosophische Anthropologie‹ nennen wird, die stets auch mit dem Thema Kultur (als Welt des Menschen) verbunden ist.

Die elementarste Thematisierung dieser Gelegenheit haben wir bereits in der oben genannten, Sprache generierenden sensibilité gefunden, ein Vorgang, der sowohl unsere tatsächliche Welt- und Selbstbegegnung als auch unser Verständnis all dessen betrifft. Die wesentlichen Grundstrukturen der Wirklichkeit (wie Sein, Wert, Geltung und Sollen) und ihres Erfassens wird Lotze dann in seinem Spätwerk – wieder sozusagen philosophisch professionell – herausarbeiten, nämlich in der so genannten großen ›Logik‹ (1874 resp. 1880) und der großen ›Metaphysik‹ (1879 resp. 1884). Sie gehören zum geplanten drei-bändigen ›System der Philosophie‹, dessen dritter Teil die ›Ethik‹ nicht mehr zu Stande kam.[8] Spricht man mit Blick auf Lotzes Werk in einem serösen Sinne von einer ›Gelegenheitsphilosophie‹, so muß man seine zahlreichen Aufsätze, Rezensionen und manch andere Texte heranziehen, die David Peipers dreibändig als ›Kleine Schriften‹ mit hilfreichen Erläuterungen und Registern 1885, 1886 und 1891 in Leipzig herausgegeben hat.[9] (Auch die Edition der ›Vorlesungsdiktate‹ Lotzes von Eduard Rehnisch ist erwähnenswert).

Der oft zitierte Anfangssatz des 1. Bandes des ›Mikrokosmus‹ lautet: »Zwischen den Bedürfnissen des Gemütes und den Ergebnissen menschlicher Wissenschaft ist ein alter nie geschlichteter Zwist«.

---

[7] Ein Neudruck der 6. Auflage (der ersten von 1923 bei Meiner) ist wieder bei Meiner im Erscheinen begriffen. Wir zitieren hier die erste Auflage als Mk.
[8] H. Lotze: Logik (System der Philosophie I). Herausgegeben und eingeleitet von G. Misch. Leipzig 1912 (es ist der Text der 1880 in 2. Auflage bei Hirzel erschienen ›großen‹ Logik): Ders.: Metaphysik (System der Philosophie II). Mit einem Anhang: Die Prinzipien der Ethik. Herausgegeben von G. Misch.
[9] H. Lotze: Kleine Schriften. Hrsg. von D. Peipers, 3 Bde. Leipzig 1885/86/91.

Man könnte das, zunächst durchaus treffend, als Mahnung zu zurückhaltender Nüchternheit im Sinne eines geduldigen Abwartens auf verbindlichere Urteile der Wissenschaft deuten. Nach Lotzes Konzeption erweist sich jedoch die Wissenschaft selbst als ein Bedürfnis des Gemüts, das nie auszuschalten ist. Es ist dieses Gemüt, das ›Ansichten‹ über Mensch und Welt – geschichtlich – entwickelt, die es jeweils mehr oder weniger konsistent formiert. Auch Wissenschaft und Wissenschaften sind ›Ansichten‹. Auf etwa anderthalbtausend Seiten des ›Mikrokosmus‹ schreitet Lotze solche möglichen Ansichten ab. Sie orientieren sich gleichsam an zwei Eckwerten – dem was Lotze einerseits ›*innere Regsamkeit*‹ und andererseits ›*Weltlauf*‹ nennt. Man kann auch von Geist (resp. Seele) und Natur sprechen, wobei allerdings das ›Leben‹ eine besondere, übergreifende Sphäre bezeichnet. Dem Befund mannigfaltiger ›Wechselwirkungen‹, dem Kausalität erst unter zu ordnen ist, wird dabei große Aufmerksamkeit gewidmet. ›Sinn‹, ›Bedeutung‹ und ›Bedeutsamkeit‹ fungieren mehr und mehr als Kategorien von Beschreibung und Analyse. Das alles scheint nach einem überwölbenden System zu verlangen, gleichsam einer Ansicht aller Ansichten. Bei Lotze gibt es ein solches System nicht. (Das von uns genannte ›philosophische System‹ will lediglich Kriterien und Grundstrukturen erarbeiten). Vielmehr erzeugt er mit seinen Texten – zumal dem ›Mikrokosmus‹ – sozusagen ein Drittes. Und das ist der sich in diesen Texten – in einer Art Konversation – kultivierende Leser[10]. So wirken die Bedürfnisse des Gemüts fortdauernd in jeweils neuen Formen des Zusammenschauens und der Einschätzung derselben weiter. Lotze erweist sich als ein Meister der Präsentation und Einschätzung vorliegender oder auch bloß denkbarer Ansichten – von Genrebildern aus dem Fundus der Ethnologie und Kulturgeschichte bis hin zur erörternden Wiedergabe von Interpretationen und anspruchsvollen Reflexionen.

Grundlegend ist das wirkliche und lebendige menschliche Subjekt als ein individueller und zugleich interaktiver Organismus, der selbst bedeutsam ist und allfällig Bedeutungen erzeugt. Gleichwohl läßt sich solche Bedeutsamkeit nicht aus biologisch-physiologischen Prozessen ableiten, aber sie ist stets und unabdingbar mit ihnen (in Wechselwirkungen) verknüpft. Bedeutungen und Sinn müssen in ihrer eigenen Dignität und Wertigkeit verstanden werden, handele es sich um Farbwerte und Töne oder um ästhetische Ansprüche und

---

[10] Zum Leser vgl. Mk. III, S. 454 u. 455.

mathematische Wahrheiten. Deshalb kann Lotze feststellen, daß Erklärungsmechanismen der Wissenschaft(en) als solche so universal wie bedeutungslos sind. Sie verlangen vielmehr nach dem Verständnis oder den Verständnissen, von denen sie abhängen. Die Differenzierung von Natur- und Geisteswissenschaften deutet sich an, ohne daß sie schon fixiert oder gar dogmatisiert ist.

Einige Grundbestimmungen Lotzes möchte ich zum Abschluß noch einmal skizzenhaft erläutern. Das sind Wirklichkeit, Wechselwirkung, Sein, Geltung sowie Sollen und Apriori. Dabei haben wir von jenem oben schon als paradigmatisch benannten menschlichen Subjekt auszugehen, d. h. jeweils von uns selbst und unserer – interaktiven – Stellung in der Welt. Dieses Subjekt steht jedoch nicht am Anfang aller Dinge, um etwa als bestimmendes Prinzip zu fungieren. Wir sitzen nicht – so bringt es Lotze öfter zum Ausdruck – an den Wurzeln des Seins, sondern irgendwo in seinen Zweigen. So wie wir nicht wissen, wie Sein gemacht wird, sondern nur nach seinem *Sinn* suchen können. Wir haben, wenn wir um Verständnis und Verständnisse bemüht sind, immer schon etwas hinter uns. Orientierungswerte oder Orientierungsideen haben sich in unserem Geist angereichert. Eine Sprache steht uns zur Verfügung, die wir nicht gemacht haben, die uns vielmehr zugewachsen ist.

Aus dieser Lage heraus bestimmt Lotze ›Wirklichkeit‹ als bejahende Vergegenwärtigung: »Gegenwart und Wirklichkeit werden uns gleichbedeutend; denn in der Gegenwart allein nimmt der Wahrnehmende sich selbst wahr, nicht das, woraus er wurde oder was aus ihm wird«.[11] Authentisch manifestiert die Wirklichkeit sich aber für uns in der ›inneren Regsamkeit‹, die sich vornehmlich als Mensch bezogt. Diese Wirklichkeit ist durch vielfache Prozesse von Wechselwirkungen bestimmt. Hier sind zunächst zwei Komponenten zu differenzieren: physiologisches Geschehen und bedeutsam/sinnhaftes Erfahren (im weitesten Sinne). Als Grundbefund aller Wechselwirkung nennt Lotze allerdings die Wirkungen von Leiden und Tun (die allein verständlich nachvollziehbar sind!). Vornehmlich die Naturwissenschaft transformiert diese Wirkungen in quantifizierte und mathematisierbare Wirkzusammenhänge, deren prominenteste Form die Kausalität ist. Lotze nennt es Abbreviaturen[12], die das charakteri-

---

[11] Mk. III, S. 600.
[12] Vgl. H. Lotze: ›Streitschriften‹. Erstes Heft. In Bezug auf Prof. I. H. Fichte. Leipzig 1857, S. 37.

sieren, was er ganz und gar unpolemisch als ›Mechanismus‹ bezeichnet. Hier handelt es sich um Faktoren in Funktionen.

Während das bedeutsame Erfahren bewußtes Verständnis ist, das sich nach Sinn oder Wertigkeit mannigfach gliedern kann, ist das physisch-physiologische Geschehen nur indirekt erschlossen und wird der Wirklichkeit lediglich (selbstlos!) substituiert. Allerdings ohne irgendeinen physiologischen ›Mechanismus‹ – gleichsam als Gelegenheit – ist kein Sinn, keine Bedeutung zu haben. (hier kündigt sich das Medienthema an). Lotze stellt sogar fest: »Eine Mechanik der Gesellschaft täte uns Not«[13] und berührt damit die später so genannte Systemtheorie.

Zusammenfassend zitiere ich einen Text aus der Logik von 1874/80: »[W]irklich nennen wir ein Ding welches ist, im Gegensatz zu einem anderen, welches nicht ist; wirklich auch ein Ereignis, welches geschieht oder geschehen ist; wirklich ein Verhältnis, welches besteht, im Gegensatz zu dem, welches nicht besteht; endlich wirklich wahr nennen wir einen Satz, welcher gilt, im Gegensatz zu dem dessen Geltung noch fraglich ist. Dieser Sprachgebrauch ist verständlich; er zeigt, daß wir unter Wirklichkeit immer eine Bejahung denken, deren Sinn sich aber sehr versschieden gestaltet, je nach einer dieser verschiedenen Formen, die sie annimmt, deren eine sie annehmen muß, und deren keine auf die andere zurückführbar oder in ihr enthalten ist.«[14]

Im ›Sollen‹ schließlich liegt ein ›wirklicher‹(!), personal und nur personal vernehmbarer Aufforderungscharakter, Sinn und Werte zu respektieren und zu optimieren.

Zur Erläuterung des Apriori und seiner Nachträglichkeit (!) zitiere ich einen Satz aus dem ›Mikrokosmus‹: »Die ewigen Wahrheiten sind für uns nur die Verfahrensweisen des Schaffens selbst; nicht vor ihm, sondern nach ihm bestehen sie als Gesetze, denen die Erzeugnisse der schöpferischen Tätigkeit untertan erscheinen.«[15]

Zum Abschluß unseres Überblicks bleiben nur noch zwei Text-Reminiszenzen aus Lotzes Werk. Auf der letzten Seite der ›Metaphysik‹ von 1879 heißt es »noch immer bin ich der Überzeugung auf dem rechten Wege zu sein, wenn ich in Dem, was sein soll, den Grund

---
[13] Mk. III, S. 70.
[14] Logik, l. c., S. 511.
[15] Mk. III, S. 601.

dessen suche, was ist«.¹⁶ Die ›Logik‹ von 1874/80 endete mit der ermunternden Aufforderung zu dem fortdauernden »Versuche«, »den Weltlauf zu *verstehen* und ihn nicht bloß zu *berechnen*«. 1929 wird diese Formel noch von Hussel in seiner ›Formalen und transzendentalen Logik‹ beifällig zitiert.¹⁷ Der aufkommenden, so genannten hermeneutischen Philosophie war sie unterdessen zur Devise geworden. Für Georg Misch, der sich als Herausgeber Lotztes im frühen 20. Jahrhundert hervorgetan hatte, eröffnet sich mit Lotzes Werk eine weit ausgreifende Konzeption von hermeneutischer Philosophie, der sich das Wirklichkeitsproblem stets auch als ein Sinnproblem stellt. Das gilt allerdings nicht nur für die so genannte ›hermeneutische Philosophie‹.

---

¹⁶ Metaphysik, l. c., S. 604.
¹⁷ Logik, l. c., S. 608. Zu Husserl vgl. Hua XVII, S. 19.

Montaigne historisch-genetisch verstehen

Die Aufkündigung der Logik, vom Absoluten Gottes zu denken

Günter Dux

I. Die Faszination der Essais

Die Essais Montaignes sind ein faszinierender Text. Darüber ist man sich in der Literatur einig. Es gibt eine Mehrzahl von Gründen, die genannt werden, um zu bestimmen, was die Faszination bewirkt. Philosophiegeschichtlich liegt es nahe, an die philosophische Auseinandersetzung mit dem Werk Raimundus Sebundus und dessen pyrrhonischem Skeptizismus anzuknüpfen.[1] Nun ist auch in der Literatur gesehen worden, dass Montaigne in einer Zeit lebt, in der ein Umbruch im Weltbild bevorsteht, den Montaigne zwar in einer noch unbestimmten Weise vorwegzunehmen scheint,[2] ohne dass man jedoch zu sagen wüsste, was an ihm Montaigne vorwegnimmt. Um diesen Umbruch ist es mir zu tun. Man muss ihn verstehen, wenn man verstehen will, was die Bedeutsamkeit der Essais Montaignes ausmacht.

Ich habe mir in einer Mehrzahl von Arbeiten redliche Mühe gegeben, den Umbruch als den Umbruch einer Logik zu erweisen, durch den eine einem Absolutismus des Geistes im Verständnis der Welt verhaftete Logik durch eine dem säkularen Verständnis der Welt verpflichtete Logik abgelöst wird.[3] Wenn man den Umbruch des Weltbildes in Neuzeit und Moderne in der Weise verstehen will, dass man ihn als Umbruch der Logik im Verständnis der Welt versteht, den Menschen eingeschlossen, und wenn man durch diesen Umbruch verstehen will, wie Montaigne zu seinen Reflexionen gekommen ist, kommt man nicht umhin, zunächst zu klären, wieso es zu dem Um-

---

[1] Martin Gessmann will vor allem in dieser Erörterung die Bedeutsamkeit der Essais gelegen sehen. M. Gessmann: Montaigne und die Moderne. Hamburg 1997.
[2] J. Starobinski: Montaigne. Denken und Existenz. Darmstadt 1986; H. Friedrich: Montaigne. Tübingen 1993.
[3] Eingehend in: G. Dux: Die Religion in der säkular verstandenen Welt. Gesammelte Schriften (Band 6). Wiesbaden 2017.

bruch der Logik kommen konnte. Der aber lässt sich nur klären, wenn man ein Verständnis des Geistes zugrunde legt, wie es erst in der Moderne zugänglich geworden ist. Durch ein solches Verständnis muss ebenso geklärt werden, wie die absolutistische Logik der Vergangenheit in die Welt gekommen ist, als auch, wodurch es möglich geworden ist, sie durch eine andere, eine säkulare Logik abzulösen. Die Klärung stellt ersichtlich aufwendige erkenntniskritische Anforderungen. Anders als in aller Vergangenheit ist es in der Gegenwart zwar möglich geworden zu fragen, wie der Geist in die Welt gekommen ist,[4] das Bewusstsein der Evolution drängt die Frage geradezu auf, die Brisanz erfährt die Frage nach der Genese des Geistes aber erst, wenn man sie der Logik verhaftet weiß, die das Weltverständnis in der Vergangenheit bestimmt hat. Denn erst dann lässt sich klären, wieso diese Logik durch eine andere, eine säkulare Logik, abgelöst werden konnte.[5] Auch für dieses Erkenntnisinteresse ist es unumgänglich, der Genese des Geistes die Evolution zugrunde zu legen, denn eine Aufklärung über die Genese der ihm verhafteten Logik wird für ein solches Erkenntnisinteresse nur möglich, wenn man die Ausbildung des Geistes und die mit ihm ausgebildete Logik des Denkens nicht schon durch die Natur erfolgt sieht, sie vielmehr dem Menschen selbst zuschreibt. Die Natur kennt nach dem Umbruch der Logiken im Verständnis der Moderne gerade keine Geistigkeit. Der Mensch steht bei der Ausbildung seiner Lebensform zwar unter evolutiv heraufgeführten Bedingungen der Natur, er weiß sie jedoch in die Konstruktion der Geistformen umzusetzen.

Montaignes Bedeutung, um auf den Anfang unserer Erörterung zurückzukommen, liegt nicht darin, dass er am Vorabend der Neuzeit den Umbruch des Weltverständnisses bereits thematisch gemacht hätte; dazu war die gemeine Reflexion der Alltagswelt so wenig in der Lage wie die der Philosophie, Montaigne hatte dergleichen auch nicht im Sinn, Montaignes Bedeutung liegt darin, dass er zu Bewusstsein zu bringen suchte, was in seiner Zeit länger nicht mehr gedacht werden konnte, obwohl es in aller Vergangenheit gedacht wurde. Erst wir verstehen seine Reflexionen dahin, dass sie aus einer historischen Entwicklung heraus erfolgen, – Montaigne lebte von 1533–1592 – in

---

[4] Th. Goernitz/B. Goernitz: Die Evolution des Geistigen – Quantenphysik – Bewusstsein – Religion. Göttingen 2008.
[5] Eingehend G. Dux: Die Evolution der humanen Lebensform als geistige Lebensform (Gesammelte Schriften, (Band 1). Wiesbaden 2017.

der eine alte Logik zerbricht, ohne dass die neue schon gewonnen wäre. Die historische Bedeutsamkeit, die den Essais Montaignes zukommt, erhellt, wenn man sich die Dimension bewusst macht, die dem Umbruch eigen ist. Wir stehen mit dem Umbruch der Logik im Verständnis der Welt, wie er im 16. Jahrhundert eingeleitet wird, nicht nur am Wendepunkt einer Epoche, vielmehr von zwei Zeitaltern, deren eines die Vergangenheit ausmacht und deren anderes sich am Horizont der Zukunft abzeichnet.

Ich räume bereitwillig ein, dass der Aufwand ungewöhnlich ist, um die Bedeutsamkeit eines Denkers zu bestimmen. Allein, es geht um die Bedeutsamkeit der Essais Montaignes ja nur, das ist bereits deutlich geworden, weil sich in ihr der Umbruch eines Zeitalters ankündigt. Den Umbruch selbst werden wir im 17. Jahrhundert mit Newtons Principia mathematica (1687) definitiv werden lassen.[6] Im Fokus von Newtons Werk liegt das Verständnis der Kraft als Bewegung im Universum. Der Umbruch im Verständnis der Bewegung bestimmt auch die Dimension des Umbruchs, um den es uns geht. Wir sehen mit ihm den Umbruch einer Logik des Weltverstehens thematisiert. Umso faszinierender will mir scheinen, den Umbruch dieser Logik in den Reflexionen eines Mannes aufscheinen zu sehen, der zwar in der zweiten Hälfte des 16. Jahrhunderts von sich sagt, er habe nichts anderes zu tun, als sich selbst zu beobachten, der aber in Wahrheit beschließt, dabei die Erkenntnisvorgaben seiner Zeit zu bedenken. Bekanntlich hat sich Montaigne dazu mit 37 Jahren aus der Öffentlichkeit zurückgezogen, um in der Studierstube seines Turms mit nichts anderem als dem Denken befasst zu sein.

Selbstredend denkt Montaigne nicht in der Kategorie einer Logik des Weltverstehens. Der Kern seiner Reflexionen nimmt sich wie die Kritik des Verständnisses der Welt in der Religion aus. Exakt dabei destruiert er jedoch den Integrationspunkt einer Logik, die bis dahin bestimmte, die Welt vom Absoluten Gottes her zu verstehen. Das zu zeigen, macht unser Interesse an Montaigne aus.

Wir haben zuvor den Umbruch des Weltverstehens bereits durch die Bewegungsgesetze Newtons bewirkt gesehen. In der Moderne hat er eine Bestätigung durch die Quantenphysik erfahren, durch die uns eine erkenntniskritische Aufgabe zugekommen ist, die bewältigt sein muss, wenn wir verstehen wollen, in welcher Welt wir leben: Die Aufgabe ist, zum einen zu klären, wodurch es zu der Logik des Welt-

---

[6] I. Newton: Philosophiae naturalis principia mathematica. Darmstadt 1963.

verstehens der Vergangenheit kommen konnte. Sie hat immerhin das Denken der Menschen durch die Geschichte bestimmt und bestimmt das Denken eines Großteils der Menschheit noch heute. Dann allerdings ist die Aufgabe zum andern, den Grund zu klären, der für den aufgeklärten Teil der Menschheit die alte Logik hat obsolet werden und an ihre Stelle eine säkulare Logik hat treten lassen. Nehmen wir die Antwort beider Aufgaben hier vorweg;

– *Die Logik im Verständnis des Absoluten ist mit der humanen Lebensform und dem mit ihr einhergehenden Erwerb der Handlungsform als Subjektform ausgebildet worden.*
– *Obsolet geworden ist die alte Logik in einem Prozess der Säkularisierung, der der Geschichte strukturlogisch verbunden ist.*

Mit weniger als der Aufklärung der Ausbildung beider Logiken ist im Verständnis Montaignes nicht auszukommen, mit weniger aber auch nicht bei einem aufgeklärten Verständnis der Moderne.

II. Die Genese der absolutistischen Logik

1. Die anthropologische Konstellation

Bestimmend für die Evolution der humanen Lebensform waren diejenigen genetischen Veränderungen im Genaufbau der Australopithecinen, die ein Wachstum des Gehirns bewirkten, durch das sich das Gehirn bildete, wie es heute dem Menschen eigen ist. Durch sie hat sich insbesondere der präfrontale Cortex gebildet,[7] in dem ein großer Teil der zerebralen Grundlagen verortet ist, die die humane Lebensform bestimmen.[8] Das Wachstum des Gehirns hätte für sich allein die Ausbildung der humanen Lebensform nicht zu bewirken vermocht, mit dem Wachstum des Gehirns hat sich jedoch eine anthropologische Konstellation ausgebildet, die zu einer nachhaltig veränderten Stellung der Organisationsform des Lebens der Vorgänger des Menschen, der Australopithecinen, in der Welt führten. Was anthropologische Konstellation meint, habe ich andern Orts eingehend erörtert.[9] Drei evolutive Errungenschaften sind es, die durch die Evo-

---

[7] N. Krasnegor et al.: Development of the Prefrontal Cortex. Baltimore 1997.
[8] R. F. Thomson: Das Gehirn. Heidelberg 1994, S. 32.
[9] Vgl. Dux: Die Evolution der humanen Lebensform als geistige Lebensform, S. 37.

lution des Gehirns möglich und in die Gestaltung der humanen Lebensform umgesetzt wurden:
- die Öffnung der Welt,
- das Schwinden der organischen Schaltkreise und
- der Erwerb einer konstruktiven Kompetenz der Informationsverarbeitung.

Die Frage liegt nahe: Woher wissen wir das? Man muss die anthropologische Konstellation als »Bedingung der Möglichkeit« für die Ausbildung der humanen Lebensform verstehen: Es gäbe letztere nicht, wenn sich nicht mit der Evolution des Gehirns die zuvor genannten Bedingungen der humanen Lebensform gebildet hätten. Ersichtlich entsteht mit den beiden ersten Bedingungen, dem Öffnen der Welt und dem Schwinden der organischen Schaltkreise, für den Organismus eine Lebenslage, die ihn nur unvollkommen der Welt verbunden sein lässt. Zwischen Organismus und Umwelt entsteht ein Hiatus, der aufgefangen werden muss, wenn der Organismus lebensfähig bleiben soll. Aufgefangen kann er aber nur auf eine einzige Weise: durch die zuvor genannte dritte Errungenschaft: die konstruktive Ausbildung seiner Lebensform und der liegt die Ausbildung der Handlungskompetenz zugrunde. Sie ist es, durch die sich der Organismus der Welt verbindet. Wenn man nach dem Grund fragt, warum sie sich ausbilden konnte und tatsächlich ausgebildet hat, gibt es darauf eine Antwort, die tief in der Evolution des Lebens verankert ist: Es gehört zur Daseinsform des Lebens, unter der es sich auszubilden vermochte, dass der Organismus der Umwelt verbunden ist. Wenn die genetische Präfixierung schwindet, wie in der Evolution der humanen Lebensform, nutzt der Organismus jede Gelegenheit, diese Verbindung zur Aufrechterhaltung seiner Lebensform herzustellen. Die Ausbildung der Handlungsform ist dazu das geeignete Verfahren. Eine andere Möglichkeit ist nicht in Sicht.

Ich bin darauf gefasst, dass die These, der Bildungsprozess der humanen Lebensform lasse sich auch, soweit es seine Geistigkeit angeht, aus der Evolution verstehen und mit ihm lasse sich ebenfalls klären, warum und als was Geist sich zu bilden vermocht habe, eine Provokation im gemeinen wie im philosophischen Verständnis des Menschen darstellt. Denn im gemeinen wie philosophischen Verständnis ist der Bildungsprozess der humanen Lebensform als geistige Lebensform unverstanden geblieben. Geist stellt sich in ihm auch heute noch entweder als Manifestation eines absoluten Geistes dar;

als solcher bleibt er unerklärt, oder man verzichtet darauf, überhaupt nach einer Erklärung zu fragen. Er gilt als mit der Lebensform des Menschen gegeben. Soziologisch konnte es bei dem Unverständnis nicht sein Bewenden haben. Vergewissern kann man sich des Verständnisses der humanen Lebensform in der Moderne jedoch nicht anders als dadurch, dass man sich ihrer Genese im Universum vergewissert. Und für die findet man in der Ontogenese eines jeden nachgekommenen Gattungsmitgliedes auch heute noch einen Anhalt. Denn geboren wird jeder Mensch einzig als biologisches System. Zum Menschen wird er erst durch die Konstruktion der geistig-kulturellen Lebensform. Deren Bedingungen gilt es zu klären. Mit dem Zugang zum Bildungsprozess des Geistes in der Evolution findet man dann auch den Zugang zur Entwicklung des Geistes in der Geschichte. Darum geht es.

2. Die grundhaft-subjektivische Struktur der Handlungsform

Die Handlungsform weist eine Struktur auf, die vom Organismus ausgeht und sich auf die Welt richtet. Sie ist zweistellig-relational. Als solche ist sie grundhaft verfasst. Was grundhaft meint, lässt sich prägnant bestimmen: Sie formiert sich aus dem Organismus heraus und findet durch ihn zu ihrem Inhalt. Die Rückbindung, die sie an den Organismus aufweist, bewirkt, dass sie mit einem Bewusstsein einhergeht, wie es auch Tieren eigen ist, der Organismus ist seiner Befindlichkeit inne. Der Organismus ist deshalb auch des Verlaufs seiner Handlung inne. Ersichtlich ist die Grundform des Bewusstseins ein organisches Bewusstsein der Befindlichkeit. Doch das ist nicht alles, was vom Handlungsbewusstsein zu vermelden ist. Der Umstand, dass es aus einer Offenheit des Organismus zur Welt hervorgeht, lässt den Organismus diese Offenheit im Handeln wahrnehmen und mitführen. Er integriert sie ins Bewusstsein des Handelns; er nimmt wahr, dass sein Handeln von ihm ausgeht und seiner Handlungsmacht unterworfen ist. Das Handeln wird so zu einem reflexiv verfassten Handeln. Führt man die reflexive Verfasstheit des Handelns mit ihrer grundhaften Verfasstheit zusammen, stellt sich die Struktur des Handelns just in derjenigen Form dar, um die es uns in der Logik zu tun ist: Sie ist grundhaft-subjektivisch. Das hinzugefügte subjektivische Moment besagt gar nichts anderes, als aus der im

Günter Dux

Grunde gelegenen reflexiv mitgeführten Handlungsmacht hervorgegangen zu sein.

3. *Die Ausbildung in der Ontogenese*

Die Ausbildung der Handlungskompetenz und Handlungsform verläuft in der Evolution nicht ganz so umstandslos, wie ich sie dargestellt habe. Sie birgt als Bedingung der Möglichkeit für die Ausbildung der humanen Lebensform ein Geheimnis, das, wenn man es aufdeckt, offenkundig zu sein scheint, das aber durch die Philosophie und das tradierte Verständnis der Geistesgeschichte so gründlich verstellt worden ist, dass es Mühe bereitet, es in die Theorie einzuführen: Jede Evolution kommt mit der Veränderung des Genpools in der Ontogenese der Generation an, die mit ihm ausgerüstet ist.

Schematisch werden wir deshalb feststellen: Wenn sich der Ausgang der humanen Lebensform von einer Evolution des Gehirns herleitet, die zur Ausbildung der anthropologischen Konstellation führte, dann ist es zum einen die Ontogenese dessen, der erstmals dieses evolutiv entwickelte Gehirn aufweist, die sich auf dem Boden der anthropologischen Konstellation ausprägt, zum andern aber sind es seine Nachkommen, deren Ontogenese unter den nun ebenfalls evolutiv entwickelten Bedingungen erfolgt. Sie also waren die ersten, die sie zu nutzen vermochten, um Anfänge einer geistigen Lebensform auszubilden; sie waren mithin auch die ersten, die begonnen haben, die Grundformen der Geistigkeit auszubilden: Handeln, Denken und Sprache. Jener Hominine, der in der Oldowai-Schlucht den ersten Stein zum Faustkeil gestaltete – ich habe ihm eine geradezu mythologische Ausstattung erfahren lassen – hat dieser Generation angehört.

Wir haben das Geheimnis, das in der Ausbildung der humanen Lebensform aus der Evolution heraus gelegen zu sein scheint, dadurch aufzudecken vermocht, dass wir die humane Lebensform aus ihrem Bildungsprozess in der Ontogenese der nachkommenden Gattungsmitglieder zu klären gesucht haben. Die Einsicht öffnet deshalb alle Tore zum Verständnis dieses Bildungsprozesses, weil wir letzteren von Bedingungen bestimmt verstehen können, die in gleicher Weise elementar sind, wie die Bedingungen im Bildungsprozess der Handlungskompetenz der Kinder in unserer Gesellschaft auch. Und sie verlaufen auf der gleichen Schiene, wie wir es von den Anfängen in der Ontogenese der Kinder in der gegenwärtigen Gesellschaft kennen. Einmal mehr drängt sich die Frage auf, woher wir das wissen; und einmal mehr ist die Antwort, weil sich anders die humane Lebensform nicht als geistige Lebensform auszubilden vermocht hätte. Zwei Bedingungen sind es vor allem, die sich zum Verständnis dieses Bildungsprozesses in der Ontogenese ins Bild drängen. Wir sind aus unserer eigenen Gesellschaft über sie bestens orientiert und haben ein profundes Wissen von ihnen gewonnen:

– Die Lebensformen mussten, soweit sie schon in der Evolution als kulturelle Lebensformen ausgebildet wurden, in der Interaktion mit den immer schon kompetenteren anderen der Elterngeneration ausgebildet werden,
– mit ihnen mussten auch die kognitiven Organisationsformen für Objekte und Ereignissen ausgebildet werden. Denn aus denen besteht die Lebenswelt der sich in statu nascendi befindlichen Menschen.

So elementar sich die Bedingungen ausnehmen, der Bildungsprozess der humanen Lebensform ist mit erheblichen Schwierigkeiten verbunden, wenn man ihn in die Evolution zurückzuführen sucht. Inwiefern?

Nicht fraglich ist, dass sich der Bildungsprozess der humanen Lebensform vermöge der Handlungskompetenz bereits in der Evolution als ein sozialer Prozess erweist, der sich in der Interaktion zwischen dem nachgekommenen Gattungsmitglied und der immer schon kompetenteren Elterngeneration auszubilden beginnt. Eine der für sein Verständnis bedeutsamen Einsichten dieses Prozesses ist, dass sich erst in der übernächsten Generation die Elterngeneration als ihrerseits bereits von der kulturellen Entwicklung affiziert erweist. Danach allerdings schaukelt sich der Prozess, in dem sich die Elterngeneration als die auch ihrerseits kulturell schon kompetentere Generation erweist, hoch.[10] Wenn aber in der Evolution die Ausbildung der Handlungskompetenz in einem sozialen Interaktionsprozess einmal begonnen hat, hat sich mit ihr auch jene Lebensform auszubilden begonnen, die hinkünftig die Grundform der Lebensführung des Menschen ausmachen wird. Mit ihr bildet sich aber auch diejenige Denkform aus, die hinkünftig das Dasein bestimmen wird.

---

[10] Dazu eingehend Dux: Die Evolution der humanen Lebensform als geistige Lebensform.

Es gibt in der Rekonstruktion der Lebensformen aus der Ontogenese heraus ein zweites Problem, das man sehen muss, um den in der Ontogenese eingeleiteten Bildungsprozess der geistig-kulturellen Lebensformen des Menschen zu verstehen: Jedes der nachkommenden Gattungsmitglieder ist in seiner Ontogenese darauf angewiesen, inhaltlich die Lebensformen seiner Elterngeneration zu übernehmen. In der Phase der Evolution waren sie überwiegend noch von genetisch fixierten Verhaltensformen bestimmt. Praktisch bestand der in der Evolution eingeleitete Prozess der Ausbildung geistig-kultureller Lebensformen deshalb darin, die noch genetisch bestimmten Verhaltensformen der Elterngeneration durch die nachgekommenen Gattungsmitglieder zu unterwandern. Es hat weiter zeitlicher Räume bedurft, um schließlich die Lebensformen des Menschen zur Gänze von geistig-kulturell verfassten Lebensformen bestimmt zu sehen. Die Anfänge waren auch nur Anfänge im frühen Bildungsprozess der Ontogenese eines jeden nachkommenden Gattungsmitgliedes; sie mussten in die zunächst noch weithin genetisch bestimmten Praxisformen der Homininen[11] eingespielt werden. Sie unterwanderten sie und durchsetzten sie, vermochten aber nicht mehr, als eine Mischform von genetisch fixierten und kulturell bereits gestalteten Lebensformen zu bilden. Wie sie ausgesehen haben, wissen wir nicht. Denn als Anhalt dafür, wie die Lebensformen der Homininen in der Phase der Evolution beschaffen waren, verfügen wir nur über das krude Wissen, das wir von den Werkzeugen und ihrer Zweckbestimmung gewonnen haben. Sehr viel mehr als die Faustkeile des frühen Pleistozäns, die Handäxte des Acheuléen und, sehr viel später, einiges Wissen von den Einrichtungen der Lebensformen in der Umwelt beim Homo Heidelbergensis,[12] steht uns nicht zur Verfügung.

Wir haben Grund zu der Annahme, dass die Verhaltensformen der Homininen im Verlauf der Evolution unter der zunehmenden ontogenetischen Ausbildung geistiger Kompetenzen als Handlungsformen auch zunehmend konstruktiver und beweglicher wurden. Die evolutive Entwicklung der geistigen Lebensformen muss sich deshalb im Verlauf der Evolution in einer für uns undurchsichtigen Gemen-

---

[11] Um einen einsichtigen und handhabbaren Begriff für den Prozess der Enkulturation zu finden, habe ich hier und in der Erörterung in Band 1 den Lebensformen derjenigen Gattungsmitglieder, die sich zwischen den Australopithecinen und dem Homo sapiens gebildet haben, das Etikett der Homininen angeheftet.
[12] Zur Lebensform des Homo Heidelbergensis D. Mania: Die ersten Menschen in Europa. Stuttgart 1998.

gelage der Elemente von Verhaltensformen und Handlungsformen niedergeschlagen haben, die schließlich zu den Handlungsformen des Homo sapiens führten. Anders ist schwer vorstellbar, wie die Menschheit beim Homo sapiens hätte ankommen können. Um zu einem durchsichtigen Verständnis der Genese der Geistigkeit zu kommen, müssen wir warten, bis sich der Homo sapiens vor etwa 200.000 bis 150.000 Jahren ausgebildet hat; dessen Lebensformen müssen wir aus ihrem Bildungsprozess diesseits der virtuellen Schnittlinie zwischen Evolution und Geschichte zu rekonstruieren suchen.

III. Seit dem Eintritt in die Geschichte

1. Das grundhaft-handlungslogische Verständnis der Prozessualität im Universum

Man muss die Evolution von der Geschichte durch eine virtuelle Schnittlinie getrennt sehen. Die Schnittlinie wird dadurch gebildet, dass sich bis zu ihr die physiologische Organisationsform des Menschen voll ausgebildet hat, auch das Gehirn hat insbesondere mit der Entwicklung des präfrontalen Cortex, der Zahl seiner Neuronen und den Organisationsformen seiner Verschaltungen jene Verfasstheit gefunden, die wir von dem modernen Homo sapiens kennen. Mit dem Überschreiten der Schnittlinie tritt der Mensch in die eigentliche Geschichte ein; sie muss im strengen Sinne als eine Geschichte seiner geistig-kulturellen Lebensform verstanden werden. Diesseits der virtuellen Schnittlinie zeichnet sich die Lebensform des Menschen dadurch aus, dass alle Praxisformen der Lebensführung konstruktiv vermöge der in der Ontogenese ausgebildeten Handlungskompetenz erworben werden müssen und auch tatsächlich so erworben werden. Man wird jedoch damit rechnen müssen, dass sich durch die nach dem Eintritt in die Geschichte fortiter ausgebildeten geistig-kulturellen Lebensformen auch die Organisation des Gehirns geändert hat. Neuere Funde, die feststellen, dass sich die nach oben gerundete Kopfform des Menschen erst zwischen 100.000 und 35.000 Jahren v. u. Z. gebildet hat, weisen darauf hin. Diesseits der virtuellen Schnittlinie kommt auch jenes Moment der mit der Handlungskompetenz erworbenen Lebensform voll zur Geltung, das sich zwar auch schon in der Phase der Evolution gebildet haben muss, das wir aber erst diesseits der virtuellen Schnittlinie wirklich beobachten können: die Prozessualität im Verständnis des Universums. Auch das Verständnis des Geschehens in der Natur wird nunmehr voll und ganz von der Handlungsform bestimmt. Den Grund will ich hier nur nennen, nicht aber noch einmal in aller Breite erörtern: Der Umstand, dass die geistigen Lebensformen in der Interaktion zwischen den nachgekommenen und immer schon kompetenteren Gattungsmitgliedern ausgebildet werden müssen, führt dazu, dass in der Ausbildung der Objekt- und Ereignisformen deren Körper und deren Verhalten zur Grundlage genommen werden. Die Praxis zeigt, dass sie sich als Grundlage im Umgang mit der Natur ungemein effizient erwiesen haben. Dafür gibt es gute Gründe, insbesondere was das Verständnis der Kausalität angeht, die ich hier aber ebenfalls nicht erneut erörtern will.

2. Die Einsicht in den Umbruch im Verständnis der Logik

Die Brisanz der aus der anthropologischen Konstellation herausgeführten Handlungskompetenz ist nicht zu übersehen: Ihre Universalität ist zum Schicksal der Menschheit geworden. Denn die eingangs hervorgekehrte grundhaft-subjektivische Struktur der Handlungsform führt dazu, dass alles, was überhaupt in der Welt vorgefunden wird und geschieht, aus einem solchen subjektivisch verstandenen Grunde herausgeführt wird. Die unumgängliche Konsequenz ist, dass alles in der Welt einem absoluten Grund verhaftet verstanden wird. Es ist evident, dass es diese Struktur ist, die in der Religion aufgegriffen und von ihr der Thematisierung von Welt und Mensch zugrunde gelegt wurde.[13] Im Kontext unserer Erörterung geht es, das wird nicht in Vergessenheit geraten sein, um einen Umbruch des Weltbildes in Neuzeit und Moderne, den ich als Umbruch der Logik im Weltverstehen darzutun bemüht bin. Es ist der Umbruch einer Logik, durch die die Welt von einem Absoluten her verstanden werden soll.

Die zuvor erörterte Genese der Logik ist erst eine der Voraussetzungen, um deren Umbruch zu verstehen. Das volle Verständnis

---

[13] Eingehend dargelegt habe ich die Evidenz früh schon in: Dux: Die Logik der Weltbilder, Gesammelte Schriften, Band 3. Wiesbaden 2017. Den Konflikt der religiösen Logik mit dem säkularen Verständnis des Universums habe ich erörtert in: Dux: Die Religion in der säkularen Welt. Gesammelte Schriften, Band 6. Wiesbaden 2017.

dafür, dass er möglich wurde, hängt daran, dass der Prozess einsichtig wird, durch den die pristine Logik zurückgedrängt und schließlich obsolet wurde. Gewinnen lässt sich die Einsicht dadurch, dass man die Geschichte als einen Prozess der Säkularisierung versteht.

IV. Geschichte als Prozess der Säkularisierung

1. Die säkular verstandene Welt als Ausgang

Im gemeinen wie philosophischen Verständnis unserer Zeit ist nicht nur der Bildungsprozess der humanen Lebensform als geistige Lebensform in der Evolution unaufgeklärt geblieben, unaufgeklärt geblieben ist auch deren Entwicklung nach dem Eintritt in die Geschichte Das Verständnis wird durch die Überzeugung abgeblockt, die Geschichte werde als Geschichte der sozialen Lebensformen von letzten Wertentscheidungen bestimmt. Eben so wird auch die Entwicklung des Selbstverständnisses des Menschen verstanden. In den Sozialwissenschaften war es Max Weber, der dieses Verständnis erkenntniskritisch zu begründen gesucht und in die Sozialwissenschaften überführt hat.[14] Eine im stringenten Sinn verstandene Logik in der Geschichte kann es dann nicht geben. In einer säkular verstandenen Welt gibt es sie gleichwohl. In ihr macht der Rekurs auf absolute Werte länger keinen Sinn. Dass die Logik der historischen Entwicklung unverstanden geblieben ist, ist jedoch nicht ohne Grund geschehen. Denn nur wenn man verstanden hat, wieso sich in der Evolution der Geistigkeit der humanen Lebensform unter vorgegebenen konstruktiven Bedingungen eine absolutistische Logik auszubilden vermochte, lässt sich auch verstehen, wie und warum Geschichte als ein Prozess der Säkularisierung verstanden werden muss, an dessen Ende die absolutistische Logik von einer säkularen Logik abgelöst wurde.

Um den Prozess der Säkularisierung als Schlüssel zum Verständnis der Logik in der Geschichte des Geistes wahrzunehmen, ist es notwendig, einer erkenntniskritischen Strategie zu folgen, die mir unabweisbar erscheinen will: Die Geschichte muss »von hinten« gelesen werden, im Ausgang von der Moderne mithin. Um den historischen Prozess zu verstehen, in dem sich das moderne Verständnis der

---

[14] Eingehend Dux: Strukturwandel der Legitimation. Gesammelte Schriften, Band 7. Wiesbaden 2018. Vgl. dazu ferner die Abhandlung »Das Ende absoluter Werte«.

Welt gebildet hat, muss man mit der gegenwärtigen Welt erkenntniskritisch insoweit ins Reine gekommen sein, dass man jedenfalls deren aktuelle Verfasstheit versteht. Der aktuellen Verfasstheit der Welt liegt aber deren säkulares Verständnis zugrunde. Säkulares Verständnis der Welt will sagen: Nichts ist und geschieht im Universum, dass nicht aus dessen systemischer Verfassung hervorgegangen ist.

Dazu zählt auch die Ausbildung der humanen Lebensform als geistige Lebensform in der Evolution. Ich verstehe meine Untersuchung über die Genese der humanen Lebensform als geistige Lebensform in der Evolution als Beleg.

Das säkulare Verständnis der Welt und der humanen Lebensform in der Welt hat sich erst unter den in Neuzeit und Moderne erworbenen Erkenntnisvorgaben erwerben lassen. In der ist es allerdings unabweisbar geworden. Sein Erweis liegt in der praktischen Umsetzung der kognitiven Strukturen, in denen das säkular verstandene Universum verstanden wird. Wenn das so ist, dann wird man zumindest eines einräumen müssen: dass sich in der Geschichte die Bedingungen gebildet haben, um dieses Verständnis an ihrem (vorläufigen) Ende zu gewinnen. Nicht gesagt werden soll damit, dass sich der Prozess intentional auf das säkulare Verständnis der humanen Lebensform hin entwickelt hat. Gesagt werden soll vielmehr lediglich, dass in dem Prozess, in dem das Verständnis gewonnen werden konnte, der Mensch die jeweils zuvor entwickelten Lebensformen genutzt hat, um die Welt, in der er das Leben führte, ein Stück näher an die Erkenntnis ihrer Säkularität heranzuführen. Eben damit wurden auch für das Verständnis seiner selbst die Bedingungen geschaffen, die es dermaleinst ermöglichten, seine Lebensform ebenfalls als säkular zu verstehen.

Wenn man der Geschichte ein solches prozessuales Verständnis unterlegt, kann man sich hinreißen lassen, zu konstatieren, die Geschichte bestehe darin, die Welt und die Lebensführung des Menschen von Epoche zu Epoche ein Stück säkularer werden zu lassen, auch wenn das Verständnis der Säkularisierung selbst erst an ihrem (vorläufigen) Ende, in der Moderne, gewonnen werden konnte.

Offensichtlich kann man die These nicht in die Welt setzen, ohne sich mit dem Verlangen konfrontiert zu sehen, zu sagen, worin das »Säkularer werden« besteht.

2. Die Rückbindung an die anthropologische Konstellation

Wenn man in der Geschichte eine Entwicklung ausmachen zu können meint, von der wir sagen, dass sie von Epoche zu Epoche einen erneuten Einschlag des Säkularen aufweise, auch wenn der erst in der Moderne zu einem säkularen Verständnis der Welt geführt habe, dann wird man diese Entwicklung an exakt jenes Moment gebunden sehen, das mit der anthropologischen Konstellation den Bildungsprozess der humanen Lebensform bestimmt hat: den Erwerb der Handlungskompetenz und den daran gebundenen Erwerb des Wissens von der Welt. Wir haben den Erwerb der Handlungskompetenz eingehend erörtert. Wenn er bereits den Bildungsprozess der humanen Lebensform bestimmt hat, konnte deren historische Entwicklung in gar keiner anderen Weise als dadurch geschehen, dass Handlungskompetenz und Weltwissen gesteigert wurden. Exakt das ist tatsächlich geschehen. Die Pointe an dieser Entwicklung ist, dass mit jeder epochalen Steigerung der Handlungskompetenz und des daran haftenden Weltwissens die der Welt immanente Prozessualität in der ihr eigenen Autonomie sichtbarer wurde. Denn erworben werden konnte die Steigerung der Handlungskompetenz einzig durch den Erwerb eines Regel- resp. Gesetzeswissens, durch das die intrinsische Prozessualität der Welt in eine dauerhafte Form gebracht wurde. Halten wir deshalb als Verständnis der Säkularisierung fest: Mit dem Erwerb eines jeden noch so begrenzten Regel- oder Gesetzeswissens wurde deutlicher, dass die Prozessualität der Welt von einer ihr immanenten Autonomie bestimmt wurde.

Die zuvor gemachte Feststellung, in aller praktischen Lebensführung darum bemüht gewesen zu sein, nach Handlungsformen zu fragen und zu suchen, durch die der Vorgegebenheit des Universums Rechnung getragen werden konnte, nimmt sich trivial aus, wenn man das Verständnis einer einzelnen Handlung ins Auge fasst. Es ist noch nie ein Dachstuhl auf ein Haus gesetzt worden, ohne der Anziehung der Erde Rechnung zu tragen. Die Feststellung verliert ihre Trivialität, wenn man mit ihr den Befund verbindet, dass der Mensch in einer mehr als hunderttausend Jahre währenden Geschichte den Erwerb der Handlungskompetenz und des mit ihm einhergehenden Verständnisses der Welt in einer Weise zu steigern vermocht hat, dass er sich eine tiefer und tiefer reichende Einsicht in die innere systemische Verfasstheit des Universums verschafft hat.[15] Am Ende dieses Prozesses steht jenes Verständnis, das wir wir im Topos der Säkularität festzuhalten suchen. Mit ihm halten wir fest, dass nichts ist und geschieht im Universum, das nicht eben dessen systemischer Verfasstheit kausativ verbunden sei. Mit ihm halten wir aber auch fest, dass sich dieses Verständnis in einem historischen Prozess gebildet hat, in dem es dem Menschen möglich war, das Wissen von der Welt in der Weise zu steigern, dass mit ihm schließlich das säkulare Verständnis der Welt unumgänglich wurde. Die Brisanz dieses Verständnisses liegt in der Konsequenz, die mit ihr für das Verständnis der Geistigkeit des Menschen und deren Entwicklung einhergeht.

3. Das säkulare Verständnis der Geistigkeit des Menschen

Wenn man dem zuvor entwickelten Verständnis der Geschichte folgt, müssen wir, das habe ich eingangs deutlich zu machen gesucht, davon ausgehen, dass sich die Geistigkeit der humanen Lebensform zwar aus dem Universum – der Natur – heraus auszubilden vermocht hat, nicht aber schon ausgebildet in der Natur lag. Ausgebildet wurde sie erst durch den Menschen. Wenn sie gleichwohl eine Geschichte lang als einem Absoluten verhaftet verstanden wurde, das am Grunde der Welt oder vor der Welt gelegen war, so deshalb, weil sich mit der Handlungsform des Menschen eine grundhafte Logik des Geschehens ausbildete, die Anlass war, alles und jedes aus einem Grund herzuleiten, von dem man sagte, dass es aus ihm hervorgegangen sei. Der Grund war in aller Vergangenheit Geist[16] und der Geist das Absolute.[17] Heute erweist sich das Denken des Absoluten als Manifestation einer Frühform des Denkens, die durch das Verständnis einer säkular gewordenen Welt obsolet geworden ist. In der säkular gewordenen Welt lässt sich schlechterdings kein Absolutes denken. Heute muss die Geistigkeit als ein vom Menschen erworbenes Vermögen verstanden werden, dessen Bildungsprozess Bedingungen verhaftet war, aus denen heraus wir sie zu rekonstruieren vermögen.[18] Ihre historische

---

[15] B. Kanitscheider: Im Innern der Natur. Darmstadt 1996.
[16] So heißt es prägnant in dem Shatapatha Brahmana, Upanishaden: Die Geheimlehre der Inder. Düsseldorf 1979, S. 36 f.
[17] J. Möller: Der Geist und das Absolute. Paderborn 1951.
[18] Eben das habe ich in der Untersuchung: Dux: Die Evolution der humanen Lebensform als geistige Lebensform, getan (Band 1).

Entwicklung ist zwar ebenfalls Bedingungen verhaftet, im Unterschied zu ihrem Bildungsprozess sind es jedoch Bedingungen, die der Mensch durch seine zuletzt ausgebildeten Formen der Lebensführung selbst geschaffen hat. In dem säkularen Verständnis der Welt wird das Universum sowohl zum *terminus a quo*, wie auch zum *terminus ad quem*. Was immer als Wissen erworben werden kann, ist ein am Universum und ein von ihm gewonnenes Wissen. Der Mensch hat sich mit der Geschichte auf die Spur seiner Genese gesetzt und sich mit dem säkularen Verständnis des Universums auch eingeholt.

Die Logik in der Geschichte besteht nach allem darin, dass der Mensch die evolutiv heraufgeführte anthropologische Konstellation dadurch zu nutzen verstanden hat, dass er die Öffnung der Welt und das Schwinden der organischen Schaltkreise des Verhaltens durch den Erwerb einer Handlungskompetenz aufzufangen vermocht und die dadurch gewonnene Gestaltungshoheit über seine Lebensform in der Geschichte fortgesetzt hat. Dass der Mensch von Epoche zu Epoche tiefer in das Innere der Prozessualität der Welt eingedrungen ist, heißt ja nichts anderes, als dass er dessen Autonomie zunehmend mehr Rechnung zu tragen verstanden hat. Wir verstehen nach allem den Prozess der Säkularisierung grundlegend anders, als er gemeinhin verstanden wird und sich auch im philosophischen Verständnis darstellt. Denn im gemeinen wie philosophischen Verständnis wird Säkularisierung als weltanschauliches Bekenntnis verstanden, das sich in der Neuzeit als Alternative zur Religion anbietet. Das letztere ist in der Tat der Fall. Nur liegt der Grund dafür nicht in einem weltanschaulichen Bekenntnis, sondern darin, dass der Mensch sich in der Geschichte der immanenten prozessualen Dynamik der Welt bemächtigt hat. In der Moderne erkennen wir dem Universum eine systemische Autonomie zu, von der auch das Verständnis der humanen Lebensform umfasst wird. Es lässt sich nichts denken, das darüber hinaus ginge, nichts, das nicht dessen systemischer Autonomie verhaftet wäre. Eindringlicher als in dem Wechsel von der technologischen Makroebene des physikalischen Verständnisses auf die atomare Mikroebene, wie es anfangs des 20. Jahrhunderts durch Planck mit dem Postulat der Quantentheorie geschehen ist, lässt sich das Eindringen in dessen systemische Autonomie nicht erfassen. Das habe ich in einem anderen Kontext deutlich zu machen gesucht.[19]

---

[19] Dux: Die Religion in der säkular verstandenen Welt. Gesammelte Schriften, Band 6. Wiesbaden 2018.

Es ist dieses die Autonomie des Universums in den Fokus rückende Verständnis der säkular gewordenen Welt, das auch die Logik im Verständnis der Geschichte in ihren Bann zieht.

Sie stellt sich als ein Prozess der Säkularisierung dar. Die brisanteste Konsequenz, die mit dem Prozess der Säkularisierung einhergeht, besteht wahrscheinlich darin, dass der Mensch sich im Gegensatz zu dem in Umlauf befindlichen Verständnis der Konstruktivität in der Moderne genötigt sieht, einzuräumen, dass er die Formen seiner Geistigkeit zwar selbst gebildet hat, aber unter gegebenen Bedingungen. Und die schlechterdings grundlegende Bedingung war, sie der Struktur des Handelns verhaftet zu sehen. Sie war es, die das Verständnis der Welt wie der eigenen Lebensform in der Welt auf ein Absolutes als ihren Grund verwiesen hat. Die Brisanz der Logik im Prozess der Geschichte als Prozess der Säkularisierung besteht darin, dass sie von einer Logik zu einer anderen führt, von der absolutistischen zur säkularen. Der Bildungsprozess der absolutistischen Logik ist heute einsichtig, ebenso ihre Entwicklung zur säkularen Logik. Beide Entwicklungsprozesse habe ich transparent zu machen gesucht. Unter dem Erwerb des Wissens vom Universum in der Moderne hat sich, das ist deutlich geworden, das Denken eines Absoluten als dessen Grund nicht durchzuhalten vermocht. Mit der Einsicht in den Bildungsprozess der humanen Lebensform und der Logik in ihrer Geschichte ist der Mensch der Verortung seiner Geistigkeit in einem Absoluten verlustig gegangen. So grandios sich das Vermögen seines Geistes ausnimmt, sich in der Geschichte das Universum erschlossen zu haben, der Mensch muss von ihm eingeschlossen verstanden werden. Insofern ist er mit den Tieren auf einer Ebene zu stehen gekommen. Um Montaigne vorzugreifen: *ny au dessus, ny au desoubs du reste*. Das nimmt der Geistigkeit des Menschen nicht ihren Wert. Im Gegenteil! Gottes Denken ist die Quantenphysik nicht.

4. *Die epochale Rekonstruktion der Säkularisierung*

Die zuvor entwickelte Logik der Säkularisierung lässt sich von Epoche zu Epoche historisch belegen. Wenn man die Epochen dahin versteht, dass mit dem Prozess der Säkularisierung die Autonomie des Universums in den Fokus seines Verständnisses rückt, ist die Zahl der Epochen, die zur Neuzeit führen, gering. Ich meine, nicht mehr als fünf unterscheiden zu sollen. Auf die Zahl der Epochen kommt es im gegenwärtigen Kontext nicht an. Wichtig ist einzig, in jeder den Einschlag einer Säkularisierung nachzuweisen. Der ist in den mannigfachen Erörterungen, die das, was Säkularisierung meint, zum Gegenstand haben, deshalb nicht gesehen worden, weil die Formierung der Epochen einer Entwicklung des Denkens zugeschrieben wurde, die letzten Endes einem uneinsichtigen Absoluten des Geistes zugeschrieben wurde. Recht verstanden muss sie jedoch einer Entwicklung zugeschrieben werden, in die die vom Menschen ausgebildete Handlungskompetenz eingeschossen ist. Deren Bedeutsamkeit lässt sich bereits für den Bildungsprozess der humanen Lebensform deutlich machen. Denn bereits der Erwerb der Handlungskompetenz erweist sich einzig dadurch möglich, dass der Handelnde auf die Welt zugreift und sie seinem Handeln integriert. Die Natur stellt allemal ein vorgegebenes Faktum dar, lediglich die Formen ihrer Verfasstheit müssen konstruktiv als kulturelle Formen an ihr ausgebildet werden. Eben weil das so ist, beginnt mit der Ausbildung der Handlungsform der Prozess der Säkularisierung. Die Faszination, mit dem wir ihn in jeder Epoche ihrer Entwicklung zu folgen vermögen, nicht zuletzt in Montaignes Essais, wird von der Kontinuität im Bildungsprozess der Handlungsform bewirkt. Wenn dabei am Beginn der Geschichte subjektivische Agenzien in den Blick rücken und von den Menschen in Anspruch genommen werden, so müssen auch sie bereits als Ausdruck des Zugriffs auf die Welt verstanden werden. Auch im Mythos ist es die grundhafte, intentional-subjektivische Logik des Handelns, unter der die Welt als ganze in den Blick gerät. Auch der Mythos will als Bemächtigung der Welt verstanden werden.[20]

5. *Das strukturlogische Verständnis der historischen Entwicklung*

Es ist hier nicht der Ort, die Epochen der Geschichte durchzugehen, das werde ich andern Orts tun.[21] Wenn man, wie wir das zuvor getan haben, die Entwicklung der Kognition an Strukturen gebunden sieht, die sich – und das ist entscheidend – mit dem Erwerb der Handlungs-

---

[20] H. Blumenberg: Arbeit am Mythos. Frankfurt a.M. 1996. Zum Verständnis des Mythos vgl. die neuere Untersuchung von E. Angehrn: Die Überwindung des Chaos. Zur Philosophie des Mythos. Frankfurt a.M. 1996.
[21] Ich habe die hier angestellten Überlegungen der Einführung in »Die Logik der Geschichte des Geistes (Band 8) zugrunde gelegt und dabei insbesondere den Prozess der Säkularisierung in jeder der historischen Epochen zu erweisen gesucht.

form unter angebbaren Bedingungen aus dem Bildungsprozess der humanen Lebensform heraus entwickelt haben, dann bildet sich strukturnotwendig jene Struktur aus, die ich zuvor als den Anfang der Kognition in der Geschichte thematisch gemacht habe: die grundhaft-subjektivische Struktur des Denkens. Von ihr haben wir gesagt, dass sie zum Schicksal der Menschheit geworden ist. Neben ihr musste sich jedoch immer schon eine zweite Erkenntnisstruktur ausbilden, eine, durch die zwei oder mehrere Momente der Wahrnehmung verbunden wurden und durch ihren Verbund die Erklärung für das Phänomen lieferten. Raum und Zeit drängen sich als relationale Verhaftung der Welt geradezu auf. Man kann in einem Wald nicht nur einen Baum wahrnehmen. Auch die Kausalität verbindet zwei oder mehrere Größen. Die Pointe an ihr ist, dass sie der grundhaft-subjektivischen Struktur geradezu strukturlogisch eingebildet ist. Durch den Rückgang auf den Grund ließ sich schlechterdings für alles, was in der Welt geschah, auch eine Erklärung gewinnen.

Der Erklärungswert war zumeist begrenzt: Was erfährt man schon, wenn man sagt, dass das Steigen des Wassers im Fluss durch den Fluss bewirkt werde. Gleichwohl lässt sich ihre Bedeutsamkeit für den Prozess der Enkulturation nicht hoch genug einschätzen: Sie war Platzhalter, um kausative Erklärungen für Geschehnisse zu finden, in denen die Verknüpfung von Grund und Folge weniger offenkundig und umfänglicher war. Durch die Geschichte war es die kausative Form von Grund und Folge, die das Denken darauf gelenkt hat, die Prozessualität der Natur in Regeln und Gesetzen fixiert zu verstehen. Der epochale Prozess der Säkularisierung besteht denn auch darin, dass mit jeder Epoche die Verhaftung der Prozessualität der Welt in der Form von funktional-relationalen Verbindungen zunahm. Ihre Prinzipalisierung als kosmisches Model erfolgte im Mittelalter. In ihm ersannen im 14. Jahrhundert (1348) die d'Dondi ein planetarisches Konstrukt, in dem die stellaren Körper einander in ihren Bewegungen zugeordnet wurden. Vollends thematisch wurde sie dadurch, dass dem Universum die Mechanik der Uhr oder der Mühle als energetisches Prinzip unterlegt wurde.[22] Trotz der im Mittelalter immer noch bescheidenen Technisierung[23] gewann der Topos der Maschine

---

[22] J. Buridanus: Kommentar zur Aristotelischen Physik, I, VIII. Frankfurt a. M. 1964. N. Oresme: Le Livre du ciel et du monde, II. 2 fols. 71 b. London 1968, S. 288.
[23] L. T. White: Die mittelalterliche Technisierung und der Wandel der Gesellschaft. München 1968. Überaus bedeutsam insbesondere für die nachfolgenden Jahrhunderte

als energetisches Modell Verbreitung. Auch Montaigne nutzt ihn. Mir geht es darum, diese Entwicklung strukturlogisch einzufangen.

Deutlich wird an ihr, dass im Prozess der Säkularisierung eine Entwicklung von einem grundhaft-subjektivischen Deutungsmuster im Verständnis der Welt zu einem dem Regel- oder Gesetzesverständnis verhafteten funktional-relationalen Deutungsmuster geschah. Je weiter der Prozess fortschritt, desto offenkundiger wurde, dass Erklärungen für das Geschehen in der Welt der inneren Autonomie des Universums zugerechnet werde mussten.

V. Zeitenwende. Die Ankündigung eines Umbruchs der Logik in den Reflexionen Montaignes

1. Noch einmal: Das Faszinosum

So stringent es mir erscheinen will, den Bildungsprozess der humanen Lebensform von dem Erwerb der Handlungskompetenz bestimmt zu sehen und der anthropologischen Konstellation, aus denen sie hervorgegangen ist, eine historische Konstellation anzuschließen, durch die sich Handlungskompetenz und Wissen von der der Welt immanenten Prozessualität von Epoche zu Epoche steigern ließen, es bleibt ein Faszinosum, dass sich schließlich auch im gemeinen Bewusstsein die Einsicht Bahn bricht, dass mit der absolutistischen Logik länger kein Verständnis der Welt zu gewinnen ist. Just diese Einsicht ist es, die Montaigne deutlich zu machen sucht. Ja, er bleibt sich bewusst, an Gott gebunden zu sein, Logiken kann man sich nicht ohne weiteres entledigen, das Faszinosum besteht jedoch darin, dass diese Logik sich für Montaigne als ungeeignet erweist, die Welt zu verstehen, wie sie bisher verstanden wurde: zuhanden und einsichtig in den Formen, in denen täglich mit den Objekten und Ereignissen umgegangen wird. Deren ontologische Dimensionierung war den Menschen, Montaigne jedenfalls, abhandengekommen.

Es ist für Menschen, die daran gewöhnt sind, das Universum in den Erkenntnisformen der Naturwissenschaften zu verstehen, kaum vorstellbar, welche Erschütterungen der sich abzeichnende Umbruch im Weltbild für die bedeutet haben muss, die noch in den alten Deu-

---

auch H. K. Grossmann: Die gesellschaftlichen Grundlagen der mechanistischen Philosophie. In: Zeitschrift für Sozialforschung 4 (1935), S. 161–231.

tungsmustern zu denken begonnen hatten und ihr Dasein in der Welt in ihnen zu verstehen. Gewiss, es war niemandem möglich, die Änderungen im Weltbild als Umbruch der Logik des Weltverstehens wahrzunehmen, wie er sich uns in der Moderne aufdrängt. Dass sich mit dem Mittelalter ein Konflikt der Logiken anbahnte, konnte man jedoch bereits im 12. Jahrhundert der Mahnung Adelards von Barths entnehmen, man solle auf Gott als Agens in der Natur nur zurückgreifen, wenn aus deren immanenter Ordnung keine Erklärung zu gewinnen sei.[24] Die wahrscheinlich nachhaltigste Erschütterung erfuhr das Weltbild durch die sich über Jahrhunderte anbahnende und schließliche Akzeptanz des heliozentrischen Weltbildes. 1543 erschien Kopernikus »De Revolutionibus Orbium Coelestium.« Man kann es als einen Glücksfall der Geschichte ansehen, dass uns von den Erschütterungen des Jahrhunderts ein ungemein dichter literarischer Bericht überliefert ist: eben Montaignes Essais.

2. *Der ausgehängte Geist*

Es ist nicht leicht, Montaignes Essais literarisch einzuordnen, als Philosoph wollte sich Montaigne selbst nicht verstanden wissen. Dazu fehlte seinen Reflexionen in der Tat die systematische Strenge. Wenn man Montaigne liest, wie wir die Geschichte bis zu ihm gelesen haben, kann an einem kein Zweifel sein: Montaigne war mit allen Gedanken, den philosophisch reflektierten wie den eher beiläufigen Anmerkungen zu den alltäglichen Vorstellungen, mit der unsicher und problematisch gewordenen überlieferten Logik befasst. Er sieht sich in seiner Zeit, seinen eigenen Worten zufolge, mit der Unordnung eines ausgehängten Geistes konfrontiert (II, 12, 423).[25] Für ein strukturlogisches Verständnis des Weltbildes zeigt sich das eindrücklich schon an der Kritik, die Montaigne den in seiner Zeit bekannten nicht-christlichen Konzeptionen der Götter primitiver Gesellschaften zuteil werden lässt. Montaigne versteht die Praxis, für alles und jedes subjektivische Mächte – Götter zumal – in Anspruch zu nehmen, als

---

[24] A. von Bath: Questiones naturales. In: Beiträge zur Geschichte der Philosophie des Mittelalters, 31, 2 (1934), S. 1–69.
[25] Den aus der französischen Ausgabe übernommenen Zitaten liegen Montaignes Oeuvres complètes in der Bibliothéque De La Pleiade zugrunde. Paris. Den eigens gekennzeichneten deutschen Zitaten die von Stilett geschaffene Übersetzung und Herausgabe der Essais Montaignes des Eichborn Verlags. Frankfurt a. M. 1989.

»bastelage des deifications« (II, 12, 510). Sie sind Menschenwerk und verfallen der Ridikülisierung. »Der Mensch«, erklärt er, »ist ganz und gar von Sinnen. Keine Milbe könnte er erschaffen, Götter aber erschafft er duzentweise.« (dt.: II, 12, 264). So zweifelsfrei es ist, dass Montaigne dem Glauben an den christlichen Gott angehangen hat, er gehörte zum Weltbild des Mittelalters, er gehört auch noch zum Weltbild Montaignes, so wenig nimmt Montaigne das ganze Konvolut der Lehren und Vorstellungen, das ihm angeheftet und nach der Elle christlicher Seinsweise geschneidert war, von der Kritik aus, nichts als Menschenwerk zu sein. Montaigne schreibt es dem zu, was er als *merveilleuse yvresse de l'entendement* (II, 12,497), als wundersame Zerrüttung des menschlichen Verstandes in seiner Zeit versteht. Er nimmt davon die Kritik des Glaubens nicht aus. Auch er ist Menschenwerk. Was ist das für ein Glaube, fragt Montaigne in Anlehnung an Platons Begründung dafür, an Gott glauben zu müssen, wenn man glaubt, weil man sich nicht traut, nicht zu glauben.

Man muss die Kritik, um die es Montaigne zu tun ist, strukturlogisch scharf fokussieren: Es geht ihm um die Kritik, die Welt und den Menschen in der Welt vom Absoluten Gottes her verstehen zu sollen. Das stellt allerdings in der tradierten, grundhaften Logik den Kongruenzpunkt alles Seienden, auch des Denkens alles Seienden, dar. Nirgends ist die Kritik Montaignes deshalb radikaler als in der Kritik des Verständnisses Gottes. Zwar erweist Montaigne Gott fraglos Reverenz, er braucht ihn als Schöpfergott, so wie er ihn weiterhin als erste Ursache für alles Geschehen in der Welt braucht, nur zu erkennen vermag man, so Montaigne, die Ursache aller Ursachen nicht (dt.: II 12, 265). Auch Gott selbst von dieser Ursache her länger noch zu verstehen, vermag Montaigne nicht. Was immer von ihm gedacht würde, wäre menschliches Denken und seinem Gegenstande gänzlich inadäquat. »C'est à Dieu seul, des se conoistre et d'interpreter ses ouvrages« (dt.: II 12, 479): Gott allein vermag sich zu erkennen und seine Werke auszulegen (dt.: II 12, 248). Die Konsequenz für den Umbruch im Weltbild ist schlicht nicht zu übersehen: Gott wird im Verständnis der Welt und des Menschen in der Welt buchstäblich exkommuniziert. So sehr Montaigne jedoch die Logik im Verständnis der Welt außer Kraft setzt, Gott selbst in Frage zu stellen, fällt Montaigne nicht ein. Unablässig bestätigt er dessen Absolutheit, dessen Schönheit, Macht und Gutheit (dt.: II 12, 261); zugleich desavouiert er jedoch alles, was je über ihn gedacht und gesagt wurde.

3. Verlust der Welt

Uns geht es, daran sei erinnert, nicht darum, Montaignes Denken nachzuzeichnen, schon gar nicht, eine Stimmigkeit in ihm aufzuweisen, die gibt es nur sehr begrenzt, uns geht es darum, deutlich zu machen, dass in seinem Denken, zwar nicht schon der Umbruch der alten zur neuen Logik selbst erfolgt, sich aber doch der Zusammenbruch der alten abzeichnet. Mit ihm bricht die Sicherheit eines ontologisch verstandenen Wissens zusammen, das man vormals von der Welt zu haben meinte. Dass die Dinge, erklärt Montaigne, uns nicht in der ihnen eigenen Form und dem ihnen eigenen Wesen inne wohnen, wissen wir zur Genüge (dt.: II 12, 280). Die Folge ist unumgänglich, an allem ist zu zweifeln (dt.: II 12, 281), nichts ist sicher, nicht einmal, dass der Himmel über unserem Kopfe ist: non pas que le ciel soit sur nostre teste (II 12, 545). Mitnichten sind die Reflexionen der Philosophen von dem Verdikt, der Wahrheit des Weltwissens nicht teilhaftig zu sein, ausgenommen; sie erst recht wissen nicht zu sagen, was als Wahrheit gelten kann. Den Grund dafür, dass Montaigne seine Zeit für unfähig erachtet, zu bestimmen, was die Wahrheit des Weltwissens sei, habe ich genannt: Montaigne steht in seinen Reflexionen die vormalige Logik des Weltverständnisses schlicht nicht länger zur Verfügung. Es ist seiner undramatischen Art des Denkens zuzuschreiben, dass er sich damit begnügt, den Befund zu konstatieren. Sein Zweifel rührt, wie ich darzutun gesucht habe, daher, dass ihm verwehrt ist, länger noch von einem Absoluten als Grund her die Welt erschließen zu wollen. Montaigne erklärt, indem er sich dem Skeptizismus der Pyrrhonisten zu eigen macht: »Wenn unsere geistigen und sinnlichen Fähigkeiten ohne Fundament und Fußhalt sind, führt es zu nichts, unser Urteil von irgendeinem Teil ihres Wirkens mitreißen zu lassen.« »Entweder vermögen wir absolut zu urteilen – oder absolut nicht« (dt.: II 12, 280).

Erkenntniskritisch gibt es, wenn das Problem, der Logik verlustig gegangen zu sein, einmal in der Welt ist, solange keine Lösung, bis man eine andere Logik gefunden hat. Es scheint schier unmöglich, unter solchen Umständen auf die Frage, wie man ein Wissen von der Welt zu reklamieren vermöchte, das Wahrheit für sich in Anspruch nehmen könnte, eine Antwort zu finden. Wenn man unserer These folgt, dass just das die Lebenslage ist, in die Montaigne im 15. Jahrhundert geraten ist und die er reflektiert, stellt sich das Problem der Erkenntnis bei Montaigne sehr viel radikaler dar, als etwa eineinhalb

Jahrhunderte später bei Descartes. Auch Descartes stellt fest, dass kein einziger Satz der Schulphilosophie länger noch unbesehen als gültig gelten könne.[26] Im Unterschied zu Montaigne denkt Descartes jedoch ungerührt weiter im Ausgang von einem Absoluten; er stilisiert den Zweifel zum methodischen Zweifel und lässt sich hernach die Wahrheit der Erkenntnis von Gott garantieren.[27] Das Problem will recht verstanden sein: Es gibt zu keiner Zeit eine Welt, von der man überhaupt nichts wüsste. In der Praxis, notiert Montaigne, muss man tun, was der Verstand einem sagt, etwas anderes kann nicht heißen, nach der Natur zu gehen. Man darf nur nicht darüber hinaus gehen. Denn was darüber hinausgeht, ist monströs und ganz ohne Ordnung – monstrueux et desordonné (dt.: II 12, 506).

4. *Die Stellung des Subjekts in der Welt*

Letztendlich geht es Montaigne in den ja wahrhaft umfassenden Reflexionen der Essais nur um eines: um die Stellung des Subjekts in der Welt. Ihretwegen ist er so nachhaltig mit einer Religion befasst, die besagt, der Mensch sei nach dem Bilde Gottes geschaffen. Eine Religion, die das sagt, hat die pristine Logik für sich, denn Gott lässt sich in keiner Religion anders denken als unter der Vorgabe der grundhaft-subjektivischen Logik; die Religion muss sich dann allerdings gefallen lassen, dass sich die Verhältnisse umkehren und Gott nach dem Bilde des Menschen verstanden wird. Montaigne kann sich nicht genug daran tun, als Dünkel und Blasphemie darzustellen, Vergleiche zwischen Gott und dem Menschen anstellen zu wollen (dt.: II 12, 264 f.). Nicht für weniger unsinnig erachtet es Montaigne, sich durch die Natur zum Verständnis Gottes führen zu lassen. Wie schon bei Epikur[28] heißt es bei Montaigne, Gott stehe über der Naturordnung, er sei seinem Wesen nach zu weit entfernt von ihr, zu erhaben und zu souverän, um sich von unserem Verständnis der Natur binden zu lassen (dt.: II 12, 265).

Die Entsakralisierung der Natur, denn darum handelt es sich, hat eine Kehrseite, und die besteht darin, den Menschen just jenen Formen der Natur verhaftet zu sehen, die fürderhin nicht länger als Na-

---

[26] R. Descartes: Discours de la Methode. Hamburg 1960, S. 17 f.
[27] R. Descartes: Meditationen de prima philosophia. Hamburg 1959.
[28] Epikur: Philosophie der Freude. Frankfurt a. M. 1988.

tur Gottes, mithin sinnentleert verstanden werden müssen. Montaigne hat mit klarem Verstand wahrgenommen, was in seinem Jahrhundert mit dieser Natur geschieht: Sie wird mit einem Universum gleichgesetzt, das von einer in sich autonomen Prozessualität bestimmt wird. Auch insofern ist man am Vorabend des Umbruchs im Verständnis der Welt im Begriff, sich dieses Verständnisses zu vergewissern.[29] Wie in allen Jahrhunderten vor der Neuzeit sieht sich auch das Denken des 16. Jahrhunderts gezwungen, den Menschen aus der Natur heraus zu verstehen zu suchen. Es ist jedoch eine andere Natur als in den Jahrhunderten der Vorneuzeit; es ist eine Natur, von der wir gesagt haben, dass Gott aus ihr exkommuniziert worden sei. Es ist dieses Verständnis von Natur, das nunmehr für den Menschen den Status eines Stratums gewinnt, das bestimmt, wie er verstanden werden muss. Die reflexive Bedeutsamkeit, die die Natur im Denken Montaignes gewinnt, stellt eine Bastion des Rückzugs dar, nachdem die Bestimmung des Menschen durch die Religion zwar nicht überhaupt weggefallen ist, sich jedoch über sie nichts mehr sagen lässt.

Montaigne ist wohl der erste, in dessen Denken »Leben« den Platz einnimmt, von dem aus Jahrhunderte später die Stellung des Menschen im Universum bestimmt werden sollte. Jene Meinung, so sagt er im 3. Kapitel des II. Buches, die glaubt, das Leben verachten zu können, ist lächerlich. Denn schließlich ist das Leben unser Sein; es ist unser alles – nostre tout (II, 3, 334). Dessen Bedeutsamkeit ist für jeden gleich. Die durch die Verhaftung an das Leben hergestellte Bestimmung des Daseins eines jeden weiß Montaigne im Begriff der Egalität mit drastischen Worten zum Ausdruck zu bringen: *Les Roys et les philosophes fientent, et les Dames aussi*.[30] Wenn Montaigne wieder und wieder hervorkehrt, welchen Wert er seiner Gesundheit beimisst (III, 13,1056, passim), so nimmt sich das zwar trivial aus, entspricht aber der Bedeutung, die er dem Körper als der Manifestation des Lebens beimisst. Wie sehr Montaigne dabei jene Natur im Auge hatte, die wir heute als das biologische Stratum des Lebens verstehen, wird daran deutlich, dass er in ihr Mensch und Tier in eine Ebene stellt. Der Mensch steht weder über, noch unter dem Tier. *Nous ne sommes ny au dessus, ny au desoubs du reste* (dt.: II 12, 436). Ohne zu zögern schreibt Montaigne auch den Tieren ein Be-

---

[29] Das haben andere auch gesehen, so Hugo Friedrich: Montaigne.
[30] Essais, III, 13, 1063: Könige wie Philosophen scheißen und die Damen auch.

wusstsein zu und mit dem Bewusstsein auch eine Form von Vernunft (dt.: II 12 429 f.). Der Gedanke, dass sich das Bewusstsein des Menschen von dem des Tieres deshalb zu unterscheiden vermöchte, weil sich das Bewusstsein des Menschen auf einer über Denken und Sprache verfassten medialen Ebene durch ihn selbst bildet, lag ihm noch fern. In der Tat bedarf es, um der Differenz inne zu werden, einer Anthropologie des Geistes.

Die Stoßrichtung der Egalisierung von Mensch und Tier im Denken Montaignes ist nicht zweifelhaft: Es geht ihm um eine Depravation des Anspruchs, den sich der Mensch aufgrund seiner Geistigkeit zuschreibt. »Wir müssen,« erklärt Montaigne, »solchen dümmlichen Dünkel jedoch in den Staub treten und kühn und kraftvoll an den lächerlichen Fundamenten rütteln, auf denen diese lächerlichen Irrmeinungen gründen.« Die Pointe, um die es Montaigne geht, ist nicht zu toppen: »Man muss ihn bis aufs Hemd ausziehen – *Il le faut mettre en chemise*« (II,12, 469).

5. *Die Depravation des Geistes*

Es gehört zu den auffälligen Befunden im Verständnis des Geistes in der Vergangenheit, dass im Begriff des Geistes nicht zwischen dem absoluten Geist Gottes und dem Geist des Menschen unterschieden wird. Und das auch dann nicht, wenn gar nicht zweifelhaft ist, dass mit dem Geist des Menschen dessen alltägliche Kompetenz, zu denken und zu sprechen, gemeint ist. In der Moderne kann man zwar Begriffe finden, die Denken und Sprechen dem Intellekt im Unterschied zum Geist zuschreiben, dann wird jedoch fraglich, was mit dem Geist des Menschen gemeint ist. Er droht zu einer Residualkategorie zu werden. Auch die muss dann jedoch nicht weniger säkular verstanden werden als Denken und Sprechen auch. In der Vergangenheit konnte gar nicht zweifelhaft sein, dass auch der Geist Gottes sich im Denken und Sprache manifestierte. Gewiss, zuvörderst manifestierte er sich in der Macht des Handelns, offenkundig in der Schöpfermacht, das gilt jedoch auch für den Geist des Menschen. In einer Anthropologie des Geistes kann nicht fraglich sein, dass sich beider Geistigkeit, die Gottes und des Menschen, über die gleiche Logik ausbilden, eben die des Handelns.

Die Brisanz des zuvor erörterten Befundes bringt sich im Denken Montaignes darin zum Ausdruck, dass er mit der Destruktion der tradierten Logik just jene Form des Weltverständnisses destruiert, die bis dahin die Kraft gefunden hatte, das Weltwissen zur Einheit zu integrieren: das Denken vom Standpunkt Gottes aus. Just dieser Einheit geht das Weltwissen verlustig. Montaigne ist unablässig bemüht, sie in den Ausprägungen, die sie in der tradierten, von der Religion bestimmten Logik gefunden haben, zu destruieren. Eben weil für ihn einsichtig geworden ist, dass wir uns die Welt nicht länger vom Absoluten Gottes erschließen können, geht uns die Wahrheit des Wissens von ihr überhaupt verloren. Ich habe Montaignes Einlassung schon zitiert, man muss sie jedoch schärfer fassen, als es oben geschehen ist: Wenn man die Dinge nicht vom Absoluten der Welt her zu erkennen vermag, vermag man sie überhaupt nicht zu erkennen (dt.: II 12 544). Das ist die These, um die es Montaigne zu tun ist. Um sich des Umbruchs der Logik im Verständnis der Welt zu vergewissern, kann man sich nicht nachhaltig genug der Einsicht verschreiben, dass in aller Vergangenheit die Welt dem Absoluten Gottes zugerechnet wurde. Wir sind in der Moderne vollauf damit beschäftigt, die Konsequenz aus der Destruktion der Logik zu ziehen und für die Geistigkeit der humanen Lebensform in ihren verschiedenen säkularen Ausprägungen, Handeln, Denken und Sprache, schließlich auch der Kunst, eine säkulare Erklärung zu finden.

Mit dem Verlust absoluten Wissens verloren ging auch der Verlust der Tradition einher. Die Vergangenheit hört auf, der Gegenwart die Verbindlichkeiten zu überliefern. Sie hatten im Glauben an das Naturrecht ihre Stütze gefunden. Montaigne erklärt, natürlich gebe es Naturgesetze, aber der Lebensführung des Menschen seien sie ganz und gar verloren gegangen (dt.: II 12, 564). Oder was sonst solle man von einem menschlichen Tun halten, das diesseits der Flusses als Tugend gelte, jenseits aber als Verbrechen (dt.: II 12, 289).[31] Zwar beschwört Montaigne die Klugheitsregel, bei dem zu verbleiben, was Sitte und Recht eines jeden Landes vorschreiben (dt.: I 23, 117), aber noch die beste Sitte, Keuschheit zum Beispiel, ist schlecht begründet (dt.: I 23, 115). Etwas anderes, als ganz einfach den Regeln zu folgen, die in der Gesellschaft das Leben bestimmen, ist nicht in Sicht (dt.: III 13,1096). Der Konservatismus der Praxis, der darin zum Ausdruck kommt, stellt sich bis zu einem gewissen Grade als Pendant des pyrrhonischen Agnostizismus dar. Denn wenn nichts mehr sicher ist,

---

[31] Pascal: Penséss. Berlin 1978, S. 294, hat das Beispiel aufgegriffen: Plaisant justice qu'une riviere borne!

droht ein Chaos, in dem schließlich der eine den anderen frisst (dt.: II 112, 467). Montaigne nimmt hier Hobbes Schreckensvision eines Zerbrechens der Gesellschaft vorweg.

6. *Der Verlust der Einheit des Subjekts*

Das Subjekt konnte in seiner inneren Verfasstheit von der Geschichte nicht unberührt bleiben. Sein Bildungsprozess war, wie ich darzulegen mich bemüht habe, an ein Handeln gebunden, das darauf abzielte, sich die Welt zugänglich zu machen. Dieser Prozess ließ sich, das ist das Thema unserer Erörterung, steigern. Das Subjekt geriet mit ihm in immer umfassendere Bezüge zur Welt. Deren Rückführung auf einen absoluten Grund in Gott blieb bei Montaigne zwar erhalten, half ihm aber nicht länger, sich in den Geschehnissen des Tages zu orientieren. Ersichtlich geht, als die Rückführung der Geschehnisse auf ein Absolutes nicht mehr trägt, nicht nur die Einheit der Welt verloren, sondern auch die des Subjekts. »Ich stehe«, erklärt Montaigne, »auf so unsicheren und wackligen Füßen, ich gerate so leicht ins Wanken und Schwanken und sehe die Dinge in so wechselhaftem Licht, dass ich mich nüchtern als einen andern empfinde als nach dem Essen« (dt.: II 12, 282). Es ist, als habe Montaigne über das Projekt der Moderne, das wähnte, der Mensch werde die Verhältnisse in die Hand bekommen, hinaus gedacht. Weit davon entfernt, das Leben bestimmen und die Biographie lenken zu können, stolpert der Mensch den Verhältnissen hinterher. »Die Erde, die Felsen des Kaukasus und die Pyramiden Ägyptens schaukeln mit dem Ganzen und in sich. Auch der Gegenstand meiner Darstellung schaukelt, ich vermag ihn nicht festzuhalten« (dt.: III 2, 398).

Wir sind Stückwerk, uneins in uns selbst und gestaltlos; das ist der Befund von jemandem, der von sich sagt, er habe nichts anderes zu tun, als sich selbst zu beobachten. Niemand ist länger in der Lage, einen sicheren Plan seines Lebens zu verfolgen und anders als in Stücken darüber nachzudenken (dt.: II 1, 320). »Deshalb«, sagt Montaigne, »nehme ich ihn jeweils so, wie er in dem Augenblick ist, in dem ich mich mit ihm befasse.« Ich schildere nicht das Sein, ich schildere das Unterwegssein – *le passage* (dt.: III 2, 782) –: weniger von einem Lebensalter zum andern oder, wie das Volk sagt, von Jahrsiebt zu Jahrsiebt, als von Tag zu Tag, von Minute zu Minute« (dt.: III 2, 398). Und wenn es schon im Leben keine Kontinuität gibt, so erst recht nicht über den Tod hinaus. Für den gilt, für den alternden Montaigne jedenfalls: Was einmal aufgehört hat zu sein, ist nicht mehr. *Cequi a cessé une fois d'estre, n'est plus* (dt.: II 12, 500).

VI. Resümee

Kommen wir am Ende unserer Erörterung auf jenes Moment zurück, um das es mir zu tun ist: den Umbruch der Logik im Verständnis der Welt. Nunmehr nämlich lässt sich die strukturlogische Bedeutsamkeit der Essais Montaignes in zwei Sätzen zusammenziehen:
- Die Welt lässt sich nicht länger vom Absoluten Gottes her verstehen.
- Um diesen Befund zu denken, war eine Geschichte notwendig, in der der Mensch in einem Prozess der Säkularisierung der Autonomie der Welt einsichtig wurde.

Heraklit im Strom der modernen Geschichte

Gunter Scholtz

Das 18. Jahrhundert, die Zeit der Hochblüte der Aufklärung, verstand sich schon selbst als das eigentlich philosophische Jahrhundert. Das 19. Jahrhundert aber wurde früh als Jahrhundert der Geschichte interpretiert. Sucht man in Zedlers imposantem Universallexikon, das am Beginn des 18. Jahrhunderts in 68 großformatigen Bänden das Wissen der Zeit sammelte, Informationen zu Heraklit, findet man einen kleinen Artikel von einer Spalte, in welchem Heraklit als ein trübsinniger Misanthrop geschildert wird, von dem die skurrilsten Geschichten erzählt werden. So lesen wir, dieser Philosoph habe sich aus Ekel vor der Schlechtigkeit der Menschen in die einsamen Berge zurückgezogen, dort nur Kräuter gegessen und davon die Wassersucht bekommen, und um das Wasser loszuwerden, habe er sich unter einen Misthaufen gelegt, damit die Wärme des Mistes das Wasser in seinem Leib wieder aufzehre.[1] Von seiner Philosophie werden nur ein paar Sätze erwähnt, die unverständlich bleiben, und man bekommt den Eindruck, dass dieser Denker ins Kuriositäten-Kabinett gehört.

Knapp 100 Jahre später veröffentlichte 1808 der Theologe und Philosoph Schleiermacher in der damals führenden Zeitschrift der Altphilologie eine gelehrte Abhandlung von gut 200 Seiten mit dem Titel *Herakleitos der dunkle, von Ephesos, dargestellt aus den Trümmern seines Werkes und den Zeugnissen der Alten,* und er machte darin deutlich, dass Heraklit einer der bedeutendsten Denker war, der auf die antike Philosophie großen Einfluss ausübte.[2] Diese Abhandlung, die mit philologischem Spürsinn aus den verfügbaren Ma-

---

[1] J. H. Zedler: Grosse vollständige Universal-Lexicon Aller Wissenschafften und Künste, Bd. 12. Halle/Leipzig 1732, Sp. 1598 f.
[2] F. Schleiermacher: Herakleitos der dunkle, von Ephesos, dargestellt aus den Trümmern seines Werkes und den Zeugnissen der Alten. In: Museum der Alterthums-Wissenschaft, hg. von F. A. Wolf und Ph. Buttmann, Bd. 1 (1808) S. 313–533. Jetzt in: Kritische Gesamtausgabe (KGA) I. Abt. Bd. 6. Berlin 1998, S. 101–241.

terialien Heraklits Philosophie als ein konsistentes Ganzes zu rekonstruieren versucht, verstand Schleiermacher nur als Grundlage für weitere Untersuchungen, und sie war dann in der Tat der Auftakt für eine sehr breite, intensive Erforschung und Rezeption von Heraklits Denken, die bis in die Gegenwart reichen.

Man wird vermuten, das 19. Jahrhundert habe eben aus seinem historischen Interesse heraus alle Zeugnisse der Vergangenheit genauer und sorgfältiger ins Auge gefasst als das 18. Jahrhundert. Aber das ist nur die halbe Wahrheit. Denn Heraklit zog das *philosophische* Interesse des 19. Jahrhunderts auf sich und wurde zu seinem Lieblingsvorsokratiker: Hegel erklärte, es gebe keinen einzigen Satz des Heraklit, den er nicht in seine Logik aufgenommen habe; Ferdinand Lassalle, der Begründer des Allgemeinen Deutschen Arbeitervereins, aus dem die Sozialdemokratie hervorging, verfasste ein zweibändiges Werk über Heraklit; in den Philosophiegeschichten dieser Zeit finden wir zu Heraklit sehr umfängliche Darstellungen – bei Eduard Zeller sind es gut 150 Seiten; der Philologe und Philosoph Nietzsche verschrieb seinen Zeitgenossen Heraklits Fragmente als Pflichtlektüre; und der philosophische Privatgelehrte, der Gutsherr und Landtagesabgeordnete Graf Paul Yorck von Wartenburg, erarbeitete eine eindringliche Heraklit-Interpretation, die später auch Heidegger inspirieren konnte. Jene sehr verschiedenen Köpfe waren nicht durch Politik oder Religion verbunden, sondern gemeinsam waren ihnen nur für uns heute erstaunliche Kenntnisse der Philologie und Geschichte und ein allgemeines philosophisches Interesse sowie die Fähigkeit, Philosophie und Geisteswissenschaften zu verbinden. Daraus erklärt sich allerdings noch nicht ihre Zuwendung zu Heraklit. Was konnte ein alter Philosoph, der schon seit 2.400 Jahren tot war, noch Wichtiges der modernen, wissenschaftlichen Zivilisation mitteilen?

Die Aufklärungsphilosophie, die 1781 in Kants Vernunftkritik gipfelte, hatte zu einer Revolution des Denkens geführt, indem sie der altehrwürdigen Metaphysik mit ihren Gottesbeweisen den Boden entzog; die politische Revolution in Frankreich beendete 1789 das Ancien Regime, die Ständegesellschaft; mit der industriellen Revolution, mit den Dampfmaschinen, Eisenbahnen und Dampfschiffen, wandelten sich der Verkehr und die Arbeitswelt und so auch die Sozialverhältnisse – 1830 begannen die sozialen Revolutionen; die wissenschaftlichen Revolutionen mit Charles Darwins Zoologie als vorläufigem Höhepunkt griffen tief in das Selbstverständnis der Menschen ein – Darwins Hauptwerk erschien 1859. Die moderne

Welt zeigte sich also seit dem ausgehenden 18. Jahrhundert als eine Welt in radikalem Wandel, und deshalb – so darf man vermuten – wurde *die* alte Philosophie hochmodern, die den Wandel zum Weltprinzip erklärt hatte. Man erhielt von dem Denker aus der Frühphase der Philosophie die Bestätigung oder vielleicht sogar den Trost, dass sich schon immer und prinzipiell alles wandelt und dass es auch gar nicht anders sein kann. Einen Hinweis, dass der Geschichtswandel Heraklit aktuell werden ließ, findet man auch in der Sprache. Im 19. Jahrhundert tauchte erstmals der heute gängige Begriff der »Geschichtlichkeit« in den Geisteswissenschaften auf, da man jetzt alles in seinem geschichtlichen Kontext und Wandel zu betrachten sich genötigt sah, und es waren genau die Autoren, die ihn prägten, die sich auch Heraklit zuwandten: Schleiermacher, Hegel und Yorck von Wartenburg.[3]

Wir können davon ausgehen, dass die wichtigste Quelle des philosophischen Nachdenkens seit Anbeginn die Erfahrung von Vergänglichkeit war. Denn der Mensch lebt und stirbt nicht nur, sondern er *weiß* das, und er muss sich deshalb dazu auch verhalten. Wenn er sieht und erlebt, dass alle Dinge der Natur entstehen und vergehen und er selbst eingelassen ist in diesen Zusammenhang, dann drängt sich die Frage auf, ob denn nicht auch etwas Dauer hat und ewig fortbesteht. Und wenn sich den Sinnen unzählige und sehr verschiedene Dinge darbieten, bleibt die Frage nicht aus, woher sie letztlich kommen, was ihr Ursprung ist, ob sich diese verwirrende Vielfalt, die unser Gedächtnis und unseren Verstand überfordert, nicht auf eine zugrundeliegende Einheit zurückführen lässt. Es erstaunt deshalb nicht, wenn am Beginn der Kulturform, die wir im Abendland »Philosophie« nennen, die Suche nach der *archē* stand, nach einem Urprinzip, das selbst unvergänglich ist und dem alles Vergängliche seine Entstehung verdankt. Von den ersten Philosophen besitzen wir leider keine Schriften, sondern kennen sie nur aus Zitaten der späteren Literatur. Aber man ist sich einig, dass Thales alles aus dem Wasser als Urprinzip hervorgehen sah und andere Denker dann jeweils andere Naturphänomene zur Grundlage allen Seins und Werdens erklärten.

Heraklit lebte um 500 v. Chr., und zwar wie Thales, Anaximan-

---

[3] L. v. Renthe-Fink: Geschichtlichkeit. Ihr terminologischer und begrifflicher Ursprung bei Hegel, Haym, Dilthey und Yorck. 2. Aufl. Göttingen 1968; G. Scholtz: Ergänzungen zur Herkunft des Wortes »Geschichtlichkeit«. In: Archiv für Begriffsgeschichte 14 (1970), S. 112–118.

der, Anaximines usw. in Kleinasien, in Ephesos, und auch er scheint als Urprinzip ein Naturphänomen zu kennen, nämlich das Feuer. Und doch weisen ihm die Interpreten eine Sonderstellung zu. Denn sein Prinzip hat keine Konstanz, das Feuer bleibt nicht Feuer, es geht in Luft, Wasser und Erde über, und so hebt es sich selbst auf, um dann wieder neu zu entstehen. Schon Schleiermacher bestreitet, dass das Feuer bei Heraklit mit dem Wasser bei Thales überhaupt zu vergleichen sei,[4] und nie habe Heraklit das Feuer ein Urprinzip, *archē*, genannt. Während man also einen beständigen, bleibenden Urgrund suchte, erklärte demnach Heraklit, dass es einen solchen gar nicht gibt. Das Beständige, Feste, Ewige, ist für ihn nichts anderes als der ewige Umwandlungsprozess. Es seien ein paar überlieferte Sätze Heraklits als Beispiele in Erinnerung gerufen, im klaren Bewusstsein, dass es Übersetzungen und deshalb schon Interpretationen und diese strittig sind:

»Das Kalte wird warm, Warmes kalt, Feuchtes trocken, Trockenes feucht.«[5] Die Gegensätze gehen also ineinander über. Das hat weitreichende Folgen, auch für die Auffassung von Tod und Leben: »Unsterbliche sterblich, Sterbliche unsterblich; sie leben den Tod jener und sterben das Leben jener.«[6] Ähnlich lautet ein anderes Fragment: »Ein und dasselbe offenbart sich in den Dingen als Lebendes und Totes, Waches und Schlafendes, Junges und Altes. Denn dieses ist nach seiner Umwandlung jenes, und jenes, wieder verwandelt, dieses.«[7] Die gesamte Natur ist durch diesen Wandlungsprozess beherrscht, ja sie ist nichts als dieser stete Wandel: »Es lebt das Feuer der Erde Tod, und die Luft lebt des Feuers Tod, das Wasser lebt der Luft Tod, die Erde den des Wassers.«[8]

Wenn alles sich stets verändert, verliert alles auch seine Identität, und das zeigt sich in dem Spruch, den heute fast jeder noch kennt: *panta rhei*, alles fließt. Die überlieferten Ausdrucksweisen Heraklits dafür lauten etwas anders, z. B. so: »Wer in denselben Fluss steigt, dem fließt anderes und wieder anderes Wasser zu.«[9] Daraus folgt: »Wir steigen in denselben Fluss und doch nicht in denselben; wir sind

---

[4] KGA I/6, S. 143.
[5] Ich zitiere nach der Ausgabe und Übersetzung von W. Capelle: Die Vorsokratiker. Die Fragmente und Quellenberichte. Stuttgart 1968, S. 133, Nr. 20.
[6] Ebd., Nr. 21.
[7] Ebd., Nr. 18. Vgl. S. 139 Nr. 46.
[8] Ebd., S. 133, Nr. 22.
[9] Ebd., S. 132, Nr. 15.

es und wir sind es nicht.«[10] Man sieht die radikale Konsequenz dieses Denkens im Nachsatz: Auch wir selbst dürfen uns über unsere Identität keine Illusionen machen. Wenn wir durch unsere sprachlichen Bezeichnungen stets Identisches behaupten, dann liegt das nur an unserer begrenzten Wahrnehmungsweise und an unserem kurzen Leben. Zwar ist Heraklits Denk- und Ausdrucksweise, so wird auch in den Übersetzungen deutlich, noch vorwissenschaftlich, archaisch, aber seine Gedanken vertragen sich trotzdem oft sehr gut mit den Ergebnissen der modernen Wissenschaften. Während z. B. ein Blick auf die gewaltigen Gebirgsmassen der Alpen uns den Eindruck von unveränderlichen Formationen vermittelt, rekonstruiert die Geologie ihr Auftauchen aus dem Meer und beobachtet ihre fortgehenden Veränderungen.

Neben dem gemeinsamen Augenmerk auf den steten Weltenwandel hatten und haben die neueren Interpreten natürlich je ihre eigne Perspektive, aus der sie sich jenem alten Philosophen zuwenden, und ihre Deutungen konnten umso leichter recht verschieden ausfallen, als ja nur einige Bruchstücke seiner Philosophie überliefert waren. Schleiermacher verrät uns nicht, warum er sich der großen Mühe unterzog, alle ihm zugänglichen Nachrichten von Heraklit zu sammeln, kritisch zu sichten und zusammenzufügen. Ja, es ist sogar befremdlich, dass gerade er die erste große Gesamtdarstellung jener alten Philosophie vorlegte, denn Schleiermacher verehrte Platon, den Denker der unwandelbaren Ideen, und er war damals intensiv mit der Übersetzung der platonischen Dialoge befasst. Doch näher betrachtet, konnte ihn gerade sein Platon-Studium zu Heraklit führen. Denn Platon hatte sich intensiv mit Heraklit auseinandergesetzt,[11] und Schleiermacher zeigt, dass Platon den herakliteischen Gedanken des steten Werdens in seine Philosophie sehr wohl aufgenommen hatte und keineswegs nur von statischen, leblosen Ideen handelte, sondern auch von den Ideen als Kräften sprach, welche vergängliche Erscheinungen produzieren – so wie andererseits laut Schleiermacher bereits Heraklit nicht nur die ewige Veränderung von allem behauptet hatte, sondern in der Wirklichkeit auch die *logoi*, die wiederkehrenden, un-

---

[10] Ebd., Nr. 16.
[11] Die Dialoge *Kratylos, Sophistes* und *Symposion* kamen in Schleiermachers Übersetzung 1807 heraus. In allen drei Dialogen findet man Bezugnahmen zu Heraklit. Den *Sophistes* hatte er zum Schlüsseltext für ein angemessenes Platon-Verständnis erklärt.

veränderlichen Formen und Gesetze, erkannt hatte. Die wirklich große und großartige Philosophie hat also für Schleiermacher stets beides in irgendeiner Weise zu verbinden gewusst: das Sein und das Werden, das Stetige und die Veränderung.

Dabei musste Heraklit den Philosophen Schleiermacher auch durch den Gedanken faszinieren, dass die Harmonie des Kosmos aus der spannungsreichen Verbindung von Gegensätzen hervorgeht. In mehreren Fragmenten lesen wir Berichte, dass Heraklit gelehrt habe: »Das Widerstrebende vereinige sich und aus den entgegengesetzten (Tönen) entstehe die schönste Harmonie, und alles Geschehen erfolge auf dem Wege des Streites.«[12] Um 1800 finden wir bei vielen Autoren ein Polaritätsdenken, das sich besonders auf Newtons Entgegensetzung der Kräfte von Attraktion und Repulsion und auf das Magnetfeld stützte, sich aber auch auf antike Vorbilder berief. Auch Schleiermacher hatte sich dieses Polaritätsdenken zu eigen gemacht. In seinen berühmten *Reden über die Religion* heißt es 1799: »Ihr wisst dass die Gottheit durch ein unabänderliches Gesetz sich selbst genötigt hat, ihr großes Werk bis ins Unendliche hin zu entzweien, [und] jedes bestimmte Dasein nur aus zwei entgegengesetzten Kräften zusammenzuschmelzen«.[13] Das ist nicht weit entfernt von Heraklits Gedanken, dass die Natur nach Gegensätzen strebt und aus diesen den »Einklang webt, nicht aus dem Gleichen«.[14] Die Leute begreifen nicht, so Heraklit in einem anderen Fragment, »dass es (das All-Eine), auseinanderstrebend, mit sich selber übereinstimmt: widerstrebende Harmonie wie bei Bogen und Leier.«[15] Schon Heraklit nennt als Beispiel für solche Verbindung des Entgegengesetzten auch das Männliche und Weibliche in der Natur. Platon hatte das in seinem *Symposion* zitiert, und Schleiermacher, Wilhelm von Humboldt und andere vertraten dann dieselbe Auffassung. Heraklit stand also auch deshalb dem neuzeitlichen Denken besonders nahe, weil er ein Polaritätsdenker war.

Sodann hatte Heraklit als erster behauptet, alles sei eins. In einem Fragment heißt es: »Wenn ihr nicht auf mich, sondern auf

---

[12] Capelle: Die Vorsokratiker, S. 134, Nr. 25.
[13] Schleiermacher: Über die Religion. Reden an die Gebildeten unter ihren Verächtern 1799/1806/1821. Studienausgabe, hg. von N. Peter, F. Bestebreurtje, A. Büsching. Zürich 2012, S. 9 f.
[14] Capelle: Die Vorsokratiker, S. 134, N. 26.
[15] Ebd., Nr. 27.

den Logos hört, ist es weise, anzuerkennen, daß *alles eins* ist.«[16] *Hen kai pan*, eins und alles – das war die Formel des Pantheismus, der die Entgegensetzung von Gott und Welt durch den Begriff des göttlichen Weltganzen oder der Natur aufhob. Zu diesem Pantheismus hatte sich Schleiermacher in seinen berühmten *Reden über die Religion* 1799 selbst bekannt, indem er nicht von Gott, sondern vom »Universum« sprach und dem damals berühmtesten Pantheisten, Spinoza, ein Totenopfer darbrachte. Zeigten die Theologen dafür zumeist wenig Verständnis, so die Vertreter der literarischen und philosophischen Avantgarde um so mehr. Auch Goethe hatte ja in seinem Gedicht *Dauer im Wechsel* von 1804 Heraklit zitiert – »Ach, und in demselben Flusse / Schwimmst du nicht zum zweitenmal«[17] –, und er hatte verschiedentlich Gedanken geäußert, die man pantheistisch nennen könnte (z. B. im *Faust*).

Um 1800 empfand man ein Ungenügen an Kant und der gesamten Aufklärungsphilosophie, da sie die ganze Welt in ein Konstrukt des Verstandes zu verwandeln schien, und deshalb wandte man sich am Ende des 18. Jahrhunderts in neuer Weise zwei Philosophen zu, die man zuvor längst für widerlegt und überwunden gehalten hatte: Platon und Spinoza. Schleiermacher fügt ihnen auch Heraklit hinzu: Schon er hat Werden und Sein verbunden, schon er hat die Einheit aller Gegensätze behauptet und das *hen kei pan* ausgesprochen, das die Zeitgenossen zumeist nur mit Spinoza verbanden. Um sich anders und neu zur Welt zu verhalten und von den Autoritäten der Aufklärungsphilosophie wie Hume und Kant zu befreien, geht man jedenfalls am Beginn des 19. Jahrhunderts zurück zu den ganz Alten, bis zu Heraklit. Die Überwindung der Einseitigkeiten von Kants Philosophie erfolgte durch Rückgriffe.

Schleiermacher sagte 1810 in der Berliner Akademie der Wissenschaften, die Unkundigen fänden in der Philosophiegeschichte nur Beweise »für die Unmöglichkeit der Philosophie«, da sie sähen, dass alle bisherigen Systeme auch wieder verschwanden und keines seine Wahrheit zu allgemeiner Anerkennung bringen konnte.[18] Hegel drückte das noch etwas schärfer aus: die Geschichte der Philosophie diene leider vornehmlich dem »Beweis der Nichtigkeit dieser

---

[16] Ebd., S. 131, Nr. 9.
[17] J. W. Goethe: Werke. Hamburger Ausgabe, Bd. 1, S. 247.
[18] F. Schleiermacher: Antrittsvortrag (1810), KGA I/11. Berlin 2002, S. 5 f.

Wissenschaft«.[19] Schleiermacher und Hegel zeigten deshalb, dass sich sehr wohl Vernunft in den geschichtlichen Gestaltungen des philosophischen Denkens manifestiert. Das war auch konsequent und vollkommen richtig. Denn wäre die ganze Geschichte des philosophischen Nachdenkens nur ein chaotisches Feld von menschlichen Irrtümern, dann wäre auch in der Gegenwart keine vernünftige Einsicht mehr möglich – schließlich wurde immer deutlicher, dass unser eigenes Denken schon durch die Sprache auch von der Geschichte des Denkens geprägt ist. Wer meint, diesem Einfluss dadurch entkommen zu können, dass er sich ganz auf die Ergebnisse der Naturwissenschaften stützt – und das ist der Trend in dem sich jetzt ausbreitenden Naturalismus –, der übersieht, dass selbst diesen empirischen Wissenschaften bestimmte historische Entscheidungen und Entwicklungen zugrunde liegen, wie die Wissenschaftsgeschichte deutlich macht, und man übernimmt die Einseitigkeiten einer Betrachtung, welche die Philosophie gerade überwinden sollte. Der Rückgang zum Denken der Vergangenheit dient also dem Denken in der Gegenwart.

Hegel macht in seinen Vorlesungen zur Philosophiegeschichte deutlich, dass seine Dialektik keineswegs sein eigener, bloß subjektiver Einfall ist, sondern schon am Anfang der Philosophie von Heraklit behauptet wurde. Und so erläutert er in seiner Heraklit-Darstellung die grundlegenden Gedanken, mit denen er auch seine Logik beginnt. Er zitiert: »Das Sein ist so wenig als das Nichtsein«, beide sind im Werden verknüpft und zugleich darin aufgehoben, d.h. als Selbständige negiert und doch aufbewahrt; denn »das Werden ist und ist auch nicht.« Das allgemeine Prinzip darin: »Die schlechthin entgegengesetzten Bestimmungen sind in eins verbunden; wir haben das Sein darin und auch das Nichtsein.«[20] Für die genaue Nachzeichnung von Hegels Heraklit-Interpretation wäre eine eigene umfängliche Abhandlung nötig, und deshalb sei nur kurz Hegels Haupttendenz genannt: Indem Heraklit sagte, alles trage seinen Gegensatz als sein Anderes bereits in sich und schlage in sein Gegenteil um, lehrte er als erster die Wirklichkeit als »Prozess der Lebendigkeit« zu begreifen.[21] Während das bloß verständige Denken, typisch für die gesamte Aufklärungsphilosophie, immer Identitäten fixiert und iden-

---

[19] G. W. F. Hegel: Vorlesungen über die Geschichte der Philosophie. Theorie Werkausgabe, Bd. 18. Frankfurt a. M. 1971, S. 15.
[20] Ebd., S. 324.
[21] Ebd., S. 327.

tische Dinge und Bereiche behauptet, vermag die philosophische Vernunft einzusehen, dass sich das scheinbar Identische und Konstante gesetzmäßig auflöst und die ganze Natur nichts als ein permanenter Prozess der Umwandlung ist. Heraklit verteidigend, versucht Hegel sogar, die modernen Naturwissenschaften zu widerlegen, weil sie vollkommen konstante materielle Elemente annehmen. Heraklit war demnach keineswegs ein Irrationalist, sondern er hatte mehr *Vernunft* als die modernen Wissenschaften, die nur den *Verstand* bemühen. Und nur weil er über den Verstand hinaus zur Vernunft ging, wurde Heraklit laut Hegel von den meisten nicht verstanden und »der Dunkle« genannt.

Wie angedeutet, waren seit dem 18. Jahrhundert alle Bereiche der Gesellschaft und Kultur in einen immer rascheren Strom der Veränderung geraten, und zu den neuen Gestalten zählt auch Hegels Logik, welche die traditionelle Logik verabschiedete und das Denken Heraklits als vernünftig rechtfertige. Hegel war überzeugt, dass nur auf der Grundlage seiner heraklitischen Logik sich die Welt in ihrer Bewegung begreifen ließe. Aber er hat nicht behauptet, dass Heraklits Philosophie schon ausreiche, um dem Leben in der Moderne als Leitstern dienen zu können; schließlich war ja bei Heraklit von Hegels Grundprinzip des geschichtlichen Fortschritts im Bewusstsein der Freiheit noch gar keine Rede.

Deshalb erstaunt, dass gerade der Sozialist Ferdinand Lassalle ein zweibändiges Werk über Heraklit verfasste und es mit dem Wort »Freiheit« – in Sperrdruck – abschloss. Lassalle, 1825 geboren, begann unter dem Eindruck von Hegels Philosophie schon als Student sich intensiv mit Heraklit zu befassen und hatte 1846 seine Arbeit schon fast beendet, als sein politisches Engagement ihn 10 Jahre lang aus diesen Forschungen herausriss. In dieser Zeit nahm er als Schriftsteller und Redner Partei für den sich formierenden Sozialismus, kam dabei auch in Kontakt mit Marx und Engels und wurde zur Zeit der 48er Revolution zweimal zu einer Gefängnisstrafe verurteilt. Aber 1856 nahm er die Arbeit über Heraklit wieder auf, so dass sie 1858 als seine umfangreichste Publikation im Druck erscheinen konnte.[22] Was interessierte einen modernen Sozialisten an der Philosophie des alten Heraklit, der nach allgemeiner Auffassung viel mehr ein Naturphilosoph als ein politischer Denker war?

---

[22] F. Lassalle: Die Philosophie Herakleitos des Dunklen. 2 Bde. Berlin 1858. Auch in: Gesammelte Reden und Schriften, Bd. 7 und 8. Berlin 1920.

Das lässt sich ungefähr so erläutern: Wenn sich alles wandelt, ist ein Festkleben an alten, überkommenen Gesellschaftsordnungen nicht sinnvoll, und da Heraklit gesagt hatte, es geschehe alles gemäß dem ewigen Logos,[23] und man Heraklits Begriff des Logos als Weltvernunft oder Weltgesetz interpretieren konnte, gab diese Philosophie auch Vertrauen in den Wandel der Wirklichkeit: Die Umwandlungen und »die *Vernichtung alles Festen*« sind nicht unvernünftig, sie erfolgen nach ewigen, verstehbaren Gesetzen. Deshalb sind auch politische Kämpfe und Revolutionen nicht zu verwerfen, sie gehören zu diesem Wandel hinzu, sie sind notwendig – Heraklit hatte ja Streit und Krieg ausdrücklich gerechtfertigt: »Kampf ist der Vater von allem, der König von allem«. Oder noch deutlicher: »Man muss wissen, dass der Kampf das Gemeinsame ist und das Recht der Streit, und dass alles Geschehen vermittels des Streites und der Notwendigkeit erfolgt.«[24]

In einer Reihe von Fragmenten heißt es bei Heraklit, man müsse dem »Gemeinsamen« folgen. Lassalle versteht dieses Gemeinsame mit Hegel als die sich in der menschlichen und natürlichen Welt realisierende göttliche Weltvernunft, und er sieht in ihr auch die Quelle der menschlichen Gesetze. Wenn alle menschlichen Verfassungen und Gesetze sich der übergeordneten Weltvernunft verdanken, dann sind sie auch vom Wandel dieser Weltvernunft abhängig. Daraus entwickelt Lassalle seine heraklitische Ethik: Man soll nicht seinen sinnlichen Begierden und privaten Interessen folgen, sondern man muss den Gang der Weltvernunft erkennen und sich der Leitung dieser allgemeinen Vernunft unterstellen. Heraklit hatte die Menschen als Masse verachtet, sie lebten wie das Vieh nur nach ihren Begierden. Lassalle schwächte das ab, behielt aber die Tendenz bei: Man dürfe der Masse nicht gehorchen und von der Masse der Proletarier keine vernünftige Gesellschaftsordnung erwarten, sondern nur und ausschließlich von den besten Köpfen, welche Einsicht in den Gang der Geschichte erlangt haben. Er verteidigt deshalb auch mit Heraklit den Ruhm der großen Einzelnen, weil der Ruhm nicht aus der sinnlichen Existenz der Menschen hervorgeht und diese überdauert.[25] Wer sich zur allgemeinen Vernunft erhebt und sich selbst über der Weltvernunft vergisst, der allein erlangt mit der Erkenntnis auch Freiheit,

---

[23] Lassalle: Die Philosophie Herakleitos des Dunklen (GS, Bd. 7), S. 135 f.
[24] Ebd., S. 135.
[25] Ebd., Bd. 2, S. 647 f.

indem er frei wird von sich selbst, von seiner einzelnen Besonderheit, und die allgemeine Vernunft in sich freisetzt. In Lassalles etwas umständlichen Worten: »Diese Aufhebung des eigenen Seins und diese Hingabe an das Allgemeine ist in ungetrennter *Identität* zugleich die Idee des *Erkennens und des Guten* bei Heraklit. In dieser Selbstaufhebung ist, *weil sie Unterscheiden seiner von sich selbst* und *freie Selbstbestimmung des einzelnen ist*, die formelle Freiheit des Individuums bei Heraklit vorhanden.«[26] Weil die »Idee der *Freiheit*« laut Lassalle »ewig den Schlußstein aller wahren Philosophie zu bilden« habe, beendet er sein Werk mit dieser Idee.[27] – Überzeugt, dass der Gang der Geschichte den Sozialismus verlange und heraufführe, war seine Mitbegründung des Allgemeinen Deutschen Arbeitervereins 1863 für ihn sicherlich ganz im Sinne des Heraklit, wenngleich dieser sich geweigert hatte, politische Funktionen in seiner Heimatstadt Ephesos zu übernehmen. Es war Lassalle aber nicht vergönnt, sein eigenes Leben ganz der Weltvernunft zu opfern, denn er starb 1864 nicht im Kampf für den Sozialismus, sondern im Duell für seine Liebe zu einer Frau.

Wie in der Musik Franz Schuberts dieselben Themen durch Tonartwechsel unvermittelt in ein ganz anderes Licht getaucht werden, so treten uns dieselben Fragmente Heraklits neu und anders entgegen, wenn wir die Interpretationen der beiden Philosophen Nietzsche und Yorck am Ende des 19. Jahrhunderts lesen. Schon stilistisch konnte der Unterschied zwischen der hegelianisierenden Darstellung Lassalles, die ständig von philologischen Erörterungen unterbrochen wird, und dem eleganten Essay des jungen Basler Philologen Nietzsche kaum größer ausfallen, wenngleich sie nur 15 Jahre trennt. Nietzsche leiht 1873 in seiner Abhandlung über »Die Philosophie im tragischen Zeitalter der Griechen« dem alten Philosophen Heraklit seine eigene, moderne Sprache, um eindringlich, ja beschwörend Heraklit einer nur gelehrten Philologie zu entreißen und ihn seinen Zeitgenossen als den bedeutendsten Denker nahe zu bringen: »Lauter als Anaximander rief Heraklit es aus: ›Ich sehe nichts als Werden. Lasst euch nicht täuschen! In eurem kurzen Blick liegt es, nicht im Wesen der Dinge, wenn ihr irgendwo festes Land im Meere des Werdens und Vergehens zu sehen glaubt. Ihr gebraucht Namen der Dinge, als ob sie eine starre Dauer hätten: aber selbst der Strom, in

---

[26] Ebd., S. 681.
[27] Ebd., S. 685.

den ihr zum zweiten Male steigt, ist nicht derselbe als bei dem ersten Male.‹«[28]

Man erkennt sofort, es ist nicht alles neu, was wir von Nietzsche über Heraklit erfahren. Aber die Akzente sind neu und anders. Nietzsche stellt jetzt Heraklit kritisch der modernen Rationalität entgegen. Heraklit war kein Vertreter der Vernunftphilosophie wie bei Hegel und Lassalle, sondern erreichte seine Einsichten im Sprunge, durch seine Intuitionen. »Heraklit hat als sein königliches Besitztum die höchste Kraft der intuitiven Vorstellung; während er gegen die andre Vorstellungsart, die in Begriffen und logischen Kombinationen vollzogen wird, also gegen die Vernunft, sich kühl, unempfindlich, ja feindlich zeigt und ein Vergnügen zu empfinden scheint, wenn er ihr mit einer intuitiv gewonnenen Wahrheit widersprechen kann«.[29] Hegels Vernunft wird also von Nietzsche durch die Intuition ersetzt, weil Heraklit etwas sagte, was aller modernen Vernunft widerspricht.

Damit dessen These vom steten Werden nicht nur schulmäßig nachgeplappert wird, bemüht sich Nietzsche, die Kühnheit und Ungeheuerlichkeit dieses Gedankens auch zu Gefühl zu bringen: »Das ewige und alleinige Werden, die gänzliche Unbeständigkeit alles Wirklichen, das fortwährend nur wirkt und wird und nicht ist, wie dies Heraklit lehrt, ist eine furchtbare und betäubende Vorstellung und in ihrem Einflusse am nächsten der Empfindung verwandt, mit der jemand bei einem Erdbeben das Zutrauen zu der festgegründeten Erde verliert.«[30] Heraklits Einsicht also ist schrecklich. Erst wenn man die allgemeinen Gesetze und Regeln dieses Werdens kenne, werde der Anblick des sich wandelnden Kosmos »erhaben« und so erträglich. Das ist der Schlüssel, um in dieser Welt leben zu können: Sie kann und muss ästhetisch betrachtet werden. An die Stelle des politischen Engagements von Lassalle tritt bei Nietzsche die ästhetische Anschauung. Heraklit hatte dazu selbst Anlass gegeben, nämlich durch seinen wiederkehrenden Gedanken von der Harmonie der Gegensätze.

Nietzsche macht seine Perspektive besonders deutlich, indem er das Fragment ins Zentrum rückt, in dem es heißt, der Äon sei wie ein spielendes Kind.[31] Das heißt für Nietzsche: Es ist sinnlos, nach dem

---

[28] F. Nietzsche: Die Philosophie im tragischen Zeitalter der Griechen (1873). Werke in drei Bänden, hg. von K. Schlechta. München 1958, Bd. 3, S. 369 f.
[29] Ebd., S. 370.
[30] Ebd., S. 371.
[31] Ebd., S. 376–381. H. Diels: Die Fragmente der Vorsokratiker, griechisch und

Sinn dieser Welt zu fragen. Und es ist beschränkt und falsch, alles unter dem Maßstab der Moral und im Hinblick auf letzte Zwecke zu betrachten. Das Entstehen und Vergehen ist nichts als ein Spiel, das der Äon oder Zeus mit sich selbst spielt. Das richtige Verhalten ist deshalb die ästhetische Anschauung und die Teilnahme an diesem Spiel im Medium der Kunst. »Ein Werden und Vergehen, ein Bauen und Zerstören ohne jede moralische Zurechnung in ewig gleicher Unschuld hat in dieser Welt allein das Spiel des Künstlers und des Kindes. Und so, wie das Kind und der Künstler spielt, spielt das ewig lebendige Feuer, baut auf und zerstört, in Unschuld – und dieses Spiel spielt der Äon mit sich. Sich verwandelnd in Wasser und Erde, türmt er wie ein Kind Sandhaufen am Meere, türmt auf und zertrümmert: von Zeit zu Zeit fängt er das Spiel von neuem an.«[32] Heraklit versuchte nicht wie Leibniz, diese Welt als die bestmögliche zu erweisen, »es genügte ihm, daß sie das schöne unschuldige Spiel des Äon ist.«[33]

Diese Einsicht nennt Nietzsche die einzig mögliche »Kosmodizee«, die einzig denkbare Rechtfertigung des Kosmos, so wie er in der Abhandlung über die *Geburt der Tragödie* sagt, dass nur als ästhetisches Phänomen die Welt gerechtfertigt sei. Der pagane Denker Heraklit befreit demnach nicht nur von der Rationalität der modernen Wissenschaften mit ihrer begrenzten Perspektive, sondern auch und vor allem von der christlichen Theologie mit ihrem Theodizee-Problem. Er ist der modernen Kultur deshalb fremd, aber seine Lehre ist die einzig wahre und heilsame. »Das, was er schaute, *die Lehre vom Gesetz im Werden und vom Spiel in der Notwendigkeit*, muss von jetzt ab ewig geschaut werden: er hat von diesem größten Schauspiel den Vorhang aufgezogen.«[34] – Wenn Nietzsche später den Philosophen seiner Zeit vorwarf, der bewegten Wirklichkeit nicht gerecht zu werden, und eine »geschichtliche Philosophie« forderte, und wenn er von der Wiederkehr des Gleichen sprach, dann zeigt sich darin, wie sehr er auch später Heraklit treu blieb; ja Heraklit mit seinem eigenwilligen, spröden Charakter, mit seiner Menschenscheu und Stadtflucht, konnte für Nietzsche ein Vorbild sein.

---

deutsch. 11. Aufl. hg. von W. Kranz, Bd. 1. Zürich/Berlin 1964, S. 162, Nr. 52. Diels übersetzt Äon mit »Lebenszeit«, aber das hat wenig Zustimmung gefunden.
[32] Nietzsche: Die Philosophie im tragischen Zeitalter der Griechen (1873), S. 376.
[33] Ebd., S. 377.
[34] Ebd., S. 381.

Der Graf Paul Yorck von Wartenburg, der philosophische Freund Wilhelm Diltheys, war so wenig wie Lassalle und Nietzsche ein akademischer Philosoph, kam aber in der Philosophie zu einigem Ansehen durch Martin Heidegger, der ein ganzes Kapitel seines bekannten Buches *Sein und Zeit* fast ausschließlich mit Yorck-Zitaten gefüllt hatte. Yorcks unvollendete Heraklit-Abhandlung zeigt, wie eindringlich er sich mit der einschlägigen Literatur des 19. Jahrhunderts befasst hatte, nur konnte er die Sichtweise Nietzsches noch nicht zur Kenntnis nehmen, da sie nicht gedruckt war. Dennoch könnte man seine Interpretation als Antwort auf die Nietzsche-Darstellung betrachten. Denn Yorck spitzte bestimmte Thesen Nietzsches noch weiter zu, während er anderen radikal widersprach.

Schon Nietzsche sah von Heraklit die Vernunft angegriffen, hielt aber noch wie Hegel daran fest, dass er bestimmte Bewegungsgesetze behauptet fand. Yorck aber versucht den philologisch-historischen Nachweis, dass Heraklit nie von einer Weltvernunft gesprochen hatte und auch noch nicht sprechen konnte. Logos heiße nichts anderes bei dem alten Denker als Rede, Lehre, Schulmeinung.[35] Die allgemeine Fehldeutung des Logos als Vernunft oder Weltvernunft gehe auf die Stoiker zurück. Auch sei es falsch, Heraklit primär zu einem Naturphilosophen zu erklären. Denn die Quelle von Heraklits Philosophie sei die Erfahrung der Zeitlichkeit und Endlichkeit des Lebens, gerade auch des menschlichen Lebens. Jede Philosophie sei nur verständlich vor dem Hintergrund von bestimmten geschichtlichen Lebenserfahrungen, die in Gedankengebilde transformiert wurden, und alle philologisch und historisch aufweisbaren Spuren in den Fragmenten Heraklits verweisen für Yorck auf die Erfahrung von verfließender Zeit und wechselnden Zuständen der Seele, welche diesem Denken zugrunde liegen.

Die Metaphysik und dann auch alle Wissenschaften bewältigen laut Yorck dieses Fließen, diese Vergänglichkeit, indem sie aus der »bewegten Lebendigkeit« Vorstellungsbilder herausheben und durch die Sprache als etwas Festes fixieren und verewigen. Dadurch entstand auch die philosophische Rede vom Sein und von den Substan-

---

[35] Graf P. Yorck v. Wartenburg: Heraklit. Ein Fragment aus seinem Nachlaß, hg. von I. Fetscher. In: Archiv für Philosophie IX (1959), S. 214–284. Jetzt auch in der deutsch-italienischen Werkausgabe von Francesco Donadio: Paul Yorck von Wartenburg, Tutti gli scritti. Milano 2006, S. 1353–1500.

zen. Was die Metaphysik und die Wissenschaften in dieser Weise aufbauen, ist eine Scheinwelt, sie besteht aus lauter Konstrukten, die sich von ihrem Erfahrungsboden abgelöst haben. Wenn dieser Aufbau einer Welt der Begriffe und Gedankengebilde auch der menschlichen Selbstbehauptung dient, so gilt doch *dem* Philosophen die höchste Anerkennung, der als erster die Erfahrung der fortströmenden Zeit und des steten Wandels nicht vergaß und zum Prinzip machte – allerdings zu dem Preis, dass er etwas Unaussprechliches aussagen musste und deshalb seine Rede dunkel wurde. Mit dem Verweis auf das Feuer aber habe Heraklit ein Symbol gefunden, um das sich stets ändernde Leben zumindest in ein Bild zu bringen.

Wie für Nietzsche so liefert auch für Yorck das Fragment den Schlüssel für ein richtiges Heraklit-Verständnis, in dem es heißt, der Äon – oder die Weltzeit – sei wie ein spielendes Kind, das sich mit einem Brettspiel beschäftigt. Aber für Yorck hat der Sinn dieser Aussage nichts mit Ästhetik und Kunst zu tun, sondern Heraklit mache deutlich, dass alles, was wir sehen und erleben, schlicht zufällig ist und keinerlei Gesetzmäßigkeiten gehorcht. Wenn Nietzsche bei Heraklit das ästhetische Denken der Griechen zu erkennen meint, so verkehrt er die Pointe des alten Philosophen ins Gegenteil. Denn Heraklit habe gerade *keinen* harmonisch geordneten und mathematisch begreifbaren Kosmos gekannt wie Pythagoras. Wenn er von der Harmonie sprach, dann kritisierte er nur seine Gegner, deren behauptete Harmonie brüchig und bloßer Schein gewesen sei. Die Natur entziehe sich für Heraklit allen Versuchen einer Rationalisierung. Während das altgriechische Denken tatsächlich auf die ästhetische Anschauung und auf die Augenwelt konzentriert gewesen sei und alles in feste Gestalten und Bilder überführt, opponierte Heraklit gegen diese Betrachtungsweise und blieb der unanschaulichen Vergänglichkeitserfahrung und Zeitlichkeit des Lebens und Erlebens treu. Damit war Heraklit laut Yorck der erste, der sich über die äußere Erfahrung hinaus zur inneren, zur Lebenserfahrung, als der Basis allen Denkens bekannt hatte.

Das einzige, was für Heraklit in diesem Fortströmen dem Menschen Halt gibt, sei das Ethos, die sittliche Gesinnung, die göttlich, also religiös sei. Yorck erkennt bei Heraklit also keinen typischen Repräsentanten des altgriechischen Denkens, sondern er sieht bei ihm erste Anzeichen einer christlichen Bewusstseinsstellung, nämlich die Abkehr von einem ewigen, festgefügten und geordneten Kosmos und die Akzeptanz von Vergänglichkeit und Unberechenbarkeit, von Zeitlichkeit und Geschichtlichkeit. Diesen unterworfen, finde der Mensch letztlich nur Halt in der Transzendenz, also in dem, was gänzlich außerhalb von Zeit und Geschichte liegt. »Transzendenz gegen Metaphysik« nannte er in Kurzform seine Antwort auf die Erfahrung von Vergänglichkeit, wobei er den Transzendenzbezug nur im religiösen Glauben gegeben sah. Schon bei Heraklit – so wird in seiner nicht vollendeten Abhandlung deutlich – erkennt Yorck durchaus auch Spuren einer philosophischen Theologie.

Es wäre sicher lohnend, die Rezeptionsgeschichte auszuweiten und bis in die Gegenwart weiter zu verfolgen. Aber hier ist nur noch Raum für ein paar abschließende Bemerkungen, die in den Bereich der Hermeneutik gehören.

Wie dargestellt, zeigt sich Heraklits Grundgedanke vom steten Wandel auch in den Auslegungen seiner Fragmente, denn die Interpretationen fielen recht verschieden aus. Haben aber dann nicht die Skeptiker Recht, für welche die Philosophiegeschichte die Unmöglichkeit der Philosophie beweist, wie Schleiermacher und Hegel berichten? So wie sich die Systeme änderten, so ändern sich sogar die Interpretationen dieser Systeme, so dass es nicht einmal eine wissenschaftliche Philosophiegeschichte zu geben scheint.

Aber dieses Schicksal der Veränderung und Vergänglichkeit teilen auch die Naturwissenschaften, deren Geschichte – wie Thomas S. Kuhn sagte – eine Geschichte der Revolutionen ist. Wer an Kuhns Gedanken Zweifel hat, wird nicht leugnen können, dass z.B. das geozentrische Weltbild endgültig der Vergangenheit angehört. Die Philosophie hat demgegenüber den Vorteil, dass ganz alte Überlegungen eine neue große Faszination gewinnen und wieder zum Verständnis der Welt beitragen können. Die Aktualisierungen von Heraklits Denken machen das besonders deutlich.

Bestätigt der Wandel der Heraklit-Deutungen aber nicht Gadamers Grundthese von der »Geschichtlichkeit des Verstehens«?[36] Schließlich hat doch, wie angedeutet, erst der Wandel der realen Geschichte den Philosophen Heraklit wieder aktuell werden lassen. Und bestätigt sich nicht auch Gadamers These von der »Horizontverschmelzung«, denn im Kontext der idealistischen Philosophie von Schleiermacher und Hegel erscheinen die Fragmente des Vorsokrati-

---

[36] H.-G. Gadamer: Wahrheit und Methode. Grundzüge einer philosophischen Hermeneutik. Tübingen 1960, 2. Aufl. 1965.

kers Heraklit in ganz anderem Licht als am Ende des 19. Jahrhunderts unter der Voraussetzung des lebensphilosophischen Denkens von Nietzsche und Yorck. Am Beginn des 19. Jahrhunderts war er ein Repräsentant der philosophischen Vernunft, und am Ende des Jahrhunderts sah man in ihm einen Vernunftkritiker. Wir lesen in jenen Interpretationen also immer Verbindungen von ganz altem Denken mit neuen Einschätzungen in neuer Sprache.

Das aber ist kein Grund, mit Gadamer eine wissenschaftliche, methodisch verfahrende Philologie und ein möglichst objektives Verstehen im Sinne der älteren Hermeneutik in den Hintergrund zu drängen oder gar zu verabschieden. Hätte Schleiermacher als Philologe nicht akribisch die Fragmente zu erforschen begonnen, hätte es vermutlich gar keine Horizontverschmelzungen in der Heraklit-Rezeption geben können. Yorck hielt am Ende des Jahrhunderts Schleiermachers Arbeit immer noch für die beste. Da über das Verständnis älterer Systeme sich leichter Einigung erzielen ließ als über die Richtigkeit der neuen, forderte I. H. Fichte in der Mitte des 19. Jahrhunderts eine Hinwendung zur Philosophiegeschichte, um die zersplitterte Philosophengemeinschaft wieder zusammenzuführen.[37] Die Kommunikationsmöglichkeit eröffneten aber besonders die historisch-philologischen Methoden, die keine Philosophenschule außer Acht lassen konnte. Auch im Fall der Heraklit-Interpretationen war man sich ja auch bei allen Differenzen über viele Unsicherheiten des überkommenen Textbestandes sowie über die Grundthesen des Heraklit weitgehend einig.

Gäbe es im Bereich des Textverstehens keine objektive Erkenntnis, dann gäbe es auch keine von der Verschiedenheit der Interpretationen, und dann wäre Gadamers Rede von der Geschichtlichkeit des Verstehens völlig aus der Luft gegriffen. Auch die ältere Hermeneutik, die Hermeneutik als Kunst- oder Methodenlehre, hätte nicht geleugnet, dass die Interpretationen oft sehr verschieden ausfallen. Aber sie sah die Gründe dafür mit Recht nicht nur in der Geschichte – der Unterschied zwischen den Heraklit-Interpretationen von Nietzsche und Yorck lässt sich mit dem Wandel der Geschichte ja auch gar nicht erklären. Jene ältere Hermeneutik entwarf Richtlinien, um möglichst richtige und angemessene Interpretationen erreichen zu

---

[37] Belege bei G. Scholtz: Metaphysik und Politik im Spätidealismus. In: Philosophie und Literatur im Vormärz. Der Streit um die Romantik (1820–1854), hg. von W. Jaeschke. Hamburg 1995, S. 235–259, hier bes. S. 247.

können. Solches Bemühen, dem man sich auf keinem Standpunkt entziehen sollte, findet in Gadamers Hermeneutik leider keine Unterstützung. Und deshalb ist sie auch nicht für den Streit der Interpreten hilfreich. Schließlich ist jede wissenschaftliche Kontroverse nur unter der Voraussetzung eines gewissen Einverständnisses fruchtbar, und diesem versuchte die ältere Hermeneutik in Verbindung mit der Textkritik dienlich zu sein – mochten dann die Beurteilungen sehr unterschiedlich ausfallen.

Materialität

Sieben Bücherstützen

Michael Hagner

Bücher in Utopia

In den großen Utopien der frühen Neuzeit spielen Bibliotheken keine Rolle. In Thomas Morus' *Utopia* (1519) kennen deren Bewohner keine Bücher. Als der Reisende Raphael Hythlodeus sie mit der antiken Literatur und dem Buchdruck bekannt macht, erweisen sie sich schnell als eifrige Leser und Buchdrucker. Wie sie ihre Bücher aufbewahren, darüber sagt uns Morus nichts. In Francis Bacons *Neu-Atlantis* (1627) kennt und benutzt man Bücher, doch das berühmte House of Salomon enthält zwar allerlei Forschungsräume, Laboratorien und Werkstätten, ein optisches Kabinett und ein Haus der Mathematik, aber keine Bibliothek. Immerhin hielt Bacon den Buchdruck neben der Erfindung des Schießpulvers und des Kompasses für die wichtigste Erfindung zum Wohle der Menschheit, aber eine dem Versuchslabor entsprechende Bedeutung kommt dem Haus der Bücher in seinem utopischen Staat nicht zu.

Während das in Büchern enthaltene Wissen zum Beginn der sogenannten Wissenschaftlichen Revolution, die auch als eine Wissensexplosion verstanden wird, noch nicht so wichtig gewesen zu sein scheint, ist es 150 Jahre später, in der Hochphase der Aufklärung, nicht mehr so wichtig. In Louis-Sébastien Merciers Utopie *Das Jahr 2440* kommt der Besucher in die Königliche Bibliothek und findet anstatt der vier großen, mit Tausenden von Büchern gefüllten Prunksäle nur ein kleines Kabinett mit einigen Bücherschränken vor. Die reichhaltige Bibliothek, so wird er belehrt, war ein Sammelplatz von Irrtümern, Lügen, Ausschweifungen, Dummheiten und Vorurteilen. Deswegen wurden alle Bücher bis auf einen kleinen Rest, den man für unverzichtbar hielt, auf einen großen Haufen geworfen und verbrannt. Merciers Held lässt sich jeden einzelnen Bücherschrank zeigen, um zu sehen, ob seine Lieblingsautoren zu den Überlebenden gehören. Man kann Merciers Ironie, mit der er den aufklärerischen

Kampf gegen Dummheit und Aberglauben kommentiert, mitspielen, sollte aber die alles entscheidende Frage im Ärmel haben: Wenn fast alle Bücher verbannt wären, wer hinderte die Menschheit daran, die ganzen Irrtümer, Plattheiten und Lügen zu wiederholen?

Die vorerst jüngste Utopie – die Bibliothek ohne Bücher – entwickelte 1965 der Kybernetiker J. C. R. Licklider. Ausgangspunkt seiner Überlegungen war die richtige Vermutung, dass der Ausstoß an Publikationen in den Wissenschaften zukünftig derart zunehmen würde, dass die Bibliotheken in absehbarer Zeit an die Grenze ihrer räumlichen Kapazitäten gelangen. Angesichts dieser bibliothekarischen Grenzen des Wachstums fordert Licklider, das Papier zu umgehen und die Information auf direktem, digitalem Weg vom Sender zum Gehirn des Rezipienten zu transportieren. Auf diesem Weg werden die Inhalte zu reinen Informationseinheiten kondensiert. Licklider sagt ausdrücklich, dass es ihm nicht um den genauen Wortlaut der Sätze geht, sondern um »the facts, concepts, principles, and ideas that lie behind the visible and tangible aspects of documents. The criterion question for the delimitation was: ›Can it be rephrased without significant loss?‹« Natürlich weiß er, dass Werke der Künste und der Literatur, vielleicht auch der Philosophie, in denen es auf die materielle Repräsentation und auf jedes Wort ankommt, aus dieser Gruppe herausfallen. Aber alle anderen Bereiche – Geschichte und Jura, Medizin, Naturwissenschaften und Technologie – wären einzubeziehen.

Anders als in Merciers Utopie, die nur noch das Nötigste an Büchern kennt, plädiert Licklider für eine Reduktion auf das Nötigste aus den Büchern. Man staunt einmal mehr über die Informationsgläubigkeit der Kybernetik: Lassen sich Fakten, Konzepte und Ideen klar von den Worten trennen, die sie überhaupt erst ins Leben bringen? Kommt es beispielsweise in Geschichte und Jura nicht auf den genauen Wortlaut an? Haben spätere Generationen nicht einen Anspruch darauf, ein historisches Dokument in einem gültigen Wortlaut und nicht in einer wie auch immer angepassten, manipulierten Version zur Kenntnis nehmen zu können?

Allem Anschein nach passen Utopien, Bücher und Bibliotheken nicht recht zusammen.

Revolutionen

Welche Rolle spielte die Bibliothek bei der Durchsetzung des kopernikanischen Weltsystems, das gemeinhin mit dem Beginn der Neuzeit gleichgesetzt wird? 1543 war *De Revolutionibus* von Nikolaus Kopernikus in Nürnberg erschienen, aber das bedeutete noch keine kopernikanische Wende. Die wenigen Exemplare, die in den folgenden Jahrzehnten in europäischen Gelehrtenkreisen, zirkulierten, wurden – trotz einiger kritischer Stimmen aus katholischen Kreisen – eher konservativ gelesen. Man konnte die astronomischen Beobachtungen und Berechnungen des Kopernikus auch für brillant und nützlich halten, ohne den Heliozentrismus für bare Münze zu nehmen. Vor 1600 gab es nicht mehr als eine Handvoll von Gelehrten, welche die gewaltige weltanschauliche Sprengkraft dieser neuen Kosmologie begriffen und sich zu ihr bekannten. Dazu gehörte Galileo Galilei. Wie aber hatte er von *De Revolutionibus* Kenntnis erhalten?

Als Galileo an die Universität Padua berufen wurde, hatte ein Mann seine Hand im Spiel, der die Geschicke der Universität bestimmte, ohne ihr anzugehören. Gian Vincenzo Pinelli zählte zu jenen schillernden Figuren des italienischen Humanismus, die politische und kirchliche Macht mit großer Gelehrsamkeit vereinten. Seine Bibliothek umfasste über 10.000 Bände und Manuskripte, was für die damalige Zeit eine unglaubliche Zahl war. Pinelli gewährte interessierten Lesern bereitwillig Zugang zu seinen Büchern. Eine öffentliche Bibliothek mag man das noch nicht nennen, aber immerhin stand sie einem größeren, heterogeneren Kreis von interessierten Lesern offen als höfische oder kirchliche Bibliotheken.

Pinelli besaß *De Revolutionibus*, und er hatte das Buch, wie seine Korrespondenz beweist, auch gelesen. Es liegt nahe, dass dieses Exemplar Galileo, der eine Zeitlang in Pinellis Haus wohnte, zur Verfügung stand. Seine erste überlieferte Befürwortung des Kopernikanismus findet sich in einem Brief von 1597, fünf Jahre nach seiner Ankunft in Padua. Galileo wäre auch so zum Heliozentrismus gelangt, aber wann? So ist Bacons Geringschätzung von Bibliotheken die begründete Annahme entgegenzuhalten, dass Pinellis Bibliothek einer der Entstehungsherde des kopernikanischen Weltbilds war.

Michael Hagner

Galileos Schwäche

Die träge Geschwindigkeit des Informationsflusses im gelehrten Europa des 17. Jahrhunderts zeigt sich daran, dass Descartes erst Monate nach der Eröffnung des Inquisitionsverfahrens gegen Galilei in Rom Kenntnis über dieses ihn erschütternde Ereignis erhielt. Wie er im November 1633 an seinen Vertrauten Marin Mersenne schrieb, beschloss er daraufhin, das fast fertige Manuskript von *Le Monde*, das aus zwei Teilen – einem physikalischen über das Licht und einem physiologischen über den menschlichen Körper – bestand, nicht zur Veröffentlichung freizugeben. Zwar wollte er die Philosophie gänzlich neu sortieren, aber nicht um den Preis, sich mit der Inquisition anzulegen. Da er in dem besagten Brief an Mersenne auch bekannt hatte, dass sämtliche Grundlagen seiner Philosophie falsch seien, wenn die Erde stillstehe, kann es ihm nicht gleichgültig gewesen sein, was Galileo in dem *Dialog über die zwei Weltsysteme* zur Erdrotation zu sagen hatte.

Es ist nicht bekannt, ob und wie intensiv Descartes sich um ein Exemplar des Buches bemühte, aber jedenfalls war es auch fast 200 Jahre nach der Erfindung des Buchdrucks keineswegs so, dass er es sich umstandslos hätte besorgen können. Erst im August 1634 hielt er den längst auf dem Index librorum prohibitorum gelandeten Band in Händen – allerdings für nicht länger als 30 Stunden, denn sein Freund Isaac Beeckman wollte das in den Niederlanden offensichtlich nur schwer erhältliche Buch am nächsten Tag wieder an sich nehmen. Descartes berichtet darüber in einem Brief an Mersenne vom 14. August 1634. Er räumt ein, dass die kurze Zeit nicht ausgereicht habe, um sich ein vollständiges Bild von Galileis Kosmologie zu machen. Um so bemerkenswerter erscheint dieses Urteil: »Seine Gründe zum Beweis der Erdbewegung sind außerordentlich gut, aber mir scheint, dass er sie nicht gut genug ausbreitet, um überzeugend zu sein, denn die eingeschalteten Exkurse führen dazu, dass man sich nicht mehr an die ersten [Gründe, MH] erinnert, während man bei der Lektüre der letzten ist.« Die Überzeugungskraft des Kopernikanismus hing für Descartes demnach nicht nur von der Belastbarkeit der naturphilosophischen Argumente ab, sondern auch von deren literarischer Güte. Sein Ideal einer perceptio clara et distincta kann in diesem Fall auf die Darstellungsökonomie übertragen werden. Dass Galilei sein Buch auf Italienisch geschrieben hatte, kann Descartes kaum gestört haben, da er selbst seine Abhandlungen zum Teil auf Französisch verfasste. Viel eher dürfte er sich an der das mündliche Gespräch simulierenden Dialogform gestoßen haben. Das implizierte Rede und Widerrede und also Unterbrechungen des Argumentationsgangs. Galileos Wahl dieser literarischen Form war kalkuliert, denn mit der dialogischen Gegenüberstellung der unterschiedlichen Positionen verband er die irrtümliche Hoffnung, das strenge Auge der inquisitorischen Leser milde zu stimmen. Damit erlitt er nicht nur in Rom eine Niederlage, auch für den Leser Descartes war das eine Zumutung – allerdings aus den entgegengesetzten Gründen. Wenn ein neues Weltbild zur Errichtung anstand, mochte es vielleicht einige Zeit bis zu seiner Durchsetzung dauern. Doch es musste wenigstens in eine literarische Form gebracht werden, die mit er Stringenz seiner Argumente im Einklang war.

Zensur

Wer heute die 1701 von Dominikanern gegründete Biblioteca Casanatense in Rom besucht, kann leicht den Eindruck gewinnen, dass sich seit der Eröffnung nicht viel verändert hat. Im Prunksaal der Bibliothek stehen Zehntausende von Büchern in langen Regalreihen hinter vergitterten Fenstern. Das ironische Pendant zu diesem Anblick ist die in demselben Saal aufgebaute Ausstellung zur Geschichte der Bibliothek. Die dominikanischen Bibliothekare des 18. Jahrhunderts waren nämlich auch eifrige Zensoren, die über ein bemerkenswertes System verfügten, mit dem sie den Verwerflichkeitsgrad eines Buches klassifizierten. Ein ins Buch gemaltes Kreuz bedeutete einen milden Grad von Zensur, das Maximum waren drei Kreuze: strenge Zensur. Man kennt die Redewendung *Drei Kreuze machen*, wenn man zum Ausdruck bringen will, eine lästige Sache überstanden zu haben. Die Praxis in der Casanatense war vermutlich eher an die Idee des Kreuzes als Bann angelehnt, mit dem der Teufel abgewehrt werden sollte. Aber auch das reichte nicht in jedem Fall. Ein Werk hat die Zensoren so entsetzt, dass sie ihr Klassifikationssystem fahren ließen: La Mettries *Œuvres philosophiques* von 1752 wurden mit fünf Kreuzen ausgestattet.

Michael Hagner

Provenienz

In einem Tel Aviver Kellerantiquariat, das nur noch wenige deutschsprachige Bücher anzubieten hatte, fand sich die *Selbstbiographie* von Josef Popper-Lynkeus. Erst bei genauerer Betrachtung des Büchleins stellte sich heraus, dass es sich um ein Widmungsexemplar handelte. In der typischen Sütterlinschrift der Zeit heißt es auf dem Vorsatzblatt: *Dem sehr geehrten Herrn Dr. Richard Glas dem vortrefflichen Assistenzarzt im Rothschildspital in Wien in Dankbarkeit hochachtungsvoll überreicht vom Verfasser.* Popper hatte seine Autobiographie 1917 herausgebracht, vier Jahre später starb er im Alter von 83 Jahren in Wien. In diesem Zeitraum muss der alte Herr Patient im Rothschildspital gewesen sein, dem 1873 eröffneten Krankenhaus der israelitischen Kultusgemeinde Wiens.

Um das Exemplar begann sich eine kleine Geschichte zu formen: Der dankbare Patient hatte dem behandelnden Stationsarzt eines seiner Bücher gewidmet. Bei diesem Dr. Glas handelt es sich wohl um einen 1890 in Wien geborenen Urologen, der damals als Assistent des berühmten Otto Zuckerkandl im Rothschildspital arbeitete. 1939 gelang ihm die Flucht vor den Nationalsozialisten nach Palästina. Anscheinend konnte er einige seiner Bücher mitnehmen, um sie an seinem neuen Wohnort wieder ins Regal zu stellen. 1960 starb Dr. Glas, und irgendwann danach landete Poppers Autobiographie wie so viele andere Bücher von Emigranten im Antiquariat, wo es Jahre später von einem Berliner Liebhaber erstanden wurde.

Diese Geschichte klingt plausibel, aber sie ist vermutlich etwas komplizierter. Auf der hinteren Umschlagseite klebt ein Exlibris der Wiener Antiquariats-Buchhandlung Brüder Suschitzky, einer seit 1901 bestehenden bedeutenden Buchhandlung im Arbeiterbezirk Favoriten, die während der gesamten Zeit ihres Bestehens bis 1938 antisemitischen Anfeindungen ausgesetzt war und häufig mit den Behörden im Streit lag. Popper hatte seine Selbstbiographie auf Anregung des Chemikers und Monisten Wilhelm Ostwald geschrieben und sie in dem Leipziger Monisten-Verlag Unesma veröffentlicht, der auch Bücher von und über Ostwald und Ernst Haeckel im Programm führte. Die Suschitzkys wiederum gehörten zu den frühesten Anhängern der monistischen Bewegung in Österreich und boten in ihrer Buchhandlung nicht nur Bücher der Monisten an, sondern verlegten sie auch. Neben ihrer Buchhandlung gründeten und leiteten die Brüder nämlich auch den pazifistisch und sozialdemokratisch orientierten, sowohl in der Literatur als auch in Politik und Weltanschauung tätigen Anzengruber Verlag, der zum publizistischen Sprachrohr des Monismus in Österreich wurde. Somit liegt es nahe, dass die Suschitzkys auch den Vertrieb der Bücher von Unesma in Österreich besorgten und Popper die Autorenexemplare seiner Autobiographie auf diesem Wege bezogen hat. Außerdem kannte man sich persönlich. Sowohl Popper als auch die Suschitzkys gehörten der nicht allzu großen österreichischen Monistenvereinigung an, und mehrere Schriften des Ingenieurs und Sozialreformers wurden bei Anzengruber verlegt, darunter die 1917 erschienene pazifistische Schrift *Friedensvorschläge, Schiedsgerichte, Völkerbund*.

Mit diesen Informationen ist aber noch nicht die Frage geklärt, wie das Exlibris der Suschitzkys in das Exemplar von Poppers Autobiographie gelangt ist. Klebten sie es gewohnheitsmäßig in diejenigen Bücher, die sie in ihrer Buchhandlung verkauften bzw. an ihre Autoren weiterreichten – was vielleicht ungewöhnlich, aber nicht auszuschließen wäre? Oder reservierten sie es nur für solche Bücher, die sie in ihre eigene Bibliothek bzw. in ihren Handapparat aufnahmen? Das wäre die konventionellere Variante, aber wie sollte dieses Exemplar in ihren Besitz gekommen sein? Soll man annehmen, dass Dr. Glas das ihm gewidmete Buch an die Suschitzkys weiterverkauft hätte? Sehr unwahrscheinlich, aber unter dieser Bedingung würde sich eine völlig neue Perspektive ergeben, die das Wirken der Brüder Wilhelm und Philipp Suschitzky ins Zentrum rückt.

Wilhelm Suschitzky hatte sich 1934 zu einem Zeitpunkt das Leben genommen, da der Verlag mit zunehmenden Schikanen und auch wirtschaftlichen Problemen zu kämpfen hatte, so dass die Buchproduktion fast zum Erliegen kam. Seit 1933 war der Absatzmarkt in Deutschland für die Bücher des Verlags verloren gegangen, und das Verbot der Sozialdemokratischen Partei nach den verlorenen Wahlen in Österreich 1934 tat ein Übriges. 1938 wurde die Buchhandlung von den Nationalsozialisten geschlossen und aufgelöst. Philipp Suschitzky und seiner Frau gelang zwar die Flucht nach Paris, doch 1942 wurden sie nach Auschwitz deportiert und ermordet. Bücher der liquidierten Buchhandlung und des Verlages wurden in alle Winde verstreut. In den letzten Jahren fanden sich einzelne Bücher in verschiedenen Wiener Bibliotheken, identifiziert durch besagtes Exlibris, und einige Bände wurden an die Erben der Suschitzkys restituiert.

Ist es in Erwägung zu ziehen, dass dieses Exemplar von Poppers Selbstbiographie ein Kandidat für Restitution sein könnte? Man stellt sich diese Frage unweigerlich, auch wenn die Wahrscheinlichkeit äußerst gering ist. Ist die Buchhandlung Suschitzky zu irgendeinem Zeitpunkt Besitzer dieses Exemplars gewesen? Das ist möglich, zumindest spricht das Exlibris dafür. Unzweifelhaft ist dieses Buch vorher oder nachher aber auch im Besitz von Josef Popper und Dr. Richard Glas gewesen. Darüber hinaus muss irgendjemand das Buch nach Tel Aviv mitgenommen haben, am ehesten wohl der Urologe, der aus Wien emigrieren musste. Das ist jedenfalls die naheliegendste Annahme, aber immer noch nicht die ganze Geschichte, denn das Buch enthält im Impressum noch ein weiteres Exlibris, diesmal mit dem Namen *Appenzeller Architekt*. Dieses Exlibris ist der schwarze Schwan in der Geschichte. Die Zeichnung auf dem Exlibris lässt sich unschwer als Beispiel modernistischer Gestaltung identifizieren, die auch unter den Bauhaus-Architekten in Tel Aviv gepflegt wurde. Doch in der einschlägigen Darstellung von Myra Wahrhaftig über die deutschsprachigen jüdischen Architekten in Palästina taucht der Name nicht auf. Immerhin wurden vor wenigen Jahren in dem Jerusalemer Auktionshaus Kedem einige von einem A. Appenzeller zwischen 1927 und 1942 angefertigte Architekturskizzen von Häusern in Tel Aviv und Rasmat-Gan versteigert. Mehr ist über diesen Appenzeller im Moment nicht bekannt. Dafür gibt das Exlibris noch einen Hinweis. Mit Kugelschreiber wurde darauf die Zahl 108 eingetragen, was dafür spricht, dass der Architekt seine Bücher nummeriert hat. Und es lässt sich ein zeitliches post quem festlegen, denn Kugelschreiber wurden erst in den späten vierziger Jahren zum Massenprodukt.

Zweiter Versuch, die kleine Geschichte dieses Buches nachzuzeichnen: Es wanderte von der Spamerschen Druckerei in Leipzig nach Wien zur Buchhandlung bzw. Auslieferung der Brüder Suschitzky, von wo aus es zu Josef Popper und Dr. Richard Glas gelangte. In Tel Aviv landete es möglicherweise irgendwann in der Bibliothek des Architekten Appenzeller, danach ging es ins Kellerantiquariat und von dort aus nach Berlin und später nach Zürich. Vielleicht.

Was tun mit einem solchen Buch, das ein Flüchtling war und eine verknotete Geschichte zu erzählen hat? In den *Phantasien eines Realisten*, dem bekanntesten Buch von Popper-Lynkeus, sagt der Rabbi Hirsch in einem Streitgespräch mit Martin Luther über den Wahrheitsanspruch der Religionen: *Ihr habt euer Buch, der Terk hat sein Buch, Andere haben ihr Buch; dein Buch, sein Buch, ihr Buch, is immer nichts weiter als ein Buch*. Nichts weiter als ein Buch. Eben deswegen will seine nächste Station gut bedacht sein.

Bochum

In Bochum-Querenburg gab es in den späten siebziger Jahren zwei florierende Universitätsbuchhandlungen, von denen mindestens eine bei gutem Wetter draußen vor der Tür kistenweise Taschenbücher des Suhrkamp Verlags zum halben Preis verramschte. Die Suhrkamp-Kisten waren das Resultat einer fröhlichen Überproduktion, die die materielle Seite »einer gewissen Überprägnanz« darstellte, mit der Jürgen Habermas die *edition suhrkamp* im Jubiläums-Band 1000 dieser Buchreihe, der pünktlich zum Ende der siebziger Jahre herauskam, charakterisierte. Überprägnanz bedeutet, dass die Bücher in ihrer demokratisch gesinnten Erschwinglichkeit viel versprachen, vielleicht zu viel im Verhältnis zu dem, was die Geisteswissenschaften an reflektierenden, kritischen, aufklärenden und sinngebenden Angeboten im Repertoire haben konnten. Vielleicht nicht ganz freiwillig waren die Suhrkamp-Kisten auch *Stichworte zur ›Geistigen Situation der Zeit‹*, und zwar in dem Sinne, dass der Ramschtisch der Buchhandlungen nicht mehr nur die Vorstufe zur Altpapiersammlung darstellte. Secondhandbücher von drittklassigen Verlagen, für die sich kein Angehöriger der ausgehenden Theorie-Generation interessierte, fanden sich dort immer noch, aber daneben auch zahlreiche begehrte Bände aus dem Headquarter der Theorie. Dass damit die Studentenregale schnell gefüllt wurden, war offensichtlich. Dass der Verlag damit die siebziger Jahre und den Anspruch, der politischen Veränderung den geeigneten theoretischen Schrittmacher einzupflanzen, von sich abstieß wie ein Organismus einen Fremdkörper, war noch nicht so klar. Zumindest denen nicht, die in der Buchhandlung ihre Bücher bezahlten und einpackten, um dann die Brücke über die Universitätsstraße zu nehmen, sich in der Betonlandschaft der Universität zu orientieren und in einem der klobigen Gebäude zu verschwinden.

Bibliothek?

Wer sich Sorgen um die Zukunft seiner eigenen Bibliothek macht, kann vielleicht in der folgenden Meldung Trost finden. Am 11. Februar 2017 berichtet die Frankfurter Allgemeine Zeitung über einen 31-jährigen serbischen Rechtsanwalt namens Viktor Lasić, der sich zum Ziel gesetzt hat, die größte internationale Bibliothek zwischen Istanbul und Wien aufzubauen. Im September 2016 mietete er einen

Lastwagen an, um die 15 000 Bände umfassende Bibliothek des Übersetzers Peter Urban vor dem Altpapiercontainer zu bewahren. Wenn Bücher auf Reisen gehen müssen, bedeutet das in aller Regel nichts Gutes. Hier schon: Bücherrettung in Zeiten der Flüchtlingsströme in einer Region Europas, die immer wieder Bibliotheksverluste zu erleiden hatte. Ungefähr eine Million Bücher hat Lasić bereits zusammen, die Mehrzahl in serbischer Sprache, aber auch andere Sprachen wie Russisch oder Deutsch sind stark vertreten. Doubletten werden an Bibliotheken in den verschiedenen Staaten des ehemaligen Jugoslawien weitergereicht. Lässt sich die Bedeutung einer Bibliothek im frühen 21. Jahrhundert schöner unter Beweis stellen? Die Bücher lagern in verschiedenen Depots, Wohnungen und Kellern im Gebiet von Belgrad. Wird es irgendwann ein Haus für diese Bücher geben? Welche Architektur würde man sich dafür ausdenken? Es kann nur so sein, dass das Haus um die Bücher herumgebaut wird und nicht die Bücher sich ins Haus zwängen müssen.

Helmuth Plessners *Philosophischer Anzeiger**

Julia Gruevska

I. Zur wissenschaftlichen Fachzeitschrift

Die wissenschaftliche Fachzeitschrift ist kein Phänomen der Gegenwart, ganz im Gegenteil blickt sie auf eine lange Tradition zurück, die sich bis zu den Anfängen des Buchdrucks erstreckt. »Seit ihrem Aufkommen in der zweiten Hälfte des 17. Jahrhunderts«, so postuliert der Wissenschaftsforscher Heinrich Parthey im *Jahrbuch zur Wissenschaftsforschung* 2002, »haben wissenschaftliche Zeitschriften sich selbst als Forschungsbibliotheken der Wissenschaftsdisziplinen verstanden.«[1] Der Fokus lag damals wie heute auf der aktuellen Forschung und nicht etwa auf der Wiedergabe von schon bekannten Thesen und Methoden ohne neuen erkennbaren Mehrwert. Fachzeitschriften sollen, so verstanden, einen Überblick bieten und Forschungsliteratur für bestimmte Themen zusammentragen. Ihren Beitrag zu diesem Punkt leistet allem voran die Rezension, die fast immer einen festen Bestandteil wissenschaftlicher Zeitschriften ausmacht und sich als kritische Besprechung von (neuen) Büchern versteht.[2]

Diese Form einer Dialogizität, die sich als Besprechungen auszeichnet, zeigt sich schon in den Anfängen des Mediums ›Fachzeitschrift‹. So lässt sich nachverfolgen, dass das Fachjournal seinen Ur-

---

* Mein tiefster Dank gilt Hans-Ulrich Lessing, ohne dessen produktive Anregungen und die wunderbare gemeinsame Forschungsreise ins Helmuth Plessner-Archiv in Groningen diese Arbeit nicht entstanden wäre.
[1] H. Parthey: Zeitschrift und Bibliothek im elektronischen Publikationssystem der Wissenschaften. In: Wissenschaftliche Zeitschrift und Digitale Bibliothek, Wissenschaftsforschung Jahrbuch 2002, hrsg. von H. Parthey/W. Umstätter, 2. Auflage. Berlin 2011, S. 9–46, hier: S. 9.
[2] Einen umfassenden Einblick in die Forschung über die Rezension bietet E. Schalkowski: Rezension und Kritik. Konstanz 2005.

sprung in der Praxis der Gelehrtenkorrespondenz findet, die den wissenschaftlichen Austausch vornehmlich durch Briefe pflegte.[3]

So habe »[mit] der deutschen Aufklärung zum Ende des 17. Jahrhunderts […] eine Kombination aus Rezensionszeitschrift und fortlaufend publizierter Gelehrtenkorrespondenz dazu [beigetragen], mit der Schaffung einer bürgerlichen Öffentlichkeit auch eine offene Wissenschaftskultur zu konstituieren, die durch die Funktion der Zeitschrift, den Austausch wissenschaftlicher Erkenntnisse unabhängig von Orten oder Persönlichkeiten zu organisieren, wesentlich gefördert wurde.«[4] Die Wissenschaftshistorikerin Regine Zott macht dafür das Aufkommen der Industrie, genauer die »Entwicklung von Wissenschaft und Technik« im 18./19. Jahrhundert, verantwortlich, die »ein Anwachsen der Zahl der Gelehrten und deren Informationsbedürfnis mit sich [brachte].«[5] Da es kein wissenschaftliches Zentrum gab, avancierte die Briefkorrespondenz zur wichtigsten Methode und gleichermaßen einzigen Möglichkeit des Austauschs zwischen Gelehrten und Wissenschaftlern, die sich über ihre aktuellsten Forschungen auf dem Laufenden hielten und damit eine neue Form des wissenschaftlichen Austauschs generierten. Solche Korrespondenzen, die mit der Zeit immer sachlicherer Natur wurden, bildeten das Fundament für die Herausbildung von Fachzeitschriften. Der objektiv-wissenschaftliche Austausch taugte nicht bloß zur privaten Korrespondenz, sondern vor allem als Sachbestand für die aktuelle Forschung und somit für das öffentliche (Fach-)Publikum. Aus diesem historischen Entstehungspunkt entwickelte sich demnach die Fachzeitschrift, die auch heute noch in solch einer Form – selbstverständlich mit Abweichungen und Variationen – nachhaltig Bestand hat. Das Konzept ›Fachzeitschrift‹ hat sich, so lässt sich vorerst konstatieren, in diesem Sinne als ein souveränes Organ der wissenschaftlichen Publikation und Diskussion behauptet.[6]

---

[3] S. hierzu den Aufsatz von R. Zott: Der Brief und das Blatt. Die Entstehung wissenschaftlicher Zeitschriften aus der Gelehrtenkorrespondenz. In: Wissenschaftliche Zeitschrift und Digitale Bibliothek, Wissenschaftsforschung Jahrbuch 2002, S. 47–60.
[4] M. Eckardt: Das wissenschaftliche Publikationswesen der Universität Jena. Eine Fallstudie zur »Wissenschaftlichen Zeitschrift in den Jahren 1951 bis 1990.« In: U. Hoßfeld u. a. (Hgg.): Hochschule im Sozialismus. Studien zur Friedrich-Schiller-Universität Jena (1945–1990). Bd. 1. Köln u. a. 2007, S. 710–743, hier: S. 710.
[5] Zott: Der Brief und das Blatt, S. 54.
[6] Seit der Gründung der ersten wissenschaftlichen Zeitschriften *Journal des scavants* (Paris 1665) und *Philosophical Transactions* (London 1665) entstanden im damaligen Europa immer häufiger Zeitschriften wissenschaftlicher Art. In Deutschland machte

Dieser konzise Überblick, der es sich nicht zur Aufgabe gemacht hat, eine ausführliche Historie der wissenschaftlichen Fachzeitschrift nachzuzeichnen, sondern nur einen Einblick in die Geschichte und Definition der wissenschaftlichen Fachzeitschrift zu liefern, soll im Folgenden als Kontrastfolie dienen, in der die von Helmuth Plessner herausgegebene Zeitschrift *Philosophischer Anzeiger. Zeitschrift für die Zusammenarbeit von Philosophie und Einzelwissenschaften* (1925–1930)[7] zu verorten und zu vergleichen ist. Dabei soll am Fallbeispiel von Plessners Zeitschrift nicht nur rekonstruiert werden, wie diese zu Stande gekommen ist, sondern auch deutlich werden, welche Intentionen sie verfolgt und wie sie es schaffen möchte geistes- und naturwissenschaftliche Disziplinen zusammenzubringen.

II. *Philosophischer Anzeiger.* Eine Zeitschrift in den 1920er Jahren

Die Kontextualisierung des Zeitschriftenwesens erlaubt nun die spezifische Betrachtung der philosophischen Fachzeitschrift *Philosophischer Anzeiger* samt ihres prominenten Herausgebers Helmuth Plessner. Mit Blick auf das Charakteristiken-Tableau, erweist sich der *Anzeiger* als ein gutes Beispiel für eine wissenschaftliche Fachzeitschrift und der dazugehörigen Redaktion im Zeitkontext der 1920er Jahre. Wie zu zeigen sein wird, lehnt Plessner die Gestaltung seiner Zeitschrift inhaltlich wie formal an die Tradition der Fachzeitschrift an. Dabei bildet die Entwicklung dieser Zeitschrift zudem eine Korrelation zu Plessners eigenem Denken und die (Neu-) Begründung der philosophischen Anthropologie, die Plessner zu etablieren sucht. Dabei nimmt der Einfluss und kritische Austausch mit den Kollegen seiner Zeit (u.a. Martin Heidegger, Max Scheler, Nicolai

---

die *Acta Eruditorum* (1682 Leipzig), eine Zeitschrift in lateinischer Sprache, den Auftakt; die erste deutschsprachige wissenschaftliche Zeitschrift *Die Monatsgespräche* erschien 1688 in Halle (vgl. Zott: Der Brief und das Blatt, S. 55).

[7] H. Plessner (Hg.): Philosophischer Anzeiger. Zeitschrift für die Zusammenarbeit von Philosophie und den Einzelwissenschaften, in Verbindung mit A. Baumgarten – Basel, F. J. J. Buijtendijk – Groningen, E. R. Curtius – Heidelberg, A. Grünbaum – Amsterdam, M. Scheler – Köln, N. Hartmann – Köln, J. Hashagen – Hamburg, M. Heidegger – Marburg, H. Heimsoeth – Königsberg, G. Hübener – Basel, J. Kroll – Köln, G. Misch – Göttingen, G. Müller – Freiburg (Schweiz), K. Reidemeister – Königsberg, K. Schneider – Köln, V. v. Weizäcker – Heidelberg und W. Worringer – Bonn. Band 1–4. Bonn 1925–1930.

Hartmann, Ludwig Klages, Hans Prinzhorn oder Frederik Buytendijk) eine immense Rolle in diesem Rahmen ein. So organisiert Plessner während seiner Arbeit am ersten Band des Anzeigers auch schon den zweiten Band und motiviert renommierte Professoren zur Mitarbeit, sowohl als Beiträger als auch Mit-Herausgeber. Der Stab der namhaften Mit-Herausgeber konstituiert sich aus Wissenschaftlern verschiedener Disziplinen (von Rechtswissenschaft bis Mathematik sind so gut wie alle Sparten vertreten).

Der erste Jahrgang des *Philosophischen Anzeigers* erschien »als geschlossener Band von 20–24 Bogen Umfang mit grösseren und auch kleineren Beiträgen aus verschiedenen Gebieten.«[8] Neben dem Beitrag des Philosophen Helmut Stadie zur »Stellung des Briefwechsels zwischen Dilthey und dem Grafen York in der Geistesgeschichte«, der von Heidegger empfohlen wurde, und dem Philosophiehistoriker Heinz Heimsoeth, der über den »Kampf um den Raum in der Metaphysik der Neuzeit« schreibt, tragen der niederländische Sprachwissenschaftler Hendrik Josephus Pos (»Vom vortheoretischen Sprachbewusstsein«), der approbierte Arzt und Philosoph Hans Lipps (»Bemerkungen zur Theorie der Prädikation«), der Rechtsphilosoph Arthur Baumgarten (»Belings Methodik der Gesetzgebung«) und Plessner selbst mit einer gemeinsamen Arbeit mit dem Physiologen und Tierpsychologen Frederik Buytendijk über »Die Deutung des mimischen Ausdrucks« bei.

Aus dieser Mischung der Disziplinen verspricht sich Plessner »viel, als wir dann damit zugleich kongret (sic!) zeigen was wir wollen.«[9] Damit verweist er auf das Vorhaben, die Zeitschrift als Zusammenarbeit verschiedener Fachrichtungen im Ausgang der Philosophie auszurichten, insofern er diese Vorgehensweise für den wissenschaftlichen Diskurs der Zeit für angemessen hält. In Zeiten der disziplinären Eingrenzungen, Schulenbildungen und anderen durch Scheuklappen-Mentalität begünstigte fachliche Einengungen, versteht sich der Anzeiger auch explizit als Medium des Aufbrechens disziplinärer Strukturen zugunsten einer Zusammenarbeit an überfachlichen Problemkreisen.

Plessners ›transdisziplinär‹ angelegte Fachzeitschrift soll daher

---

[8] Plessner an Heinrich Heimsoeth am 16.01.1925 (ples.136.417.1), Library University of Groningen, Zaal oude en kostbare werken, PO Box 559, NL-9700 AN Groningen – Netherlands.
[9] Ebd.

als Kulminationspunkt wechselwirkender Tendenzen begriffen und beschrieben werden, da sie als taktisches wie erkenntnisbringendes Medium verschiedene akademische, verlagsökonomische wie persönliche Problematisierungsdiskurse materialisiert und dabei auch maßgeblich zur Konstitution von Plessners eigenem philosophischen Programm beiträgt.

Im nachfolgenden Kapitel soll dieses Forschungsvorhaben Plessners eindringlicher besprochen und die Brisanz des *Philosophischen Anzeigers*, neben der historisch-formalen Einbindung in den Kontext des Fachzeitschriftenwesens, beleuchtet werden.

III. Aufbruch der disziplinären Grenzen

Dem jungen – oder auch ›frühen‹ – Plessner schwebte eine Fachzeitschrift vor, die die Forschung vorantreiben sollte. Eine Forschung in der Manier der alten Gelehrtenkorrespondenz, die in der Diskussion zu einem produktiven Austausch durch konstruktive Kritik zu neuen Schlüssen und Erkenntnissen kam. Diese Art von wissenschaftlichem Dialog, so stellte Plessner sich vor, sollte disziplinenübergreifend vonstattengehen können, insofern es ihm selbst auch möglich war, gleichsam als Zoologe und als Philosoph an den gleichen Problemkreisen und Fragestellungen zu arbeiten.

Diese Verschränkung von Philosophie und Lebenswissenschaft subsumierte Plessner unter dem Begriff der ›Biophilosophie‹ als spezielle Disziplin, die sich nachfolgend in die Fachrichtung der philosophischen Anthropologie ausdifferenzierte.[10] Plessner als ein Vertreter der philosophischen Anthropologie, die sich durch ihre Grenzgänge von Philosophie und Biologie, Geist und Körper, Leib und Seele definiert, und deren Episteme sich mit der konkreten aber weitläufigen Frage nach dem Menschen konfrontiert sieht, kann selbst, wie Hans-Ulrich Lessing stets betont, auch als Grenzgänger erfasst werden.[11] Schon als Schüler der Biowissenschaften durch Wilhelm Bölsches *Die Abstammung des Menschen* (1904) inspiriert, qualifizierte sich

---

[10] Vgl. den Sammelband Zwischen den Kulturen: Plessners »Stufen des Organischen« im zeithistorischen Kontext (Lebenswissenschaften im Dialog), hrsg. von K. Köchy und F. Michelini. Freiburg i. Br. 2015.
[11] Vgl. H.-U. Lessing: »Hermeneutik der Sinne«. Eine Untersuchung zu Plessners Projekt einer »Ästhesiologie des Geistes« nebst einem Plessner-Ineditum. Freiburg i. Br. 1998.

Plessner zunächst in der Zoologie mit einer Arbeit über den *Lichtsinn der Seesterne*[12] (1913) und arbeitete dabei in verschiedenen Laboratorien. Vor allem die Arbeit in den physiologischen Instituten während seines späteren Exils in den Niederlanden waren sehr fruchtbar für seine philosophischen Ideen und Werke. So arbeitete er gemeinsam mit Buytendijk in Amsterdam und Groningen an Tierexperimenten mit und führte Studien mit Schülern zum Ausdrucksverstehen durch.[13] Diese praktischen Tätigkeiten nutzte er maßgeblich für das Fundament seiner Schriften »Zur Deutung des mimischen Ausdrucks« (1925) und seines Hauptwerks *Die Stufen des Organischen und der Mensch* (1928). Außerdem brachten ihm die Erkenntnisse durch die Beschäftigung mit den Respirationsapparaten M. N. J. Dirkens einige Aufschlüsse für seine Monographie »Lachen und Weinen«,[14] eine der einflussreichsten und wirkmächtigsten Publikationen Plessners, auch wenn die praktischen Versuche letztlich keinen Eingang in seine Studie fanden.[15]

In dieser durch die mit der Praxis im Dialog stehende Forschung interessierte er sich aber auch immer schon für den Zusammenhang von Biowissenschaften und Philosophie, wie sich an seinem Engagement in der von dem Botaniker Alfred Reuber angeleiteten Diskussionsrunde über die philosophischen Grundlagen der Naturwissenschaften zu Beginn der 1910er Jahre zeigt.[16] Plessner selbst formuliert seine Inspiration durch Reuber in seiner Selbstdarstellung folgendermaßen: »Unter seiner Leitung ging mir ein Licht auf, was für eine Art Forschung sich hinter dem Wort Philosophie verbirgt«.[17] Plessner lässt dadurch erahnen, dass Reubers Ansichten eine zentrale Rolle für sein Verständnis der biophilosophischen Arbeit, die er dann auch im *Anzeiger* anwendet, spielt. Gleichermaßen von der Zoologie wie von der Philosophie angeregt, verfasste Plessner schon im Jahre 1913, im gleichen Jahr, in dem seine zoologische Abhandlung publiziert

---

[12] H. Plessner: Untersuchungen über die Physiologie der Seesterne. I. Mitteilung: Der Lichtsinn. In: Zoologische Jahrbücher 33 (1913), S. 361–386.
[13] Vgl. H. Plessner: Unsere Begegnung. In: Rencontre/Encounter/Begegnung. Utrecht/Antwerpen 1957, S. 331–338, hier: S. 331f.
[14] Ebd., S. 336.
[15] H. Plessner: Lachen und Weinen. Eine Untersuchung der Grenzen menschlichen Verhaltens (1941). München 1950.
[16] Vgl. C. Dietze: Nachgeholtes Leben. Helmuth Plessner 1892–1985. Eine Biographie. Göttingen 2006, S. 29.
[17] H. Plessner: Selbstdarstellung. In: Ders.: Gesammelte Schriften. Band 10, hrsg. v. G. Dux, O. Marquard und E. Ströker. Frankfurt a. M. 2003, S. 302–341, hier: S. 303.

wurde, eine philosophische Schrift, die den wissenschaftstheoretischen Titel *Über die wissenschaftliche Idee* trägt.

Es wird deutlich, dass Plessner früh erkannte, was seine beiden wissenschaftlichen Interessen verband. Nicht die einzelnen separaten, ausdifferenzierten Disziplinen, die sogenannten »Einzelwissenschaften«, waren das Zentrale, sondern diejenigen Fragen, die geklärt werden, bevor sich die Fragen zu Fragen der einzelnen Disziplinen entäußern. Der *Anzeiger* sollte für solche Untersuchungen das überdisziplinäre Medium werden, welches Probleme auf neue Weise behandeln und, wie schon sein Herausgeber, an der ›Grenze‹ zwischen den Einzelwissenschaften zur Sprache bringen konnte.

IV. Das Programm des *Anzeigers*: Die »Wiederbelebung kritischer Forschung und forschender Kritik«

Plessner intendierte, sich mit seiner Fachzeitschrift von den anderen Zeitschriften abzusetzen. Dies war nicht nur sein Wunsch, sondern war gar notwendig, da Anfang der 1920er Jahre viele konkurrierende Fachzeitschriften im philosophisch-wissenschaftlichen Bereich regelrecht aus dem Boden sprossen.[18] Die drei Hauptaspekte der Unterscheidung bildeten dabei erstens die angeführte Zusammenarbeit von der Philosophie mit den Einzelwissenschaften der Beiträge, zweitens die Dialogform der Auseinandersetzungen mit den Inhalten und drittens der Wegfall der für die Zeitschriften so wichtigen und stereotypen Rezensionen.

Obgleich Plessner viele Rezensionen zur Publikation in seiner Zeitschrift zugesandt bekam, die passend für das fächerübergreifende Konzept des *Anzeigers* waren, zog er es nicht in Erwägung diese zu drucken. Ein Beispiel für solch eine Ablehnung ist jene von Arnulf Ansorge über Kurt Breysigs Werk *Die Macht des Gedankens in der Geschichte, in Auseinandersetzung mit Hegel und mit Marx* (1926),

---

[18] Beispielsweise gibt Erich Rothacker gemeinsam mit Paul Kluckhohn 1923 eine neue Zeitschrift mit dem Titel *Deutsche Vierteljahrsschrift für Literaturwissenschaft und Geistesgeschichte* heraus. Diese Zeitschrift sei hier hervorgehoben, da Rothackers Schrift *Zur Logik und Systematik der Geisteswissenschaften* zur Grundlage Werner Hubert Luschkas Beitrag im *Philosophischen Anzeiger* diente: W. H. Luschka: Zur Logik und Systematik der Geisteswissenschaften. Eine Auseinandersetzung mit E. Rothackers gleichnamigem Buch. In: Philosophischer Anzeiger, Jg. 3 (1929), S. 91–127.

die Plessner zurückweist. Denn der Anzeiger sehe seine Aufgabe darin, anstelle von Rezensionen nur solche Aufsätze zu bringen, die im Anschluss an aktuellen Problemkreisen konstruktiv kritisch am Gegenstand weiterarbeiten und kritische Diskussionen anregt, im Sinne der alten ›Gelehrtenkorrespondenz‹, die dadurch wieder zum Leben erweckt werden solle.

Eine solche Ablehnung zeugt von entschiedener Entschlossenheit zur Durchsetzung des eigenen Programms, das sich auch korrespondierend zu Plessners ablehnenden Haltung zur Verengung der Fachdisziplinen an den Universitäten verhält, aber auch gleichzeitig inhaltlich zu seinem Untersuchungsgegenstand, dem Leben, der auch mehr von Interdisziplinarität, statt von einseitigen Zugängen profitiert.

An Martin Heidegger, einem der prominentesten Mitherausgeber, durch den Plessner sich sehr viel ›Marktwert‹ erhoffte[19], schreibt er zu diesem Thema: »dass der Anzeiger keine Rezensionen, sondern nur produktiv weiter führende kritische Arbeiten bringen soll.«[20] Dabei ist er sich durchaus im Klaren darüber, dass er seinen Beiträgern einiges zumutet, denn das »setzt bei dem Mitarbeiter wirklich eine Opferbereitschaft voraus.« Dennoch habe er den »Ein-

---

[19] Die Wichtigkeit Heideggers wird eindrücklich sichtbar, wenn man sich vor Augen führt, dass Plessner wegen Heidegger eine Verspätung des 1. Halbjahresbandes des Anzeigers billigend in Kauf nimmt, wie Plessner den Kollegen Heimsoeth informiert: »Ferner hat mich zu diesem Schritt [die Veröffentlichung als Halbjahresband, J. G.] eine Mitteilung von Prof. Heidegger veranlasst, der einen grösseren Aufsatz über den Zeitbegriff (im Anschluss an eine Besprechung des Briefwechsels Dilthey-Jorck) fertig vorliegen hat, ursprünglich für die Rothackersche Zeitschrift bestimmt. Es kann aber, weil zu umfangreich (4–5 Bogen) dort nicht im ganzen erscheinen. Eine so wesentliche Sache wollte ich mir natürlich unter keinen Umständen entgehen lassen, und ich habe ihn sehr gebeten, uns diese Arbeit zu geben und erwarte täglich Nachricht von ihm.« (Plessner an Heinrich Heimsoeth am 16.01.1925, ples.136.417.1) Tatsächlich erscheint im ersten Halbband des Anzeigers der Aufsatz von Helmut Stadie mit dem Titel »Die Stellung des Briefwechsels zwischen Dilthey und dem Grafen York in der Geistesgeschichte« (H. Stadie: Die Stellung des Briefwechsels zwischen Dilthey und dem Grafen York in der Geistesgeschichte. In: Philosophischer Anzeiger, 1. Band. Bonn 1925, S. 145–200). Die Empfehlung Heideggers lässt sich Plessner nicht entgehen, denn Heidegger ist 1924/25 schon ein aufsteigender Stern am Philosophenhimmel und darf sich reger Begeisterung um seine Person erfreuen. Für Plessner ist die Mitarbeit mit Heidegger daher von besonderem Interesse, da er damit selbst und auch sein Anzeiger in den Fokus des wissenschaftlichen Diskurses gelangt. Heidegger wirkt hier wie ein Markenname, der für Qualität garantiert und zur Verbreitung des Anzeigers behilflich sein könnte.
[20] Brief von Plessner an Heidegger, 22.12.1924, ples.136.335.1

druck, dass nur dadurch unsere Zeitschrift ein eigenes Gesicht und ihre eigentliche Daseinsberechtigung beweisen kann.«[21] An diesem Passus erkennt man, in welchem Maße sich Plessner in einer Rechtfertigungssituation sieht, angesichts der vielen Zeitschriften, die die Wissenschaftslandschaft fluteten. Plessner macht es sich dabei nicht zur Aufgabe explizit gegen diese Zeitschriften (wie die traditionellen *Kant-Studien*) in Konkurrenz zu treten, gleichwohl gilt es sich für Plessner mit Blick auf die neuaufkommenden Zeitschriften einen Standpunkt zu markieren, sodass er nicht in den Weiten der Fachzeitschriften-Landschaft untergeht. Dabei orientiert er sich erneut an historischen Wissenschaftsvorgehensweisen einer Gelehrtenkultur, die ein Idealbild für eine fruchtbare Forschung darstellten: »Wenn man die alten wissenschaftlichen Zeitschriften vor 50 Jahren durchblättert, so findet man doch eine ganz andere intensive Hingabe an den Gegenstand, eine sich nicht nur in Beurteilungen erschöpfende Kritik. Es scheint wirklich, als ob wir […], über den Kriticismus das Wesen schöpferischer Kritik fast verlernt hätten.«[22]

Plessner hat somit ein dezidiert differenziertes Bild, was produktive und nicht-ertragreiche Forschung angeht und erklärt Heidegger die Grundzüge seiner Meinung mit folgenden Worten: »Rezension und Kritik sind eben zweierlei Stil, will man eine Zeitschrift in der heute üblichen Form mit einigen Originalbeiträgen und einem davon auch typographisch sich abhebenden Rezensionsteil, so ist natürlich nichts dagegen zu sagen, und doch habe ich den bestimmten Eindruck, dass von diesen Rezensionen nur ein schwaches Leben ausströmt.«[23]

Dabei handelt es sich bei dieser negativen Haltung zur Rezension vor allem um eine im Kontext zu sehende Äußerung, die eine Rezension in einem interdisziplinären Rahmen als kontraproduktiv ausweist. Rezensionen, so führt Plessner an Heidegger weiter aus, seien zwar für den Kreis eines Faches bedeutend, aber für das größere Publikum sogar gefährlich, weil sie statt an eine Position anzuknüpfen oder heranzuführen, »vor das Buch eine Perspektive […] bauen, mit der sich dann alle zufrieden geben«.[24] Bequemlichkeits- und der Einfachheit halber lese das Publikum die Quelle nicht mehr, sondern

---

[21] Ebd.
[22] Ebd.
[23] Ebd.
[24] Ebd., ples.136.335.2

verließe sich auf die Rezeption des Rezensenten, der oftmals nicht neutral, sondern durch eine schulische oder gar politische Färbung das Buch bespreche.

Im Vorwort zum ersten Halbjahresband seiner Zeitschrift erläutert Plessner im gleichen Sinne, dass die »gegenwärtigen philosophischen Zeitschriften in Deutschland [...] Organ einer Schule, einer Richtung, einer Philosophie [sind]« und wenn sich der *Anzeiger* in die Reihe dieser Zeitschriften einreihen würde, es der »Mühe nicht [bedurfte]«.[25] Angesichts der vielen Journale, die zu dieser Zeit neu gegründet wurden, gilt es sich für Plessner von diesen zu lösen und eine klare eigene Stellung zu beziehen, um das »durch beständige Neugründungen von Journalen ermattetes [überdrüssig gewordene] Publikum«[26] nicht zu langweilen. Der *Anzeiger*, so Plessner, soll keine repräsentative Funktion haben, im Gegenteil soll er gerade unabhängige Forschung darlegen und vorantreiben: »Der Charakter seiner Tätigkeit soll [nicht] in anspruchsloser wissenschaftlicher Tätigkeit bestehen«.[27] Dabei garantiert Plessner dem Leser nicht von vornherein, dass diese experimentelle Form der Fachzeitschrift tatsächlich gewinnbringend oder erfolgversprechend ist. Da es sich um ein Projekt handelt, das seines gleichen sucht, gehört zum Wagnis dieses Experiments auch die Möglichkeit des Scheiterns, was sich erst mit der »Entwicklung der Zeitschrift«[28] herausstellen wird. Das Experiment, das ist die enge Zusammenarbeit von Philosophie und den Einzelwissenschaften.

Plessner selbst sieht sich in dieser Aufgabe mit »beträchtlichen Schwierigkeiten« konfrontiert, denn der »Spezialwissenschaftler«, so formuliert er und zeichnet dabei das wissenschaftliche Wirken seiner Zeit nach, »betrachtet das Philosophieren, soweit es sein Gebiet angeht, als festliche Unterbrechung der Arbeit, der Spezialphilosoph meidet umgekehrt die Einmischung in die Einzeluntersuchung der Erfahrung und zieht sich auf die formelle Seite der Sache zurück.«[29]

Doch Plessner als Zoologe und Philosoph, der es versteht sich gleichzeitig als Spezialwissenschaftler und Spezialphilosoph zu wissenschaftlichen Fragestellungen zu verhalten und dementsprechend

---

[25] H. Plessner: Zur Einführung. In: Philosophischer Anzeiger, Band 1. Bonn 1925, S. 1–3, hier: S. 1.
[26] Ebd.
[27] Ebd.
[28] Ebd.
[29] Ebd.

meint, es gäbe eine Dimension in der diese beträchtlichen Schwierigkeiten überwunden werden können, erkennt die potenzielle Verbindung beider. Diese Verbindung, das ist die »Haltung des Forschers« und meint damit, »das Bewußtsein der Vorläufigkeit eigener Leistung«, denn »die Gewissenspflicht ewiger Selbstkritik trennt sie wieder vom Tag des öffentlichen Lebens, seiner Phrase, seinem Blenderbedürfnis, seinen leichten Erfolgen.«[30]

Das »Bewusstsein der Vorläufigkeit« bedeutet, dass sich jeder Wissenschaftler bewusst sein muss, dass er, sobald er eine wissenschaftliche Aufgabe beginnt, an einem bestimmten Punkt, einer bestimmten Meinung, einem gewissen Anschlusspunkt anknüpft. Es ist diese vorwissenschaftliche Frage, die sich aus der »Gewissenspflicht ewiger Selbstkritik« herausbildet, wie Plessner es nennt, die den Anreiz gibt, einen wissenschaftlichen Sachverhalt in einem Gesamtkontext zu betrachten und nicht bloß Ergebnisse zu liefern, die auf einer bestimmten Meinung oder einem Standpunkt basieren. Man entwickelt das Bedürfnis tiefer zu hinterfragen und noch eindringlicher zu erforschen. So soll gerade an Untersuchungsgegenständen angesetzt werden, die ein transdisziplinäres Wesen haben, also von ihrer Art her bereits an mehreren Disziplinen partizipieren. Das kann zum Beispiel die Frage nach der Sprache sein, die sowohl sprachphilosophisch aber auch linguistisch erörtert werden kann, oder die Unendlichkeit betreffen, die sowohl theoretisch als auch konkret mathematisch besprochen werden kann. Der Inhalt bestimmt die Form der Zeitschrift.

Im bereits angeführten Brief versucht Plessner Heidegger für einen Beitrag zu gewinnen, der ebendiese Kriterien erfüllt und geht dabei weiterhin auf seine Vorbildfunktion als Mitherausgeber ein. In dieser ambitionierten Zeitschrift galt die Vorbild-Funktion, die Plessner seinen Mitherausgebern (wie Heidegger) auferlegte, selbstverständlich auch für ihn selbst und tatsächlich lässt sich Plessners Beitrag im ersten Band des Anzeigers als ein Prototyp lesen.

Er stellt einen Prototyp für die besondere Art der wissenschaftlichen Herangehensweise Plessners dar, welche sich als eine Versöhnung zwischen praktischer experimenteller Tätigkeit und phänomenologischer Theorie ausweist. Außerdem deutet sich hier schon Plessners Auffassung des Begriffs des Lebens an, welcher sein wissenschaftstheoretisches Denken maßgeblich und nachhaltig bestim-

---

[30] Ebd.

men sollte. Plessner versucht den einseitigen Zugängen zu der Frage des Lebens mittels einer Versöhnung der Naturwissenschaft mit der Geisteswissenschaft zu entgehen. Das Leben, das ist für Plessner wie er in den *Stufen des Organischen* schreibt, das »[erlösende] Wort« des 20. Jahrhunderts,[31] dasjenige, das diese »mißtrauisch, skeptisch und relativistisch gewordene Zeit noch bezaubern« kann. »Bezaubern konnte nur etwas Unbestreitbares, das diesseits aller Ideologien, diesseits von Gott und Staat, von Natur und Geschichte zu fassen war, aus dem vielleicht die Ideologien aufsteigen, von dem sie aber ebenso gewiß wieder verschlungen werden: das Leben«.[32]

Als Vorgänger dieser umfassenden Einleitung in die philosophische Anthropologie lässt sich der Aufsatz »Zur Deutung des mimischen Ausdrucks« lesen, den Plessner gemeinsam mit Frederik Buytendijk, mit dem er am Amsterdamer Institut 1924 zusammenarbeitete, verfasste. In diesem Artikel formulierten die Wissenschaftler eine phänomenologische Hermeneutik, die auch unter anderem Maurice Merleau-Pontys Forschungsprogramm zur »Struktur des Verhaltens« (1949) bildet. Joachim Fischer begreift die Beziehung von Merleau-Ponty und Plessner/Buytendijk als eine Wechselwirkung, denn »Buytendijk richtete auch durch seine intensive Rezeption von Sartre, aber vor allem der wahrnehmungs- und verhaltensphänomenologischen Arbeiten von Merleau-Ponty (Denkansatz vom Leib, vom ›corps propre‹ her), mit dem er ein dauerhaftes Verhältnis aufbaute, dem Ansatz der Philosophischen Anthropologie Übergangsstellen zu leibphänomenologischen Studien ein. Umgekehrt hatte Merleau-Ponty den Aufsatz von Plessner und Buytendijk über ›Die physiologische Deutung des Verhaltens‹ (bei Pawlow) mit ihrer Gegenthese von der ›jedem Verhalten innewohnenden Verständlichkeit‹ bereits systematisch für seine Theorie ausgewertet und verfolgte zwischen 1956 und 1960 in Vorlesungen unter den Titeln ›Die Animalität, der menschliche Leib, Übergang zur Kultur‹ in Auseinandersetzung mit der deutschsprachigen Bioanthropologie (J. v. Uexküll, A. Portmann, K. Lorenz) die Problematik des Verhältnisses von ›Natur und Lebenswelt‹.«[33]

---

[31] H. Plessner: Die Stufen des Organischen und der Mensch. Einleitung in die philosophische Anthropologie [1928], 2. Aufl. Berlin 1975, S. 3.
[32] Ebd. S. 4.
[33] J. Fischer: Philosophische Anthropologie. Eine Denkrichtung des 20. Jahrhunderts. Freiburg i. Br. 2008, S. 245.

Im ›Deutungsaufsatz‹ wird Biologie und Philosophie insofern vereint, als dass es sich um eine Frage handelt, die sowohl den anatomischen Körper als auch den Geist als solches befragt. Die Biologie, die sich mit den körperlichen Eigenschaften des Menschen befassen soll hat gleichermaßen Berechtigung an dieser Fragestellung mitzuwirken wie auch die Philosophie, die die Frage nach der Fremdwahrnehmung und der Hermeneutik stellt und diese auch am fruchtbarsten in einer Zusammenarbeit beantworten kann. In Ablehnung einer cartesianischen Leib-Seele-Dichotomie, wobei sich wissenschaftlich um den Leib die Physiologen bemühen und um den Geist die Philosophen und ab dem 19. Jahrhundert auch die Psychologen, sehen Plessner und Buytendijk den Geist und die Seele als Hauptkonstitut des Lebens vereint, womit eine Zusammenarbeit von Physiologie/Biologie und Philosophie unerlässlich erscheint.

Dieser Beitrag stellt demnach so etwas wie einen Prototyp dar für die Beiträge, die sich Plessner in seiner Zeitschrift wünscht. Der *Anzeiger* sollte eben kein Organ der Werbung von Büchern werden, welches besonders dem Verlag als Einnahmequelle zu Gute hätte kommen können, sondern sich um die Sache selbst bemühen: Um den Austausch unter den Wissenschaften – dem Erkenntnisgehalt. Womit der erste und zweite Punkt seines ideellen Programms der Zeitschrift zum Tragen kommt: Die disziplinenübergreifende Zusammenarbeit und die damit einhergehende dialogische Form der Auseinandersetzungen mit dem Sujet. Der Hinweis auf die traditionelle Gelehrtenkorrespondenz, aus der die Fachzeitschriften erwuchsen, weist darauf hin, dass es mindestens zweier Wissenschaftler bedarf, die in Form eines schriftlichen Gesprächs, eben in Korrespondenz miteinander über ein Thema oder ein Problem diskutieren. Nur so, aus verschiedenen Zugängen und mehreren Meinungen, könne man sich nach Plessner wissenschaftlichen Problematiken annehmen und zu einer konstruktiven Lösung oder zumindest Annäherung finden. Die ausgeführte konkrete Kritik an den philosophischen Fachzeitschriften der Zeit rührt von der exzessiven Rezensionskultur, die vorherrschte und nicht selten durch die verschiedenen Schulen begünstigt wurde. So waren die Fachzeitschriften, so die Kritik Plessners, dermaßen schulenzentriert, dass ein ›unparteiischer‹ Austausch in den Zeitschriften kaum stattfinden konnte und dementsprechend zu einseitig wirkten. Auch die Ambition aus der Philosophie heraus ins Gespräch mit den Einzelwissenschaften zu treten, war bis dato das Programm keiner Zeitschrift. Obgleich dies, Plessner zufolge, »heute von beiden Seiten lebhaft gewünscht wird.«[34] Plessner selbst sah jedoch genau in dieser Zusammenarbeit der Wissenschaften die Chance auf »[echte kritische] Forschung und [forschende] Kritik«,[35] deren »Wiederbelebung« sein deutlich proklamiertes Ziel ist. Durch dieses Programm einer »Wiederbelebung echter kritischer Forschung und forschender Kritik« deutet Plessner schon an, dass die Fachzeitschrift als Gelehrtenkorrespondenz, so wie sie in ihren Anfängen praktiziert wurde, zwar nicht mehr vorhanden war, aber seinesgleichen suchte, insofern tatsächlich, wie er (und auch der Verlag) annahm, Bedarf darin bestand. Denn ohne diese Wechselwirkung von »kritischer Forschung und forschender Kritik« blieben die zeitgenössischen Auseinandersetzungen notwendig oberflächlich und einseitig, da keine Entgegnungen, kein Dialog zustande kommen konnte. Die Nachfrage nach der »Zusammenarbeit zwischen der Philosophie und den Einzelwissenschaften« erklärt sich demzufolge für ihn, insofern sie den Nerv der Zeit traf: »Wir werden nach meiner Ueberzeugung gerade die wissenschaftliche Jugend auf unserer Seite haben, wenn wir schlicht die Zusammenarbeit der Philosophie mit den Einzelwissenschaften zu unserem Prinzip machen.«[36]

Mit Blick auf Plessners dialogisches Programm wird deutlich, dass der *Anzeiger* ein Unikat in der Zeitschriftenlandschaft des Diskurses der Zeit darstellte, nicht nur insofern sich der Verlag viel von diesem eigenen Konzept versprach, sondern auch weil Plessners Anfragen zur Mitarbeit stets auf positive Resonanz stießen.

Trotz der angeführten ideellen Konzeption einer wissenschaftlichen Wechselwirkung ging es Plessner doch, wenn man genau hinsieht, nicht nur um die Sache selbst. Vielmehr bildete der *Anzeiger* pragmatisch gesehen ebenso Plessners Fundament zur Entwicklung wissenschaftlicher Netzwerke sowie zur Generierung eines Renommees im *standing* der eigenen *scientific community*. Diese *community* war selbstredend trotz aller Zusammenarbeit mit den Einzelwissenschaften die Philosophie und die Beiträger und Mitherausgeber aus diesem Bereich, diejenigen Professoren, die ebenfalls die Gutachten zu Besetzungen der Lehrstühle schrieben. Plessner, der, wie erwähnt, mit seiner zoologischen Arbeit gewissermaßen ein Grundlagenwerk in der Zoologie zum »Lichtsinne« bei Seesternen geschaf-

---

[34] Ebd.
[35] Brief von Plessner an Heidegger, 22.12.1924, ples.136.335.2
[36] Brief von Plessner an Cohen, 21.11.1924, ples.112.124.2

fen hatte, bewegte sich zwar auch in philosophisch-phänomenologischen In-Groups in Köln um Max Scheler herum, war allerdings im Unterschied zu diesem selbst nicht prominent oder renommiert.[37] Durch die Korrespondenzen und Zusammenarbeiten rund um den *Anzeiger*, erhoffte sich Plessner daher ganz taktisch den Kontakt zu den Fachkreisen, Wissenschaftlern und Professoren seiner Zeit zu festigen. »[B]is zu der ›Zeitschrift‹« hatte Plessner demzufolge, wie er an seinen Freund und Kollegen Josef König schreibt, »außer mit den hiesigen Philosophen [Kölner-Gruppe um Scheler, J. G.] überhaupt mit keinem Kollegen irgendeine Verbindung gehabt noch gesucht.«[38] Plessners Bekanntheitsgrad wandelte sich, wie erhofft, nach der Etablierung der Zeitschrift und er wurde zunehmend in den philosophischen-disziplinären wie disziplinenübergreifenden Diskurs eingebunden. Plessner gelang der interdisziplinäre Austausch aber nicht nur auf der personellen wie inhaltlichen Ebene der Zeitschrift, auch er selbst forschte, wie angedeutet, zunehmend in verschiedenen Disziplinen gleichzeitig, die er später als Richtung der *philosophischen Anthropologie* bzw. *Biophilosophie* ausgewiesen wissen wollte. Seine Forderung nach der Zusammenarbeit von Philosophie und Einzelwissenschaften, zwischen Natur- und Geisteswissenschaft bekam damit gewissermaßen ein definitorisches Label.

V. Das Ende des *Philosophischen Anzeigers*

Trotz des häufig bekundeten Interesses am Forschungsprogramm und des überfachlichen Dialogs musste der *Philosophische Anzeiger* eingestellt werden. Um die Absetzung des *Philosophischen Anzeigers* 1930 ranken sich mithin drei Mythen, die konzis präsentiert werden sollen. Zunächst hat Plessner selbst im Visier, dass sich sein *Anzeiger* nicht rentiere und die Zeitschrift eines wohlhabenden Scheler-Schülers wohl seine Zeitschrift ersetzen solle, um wirtschaftlichen Profit

---

[37] Auch hatte er kein Protegé, dafür aber eine einzigartige Idee von Wissenschaft, die in ihrer Verschränkung von Phänomenologie und Physiologie vor allem bei dem niederländischen Physiologen Buytendijk Eindruck machte, als diese sich das erste Mal 1920/21 kennenlernten, vgl. Plessner: Unsere Begegnung.

[38] J. König/H. Plessner: Briefwechsel 1923–1933. Mit einem Briefessay von König über Plessners ›Einheit der Sinne‹, hrsg. von H.-U. Lessing und A. Mutzenbecher. Freiburg i. Br. 1994, S. 99.

zu schlagen. Plessner berichtet Buytendijk von seiner Mutmaßung in einem mit »_vertraulich_« gekennzeichneten Brief am 02.09.1929:

»Der wahre Grund ist – was ich freilich heute noch nicht beweisen kann, nur aus einigen Anzeichen erschließe –, dass dem Verlag die Möglichkeit geboten ist, eine neue philosoph. Zeitschrift ohne finanzielles Risiko zu begründen. Paul Landsberg, der Schüler Schelers, Verfasser des Buches ›Das Mittelalter und Wir‹, jetzt Privat Dozent in Bonn, ist ein Neffe des Braunkohlemagnaten Silverberg. Hier scheint ein gründliches Arrangement vorzuliegen, dem sich der sehr kapitalschwachwache Verlag unterziehen musste.«[39]

Als zweites, so nimmt Hans-Ulrich Lessing an, sei es zu Unstimmigkeiten der Zeitschrift gekommen, da diese ihren Zweck nicht mehr erfüllte. Mit der langen Abhandlung Georg Mischs, die die letzten beiden Hefte füllte, wurden die sowieso schon wenigen Abnehmer und Leser der Zeitung ohne Dialog, dafür mit einer Monographie Mischs konfrontiert.[40]

Die Plessner-Biographin Carola Dietze unterhält – mit Rekurs auf Joachim Fischer[41] – die These, dass der Verlag bei den Mitherausgebern nachgeforscht haben soll, wie viele der renommierten Namen sich tatsächlich um den _Philosophischen Anzeiger_ bemühten und im Zuge dessen auch den Plagiatsvorwurf Plessners an Scheler »kolportiert« hätte.[42] Dies hätte sodann dem Ruf des _Anzeigers_ immens geschadet, wie Josef König in einem Brief antizipiert:

»Klostermann, der junge, war neulich hier bei Misch; ich war zufällig auch da. Dabei kam durch ihn die Rede auf Ihre Scheler-Stufen-Differenzen. Ich sage Ihnen wohl nichts Neues – leider – wenn ich andeute das Alberne und An sich Dumme, daß sich anscheinend in Köln und Bonn mit leichten Filiationen anderswohin das Gerede redet, Sie hätten bei Scheler doch allerhand Anleihen gemacht, die nicht schön wären. Ich schreibe Ihnen das, weil ich vermute, daß Sie darunter, wie nur zu selbstverständlich wäre, leiden.«[43]

Tatsächlich spielen alle diese Mythen bei der Absetzung des _Anzeigers_ eine Rolle, wie die Korrespondenzen zwischen Verlag und

---

[39] S. Abdruck in S. Boudier: Filosofische Wegwijzer, Correspondentie van F. J. J. Buytendijk met Helmuth Plessner. Kerckebosch 1993, S. 93 f. Hier auch die Anmerkungen zu Landsberg.
[40] So aus einem mündlichen Gespräch hervorgegangen.
[41] Vgl. Dietze: Nachgeholtes Leben, S. 70.
[42] Ebd.
[43] Brief von König an Plessner, 01.08.1929, in: Briefwechsel König/Plessner, S. 207.

Herausgeber aufzeigen. Lediglich Plessners Vermutung, er wäre durch Landsberg und dessen finanzielles Vermögen ersetzt worden, lässt sich weder ermitteln noch verifizieren.

Plessner wird am 30.08.1929 vom Verlag davon in Kenntnis gesetzt, dass der *Philosophische Anzeiger* eingestellt werden muss. Nachdem er dem Verlag einen Verlust von rund 3000 Reichsmark eingebracht hat, wird der *Anzeiger* für die Firma Cohen untragbar. Die gleichbleibende Zahl an Abnehmern, die sich schon seit Monaten festgesetzt hatte, lässt erahnen, dass auch weiterhin dieses Defizit nicht aufgehoben werden kann. Weder gibt es Zuschüsse, die die Unkosten decken könnten, noch ist es realistisch, dass der *Anzeiger* über 120 neue Abnehmer anwerben könnte. Dabei, so sieht es zumindest der Verlag, hat sich die Firma Cohen stets redlich um die Bewerbung des *Anzeigers* bemüht und auch bis dahin die Mehrkosten getragen. Das wahrscheinlichste Argument zur Einstellung der Zeitschrift war wohl, dass der Verlag sich die Zeitschrift im Druck nicht mehr leisten konnte, und sich auch über Plessner als Redakteur beklagte. Auf diese These soll nun eindringlicher eingegangen werden.

Am 4. September 1929 schreiben zwei Mitarbeiter des Cohen-Verlags, Friedrich Cohen ist mittlerweile verstorben, einen Brief an Buytendijk – und vermutlich auch an alle anderen Mitherausgeber des *Philosophischen Anzeigers* –, um ihm mitzuteilen, dass die Hefte des *Anzeigers* schon seit geraumer Zeit finanzielle Defizite einbringen. Zwar sei dem Verlag bewusst, dass dies nicht unbedingt an der Zeitschrift und ihrem Inhalt selbst liegt, sondern dass »zweifellos die schwierigen wirtschaftlichen Verhältnisse« einen erheblichen Teil zu diesem Defizit beitragen, allerdings sei auch nicht zu leugnen, dass »die redaktionelle Führung bei aller Anerkennung der Verdienste, die der Herausgeber Herr Professor Dr. Plessner sich um die Ausgestaltung der Zeitschrift erworben hat, zu diesem ungünstigen Ergebnis [beiträgt].«[44] Damit gemeint sind vor allem die von Plessner ausgewählten Beiträge, die sich vielmehr als Spezialabhandlungen verstehen und somit dem größeren Publikum verschlossen bleiben.[45] Damit einhergehend muss somit auch zugegeben werden, dass die Zeitschrift ihre vorbildliche Intention einen größeren Publikumskreis anzusprechen, die sich aus den transdisziplinären Abhandlungen hät-

---

[44] Brief von der Fa. Cohen an Buytendijk, 04.09.1929, Katholiek Documeniatie Centrum (KDC), Radboud Universiteit Nijmegen 233.
[45] Vgl. hier die These Hans-Ulrich Lessings zur Abhandlung Mischs im Anzeiger.

ten ergeben sollen, verfehlt hat. »Die Folge ist«, so die conclusio von Verlagsseite aus, »dass der Verlag für jeden Jahrgang einen erheblichen Zuschuss leisten muss.«[46] Weiterhin bedeutet dies außerdem, dass gerade Plessner in seiner Rolle als Redakteur, der es sich zur Aufgabe gemacht hat, die Philosophie mit den Einzelwissenschaften zusammenzubringen, versagt hat: »So sehr der Verlag seit der Gründung die Notwendigkeit einer Zeitschrift, die den Mittelpunkt für die Diskussion zwischen Philosophie und Einzelwissenschaft zu bilden hat, anerkennt,« – zu Beginn der vorliegenden Abhandlung wurde das Interesse und das Vertrauen des Verlags in dieses Projekt deutlich hervorgehoben – scheint allerdings letztlich »die Lösung dieser Aufgabe dem Anzeiger bisher versagt zu sein.«[47] So mutet die Zeitschrift in ihrer Heterogenität disparat an und verfehlt einer disziplinenübergreifenden Linie zu folgen. Gerade in einer solch schwierigen wirtschaftlichen Phase, wie sie Ende der 1920er Jahre in der Weimarer Republik erlebt wurde, musste man Projekte, die sich nicht rentieren und statt finanzielles Plus nur Defizite einbrachten, gründlich überdenken. Auch das Publikum sah sich durch die wirtschaftliche Situation nicht in der Lage, jedes auf Anhieb interessante wissenschaftliche Journal zu abonnieren, vielmehr musste man abwägen, für welches man sich entschied. Die Wahl fiel aus diesem Grund meist auch nicht auf den *Anzeiger*, weil er sich einerseits nicht als fruchtbar und anschlussfähig erwies, und andererseits, weil die dort gebrachten Beiträge nicht sorgfältig von Plessner ausgewählt wurden. Vor diesem Hintergrund fasste der Verlag den Entschluss, dass der *Anzeiger* eingestellt werden sollte. Es sollte noch der vierte Jahrgang herausgebracht werden, sodass Plessner die Zusagen, die er für diesen Jahrgang gegeben hatte, erfüllen konnte. Außerdem soll es eine letzte Chance für den Verlag sein, um zu ermitteln, ob es dem *Anzeiger* möglich wäre, das finanzielle Defizit, das er verursacht hatte, noch einmal aufzufangen und es damit eventuell sogar noch eine Verhandlungsbasis gäbe, um die Zeitschrift doch noch weiter erscheinen zu lassen. Da es nach dem vierten Jahrgang allerdings keinen weiteren Jahrgang gegeben hat, kann davon ausgegangen werden, dass diese letzte Chance und Hoffnung nicht aufgegangen ist.

Es muss darauf hingewiesen werden, dass die gerade besprochene Begründung diejenige war, die der Verleger den Mitherausgebern

---

[46] Ebd.
[47] Ebd.

mitgeteilt hat. Plessner und der Cohen-Verlag hingegen pflegten selbstverständlich eine intensivere Korrespondenz, in denen auch weitere Punkte als die an die Mitarbeiter herausgegebenen zutage kamen. So schreibt der Verlag an Plessner am 12.10.1929, dass der Anzeiger nicht von den wichtigen Philosophen der Zeit unterstützt würde und dem Verlag damit eine zentrale Grundlage zur Weiterverlegung fehle.[48] Mit bedeutenden philosophischen Persönlichkeiten[49] meint der Verlag namhafte Philosophen wie Cassirer, Geiger und auch Heidegger.[50]

Dennoch ist der Verlag, wie auch schon im Brief an Buytendijk gezeigt wurde, dazu bereit, Plessner entgegenzukommen, um den *Anzeiger* würdig abklingen zu lassen und nicht einfach abzusetzen. Dafür gewährt Cohen, um keine zu hohen Druckkosten zu verursachen, ihm einen Umfang von 20 Bogen, die Plessner allerdings für zu wenig hält, insofern er für den 4. Jahrgang bereits mehrere Beiträge gesammelt hat.

Obwohl Plessner das Absetzen des *Anzeigers* durch den Cohen Verlag ausdrücklich bedauert, so sieht er sich dennoch nicht als Verlierer in dieser Situation. An Buytendijk schreibt er von seinen Verhandlungen mit dem finanziell sehr viel besser stehenden Verlag De Gruyter – Berlin, der seine *Stufen des Organischen* verlegt und angeblich auch Interesse am *Anzeiger* bekundet hat: »Ich begrüsse den an und für sich bedauerlichen Vorgang, weil er uns in die Lage versetzt, die Zeitschrift bei einem wirklich leistungsfähigen Verleger fortzuführen.«[51]

Doch der letzte Jahrgang des *Philosophischen Anzeigers* erschien mit nur drei Heften 1930 das letzte Mal im Verlag Cohen.

VI. Schluss

Obgleich der *Philosophische Anzeiger* nach nur vierjähriger Laufzeit allem Anschein nach aus ökonomischen Gründen und finanzieller Misslage, an der zwar unter anderem die Wirtschaftskrise, aber auch

---

[48] Vgl. Brief von der Fa. Cohen an Plessner, 12.10.1929, ples.113.53
[49] Vgl. hier die These Dietzes, dass der Verlag die Mitherausgeber aufsuchte und nach ihrem Engagement zum Anzeiger fragte.
[50] Brief von der Fa. Cohen an Plessner, 10.10.1929, ples.113.55
[51] S. Abdruck in Boudier: Filosofische Wegwijzer, S. 93.

Plessner als Herausgeber maßgeblich beteiligt waren, eingestellt wurde, so scheint der *Philosophische Anzeiger* zentral, um aus verschiedenen Perspektiven und Zugängen den Geist der Zeit und der (akademischen, wissenschaftlichen wie privaten) Person Helmuth Plessners zu spiegeln.

Zunächst beanspruchte die Zeitschrift einen innovativen Status zu erlangen, insofern sie die Geistes- und die Naturwissenschaft verband. Diese Idee einer transdisziplinären Forschung entwickelte sich aus einer Tendenz, die bereits im sogenannten langen 19. Jahrhundert mit Denkern wie Dilthey und auch Helmholtz angeklungen ist. Die fachspezifischen Ausdifferenzierungen der Disziplinen wie die zunehmende empiristische Ausrichtungen der Wissenschaften forderten es ein, den Begriff des ›Lebens‹ erneut zu überdenken und den Menschen als ein Lebewesen unter allen anderen Lebewesen zu verorten. Idealistische Methoden das Leben zu denken wurden damit untergraben und die Philosophie teilweise als obsolet betrachtet. Um das biologische Leben, das seit der Entdeckung des Zellorganismus und der evolutionären Deszendenztheorie, auch als eben jenes biologische, an der Natur verhaftetes Leben zu begreifen und in die Philosophie zu integrieren, bedurfte es Anfang des 20. Jahrhunderts einer neuen philosophischen Disziplin, die gleichsam das Psychische wie das Physische des Menschen auffängt. Gerade im Anschluss an Dilthey, der häufig und nicht zuletzt von Helmuth Plessner selbst, als Vorläufer einer solchen Denkrichtung gesehen wird, formierte sich die ›Philosophische Anthropologie‹.

Der *Philosophische Anzeiger*, der sich als Zeitschrift verstand, der die Philosophie und die exakten Wissenschaften aufforderte, an gemeinsamen Problemstellungen auch gemeinsam zu arbeiten, kann als ein Symptom einer solchen Zeit gelten, in der die konvergente Forschungsmethode die im Spiegel der neuesten Erkenntnisse über den Menschen die sinnvollste aller bisheriger angewandter Methoden (entweder die idealistische oder die empiristische) scheint. Dass das Projekt ›Philosophischer Anzeiger‹ so viel Zuspruch, nicht nur von den Philosophen, sondern ebenso von Wissenschaftlern aller fachlichen Disziplinen, erfahren hatte, bezeugt die Umbruchsstimmung im akademisch-wissenschaftlichen Denken und die Forderung nach dem Aufbrechen einseitiger und verknöcherter disziplinärer Strukturen.

Die Zeitschrift sollte vornehmlich wissenschaftliche Dialoge zwischen den Wissenschaften evozieren, um somit auf aktuelle Diskurse einzugehen und diese kritisch weiterzudenken. Deshalb verzichtete Plessner als Herausgeber auch auf die sonst in Zeitschriften übliche Rezension, da er diese als eher überflüssig und sogar kontraproduktiv einstufte, insofern sie keinen Dialog zwischen den Wissenschaftlern öffnete, sondern nur einseitige Kritiken darbot.

Damit einhergehend zeigt sich aber auch eine generelle Kritik an der Wissenschaftslandschaft und Universitätspolitik in der Weimarer Republik. Denn das kritische Forschen sei in einer akademischen Welt, die über Disziplingrenzen nicht hinausdenkt nicht möglich.

In einigen Beiträgen der Zeitschrift glückte dieser Dialog, der an die traditionelle Gelehrtenkorrespondenz im 18. und 19. Jahrhundert anlehnte, in vollstem Sinne. So sind die sprachphilosophischen Ausführungen und Kritiken zwischen Ammann, Stenzel und Pos geradezu Sternstunden von überdisziplinärem Austausch, sowohl inhaltlich als auch im Dialog aller beteiligten Protagonisten. Dieser sehr gelungenen kritischen Auseinandersetzung widmete Plessner daher auch ein eigenes Sonderheft. Doch wird in diesem Sonderheft ebenso die Schattenseite dieses überdisziplinären Austausches sichtbar: Denn das Sonderheft brachte nicht nur die sprachphilosophischen Beiträge, sondern auch eine Entgegnung aus dem Fachbereich der Mathematik. Aus einer unglücklich verlaufenen ›Gelehrtenkorrespondenz‹ zwischen dem an Mathematik interessierten Philosophen Moritz Geiger und dem Mathematiker Kurt Reidemeister, entstand eine missliche Farce, die nicht nur die Beiträger in eine unangenehme Situation brachte, sondern auch die Zeitschrift an sich in ein schlechtes Licht rückte. Dass vor allem Plessner in dieser Auseinandersetzung in seiner Rolle als Herausgeber versagte, stellte sich bald heraus und verbreitete sich schnell in einigen wissenschaftlichen Kreisen, sodass davon auszugehen ist, dass auch der Verlag über dieses Malheur Bescheid wusste. Gerade Plessners unzulängliche Herausgebertätigkeit war es folglich, die die Entscheidung des Verlags, den *Philosophischen Anzeiger* einzustellen, begünstigte.

Nichtsdestotrotz war der *Anzeiger* ein wichtiges und zentrales Projekt Plessners in den 1920er Jahren und prägte sein gesamtes Œuvre immens mit. Zeit seines Lebens blieb er seiner wissenschaftlichen Idee, Natur- wie die Geisteswissenschaft gleichermaßen zu befragen, treu. Gerade der ›Deutungsaufsatz‹ setzt, so scheint es, das Fundament dafür, wofür Plessner bis heute prominent ist: die philosophische Anthropologie.

Das Dilthey-Jahrbuch als
Ort der Hermeneutik-Forschung

Helmut Johach

Im Zeitraum zwischen den Jahren 1983 und 2000 erschien im Verlag Vandenhoeck & Ruprecht in Göttingen in insgesamt 12 Bänden das *Dilthey-Jahrbuch für Philosophie und Geschichte der Geisteswissenschaften*, das von Frithjof Rodi herausgegeben und von Hans-Ulrich Lessing als verantwortlichem Redakteur betreut wurde. Nachdem dieses Jahrbuch zum Bedauern zahlreicher Leser und Rezensenten nicht weiter fortgeführt wurde und die zwölf Bände damit abgeschlossen vorliegen, sind sie selbst zum Objekt geschichtlicher Betrachtung geworden. Wir können davon ausgehen, dass unsere Kenntnis von Themen und Personen, deren Arbeit in den Bänden des Jahrbuchs zum Gegenstand eingehender Untersuchungen gemacht wurde, sowohl en gros als auch en détail bereichert wurde, dass aber mit dem Jahrbuch zugleich auch der Themenbereich, um den es hier geht – nennen wir ihn im Sinne einer ersten »Anzeige« einfach »*Hermeneutik*« – in eine gewisse historische Distanz gerückt ist. Hans-Georg Gadamer, der letzte bedeutende Repräsentant der Hermeneutik in Deutschland, verstarb im Alter von 102 Jahren, nachdem das Dilthey-Jahrbuch zwei Jahre zuvor sein Erscheinen eingestellt hatte.

Wenn wir, wie es sich bei einem Werk gehört, das das Wort »Geschichte« in Titel führt, auch nach der *Geschichte des Dilthey-Jahrbuchs* fragen, dann lohnt es sich, zunächst einen Blick zurück auf die Intention der Begründer (in Verbindung mit F. Rodi wurden im ersten Band O. F. Bollnow, U. Dierse, K. Gründer, R. Makreel, O. Pöggeler und H.-M. Sass genannt) zu werfen. Frithjof Rodi schrieb im Zuge der ersten Planungen für das Dilthey-Jahrbuch:

»Durch Abhandlungen, Editionen bisher unveröffentlichter Einzeltexte (Fragmente, Briefe, Dokumente etc.), Diskussionen, Rezensionen und Bibliographien sollen Grundlagenfragen, welche die Geisteswissenschaften insgesamt, aber auch einzelne Disziplinen betreffen, behandelt werden, wie umgekehrt Ergebnisse der Einzelforschung unter philosophischen Gesichtspunkten erörtert werden sollen. Hierbei wird eine möglichst enge Verzahnung systematischer und historischer Fragestellungen angestrebt. Die Herausgeber sind der Überzeugung, daß eine Wissenschaftsphilosophie beständig zurückgebunden bleiben muß an die Geschichte der einzelnen Wissenschaften, aber auch an die Geschichte der Philosophie selbst, insofern diese eine Geschichte des Fragens nach dem Wesen der gesellschaftlich-geschichtlichen Welt darstellt.«[1]

Interessanterweise wurde die Aufgabe des Jahrbuchs von vornherein im Sinne einer *doppelten Verschränkung* verstanden: Die Beiträge sollten zum Einen eine Verbindung zwischen Philosophie und Geisteswissenschaften, zum Andern zwischen geschichtlichen und systematischen Fragestellungen herstellen. Damit lag die Intention der Herausgeber voll auf der Linie Diltheys, der mehr als hundert Jahre zuvor seine Arbeiten – z. B. über die Entstehung des Naturrechts – als »historische Untersuchungen in philosophischer Absicht«[2] charakterisiert hatte. Allerdings sollte sich das Jahrbuch, nachdem es schon Diltheys Namen im Titel verwendete, nicht allein auf die Dilthey-Forschung beschränken, sondern einen größeren Kreis von durch ihn angeregten, auf ihn sich beziehenden oder auch nur in losem Zusammenhang mit ihm stehenden Autoren berücksichtigen. Diese stammten, wie sich bei der Realisierung des Projekts herausstellte, dann allerdings nicht, wie im Konzept ursprünglich angedacht, aus einzelnen Disziplinen der Geisteswissenschaften, sondern vor allem aus der Philosophie. So enthielten, nachdem die ersten drei Bände des Jahrbuchs zunächst einer systematischen Einführung in geisteswissenschaftliche Grundbegriffe und der Dokumentation eines aus Anlass des 100-jährigen Erscheinens der *Einleitung in die Geisteswissenschaften* (1. Bd. 1883) veranstalteten Dilthey-Symposiums (17./18. November 1983 in Bad Homburg) gedient hatten, die Folgebände z. T. umfangreiche Untersuchungen zum Werk einzelner Philosophen, u. a. Martin Heidegger (Bd. 4/1986–87 und Späteres), Hans Lipps (Bd. 6/1989), Josef König und Helmuth Plessner (Bd. 7/1990–91), Hans-Georg Gadamer (Bd. 8/1992–93) und Georg Misch (Bd. 11/1997–98 und Bd. 12/1999–2000).

---

[1] F. Rodi: Plan für ein Bochumer Jahrbuch für Philosophie der Geisteswissenschaften und Dilthey-Forschung (unveröffentl. Typoskript), S. 1.
[2] W. Dilthey: Über das Naturrecht der Sophisten. Einleitung. In: Gesammelte Schriften Bd. XVIII, hgg. v. H. Johach und F. Rodi. Göttingen 1977, S. 43.

Im Folgenden soll vor allem auf den Beitrag des Jahrbuchs zur Erhellung der Traditionslinie *Dilthey – Heidegger – Gadamer* eingegangen werden, die lange Zeit die Hermeneutik-Diskussion beherrscht hat.[3] Genauer gesagt, geht es um einzelne Forschungsbeiträge, die die Autoren des Jahrbuchs, allen voran der Herausgeber Frithjof Rodi und der Redakteur Hans-Ulrich Lessing, der ab Bd. 9 auch als Mitherausgeber fungierte, zur Klärung dieser Traditionslinie geleistet haben. Zusätzlich sollen jedoch auch alternative bzw. ergänzende Ansätze in der durch Georg Misch begründeten Göttinger *Dilthey-Schule*[4] Erwähnung finden. Ehe auf einzelne Beiträge detaillierter eingegangen werden kann, sind jedoch einige Vorbemerkungen zu Begriff und Entstehung der Hermeneutik und zur Forschungssituation, die die Herausgeber und die Autoren des Jahrbuchs vorfanden, erforderlich.

I.

In der Geschichte der Hermeneutik, deren Anfang man bereits in der Antike ansetzen kann, deren neuzeitlicher Beginn jedoch mit der *Hermeneutica sacra sive methodus exponendarum sacrarum litterarum* (1654) des protestantischen Theologen Johann Conrad Dannhauser beginnt,[5] spielte lange Zeit der Bezug zu »heiligen«, d.h. im Sinne kirchlich-normativer Tradition maßgebenden Schriften, die schlicht als »Bibel« (= Buch) zusammengefasst wurden und deren Relation zu religiösen Glaubenssätzen (»Dogmen«) zu klären war, eine wesentliche Rolle, ehe auch zu profanen Schriften verschiedenster Art vergleichbare Überlegungen, wie diese zu verstehen und auszulegen seien, angestellt wurden. In der Folgezeit – und vor allem im frühen 19. Jahrhundert – entwickelte sich die Hermeneutik als eine

---

[3] Aus der Fülle der Sekundärliteratur zur Hermeneutik seien genannt: H. Birus (Hg.): Hermeneutische Positionen. Schleiermacher – Dilthey – Heidegger – Gadamer. Göttingen 1982; J. Grondin: Einführung in die Philosophische Hermeneutik. Darmstadt 1991, bes. S. 110 ff.

[4] Vgl. F. Rodi: Dilthey, die Phänomenologie und Georg Misch. In: E. W. Orth (Hg.): Dilthey und die Philosophie der Gegenwart. Freiburg/München 1985, S. 125–155. Mit leicht verändertem Titel wieder abgedruckt in: F. Rodi: Erkenntnis des Erkannten. Zur Hermeneutik des 19. und 20. Jahrhunderts. Frankfurt a. M. 1990, S. 123–146.

[5] Vgl. H.-G. Gadamer: Art. »Hermeneutik«. In: J. Ritter u. a. (Hgg.): Historisches Wörterbuch der Philosophie, Bd. 3. Darmstadt 1974, Sp. 1061–1074, hier 1062.

Spezialdisziplin der *Philologie*, sie spielte aber auch in der *Jurisprudenz* und den *Altertumswissenschaften* eine Rolle; die gemeinsame Aufgabe in diesen Disziplinen konnte mit einer Kurzformel als »Kunstlehre der Auslegung von Schriftdenkmalen«[6] bezeichnet werden. In der konkreten Form, wie Dilthey sie bereits – u.a. bei Schleiermacher und Droysen – vorfand, war sie auch Kernbestand der *Historik* und der Aneignung der »Identität von Erfahrung und Mitteilung, welche Identität das Gebiet der *Tradition* bildet.«[7] In der Folgezeit wurde die Hermeneutik zum Organon der Geisteswissenschaften und der Besinnung auf deren geschichtliche, sprachliche und erkenntnistheoretische Grundlagen, was die Verbindung zur Philosophie herstellte. Wilhelm Dilthey konnte deshalb, obwohl er für seine theoretischen Arbeiten nie die Gesamtbezeichnung »Hermeneutik« verwendete, seine Abhandlung über *Die Entstehung der Hermeneutik* (1900) mit den damals eher prospektiven als resümierenden Worten beschließen:

»Aufgenommen in den Zusammenhang von Erkenntnistheorie, Logik und Methodenlehre der Geisteswissenschaften, wird diese Lehre von der Interpretation ein wichtiges Verbindungsglied zwischen der Philosophie und den geschichtlichen Wissenschaften, ein *Hauptbestandteil der Grundlegung der Geisteswissenschaften*.«[8]

In der Entwicklung der Hermeneutik hebt sich die Traditionslinie von Dilthey über Heidegger bis hin zu Gadamer als ein eigener Strang ab, dessen Angelpunkt, sowohl was die wirkmächtige »Aneignung« der Forschungen Diltheys, als auch deren spätere Weiterführung durch Gadamer angeht, beim »frühen« Heidegger, d.h. in seinen Vorlesungen und den lange Zeit unveröffentlicht gebliebenen Manuskripten ab ca. 1919/20 bis zum Erscheinen von *Sein und Zeit* (1927), zu suchen ist. Diese Phase lässt sich vor allem dadurch charakterisieren, dass der enge Bezug der Hermeneutik zu den Geisteswissenschaften, der für Dilthey von zentraler Bedeutung war, gelockert wurde, so dass Heidegger die Methodologie der Historie als »abgeleitete Form«[9] einer »existenzialen« Hermeneutik charakterisieren und Gadamer schließlich im Untertitel von *Wahrheit und*

---

[6] W. Dilthey: Die Entstehung der Hermeneutik (1900). In: Gesammelte Schriften Bd. V. Stuttgart-Göttingen 1954, S. 320.
[7] F. D. E. Schleiermacher: Hermeneutik und Kritik. Hrsg. v. M. Frank. Frankfurt a. M. 1977, S. 379 (Kursivierung H. J.).
[8] W. Dilthey: Die Entstehung der Hermeneutik, S. 331 (Kursivierung H. J.).
[9] M. Heidegger: Sein und Zeit. Erste Hälfte (Sonderdruck aus: Jahrbuch für Philoso-

Methode (1960) von einer »philosophischen Hermeneutik« sprechen konnte. Bei ihm wie auch beim »späten« Heidegger lässt sich die Erfahrung von *Kunst* und *Sprache* als ein Bereich nennen, der gleichberechtigt neben die Methodenreflexion der Geisteswissenschaften treten oder sie sogar ersetzen kann. Bei Dilthey dagegen bleibt der Bezug zu den Geisteswissenschaften, die für ihn noch die Sozialwissenschaften mit umfassen,[10] konstitutiv. So kann nicht von Traditionsbildung im Sinne einer selbstverständlichen Fortschreibung tradierten hermeneutischen Denkens zwischen den drei genannten Philosophen die Rede sein, denn dazu sind die Unterschiede zwischen ihnen zu groß. Außerdem weist die Existenz einer selbstständigen »Dilthey-Schule«, deren Protagonisten im Jahrbuch ebenfalls ausführlich zu Wort kommen, darauf hin, dass es neben dem, was Heidegger als zentrale Intention Diltheys hervorhob, eine weitere Art von Aneignung und Weiterentwicklung seiner Erkenntnisse gab, die mehr an die Lebensphilosophie anknüpfte und in Richtung einer »hermeneutischen Logik« weiterdachte.[11] Die dieser Richtung zuzurechnenden Autoren in gleicher Ausführlichkeit zu behandeln, würde allerdings den Rahmen der vorliegenden Arbeit sprengen.

II.

Wer daran interessiert war zu erfahren, wie Martin Heidegger seine Position in Bezug auf Wilhelm Dilthey definiert hat bzw. was er letzterem verdankt, war lange Zeit auf §77 von *Sein und Zeit* (1927) angewiesen, in dem Heidegger eingangs ohne Umschweife bekennt, seine »Auseinanderlegung des Problems der Geschichte« sei »aus der Aneignung der Arbeit Diltheys erwachsen.«[12] Diltheys Ziel sei es gewesen, »das ›Leben‹ zum philosophischen Verständnis zu bringen und diesem Verstehen aus dem ›Leben selbst‹ ein hermeneutisches Fundament zu sichern. Alles zentriert in der ›Psychologie‹, die das ›Leben‹ in seinem geschichtlichen Entwicklungs- und Wirkungszusam-

---

phie und phänomenologische Forschung, Bd. VII, hrsg. v. E. Husserl). Halle a. S. 1927, S. 398 f.

[10] Vgl. H. Johach: Handelnder Mensch und objektiver Geist. Zur Theorie der Geistes- und Sozialwissenschaften bei Wilhelm Dilthey. Meisenheim/Gl. 1974, S. 12 f.

[11] Vgl. O. F. Bollnow: Studien zur Hermeneutik. Bd. II: Zur hermeneutischen Logik von Georg Misch und Hans Lipps. Freiburg/München 1983.

[12] Heidegger: Sein und Zeit, S. 397.

menhang verstehen soll, als die *Weise*, in der der Mensch *ist*, als möglichen *Gegenstand* der Geisteswissenschaften und als *Wurzel* dieser Wissenschaften *zumal*. Die Hermeneutik ist die Selbstaufklärung dieses Verstehens und erst in abgeleiteter Form Methodologie der Historie.«[13]

Akzeptiert man dies als eine prägnante Zusammenfassung der Arbeiten Diltheys, die vor allem auf Bd. V der *Gesammelten Schriften* mit dem großen Vorbericht von Georg Misch zugreift und zugleich den zentralen Ansatz von *Sein und Zeit* durchscheinen lässt, so wirkt es einigermaßen irritierend, wenn Heidegger im weiteren Fortgang des Kapitels wesentlich ausführlicher auf die Briefe des *Grafen Yorck v. Wartenburg* eingeht, der das Interesse, »Geschichtlichkeit« zu verstehen, schärfer als Dilthey akzentuiert habe und kritisiere, dass die »generische Differenz zwischen Ontischem und Historischem« bei diesem zu kurz komme.[14] Dilthey erscheint in *Sein und Zeit* zwar als wichtiger Ideenlieferant, er habe jedoch seine Einsichten nur halbherzig artikuliert und müsse deshalb in radikaler Weise ausgelegt werden, wie aus der Kritik Yorcks zu folgern sei. Es ist nicht weiter verwunderlich, wenn Heidegger am Schluss des §77 schreibt, er habe sich mit seiner eigenen »existential-zeitliche[n] Analytik des Daseins« entschlossen, »den Geist des Grafen Yorck zu pflegen, um dem Werke Diltheys zu dienen.«[15]

Die Beiträge in Band 4 des Dilthey-Jahrbuchs können nun ihrerseits dazu dienen, die Vorgeschichte von Heideggers *Sein und Zeit* zu erhellen und den Eindruck von Irritation, der sich bei der Lektüre des §77 über den »Zusammenhang der vorstehenden Exposition des Problems der Geschichtlichkeit mit den Forschungen W. Diltheys und den Ideen des Grafen Yorck« leicht einstellt, etwas zurechtzurücken. Abgedruckt werden im Hauptteil von Band 4 des Jahrbuchs größtenteils Referate, die bei zwei Symposien über *Faktizität und Geschichtlichkeit* am 13./14. Juni und 16./17. September 1985 in Bochum gehalten wurden. Sie stützen sich vor allem auf Heideggers zum damaligen Zeitpunkt noch unveröffentlichte Vorlesungen aus seiner ersten Freiburger und der Marburger Zeit. Größere Passagen zu Dil-

---

[13] Ebd., S. 398 (Kursivierung im Original gesperrt).
[14] Ebd., S. 398 ff.; vgl. Briefwechsel zwischen Wilhelm Dilthey und dem Grafen Paul Yorck v. Wartenburg 1877–1897, hrsg. v. S. v. d. Schulenburg. Halle/S. 1923, S. 71, 191 ff.
[15] Heidegger: Sein und Zeit, S. 404.

they sind vor allem in den Vorlesungen über *Phänomenologie der Anschauung und des Ausdrucks. Theorie der philosophischen Begriffsbildung* (SS 1920) und über *Ontologie (Hermeneutik der Faktizität)*[16] vom Sommersemester 1923 enthalten, in denen Heidegger Diltheys unverstellten Blick auf die »Faktizität« des menschlichen Lebens im Unterschied zu den Abstraktionen der Erkenntnistheorie im Neukantianismus hervorhebt. Das etwas spätere Vortragsmanuskript *Der Begriff der Zeit* (1924), das im ersten Kapitel auf den damals gerade erschienenen Briefwechsel zwischen Dilthey und Graf Yorck Bezug nimmt,[17] lässt jedoch bereits eine gewisse Bevorzugung der Position Yorcks erkennen. In diesem Manuskript haben wir nach Aussage des Herausgebers Friedrich-Wilhelm v. Herrmann die »Urfassung von *Sein und Zeit*«[18] vor uns.

Eine ausführliche Darstellung und Würdigung von Diltheys Philosophie liefert Heidegger in einer Serie von insgesamt zehn Vorträgen, die er vom 16. bis 21. April 1925 in der »Kurhessischen Gesellschaft für Kunst und Wissenschaft« in Kassel gehalten hat. Eine Nachschrift dieser Vorträge wurde mit der von Heidegger stammenden Überschrift *Wilhelm Diltheys Forschungsarbeit und der gegenwärtige Kampf um eine historische Weltanschauung*[19] von Frithjof Rodi im 8. Band des Dilthey-Jahrbuchs erstmals ediert, nachdem er bereits bei einem der erwähnten Symposien in Bochum über Inhalt und Umfeld des Heidegger-»Fundes« referiert hatte.[20] In die Heidegger-Gesamtausgabe wurden die Texte mit Heideggers Titel nach Rodis Edition später mit aufgenommen.[21]

---

[16] Beide Vorlesungen sind inzwischen veröffentlicht als Bd. 59 (hrsg. von C. Strube) und Bd. 63 (hrsg. von K. Bröcker-Oltmanns) der Martin Heidegger Gesamtausgabe (Frankfurt/M. 1993 bzw. 1982), im folgenden zitiert als GA.
[17] Heidegger: Der Begriff der Zeit (1924). GA Bd. 64, hrsg. von F.-W. v. Herrmann. Frankfurt a. M. 2004; darin Kap. I: Die Fragestellung Diltheys und Yorcks Grundtendenz (S. 7–15).
[18] Nachwort des Hrsg. in: Heidegger: Der Begriff der Zeit (1924), S. 133.
[19] Heidegger: Wilhelm Diltheys Forschungsarbeit und der gegenwärtige Kampf um eine historische Weltanschauung. 10 Vorträge (gehalten in Kassel vom 16.IV.–21.IV.1925). Nachschrift von W. Bröcker, hrsg. von F. Rodi. In: Dilthey-Jahrbuch für Philosophie und Geschichte der Geisteswissenschaften, Bd. 8 (1992/93), S. 143–180.
[20] F. Rodi: Die Bedeutung Diltheys für die Konzeption von »Sein und Zeit«. Zum Umfeld von Heideggers Kasseler Vorträgen (1925). In: Dilthey-Jahrbuch Bd. 4 (1986/87), S. 161–177.
[21] Vgl. Heidegger: GA Bd. 80/1: Vorträge, Teil I: 1915–1932, hrsg. v. G. Neumann. Frankfurt a. M. 2016, S. 103–157.

Heidegger bestätigt nach der Lektüre des Briefwechsels zwischen Dilthey und Yorck, die wahrscheinlich im Spätsommer 1923 zusammen mit Gadamer auf Heideggers Hütte im Schwarzwald erfolgt ist,[22] dass Dilthey der Fragestellung, um die es in der Philosophie gehe, schon recht nahe gekommen sei, dass es ihm dabei jedoch in letzter Konsequenz an Entschiedenheit gefehlt habe:

»Es kommt darauf an, das *Sein des Geschichtlichen* herauszuarbeiten, *Geschichtlichkeit, nicht Geschichtliches*, Sein, nicht Seiendes, Wirklichkeit, nicht Wirkliches. Es handelt sich also nicht um eine Frage der empirischen Geschichtsforschung; selbst mit einer Universalgeschichte hätte man noch nicht Geschichtlichkeit. Dilthey ist zu der Realität vorgedrungen, die im eigentlichen Sinne ist im Sinne des Geschichtlichseins, zum *menschlichen Dasein*. Dilthey gelangt dazu, diese Realität zur Gegebenheit zu bringen. Er bestimmt sie als lebendig, frei und geschichtlich. Er stellt aber nicht die Frage nach der Geschichtlichkeit selbst, die Frage nach dem Seinssinn, nach dem *Sein des Seienden*. Diese Frage klarzustellen, sind wir erst imstande seit der Ausbildung der Phänomenologie.«[23]

Heidegger bemängelt zwar, dass Diltheys Forschungsarbeit allem Anschein nach einer Erkenntnistheorie der historischen Wissenschaften verhaftet geblieben sei, stellt aber zugleich in dessen Ansatz beim »Leben« ein tiefer reichendes Bestreben fest, die grundlegenden Strukturen aufzudecken, in denen sich menschliches Leben als geschichtliches vollzieht. Er radikalisiert Diltheys Satz, dass »ich selbst ein geschichtliches Wesen bin, dass der, welcher die Geschichte erforscht, derselbe ist, der die Geschichte macht«,[24] zum entschlossenen Erschlossensein des Seins im Menschen und spricht – in Vorwegnahme der Terminologie von *Sein und Zeit* – vom menschlichen »Dasein«, das immer schon ein Seinsverständnis hat. Dass *Verstehen* nicht nur eine geisteswissenschaftliche Methode, sondern ein grund-

---

[22] Vgl. den Brief Heideggers an E. Rothacker vom 4. Jan. 1924. In: Martin Heidegger und die Anfänge der ›Deutschen Vierteljahrsschrift für Literaturwissenschaft und Geistesgeschichte‹. Eine Dokumentation, hrsg. von J. W. Storck und Th. Kisiel. In: Dilthey-Jahrbuch Bd. 8, S. 181–232, hier: S. 202. Zur Datierung von Heideggers Lektüre des Briefwechsels Dilthey-Yorck vgl. auch Frithjof Rodis Anmerkung auf S. 125 f. im gleichen Band des Dilthey-Jahrbuchs.
[23] Heidegger: Wilhelm Diltheys Forschungsarbeit und der gegenwärtige Kampf um eine historische Weltanschauung, S. 158 (Kursivierung H. J.).
[24] W. Dilthey: Plan der Fortsetzung zum Aufbau der geschichtlichen Welt in den Geisteswissenschaften (1910). In: Gesammelte Schriften, Bd. VII, S. 278.

legendes »Existenzial« des Daseins (SuZ §31) ist, entnimmt Heidegger aus Diltheys Lebensbegriff, denn: »Das Leben hat von vornherein den Charakter eines Verstehens.«[25] Und: »Dilthey versucht, vom Leben aus die ganze Welt zu verstehen.«[26] Daraus eine weit gespannte Ontologie des Seins abzuleiten, ist allerdings eine spezifische Ambition des frühen Heidegger, während Dilthey nirgends ein Interesse an einer derartigen universalen Ontologie bekundet hat.

Bei Heidegger bricht das Interesse an einer »Hermeneutik des Daseins« nach der sogenannten »Kehre«, d. h. bald nach der Veröffentlichung von *Sein und Zeit* (1927), abrupt ab. Für die Zeit danach ergibt sich ein andersartiger philosophischer Ansatz, der nicht von der Selbstausgelegtheit des menschlichen Daseins, sondern vom Sein und dessen ursprünglicher Verborgenheit und »Entbergung« – d. h. von dem, was die Griechen »ἀλήθεια« nannten und was durch die Metaphysik verdeckt worden sei –, ausgeht. Dies wird in den hier untersuchten Beiträgen des Dilthey-Jahrbuchs nicht mehr thematisiert, da sie sich auf die Vorgeschichte von *Sein und Zeit* beschränken.

III.

Unter den im Dilthey-Jahrbuch veröffentlichten Forschungsberichten ist ein weiterer bedeutender Fund zu erwähnen, der die Vorgeschichte von *Sein und Zeit* und zugleich die von Heidegger praktizierte Interpretation philosophischer Texte zu erhellen vermag. Es handelt sich um das Typoskript über *Phänomenologische Interpretationen zu Aristoteles*, das Heidegger als Extrakt aus seinen Freiburger Aristoteles-Vorlesungen (WS 1921/22 und SS 1922) anfertigte, mit einer allgemeinen Einführung versah und nach Göttingen und Marburg verschickte,[27] um sich an beiden Universitäten um eine Profes-

---

[25] Heidegger: Phänomenologie der Anschauung und des Ausdrucks. Theorie der philosophischen Begriffsbildung. In: GA Bd. 59, hrsg. von C. Strube. Frankfurt a. M. 1993, S. 166.
[26] Ebd., S. 165.
[27] »Natorp wünschte eine konkrete Orientierung über meine geplanten Arbeiten. Darauf setzte ich mich drei Wochen hin und exzerpierte mich selbst und schrieb dabei eine »Einleitung«; das Ganze diktierte ich dann (60 Seiten) und schickte durch Husserl je ein Exemplar nach Marburg und Göttingen.« (M. Heidegger/K. Jaspers: Briefwechsel 1920–1963. Hrsg. von W. Biemel und H. Saner. München/Frankfurt a. M. 1992, S. 33 f. – Brief H.s an Jaspers vom 19.11.1922).

sur zu bewerben. Während er in Göttingen – u. a. auf Grund eines nicht so günstigen Gutachtens von Georg Misch – nur auf Platz Zwei der Bewerberliste gesetzt wurde, erhielt er in Marburg auf Betreiben von Paul Natorp den Ruf auf ein »Extraordinariat mit Stellung und Rechten eines Ordinarius«,[28] das er zum Wintersemester 1923/24 antrat.

Das Typoskript, dessen ersten Teil mit dem Titel *Anzeige der hermeneutischen Situation* auch Hans-Georg Gadamer damals in Marburg zu Gesicht bekam, leitete nach dessen Aussage in der Philosophie »eine wahre Revolution«[29] ein, nachdem Neukantianismus und Phänomenologie im Niedergang begriffen schienen und Heidegger seit seiner Habilitation nichts weiter veröffentlicht hatte. Die beiden in Göttingen und Marburg verbliebenen Textexemplare galten jedoch lange Zeit – u. a. infolge der Zerstörungen während des Zweiten Weltkriegs – als vernichtet oder verschollen, bis Hans-Ulrich Lessing bei seinen Nachforschungen im Göttinger Nachlaß von Josef König, einem Schüler von Georg Misch, die seinerzeit für das Gutachten zu Heidegger herangezogene Kopie des Typoskripts entdeckte und im 6. Band des Dilthey-Jahrbuchs veröffentlichte.[30] Das Besondere dieser Edition ist darin zu sehen, dass sie nicht nur über den »frühen« Martin Heidegger und die Vorgeschichte von *Sein und Zeit* Auskunft gibt, sondern zugleich über die »Wucht des Anstoßes« (Gadamer), der von dort ausging und später wesentlich zur Ausarbeitung der philosophischen Hermeneutik beitrug. Gadamer unterstützte persönlich Lessings Edition der ungedruckten Heidegger-Schrift und kommentierte sie – in Anspielung an die von Dilthey veranlasste Edition der Hegel'schen Frühschriften durch Herman Nohl – im Dilthey-Jahrbuch unter der Überschrift *Heideggers »theologische« Jugendschrift*.[31]

Heidegger verwendet in der einleitenden *Anzeige der hermeneutischen Situation*, ähnlich wie in der Vorlesung zur *Ontologie (Hermeneutik der Faktizität)* von 1923, das Wort »Hermeneutik« in

---

[28] Briefwechsel Heidegger-Jaspers, S. 37 (Brief H.s an Jaspers vom 19. 6. 1923).
[29] H.-G. Gadamer: Heideggers »theologische« Jugendschrift. In: Dilthey-Jahrbuch für Philosophie und Geschichte der Geisteswissenschaften, Bd. 6 (1989), S. 228–234, hier: S. 228.
[30] Heidegger: Phänomenologische Interpretationen zu Aristoteles (Anzeige der hermeneutischen Situation), hrsg. von H.-U. Lessing. In: Dilthey-Jahrbuch Bd. 6 (1989), S. 235–274.
[31] Gadamer: Heideggers »theologische« Jugendschrift, S. 228–234.

einem spezifischen Sinn, der höchstens indirekt auf die traditionell mit diesem Wort bezeichnete Kunst der Interpretation schriftlicher Erzeugnisse eingeht, dafür aber umso nachdrücklicher auf den »Sachgehalt jeder Interpretation«, den »thematische[n] Gegenstand im Wie seines Ausgelegtseins«,[32] Bezug nimmt. Gegenstand der philosophischen Forschung, die Heidegger am Beispiel Aristoteles darstellen will, ist das »faktische menschliche Dasein als solches.«[33] Dieses Dasein wird nicht aus der Distanz betrachtet und damit in weite Ferne gerückt, sondern aus der lebendigen Erfahrung der Gegenwart heraus erschlossen und durchsichtig gemacht. So schreibt Heidegger:

»Die Situation der Auslegung, als der verstehenden Aneignung des Vergangenen, ist immer solche einer lebendigen Gegenwart. Die Geschichte selbst, als im Verstehen zugeeignete Vergangenheit, wächst hinsichtlich ihrer Erfaßbarkeit mit der Ursprünglichkeit der entscheidenden Wahl und Ausformung der hermeneutischen Situation. Vergangenheit öffnet sich nur nach Maßgabe der Entschlossenheit und Kraft des Aufschließenkönnens, über die eine Gegenwart verfügt. […] Die Wirkungsmöglichkeit einer zur Vergangenheit gewordenen philosophischen Forschung auf ihre Zukunft kann nie in den Resultaten als solchen gelegen sein, sondern gründet in der je erreichten und konkret ausgebildeten Fragemöglichkeit, durch die sie als Problem weckendes Vorbild stets neu Gegenwart zu werden vermag.«[34]

Hiernach setzt das Verstehen eines bedeutsamen philosophischen Gedankenganges, wie er bei Aristoteles vorliegt, immer zugleich ein angemessenes Verständnis der eigenen Situation und eine entsprechende Kraft des Aufschließenkönnens voraus. Zugleich wirkt das historisch Vergangene auf die Gegenwart, indem es weitere Fragestellungen, die im bisherigen Selbstverständnis nicht artikuliert wurden, ermöglicht. Die Interpretation philosophischer Texte wird damit aus der kühlen Distanz angeblich »objektiver« Befunde herausgeholt und dem Wechselspiel zwischen realitätsbezogenem Text und lebendiger Erfahrung in der Gegenwart überantwortet.

Heidegger entwickelt, indem er die Voraussetzungen für seine Aristoteles-Interpretation klärt, wesentliche Grundzüge der »Hermeneutik des Daseins«, oder schärfer: von dessen »Faktizität«, die später

---

[32] Heidegger: Phänomenologische Interpretationen zu Aristoteles, S. 237.
[33] Ebd., S. 239.
[34] Ebd., S. 237f.

in die phänomenologischen Analysen von *Sein und Zeit* eingehen. Als »Grundsinn der faktischen Lebensbewegtheit« wird das »*Sorgen (curare)*« herausgestellt und als »Worauf der Sorge« die »jeweilige Welt«, die sich nach den möglichen »Sorgensrichtungen« in »Umwelt, Mitwelt und Selbstwelt« differenziert.[35] Ferner wird die »Durchschnittlichkeit« des »Man« mit der darin liegenden »Verfallenstendenz« thematisiert, die als »Flucht in die welthaften Besorgnisse« und im »Wegsehen vom Tode« mit einem »Ausweichen des Lebens vor sich selbst und seinem eigentlichen Seinscharakter«[36] gleichzusetzen ist. Von hier aus schlägt Heidegger einen Bogen zum Sinn von *Geschichtlichkeit:* »Der als bevorstehend gehabte Tod in der ihm eigenen Weise des Sichtbarmachens der Lebensgegenwart und Vergangenheit ist als Konstitutivum der Faktizität zugleich das Phänomen, aus dem die spezifische »Zeitlichkeit« menschlichen Daseins explikativ zu erheben ist. Aus dem Sinn dieser *Zeitlichkeit* bestimmt sich der Grundsinn des *Historischen* und nie in der formalen Analyse der Begriffsbildung einer bestimmten Geschichtsschreibung.«[37]

Für die Interpretation des Aristoteles hat Heideggers (damals noch nicht so genannte) »existenziale« Analyse die Konsequenz, dass die *Auslegungsgeschichte,* die u. a. zur Aristoteles-Rezeption in der mittelalterlichen Scholastik geführt hat, einer »Destruktion«[38] unterzogen werden muss. Dies hat nicht den Sinn von Zerstörung, sondern einer Freilegung des ursprünglich Gemeinten. So bedürfen die griechischen Begriffe einer sorgfältigen Übersetzung, die möglichst nahe am ursprünglichen Wortsinn bleiben und zugleich der existenzialen Analyse genügen soll. Zum Beispiel wird das griechische »ἀληθής« mit »unverborgen da-sein«[39] oder die im Dienst der »πρᾶξις« stehende »φρόνησις« mit »Umgangserhellung«[40] wiedergegeben. Die z. T. sehr ungewohnt wirkenden Umschreibungen und Bindestrich-Kombinationen, wie sie in *Sein und Zeit* üblich sind, entspringen nach Heideggers Intention nicht einer Originalitätssucht, sondern dem Bedürfnis nach einer möglichst genauen sprachlichen Wiedergabe von bereits in der griechischen Philosophie gewonnenen Erkenntnissen.

---

[35] Ebd., S. 240.
[36] Ebd., S. 244.
[37] Ebd.
[38] Ebd., S. 249.
[39] Ebd., S. 256.
[40] Ebd., S. 259.

Auf den ersten Blick bieten die im Dilthey-Jahrbuch erstmals edierten Original-Texte Heideggers kein einheitliches Bild. Sieht man sie jedoch zusammen mit den Vorlesungen ab dem »Kriegsnotsemester« 1919 über *Die Idee der Philosophie und das Weltanschauungsproblem*[41] und dem Vortragsmanuskript *Der Begriff der Zeit* (1924), dann ergeben sich wichtige Vorarbeiten und Komponenten zu dem in relativ kurzer Zeit niedergeschriebenen, bis heute Heideggers philosophischen Weltruhm begründenden (Haupt-)Werk *Sein und Zeit* (1927). Offensichtlich war von ihm zuvor ein größeres Werk über Aristoteles geplant, das dann aber aufgegeben wurde. Wie die (inzwischen fast abgeschlossene, mehr als hundert Bände umfassende) *Martin Heidegger Gesamtausgabe* zeigt, hat Heidegger es unternommen, sich in seinen Vorlesungen – neben Aristoteles – mit nahezu *allen* bedeutenden philosophischen »Klassikern« im Sinne der ursprünglichen *Anzeige der hermeneutischen Situation* bzw. der späteren, vom Sich-Ver-und-Entbergen ausgehenden *Geschichte des Seyns* auf Augenhöhe auseinander zu setzen. Das mag ihm mehr oder weniger gut gelungen sein – auf jeden Fall ist den Herausgebern des Dilthey-Jahrbuchs dafür zu danken, dass sie mit ihren Veröffentlichungen von bis dato unbekannten Texten Heideggers und deren Kommentierung für die Aufhellung der Genese von *Sein und Zeit* Hervorragendes geleistet haben.

IV.

Unter den Beiträgen des Dilthey-Jahrbuchs zur neueren Geschichte der Hermeneutik ist ein weiterer bedeutender »Fund« zu erwähnen, nämlich die Urfassung von *Wahrheit und Methode*, die auf ca. 1956 datiert wird. Hans-Georg Gadamer – der mit den Herausgebern in Kontakt stand und das Erscheinen der einzelnen Bände des Dilthey-Jahrbuchs mit Interesse verfolgte – hatte das umfangreiche Manuskript anlässlich einer Ausstellung zu seinem 80. Geburtstag der Universitätsbibliothek in Heidelberg überlassen. Dort wurde es vom Ga-

---

[41] Vgl. u.a. Heideggers laut Auskunft des Hrsg. »früheste erhaltene Vorlesungen«: 1. Die Idee der Philosophie und das Weltanschauungsproblem (SS 1919); 2. Phänomenologie und transzendentale Wertphilosophie (SS 1919) in: GA Bd. 56/57, hrsg. von G. Heimbüchel. Frankfurt a. M. 1987.

damer-Biografen Jean Grondin[42] und Hans-Ulrich Lessing entdeckt; in der Folge wurden die ersten drei Bogen nach Absprache mit dem Autor und dem Verlag J. C. B. Mohr, der damals die 10bändige Gadamer-Werkausgabe vorbereitete, im Dilthey-Jahrbuch abgedruckt.[43]

Der Anfang dieses Manuskripts zeigt in beeindruckender Weise, welche Rolle Dilthey für die Beantwortung der Frage nach der Art von Erfahrung, die den Geisteswissenschaften zu Grunde liegt, bei Gadamer gespielt hat. Dilthey steht am Anfang von Gadamers späterem Hauptwerk zur philosophischen Hermeneutik als derjenige Autor, von dem auch seine eigenen Fragestellungen ausgehen.[44] Zugleich wird jedoch der Einfluss Heideggers und des Briefwechsels zwischen Dilthey und Graf Yorck erkennbar, dem Gadamer die hauptsächlichen Argumente für seine Kritik an Diltheys Orientierung am Methodenideal der Naturwissenschaften entnimmt: »M. Heidegger hat sich auf Diltheys Forschungen berufen, als er im Zusammenhang seiner Erneuerung der ontologischen Frage nach dem Sinn von Sein die Geschichtlichkeit des Daseins zu erhellen unternahm. [...] Aber in seiner Darstellung der Ideen des Grafen Yorck, die dieser im Briefwechsel mit seinem Freunde Dilthey entwickelt, ist doch spürbar, daß er mit diesem eine doppelte Kritik an Dilthey teilt, nämlich einmal die an seiner mangelnden Radikalität gegenüber den naturwissenschaftlichen Methoden, und in eins damit gegenüber der ›historischen Schule‹. [...] Wenn Graf Yorck das Sein als ›Virtualität‹ denkt und die ›generische Differenz von Ontischem und Historischem‹ betont, steht er den Intentionen Heideggers in der Tat näher.«[45]

Mag es hier so scheinen, als ob Gadamer die Kritik Yorcks am vergleichenden Verfahren und Heideggers Verdacht, Dilthey bleibe zu sehr am »Ontischen« haften, nur wiederhole, so wird doch an einigen Stellen sichtbar, dass Gadamer zugleich nach eigenen Wegen

---

[42] J. Grondin: Hans-Georg Gadamer. Eine Biographie. Tübingen 1999. (Grondin datiert die »Urfassung« von Wahrheit und Methode auf die Jahre 1955–56, die endgültige Fassung auf das Wintersemester 1958/59, ebd., S. 318 f.)
[43] H.-G. Gadamer: Wahrheit und Methode. Der Anfang der Urfassung (ca. 1956), hrsg. v. J. Grondin u. H.-U. Lessing. In: Dilthey-Jahrbuch Bd. 8 (1992/93), S. 131–142.
[44] In der veröffentlichten Fassung von Wahrheit und Methode (1960, 2. Aufl. 1965) beginnt das Dilthey-Kapitel erst im zweiten Teil nach der Auseinandersetzung mit Schleiermacher, Ranke und Droysen. (Ebd., S. 205 ff.).
[45] Gadamer: Wahrheit und Methode, Der Anfang der Urfassung, S. 138 f.

sucht. Stand bei Heidegger der Entwurf auf ein zukünftiges, möglichst auf »existenziell eigentliches Ganzseinkönnen«[46] gerichtetes Leben (was immer damit konkret gemeint sein mochte) im Vordergrund, so ist bei Gadamer eine stärkere Orientierung an *Herkunft und Tradition* im Verständnis von Geschichtlichkeit spürbar. Er zitiert Diltheys Randnotiz in seinem Exemplar der Millschen Logik, Mill sei »dogmatisch aus Mangel an historischer Bildung«,[47] was ihm zum Einen dazu dient, Diltheys Orientierung am Methodenideal der Naturwissenschaften zu kritisieren, zum Andern genauer zu explizieren, was historische – und zugleich im »humanistischen« Sinn verstandene – *Bildung* besagt. Zu ihr gehört wesentlich, mit Hegel »im Fremden das Eigene zu erkennen, in ihm heimisch zu werden«,[48] aber auch mit Yorck die »*Zugehörigkeit* des erkennenden Subjekts zu der geschichtlichen Bewegtheit, in der sich das Ganze seiner Objektwelt befindet«,[49] als Verstehensvoraussetzung zu berücksichtigen. Geschichtliches Bewusstsein kann nicht von einem schlechthin objektiven, das hieße: außerhalb der Geschichte liegenden Standpunkt das Ganze überblicken; vielmehr geht es darum, das Darinnenstehen in einer Überlieferung produktiv zu nutzen, um die Bedingtheit des eigenen Urteilens im Sinne von φρόνησις und praktischer »Urteilskraft« immer wieder zu überprüfen, das für »richtig« Erkannte auf die jeweilige Lebenssituation anzuwenden und über den Zeitenabstand zwischen eigener Geschichte und Fremdem, das uns in anderen Menschen und Kulturen begegnet, zu einer »Horizontverschmelzung«[50] zu gelangen, wie Gadamer dies im Zweiten Teil von *Wahrheit und Methode* ausgeführt hat.

Ein wesentlicher Punkt, an dem Gadamer über Dilthey und den frühen Heidegger hinausgeht, ist die *Sprachlichkeit des Verstehens,* die bei ihm nicht ausschließlich an das Vorhandensein schriftlicher Dokumente gebunden ist, aber auch nicht die individual-phänomenologisch erschließbare Faktizität des »Daseins« als In-der-Welt-Sein

---

[46] Heidegger: Sein und Zeit, S. 305.
[47] Gadamer: Wahrheit und Methode. Der Anfang der Urfassung, S. 136 (Dilthey-Zitat nach dem Vorbericht von G. Misch in: W. Dilthey, Ges. Schr. Bd. V, S. LXXIV); vgl. Ders.: Wahrheit und Methode. Grundzüge einer philosophischen Hermeneutik. 2. Aufl. Tübingen 1965, S. 4.
[48] Gadamer: Wahrheit und Methode. S. 11.
[49] Gadamer: Wahrheit und Methode. Der Anfang der Urfassung, S. 137 f. (Kursivierung H. J.).
[50] Gadamer: Wahrheit und Methode, S. 290.

schlechthin meint. Gadamer macht vielmehr Ernst mit der *Vielzahl der Sprachen*, in denen das jeweilige Selbst- und Weltverständnis sich auf jeweils unterschiedliche Weise artikuliert und die in der Verständigung über die alltägliche Lebenspraxis einschließlich deren Unterschiedlichkeit in Zeiten der Globalisierung miteinander in Dialog gebracht werden können und müssen. So ergibt sich für ihn als umfassende Funktion der Geisteswissenschaften: »Teilhabe an den wesentlichen Aussagen menschlicher Erfahrung, wie sie in Kunst und Geschichte sich ausgeprägt haben. Das ist in den Geisteswissenschaften das eigentliche Kriterium für Gehalt oder Gehaltlosigkeit ihrer Lehren. Ich habe in meinen Arbeiten versucht zu zeigen, daß das *Modell des Dialogs* für diese Form der Teilhabe strukturerhellende Bedeutung hat. Denn der Dialog ist auch dadurch ausgezeichnet, daß nicht einer das, was dabei herauskommt, überschaut und behauptet, daß er allein die Sache beherrscht, sondern daß man *im Miteinander* an der Wahrheit und aneinander teilgewinnt.«[51]

Indem Gadamer nach sokratischem Vorbild die *dialogische Suche nach Wahrheit* zum zentralen Kennzeichen der Hermeneutik erhebt, gewinnt er sowohl gegenüber der Tradition, deren Erfahrungsgehalte uns vorwiegend in textlich-sprachlicher Form gegeben sind, als auch für das aktuelle Miteinander, einschließlich der Begegnung mit fremden Sprachen und Kulturen, einen *Standpunkt der Offenheit*, der bei aller Betonung der Zugehörigkeit zu einer bestimmten Sprach- und Lebenswelt immer auch mit der Möglichkeit rechnet, dass der Andere eher Recht haben könnte als man selbst. Der hermeneutische Dialog ist unabschliessbar. Jürgen Habermas bescheinigt Hans-Georg Gadamer, unter dessen Ägide er in Heidelberg seine erste Professur wahrnehmen konnte, auf Grund der »bildenden[n] Kraft der Tradition«, die ihn von Heidegger unterscheide, eine »großzügige Liberalität der Gesinnung und des Umgangs.«[52] Wenn man bei den Herausgebern des Dilthey-Jahrbuchs manchmal den Eindruck gewinnen kann, Gadamer habe ihnen, wie er es in Bezug auf Heidegger

---

[51] Gadamer: Probleme der praktischen Vernunft (1980). In: Wahrheit und Methode. Ergänzungen – Register. Tübingen 1986, S. 323 (Kursivierung H. J.).
[52] J. Habermas: Der liberale Geist. Eine Remininiszenz an unbeschwerte Heidelberger Anfänge. In: G. Figal (Hg.): Begegnungen mit Hans-Georg-Gadamer. Stuttgart 2000, S. 51–54, hier: S. 53; vgl. Ders.: Hans-Georg Gadamer. Urbanisierung der Heideggerschen Provinz. In: Philosophisch-politische Profile. Erw. Ausg. Frankfurt a.M. 1981, S. 392–401.

empfand, bei ihrer Arbeit gleichsam »über die Schulter«[53] geschaut, dann ist anzunehmen, dass Gadamer auf Grund seiner Liberalität und Weltläufigkeit wohl manches als bedenkenswert nahm und integrieren konnte, was bei anderen eher auf Abwehr oder Widerspruch gestoßen wäre, dass es aber auch nicht gerade leicht war, abweichende Sichtweisen und Bewertungen oder gar alternative Denkansätze ihm gegenüber zur Geltung zu bringen. Das soll abschließend an der Weiterentwicklung von Gedanken Diltheys in der von Georg Misch begründeten *Göttinger Dilthey-Schule* aufgezeigt werden. Das primäre Bestreben der Herausgeber des Dilthey-Jahrbuchs bestand darin, diese Denkansätze aus den 20er Jahren des vorigen Jahrhunderts, die – vor allem auf Grund des Traditionsbruchs im Dritten Reich – in Deutschland kaum mehr bekannt waren, dem Vergessen zu entreißen. Dass sich aus ihnen, wenn sie mehr zum Tragen gekommen wären, ein ernsthaftes Konkurrenzunternehmen zur Fortschreibung der Hermeneutik bei Heidegger und Gadamer hätte ergeben können, war ein gelegentlich aufscheinender Gedanke, der sich im weiteren Verlauf der Editionsarbeit an der Bochumer Dilthey-Forschungsstelle sozusagen als Nebenprodukt ergab.

V.

Von dem, was Georg Misch, der Schwiegersohn Diltheys und sein bedeutendster Schüler, geschrieben hat, waren lange Zeit nur der große *Vorbericht* zu Bd. V von Diltheys *Gesammelten Schriften* (1925), die auf Anregungen Diltheys zurück gehende *Geschichte der Autobiographie*,[54] mit deren erstem Band sich Misch im Jahr 1907 in Berlin habilitiert hatte, sein Buch *Der Weg in die Philosophie*[55] sowie schließlich die Abhandlung über *Lebensphilosophie und Phänomenologie*,[56] in der er sich mit Husserl und Heidegger auseinander setz-

---

[53] Gadamer: Selbstdarstellung (abgeschlossen 1975). In: Wahrheit und Methode. Ergänzungen – Register, S. 479–508, hier: S. 491.
[54] G. Misch: Geschichte der Autobiographie. Bd. I: Das Altertum. Leipzig-Berlin 1907 (bis 1968 fortgeführt in IV Bänden mit 8 Teilbänden; späterer Erscheinungsort Frankfurt a. M.).
[55] G. Misch: Der Weg in die Philosophie. Eine philosophische Fibel. Leipzig – Berlin 1926.
[56] G. Misch: Lebensphilosophie und Phänomenologie. Eine Auseinandersetzung der Diltheyschen Richtung mit Heidegger und Husserl (1930). 3. Aufl. Darmstadt 1967.

te, einem größeren Leserkreis bekannt. Während Misch nach der Rückkehr aus der durch die Judenverfolgung der Nazis bedingten Emigration nach England später in Göttingen vor allem bemüht war, die *Geschichte der Autobiographie* weiter voranzubringen, konnte man seinen systematischen philosophischen Ansatz bestenfalls aus Andeutungen in *Lebensphilosophie und Phänomenologie* und einem schmalen Band mit Aufsätzen über Dilthey,[57] der in der Nachkriegszeit erschien, erschließen. Allerdings wies O. F. Bollnow schon seit den 1960er Jahren darauf hin, dass Misch gemäß eigenem Bekunden im Anschluss an Diltheys spätere Lebensphilosophie versucht habe, den »Weg zu einer *Logik* zu gehen, die den Intentionen der *Lebensphilosophie* entspräche«.[58] Er habe diesen Anspruch in seinen mehrfach gehaltenen, jedoch unveröffentlicht gebliebenen Vorlesungen aus den 1920er Jahren über *Logik und Einleitung in die Wissenschaftslehre* bzw. *Logik und Einleitung in die Theorie des Wissens* weitgehend eingelöst. Bollnow bezeichnete Mischs Projekt, das in Göttingen nachhaltige Wirkung entfaltet habe, mit einer bei Misch nur sporadisch vorkommenden Wortverbindung als »hermeneutische Logik«.[59]

Inwiefern ist es gerechtfertigt, in dieser Weise die *Logik* mit der *Hermeneutik* in Verbindung zu bringen? Nachdem die Logik-Vorlesungen Mischs von Frithjof Rodi, dem Herausgeber des Dilthey-Jahrbuchs, und Gudrun Kühne-Bertram, seiner Mitarbeiterin in der Bochumer Dilthey-Forschungsstelle, in mühevoller Kleinarbeit ediert worden sind,[60] fällt es nicht schwer, darauf eine zufriedenstellende Antwort zu geben. Mischs lebensphilosophisch fundierte Logik sucht nämlich tiefer zu graben als die formale Aussagenlogik und die traditionelle Lehre von Begriff, Urteil und Schluss, indem sie einerseits den elementaren, vorprädikativen Stadien von *Lebensverhalten und Lebensbezügen*, in denen der Mensch oder generell ein Lebewesen sich in Bezug auf seine Umgebung erfährt, andererseits dem Bereich

---

[57] Vgl. G. Misch: Die Idee der Lebensphilosophie in der Theorie der Geisteswissenschaften (1924). In: Ders.: Vom Lebens- und Gedankenkreis Wilhelm Diltheys. Frankfurt a. M. 1947, S. 37–51, hier: S. 47 ff.
[58] Misch: Lebensphilosophie und Phänomenologie, S. 51 (Kursivierung H. J.).
[59] O. F. Bollnow: Studien zur Hermeneutik. Bd. II: Zur hermeneutischen Logik von Georg Misch und Hans Lipps, S. 31.
[60] G. Misch: Der Aufbau der Logik auf dem Boden der Philosophie des Lebens. Göttinger Vorlesungen über Logik und Einleitung in die Theorie des Wissens, hrsg. von G. Kühne-Bertram und F. Rodi. Freiburg/München 1994.

der *Intuition, des Ausdrucks und der Gefühle* sowie schließlich den vielfältigen Funktionen der menschlichen *Sprache und des Sprechens* als »geschichtlich-schöpferische[r] Vereinigung von Ausdrucksbewegung und Tat«[61] in der Bewegung des Lebens zwischen Gedankenmäßigkeit und Unergründlichkeit nach dem Vorbild Diltheys Raum verschafft.[62] In allen diesen Vorgängen geht es nicht so sehr um ein Verstehen von etwas, was als fertig gegeben vorliegt, sondern um etwas, das der Ergänzung und Interpretation bedarf, d.h. vor allem um Erfahrungen auf körperlicher, mentaler und sprachlicher Ebene und deren Ausdruck. Mischs Überlegungen zur hermeneutischen Logik gipfeln darin, dass er der »rein diskursiven« Feststellung in der Aussagenlogik, die im Zentrum der traditionellen Logik steht, die »*evozierende Aussage*«[63] gegenüber stellt, wie sie sich etwa im lyrischen Gedicht ausdrückt, das immer mehr enthält, als der gegenständliche Wortsinn beinhaltet, und das darin »in seiner Bedeutsamkeit für jede menschliche Lebendigkeit fühlbar wird und zum Verständnis kommt«.[64]

Es liegt auf der Hand, dass Mischs hermeneutische Logik sich von Heideggers auf eine Fundamentalontologie abzielender Hermeneutik der »Faktizität« nicht unbeträchtlich unterscheidet. Deshalb konnte, ja musste Misch sich in *Lebensphilosophie und Phänomenologie* dagegen abgrenzen. Trotzdem behielten beide, Heidegger wie Misch, von Dilthey ausgehend, auf je unterschiedliche Weise das *menschliche Dasein* im Blick. Die Herausgeber des Dilthey-Jahrbuchs nahmen die Veröffentlichung von Mischs Logik-Vorlesungen im Jahr 1994 zum Anlass, zwei Jahre später auch zu Georg Misch, ähnlich wie ein Jahrzehnt zuvor zu Heidegger, ein Symposium zu veranstalten, dessen Erträge in den beiden letzten Bänden des Dilthey-Jahrbuchs gesammelt sind. Auch zu Hans Lipps, bei dem etliche

---

[61] Misch: Der Aufbau der Logik auf dem Boden der Philosophie des Lebens, S. 222. Vgl. Bollnow: Studien zur Hermeneutik, Bd. II, S. 92.

[62] Bereits Dilthey hatte einer lebenshermeneutisch angereicherten, wenn auch inhaltlich weniger ausgefeilten Logik in seiner »psychologischen« Grundlegung eine entsprechende Stellung zugewiesen. Vgl. das Fünfte Buch in seinen Ausarbeitungen zum Zweiten Band der Einleitung in die Geisteswissenschaften. In: Gesammelte Schriften Bd. XIX, hrsg. von H. Johach und F. Rodi. Göttingen 1982, S. 228 ff.

[63] Misch: Der Aufbau der Logik, S. 499; vgl. Bollnow: Studien zur Hermeneutik, S. 158 ff.

[64] Ebd., S. 518. Vgl. Bollnow: Studien zur Hermeneutik, S. 165.

Arbeiten unter dem Titel einer »hermeneutischen Logik« firmieren,[65] sowie zu Josef König und Helmuth Plessner, der ebenfalls zeitweise zur Göttinger Dilthey-Schule gehörte, wurden, wie eingangs erwähnt, thematische Schwerpunkte in den Bänden des Dilthey-Jahrbuchs gebildet, worauf hier jedoch nicht näher eingegangen werden kann.

Hans-Georg Gadamer hat in einem umfangreichen Beitrag über *Die Hermeneutik und die Dilthey-Schule*, der ein Jahr nach Frithjof Rodis Sammelband zur *Erkenntnis des Erkannten* als Besprechung in der *Philosophischen Rundschau* erschienen ist,[66] auch auf Georg Mischs Philosophie Bezug genommen. Er bescheinigt ihm, er habe »Dilthey in Richtung auf Dilthey wirklich weitergedacht«, und äußert – nicht ohne diplomatische Verklausulierung –, er selbst könne »heute kaum noch ermessen, was in diesen vorbereitenden Jahren, in denen meine eigene hermeneutische Philosophie [...] ihre ersten Keime zeigte, die Aussaat mitbewirkt hat, die Misch in seinem großen kritischen Buch [d.i. *Lebensphilosophie und Phänomenologie*] ausgestreut hat.«[67] Faktisch verteidigt er in seinem Aufsatz eher Heidegger, der ihm in jungen Jahren den entscheidenden Anstoß zum Weiterdenken gab. Den eigentlichen Adressaten von Mischs lebensphilosophischer Kritik sieht er in Husserls »phänomenologischem Transzendentalismus«, den *Sein und Zeit* »noch nicht ganz abgestreift« habe.[68] Für Gadamer bleibt Heidegger – und nicht nur der Heidegger von *Sein und Zeit* (1927), sondern vor allem der spätere, der sich auf Dichtung und Sprache stützt – die wichtigste Autorität außer ihm selbst, die für das philosophische Verständnis von Hermeneutik maßgebend geworden sei.

Nachdem Mischs Logik-Vorlesungen veröffentlicht waren und die erwähnte Tagung zum Thema *Der Philosoph Georg Misch* ohne Gadamers Teilnahme stattgefunden hatte, führten Gudrun Kühne-Bertram und Frithjof Rodi in Heidelberg mit ihm ein längeres Gespräch, das der Dokumentation der Tagungsbeiträge in Band 11 und

---

[65] Vgl. H. Lipps: Werke, Bd. 2: Untersuchungen zu einer hermeneutischen Logik (1938). Frankfurt a. M. 1976.
[66] H.-G. Gadamer: Die Hermeneutik und die Dilthey-Schule (1991). In: Gesammelte Werke Bd. 10. Tübingen 1995, S. 185–205. Vgl. F. Rodi: Erkenntnis des Erkannten. Zur Hermeneutik des 19. und 20. Jahrhunderts. Frankfurt a. M. 1990, bes. S. 89 ff.
[67] Ebd., S. 188 f.
[68] Ebd., S. 195.

12 des Dilthey-Jahrbuchs vorangestellt wurde.[69] Vor dem Hintergrund der neu zugänglichen Ausführungen Mischs zur Sprache, insbesondere zur *evokativen Rede* und Lebensäußerung, die in der *künstlerischen Produktion* eine zentrale Rolle spielt, wirkt Gadamers Eingehen auf die Fragen, die die Herausgeber von Mischs Vorlesungen ihm stellen, jetzt wesentlich konzilianter als zuvor, da sich in der Sache eine stärkere Annäherung ergeben hat. Die evokative Rede oder Äußerung trifft das, was man sagen will, nämlich nie ganz und sie erfordert eine Reaktion, in der notwendigerweise die Resonanz beim Hörer bzw. Leser eine Rolle spielt. Das entspricht weit eher der Erfahrung von *Kunst* und dem *Gespräch*, die Gadamers Hermeneutik im Blick hat, als der diskursiven Sacherörterung, bei der es letztlich nur um »Fakten« geht, die zutreffen können oder auch nicht. Darin stimmt Gadamer mit Misch überein. Interessante Aspekte ergeben sich bei beiden auch für die *Rhetorik*, die »bis in die Neuzeit alle humaniora erfasste« und die Gadamer »von der Phronesis aus [...] eigentlich mitmeinen«[70] möchte. So kann er auf die Frage, ob Hermeneutik und Logik des Ausdrucksverstehens wirklich »zwei Seiten derselben Sache« seien, als Resultat des Gesprächs über seine eigene und Mischs Arbeit sagen:

»Das würde ich soweit bestätigen, daß das Universale der *Sprache* und das Universale des *Ausdrucksverstehens* das bleibende gemeinsame Universum ist. Aber erst im *Verstehen* des Ausdrucks *ist* er Ausdruck. Mischs Sprache war mir darin erst fremd, jetzt im Gespräch wird es mir inzwischen klar: Der Ausdruck ist schon ganz auf das Verstehen hin bezogen, mit dem ich einsetze. Er ist insofern selber eine hermeneutische Zugangsweise. Aber man sollte nicht meinen, daß der ›Ausdruck‹ je ganz verstanden wird! Der Ausdruck ist kein bleibendes Resultat – er ist immer schon von dem Gemeinten überholt und das ist Hermeneutik, über jeden ›Ausdruck‹ hinauszugehen und das denkende Gespräch fortzusetzen.«[71]

Verfolgt man die Entwicklung der Hermeneutik anhand des Dilthey-Jahrbuchs bis hin zu Hans-Georg Gadamer, der – nur wenige Jahre vor seinem Tod – hier sichtlich bemüht ist, die lebensphiloso-

---

[69] Gadamer: Die Logik des verbum interius. Hans Georg-Gadamer im Gespräch mit Gudrun Kühne-Bertram und Frithjof Rodi. In: Dilthey-Jahrbuch Bd. 11 (1997–98), S. 19–30.
[70] Ebd., S. 29.
[71] Ebd., S. 30 (Kursivierung H. J.).

phisch fundierte Logik der Göttinger Dilthey-Schule zu ihrem Recht kommen zu lassen, dann ergibt sich ein weiter Spannungsbogen von der ursprünglich theologischen Schriftauslegung, von der noch Dilthey ausging, über Tradition und Geschichtlichkeit bis hin zur Logik des sprachlichen und nichtsprachlichen Ausdrucks. Stets stand dabei jedoch die Suche nach *Wahrheit für die menschliche Existenz* im Zentrum des Interesses. In einer Zeit, die einer immer hektischer werdenden Kommunikation und »Fake News« viel Raum gibt, mag es angebracht sein, sich gelegentlich daran zu erinnern.

Arbeit am *Sinn*

Kulturphilosophische Überlegungen im Ausgang von
Pieter Bruegels Bild: Der Turmbau zu Babel

Volker Steenblock

> »Kultur ist Inbegriff der Sinnbildungsleistungen, die die Menschen erbringen müssen, um leben zu können.«
> Jörn Rüsen[1]

Pieter Bruegels Bild »Der Turmbau zu Babel« entstand im Jahre 1563; es befindet sich heute im Kunsthistorischen Museum in Wien. Bruegel zeigt ein ungeheures Ausmaß des Bauwerkes und lässt Aufwand wie Vielfalt der zu seiner Errichtung nötigen Arbeit erkennen; seine Darstellung ist offensichtlich von Bruegels Rombesuch und vom dortigen Kolosseum beeinflusst. Sieben Stockwerke sind bereits errichtet, das achte Stockwerk befindet sich im Bau.

Der *Turmbau zu Babel* ist oft als ein *Sinnbild der Kulturentwicklung* wahrgenommen worden; das Spektrum der kulturellen Deutungen dieses Bildes ist immens (siehe im Folgenden vor allem Abschnitt 1). Wenn die Handwerker und Steinmetze sich vor dem königlichen Bauherrn verneigen, erkennt man die Machtverhältnisse, die hier wie in aller Kultur bestehen. Während die Bibel die Errichtung des Turmes als Hybris deutet, flogen die Attentäter von 9/11 in die TwinTowers, um eine bestimmte Kulturauffassung zu treffen, als deren Symbol sie die Türme empfanden – aber wo immer auf der Welt im Kapitalismus aufgetrumpft werden soll, baut man unverdrossen Türme, von Shanghai bis Arabien. Das 21. Jahrhundert wird auf einem übervölkerten Planeten immer mehr Hochhaustürme sehen. Als ich im Alter unserer Studenten war, gab es eine Version des Bildes, in der das Bauwerk in den Kühlturm eines AKW auslief, um die Atomkraft als zivilisatorische Fehlentwicklung zu brandmarken usw.

Ich nehme aus diesem Deutungsspektrum für eine kulturphilosophische Betrachtung nur einen einzigen Aspekt heraus: Der

---

[1] J. Rüsen: Kultur macht Sinn. Köln 2006.

Mensch *arbeitet*, und er muss und soll arbeiten, aber er kann offenbar *weder praktisch* noch, das ist mein Thema, *theoretisch* seine eigene kulturelle Arbeit beherrschen. Es gibt zwar in mindestens drei theoriemächtigen Deutungshorizonten groß angelegte wissenschaftlichweltanschauliche Versuche hierzu (Abschnitt 2), doch zeigen Überlegungen zum Kulturbegriff als *Arbeit am Sinn* (3), dass dieser sich aufhöbe, verstünde man sozusagen die Turmbauten der Kultur als die Kulissen eines »Geist«-, »Gesellschafts«- oder »von der Natur bestimmten« Marionettentheaters (4).

I. Türme als Sinnbilder der Kulturentwicklung. Zu Pieter Bruegel: Der Turmbau zu Babel, 1563

Bruegel, der durch seine Darstellungen ländlicher Szenen und von Sittenbildern mit moralischer und religiös-weltanschaulicher Bedeutung bekannt geworden ist (Engelssturz), verpflanzt das biblische Geschehen des Turmbaus zu Babel in eine niederländische Landschaft des 16. Jahrhunderts. Er fasst den Turm als runde Anlage auf, während archäologische Ergebnisse die in der Bibel höchstwahrscheinlich einschlägig zum Vorbild genommenen Anlagen als im Grundriss *rechteckige* Terrassenbauwerke erwiesen haben. Der Bauforscher und Archäologe Robert Koldewey hat im frühen 20. Jahrhundert das Fundament einer solchen *Zikkurat* ausgegraben, diese gehört zu den frühesten großen Bauten der Menschheitsgeschichte, wie sie seit dem 3. vorchristlichen Jahrhundert entstanden. Die Idee, ein Heiligtum zum Schutz der Anlage auf eine oder mehrere Terrassen zu stellen – der Prototyp des Tempelturms –, entstammt dem Zweistromland.[2] Das Bauwerk dient hier als Tempel, Opferstätte, Observatorium. Im alten Ägypten (nicht so erheblich anders später auch in Mittelame-

---

[2] H. Neumann: Der Turm zu Babel und andere Zikkuratbauten Vorderasiens. In: Das Altertum 30 (1984), S. 183–189. Vgl. auch das Gespräch mit *Hans Neumann* im Heft »Kultur II« der Zeitschrift für Didaktik der Philosophie und Ethik (ZDPE 39/2017), S. 57 f. – Im Heft »Kultur I« (22/2000) der ZDPE, S. 367–369, habe ich Vorschläge zur Betrachtung des »Turmbaus zu Babel« in Bildungsprozessen unterbreitet. – Der vorliegende Text ist die erheblich erweiterte Fassung eines Vortrags, den ich auf einem zusammen mit dem Kollegen und Freund *Hans-Ulrich Lessing* veranstalteten Symposion im November 2016 im Beckmannshof an der Ruhr-Universität Bochum gehalten habe. Titel der Veranstaltung: »Kultur und Bildung – Die Geisteswissenschaften und der Zeitgeist des Naturalismus«.

rika und Südostasien) verkünden Pyramiden als Grabmale den Glauben an das Fortleben des Gottkönigs und an den Weltsinn des Gemeinwesens. Indem die hoch aufragenden Anlagen mit den ersten Hochkulturen überhaupt zu identifizieren sind, aber auch, weil solche Sakralbauten die technischen aufwändigsten Kulturprodukte über Jahrtausende darstellen und schließlich, weil das Erbauen hoher Türme unverändert als Ausdruck zivilisatorischen Fortschritts gewertet wird, liegt es tatsächlich nahe, sie bis heute als Symbol der Kulturentwicklung aufzufassen.

Der Turmbau zu Babel (Wiener Version). Pieter Bruegel der Ältere, 1563. Öl auf Eichenholz, 114 × 155 cm. Kunsthistorisches Museum Wien. (Quelle: Wikimedia Commons, https://de.wikipedia.org/wiki/Turmbau_zu_Babel_(Bruegel)#/media/File:Pieter_Bruegel_the_Elder_-_The_Tower_of_Babel_(Vienna)_-_Google_Art_Project_-_edited.jpg)

Bereits der biblische Mythos – eine Verarbeitungsform gutmöglich der in der »babylonischen Gefangenschaft« von den Kindern Israels staunend erlebten Kultur des Zweistromlandes – deutet den Turm in genau diesem Sinne. Ein Zug der Kulturentwicklung, welcher der biblischen Deutung dabei auffällig wird, ist die *Hybris*. Als die Menschen in ihrer Vermessenheit und ihrem Übermut einen riesigen Turm bis zum Himmel errichten wollen, werden sie von Gott in ihre Grenzen verwiesen. Die Verwirrung ihrer bislang einheitlichen Sprache zerstört ihre gemeinschaftliche Handlungsfähigkeit.

»Seither« lässt sich »der Mensch« nicht mehr einfach als das steuernde Subjekt seiner eigenen kollektiven Entwicklungsprozesse verstehen. Hierarchie, Gewalt und Instabilität sind bereits Kennzeichen der ersten Hochkulturen und gerade heute könnte das Motiv der Sprachverwirrung als Chiffre für die einschlägig konstatierte kollektive Lernbehinderung »der Menschheit« gelesen werden, die es nicht fertig bringt, die Lebensverhältnisse für eine große Mehrheit ihrer Individuen koordiniert einzurichten. Ob kulturelle Arbeit dazu führen kann, dass Menschen sich über ein vernünftiges Zusammenleben auf ihrem gesamten Planeten einigen, bleibt eine Frage, die hier kaum zu stellen (geschweige denn zu beantworten) ist. Es wäre gut möglich, auch gegenwärtiges menschliches Geschehen von globalem Ausmaß als heil-los zu deuten. So ist im 21. Jahrhundert ganz ohne apokalyptische Übertreibungen der Gedanke nicht fernliegend, dass unsere Art – mit bald 10 Milliarden in großer sozialer Ungleichheit lebender Exemplare an die ökologischen Grenzen des Planeten rührend[3] und dabei zugleich womöglich demnächst in der Lage, die eigene genetische Konstitution zu gestalten – ein kritisches Stadium erreicht hat, das der biblisch thematisierten Krise nicht nachstehen muss. Da mag der Turmbau als Metapher des blinden Untergangs und der Zerstörung aus dem Gleichgewicht geratener Verhältnisse wieder in Erinnerung kommen, wenn die Hochhaustürme der Metropolen als Symbole wirtschaftlicher und politischer Macht in einer fehllaufenden Zivilisation erscheinen können.

Schließlich ist der Beitrag Franz Kafkas zu erwähnen. Bei Kafka ist der Turmbau in einer kleinen Erzählung aus dem Jahre 1920 ein an Antagonismen und bürokratischen Hemmungen immanent scheiternder Prozess, zu dessen Erfolglosigkeit es des Eingreifens Gottes nicht einmal bedarf (so dass es vielmehr eine Erlösung vom fehlgehenden Arbeitsprozess darstellen könnte).[4] Kafka deutet damit den Gedanken einer Nichtbeherrschbarkeit der Kulturentwicklung

---

[3] S. Emmott: Ten Billion. London 2013.
[4] F. Kafka: Das Stadtwappen. Sämtliche Erzählungen. Frankfurt 1970, S. 306 f.

auf seine Weise an. Für einen weniger aporetischen Begriff der kulturellen Arbeit könnte, Kafka nicht folgend, das Bemühen des Turmbaus aber auch mit der Aufforderung verbunden werden, eine allgemeine demokratische Teilhabe an Kulturprozessen sicherzustellen und eine »Arbeit am Logos«, eine gemeinschaftliche Bemühung, die Vernunft in ihnen mitwirken zu lassen.

II. Kleiner Blick auf groß angelegte Kulturtheorien

Man kann die Symbolwirkung des Turmbaus zu Babel nicht nur auf die Kulturentwicklung selbst, sondern auch auf das Metier der Kultur*reflexion* und -philosophie beziehen. Hier gibt es, scheint mir, Kultur- und Zivilisationstheorien, die im Felde der Erkenntnis und Wissenschaft so tun, als hätten sie die Entwicklung als ganze im Be-Griff, als könnten sie uns also sozusagen das Gebäude der Kultur erklären. Wie die Religion sich etwa in der Prophetie zum Schicksal der Schöpfung am Ende der Zeiten äußert, so treibt es auch die Wissenschaft, wo sie zum »Weltbild« extrapoliert wird, zu Verfügungen über die menschliche Zukunft überhaupt. Dies geschieht, wenn ich es richtig beobachte, im Rahmen von drei Deutungshorizonten: nämlich »Gesellschaft«, »Geist« und »Natur«, sofern sie in monostrukturellen Inszenierungen als »weltbild-ähnliche« Erklärungsparadigmata herausgestellt, nicht selten auch eher stillschweigend – darum aber nicht weniger wirkungsvoll – *impliziert* werden.[5]

---

[5] Vgl. zu diesen drei »Deutungshorizonten« im Zuge einer versuchsweisen Sortierung der Theorielandschaft, in der wir uns selbst zu ergründen suchen, ausführlich V. Steenblock: Kulturphilosophie. Der Mensch im Spiegel seiner Deutungsweisen. Freiburg 2018. – Zur Macht der »Weltanschauung« vgl. genauer T. Nagel: Mind and Cosmos. Oxford/New York 2012, S. 4, 128. Noch das Dementi der Sinnhaftigkeit impliziert Sinnbezüge, z. B. bei einer auf eine rein naturalistisch wahrgenommene Welt reagierenden *Lebenskunst*, wie sie dem kulturellen Arsenal bereits der Antike entstammt und das kulturerzeugende Orientierungsinteresse, das eine bisherige Religion und Metaphysik gespeist hat, wie ex negativo weiter bedient: besser ein tapferes Teilchen in einem Universum ohne Sinn, das sich als von geisteswissenschaftlicher Ideologie befreit und aufgeklärt dünkt, als überhaupt kein »Weltbild«.

1. »Gesellschaft«

Karl Marx gilt als ein Meister solch umfassender Erklärungsambitionen, aber es erheben – wenn auch auf eine andere Weise[6] – heute jene Theorien des Marktes analoge Ansprüche *erst recht*, denen zufolge der Mensch *homo oeconomicus* ist und auch seine kulturelle Welt nach Marktprinzipien verstanden und fürderhin – für eine noch bessere Zukunft – gemäß diesen Prinzipien organisiert werden muss. Es ist ein modernisierungstheoretisch auf den Begriff gebrachtes kapitalistisches Urversprechen, ein beständiges Wirtschaftswachstum werde allen Gesellschaften den Weg aus Armut und Korruption weisen, hier sei der Schlüssel menschlicher Zivilisation zu finden. Eher zu konstatieren scheinen nicht wenigen skeptischen Beobachtern freilich soziale Ungleichheit, Zunahmen von Konsum- und Datenzwängen in »demokratischen Gesellschaften« sowie deren kulturindustrielle Selbstbanalisierung.

2. »Geist«

Man hat höchst umfassende Erklärungsambitionen auch Hegel und dem *Idealismus* zugeschrieben, der jetzt ja »klassische deutsche Philosophie« heißt und, glaubt man jedenfalls manchem aktuellen Interpreten, gerade in Bezug auf die vielfach monierte Ermächtigungsattitüde einer Begriffsherrschaft über die Wirklichkeit seit 200 Jahren immerfort falsch verstanden wird. Es ist eine besondere Dialektik mit Hegel und den Kulturphilosophen, die (wie, anders, Marx auch) in höchstem Maße von ihm beeindruckt sind, zugleich aber den Weg zur Kultur nur gegen seine Grundsatzansprüche beschreiten können. Erst recht wird man *heute*, wie Gunter Scholtz in trefflicher Lakonie bemerkt hat,[7] keine breite Resonanz mehr finden für die Vorstellung, das absolute Ich setze das Nicht-Ich oder das Göttliche/der Geist ent-

---

[6] Es mag mit einer Bemerkung Theodor W. Adornos aus der »Negativen Dialektik« gelten: Die Naturgesetzlichkeit der Gesellschaft ist Ideologie, real aber ist sie als Bewegungsgesetz der bewusstlosen Gesellschaft. Vgl. N. Rath: Zweite Natur. In: R. Konersmann (Hg.): Handbuch Kulturphilosophie. Stuttgart 2012, S. 350–365, hier: S. 364.
[7] G. Scholtz: Zur Fruchtbarkeit der Auseinandersetzung mit dem Humanismus. In: J. Rüsen (Ed.): Humanism in The Era of Globalization, Working Papers 14. Essen 2007, S. 13.

lasse die Natur, um in ihr und in der Geschichte zu sich selbst zu kommen.

3. »*Natur*«

Eher findet ein umfassender Naturalismus Zustimmung. Am wirkmächtigsten und auffälligsten unter den totalisierenden Kultur- und Zivilisationstheorien erscheint darum gegenwärtig – ausgerechnet – der Deutungshorizont »Natur«, und zwar in dem offenbaren Versuch, naturwissenschaftliche Erklärungsansprüche sozusagen bis zu der Aussicht zu treiben, nicht nur die Gegenwart, sondern auch noch die Zukunft des Menschen prognostisch zu besetzen. Wenn Naturwissenschaftler über Ihre Fachforschung hinaus erklärend auf die Welt als ganze sehen wollen, gerät dabei neben der Natur letztlich auch die Kultur in ihren Blick und ins Visier ihrer Zugriffsweisen, die von den Weichenstellungen ihrer bisherigen Wissenschaftstätigkeit geprägt sind (für manchen »analytischen« Philosophen in der Tradition Wittgensteins gilt das auch, und wie bei Wittgenstein selbst sind die Resultate schwierig). Ich erinnere mich, dass in meiner Studienzeit im Seminar von Ulrich Hoyer der alte Bernhard Rensch als renommierter Münsteraner Zoologe und Evolutionsforscher auftrat und sein »Weltbild« kundtat. Er ging von einem Determinismus auch für die Kultur aus und wollte Geist und Natur in einem »panpsychistischen Identismus« zusammendenken, der dem Naturbegriff aus der Perspektive des »Geistes« einige »kompromissähnliche« Modifikationen zuweist. Die Sache war ihm wichtig und er hatte Einiges dazu veröffentlicht.[8] Heute trauen im Schulterschluss mit der Deutungsmacht der Evolutionstheorie die Neurowissenschaften sich bereits erheblich konkreter und ohne jedes Zugeständnis an einen Panpsychismus zu, zu zeigen, dass unser Denken demnächst als Funktion unserer Gehirnstruktur von ihnen erklärbar sein wird. Soziobiologie und Evolutionspsychologie erklären unter der Flagge eines universalen Weiterwirkens evolutionärer Naturgesetze die naturhafte Ver-

---

[8] B. Rensch: Das universale Weltbild. Frankfurt a. M. 1977. – Noch der ungleich komplexere und faszinierende Entwurf von Wolfgang Welsch scheint mir die Qualität der Kultur ebenso wie das, was uns als Natur erscheinen muss, zu verfehlen, vgl. W. Welsch: Mensch und Welt. München 2012; Ders.: Homo Mundanus. Weilerswist 2012.

gangenheit des Menschen, um Aussagen über seine kulturelle Gegenwart und ihre zukünftige Entwicklung zu machen. Die Devise nicht weniger Stellungnahmen lautet: Die Naturwissenschaften sagen uns, wie die Welt ist, und die Kultur ist nichts als ein (geradezu epiphänomenaler) Teil dieser Welt (»The world is as natural science says it is«). Der Naturalismus stellt damit eine *Eigenqualität* der menschlichen Existenz und ihrer Kulturwelt in Frage. Er begibt sich der Deutungsmittel, sie adäquat aufschließen zu können, wenn er sie lediglich als Teil des großen evolutionären Weltgeschehens behandelt. Manchmal gelten gar *Sinn* als eine Art funktionaler zerebraler Inszenierung und Ideen und Weltbilder für überlebensnützliche Illusionskulissen gleichsam ohne eigene Substanz.

Naturalistische Erkenntnislehren sind zugleich ein Beispiel dafür, dass theoriestrategisch über die Bedingung der Möglichkeit von Erkenntnis im Gegenstandsbereich der eigenen Theorie entschieden werden soll. In der Perspektive einer Selbsteinholung ihrer Konstruktivität durch materiale Forschung ist ein maximaler objektivistischer Dignitätsanspruch qua Detranszendentalisierung erreicht. Aller schwierigen Erkenntnistheorie entledigt, ist der Weg für den populären Erfolg frei: Wenn ich dies als Didaktiker, mit Grüßen an die teilnehmenden Lehrer, zum Abschluss dieses Punktes noch bemerken darf: Wolfgang Prinz und Gerhard Roth halten bereits fröhlich Einzug in die Schulbücher ...

III. Ein Begriff der *Zivilisation* und von *Kultur als Sinnentwicklung*

Man kann nun die Frage stellen, ob nicht bestimmte Züge an dieser gegenwärtigen Problemlage in der Kulturtheorie die Neuauflage einer Situation bedeuten, vor der schon die kulturphilosophischen Klassiker Wilhelm Dilthey (1833–1911) und Ernst Cassirer (1874–1945) gestanden haben. »Die naturalistische Bewegung in der Wissenschaft hat etwas Unaufhaltsames«, schrieb Dilthey 1888 an seinen Freund Paul Yorck von Wartenburg; im Jahre 1890 entschuldigt er sich sogar halb ironisch für seine eigenen (!) »schlimmen Neigungen für Evolutionslehre«.[9] Und Cassirer staunt über den Pädagogen

---

[9] Ich verdanke den Hinweis auf diese Briefstellen Gudrun Kühne-Bertram. Siehe Wilhelm Dilthey: Briefwechsel, hrsg. von G. Kühne-Bertram und Hans-Ulrich Lessing. Göttingen 2011 ff., Band 2, S. 194, 262. Ich schließe aus diesen Bemerkungen

Friedrich Paulsen, in mancher Hinsicht einen Vorläufer gegenwärtiger quantifizierender Erziehungswissenschaft, dem zufolge Psychologie, Biologie und Empirismus »es nun so herrlich weit über Kant hinausgebracht« haben sollen.[10]

Wie damals gilt es wohl auch derzeit, auf die faszinierenden Ergebnisse und Zugriffe der Natur- und der Sozialwissenschaften im Blick auf das Feld der *Kultur* angemessen zu reagieren.

1. Keine Missachtung der Naturwissenschaften ...

Ein bloßer Antinaturalismus oder eine schlichte Frontstellung gegen Soziologie und Ökonomie kann dabei an der Zeitstelle der Moderne, an der wir uns nun einmal befinden, keine angemessene Reaktion sein. Es ist nicht unplausibel, wenn der Soziologe *Günter Dux* bemerkt, dass über den Kulturursprung (aus göttlichem Wirken, aus dem Geist) in der Geistesgeschichte immer bereits entschieden war, bevor diese Frage überhaupt gestellt wurde und es ist weiterhin ebenfalls keinesfalls unplausibel, wenn Dux entgegen dieser traditionsreichen Unterstellung von den Standards dessen ausgehen möchte, was die Naturwissenschaften uns über die Welt sagen – freilich: ohne sich von der Sozialität und Geistigkeit des Menschen, wie er so schön formuliert, etwas »abmarkten« zu lassen. »Wir geben Natur vor und lassen Geist – und damit Sinn – entstehen«.[11]

Was also die menschliche *Zivilisation* gemäß den Erkenntnissen der Natur- und Sozialwissenschaften bestimmt, ist in keiner Weise gemäß vergangenen Begriffspolitiken vom Kulturbegriff abzuweisen oder gegen diesen auszuspielen.[12] Zugleich aber haben *Hans-Ulrich*

Diltheys, dass er als Gründungsvater der Geisteswissenschaften so wenig wie wir heute einfach »gegen« die Erkenntnisansprüche der Naturwissenschaften war: Im Gegenteil, ihre Ergebnisse sind höchst faszinierend und Teil unserer Selbst- und Weltdeutung, unserer *Bildung* in der Moderne.

[10] Jörn Bohr hat dies auf unserer Veranstaltung an der Ruhr-Universität Bochum herausgestellt, vgl. E. Cassirer: Nachgelassene Texte und Manuskripte (ECN), Bd. 17, hrsg. von J. Bohr und K. C. Köhnke. Hamburg 2014, S. 394 ff.

[11] G. Dux: Das Subjekt in der Grenze der Gesellschaft. In: N. Psarros u. a. (Hgg.): Die Entwicklung sozialer Wirklichkeit. Auseinandersetzungen mit der historisch-genetischen Theorie der Gesellschaft. Weilerswist 2003, S. 233–267. – Für eine genauere Erwägung der Möglichkeiten einer Kulturdeutung in den Deutungshorizonten »Natur« und »Gesellschaft« vgl. Steenblock: Kulturphilosophie, Kapitel 1 und Kapitel 6.

[12] Vgl. zur Begriffsverwendung Steenblock: *Kultur* oder: Die Abenteuer der Vernunft

Lessing und andere Theoretiker der Kultur mit Recht den Anspruch zurückgewiesen, sozusagen im Grundsatz und ausschließlich eine erklärende Linie aus den Natur- über die Sozialwissenschaften in die philosophische Anthropologie und Kulturphilosophie hinein zu ziehen.[13]

2. ... *aber Anerkennung einer »semantischen Wende«*

Wenn ich das Bild vom Turmbau zu Babel in einen Bezug zur Kulturdeutung setzen will, könnte es darum einen Begriff *menschlicher Arbeit* versinnbildlichen, der sich gegen *totalisierende* Kultur- und Zivi-

---

im Zeitalter des Pop. Leipzig 2004, S. 8–16, sowie Ders.: Kulturphilosophie, Einleitung: Deutungsweisen der Kultur. – Der Begriff der Kultur bezeichnet zweifellos »durch all seine Konkretisierungen hindurch im letzten ein zuhöchst Allgemeines«, umfasst er doch »wie kein anderer die ganze vom Menschen hervorgebrachte Welt, einschließlich des Menschen selber, der sich immer schon als ein ›Kulturwesen‹ zu verstehen hat« (Carl-Friedrich Geyer). Wenn es im Folgenden für einen *Kulturbegriff* i. e. S. als entscheidend herausgestellt wird, dass der Mensch zum Bewusstsein seiner selbst und der Welt gelangt, so ist das Beschleunigungsregime, in das er zugleich *zivilisatorisch/kulturell in einem weiteren Sinne* eintritt, von keiner geringeren Bedeutung und erst recht nicht von geringerer Ambivalenz. Für Konzeptionen, welche die Schwellen der »Neolithisierung« und »Modernisierung« geradezu mit dem Zünden von Raketenstufen vergleichen, spricht bereits, dass diese Deutungen der Zivilisationsentwicklung sich anschließen lassen an die wohl bestbestätigten und robustesten Langfristerfahrungen historischer Triebkräfte überhaupt, nämlich den wissenschaftlich-technologischen Fortschritt und seine geradezu explosive Dynamik. Homo sapiens, den es als umfangmäßig kleine Menschenart wohl bereits seit 200.000 Jahren gibt, hat es in ihrem Gefolge in vergleichsweise kürzester Zeit und in einem den Erdball okkupierenden Steigerungsmodus zur Milliardenspezies gebracht. Möglicherweise ist es ein Wirkungsfeld von technischer Innovation, entfesselter Sozialdynamik als Hominidenkonkurrenz, und der Umsetzbarkeit vergleichsweise (zur Kultur i. e. S.) schnell multiplizierbaren, quantitativen Wissens in direkte Lebensvorteile, das den ungeheuren Schub menschlicher Zivilisationsentwicklung befeuert. Hier kann kein besonderer planender Wille, keine spezifische Absicht die Zivilisation/Kultur i. w. S. steuern, und sie ist auch nicht einfach Ergebnis wohlwollend oder schuldig Handelnder, so viele wohlwollend oder schuldig oder auch nur gedankenlos Handelnde es gibt, sondern die Entwicklung erscheint eher als Inbegriff einer Eigendynamik des unaufhörlichen Dranges des Menschen, zumutbar oder auch selbstbestätigend luxuriös zu leben.
[13] Vgl. die Beiträge in: V. Steenblock/H.-U. Lessing (Hgg.): Vom Ursprung der Kultur. Freiburg 2014, S. 289–335. Hierzu auch J. Bohr, *Natura altera facit saltum*. Ein Sammelwerk ergründet den Ursprung der Kultur. In: Zeitschrift für Kulturphilosophie 2014, Heft 2, S. 401 f.

lisationstheorien richten ließe. So sehr in der Darstellung von Pieter Bruegel die verschiedenartigsten Arbeitsstellen gezeigt werden, so sehr gilt das Gesamtszenario ja der Mahnung, dieses Vermögen und Handeln nicht zu überschätzen. Arbeit heißt menschlicher Erfahrung nach, um etwas zu *ringen*, das nicht vollständig objektivierbar, sondern auf eine konstruktive Zukunft hin gerichtet, aber auch riskiert ist. Bei dieser Arbeit ist ein Index »offener« Aktivität, Unabgeschlossenheit und Endlichkeit mitzudenken. Kulturelle Arbeit lässt sich *nicht einfach wie ein bloßes Objekt* betrachten, dessen prognostizierbares Ende als ein Teil dieses Objektes immer bereits im Blick ist. Kulturelle Arbeit konstituiert sich vielmehr in einer *um Sinnbildung bemühten Interaktion von Subjekten*, die gegenüber bloßen Naturwesen eine grundsätzliche *semantische Wende* durchlaufen haben.[14] Dies möchte ich im Folgenden erklären.

Wenn wir auf den ersten wirklich einschlägigen Kulturphilosophen, nämlich auf Johann Gottfried Herder (1744–1803) blicken, dem viele seither in seiner Grundeinsicht gefolgt sind, erweist *Kultur* sich als die Frucht des Umstands, dass der Mensch sich *in ein Verhältnis zu sich selbst und zur Welt stellen kann und muss*. Nur ein nicht mehr instinktdeterminiertes Wesen kann einen zugleich zur Natur in Distanz tretenden wie in der *Sprache* kulturell bewusst und reflektiert »selbst« zugreifenden Standpunkt erlangen, d.h. in der Formulierung Herders: »Besonnenheit« entwickeln. Durch diese Besonnenheit entsteht gegenüber dem »Ozean von Empfindungen« (wiederum Herder) ein Spielraum selbstbestimmter Aufmerksamkeit, welcher eine spezifische Geisteskraft des Menschen vertritt. Der kanadische Philosoph Charles Taylor hat in einer grundsätzlichen Würdigung herausgestellt, dass Herder hiermit nichts weniger als das *Wissenschaftsparadigma der Kultur- als Sinnerklärung* und zugleich der *Hermeneutik* begründet. Und er sagt noch mehr: Es sind hieraus erwachsende Einsichten der »kontinentalen« Philosophie, die einer Koalition von analytischer Philosophie und Naturalismus derzeit, d.h. in unserer wissenschaftlichen und philosophischen Gegenwart, geradezu zum Opfer zu fallen drohen.[15]

---

[14] Vgl. zu diesem Begriff sowie zu »Modalisierung« und »Modalisierungsschock« die Ausführungen von E. W. Orth: Die Spur des Menschen. Würzburg 2014, S. 22 ff.

[15] J. G. Herder: Abhandlung über den Ursprung der Sprache (1772). Ideen zur Philosophie der Geschichte der Menschheit (1784–1791). Sämtliche Werke, hrsgg. von B. Suphan. Berlin 1877–1913, Bde. 5 und 13/14; C. Taylor: Zur philosophischen Bedeutung Johann Gottfried Herders. In: St. Greif/M. Heinz/H. Clairmont (Hgg.): Her-

Wollen wir den Einsichten Herders dagegen folgen, dann formuliert vor allem der wenig jüngere Wilhelm von Humboldt im Anschluss an Herder die subjektive Seinsweise der Kultur im Grundsatz, dass wir nämlich als Subjekte etwas aus uns machen müssen.[16] Humboldts *Traum von der Bildung* bringt eine zweieinhalbtausendjährige Debatte, die der Vorgänger wie die der Zeitgenossen, auf den entscheidenden Punkt und er wird ihre philosophisch-pädagogische Bestimmung auch weiterhin prägen. Bildung ist nicht nur einer der großen Leitbegriffe, unter denen Menschen Verständigung über sich selbst suchen – sie bleibt vor allem ein uneingelöstes Versprechen für uns (Helmut Peukert) über alle nötige Alltagsorientierung und Alltagsarbeit hinaus. *Bildung* ist ein Sinnprojekt, keine bloß kognitive Funktionsfähigkeit.

Hinzutritt eine wohl für die Kulturdeutung ganz grundlegende Einsicht,[17] dass wir nämlich für unser hochgradiges Selbst-Bewusst-

---

der-Handbuch. Paderborn 2016, S. 13–22; Ders.: Was ohne Deutung bleibt, ist leer. Kontinentale und analytische Philosophie gelten heute nicht mehr als unvereinbar. Doch das harmonische Bild trügt. Mit ihren Reinheitsdogmen entzieht die Analytik dem Denken das kulturelle Fundament. In: Frankfurter Allgemeine Zeitung, 16.1.2016; Ders.: The Language Animal. The Full Shape of the Human Linguistic Capacity. Cambridge 2016.

[16] Zu Herder und Humboldt siehe die Kapitel 2 und 3 in: Steenblock: Kulturphilosophie, sowie zur Hermeneutik meinen Beitrag in H.-U. Lessing/K. Liggieri (Hgg.): Das Wunder des Verstehens. Freiburg 2018; vgl. im letztgenannten Band auch den Beitrag von G. Scholtz: Verstehen in der klassischen Hermeneutik. *Das Verstehen ist Inbegriff jenes qualitativ komplexen Vorgangs, in dem wir unser kulturelles Sein als Subjekte* durch Anteilnahme an den Beständen der sinnbildenden Traditionen und mittels der Chancen der Invention *steigern*. Diesen humanen Grundvollzug unterbietet, wer in sprachanalytischen Definitionsversuchen von Einzelfunktionen wie »informiert werden«, »Intentionen verstehen« usw. ausgeht: »Die Leuchtkraft von Worten, Bildern und Melodien erschließt sich nur demjenigen ganz, der ihren Ort in dem vielschichtigen Gewebe aus menschlicher Aktivität kennt, die wir Kultur nennen« (P. Bieri: Wie wäre es, gebildet zu sein? In: H.-U. Lessing/V. Steenblock (Hgg.): »Was den Menschen eigentlich zum Menschen macht ...« Klassische Texte einer Philosophie der Bildung. Freiburg 2. Aufl. 2013, S. 207–217, hier: S. 217.

[17] Siehe J. Assmann: Der Tod als Thema der Kulturtheorie. Frankfurt 2000 sowie Z. Bauman: Mortality, Immortality and Other Life Strategies. Cambridge 1992, S. 4: »death (awareness of mortality) is the ultimate condition of cultural creativity«. Vgl. weiter W. Becker: Das Dilemma der menschlichen Existenz. Die Evolution der Individualität und das Wissen um den Tod. Stuttgart 2000; E. Becker: The Birth and Death of Meaning. An Interdisciplinary Perspective on the Problem of Man. New York 1971; S. Solomon/J. Greenberg/T. Pyszczynski: The Worm at the Core: On the Role of Death in Life. New York 2015. Auch Günter Dux verweist auf die erstmals hochkulturelle Verarbeitung des Todes in den frühen Zivilisationen und die eben damit zugleich

sein den *Preis des Wissens um unseren Tod bezahlen* und dass in der bewusst oder unbewusst permanent präsenten Todesfurcht unsere kulturellen Sinnansprüche und lebensweltlichen Handlungsmotive (unter Ihnen Macht, Ruhm und Reichtum) wurzeln: Je intensiver wir an externe Mächte appellieren (oder irdische wie überzeitliche wichtig nehmen), um so nachhaltiger scheint es, die interne Kraft dieses kulturellen Antriebs zu sein, die ihre Positionen besetzt.

»Welt« würde, dem zufolge, wie im Überschreiten einer Schwelle *erschütternd bewusst*, weil sie in einer *anderen Art und Weise*, in einer anderen *Modalität*, allererst: *wahrgenommen* wird, als vom weitgehend in Reiz-Reaktionsschemata eingebundenen Tier. Deshalb spricht der Philosoph Ernst Wolfgang Orth von einer *Modalisierung* bzw. von einem *Modalisierungsschock*. Von hierher mag plausibel werden, dass ein Hauptfeld der Menschwerdung nicht nur in einer technischen Weltbewältigung vom Faustkeil an, sondern ebenso in den Leistungen von *Mythos* und *Religion*, *Kunst* und *Philosophie* gesehen werden muss, in der Erzeugung welterklärender Prinzipien, die helfen, den »Schwindel« (Orth mit Sartre: *vertige*) angesichts des sinnheischenden »Aufbrechens« von »Welt« zu bewältigen. Gegenüber einer »sachlich« und technisch konstituierten Naturerkenntnis in Kausalitätskategorien usw., so kann man vielleicht sagen, *muss die existentiell herausfordernde Situation, in der uns unsere Vorfindlichkeit als Subjekte, d. h. als unvertretbare Ich-Existenzen, in einer Welt deutlich bewusst wird*, zugleich einen *Überschuss* über die bloße Ding-Erkenntnis leisten: sie muss *Sinn erzeugen*.[18] Dass der Mensch

---

verbundene Erfahrung des Menschen, »der Kultur mächtig zu sein«, siehe: Dux: Liebe und Tod im Gilgamesch-Epos. Wien 1992, S. 94.

[18] Das anticartesianische, aber in seinem Widerspruch Descartes noch tief verfallene Argument seit Hume, es gebe ja kein substanzielles Ding »Ich«, zeigt in seinem Missverständnis ein reduktionistisches Unvermögen, unser Selbst anders denn quasiphysikalisch als »center of narrative gravity« (bestenfalls; sonst auch: Illusion, Trick und in keinem Fall etwas anderes als objektivierbare Natur) zu denken, siehe D. Dennett: From Bacteria to Bach and Back. New York 2017. Wir existieren aber nicht als Gegenstände, auch nicht als »Substanzen«, sondern *als wir selbst*. Unser bewusster Selbstvollzug in Bildung und Kultur vermag sehr wohl auszuprägen, was wir mit Fug und Recht unser *Ich* nennen können. Nimmt man den intersubjektiven Charakter aller Bildung hinzu, hat man darum dem *cogito* gegenüber auch formuliert: *Kultur – also werden wir!* Ich verdanke Martin Bollacher den Hinweis auf jene Zeilen Herders »Was in den Herzen *anderer* (kursiviert von mir, V. St.) von uns lebt, / ist unser wahrstes und tiefstes Selbst«, in denen sich zeigt, wie weit die Kulturtheorie im Blick auf die Intersubjektivität des Menschen das vorbenannte Missverständnis bereits in ihren Anfängen hinter sich gelassen hat, siehe Herder: Selbst (»Vergiss Dein Ich!«).

Sinngestalten hervorbringt, erscheint somit für alle *Kultur* als primär, es bestimmt ihren nicht bloß gegenstandsförmigen Daseinsmodus und erweist sich als ihr *Kern*.[19] Wenn wir diesen Feststellungen folgen, finden wir uns auf eine kulturphilosophische Betrachtungsweise in den Bahnen von »Geist« und »Sinn« gelenkt: Indem uns Menschen etwas daran liegt, was wir aus uns machen, werden wir, was dies ist, nirgendwo anders als in der Sphäre reflexiver Bewusstwerdung feststellen können, nämlich, indem wir *Bedeutsamkeit* »produktiv-objektivierend« mitvollziehen,[20] die *verstanden* und immer *zugleich (mit-)konstituiert* wird.

3. *Was ist Sinn?*

Sinn ist nicht einfach kodierte Information, sondern er entspringt der Tatsache, dass der Mensch *Welt erfährt und erzeugt*. Ihm geht es in einer Weise, die sein *Ich* als solches betrifft, darum, wie er sich zu dem in ein Verhältnis setzt, was ihm als das *Ganze*, als dessen *kurzlebigen, sterblichen Teil* er sich bestimmen muss, bewusst wird. Vom Sinngebenden erwartet er, dieses Verlangen beantworten zu können, d. h. eine *Beziehung* zwischen ihm und der Welt herzustellen, welche die verstörende Endlichkeit seiner Existenz übersteigt und zu heilen verspricht. Deshalb darf, was sinnhaft sein soll, sich nicht in der Verrechnung quantitativ reproduzierbarer und objektivierbarer Bestände erschöpfen. Sinn ist kein Gegenstand. Der Mensch erfährt sich in der

---

Ein Fragment. Nach: Volkslieder, Übertragungen, Dichtungen hrsgg. von U. Gaier, Werke in 10, eigentlich 11 Bd., Hg. M. Bollacher u. a., Bd. 3. Frankfurt 1990, S. 832. Dem Naturalismus aber verbleibt die vielbedachte »Erklärungslücke« zwischen dem Subjektiven und jenem Objektiven, das angeblich als Natur »alles« ist, denn keine wissenschaftliche Beschreibung korrelierender chemisch-elektrischer Interaktionen von Hirnzellen vermag bisher zu zeigen, wie dieses völlig Andersartige: die »Qualität« unseres Erlebens entsteht, in der die Kultur als Sinnbildung sich gründet und entwickelt.

[19] Darum ist es auch nur sehr begrenzt möglich, die Weitergabe und Mitentwicklung der Kultur, die *Pädagogik*, lediglich quantifizierend aufzustellen. Zur Ideologisierung der Soziometrie vgl. S. Mau: Das metrische Wir. Über die Quantifizierung des Sozialen. Berlin 2017 und zu den Grenzen der Psychometrie vgl. die Mahnung von G. Jüttemann: Wilhelm Wundts anderes Erbe. Göttingen 2006.

[20] Diese Formulierung von Frithjof Rodi findet sich in Ders.: Über die Erfahrung von Bedeutsamkeit. Freiburg 2015, S. 15. Rodi geht weiter auf Helmuth Plessners »Mit anderen Augen« ein: »Das Material selbst ruft nach Deutung, nicht nach Berechnung, weil es bei aller sinnlichen Stofflichkeit auf menschlichen Geist hinweist«.

Welt zwar durchaus nicht als den selbstverständlichen Meister des Sinns, aber als dessen unhintergehbaren Bezugspunkt (Emil Angehrn). Aus der »echte[n] neue[n] Wesenstatsache« (so einst bereits Max Scheler) der »Qualia« des Bewusstseins erwachsen zusammen mit der dem Menschen eigentümlichen Intentionalität und geistigen Schöpferkraft und den »Energien des Geistes« (Ernst Cassirer) in allen Medien, die des Symbolischen fähig sind, Ausdrucksformen und Denkmale *kultureller Sinngehalte*.

Weil wir die Welt *als uns betreffend* erleben, und indem wir »Sinn« das gesamte Spektrum dessen nennen, was dem menschlichen Leben eine die bloße Kontingenz überbietende Bedeutsamkeit verleiht, können wir eine solcher Bedeutsamkeit entsprechende Wirklichkeit, d. i. *Kultur*, erzeugen. Dieses Neue tritt in einer von unserer Leiblichkeit nicht getrennten[21] »qualitativen Färbung« (Max Weber)[22] unseres Erlebens und mit Relevanzen/Gründen und Wertbezügen auf, in einer offenbar anderen *Seinsart* als das Ablaufen von Naturprozessen.

Die Erfahrung und der Vollzug dieser Seinsart »drehen« den Menschen aus der Natur heraus (Günter Dux), natürlich aber nicht in der Art, dass er auf einmal ohne alle deren Prägungen, die ihn haben entstehen lassen, da stünde und standortfreier Bildner seiner selbst wäre. Schon deswegen erbringen auch natur- und sozialwissenschaftliche Erkenntnisse aufschlussreiche Perspektiven auf die Kultur. Wir finden uns in unserem emotionalen Weltverhältnis, noch in Liebe wie Lachen, als evolutionär vorgeprägte Säuger und Primaten vor, jeder Mensch als das genetisch seit Jahrmillionen geformte Ensemble einer von der Natur aus der Vergangenheit in die Gegenwart vorangeschobenen Funktions- und Empfindungseinheit. Im Vollzug mächtiger sozialer und ökonomischer Sphären haben wir zudem mehr als genug Anhaltspunkte, eine letztliche Anonymisierung unserer Handlungszusammenhänge einzurechnen und uns als an Kräfte

---

[21] Joachim Fischer hat dargelegt, dass der von vielen Kulturtheoretikern von Vico bis zu Hans Blumenberg bemerkte poetische Ursprung sprachlicher Weltrepräsentation sich *ex analogia hominis* in einer Metaphorik ausdrückt, in der die menschliche Körperlichkeit eine wesentliche Matrix des Imaginären bildet. Vgl. J. Fischer: Das Imaginäre, Kreative, Schöpferische. In: J. Bohr/M. Wunsch (Hgg.): Kulturanthropologie als Philosophie des Schöpferischen. Nordhausen 2015, S. 17–34.

[22] M. Weber: Gesammelte Aufsätze zur Wissenschaftslehre (1922), 4. Aufl. hrsgg. von J. Winckelmann. Tübingen 1973, S. 173. M. Scheler: Die Stellung des Menschen im Kosmos (1928). Bonn 1975, S. 41.

ausgeliefert zu begreifen, die unsere Leben millionenfach prägen, bestimmen, auch: verkonsumieren.

Und doch: Den eigentlichen Charakter der *Arbeit am Sinn* bestimmt jeder von uns mit. Denn *homo metaphysicus*, der um einen Begriff des Weltganzen ringt, in dem er lebt, ist auch *homo moralis*, der das Leben unter Berücksichtigung eines *Normativen* führen muss und (mit Herder, Humboldt und Cassirer) eine humane Perspektive seiner selbst entwickeln kann. Und er ist *homo aestheticus*, der eine »Intensivierung von Wirklichkeit« (Cassirer), einen »Zuwachs an Sein« (Gottfried Boehm), ein »Leuchten« (Hubert Dreyfus, Sean Dorrance Kelly) in der *Kunst* zu erfahren vermag. Entsprechend hat bereits im 19. Jahrhundert der Historiker Johann Gustav Droysen, eine Formulierung des Aristoteles aufnehmend, die milliardenfach interaktionsreiche Folge unserer menschlichen subjektiv-objektiven Welterzeugung als eine in Bedeutungssetzungen permanent qualitativ-sinnhaft *sich anreichernde Entwicklung*, als ἐπίδοσις εἰς αὑτό bestimmt,[23] die den ganzen Reichtum der Kultur, all seine Gesichtspunkte, viele mögliche Grade der Bewusstheit und Niveaus der Reflexion umfasst, aber keinerlei Fortschrittsgarantie kennt (nicht zu reden von »schlechtem« Sinn und Umstrittenheit des Sinns). Keineswegs ist jeder, der auf einer noch so renommierten Bühne gerade einen Klassiker dekonstruiert, schon reflexiver Bezugspunkt eines Menschheitsanliegens. Es ist eine Grunderfahrung, vielleicht eine »Tragödie«,[24] dass die kulturelle Arbeit des Menschen stets Folgen hervorruft, die in ihren alsdann zu konstatierenden Ergebnissen weder intendiert noch vorauszusehen waren. Die Kultur, die wir so nötig brauchen und ohne die *wir* nicht wären, dieses hydraköpfige Monstrum, das weiterexistiert, wenn wir längst tot sind, verlangt – wie die Zivilisa-

---

[23] J. G. Droysen: Historik, hrsgg. von P. Leyh. Stuttgart 1977, S. 475, vgl. 162 f., 252. Gleich eingangs seiner Historik hat Droysen formuliert: »Der Mensch muss, um ein Mensch zu sein, erst ein Mensch werden, und nur in dem Maß ist er es, als er es zu werden und immer mehr zu werden versteht«. Droysens Kritik, die natur- und sozialgesetzeswissenschaftliche Sicht habe für die sich in fortschreitenden Sinnformungen steigernde Kontinuität des Geistigen »kein Organ«, ist von offenbarer Aktualität, manch anderes bei Droysen dagegen nicht, vgl. für eine abwägende Darstellung H. Hühn: *Epídosis eis hautó* – Zur morphologischen Geschichtsbetrachtung bei Johann Gustav Droysen. In: J. Maatsch (Hg.): Morphologie und Moderne. Goethes ›anschauliches Denken‹ in den Geistes- und Kulturwissenschaften seit 1800. Berlin 2014, S. 111–130.

[24] Vgl. hierzu A. Schlitte: Die Macht des Geldes und die Symbolik der Kultur. Georg Simmels Philosophie des Geldes. München 2012.

tion im ganzen – neben allem, was sie uns gibt, einen Preis, der aus unserer Pluralität resultiert und auf jeden einzelnen von uns zurückschlägt. Darum wäre es eine Illusion, ein in unseren Sinnzuschreibungsversuchen nicht Aufgehendes in der Kultur zu leugnen.

4. *Eine nötige Skepsis gegenüber totalisierender Theoriebildung*

Eine solche Skepsis gilt ebenso wie für die klassische idealistische Geschichtsphilosophie auch für die soziologischen und ökonomischen Modernisierungstheorien, deren Diskussion durchaus nicht erledigt ist.[25] Sie gilt für eine der Ontogenese parallelisierte phylogenetische Entwicklungsstufung und sie erzeugt auch noch eine äußerste Vorsicht gegen über der Rede von »Evolution« des Rechts, der Kultur usw., die meist pseudonaturhaft einlinige Strukturentwicklung oder Komplexitätssteigerung meint. Unsere menschliche Wahrheit aber ist nicht, wie die Großtheorien, in diesem Punkt einig, es wollen, im Prinzip schon absehbar und erst recht ist sie in keinem erkenntnistheoretisch reklamierbaren Sinne eine »Unverborgenheit«. Zu widersprechen ist auch der Abgabe prozess- oder begründungslogischer Garantien, die der kulturellen Arbeit bzw. zivilisatorischen Entwicklung in der bisherigen Theorieentwicklung gelegentlich zugedacht worden sind, mit der unterschwelligen Anmutung, dass sie diese nun nur noch abzuarbeiten brauche. Die uns *aufgegebene* Arbeit an unserer Existenz in der Welt steht in der Perspektive eines Ringens um einen Sinn, der sich in Person- wie Kulturwerdung immer erst und immer neu entfalten muss.

IV. Arbeit am Sinn

Kultur wird nicht durch anonyme Information auf die nächste Generation übertragen, so haben wir bisher gesehen, sondern sie entwickelt sich im Modus *bedeutungstragender kollektiver Lernpro-*

---

[25] D. Pollack: Modernisierungstheorie – revised. In: Zeitschrift für Soziologie 45 (2016), S. 219–240; Ders./U. Willems (Hgg.): Moderne und Religion. Bielefeld 2013; T. Schwinn (Hg.): Die Vielfalt und die Einheit der Moderne. Kultur- und strukturvergleichende Analysen. Wiesbaden 2006; F. Jaeger (Hg.): Handbuch Moderneforschung. Stuttgart 2015.

zesse, denen wir nur zu gern die Zielvorstellung eines Zivilisierenden, Kultivierenden, Humanen unterstellen möchten, *individuell* steht uns das erstrebenswerte Ziel kultureller Selbstgewinnung in der Bildung vor Augen.

Als ein Klassiker der *Theorie der Geisteswissenschaften* (wie der Kulturphilosophie auch) hat bereits Wilhelm Dilthey darauf hingewiesen, dass freilich das Feld der *Geschichte,* in das wir damit gelangt sind, alles andere als harmonisch-einlinig ist. Wir haben es mit einer *Vielgestaltigkeit und internen Konkurrenz* in teilweise geschlossenen Systemen der kulturellen Selbstgewinnung der Menschen zu tun, mit einem *Grundzug der Heterogenität* also (man hat auch von Kultur als »Inbegriff sich selbst erzeugender Differenz« gesprochen) mit dem wir uns nun befassen müssen.

Diltheys »Philosophie der Philosophie« stellt hierzu ein sehr orientierendes und höchst aktuelles Instrument bereit, das hilft, mit dem Faktum der *Pluralität in Weltanschauungsfragen* intellektuell redlich und verantwortlich umzugehen. Denn Diltheys vergleichende Weltanschauungslehre verhält sich zu den konkurrierenden Ideensystemen der menschlichen Antwortversuche auf die Frage nach dem Sinn unseres Daseins angesichts des Todes *anordnend* und *vergleichend,* in der Genese erklärend, im Geltungsanspruch auf eine je individuelle Entscheidung hin *abwägend*. Dabei wird deutlich: Es gibt einen »Widerstreit der Systeme« untereinander in Geschichte wie Gegenwart. Dies führt dem menschlichen Geist seine Auseinandersetzung mit den »letzten Fragen« zum Bewusstsein, ohne ihm seine jeweilige Entscheidung freilich abnehmen zu können: Orientieren muss jede(r) sich selbst (der Mensch wird in der Moderne erwachsen, könnte man vielleicht mit Sigmund Freud ergänzen). Dilthey bringt uns die Weltanschauungen ebenso wie die Grundprobleme und -fragen näher, auf die sie antworten. Wir können sie verstehen und müssen uns mit ihnen auseinandersetzen. Wir können uns in ihnen in Zustimmung wie Ablehnung spiegeln und dadurch unsere eigene Sicht der Dinge entwickeln. Nichts anderes geschieht in Bildungsprozessen. Man würde die entscheidende Leistung, die dies bedeutet, verkennen, wenn man eine solche Vorgehensweise als »nur histori[sti]sch« empfinden würde. Nicht nur »zerbricht« das »historische Bewusstsein« »die letzten Ketten, die Philosophie und Naturforschung nicht zerreißen konnten« und führt damit das Reflexionsniveau der Moderne, dem die Weltanschauungslehre gerecht zu werden sucht, erst herauf. Eine »historistische Aufklärung« (Herbert Schnädelbach) ist hier essentiell. Von *Aufklärung* ist zu sprechen, weil wir sonst ohne reflektierende Distanzierungschance in den Sinnbildungen, zu denen es uns drängt, schlicht gefangen blieben, statt sie uns noch einmal als solche von externer Warte vergleichend bewusst machen zu können.

Zwei Missverständnissen ist dabei vorzubeugen. Erstens: Eine Einsicht in ihren historischen Status *bedeutet keineswegs, dass die argumentativ Rechenschaft ablegende* (λόγον διδόναι) *Vernunft nicht wachsen könnte, Standards setzte, Errungenschaften ausprägte, Evidenzen erzeugte,* indem sie ihre Ergebnisse wie die Kriterien für diese Ergebnisse und die Einsicht in deren Folgen immer neu aus sich selbst heraus ausbildet. An den ebenso schwierigen wie unaufgebbaren Begriffen der *Aufklärung* und der *Moderne* ließe sich dies demonstrieren. Die Behauptung, jeder Historismus sei ein Relativismus, stellt ein interessiertes Missverständnis dar. Oft soll dies der Inszenierung zuarbeiten, es gebe aber Kulturauftritte, die nicht das irdische Kind menschlicher Arbeit seien; aus höchster Valenz, gar aus Offenbarungen zufließende Herkünfte bieten hier natürlich zu allen Zeiten glänzende Möglichkeiten.

Zweitens: Der Historismus als historische Aufklärung *zerstört durchaus nicht die Antwortangebote der Tradition, sondern er macht sie unserer Bildung im Gegenteil gerade zugänglich*. Es gilt nämlich zugleich auch mit Dilthey[26] wie heute mit dem Ethnologen Clifford Geertz: Menschliche Sinnbildungen sind nicht einfach »Hirngespinste«. Zöge man ihm auf der Suche nach geschichtsübergreifendem Wissen eine traditionsgebildete Haut nach der anderen ab, so bliebe vom Geschichtswesen Mensch nichts übrig und der kulturelle Reichtum der Frage- und Antwortversuche wäre entfernt, der uns zu unserer Lebensorientierung sehr wohl hilft, auch wenn, ja gerade *weil*

---

[26] W. Dilthey: Gesammelte Schriften (GS), verschiedene Herausgeber und verschiedene Auflagen der einzelnen Bände, ab Bd. XVIII hrsgg. von F. Rodi, H.-U. Lessing, G. Kühne-Bertram u. a.; zunächst Leipzig, später Stuttgart und Göttingen 1914 ff., hier VIII, S. 226. Vgl. die Arbeiten von Hans-Ulrich Lessing: Die Autonomie der Geisteswissenschaften, 2 Bde. Nordhausen 2015/16, insbesondere auch im ersten Teilband S. 167 ff. zum Verhältnis Dilthey-Cassirer; vgl. zu beiden letztgenannten kulturphilosophischen Klassikern auch Steenblock: Kulturphilosophie, Kapitel 4 und 5. Über die Holzwege, die die notorisch ideologieanfälligen Geisteswissenschaften vom Nationalismus über ihr Verhältnis zu Heidegger/Gadamer bis zu ihrer Selbstdurchstreichung in manchem »Post-ism« (Jörn Rüsen) *ihrerseits* gegangen sind, will ich hier nicht handeln, so eindrucksvoll Kevin Liggieri mir in seiner engagierten Art letzteren auch nahezubringen sucht (vgl. Ders.: Rezension zum Ursprungs-Band, siehe Anm. 13, ZDPE 39/2017, S. 73 f.).

niemand uns eine solche Orientierung abnimmt. Wir müssen uns dieser unserer kulturellen Haut naturalistischer und soziologistischer Ignoranz gegenüber wehren, denn wir bedürfen eines *angemessenen Umgangs mit den Antwortangeboten der Tradition*, wie dies Sache der kulturellen Bildung ist. An den Gehalten der Geistesgeschichte gewinnen wir nur Anteil, wenn wir ihre Sinnbestände immer wieder neu als solche für uns *lebendig* machen können. Im Vergangenen denken dabei wir unser Gegenwärtiges, weil sich unser Sinnbemühen mit dem aller Menschen verbindet. Darum kann Dilthey gegenüber dem gängigen Relativismusvorwurf einen Begriff sozusagen »produktiver Historizität« behaupten, dem zufolge das historische Bewusstsein zwar zu einer Skepsis führen könne, zugleich aber notwendige Voraussetzung für unsere kulturelle Orientierung auf dem Niveau der Moderne ist.

Von Herder über Dilthey und Cassirer bis heute verschafft sich damit die Einsicht Raum, dass die kulturelle Vernunft nicht als ganze systematisierbar und kategorisierbar ist, sondern dass sie sich jeweilig historisch ausgeprägt,[27] als Antwort immer schon ebenso wie als Entwurf. Sie errichtet von den Religionen bis zum Auftritt der Philosophie, von Dante und Shakespeare bis Bruegel und Goethe, von den Natur- bis zu den Geisteswissenschaften *Schatzhäuser des Wissens* und *Türme des Sinns*, deren Relevanz es keineswegs einschränkt, wenn diese Wissens- und Orientierungsgestalten sozusagen den Himmel nicht erreichen und keine Ewigkeit anzufassen vermögen. Geschichte ist im Kern Bildungsgeschichte des Menschen und umgekehrt bringt der Mensch sich in der Geschichte bildend hervor.[28] Nur wer die Vergangenheit kennt, kann seine Zukunft gestalten.

---

[27] Dies stellt heraus M. N. Forster: Bildung bei Herder und seinen Nachfolgern, in einem Buch mit überhaupt sprechendem Titel: K. Vieweg/M. Winkler (Hgg.): Bildung und Freiheit. Ein vergessener Zusammenhang. Paderborn 2012, S. 75–90: Herder hat nicht nur die Vorstellung einer *Bildung als objektivem Prozess* (1) bei Hegel, sondern auch den *eher subjektbezogen akzentuierten Bildungsbegriff Humboldts* (2) und zudem noch über Franz Boas und Bronisław Malinowksi den ethnologischen Begriff von Kultur*en als jeweiligen unverrechenbaren Einzelformationen sprachlicher und sozialer Traditions- und Wertebildung* (3) grundgelegt. Dass diese drei Referenzfelder von Kultur und Bildung, dass Menschheitsperspektive, Individualität und Pfadabhängigkeit in einer fruchtbaren Spannung zueinander stehen, ist offensichtlich, einfacher aber ist, wie wir mit Dilthey verstehen können, die Sache nicht zu haben.

[28] Birgit Recki hat darauf aufmerksam gemacht, dass wir gerade über die Kultur auch unsere *Freiheit* denken können. In der Miss- oder gar Verachtung einer als Last emp-

Volker Steenblock

V. Fazit

Wenn unser Weltzugang vollständig naturwissenschaftlich oder sonstwie erklär- und objektivierbar wäre, entzöge dies auch der höchsten aller unserer Kulturbemühungen, der Philosophie, am Ende jede Grundlage. Sie würde zu einer Art von Pressesprecherin der Naturwissenschaften bzw. des Naturalismus. Es wäre nicht möglich, das weiß die Philosophie seit Aristoteles, den Menschen als Handlungsinstanz zu verstehen, wenn er vollständig objektivierbar wäre. Er ist, neuzeitlich und mit Kant, schon deswegen nicht vollständig objektivierbar, weil noch hinter jeder Objektivierung ein Subjekt steht, welches diese vornehmen muss. Dem Bestimmungsversuch eines Anker- bzw. Fixpunktes der Theorie muss eine eindeutige Lösung versagt bleiben, insofern es *Kultur* eigentlich gibt. Wenn denn Kultur ein *zugleich* offenes und kreatives wie kontinuierliches, an naturhafte Bedingungen und an Interaktionen des sie tragenden Affenwesens rückgebundenes Projekt ist, ist sie nicht an einem dieser – gerade im Kulturbegriff im Widerstreit zusammenkommenden – Pole zu befestigen. Wir können offenbar weder schlicht objektivistisch, aber auch nicht weltlos transzendentalphilosophisch argumentieren. Als weltreflektierende konkrete Subjekte balancieren wir in unserem Orientierungs- und Bildungsbemühen immer schon zwischen dem Objektbereich und seiner Konstitution. Der Versuch, diese Lücke »weltanschaulich zu schließen«, argumentiert vielleicht nicht unplausibel mit dem Anliegen einer umfassenden und einheitlichen Sicht des Seins. Dennoch baut nur aus der für uns unhintergehbaren Teilnehmerperspektive Kultur sich auf. Die »erkenntnisdualistische« Anmutung einer solchen Feststellung erscheint schwerlich problematischer als ihre Überwindungsversuche. Diese haben bisher lediglich unbefriedigende Varianten einer idealistischen (Hegel) oder traditionalistischen (Gadamer) Überspannung und Verkennung oder einer naturalistischen Eliminierung (Dennett) bzw. sozioökonomischen Depotenzierung der *Kultur* produziert (eher als bei Marx und Engels – und, wie sich versteht, ganz anders als bei Ihnen – in manch heutigen Allmachtsphantasien des Marktes). Theoreme der *Emergenz*, schon Marxens und Engels' Dialektik könnte man hier nennen,

---

fundenen Kultur wären wir »keineswegs frei, sondern wir wären *nichts* ...«: vgl. Kultur als Praxis, Eine Einführung in Ernst Cassirers Philosophie der symbolischen Formen. Berlin 2004, S. 24 f., 42 und 189 ff.

möchten beide Seiten (»objektive« und »subjektive«) zusammenbringen; manche setzen heute auf einen Physikalismus, andere dagegen auf einen psychophysischen Dualismus und einige auf eine mit den real existierenden Naturwissenschaften schwerlich vermittelbare Uminterpretation des Naturbegriffs. Das ist ein zuhöchst spannendes Feld. Den Stand des Problems dürfte Jürgen Habermas zum Ausdruck bringen, wenn er meint, dass wir derzeit »aus der physischen Anthropologie, der Entwicklungspsychologie und der vergleichenden Ontogenese von Kindern und Schimpansen, aus Biologie und Neurologie, Sprachforschung, Kulturgeschichte und Archäologie nur verstreute Evidenzen zusammensuchen« können, »um von der Entstehung soziokultureller Lebensformen die eine oder andere Geschichte zu erzählen. Ob solche Erzählungen eines Tages durch eine Theorie ersetzt werden können, und wie diese Theorie aussehen könnte, ist eine offene Frage«.[29]

Es ist wohl der Kulturmodus schlichthin, im Denken und Handeln in eine Zukunft hinein ausgreifen zu können, der in einen Selbstwiderspruch geriete, sobald er diese Zukunft als gemäß vollendeter Theorie determiniert auffassen wollte. *Kultur* ist nicht Funktion eines Prinzips bzw. einer Erklärungstotalität »über« dieser Arbeit, einer implizit garantiologischen Dialektik, des mathematisierbaren Marktes, der naturgesetzlichen Evolution usw. Die Turmbauten der Kultur sind nicht die Kulissen eines Marionettentheaters an den Fäden natur- oder sozialwissenschaftlicher Gesetzmäßigkeiten, auch nicht Bühnen finaler Auflösung der Absichten Gottes oder des Rätsels der Geschichte. Sie demonstrieren uns vielmehr die Mühen, die Großartigkeit und die Grenzen unserer menschlichen Arbeit am Sinn.

---

[29] J. Habermas: Probleme der Willensfreiheit. In: T. Müller/T. M. Schmidt (Hgg.): Ich denke, also bin ich Ich? Göttingen 2011, S. 130–143, hier: S. 141.

»Sein ist exakt und nicht exakt«

Von Metaphysik, Maschinen und Seinsgeschichten bei Martin Heidegger und Gotthard Günther

Felix Hüttemann[1]

> »Die klassische Maschine europäischer Tradition ist ›totes Sein‹ und als solches konstant. Es gibt keine Gradunterschiede. Maschine ist Maschine. Da ist kein metaphysischer Unterschied zwischen einer Briefwaage oder einem Rolls-Royce.«[2]

> »Optimismus ist nur ein Mangel an Information.«[3]

Technik, Nihilismus, Metaphysik. Dieser Dreiklang sorgt nicht selten für ein unbehagliches Raunen unter den Beteiligten – nicht selten ebenso bei denjenigen, die versuchen tiefer in den Zirkel dieser drei unheimlichen Gäste einzutauchen:

Die Maschinen werden dem Menschen den Rang ablaufen. Das, was man gemeinhin Geschichte genannt habe, werde spätestens mit der Verselbstständigung der transklassischen Maschine Computer, an ihr wohlverdientes Ende gelangen. Dieser Verfallsprozess sei einer unaufhörlichen und zwangsläufigen Verwebung von Metaphysik und Technik geschuldet. Eine solche Narration der dem Menschen über den Kopf wachsenden Technik hat eine lange Konjunktur in der deutschsprachigen Technikphilosophie von den 1920er Jahren bis heute. Es geht an dieser Stelle jedoch nicht darum, eine Geschichte des Technikpessimismus fortzuschreiben, sondern die Trias aus Technik, Metaphysik und Nihilismus genauer zu betrachten. Folgt der Maschine die Metaphysik auf dem Fuß? Oder ist ohne die vorlaufende Metaphysik keine Maschine denkbar? Schon hier wird es zirkulär.

---

[1] In Erinnerung an die gemeinsamen Seminare zu *Nietzsche, Jünger, Heidegger: Technik, Nihilismus und Metaphysikkritik* und die daran anschließenden Autofahrten in heiterer Diskussion über die Technik, herzlich Hans-Ulrich Lessing gewidmet.
[2] Gotthard Günther in einem Brief an Ernst Jünger vom 3. Dezember 1951.
[3] Bonmont von Heiner Müller.

Folgt man dem Wirbel aus Maschine und Metaphysik weiter, synthetisiere sich aus diesem Verwindungsprozess geradezu automatisch, im doppelten Wortsinne, der Nihilismus. Wie setzt sich dieser Prozess zusammen? Wie kann das In-der-Welt-Sein der Technik die Frage nach dem Sein, worunter hier Metaphysik verstanden werden soll, einfach ins Nichts, in den Nihilismus abdriften lassen? Der ontologische Status der Maschine als ein Ereignis von nicht nur geschichtlich-sozialer, sondern metaphysischer Konsequenz, ist eine Perspektive, die im Folgenden an Thesen Gotthard Günthers in Auseinandersetzung mit Martin Heidegger skizziert wird. Es werden hierbei hoffentlich mehr sinnfällige Fragen gestellt, anstatt dass nach letztgültigen Antworten gesucht wird.

»Der ontologische Grund, warum abendländische Technik auf dem ganzen Globus mit geöffneten Armen aufgenommen werden kann, ist das Faktum, daß die klassische Maschine nichts Anderes darstellt als die elementarste und zugleich überzeugendste Manifestation der Teilung zwischen Subjekt und Objekt.«[4] In der Teilung von Subjekt und Objekt liegt, Martin Heidegger zufolge, bereits in Descartes Metaphysik der nihilistische Hund begraben. »Erstmals wird das Seiende als Gegenständlichkeit des Vorstellens und die Wahrheit als Gewißheit des Vorstellens in der Metaphysik des Descartes bestimmt. […] Die gesamte neuzeitliche Metaphysik, Nietzsche miteingeschlossen, hält sich in der von Descartes angebahnten Auslegung des Seienden und der Wahrheit.«[5] Denn die Wissenschaft verlege sich auf das Rechnen. Das Rechnen in der Heidegger'schen Diktion bezeichnet eine Art verkürztes nutzendes, rationales Erfassen der Dinge, das sich in keinerlei eigentlichem Seinsbezug befindet. In der Gefahr dieses rechnenden Denkens ist die Maschine als dessen Entäußerung nicht mehr weit. Die Technik ist ein wesentlicher Kulminationspunkt des rechnenden Denkens, insofern, als dass sie die Objektivation dieser Denkform darstellt. »Das nachstellend-sicherstellende Verfahren der

---

[4] G. Günther: Maschine, Seele und Weltgeschichte. In: Ders.: Beiträge zur Grundlegung einer operationsfähigen Dialektik. Bd. 3. Hamburg 1980, S. 211–235, hier: S. 223. Es soll nicht verschwiegen werden, dass in Günthers an Oswald Spengler angelehnten Geschichtsmorphologie die problematische Konsequenz eines primordialen Vorranges des europäischen, d.h. abendländischen Denkens liegt und damit nicht nur eurozentrisch, sondern auch in letzter Folge gefährlich nahe an weiteren autoritären Geschichtsmodellen ist.
[5] M. Heidegger: Die Zeit des Weltbildes. In: Ders.: Holzwege. Frankfurt a. M., 2003, S. 75–96, hier: S. 87.

Theorie des Wirklichen ist ein Berechnen. [...] Rechnen im weiten, wesentlichen Sinne meint: mit etwas rechnen, d. h. etwas in Betracht ziehen, auf etwas rechnen, d. h. in die Erwartung stellen. In dieser Weise ist alle Vergegenständlichung des Wirklichen ein Rechnen.«[6] Da dieses Rechnen und somit die Wissenschaft ›vergegenständlicht‹, das heißt nur vom Seienden, von dem, was ist, ausgeht und somit sich auf die Seiendheit des Seienden fokussiert, anstatt sich um das Sein des Seienden zu drehen, ist sie eine Metaphysik ohne Kern, demnach ins Nichts gestellt, dem Nihilismus verpflichtet.

I. Nihilismus nichtet

Der Nihilismus, wie Heidegger ihn auffasst, ist eine Verdunklung des Seins, eine Verbergung eines Wahrheitsgeschehens. »Das Nichts selber nichtet.«[7] Das Nichts ist als eine Art Schleier vor dem eigentlichen Sein zu verstehen, der dafür sorgt, dass etwa im Zustand der Seinsvergessenheit das Dasein auf das Nichts gestellt, sich lediglich auf das Seiende bezieht, den kürzeren, einfacheren Weg der vermeintlichen Wahrheit wählt und sich nicht auf ein wie auch immer geartetes Offenbarungsgeschehen des Seins bezieht. Der Nihilismus ist die aus dem konstitutionellen Nichts resultierende Haltung, dieser im wahrsten Sinne des Wortes Ablenkung vom Seinsgeschehen.

Das entstehende wissenschaftliche ›Weltbild‹, angefangen bei Descartes, habe die Spur in die Seinsvergessenheit gelegt und ebnet dem Nihilismus als technischer Machenschaft den Weg. »Soll sich das Denken dem Bereich des Wesens des Nihilismus nähern, dann wird es notwendig vorläufiger und dadurch anders.«[8] Heideggers Philosophie, gerade seine Auseinandersetzungen mit der Metaphysik und dem Nihilismus sind ein immenser Einfluss auf das Denken Günthers. So schreibt er in seinem späten Text *Martin Heidegger und die Weltgeschichte des Nichts*, erschienen 1980. »Für den Verfasser dieser Zeilen existiert nicht der geringste Zweifel, daß Martin Heidegger der tiefste philosophische Denker unserer letztvergangenen

---

[6] M. Heidegger: Wissenschaft und Besinnung. In: Ders.: Vorträge und Aufsätze. Stuttgart. 2009. 11. Aufl., S. 41–66, hier: S. 54.
[7] M. Heidegger: Was ist Metaphysik? In: Ders.: Wegmarken. Frankfurt a. M. 2004, S. 103–122, hier: S. 114.
[8] M. Heidegger: Zur Seinsfrage. In. Ders: Wegmarken, S. 365–426, hier: S. 388.

Jahre gewesen ist.«[9] Mit Heidegger teilt Günther eine Faszination für die Metaphysik und ist nichtsdestotrotz in seiner Auseinandersetzung mit dem Wesen der Technik weit entfernt von der Kritik am »rechnenden Denken« des Philosophen aus Meßkirch. So schreibt Gotthard Günther in Bezug auf die Heidegger'sche Technikanalyse: »Die Frage der technischen Wiederholung der Subjektivität fällt aus dem totalen Bereich der Seinsthematik heraus […], der das Heideggersche Denken ganz erfüllt, so könnte man sie bestenfalls dem Thema ›Nihilismus‹ zuordnen, aber mit dem bemerkenswerten Zusatz, daß ›Nihilismus‹ jetzt eine eminent ›positive‹ Bedeutung erhält, die er in der Heideggerschen Philosophie noch nicht hat und die nihilistisches Denken über seine Seins- und Wesensthematik hinausgreifen läßt.«[10] Dass also die Maschinen autonomer werden, damit eine Form von Subjektstatus in Anspruch nehmen, verkenne Heidegger. Dieser Fakt falle gewissermaßen unter die Kategorie der Seinsvergessenheit, weil Heidegger diese Erkenntnis letztlich auch vor sich selbst unter diesem Schleier verdecke. Angesichts dessen würde Günther dem Nihilismus eine Positive Konnotation verleihen: Das nihilistische Denken wird von ihm damit produktiv gewendet, insofern, als dass der Bezug auf das technische Objekt, als besondere Ausformung des Seienden, einen speziellen Existenzmodus[11] in die Welt bringt, der zwar so auf eine Seiendheit des Seienden rekurriert, demnach im Sinne Heideggers nihilistisch-metaphysisch genannt werden könnte, dadurch jedoch keine Ablenkung vom Eigentlichen, vom Sein darstellt, sondern einen produktiven Kanal zur Seinsvermittlung.

II. Technik verstellt

Die Technik wird bei Heidegger als *Ereignis* aufgefasst. Sie ist metaphysisch, da sie einen Wahrheitszugang bereitstelle, im Spiele von Lichtung und Verbergung, welcher das Sein in die Unverborgenheit (aletheia) bringe. Doch verstelle die Technik als Metaphysik, als rechnendes Denken, diesen Zugang zugleich, indem sie vergegenständ-

---

[9] G. Günther: Martin Heidegger und die Weltgeschichte des Nichts. Beiträge zur Grundlegung einer operationsfähigen Dialektik, S. 260–296, hier: S. 260.
[10] Ebd., S. 275.
[11] Vgl. dazu: G. Simondon: Die Existenzweise technischer Objekte. Zürich/Berlin. 2015.

licht, sich bloß auf die Objektseite schlägt. Sie kreist nicht um das Sein, oder um die ontologische Differenz aus Sein und Seiendem als solche, sondern um eine vermeintlich leere, nihilistische Identität des Seienden.

Günther dagegen spricht von einer »neue[n] Materialwelt, an der sich die Ideen künftiger Weltgeschichte bilden.«[12] Man kann es noch weiter auf den Punkt bringen, aus welchem Grund nun die zu erfahrende Metaphysik durch das technische Objekt direkter und paradoxerweise unvermittelter in den Blick genommen werden kann: »Zugleich aber wird immer mehr von dem, was der Mensch bisher als Subjektivität erfahren hat, als Eigenschaft in der Maschine, also als Bestandteil der Objektivität auftauchen.«[13] Damit ist die Frage nach einer Künstlichen Intelligenz, nach maschinischem Lernverhalten und weiteren Aspekten gestellt, die den Agentenstatus von technischen Objekten weiter ausdifferenziert. Dies ist ein Sachverhalt, den die von Günther favorisierte Kybernetik emphatisch proklamierte.[14]

Heideggers Seinslehre dagegen ist ein Prozessdenken, das sich als Offenbarungsakt des Seins, mit Gilles Deleuze könnte man sagen, als Immanenz, stets weiterdreht, solange der Mensch denkt. Dieser Sachverhalt ereigne sich in einer zwangsläufigen Verkopplung des Seienden zum Sein. Die Objektseite wird bis zu einem gewissen Grad als eine ›Seinsschickung‹ zum Subjekt, zum Dasein, betrachtet. Weshalb das Ding für Heidegger in aller ontologischen Emphase immer mehr ist als nur ein bloßer Gegenstand.[15] Die Metaphysik des 20. Jahrhunderts zeichnet sich in Folge dieser Betrachtungen durch neue Akzente aus.

»So wie wir die Vorstellung vom Lebendigen Biologie nennen, kann die Darstellung und Ausformung des vom Wesen der Technik durchherrschten Seienden Technologie heißen. Der Ausdruck darf als

---

[12] G. Günther: Martin Heidegger und die Weltgeschichte des Nichts. Beiträge zur Grundlegung einer operationsfähigen Dialektik, S. 260–296, hier: S. 288.
[13] G. Günther: Maschine, Seele und Weltgeschichte. In: Ders.: Beiträge zur Grundlegung einer operationsfähigen Dialektik, S. 211–235, hier: S. 233.
[14] Vgl. N. Wiener: Mensch und Menschmaschine. Kybernetik und Gesellschaft. Athenäum. Frankfurt a. M. 1964. Vgl. auch M. Hagner/E. Hörl (Hgg.): Die Transformation des Humanen. Beiträge zur Kulturgeschichte der Kybernetik. Suhrkamp. Frankfurt a. M. 2008.
[15] Vgl. M. Heidegger: Das Ding. In: Ders.: Vorträge und Aufsätze. Stuttgart 2009, S. 157–175.

Bezeichnung für die Metaphysik des Atomzeitalters dienen.«[16] Mit und gegen Heidegger könnte man daraus folgern: Seine pessimistische Diagnose der Seinsvergessenheit ist letztlich eine *Technikvergessenheit*, oder: In Anlehnung an ein spitzzüngiges Bonmot Heiner Müllers, wörtlich und im technischen Sinne verstanden: *(Technik-) Pessimismus ist nur ein Mangel an Information(-stheorie)*. Denn durch die Technik bzw. im Umgang mit dieser kommt vielmehr eine neue Vermittlerin des Seins – ein *Medium entis* –, eine Seinsvermittlung, in die Welt. Im Gegensatz dazu, dass die Technik eine wie auch immer geartete Wahrheit verstelle, wie Heidegger konstatiert. Medien in diesem emphatischen Sinne erbringen eine immense, auch letztlich, wenn man so will, metaphysische Leistung: »Medien und mediale Vermittlungen sind jene Momente, in denen mit dem kommuniziert oder Kontakt aufgenommen wird, was *per definitionem* absolut unzugänglich ist.«[17]

Die Heidegger'sche Metaphysikkritik zeichnet jedoch vornehmlich ein anderes Bild der Seinsvergessenheit. Sie spielt mit einer Art *Doppelbelichtung* des Wahrheits- und eben Seins-prozesses. Stets ist es Lichtung und Verbergung, Sein und Seiendes, Sein und Nichts, Abstand und tieferes Hinein, Eigentlichkeit und Uneigentlichkeit, Seinsvergessenheit und Seinsoffenbarung. Was ist also Heideggers Kritik an der Metaphysik?

Die Metaphysik bei Heidegger ist durch den »Wille[n], als Grundzug der Seiendheit des Seienden verstanden.«[18] Sie ist in kritischer Perspektive weiter »als eine Weise der rechnenden Vergegenständlichung des Seienden [,] eine vom Willen zum Willen selbst gesetzte Bedingung [...]«[19] zu verstehen. Dieser ›Wille zum bloßem Willen‹, als leere Umtriebigkeit und Willen zur Macht, kulminiert für Heidegger in der Technik: »Die Grundform des Erscheinens, in der dann der Wille zum Willen im Ungeschichtlichen der Welt der vollendeten Metaphysik sich selbst einrichtet und berechnet, kann

---

[16] M. Heidegger: Identität und Differenz. In: Ders.: Identität und Differenz. I. Abteilung: Veröffentlichte Schriften 1910–1976. Band 11. Frankfurt a. M., S. 27–110, hier: S. 60f.
[17] E. Thacker: Vermittlung und Antivermittlung. In: E. Hörl (Hg.): Die technologische Bedingung. Beiträge zur Beschreibung der technischen Welt. Frankfurt a. M. 2011, S. 306–332, hier: S. 308.
[18] M. Heidegger: Nachwort zu: ›Was ist Metaphysik‹. In: Ders: Wegmarken, S. 303–312, hier: S. 303.
[19] Ebd.

bündig ›die Technik‹ heißen. [...] Der Name ›die Technik‹ ist hier so wesentlich verstanden, daß er sich in seiner Bedeutung deckt mit dem Titel: die vollendete Metaphysik.«[20]

Mit dieser Metaphysik als conditio sine qua non des wissenschaftlich-nihilistischen Denkens, stellt sich jedoch die Problematik darzulegen, wann das Denken eben kein bloßes Rechnen im technisch-wissenschaftlichen Sinne ist. Oder anders ausgedrückt: Wie denkt Heidegger das Denken selbst, dass es nicht metaphysisch, rechnend ist? Wann merken wir, dass wir wirklich denken? »Wir gelangen in das, was Denken heißt, wenn wir selber denken. Damit ein solcher Versuch glückt, müssen wir bereit sein, das Denken zu lernen. Sobald wir uns auf das Lernen einlassen, haben wir auch schon zugestanden, daß wir das Denken noch nicht vermögen.«[21]

Diese Problematik weist auf eine Kernfrage der Philosophie Heideggers nach seiner Kehre:

»*[D]as Bedenklichste zeigt sich in unserer bedenklichen Zeit daran, daß wir noch nicht denken.*«[22]

III. Kybernetische Metaphysik

In der ›Meta‹-Wissenschaft der Kybernetik sah Heidegger zwar ebenso wie Günther eine besondere Herausforderung in der Sache des Denkens aufsteigen, »Der Rückfall des Denkens in die Metaphysik nimmt eine neue Form an: Es ist das Ende der Philosophie im Sinne der vollständigen Auflösung in die Wissenschaften, deren Einheit sich gleichfalls neu in der Kybernetik entfaltet.«[23], jedoch arbeitet er sich unzureichend an der Tragweite der Technologisierung und dem informationstheoretischen Bild des Denkens ab. Heidegger verfällt in technikpessimistische, geradezu nihilistische Reflexe. Sein Technikbild steckt noch zu fest in der Industrie- und Maschinentechnik des Ge-stells, einer automatisierten Werkstättenlandschaft[24] der voll-

---

[20] Vgl. M. Heidegger: Überwindung der Metaphysik. In: Ders.: Vorträge und Aufsätze, S. 67–95, hier: S. 76.
[21] M. Heidegger: Was heißt Denken? In: Ders.: Vorträge und Aufsätze, S. 123–137, hier: S. 123.
[22] Ebd., S. 125.
[23] M. Heidegger: Brief über den Humanismus. In: Ders.: Wegmarken. Frankfurt a. M. 2004, S. 313–364, hier: S. 341.
[24] Vgl. Zum Begriff der Werkstättenlandschaft. E. Jünger: Der Arbeiter. In: Ders.:

endeten Metaphysik: »Das Ge-stell ist, falls wir jetzt noch so sprechen dürfen, seiender als alle Atomenergien und alles Maschinenwesen, seiender als jede Form der Organisation, Information und Automatisierung. [...] Das Ge-stell fordert den Menschen zur Berechnung des Seins heraus, das selber in die Berechenbarkeit eingefordert ist.«[25] Wenngleich Heidegger in seiner Auseinandersetzung mit der Technik dem Einfluss der Steuerung, Kontrolle und letztlich dem Stellenwert der Information in einigen Revidierungen seines Ge-Stell-Denkens gerecht zu werden sucht, kommt er aus den eigenen maschinentechnischen Verwindungen seiner Perspektive nicht heraus.

Hier stellt sich Günther gegen Heidegger, wenngleich er dessen ›Prophezeiungen‹ der Metaphysik zu teilen scheint. »Es folgt, daß keine Lehre vom Wesen, so wie sie Heideggers Zentralproblem bildet, je in die Zukunft weist. [...] Aus diesem Grund sieht die bisherige Philosophie auch die Rolle der Technik nicht richtig. Für sie steht das technische Können ausschließlich am Ende einer Entwicklung. Sie kann nicht begreifen, daß wir uns heute in einer einzigartigen und bisher nicht dagewesenen Geschichtssituation sehen, an der nämlich die Technik auch ganz am Anfang der Geschichtsepoche steht [...].«[26] An diesem Punkt setzt Günthers radikale Favorisierung der Kybernetik an. Sie ist also bei ihm, im Gegensatz zur Prognose Heideggers, nicht das »Ende der Philosophie«, sondern ihre Fortsetzung mit mathematisch-technologischen Mitteln. Man könnte, um in Heidegger'schen Begrifflichkeiten zu bleiben, von einer ›Kehre‹, im Bild des Denkens sprechen.[27] Heidegger entlehnt seinen Begriff der Kehre aus dem Bild eines spiralförmig laufenden Bergweges. Diese Metapher kennzeichnet letztlich ein Prozessdenken oder eine Erkenntnisbewegung des Denkens. In einer sich kehrenden Bewegung der Spirale, verdecke sich der eigentliche Weg kurzzeitig, um sich dann anschließend, insofern man dem Weg weiter folgt, wieder zu zeigen, sich zu ›lichten‹. Dieser Prozess zeichnet sich dadurch aus,

---

Sämtliche Werke Bd. 8. Zweite Abteilung. Essays II. Der Arbeiter. Stuttgart 2002. 2. Aufl.
[25] M. Heidegger: Grundsätze des Denkens. Freiburger Vorträge 1957. In: Ders.: Bremer und Freiburger Vorträge. Gesamtausgabe. III. Abteilung. Unveröffentlichte Abhandlungen. Bd. 79. Frankfurt a.M. 1994, S. 81–176, hier: S. 127.
[26] G. Günther: Martin Heidegger und die Weltgeschichte des Nichts. Beiträge zur Grundlegung einer operationsfähigen Dialektik, S. 260–296, hier: S. 274.
[27] Zum Bild des Denkens, G. Deleuze: Differenz und Wiederholung. München 2007. 3. Aufl., S. 169 ff.

dass es vielmehr um einen Weg tiefer ins Denken hinein, denn einen Weg der Umkehrung oder des Umdenkens kennzeichnet. Ähnliches trifft ebenso auf den Akt des Ver-windens im Gegensatz zum Überwinden der Metaphysik zu. Auch das Verwinden akzentuiert einen Prozess eines ›tiefer‹ hinein: »Die Überwindung der Metaphysik wird seinsgeschichtlich gedacht. Sie ist das Vorzeichen der anfänglichen Verwindung der Vergessenheit des Seins. […] Die Überwindung bleibt nur insofern denkwürdig, als an die Verwindung gedacht wird.«[28] Heideggers Aufschrei im posthum veröffentlichten Spiegel-Gespräch, dass nur ein Gott uns noch aus der Seinsvergessenheit retten könne, da mit der Technowissenschaft die Philosophie an ihr Ende gekommen sei, lässt den Meßkircher Philosophen fast verzweifelt nach der Theologie Ausschau halten.[29] »Habt ihr nicht von jenem tollen Menschen gehört, der am hellen Vormittage eine Laterne anzündete, auf den Markt lief und unaufhörlich schrie: ›*Ich suche Gott! Ich suche Gott!*‹«[30] Im Nihilismusdiskurs spielt die Gottsuche spätestens mit Nietzsches tollem Menschen eine wesentliche Rolle. So könnte man überspitzt formulieren die Metaphysik als wesentlich ontologisch motivierte Frage ist eine *Theologie ohne Gott*.

IV. Techno-Theologie

Warum aus dem Sein der Maschine keine Theologie resultiere, sondern an die Stelle dieses ontologischen Problems ein hermeneutisches trete, insofern, als dass es vielmehr um ein menschliches Verstehen des Maschineprozesses und dessen spezifisches In-der-Welt-Sein geht, fragte sich Gotthard Günther zeitlebens.[31] Er versucht diese Frage nach einer wie auch immer gearteten ›menschlichen‹ Seele vom maschinischen Mechanismus abzugrenzen. Es ist eine ähnliche Differenz wie Heideggers Trennung des Rechnens vom Denken. Der Mechanismus sei als menschliche Objektivation oder gar Organprojekti-

---

[28] Heidegger: Überwindung der Metaphysik, S. 74.
[29] M. Heidegger: Spiegel-Gespräch mit Martin Heidegger. In: Ders.: Gesamtausgabe Band 16. I. Abteilung: Veröffentlichte Schriften 1910–1976. Reden und andere Zeugnisse eines Lebensweges. Frankfurt a. M. 2000, S. 674.
[30] F. Nietzsche: Fröhliche Wissenschaft. Historisch-Kritische Ausgabe. Online: http://www.nietzschesource.org/#eKGWB/FW-125 (Eingesehen: 20.04.18).
[31] Vgl. G. Günther: Seele und Maschine. In: Ders.: Beiträge zur Grundlegung einer operationsfähigen Dialektik. Bd. 1. Hamburg 1976, S. 75–114.

on überschaubar und letztlich verstehbar. Die klassische, archimedisch-mechanische Maschine ist für den Hegelianer Günther die radikale Entäußerung des humanen Subjektes und zugleich dem Gestaltungswillen des Menschen unterworfen, somit seelenlose Objektivation. »Nur dort, wo wir von einem reinen Mechanismus konfrontiert werden, wissen wir, daß uns in seiner Funktion keine Seele begegnet.«[32] Anders liegt der Fall bei der menschlichen Seele, die Günther als gottgegeben und als Geheimnis jenseits aller Hermeneutik in der Metaphysik verortet. »Das heisst, man darf auf die Frage, ob unsere metaphysische Konzeption von Sein-überhaupt exakt oder nicht exakt ist, keine Antwort erwarten […].«[33] Ähnlich steht der Fall bei der transklassischen, informationsverarbeitenden Maschine, sobald die Maschine eben nicht mehr reiner Mechanismus ist, kann man sich letztgültig nicht sicher sein, etwas Beseeltes vor sich zu haben. Also wenn über Hebel, Zahnräder und Gewinde keine Arbeit verrichtet, stattdessen vielmehr Information ›verarbeitet‹ wird, spielt eine Art metaphysische Restannahme eine Rolle. Es ist immer mehr vorhanden als ein bloßes Etwas. Dies hat sofortige Konsequenzen für die Metaphysik der Maschinen, da »die klassische Isomorphie von Sein und Denken, also das absolute Identitätsprinzip, auf dem Boden der Informationstheorie hinfällig wird.«[34] Doch Günther, der hierbei der Informationstheorie seiner amerikanischen Kollegen Claude Shannon und Warren Weaver verpflichtet ist, wendet zugleich ein, »daß Information eben Information ist und nicht Materie und Energie«.[35] Diese tautologische Formulierung zeigt an, dass Information im (Arbeits-)prozess nichts anderes ist als dasjenige, was einen Unterschied im (Kommunikations-)Prozess ausmacht: Eins oder Null, Schalter an oder Schalter aus usw. Wie kann, wenn die Maschine ›seelenlos‹ ist, aus ihr eine Metaphysik/Theologie entspringen, wenn man hierbei feststellt, dass »das Sein als Maschine mit positivem und negativem ›feed=back‹ die Götter«[36] ausschließt?

Es existiert für Günther in der philosophischen Betrachtung von

---

[32] G. Günther: Maschine, Seele und Weltgeschichte. In: Ders.: Beiträge zur Grundlegung einer operationsfähigen Dialektik, S. 211–235, hier: S. 223.
[33] G. Günther: Das Rätsel des Seins. In: Ders.: Beiträge zur Grundlegung einer operationsfähigen Dialektik. Bd. 2., Hamburg 1979, S. 171–180, hier: S. 172.
[34] G. Günther: Das Bewusstsein der Maschinen. Eine Metaphysik der Kybernetik. Krefeld, Baden-Baden 1963, S. 33.
[35] Ebd., S. 32.
[36] Vgl. Günther: Seele und Maschine, S. 77.

Subjekt-Objekt-Relationen eine Art Restbestand, der sich nicht subjektiv geistig erfassen lasse, und der unter dem Begriff der Information im oben genannten Sinne subsumiert werden kann. »The unpredictable part of message is information.«[37] So steckt die Metaphysik vielleicht doch im Kommunikationsschema: Der Geist in der Maschine ist die Information. Mediale Vermittlung, ist die Kontaktaufnahme mit dem per definitionem Unzugänglichem, konstatiert im Hinblick auf das Kommunikationsschema Claude Shannons Medienwissenschaftler Eugene Thacker. Es wird zwischen Sender und Empfänger über einen Kanal vermittelt, ansonsten bliebe die Verbindung der beiden Enden aus. Es verlaufe sozusagen ins Nichts. Das Unvermittelbare vermittelbar zu machen ist eben nicht das Ende der Philosophie, sondern die Fortsetzung der Metaphysik mit technischen Mitteln. Aus dem Spiel von Lichtung und Verbergung, Sein und Nichts, wird das Spiel von Rauschen und Information. Mit Heideggers Worten tritt im Übergang von der archimedisch-klassischen Maschine, die noch der Idee einer Poesis, Herstellen entspringt, zur trans-klassischen Maschine, eine neue Weise hervor, die nicht mehr im Hervorbringen, sondern in einer neuen Art von Arbeit und Denken als Herausfordern fußt.

Dieses Denken als Herausfordern bezeichnet Heidegger als ein rechnendes, bilanzierendes, letztlich auf Nutzen fokussiertes Denken, das in der Maschine kulminiert und damit ein nihilistisches sei. »Für das heutige Denken ist die Logik noch logischer geworden, weshalb sie sich den abgewandelten Namen ›Logistik‹ gegeben hat. […] Diese kommt im Weltalter der Technik in Gestalt der Maschine zur Erscheinung. Die Rechenmaschinen […] dürfen wir freilich nicht nur als Apparaturen vorstellen, die zur Beschleunigung des Rechnens benutzt werden. Vielmehr ist die Denkmaschine in sich bereits die Folge der Umsetzung des Denkens in jene Denkweise, die als bloßes Rechnen die Übersetzung in die Maschinerie jener Maschinen herausfordert.«[38]

Am zäsurierenden Status der Rechenmaschine, die Günther deswegen als eine trans-klassische Maschine, Friedrich Kittler beispielsweise als die Vollendung von Hegels objektivem Geist auffasst, kommt selbst Martin Heidegger nicht vorbei. Günthers Suche nach einer mehrwertigen Logik und die daraus resultierende Favorisierung

---

[37] Günther: Das Bewusstsein der Maschinen, S. 34.
[38] M. Heidegger: Grundsätze des Denkens, S. 104 f.

der Kybernetik als *Metawissenschaft* (Max Bense), um sich dem Zwang der zweiwertigen Subjekt-Objekt Korrelation zu entziehen, ist infolgedessen eine Fluchtlinie, die sich in letzter Konsequenz in eine *Onto-Theo-Logik* zurückzieht. So schreibt Günther zur Möglichkeit einer trans-klassischen, nicht-aristotelischen Logik: »A non-Aristotalian logic, however, takes into account the fact that subjectivity is ontologically distributed over a plurality of subject-centres.«[39] Vielheiten, die letztlich eine Einheit bilden, lassen nicht nur an den Zusammenhang der Deleuzeschen Immanenz im Sinne eines Vitalismus der Maschine denken, sondern ebenso im Sinne einer Theologie durchaus an Ausführungen der Scholastiker zur Trinität.[40]

V. Non-Theologie

Vielleicht kann man hinter dem Rücken Gotthard Günthers seine Philosophie der Kybernetik als eine solche von ihm gesuchte Theologie der Maschine lesen? Günther betrachtet die transklassischen Maschinen als ein »techno-ontologisches Gefüge«[41]. Die Frage dabei ist jedoch: In welchem Sinne ist Theologie bzw. Onto-Theologie im Weiteren zu verstehen? Onto-Theo-Logik stellt sich die Frage, in welchem Sinne die Metaphysik das höchste Seiende denken könne und gleichzeitig, warum die »Wissenschaft« – Heidegger benutzt diesen Term an dieser Stelle im Sinne Fichtes, als Synonym für die Metaphysik – theologisch sein kann. »Weil die Wissenschaft die systematische Entwicklung des Wissens ist, als welches sich das Sein des Seienden selbst weiß und so wahrhaft ist.«[42]

Die Metaphysik, in den Ausführungen Heideggers, fungiert also als Ontologie und Theologie zugleich. Sie sind in seiner Diktion »Logien«, Lehren, »insofern sie das Seiende als solches ergründen und im Ganzen begründen. Sie geben vom Sein als dem Grund des Seienden

---

[39] G. Günther: The Tradition of Logic and the Concept of a Trans-Classical Rationality. In: Ders: Beiträge zur Grundlegung einer operationsfähigen Dialektik. Bd. 2, S. 1126–122, hier: S. 122.
[40] Vgl. in der johanneischen Theologie bezeichnet reziproke Immanenz das Verhältnis von Gott, heiligem Geist, Christus und Mensch.
[41] E. Hörl: Die offene Maschine. Heidegger, Günther und Simondon über die technologische Bedingung. In: M. Twellmann/T. Weitin: Modern Language Notes. German Issue 123 (2008), S. 632–655, hier: S. 634
[42] M. Heidegger: Identität und Differenz, S. 62.

Rechenschaft.«[43] Heidegger gibt diesem Konnex aus Metaphysik, Theo- und Ontologie in Anlehnung an Kant die Bezeichnung *Onto-Theo-Logik*. Hier zeigt sich wiederum die Heidegger'sche Figur der *Doppelbelichtung*. Die Metaphysik sei Ontologie, gerade weil sie Theologie ist, und vice versa. Das eine ist immer reziprok gekoppelt mit dem anderen und zugleich ein Drittes als Metaphysik. Katholischer könnte es kaum sein.

Ontotheologik erscheint als das Wesen der Metaphysik. Sie wird auf neue einschneidende Weise vermittelt und vollendet durch die Technik.

Ist die Kybernetik eine solche (Onto-)Theologik? »Am Ende der Philosophie wird es mit der letzten Möglichkeit ihres Denkens ernst. [...] Die Philosophie löst sich in selbstständige Wissenschaften auf. [...] Die sich auflösende Philosophie wird durch eine neuartige Einigung dieser neuen und aller schon bestehenden Wissenschaften abgelöst.«[44] Als eine solche neuartige Einigung, als Metawissenschaft, wurde die Kybernetik proklamiert. Diese, »bleibt darauf eingestellt, überall die Sicht auf durchgängig steuerbare Vorgänge bereit- und herzustellen. Die schrankenlose Macht, die eine solche Herstellbarkeit fordert, bestimmt das Eigentümliche der modernen Technik, entzieht sich jedoch allen Versuchen, sie selbst noch technisch vorzustellen.«[45] Eine kybernetische Onto-Theologie ist auf der Suche einer Seinsgeschichte, einer Non-Theologie, – im Sinne Francois Laruelles non-philosophy[46] –, um die Suche nach dem Sein durch eine Suche nach der Information zu ersetzen: Die non-philosophy macht es sich zum Prinzip die primordiale Unterscheidung der Philosophie zwischen Welt und Denken, oder mit Heidegger zwischen Sein und Seiendem, in Frage zu stellen bzw. zur Denkaufgabe zu machen. Diese Perspektive betont einen nicht denkbaren Restbestand jeder Theorie, der über Unterscheidung, Dezision und Setzung funktioniert. Da die Ursache dieser Unterscheidung bzw. die Unterscheidung als solche, nicht zu fassen ist, bewegt sich die Non-Philosophie, ob sie will oder

---

[43] Ebd., S. 66.
[44] M. Heidegger: Zur Frage nach der Bestimmung der Sache des Denkens. In: Ders.: Gesamtausgabe Band 16. I. Abteilung: Veröffentlichte Schriften 1910–1976. Reden und andere Zeugnisse eines Lebensweges. Frankfurt a. M. 2000, S. 621 f.
[45] Ebd.
[46] Vgl. F. Laruelle: Philosophie et non-philosophie [Philosophy and Non-Philosophy]. Brussels 1989; Ders.: A Summary of Non-Philosophy. In: Pli: The Warwick Journal of Philosophy. Vol. 8.: Philosophies of Nature, 1999.

nicht, ebenso im metaphysischen Fahrwasser. Man könnte zu dieser Perspektive kritisch anmerken, dass diese These letztlich zirkulär ist und somit in der Suche nach der nicht erfahrbaren Ursache einer causa sui verharrt. Damit macht der Terminus der Non-Philosophie oder -Theologie nur insofern Sinn, als dass er als Hilfskonstruktion auf die anfängliche Setzung einer Dezision aufmerksam macht und somit an dieser Stelle einen Akzent für die Auseinandersetzung nach der Metaphysik markiert: Die Verfasstheit einer Seinsgeschichte bei Heidegger und Gotthard Günther ändert sich mit der Trans-klassischen Maschine. Es stellt sich die Frage, was ist angesichts der Metaphysik der Denkmaschine dieser Restbestand des Denkens?

»In der epochalen technologischen Fixierung auf das Steuerungsproblem kam die Seinsgeschichte als solche ins Jetzt ihrer Erkennbarkeit und zugleich an ihr Ende. Alle bisherige Geschichte ließ sich nämlich selbst als Sache der Steuerung, [...] als Walten des Geschicks entziffern, das in der Metaphysik der Steuerung ihre Vollendung und ihren Abschluß finden sollte. In der Epoche der Steuerung kam gleichsam das metakybernetische Geschick des Abendlandes zu sich.«[47] Wenngleich man nicht so weit gehen muss, die Philosophiegeschichte auf eine Geschichte der Kybernetik zusteuern zu lassen, ist jedoch eine gewisse Zäsur durch eine philosophische Auseinandersetzung mit derselben für das Denken Günthers und Heideggers nicht nur nicht von der Hand zu weisen, sondern essentiell.

Günther fasst den philosophischen Clou, den er mit der vermeintlich metatechnischen Perspektive, der Kybernetik verbindet, wie folgt zusammen: »In der bisherigen Geschichte der Technik ist das Verhältnis von Subjekt und Objekt insofern irrtümlich beschrieben, als das klassische Denken dem Bereich der Seele noch überquellende Eigenschaften zuweist, die in Wirklichkeit auf die Dingseite gehören und dort als Mechanismen höherer Ordnung begriffen werden können.«[48] Man muss jedoch trotz dieser Anmerkungen auch für Günthers Perspektive einwenden, dass auch er einem Verkennen der Dingseite, letztlich auch zum einen dem Versuch einer Mimesis und zum anderen einer Anthropologisierung der Maschine zuneigt. Wenn Günther notiert, dass »dem Menschen jetzt nichts anderes übrig [bleibt], als einen Versuch zu einer Selbstinterpretation dadurch

---

[47] Hörl: Die offene Maschine, S. 647.
[48] Günther: Maschine, Seele, Weltgeschichte, S. 224.

zu unternehmen, daß er sich in einer technischen Nachbildung wiederholt«[49], steht er klarerweise in der Tradition die Technik als Externalisierung des Menschen zu betrachten. Das technische Objekt erhöht seinen Status. Man muss gar nicht medien-animistisch veranlagt sein, um dem Computer, selbst zu Günthers Zeit, einen wesentlich autonomeren Agentenstatus zu verleihen als etwa dem eigenen Rasenmäher. Damit muss zwar die Kybernetik nicht zu einer (Onto-)Theologie erhöht werden, jedoch wird, ohne Zweifel, die Frage nach einer Metaphysik nicht aufs Neue, sondern fortgesetzt mit allem Ballast der Philosophiegeschichte, ge-stellt.

Günthers Auseinandersetzung mit der kybernetischen Maschine ist ein Versuch »eine Theorie dafür zu entwickeln, wie Bewusstsein bzw. Subjektivität als Prozeß – also als Leistung – in die Außenwelt übertragen werden kann. [...] Die wissenschaftliche Frage, der sich der Mensch der Zukunft gegenüber sehen wird, ist also die: wie reflektiert und begreift sich das Ich als eine Tätigkeit in der Welt?«[50] Grundsätzlicher könnte Prozessdenken die Idee der Subjektivität nicht unterwandern. Es erscheint zum einen komplizierter als das, aber zum anderen eine akkurate Zuspitzung zu sein. »Aber mit dem Ende der Philosophie ist nicht auch schon das Denken am Ende, sondern im Übergang zu einem anderen Anfang.«[51] Zum Seinsbegriff in der Onto-theologie Heideggers bemerkt Günther, dieser sei eine »schwebende Alternative und eine nicht fixierte, gefällige Entscheidung«[52], die sich ereigne und damit auch auf technisch, informationstheoretischer Ebene »als absolute Identität des Unmittelbaren erscheint.«[53] Das Sein als unmittelbares Ereignis erscheint auf den ersten Blick als eine contradicio in adjecto. Denn es hatte bis dato sowohl bei Heidegger, als auch bei Günther vielmehr den Anschein, als offenbare sich das Sein viel weniger direkt. Die Seinsschickung ist nicht zugänglich ohne Ursache und zeigt sich nicht als etwas sofort Gegebenes, sondern ist vielmehr immer schon existenzial medial vermittelt. Das Sein scheint ohne Medium undenkbar, inwieweit überhaupt das Sein denkbar ist, sei an dieser Stelle dahingestellt. Ohne

---

[49] G. Günther: Analog-Prinzip, Digital-Maschine und Mehrwertigkeit. In: Ders: Beiträge zur Grundlegung einer operationsfähigen Dialektik. Bd. 2, S. 123–133, hier: S. 123.
[50] Vgl. Günther: Maschine, Seele, Weltgeschichte, S. 230.
[51] Heidegger: Überwindung der Metaphysik, S. 79.
[52] Günther: Das Rätsel des Seins, S. 172.
[53] Ebd., S. 173.

Vermittlungsprozess scheint es kaum verständlich, dass Wahrheit vermittelt wird durch etwa die Technik. Dies ist eine wesentliche These sowohl Günthers, als auch Heideggers. Jedoch existiert eine vermittelte Unmittelbarkeit in der Rede vom Sein, die ihren medialen Status zu kaschieren scheint: »Wenn aber im primordialen Sein alle Gegensätze verschwinden, so verschwindet damit auch die Möglichkeit des Denkens«[54], insofern man Denken als eine zweiwertige Operation betrachtet. Wird das Denken als ein mediales Prozessieren aufgefasst, das über verschiedene heterogene Agenten verläuft und ihr mediales Apriori mitdenkt, sieht die Sache des Denkens freilich anders aus.

---

[54] Ebd.

Hans-Ulrich Lessing
Schriftenverzeichnis 1978–2017

A. Bücher

a) Autor

1. Die Idee einer Kritik der historischen Vernunft. Wilhelm Diltheys erkenntnistheoretisch-logisch-methodologische Grundlegung der Geisteswissenschaften. Freiburg/München 1984
2. Hermeneutik der Sinne. Eine Untersuchung zu Helmuth Plessners Projekt einer »Ästhesiologie des Geistes« nebst einem Plessner-Ineditum. Freiburg/München 1998
3. Wilhelm Diltheys Einleitung in die Geisteswissenschaften. [Reihe Werkinterpretationen]. Darmstadt 2001
4. (zusammen mit Guy van Kerckhoven und Axel Ossenkop) Wilhelm Dilthey. Leben und Werk in Bildern. Freiburg/München 2008
5. Wilhelm Dilthey. Eine Einführung. Köln-Weimar-Wien 2011
6. Die Autonomie der Geisteswissenschaften. Studien zur Philosophie Wilhelm Diltheys. Erster Band: Dilthey im philosophie- und wissenschaftsgeschichtlichen Kontext. Nordhausen 2015
7. Die Autonomie der Geisteswissenschaften. Studien zur Philosophie Wilhelm Diltheys. Zweiter Band: Systematische Untersuchungen zu Diltheys Werk. Nordhausen 2016

b) (Mit-)Herausgeber

1. Hrsg. (zusammen mit Hans-Peter Göbbeler): Otto Friedrich Bollnow im Gespräch. Freiburg/München 1983
1a. japanische Übersetzung: Tokio 1991
2. Hrsg.: Wilhelm Dilthey: Texte zur Kritik der historischen Vernunft. Göttingen 1983

2a. spanische Übersetzung: Barcelona 1986
3. Hrsg. (zusammen mit Frithjof Rodi): Materialien zur Philosophie Wilhelm Diltheys. Frankfurt am Main 1984
4. Hrsg. (zusammen mit Frithjof Rodi): Wilhelm Dilthey: Gesammelte Schriften Band XX: Logik und System der philosophischen Wissenschaften. Vorlesungen zur erkenntnistheoretischen Logik und Methodologie (1864–1903). Göttingen 1990
5. Hrsg. (zusammen mit Almut Mutzenbecher): Josef König – Helmuth Plessner: Briefwechsel 1923–1933. Mit einem Briefessay von Josef König über Helmuth Plessners »Die Einheit der Sinne«. Freiburg/München 1994
    darin: Einführung (zum Briefessay), S. 219–224
6. Mithrsg.: Dilthey-Jahrbuch für Philosophie und Geschichte der Geisteswissenschaften 9 (1994–95)
7. Mithrsg.: Dilthey-Jahrbuch für Philosophie und Geschichte der Geisteswissenschaften 10 (1996)
8. Hrsg. (zusammen mit Guy van Kerckhoven): Wilhelm Dilthey: Gesammelte Schriften Band XXI: Psychologie als Erfahrungswissenschaft. Erster Teil: Vorlesungen zur Psychologie und Anthropologie (ca. 1875–1894). Göttingen 1997
9. Mithrsg.: Dilthey-Jahrbuch für Philosophie und Geschichte der Geisteswissenschaften 11 (1997–98)
10. Hrsg.: Philosophische Hermeneutik. Freiburg/München 1999
11. Hrsg. (zusammen mit Gabriele Gebhardt): Wilhelm Dilthey: Gesammelte Schriften Band XXIII: Allgemeine Geschichte der Philosophie. Vorlesungen 1900–1905. Göttingen 2000
12. Mithrsg.: Dilthey-Jahrbuch für Philosophie und Geschichte der Geisteswissenschaften 12 (1999–2000)
13. Hrsg. (zusammen mit Salvatore Giammusso): Helmuth Plessner: Politik – Anthropologie – Philosophie. Aufsätze und Vorträge. München 2001
14. Hrsg.: Helmuth Plessner: Elemente der Metaphysik. Eine Vorlesung aus dem Wintersemester 1931/32. Berlin 2002
15. Hrsg. (zusammen mit Gudrun Kühne-Bertram und Volker Steenblock): Kultur verstehen. Zur Geschichte und Theorie der Geisteswissenschaften. Würzburg 2003
16. Hrsg. (zusammen mit Guy van Kerckhoven): Wilhelm Dilthey: Gesammelte Schriften Band XXII: Psychologie als Erfahrungswissenschaft. Zweiter Teil: Manuskripte zur Genese der deskriptiven Psychologie (ca. 1860–1895). Göttingen 2005

17. Hrsg. (zusammen mit Gudrun Kühne-Bertram und Volker Steenblock): Mensch und Kultur. Klassische Texte der Kulturphilosophie. Hannover 2008; 2. Aufl. 2009; 3. Aufl. 2009
18. Hrsg. (zusammen mit Ursula Boelhauve, Gudrun Kühne-Bertram und Frithjof Rodi): Otto Friedrich Bollnow: Studienausgabe in 12 Bänden. Band 1: Das Wesen der Stimmungen. Würzburg 2009
19. Hrsg. (zusammen mit Ursula Boelhauve, Gudrun Kühne-Bertram und Frithjof Rodi): Otto Friedrich Bollnow: Studienausgabe in 12 Bänden. Band 2: Die Ehrfurcht – Wesen und Wandel der Tugenden. Würzburg 2009
20. Hrsg. (zusammen mit Ursula Boelhauve, Gudrun Kühne-Bertram und Frithjof Rodi): Otto Friedrich Bollnow: Studienausgabe in 12 Bänden. Band 3: Einfache Sittlichkeit – Maß und Vermessenheit des Menschen. Würzburg 2009
21. Hrsg. (zusammen mit Ursula Boelhauve, Gudrun Kühne-Bertram und Frithjof Rodi): Otto Friedrich Bollnow: Studienausgabe in 12 Bänden. Band 4: Lebensphilosophie und Existenzphilosophie. Würzburg 2009
22. Hrsg. (zusammen mit Volker Steenblock): »Was den Menschen eigentlich zum Menschen macht ...« Klassische Texte einer Philosophie der Bildung. Freiburg/München 2010; 2. Aufl. 2013
23. Hrsg. (zusammen mit Ursula Boelhauve, Gudrun Kühne-Bertram und Frithjof Rodi): Otto Friedrich Bollnow: Studienausgabe in 12 Bänden. Band 5: Neue Geborgenheit. Das Problem einer Überwindung des Existentialismus. Würzburg 2011
24. Hrsg. (zusammen mit Gudrun Kühne-Bertram): Wilhelm Dilthey: Briefwechsel. Band I: 1852–1882. Göttingen 2011
25. Hrsg. (zusammen mit Ursula Boelhauve, Gudrun Kühne-Bertram und Frithjof Rodi): Otto Friedrich Bollnow: Studienausgabe in 12 Bänden. Band 6: Mensch und Raum. Würzburg 2011
26. Hrsg. (zusammen mit Rudolf A. Makkreel und Riccardo Pozzo): Recent Contributions to Dilthey's Philosophy of the Human Sciences. Stuttgart-Bad Cannstatt 2011
27. Hrsg. (zusammen mit Gudrun Kühne-Bertram): Phantasie und Intuition in Philosophie und Wissenschaften. Historische und systematische Perspektiven. Würzburg 2011
28. Hrsg. (zusammen mit Ursula Boelhauve, Gudrun Kühne-Bertram und Frithjof Rodi): Otto Friedrich Bollnow: Studienausgabe

in 12 Bänden. Band 7: Anthropologische Pädagogik. Würzburg 2013
29. Hrsg. (zusammen mit Volker Steenblock): Vom Ursprung der Kultur. Mit einem Gespräch mit Günter Dux. Freiburg/München 2014
30. Hrsg. (zusammen mit Ursula Boelhauve, Gudrun Kühne-Bertram und Frithjof Rodi): Otto Friedrich Bollnow: Studienausgabe in 12 Bänden. Band 8: Existenzphilosophie und Pädagogik – Krise und neuer Anfang. Würzburg 2014
31. Hrsg. (zusammen mit Gudrun Kühne-Bertram): Wilhelm Dilthey: Briefwechsel. Band II: 1882–1895. Göttingen 2015
32. Hrsg. (zusammen mit Jan Baedke und Christina Brandt): Anthropologie 2.0? Neuere Ansätze einer philosophischen Anthropologie im Zeitalter der Biowissenschaften. Berlin 2015
33. Hrsg. (zusammen mit Christian Damböck): Dilthey als Wissenschaftsphilosoph. Freiburg/München 2016
34. Hrsg. (zusammen mit Ursula Boelhauve, Gudrun Kühne-Bertram und Frithjof Rodi): Otto Friedrich Bollnow: Studienausgabe in 12 Bänden. Band 9: Sprache und Erziehung – Das Verhältnis zur Zeit – Vom Geist des Übens. Würzburg 2017

B. Beiträge in Zeitschriften und Sammelwerken

1. Die zeitgenössischen Rezensionen von Diltheys Einleitung in die Geisteswissenschaften, in: Dilthey-Jahrbuch für Philosophie und Geschichte der Geisteswissenschaften 1 (1983), S. 91–181
2. Bibliographie der Dilthey-Literatur 1969–1973, in: ebd., S. 281–288
3. Bibliographie der Dilthey-Literatur 1974–1978, in: Dilthey-Jahrbuch für Philosophie und Geschichte der Geisteswissenschaften 2 (1984), S. 351–358
4. Dilthey und Lazarus, in: Dilthey-Jahrbuch für Philosophie und Geschichte der Geisteswissenschaften 3 (1985), S. 57–82
4a. japanische Übersetzung, in: Studies in Sociology, Psychology and Education No. 46, 1997, S. 23–38
5. Briefe an Dilthey anläßlich der Veröffentlichung seiner »Ideen über eine beschreibende und zergliedernde Psychologie«, in: ebd., S. 193–232

6. Bibliographie der Dilthey-Literatur 1979–1983, in: ebd., S. 275–284
7. Bemerkungen zum Begriff des »objektiven Geistes« bei Hegel, Lazarus und Dilthey, in: Reports on Philosophy Nr. 9 (1985), S. 49–62
8. Dilthey als Historiker. Das »Leben Schleiermachers« als Paradigma, in: Notker Hammerstein (Hrsg.): Deutsche Geschichtswissenschaft um 1900. Stuttgart 1988, S. 113–130
9. Vollständigkeitsprinzip und Redundanz. Überlegungen am Beispiel der Edition der Nachschriften von Diltheys systematischen Vorlesungen, in: editio 3/1989, S. 18–27
10. Hrsg.: Martin Heidegger, Phänomenologische Interpretationen zu Aristoteles (Anzeige der hermeneutischen Situation), in: Dilthey-Jahrbuch für Philosophie und Geschichte der Geisteswissenschaften 6 (1989), S. 235–274
   (Auszugsweiser Vorabdruck unter dem Titel: Martin Heidegger, Radikal einfache Denkwürdigkeiten. Aus der wiederaufgefundenen »Aristoteles-Einleitung« von 1922, in: Frankfurter Allgemeine Zeitung vom 27. 9. 1989, S. N3)
10a. italienische Übersetzung, in: Filosofia e Teologia. Band IV, Napoli 1990, S. 496–532
10b. französische Übersetzung: Martin Heidegger: Interprétations phénomenologiques d'Aristote. Préface de H.-G. Gadamer: Un écrit théologique de jeunesse de Heidegger. Postface de H.-U. Lessing. Traduit de l'allemand par J.-F. Courtine. Mauvezin 1992
10c. englische Übersetzung, in: Man and World 25 (1992), S. 358–393
10d. ungarische Übersetzung, in: Existentia VI–VII (1996–97), Supplement (Vol. II)
11. Sinn – Sinngebung – Versinnlichung. Zu einigen zentralen philosophischen Problemen im Briefwechsel König – Plessner, in: Dilthey-Jahrbuch für Philosophie und Geschichte der Geisteswissenschaften 7 (1990–91), S. 209–229
12. Hrsg. (zusammen mit Guy van Kerckhoven): Josef König, Die offene Unbestimmtheit des Heideggerschen Existenzbegriffs (1935), in: ebd., S. 279–288
13. Bemerkungen zum Begriff der Bedeutsamkeit bei Hans Blumenberg, in: Reports on Philosophy Nr. 14 (1991), S. 27–33
13a. italienische Übersetzung, in: Discipline Filosofiche 92/1, S. 53–62

14. Dilthey und Johannes Müller. Von der Sinnesphysiologie zur deskriptiven Psychologie, in: Michael Hagner/Bettina Wahrig-Schmidt (Hrsg.): Johannes Müller und die Philosophie. Berlin 1992, S. 239–254
14a. japanische Übersetzung, in: Dilthey-Forschung. Dilthey Gesellschaft in Japan 6 (1993), S. 17–32
15. Hrsg. (zusammen mit Jean Grondin): Hans-Georg Gadamer: Wahrheit und Methode, Der Anfang der Urfassung (ca. 1956), in: Dilthey-Jahrbuch für Philosophie und Geschichte der Geisteswissenschaften 8 (1992–93), S. 131–142
16. (Zusammen mit Ursula Boelhauve) Bibliographie Otto Friedrich Bollnow 1983–1991, in: ebd., S. 251–264
17. »Intention« oder »Bedeutung«? Plädoyer gegen eine intentionalistisch halbierte Hermeneutik, in: Ethik und Sozialwissenschaften. Streitforum für Erwägungskultur 4 (1993) Heft 4, S. 540–542
18. (Zusammen mit Guy van Kerckhoven) Psychologie als Erfahrungswissenschaft. Zu Diltheys Psychologie-Vorlesungen der siebziger und achtziger Jahre, in: Dilthey-Jahrbuch für Philosophie und Geschichte der Geisteswissenschaften 9 (1994–95), S. 66–91
19. Bibliographie der Dilthey-Literatur 1984–1988, in: ebd., S. 348–359
20. »Der Schmerz ist das Auge des Geistes«. Zu Helmuth Plessners Begriff der geisteswissenschaftlichen Erfahrung, in: Reports on Philosophy Nr. 15 (1995), 77–89
21. Eine hermeneutische Philosophie der Wirklichkeit. Zum systematischen Zusammenhang der »Einheit der Sinne« und der »Stufen des Organischen und der Mensch«, in: Jürgen Friedrich/Bernd Westermann (Hrsg.): Unter offenem Horizont. Anthropologie nach Helmuth Plessner. Frankfurt a.M. – Bern – New York 1995, S. 103–116
22. Dilthey und Helmholtz. Aspekte einer Wirkungsgeschichte, in: Deutsche Zeitschrift für Philosophie 43 (1995), S. 819–833
22a. japanische Übersetzung in: Studies in Sociology, Psychology and Education No. 43, 1996, S. 19–29
23. Gegen Hans Alberts naturalistische Reduktion der Sinnproblematik, in: Dilthey-Jahrbuch für Philosophie und Geschichte der Geisteswissenschaften 10 (1996), S. 264–273

24. La Dilthey-Forschungsstelle, in: Informazione Filosofica, Nr. 30, Dezember 1996, S. 18–19
25. Gibt es eine philologische Erkenntnis und Wahrheit?, in: Hans Gerhard Senger (Hrsg.): Philologie und Philosophie. Beiträge zur VI. Internationalen Fachtagung der Arbeitsgemeinschaft philosophischer Editionen (12.–14. März 1997 München). Tübingen 1998, S. 46–57
26. Jonas oder Apel? Verantwortungs- und Diskursethik im Gespräch, in: Divinatio 8, Autumn-Winter 1998, S. 111–126
27. Hrsg.: Helmuth Plessner: Sinnlichkeit und Verstand. Zugleich ein Beitrag zur Philosophie der Musik (ca. 1936), in: Divinatio. Studia Culturologica Series 10 (1999), S. 7–35
28. Cassirers »Philosophie der symbolischen Formen« und das Problem der Geisteswissenschaften, in: Existentia 9 (1999), S. 97–108
29. Heyman Steinthal: Linguistics with a Psychological Basis, in: Joan Leopold (Hrsg.): The Prix Volney: Contributions to Comparative Indo-European, African and Chinese Linguistics: Max Müller and Steinthal. The Prix Volney Essay Series Volume 3. Dordrecht/Boston/London 1999, S. 208–253
30. Dilthey y la hermenéutica, in: Wilhelm Dilthey: Dos escritos sobre hermenéutica: El surgimiento de la hermenéutica y los Esbozos para una crítica de la razón histórica. Prólogo, traducción y notas de Antonio Gómez Ramos. Madrid 2000, S. 223–247
31. Zum Problem der Willensfreiheit in Diltheys Denken, in: Andreas Arndt/Walter Jaeschke (Hrsg.): Materialismus und Spiritualismus. Philosophie und Wissenschaften nach 1848. Hamburg 2000, S. 101–112
32. Lebensverhalten, Ausdruck und Leiblichkeit. Georg Misch über die Genese der logischen Sphäre, in: Dilthey-Jahrbuch für Philosophie und Geschichte der Geisteswissenschaften 12 (1999–2000), S. 73–89
33. Bibliographie der Dilthey-Literatur 1989–1998, in: ebd., S. 303–329
34. Macht und menschliche Natur – Philosophische Anthropologie bei Helmuth Plessner, in: Renate Breuninger (Hrsg.): Macht und Gewalt. [Bausteine zur Philosophie Band 17]. Ulm 2001, S. 223–243
35. H. Steinthals Beitrag zur Hermeneutik, in: Hartwig Wiedebracht/Annette Winkelmann (Hrsg.): Chajim H. Steinthal.

Sprachwissenschaftler und Philosoph im 19. Jahrhundert. Leiden – Boston – Köln 2002, S. 50–63

36. Das Verstehen und seine Grenzen in Diltheys Philosophie der Geisteswissenschaften, in: Gudrun Kühne-Bertram/Gunter Scholtz (Hrsg.): Grenzen des Verstehens. Philosophische und humanwissenschaftliche Perspektiven. Göttingen 2002, S. 49–67

36a. Koreanische Übersetzung, in: Studies for Hermeneutics Vol. 12, 2005 Summer: Romantische Hermeneutik (Festschrift für Soon Young Park zum 60. Geburtstag). S. 125–155

37. Philosophische Anthropologie. Zu Begriff, Geschichte und Aufgabenstellung einer integrativen Grundwissenschaft vom Menschen, in: Burkhard Mojsisch/Orrin F. Summerell (Hrsg.): Die Philosophie in ihren Disziplinen. Eine Einführung. Bochumer Ringvorlesung Wintersemester 1999/2000. Amsterdam/Philadelphia 2002, S. 167–190

38. Die Hermeneutik in Diltheys Grundlegung der Geisteswissenschaften, in: Divinatio 16 (autumn – winter 2002), S. 49–66

38a. Italienische Übersetzung, in: magazino di filosofia n. 8/2002, S. 59–71

38b. Slowakische Übersetzung, in: Hermenevtika in humanistika I Painomena XIV/53–54, November 2005, S. 25–40

39. Der Typus zwischen Ordnungs- und Aufschließungsfunktion. Anmerkungen zum heuristischen Status des Typus-Begriffs bei Wilhelm Dilthey und Max Weber, in: Frithjof Rodi (Hrsg.): Urteilskraft und Heuristik in den Wissenschaften. Beiträge zur Entstehung des Neuen. Weilerswist 2003, S. 139–158

40. Historische Aufklärung und Geschichtlichkeit. Zur Rezeption von Diltheys Begriffswelt in Gadamers philosophischer Hermeneutik, in: Archiv für Begriffsgeschichte 45 (2003), S. 21–43

40a. Japanische Übersetzung, in: Dilthey-Forschung, Heft 16 (2004/2005), S. 152–181

40b. Gekürzte italienische Übersetzung, in: Bolletino della Società Filosofica Italiana Settembre-Dicembre 2005, 186 Nuova Serie – S.F.I., S. 52–65

41. Le rapport critique de Dilthey à la Völkerpsychologie de Lazarus et Steinthal, in: Céline Trautmann-Waller (Hrsg.): Quand Berlin pensait les peuples. Anthropologie, ethnologie et psychologie (1850–1890). Paris 2004, S. 149–164

42. La concezione di una psicologia della struttura in Dilthey e il significato sistematico di essa nella sua filosofia delle scienze del-

lo spirito, in: Mario G. Lombardo (Hrsg.): Una logica per la psicologia. Dilthey e sua scuola. Padova 2004, S. 37–54
43. Das Wahrheitsproblem im Historismus: Droysen und Dilthey, in: Markus Enders/Jan Szaif (Hrsg.): Die Geschichte des philosophischen Begriffs der Wahrheit. Berlin – New York 2006, S. 275–286
44. Die Philosophie und das Glück, in: Zeitschrift für Didaktik der Philosophie und Ethik, Heft 4/2006, S. 274–281
45. Trendelenburgs »Logische Untersuchungen« und Diltheys Theorie der Wissenschaften, in: Gerald Hartung/Klaus Christian Köhnke (Hrsg.): Friedrich Adolf Trendelenburgs Wirkung. Eutiner Landesbibliothek 2006, S. 191–203
46. Het vreugdevolle rijk van het spel en van de schijm. Over de actualiteit van ›Het Schone‹ bij Schiller, in: De Uil Van Minerva Vol. 21, nummer 2–3 lente-zomer 2006, S. 81–95
47. L'eccentricità della posizione umana e le sue conseguenze caratteri dell'antropologia filosofica di Helmuth Plessner, in: Gian Franco Frigo (Hrsg.): Bios e anthropos. Filosofia, biologia e antropologia. Milano 2007, S. 207–220
48. Plessners Hermeneutik der Sinne und die Rehabilitierung der Naturphilosophie, in: Internationales Jahrbuch für Philosophische Anthropologie 1 (2008): Expressivität und Stil. Helmuth Plessners Sinnes- und Ausdrucksphilosophie. Hrsg. von Bruno Accarino und Matthias Schloßberger. Berlin, S. 37–50
48a. Italienische Übersetzung, in: Bruno Accarino (Hrsg.): Espressività e stile. La filosofia dei sensi e dell'espressione in Helmuth Plessner. Milano – Udine 2009, S. 33–50 (Übersetzung von Francesca D'Alberto)
49. Der ganze Mensch. Grundzüge von Diltheys philosophischer Anthropologie, in: Ada Neschke/Hans Rainer Sepp (Hrsg.): Philosophische Anthropologie. Ursprünge und Aufgaben. Nordhausen 2008, S. 37–52
50. Helmuth Plessner und Wilhelm Dilthey, in: ebd., S. 88–109
51. Der Zusammenhang von Leben, Ausdruck und Verstehen. Diltheys späte hermeneutische Grundlegung der Geisteswissenschaften, in: Gudrun Kühne-Bertram/Frithjof Rodi (Hrsg.): Dilthey und die hermeneutische Wende in der Philosophie. Wirkungsgeschichtliche Aspekte seines Werkes. Göttingen 2008, S. 57–76

52. Zur Philosophie des Glücks, in: Philosophieunterricht in Nordrhein-Westfalen. Beiträge und Informationen Nr. 44, Juni 2008, S. 7–15
53. Diltheys Theorie der Geisteswissenschaften – oder: Warum heute Dilthey lesen?, in: Philosophieunterricht in Nordrhein-Westfalen. Beiträge und Informationen Nr. 45, Juni 2009, S. 86–97
54. Person. Anmerkungen zu einem grundlegenden Begriff, in: Zeitschrift für Didaktik der Philosophie und Ethik. Heft 4/2009, S. 250–254
55. Mensch, Dasein, in: Cristian Bermes/Ulrich Dierse (Hrsg.): Schlüsselbegriffe der Philosophie des 20. Jahrhunderts. Hamburg 2010, S. 249–265
56. Beitrag (ohne Titel), in: Lukas Trabert (Hrsg.): Philosophischer Wegweiser. Freiburg/München 2010, S. 114–115
57. Porträt: Hans Freyer, in: Jürgen Hasse/Robert Josef Kozljanic (Hrsg.): V. Jahrbuch für Lebensphilosophie – 2010/2011. Gelebter, erfahrener und erinnerter Raum. München 2010, S. 253–262
58. Hegel und Helmuth Plessner. Die verspätete Rezeption, in: Thomas Wyrwich (Hrsg.): Hegel in der neueren Philosophie. Hamburg 2011, S. 163–179
59. Diltheys früher Phantasiebegriff im systematischen und historischen Kontext, in: Gudrun Kühne-Bertram und Hans-Ulrich Lessing (Hrsg.): Phantasie und Intuition in Philosophie und Wissenschaften. Historische und systematische Perspektiven. Würzburg 2011, S. 92–103
60. Über zwei Gefährdungen des philosophierenden Subjekts, in: Miniaturen zum 75. Geburtstag von Gert König. Tübingen, den 17.12.2011, S. 24–25 (Privatdruck)
61. Glück als gesellschaftliche Maxime – Jeremy Bentham und der Utilitarismus, in: Brockhaus Horizonte: Die Vermessung des Glücks. Gütersloh/München 2012, S. 122–127
62. Der »Bilderbuch-Pessimist« – Arthur Schopenhauer, in: ebd., S. 134–137
63. John Stuart Mill – Mit Bildung zum »hochwertigen« Glück, in: ebd., S. 138–141
64. Dilthey, Wilhelm, in: Thomas Bedorf/Andreas Gelhard (Hrsg.): Die deutsche Philosophie im 20. Jahrhundert. Ein Autorenhandbuch. Darmstadt 2013, S. 88–94; 2., überarbeitete und korrigierte Aufl. Darmstadt 2015, S. 88–94

65. Zur Bedeutung Wilhelm Diltheys für Helmuth Plessners philosophische Anthropologie, in: Giuseppe D'Anna/Helmut Johach/Eric S. Nelson (Hrsg.): Anthropologie und Geschichte. Studien zu Wilhelm Dilthey aus Anlass seines 100. Todestages. Würzburg 2013, S. 479–493
66. Von der Realpsychologie zur Strukturtheorie. Grundmotive von Wilhelm Diltheys Konzeption einer deskriptiven Psychologie, in: Gerd Jüttemann (Hrsg.): Die Entwicklung der Psyche in der Geschichte der Menschheit. Lengerich usw. 2013, S. 68–80
67. Der Ebbinghaus-Dilthey-Streit von 1895, in: Holger Glinka/Kevin Liggieri/Christoph Manfred Müller (Hrsg.): Denker und Polemik. Würzburg 2013, S. 173–192
68. Das Problem der Kulturgenese in der philosophischen Anthropologie (Max Scheler, Helmuth Plessner und Arnold Gehlen), in: Volker Steenblock/Hans-Ulrich Lessing (Hrsg.): Vom Ursprung der Kultur. Mit einem Gespräch mit Günter Dux. Freiburg/München 2014, S. 261–288
69. Diltheys Philosophie des Lebens, in: Philosophie und Sozialtheorie. Band 1: Leben verstehen. Hrsg. von Tengiz Iremadze/Udo Reinhold Jeck/Helmut Schneider. Berlin 2014, S. 19–30
70. Lachen und Lächeln in der philosophischen Anthropologie Helmuth Plessners, in: Kevin Liggieri (Hrsg.): »Fröhliche Wissenschaft«. Zur Genealogie des Lachens. Freiburg/München 2015, S. 182–194
71. »Empirie nicht Empirismus«. Dilthey und John Stuart Mill, in: Christian Damböck/Hans-Ulrich Lessing (Hrsg.): Dilthey als Wissenschaftsphilosoph. Freiburg/München 2016, S. 41–62

C. Rezensionen

1. Helmut Johach: Handelnder Mensch und objektiver Geist. Zur Theorie der Geistes- und Sozialwissenschaften bei Wilhelm Dilthey. Meisenheim am Glan 1974, in: Philosophisches Jahrbuch 85 (1978), S. 204–207
2. Michael Ermarth: Wilhelm Dilthey, The Critique of Historical Reason. Chicago and London 1978, in: Philosophisches Jahrbuch 87 (1980), S. 214–216
3. Eine neue Kritik der historischen Vernunft. Zu Stephan Ottos Grundlegung der Geistesgeschichte, in: Dilthey-Jahrbuch für

Philosophie und Geschichte der Geisteswissenschaften 3 (1985), S. 260–268
4. Zu Ilse N. Bulhofs Dilthey-Einführung, in: Dilthey-Jahrbuch für Philosophie und Geschichte der Geisteswissenschaften 4 (1986/87), S. 264–268
5. Lebensphilosophie und Metaphysik. Anmerkungen zu Kurt Magers Dilthey-Kritik, in: ebd., S. 269–273
6. Zum letzten Band der Lazarus-Steinthal-Briefe, in: ebd., S. 274–277
7. Bespr. von: Wilhelm Dilthey: Das Wesen der Philosophie. Hrsg. von Otto Pöggeler und Wilhelm Dilthey: Das Wesen der Philosophie. Hrsg. von Manfred Riedel, in: ebd. S. 281–282
8. Bespr. von: Ernst Wolfgang Orth (Hrsg.): Dilthey und der Wandel des Philosophiebegriffs seit dem 19. Jahrhundert, in: ebd., S. 284
9. Jenseits von Aktualismus, Polizismus und Mythologisierung. Klaus Christian Köhnkes Geschichte des Neukantianismus, in: Dilthey-Jahrbuch für Philosophie und Geschichte der Geisteswissenschaften 5 (1988), S. 271–279
10. Der Einspruch der Sache. Zu Burghart Schmidts Programm eines »polemischen Realismus«, in: ebd., S. 280–287
11. Bespr. von: Günther Fütterer: Historische Phantasie und praktische Vernunft. Eine kritische Auseinandersetzung mit Diltheys Theorie historischer Rationalität, in: ebd., S. 294
12. Bespr. von: Claudius Messner: Die Tauglichkeit des Endlichen. Zur Konvergenz von Freuds Psychoanalyse und Diltheys Hermeneutik, in: ebd., S. 295
13. Handlung – Verstehen – Dialog. Eine transzendentalpragmatische Begründung von Philosophie und Handlungswissenschaften, in: Philosophische Rundschau 35 (1988), S. 198–207
14. Bespr. von: Wilhelm Dilthey: Aufsätze zur Philosophie. Hrsg. und eingeleitet von Marion Marquardt, in: Dilthey-Jahrbuch für Philosophie und Geschichte der Geisteswissenschaften 6 (1989), S. 379–380
15. Bespr. von: Horst Jürgen Helle: Dilthey, Simmel und Verstehen. Vorlesungen zur Geschichte der Soziologie, in: ebd., S. 381–382
16. Bespr. von: Rudolf A. Makkreel/John Scanlon (Hrsg.): Dilthey and Phenomenology, in: Dilthey-Jahrbuch für Philosophie und Geschichte der Geisteswissenschaften 7 (1990–91), S. 319–320

17. Michael Jaeger: Autobiographie und Geschichte. Wilhelm Dilthey, Georg Misch, Karl Löwith, Gottfried Benn, Alfred Döblin. Stuttgart-Weimar 1995, in: Dilthey-Jahrbuch für Philosophie und Geschichte der Geisteswissenschaften 11 (1997–98), S. 244–247
18. Arne Homann: Diltheys Bruch mit der Metaphysik. Freiburg/München 1995, in: Hegel-Studien 33 (1998), S. 269–273 [erschienen: 2000]
19. Bespr. von: Johannes Rütsche: Das Leben aus der Schrift verstehen. Wilhelm Diltheys Hermeneutik, in: Dilthey-Jahrbuch für Philosophie und Geschichte der Geisteswissenschaften 12 (1999–2000), S. 277–279
20. Moritz Lazarus: Grundzüge der Völkerpsychologie und Kulturwissenschaft. Hrsg. von Klaus Ch. Köhnke. Hamburg 2003, in: Dialektik. Zeitschrift für Kulturphilosophie 2004/1, S. 167–172
21. Über Schleiermacher führt der Weg. Tobias Bube liest Dilthey rezeptionstheoretisch, in: Zeitschrift für Kulturphilosophie 2 (2008), S. 166–169
22. Carola Dietze: Nachgeholtes Leben. Helmuth Plessner 1892–1985. Göttingen 2006, in: www.Kritikon.de Dezember 2009, Bd. 2 (6.12.09)
23. Bespr. von Michael Quante: Person. Berlin/New York 2007, in: Zeitschrift für Didaktik der Philosophie und Ethik. Heft 4/2009, S. 314–316
24. Bespr. von Jörn Bohr: Raum als Sinnordnung bei Ernst Cassirer, in: Zeitschrift für Didaktik der Philosophie und Ethik. Heft 4/2010, S. 331–332
25. Axel Hutter/Markus Kartheininger (Hrsg.): Bildung als Mittel und Selbstzweck. Freiburg/München 2009, in: ebd., S. 332–334
26. Neuere Literatur zum Thema Bildung, in: Zeitschrift für Didaktik der Philosophie und Ethik, Heft 4/2011, S. 342–347
27. Zur politischen Analytik und Philosophie Helmuth Plessners [= Rezension von: Wolfgang Bialas: Politischer Humanismus und »Verspätete Nation«], in: Internationales Jahrbuch für Philosophische Anthropologie 3 (2011/2012), S. 327–333
28. Bespr. von Ralf Konersmann (Hrsg.): Handbuch Kulturphilosophie. Stuttgart/Weimar 2012, in: Zeitschrift für Didaktik der Philosophie und Ethik, Heft 3/2014, S. 107–108

29. Thomas Kisser (Hrsg.): Bild und Zeit. Temporalität in Kunst und Kunsttheorie seit 1800. München 2011, in: Hegel-Studien 48 (2015), S. 230–233
30. Lenz Prütting: Homo ridens. Eine phänomenologische Studie über Wesen, Formen und Funktionen des Lachens. 3 Bände. Freiburg/München 2013, in: Philosophisches Jahrbuch 122 (2015), S. 564–568
31. Bespr. von Gerd Jüttemann (Hrsg.): Entwicklungen der Menschheit. Humanwissenschaften in der Perspektive der Integration. Lengerich 2014, in: Zeitschrift für Didaktik der Philosophie und Ethik, Heft 3/2015, S. 90–91
32. Matthias Wunsch: Fragen nach dem Menschen. Philosophische Anthropologie, Daseinsontologie und Kulturphilosophie. Frankfurt a. M. 2014, in: Interdisziplinäre Anthropologie. Jahrbuch 3/2015, S. 249–255
33. Helmuth Plessner in seinen Lebensstationen. Ein neuer biographischer Sammelband erkundet seinen Weg von Wiesbaden bis Zürich (Rezension zu: Tilman Alert/Joachim Fischer (Hrsg.): Plessner in Wiesbaden. Wiesbaden 2014), in: Internationales Jahrbuch für Philosophische Anthropologie 6 (2016), S. 321–327
34. Bespr. von: Jörn Bohr/Matthias Wunsch (Hrsg.): Kulturanthropologie als Philosophie des Schöpferischen. Michael Landmann im Kontext. Nordhausen 2015, in: Zeitschrift für Didaktik der Philosophie und Ethik, Heft 2, 2017, S. 70.
35. Bespr. von Helmut Reinalter/Peter J. Brenner (Hrsg.): Lexikon der Geisteswissenschaften. Sachbegriffe – Disziplinen – Personen. Wien/Köln/Weimar 2011, in: ebd., S. 70–71
36. Bespr. von: Konstanze Sommer: Zwischen Metaphysik und Metaphysikkritik. Heidegger, Schelling und Jacobi. Hamburg 2015, in: ebd., S. 71–72
37. Bespr. von: Vittorio Hösle: Eine kurze Geschichte der deutschen Philosophie. Rückblick auf den deutschen Geist. München 2013, in: Zeitschrift für Didaktik der Philosophie und Ethik, Heft 3, 2017, S. 100

D. Lexikonartikel

1. Langeweile, in: Joachim Ritter/Karlfried Gründer (Hrsg.): Historisches Wörterbuch der Philosophie. Band 5. Basel/Stuttgart 1980, Sp. 28–32
2. Melancholie II, in: ebd., Sp. 1040–1043
3. Mystik, mystisch II, in: Joachim Ritter/Karlfried Gründer (Hrsg.): Historisches Wörterbuch der Philosophie. Band 6. Basel/Stuttgart 1984, Sp. 273–279
4. Pedant, Pedanterie, in: Joachim Ritter/Karlfried Gründer (Hrsg.): Historisches Wörterbuch der Philosophie. Band 7. Basel 1989, Sp. 229–233
5. Prophetie III. Neuzeit, in: ebd., Sp. 1478–1481
6. Psychologie, beschreibende und zergliedernde, in: ebd., Sp. 1653–1655
7. Psychologie, geisteswissenschaftliche und verstehende, in: ebd., Sp. 1656–1658
8. Realpsychologie, in: Joachim Ritter/Karlfried Gründer (Hrsg.): Historisches Wörterbuch der Philosophie. Band 8. Basel 1992, Sp. 212–213
9. Typos; Typologie II, in: Joachim Ritter/Karlfried Gründer (Hrsg.): Historisches Wörterbuch der Philosophie. Band 10. Basel 1999, Sp. 1594–1607
10. Wilhelm Dilthey, in: Franco Volpi (Hrsg.): Großes Werklexikon der Philosophie. Band 1. Stuttgart 1999, S. 389–399
11. Paul Graf Yorck von Wartenburg, in: Franco Volpi (Hrsg.): Großes Werklexikon der Philosophie. Band 2. Stuttgart 1999, S. 1617–1619
12. Dilthey, Wilhelm, in: Religion in Geschichte und Gegenwart. Handwörterbuch für Theologie und Religionswissenschaft. Vierte, völlig neu bearbeitete Auflage. Band 2. Tübingen 1999, Sp. 853–854
13. Dilthey, Wilhelm (Christian Ludwig), in: Ludwig Finscher (Hrsg.): Die Musik in Geschichte und Gegenwart. Allgemeine Enzyklopädie der Musik, begründet von Friedrich Blume. 2., neubearbeitete Aufl. Personenteil 5. Kassel – London – New York – Prag – Weimar 2001, Sp. 1044–1046
14. Gadamer, Hans-Georg, in: Wulff D. Rehfus (Hrsg.): Handwörterbuch Philosophie. Göttingen 2003, S. 111–113

15. Dilthey, Wilhelm, in: Christoph König (Hrsg.): Internationales Germanistenlexikon. Berlin – New York 2003, S. 390–393
16. Wahrheit, historische, in: Joachim Ritter, Karlfried Gründer und Gottfried Gabriel (Hrsg.): Historisches Wörterbuch der Philosophie. Band 12. Basel 2004, Sp. 146–148
17. Wirkungsgeschichte, in: ebd., Sp. 846 f.
18. Wilhelm Dilthey, in: Stefan Jordan/Burkhard Mojsisch (Hrsg.): Philosophenlexikon. Stuttgart 2009, S. 171–173; 2. Aufl. 2013
19. Helmuth Plessner, in: ebd., S. 432–434; 2. Aufl. 2013
20. Typologie III. Philosophie, Soziologie, IV. Psychologie, V. Sprachwissenschaft, in: Gert Ueding (Hrsg.): Historisches Wörterbuch der Rhetorik. Band 9: St-Z. Tübingen 2009, Sp. 850–858
21. Gadamer, Hans-Georg, in: Wulff D. Rehfus (Hrsg.): Geschichte der Philosophie IV: 20. Jahrhundert. Göttingen 2012, S. 44–49
22. Ästhesiologie, in: http://www.bildwissenschaft.org/netzwerk
23. Wilhelm Dilthey: Der Aufbau der geschichtlichen Welt in den Geisteswissenschaften, in: Michael Quante (Hrsg.): Kleines Werklexikon der Philosophie. Stuttgart 2012, S. 141–144
24. Ästhesiologie (das bildphilosophische Stichwort 7), in: Image. Ausgabe 23.01/2016, S. 56–59
25. Trendelenburg, Friedrich Adolf, in: Neue Deutsche Biographie. 26. Band. Berlin 2016, 395–397

Über die Autorinnen und Autoren

Michael Anacker, Prof. Dr., Studium der Philosophie, Anglistik und Geschichte. 2003 Promotion im Fach Philosophie mit einer Dissertation über Möglichkeiten und Reichweite einer interpretationalen Erkenntnistheorie; 2011 Habilitation; 2013 Vertretung der Professur für Naturphilosophie am Institut für Philosophie der FSU Jena. Forschungsinteressen: Klassischer Pragmatismus, Erkenntnis- und Wissenschaftstheorie, Geschichte des Verifikationismus, Geschichte der Psychologie und Sinnesphysiologie, Sprachphilosophie sowie Philosophie der Musik.

Jörn Bohr, Dr., 1997–2002 Studium der Kunstgeschichte und der Kulturwissenschaften an der Universität Leipzig. 2002–2003 beteiligt am Projekt der Briefedition Simmels von Prof. Klaus Christian Köhnke, gleichzeitig Aufnahme der Dissertation »Raum als Sinnordnung bei Ernst Cassirer«. Promotion 2007. 2005 bis 2013 wissenschaftlicher Mitarbeiter am Institut für Kulturwissenschaften der Universität Leipzig; ab Oktober 2007 im DFG-Projekt »Ernst Cassirer: Nachgelassene Manuskripte und Texte«. Seit 1. Oktober 2014 wissenschaftlicher Mitarbeiter bei Prof. Dr. Gerald Hartung, Bergische Universität Wuppertal; seit 2015 im DFG-Projekt »Grundlagenforschung zur Philosophiegeschichte: Wilhelm Windelband«. Geschäftsführer der Arbeitsgemeinschaft philosophischer Editionen in der Deutschen Gesellschaft für Philosophie.

Christian Damböck, Dr. habil., wissenschaftlicher Mitarbeiter am Institut Wiener Kreis der Universität Wien. Studium der Philosophie in Wien mit dem Fokus auf Mathematik und Geschichte (MA 1998). Von 2002 bis 2011 Mitarbeiter in unterschiedlichen Projekten, gefördert vom österreichischen Fonds zur Förderung der wissenschaftlichen Forschung (FWF). 2012 bis 2021 Forschungsprojekte zu Wilhelm Dilthey und Rudolf Carnap (FWF-Förderung), 2015 bis 2018

Forschungsprojekt zum »Frühen Carnap im Kontext« (FWF-Förderung). 2015 Habilitation. Forschungsschwerpunkte: Philosophie der Naturwissenschaften und der Geisteswissenschaften im 19. und 20. Jahrhundert in Mitteleuropa und den USA; beschreibende Psychologie; moralischer Nichtkognitivismus und Theorien der Demokratie.

Ulrich Dierse, Dr., Studium der Philosophie, Germanistik, Geschichte und des Mittellateinischen an den Universitäten Münster und Zürich (Akad. Lehrer bes. J. Ritter, O. Marquard, K. Gründer u. W. Oelmüller). 1970 Erstes Staatsexamen für das Lehramt, 1971 Promotion mit einer Arbeit über »Enzyklopädie. Zur Geschichte eines philosophischen und wissenschaftstheoretischen Begriffs« (erschienen: Bonn 1977). Seit 1970 zunächst wiss. Ass. am Institut für Philosophie der Ruhr-Universität Bochum, später Akad. Rat und ORat ebd. (bis 2008). Mitherausgeber des »Historischen Wörterbuchs der Philosophie« (ab Bd. 4) und des »Archivs für Begriffsgeschichte«. Forschungsgebiete: politische Philosophie, Ästhetik, Begriffsgeschichte, französische und deutsche Aufklärung, Wilhelm Dilthey und Georg Simmel.

Günter Dux, Prof. Dr., Studium der Rechtswissenschaft von 1954 bis 1959 in Heidelberg und Bonn. Promotion 1962. Von 1965 bis 1968 schloss sich das Studium der Soziologie und Philosophie an der Johann Wolfgang Goethe-Universität Frankfurt am Main an; 1972 erfolgte die Habilitation für den Bereich Soziologie und Sozialphilosophie an der Universität Konstanz. Von 1973 bis 1974 war er Ordentlicher Professor an der Universität Linz (Österreich), bevor er 1974 als Professor für Soziologie an das Institut für Soziologie der Albert-Ludwigs-Universität Freiburg berufen wurde, wo er die Funktion des Institutsdirektors ausübte. Unter den zahlreichen Veröffentlichungen und Forschungsinteressen nur zu Auswahl: Liebe und Tod im Gilgamesch-Epos. Geschichte als Weg zum Selbstbewusstsein des Menschen, Wien 1992; Historisch-genetische Theorie der Kultur 2000, 4. Aufl. 2017, engl. 2011; Gesammelte Schriften, Wiesbaden 2017 ff.

Thomas Ebke, Dr., Mitarbeiter am Lehrstuhl für Politische Philosophie/Philosophische Anthropologie der Universität Potsdam. 2000–2002 Studium der Philosophie, Anglistik/Amerikanistik sowie der Germanistischen Literaturwissenschaft an der Friedrich-Schiller-

Universität Jena; 2002–2006 Studium der Philosophie, Anglistik/ Amerikanistik sowie der Germanistischen Literaturwissenschaft an der Universität Potsdam; 2006 MA in Philosophie an der Universität Potsdam; 2011 Promotion im Fach Philosophie an der Universität Potsdam; Titel der Dissertation: »Lebendiges Wissen des Lebens. Zur Verschränkung von Plessners Philosophischer Anthropologie und Canguilhems Historischer Epistemologie«. Habilitationsprojekt zu einer »Metaphysik der Differenz« (Hegel, Jean Hyppolite, F. H. Jacobi). Forschungsschwerpunkte: Philosophische Anthropologie, Deutscher Idealismus, Historische Epistemologie (vor allem Canguilhem), Französische Philosophie des 20. Jahrhunderts und der Gegenwart.

Joachim Fischer, Prof. Dr., Studium der Fächer Germanistik, Soziologie, Philosophie, Politikwissenschaft an den Universitäten Hannover, Gießen, Tübingen, Göttingen. 1978 Erstes Staatsexamen an der Universität Göttingen. 1982–1984 Stipendiat der Studienstiftung des deutschen Volkes. 1997 Promotion am Institut für Soziologie, Sozialwissenschaftliche Fakultät der Universität Göttingen (»Philosophische Anthropologie. Zur Bildungsgeschichte eines Denkansatzes«). 1999 Mitgründer der Helmuth-Plessner-Gesellschaft in Göttingen. 1999–2008 Wissenschaftlicher Mitarbeiter am Institut für Soziologie, Lehrstuhl für Soziologische Theorie, Theoriegeschichte und Kultursoziologie in der Philosophischen Fakultät der TU Dresden; Juni 2010 Habilitation an der Philosophischen Fakultät der TU Dresden (»Der Andere und der Dritte. Zur Grundlegung der Sozialtheorie«). 2011–2017 Präsident der Helmuth Plessner Gesellschaft. Seit 2012 Honorarprofessor für Soziologie an der TU Dresden. Forschungsschwerpunkte: Allgemeine Soziologie, Soziologische Theorie, Kultursoziologie, Architektur-, Raum- und Stadtsoziologie; Philosophische Anthropologie.

Julia Gruevska, M.A., Mitarbeiterin am Lehrstuhl für Geschichte der Lebenswissenschaften und Philosophische Anthropologie. Studium der Philosophie, Germanistik und Theaterwissenschaft an der Bergischen Universität Wuppertal (B.A.) und der Ruhr-Universität Bochum (M.A.). Allgemeines Forschungsinteresse gilt dem Begriff des Lebens im Bereich Philosophie, Psychologie und Physiologie im ausgehenden 19. und Anfang des 20. Jahrhunderts; philosophische Anthropologie mit explizitem Blick auf den Einfluss praktischer Experimente auf den philosophischen sowie psychologischen Diskurs und vice versa (v.a. im Umkreis Frederik Buytendijks). Besonderes Interesse kommt dabei der wissenschaftshistorischen wie -politischen Aufarbeitung von (inter)nationalen und (inter)disziplinären Denk-, Personen- und Wissenschaftsnetzwerken in den 1920er und 1930er Jahren zu.

Michael Hagner, Prof. Dr., Studium der Medizin und Philosophie an der Freien Universität Berlin (1980–1986). 1987 erfolgte die Promotion zum Dr. med., danach Postdoc am Neurophysiologischen Institut der FU (1987–1989) und Visiting Scholar am Wellcome Institute for the History of Medicine in London (1989); Wissenschaftlicher Mitarbeiter am Institut für Medizin- und Wissenschaftsgeschichte der Medizinischen Universität Lübeck (1989–1991) und am Institut für Geschichte der Medizin der Georg-August Universität Göttingen (1991–1995), wo 1994 die Habilitation an der Medizinischen Fakultät erfolgte. Ab 1995 am Max-Planck-Institut für Wissenschaftsgeschichte in Berlin, zunächst als Heisenberg-Stipendiat der Deutschen Forschungsgemeinschaft (1995–1996), dann als Senior Scientist (1997–2003). Seitdem Professor für Wissenschaftsforschung an der ETH Zürich. Publikationen (Auswahl): Zur Sache des Buches. Göttingen 2015; Der Hauslehrer. Die Geschichte eines Kriminalfalls. Erziehung, Sexualität und Medien um 1900. Berlin 2010; Homo cerebralis. Der Wandel vom Seelenorgan zum Gehirn. Frankfurt am Main 2008; Geniale Gehirne. Zur Geschichte der Elitegehirnforschung. Göttingen 2004.

Gerald Hartung, Prof. Dr., studierte Philosophie, Religionswissenschaft und Literaturwissenschaft an der Freien Universität Berlin (M.A., FU Berlin 1989). Es folgten die Promotion ebenfalls in Berlin (FU Berlin 1994; Dissertationsschrift: Die Naturrechtsdebatte) und die Habilitation in Leipzig (Universität Leipzig 2002; Habilitationsschrift: Das Maß des Menschen). Gerald Hartung war als Privatdozent für Philosophie an der Universität Leipzig (2002–2009) und als Privatdozent für Systematische Theologie/Religionsphilosophie an der Ruprecht-Karls-Universität in Heidelberg (2009–2010) tätig. Seit Oktober 2010 ist er Professor für Philosophie: Kulturphilosophie/Ästhetik an der Bergischen Universität Wuppertal. Seine Forschungsgebiete sind neben der Philosophischen Anthropologie, Kulturphilosophie und Religionsphilosophie auch die Philosophie- und

Wissenschaftsgeschichte des 19. und 20. Jahrhunderts und die Deutsch-Jüdische Geistesgeschichte.

Felix Hüttemann, M.A., studierte Germanistik und Philosophie an der Ruhr-Universität Bochum und schloss seinen Master of Arts im Winter 2013/14 ab. Von Oktober 2014 bis Oktober 2016 war er Doktorand und Stipendiat der Mercator Research Group 2 »Spaces of Anthropological Knowledge«, Ruhr Universität Bochum. Seit Oktober 2016 ist er wissenschaftlicher Mitarbeiter (Promotion) am DFG-Graduiertenkolleg »Das Dokumentarische. Exzess und Entzug«, Ruhr-Universität Bochum. In seinem Promotionsprojekt forscht er zum Thema des Dandys und dessen Medienformierungen. Im Vordergrund steht dabei die Betrachtung des Dandyismus als medienästhetischer Komplex zur Analyse smarter Technologien.

Helmut Johach, Dr., hat in Frankfurt am Main, München und Tübingen katholische Theologie, Philosophie und Soziologie studiert. 1971 hat er an der Universität Tübingen mit einer Dissertation über Wilhelm Dilthey promoviert und im Anschluss daran zusammen mit Frithjof Rodi zwei Bände von Diltheys »Gesammelten Schriften« aus dem Nachlass editiert. Er ist Gründungsmitglied der Internationalen Erich Fromm-Gesellschaft und lebt als Therapeut und Supervisor in der Nähe von Nürnberg. Forschungen zu Sigmund Freud, zur Frankfurter Schule und zur Humanistischen Psychologie. Publikationen u. a.: Handelnder Mensch und objektiver Geist. Meisenheim/Gl. 1974; Erich Fromm und die Kritische Theorie. Münster-Hamburg 1991; Soziale Therapie und Alltagspraxis. Weinheim-München 1993; Von Freud zur Humanistischen Psychologie. Bielefeld 2009.

Gudrun Kühne-Bertram, Dr., 1971–1974 Studium an der Pädagogischen Hochschule in Göttingen, 1974 Erste Lehrerprüfung; 1977 Zweite Lehrer Prüfung; 1977–1982 Studium der Philosophie, Pädagogik und ev. Theologie an der Ruhr-Universität Bochum; 1982 Magisterprüfung; 1982–1985 Stipendiatin der Stiftung Volkswagenwerk; Promotion mit einer Arbeit über die Geschichte der Lebensphilosophie, Bochum 1986; langjährige Mitarbeiterin der Bochumer Dilthey-Forschungsstelle. Ihre Forschungen konzentrieren sich auf die lebenshermeneutischen Theorien des Wissens von Dilthey, Misch und Graf Paul York von Wartenburg. Zahlreiche einschlägige Publikationen und Editionen.

Kevin Liggieri, Dr., DFG-Forschungsstipendiat an der Professur für Wissenschaftsforschung der ETH Zürich. Liggieri studierte Germanistik und Philosophie an der Ruhr-Universität Bochum und schloss seinen M.A. im Sommer 2013 ab. In seinem Promotionsprojekt beschäftigte sich Kevin Liggieri mit Optimierungen der Episteme »Mensch« im Zeitraum des frühen bis mittleren 20. Jahrhunderts. 2017–2018 Carlo-Barck-Preis-Stipendiat mit dem Forschungsprojekt »Technik und Anthropologie. Technik- und Geisteswissenschaften im Dialog« am ZfL Berlin. Forschungsinteressen sind Wissenschafts- und Technikgeschichte, Technikphilosophie, Begriffsgeschichte und Theorie der Anthropotechnik, Philosophische Anthropologie, Kulturphilosophie.

Ernst Wolfgang Orth, Prof. Dr., Studium der Germanistik, Geschichte, Philosophie und Psychologie in Mainz und Freiburg; Wissenschaftlicher Assistent an der Universität Mainz von 1962 bis 1970; Professor an der Universität Trier seit 1970; Vorsitzender der Versammlung der Universität Trier von 1975–1979; Dekan des Fachbereichs I der Universität Trier 1981–1983 und 1987–1989. Forschungsinteressen: Neukantianismus (insb. Cassirer, Hönigswald, Rickert); Phänomenologie (Husserl, Heidegger, Scheler), Geschichte und Systematik der Philosophischen Anthropologie (u. a. Lotze, Plessner, Gehlen), Entwicklung der Geisteswissenschaften und der Kulturphilosophie (Dilthey, Simmel), Kulturphilosophie.

Frithjof Rodi, Prof. Dr., Studium der Philosophie und Germanistik an der Eberhard Karls Universität Tübingen und am Queen Mary and Westfield College in London. 1958 promovierte er bei Otto Friedrich Bollnow. Nach mehrjähriger Tätigkeit als Deutsch-Lektor an der University of Bristol in England und an der Osmania University in Indien habilitierte er sich in Tübingen in Philosophie und wurde 1970 an die Ruhr-Universität Bochum berufen. Er war dort maßgeblich an der Fortführung der Ausgabe der Gesammelten Schriften des Philosophen Wilhelm Dilthey beteiligt, gründete die Dilthey-Forschungsstelle und gab 1983–2000 das Dilthey-Jahrbuch für Philosophie und Geschichte der Geisteswissenschaften heraus. 2015 erschien *Über die Erfahrung von Bedeutsamkeit* (Alber).

Gunter Scholtz, Prof. em. Dr., Studium der Philosophie, Germanistik, Ev. Theologie u. a. an den Universitäten Münster und Tübingen. Erste

Über die Autorinnen und Autoren

Philologische Staatsprüfung: Münster 1968, Promotion: Münster 1970, Habilitation: Bochum 1979; seit 1991 Professur für »Geschichte und Theorie der Geisteswissenschaften« (Stiftungsprofessur, Startfinanzierung: VW-Stiftung), Ruhr-Universität Bochum. Seine Forschungen gelten den Geisteswissenschaften sowie der Geschichts-, Religions- und Kunstphilosophie. Ein weiterer Schwerpunkt seiner Arbeit ist die Begriffsgeschichte.

Annette Sell, apl. Prof. Dr., Studium der Philosophie, Germanistik und Erziehungswissenschaften an der Ruhr-Universität Bochum, 1992 Erstes Staatsexamen; 1993–1996 wissenschaftliche Hilfskraft am Hegel-Archiv, 1997 Promotion bei Prof. Dr. Otto Pöggeler; 1999–2016 wissenschaftliche Mitarbeiterin am Hegel-Archiv; 2010: Habilitation im Fach Philosophie an der Fakultät für Philosophie und Erziehungswissenschaft an der Ruhr-Universität Bochum. 2011 Erhalt der Venia Legendi für das Fach Philosophie und 2017 Verleihung der außerplanmäßigen Professur an der RUB. Forschungsschwerpunkte liegen historisch in der klassischen deutschen Philosophie, philosophischen Anthropologie, Phänomenologie, Sozialphilosophie sowie systematisch beim Lebensbegriff in der Gesellschaft, Natur und Logik sowie beim Mensch als leibliches und soziales Wesen.

Volker Steenblock, Prof. Dr., Studium der Philosophie, Geschichte und Germanistik, Erstes (1984) und Zweites Staatsexamen (1987), Promotion (1990), Habilitation (1997). Seit 2004 Professor für Philosophie unter besonderer Berücksichtigung der Philosophiedidaktik und der Kulturphilosophie an der Ruhr-Universität Bochum. Arbeits- und Interessenschwerpunkte u. a. Kulturphilosophie und verwandte Bereiche (Theorie der Geisteswissenschaften, Geschichtsphilosophie; vgl. auch Dilthey Forschungsstelle); Philosophie der Bildung; Philosophiedidaktik.